U0937590

内蒙古城乡社会保障统筹发展研究

Research on the Coordination Development of Inner Mongolia Urban-Rural Social Security

金海和　等著

中国经济出版社
CHINA ECONOMIC PUBLISHING HOUSE
·北 京·

图书在版编目（CIP）数据

内蒙古城乡社会保障统筹发展研究 / 金海和著 .
-- 北京：中国经济出版社，2019.12
ISBN 978-7-5136-5937-6

Ⅰ . ①内… Ⅱ . ①金… Ⅲ . ①社会保障制度 - 研究 - 内蒙古 Ⅳ . ① D632.1

中国版本图书馆 CIP 数据核字（2019）第 219571 号

责任编辑　杨元丽
责任印制　巢新强
封面设计　任燕飞

出版发行　中国经济出版社
印 刷 者　北京力信诚印刷有限公司
经 销 者　各地新华书店
开　　本　710mm × 1000mm　1/16
印　　张　30.25
字　　数　477 千字
版　　次　2019 年 12 月第 1 版
印　　次　2019 年 12 月第 1 次
定　　价　98.00 元
广告经营许可证　京西工商广字第 8179 号

中国经济出版社 **网址** www.economyph.com **社址** 北京市东城区安定门外大街 58 号 **邮编** 100011

内蒙古自治区高等学校哲学社会科学研究重大攻关课题招标项目“内蒙古城乡社会保障统筹发展的路径选择与政策设计”（项目编号：NJSG201201）成果。

摘 要

内蒙古作为经济欠发达的边疆少数民族地区，城乡社会保障统筹发展更加艰难，除了面临着与经济发达地区共性的问题，还会遭遇到本地区特有的矛盾和意想不到的困难。本书围绕内蒙古城乡社会保障统筹发展进行系统的理论探索与实证研究。研究给出了城乡社会保障统筹发展的背景、理由、内容、现状及新时期的主要任务与展望。在党的十八大、十九大报告和宪法精神的指引下，本书讨论了公民权利等 10 项基本理论，阐明了基本理论在中国城乡社会保障统筹发展实践中的应用。在对内蒙古社会保障评估的基础上，本书提出了内蒙古城乡社会保障统筹发展的总体设计方案。从内蒙古实际出发，借鉴国内外先进经验，对内蒙古养老保障、医疗保障、社会救助、社会福利等城乡统筹发展进行了深入研究，提出了相应的路径选择与政策建议；尝试性地对社会保障基金管理制度发展的可持续性进行了研究，提出了社会保障基金管理制度可持续发展的路径选择与政策建议；对城乡社会保障的行政管理、业务管理、基金管理、经办机构进行了研究，提出了适应内蒙古城乡社会保障统筹发展的管理体制机制；综述党的十八大以来内蒙古城乡社会保障统筹发展的实践活动，总结经验，揭示了进一步发展面临的问题。

Abstract

As an underdeveloped frontier minority area, Inner Mongolia is more difficult to coordinate the development of urban and rural social security. In addition to facing common problems with economically developed areas, it will encounter unique contradictions and unexpected difficulties in the region. This book is a systematic theoretical exploration and empirical study on the coordination development of urban and rural social security in Inner Mongolia. It gives the background, reasons, content, current situation, and the main tasks and prospects of the social security development. Under the guidance of the Party's 18th National Congress, the Party's 19th National Congress, and the Chinese Constitution, the book discusses ten basic theories such as civil rights and clarifies the application of these basic theories in the practice of social security development in China. On the basis of the Inner Mongolia social security assessment, the study proposes the overall design plan for the coordinated development of urban and rural social security in Inner Mongolia. Starting from the actual situation in Inner Mongolia and drawing on the advanced experience at home and abroad, the authors of the book conducted in-depth research on urban and rural development including endowment insurance, medical security, social assistance, and social welfare in Inner Mongolia, and proposed corresponding path choices and policy recommendations. This book tentatively studies the sustainability of the development of the social security fund management system, and proposes path selection and policy recommendations. In addition, it studies the administrative management, business management, fund management, and handling agencies of social security, and proposes a management system that adapts to the coordination development of urban and rural social security in Inner Mongolia. Finally, the study summarizes the practical activities of the Inner Mongolia social security development since the 18th National Congress of the Communist Party of China, sums up the experience, and reveals the problems facing further development.

目 录

Contents

前　言

一、研究背景

不断增进民生福祉是我国发展的根本目的，社会保障是民生福祉的主要内容。城乡统筹发展是科学发展观的重要组成部分，城乡社会保障统筹发展是城乡统筹发展的关键环节，是国家发展战略中的要点。内蒙古是经济欠发达的边疆少数民族地区，经济发展的质量和效益不高，城乡居民收入一直低于全国平均水平，城乡之间公共服务水平以及居民收入差距比较大，内蒙古城乡社会保障统筹发展的任务十分艰巨。因此，内蒙古自治区教育厅于2012年发布了高等学校哲学社会科学研究重大攻关课题招标项目——“内蒙古城乡社会保障统筹发展的路径选择与政策设计”（项目编号：NJSG201201）。以金海和教授为首席专家的内蒙古大学公共管理学院社会保障学术团队申请并于2013年5月得到了立项通知，承担了这一项目。本书是在这一攻关项目研究成果基础上写作而成的，撰写工作仍然由内蒙古大学公共管理学院社会保障学术团队负责完成。

二、研究意义

理论方面，城乡社会保障统筹发展研究能够丰富、发展中国特色社会主义社会保障理论，特别是经济欠发达地区城乡社会保障统筹发展理论；能为社会保障制度发展过程中兼顾公平与效率提供较为清晰的途径；能为城乡居民公平地享受社会保障待遇，共享经济社会发展成果提供理论支撑；能为全面建成多层次社会保障体系提供系统的统筹理论与实践经验。党的十八大以来，我国社会保障由城乡分割状态下的不公平普惠加速走向城乡融合发展状态下的公平普惠，通过城乡社会保障统筹发展，体现社会保障制度的公平性，体现社会主义制度的优越性。

实践方面，为内蒙古又好又快地推进城乡社会保障统筹发展提供必要的智力支撑。城乡社会保障统筹发展，内蒙古既面临着本地区的特殊问题，也面临着全国的共性问题，同时面临着与内蒙古同类地区的共性问题。全国社会保障基本制度是一致的，基本政策及精神是一致的，但具体的政策措施、方法、步骤是根据各地区的具体情况而展开的。这项研究希望能把统一的国家社会保障制度和大政方针政策与内蒙古的具体情况相结合，提出适合内蒙古的城乡社会保障统筹发展政策和实现路径，加快内蒙古城乡社会保障统筹发展速度。当然，也希望内蒙古城乡社会保障统筹发展的研究与实践能够为与内蒙古同类地区的省、自治区甚至全国提供有益的借鉴。

学科方面，促进内蒙古社会保障学科的快速成长与发展。项目承担之时，是内蒙古大学社会保障学科初创之际，专业、学位点、师资队伍及相关条件缺乏、薄弱，而这项研究活动大大地提升了社会保障学科水平。促进学科发展的意义是重大、长远的，为后续的科学研究、人才培养提供了保障，为内蒙古城乡社会保障统筹长足的发展提供了有力的支撑。

三、研究内容

全书共分十一章，每章节安排及简要内容介绍如下。

第一章是城乡社会保障统筹发展。本章阐述城乡社会保障统筹发展的背景、理由、内容、现状及新时期的主要任务，解释相关专有名词。第一节对城镇化、新型城镇化、城乡统筹发展等概念进行追溯性界定，阐述城乡统筹发展的内容和意义。第二节阐明社会保障的作用，综述城乡社会保障统筹发展成就，揭示存在的主要问题，解释城乡社会保障统筹发展的内涵。第三节归纳部分学者对建立覆盖城乡居民的社会保障体系的不同看法，介绍社会保障体系的内容和作用，阐明新时期社会保障体系建设的主要任务。第四节展望城乡社会保障统筹发展的未来。

第二章是城乡社会保障统筹发展的理论基础。本章在党的十八大报告和宪法精神指引下，讨论与城乡社会保障统筹发展的相关理论，阐明基本理论在城乡社会保障统筹发展实践中的应用。第一节研究公民权利理论和社会正义理论及其应用。第二节研究收入分配理论和公共服务均等化理论及其应用。第三节研究风险社会理论和社会治理理论及其应用。第四节研究政府责任理论和政府干预理论及其应用。第五节研究人口理论和社会分层理论及其应用。

第三章是内蒙古城乡社会保障发展进程与绩效。本章回顾、梳理内蒙古城乡社会保障制度的发展过程，评估内蒙古城乡社会保障的实施效果，测量内蒙古社会保障水平城乡之间的差别，分析归纳内蒙古城乡社会保障发展面临的主要困难。第一节综述内蒙古在社会保险制度、社会救助制度、社会福利制度等方面的发展过程。第二节对内蒙古城乡社会保障的实施效果进行评估。第三节测量内蒙古社会保障水平城乡之间的差别。第四节对内蒙古城乡社会保障发展面临的主要困难进行分析判断。

第四章是内蒙古城乡社会保障统筹发展的总体设计。本章提出内蒙古城乡社会保障统筹发展的总体设计方案。第一节阐述内蒙古城乡社会保障统筹发展的战略目标。第二节提出内蒙古城乡社会保障统筹发展的基本条件与时机选择。第三节阐述内蒙古城乡社会保障统筹发展的重点领域及任务。第四节分析内蒙古城乡社会保障统筹发展的制约因素。第五节提出内蒙古城乡社会保障统筹发展的路径选择与实施步骤。

第五章是内蒙古城乡养老保障统筹发展研究。本章选择内蒙古城乡养老保障统筹发展的路径，设计内蒙古城乡养老保障制度统筹发展的政策。第一节综述内蒙古农村养老保障制度和城市养老保障制度的变革及城乡养老保障制度统筹的实施现状。第二节论述内蒙古城乡养老保障制度统筹发展的必要性。第三节研究德国、日本、美国养老保障城乡统筹发展的具体实践，借鉴养老保障城乡统筹的经验。第四节研究北京、成都社会养老保障制度城乡统筹的实践和重庆、奉化城乡养老保障统筹发展的实践，总结养老保障城乡统筹的本土经验。第五节对内蒙古城乡养老保障统筹发展的路径进行选择。第六节提出内蒙古城乡养老保障制度统筹发展的政策建议。

第六章是内蒙古城乡医疗保障统筹发展研究。本章选择内蒙古城乡医疗保障统筹发展的路径，设计内蒙古城乡医疗保障统筹发展的政策。第一节综述内蒙古城乡医疗保障的实施现状，分析归纳存在的问题，提出面临的机遇和发展思路。第二节论述内蒙古城乡医疗保障统筹发展的必要性和可行性。第三节研究美国、英国、德国、日本等发达国家和印度、俄罗斯、巴西、泰国等发展中国家的医疗保障，借鉴国际医疗保障经验。第四节研究东莞、苏州等发达地区城市和鄂州、重庆等中西部城市的医疗保障城乡统筹模式，总结医疗保障城乡统筹的基本规律与经验。第五节选择内蒙古城乡医疗保障统筹发展的路径。第六节提出内蒙古城乡医疗保障统筹发展的政策建议。

第七章是内蒙古城乡社会救助统筹发展研究。本章选择内蒙古城乡社会救助统筹发展的路径。第一节梳理内蒙古城乡社会救助的发展过程。第二节综述内蒙古城乡社会救助实施情况。第三节论述内蒙古城乡社会救助统筹发展的必要性。第四节分析归纳内蒙古社会救助体系运行中存在的问题。第五节研究成都社会救助体系建设，总结城乡社会救助统筹发展经验，研究浙江省新型社会救助体系建设，借鉴新型社会救助体系建设经验。第六节选择提出内蒙古城乡社会救助统筹发展的路径和方法。

第八章是内蒙古城乡社会福利统筹发展研究。本章选择内蒙古城乡社会福利统筹发展的路径，设计内蒙古城乡社会福利统筹发展的政策。第一节阐述社会福利的含义和内容。第二节综述内蒙古城乡社会福利的实施情况并进行分析评价。第三节论述内蒙古城乡社会福利统筹发展的必要性。第四节研究英国、中国重庆城乡教育福利均等化，总结城乡教育福利统筹发展的经验，获得启示。研究日本、中国上海老年福利制度及其实践，总结城乡老年福利统筹发展的经验，获得启示。研究美国、中国浙江省儿童福利制度及其实践，总结城乡儿童福利统筹发展经验，获得启示。研究澳大利亚、中国北京市残疾人福利制度及其实践，总结城乡残疾人福利统筹发展经验，获得启示。第五节选择内蒙古城乡社会福利统筹发展的路径。第六节提出内蒙古城乡社会福利统筹发展的政策措施。

第九章是社会保障基金管理制度可持续发展研究。本章探索社会保障基金管理制度可持续发展的路径，尝试性地对制度发展的可持续性进行研究。第一节阐述社会保障基金管理制度可持续发展所涉及的主要概念、可持续发展的评价指标，综述国内外研究基本情况。第二节梳理社会保障基金管理制度发展历程和目前的基本状况。第三节围绕社会保障基金管理制度可持续发展的主要评价指标，探索存在的不可持续问题，深入分析形成问题的原因。第四节提出社会保障基金管理制度可持续发展的路径与政策建议。

第十章是内蒙古城乡社会保障统筹发展的管理体制机制研究。本章探索与内蒙古城乡社会保障统筹发展相适应的管理体制机制，提出加快内蒙古城乡社会保障统筹发展的管理体制机制改革建议。第一节研究内蒙古城乡社会保障统筹发展的行政管理体制机制，构建适应城乡社会保障统筹发展的行政管理体制机制。第二节研究内蒙古城乡社会救助、社会保险的业务管理，提出完善城乡居民社会救助、社会保险业务管理的建议。第三节研究内蒙古城乡社会保障统筹发展的基金管理，构建适应城乡社会保障统筹发展的基金管理模式。第四节研究内蒙古城乡社会保障经办机构及其服务网点建设，给出提高经办机构服务能力的政策建议。

第十一章是内蒙古城乡社会保障统筹发展的实践。本章详细综述党的十八大以来内蒙古城乡社会保障统筹发展的实践活动，探索总结经济欠发达地区特别是边疆少数民族地区城乡社会保障统筹发展的基本经验，揭示内蒙古城乡社会保障进一步统筹发展面临的主要障碍。第一节对照党的十八大提出的要求，综述 2013—2017 年内蒙古城乡社会保障统筹发展的实践情况。第二节对照党的十九大提出的要求，综述 2018 年内蒙古城乡社会保障统筹发展的实践情况。第三节总结经验，揭示进一步发展面临的主要问题。

四、研究与撰写过程

课题研究过程及本书写作过程中，研究团队始终坚持马克思列宁主义、毛泽东思想、邓小平理论和“三个代表”重要思想，始终以科学发展观和习近平新时代中国特色社会主义思想为指导，运用社会保障基本理论及管理学、经济学、社会学、政治学等相关学科的基本原理，从内蒙古的实际出发，围绕城乡社会保障统筹发展这一主题展开研究。研究活动从基本概念、基本理论到内蒙古城乡社会保障统筹发展的具体实践，从内蒙古城乡社会保障统筹发展的总体设计到内蒙古城乡养老保险、医疗保险、社会救助、社会福利统筹发展的具体路径，从内蒙古城乡社会保障统筹发展的管理体制机制到中国社会保障基金管理制度的可持续发展，从内蒙古城乡社会保障制度发展的进程到内蒙古社会保障城乡之间差别的测量、实施效果的评估、发展面临的主要困难，进行了深入的调查、分析、研究。同时阅读了大量相关文献，整理借鉴了部分国家和兄弟省市的经验，然后撰写成书。

根据研究需要，采用了定性分析法、定量分析法、案例分析法及定性分析与定量分析相结合的分析方法。在内蒙古城乡社会保障统筹发展的研究中，有些内容属于全国普遍性的课题，如城乡社会保障统筹发展、与城乡社会保障统筹发展相关的基本理论、社会保障基金管理制度可持续发展等；有些内容属于内蒙古特殊性课题，如内蒙古城乡社会保障发展进程与绩效、内蒙古城乡社会保障统筹发展的总体设计、内蒙古城乡养老保障统筹发展研究、内蒙古城乡医疗保障统筹发展研究、内蒙古城乡社会救助统筹发展研究、内蒙古城乡社会福利统筹发展研究、内蒙古城乡社会保障统筹发展的管理体制机制研究等。即使是针对内蒙古的研究专题中，也存在国家层面上的内容，例如，第十章内蒙古城乡社会保障统筹发展的管理体制机制研究，将普遍性与特殊性相结合，既有国家层面的制度安排和顶层设计，又有因地制宜和从实际出发，把国家制度和政策与内蒙古的具体情况相结合。研究过程中，特别注意到了少数民族区域自治的相关政策要求。研究实事求是，力求解决问题。

本书的具体撰写分工如下：前言，金海和；第一章，金海和、姚雪梅；第二章，何春芳、金海和；第三章，侯凤石；第四章，金海和、王悦琛；第五章，院芳、金海和；第六章，安华；第七章，白维军；第八章，王晓东；第九章，王悦琛、金海和；第十章，金海和、何春芳；第十一章，金海和。最后由金海和教授通读、修改、定稿。受作者水平所限，书中疏漏和不当之处在所难免，欢迎各位业内专家和广大读者批评与赐教。

五、致谢

本书的完成得到了各方面的大力支持。内蒙古自治区教育厅从立项资助、研究过程到课题结项，给予了高度重视、指导和帮助。内蒙古自治区统计局提供了完整翔实的数据。内蒙古大学为研究活动提供了良好的环境与条件。在此一并表示感谢。书中引用和参考的大量文献，是我们研究的起点与基础，在此，对所有相关专家学者表示衷心感谢。本书是内蒙古大学公共管理学院社会保障学术团队集体智慧的结晶，小小的团队倾注了大量的心血。公共管理专业研究生王悦琛翻译了摘要、目录，编排了全书的电子版，投入了大量的时间和精力。书稿的出版得到了中国经济出版社的大力支持，责任编辑杨元丽女士为书稿的编辑付出了辛勤劳动，在此表示深深的谢意。

金海和

2018年12月26日

第一章　城乡社会保障统筹发展

第一节　新型城镇化与城乡统筹发展

新型城镇化强调制度改革，形成有利于城镇化健康发展的体制机制，统筹推进户籍、土地、资本、公共服务等重点领域和关键环节的体制机制改革，畅通城乡要素流动，合理配置公共资源，逐步破除城乡二元结构。城乡统筹发展是科学有效推进新型城镇化、破除城乡二元结构的方法和途径。

一、城镇化

“城镇化”一词是由拉丁文“Urbanization”发展而来，1867 年西班牙工程师 A.Serda 在其著作《城镇化基本理论》中首次提出了城镇化的概念，这一概念主要是用来描述乡村向城市演变的一个过程。目前，城镇化这一名词被全世界范围内的大多数学者接受。20 世纪 70 年代后期，“Urbanization”一词被引入中国，得到中国学者的认同。

城镇化是社会进步的一个必然趋势，也是工业化与现代化发展的重要标志。积极稳健地推进中国城镇化建设，是中国特色社会主义事业发展的基本途径之一。城镇化又称为城市化或都市化，是指人口向城镇集中的过程，是由农业为主的传统乡村社会向以工业和服务业为主的现代城市社会逐渐转变的过程，一般包括人口职业的转变、产业结构的转变以及土地利用与地域空间的变化。

不同的学科从不同的视角会对城镇化做出不同的解释，综览现有研究成果，国内学者对城镇化的概念主要是从人口学、地理学、社会学、经济学等角度进行了多维度的阐述。人口学把城镇化定义为农村人口转化为城镇人口的过程，主要是指人口的城镇化，是人口向城镇地区集中或者农业人口转变为非农业人口的过程。地理学所研究的城镇化是一个地区的人口向城镇和城市相对集中的过程，城镇化意味着城镇用地扩张，城市文化、城市的生活方式与价值观向农村地区不断扩散的过程。从社会学的角度来说，城镇化就是农村生活方式转化为城市生活方式的过程，根本目的是提高居民的生活水平，改善居民的生活质量。从社会发展学的角度看，城镇化是指城市先进社会经济要素在乡村的普及程度。经济学是从工业化的角度来认识城镇化的，认为城镇化是农村经济转化为城市化大生产的过程，是工业化的必然结果。一方面，工业化的进程提高了农业生产率，为农村剩余劳动力提供了大量的就业机会。另一方面，农村经济的落后也会影响城市地区的快速发展，从而影响整个国民经济的发展。农村和城市不能割裂。加快农村地区工业化大生产，对于农村地区乃至整个国民经济的发展都有积极的促进作用。虽然不同学科从不同角度对城镇化的含义给出了不同界定，但是它们对城镇化的解释本质上是一致的，即都是指一个国家或地区的人口由农村向城市转移，农村地区逐渐演变为城市地区并且城市人口不断增加的一个进程。在这个进程中，城市的基础设施建设不断完善，公共服务的质量稳步提高，城市文化和价值观成为主体并向农村扩散与蔓延。此外，农村中城市特质的不断增加也属于城镇化，城镇化就是生产力进步所引起的居民生活方式以及价值观念转变的过程。

城镇化水平又称为城镇化率，是衡量一个特定区域内城镇化发展程度的重要数量指标。对于一个国家来说，一般城镇化水平的大小是以都市人口占全国人口的比例来评定的，这个数值越高，城镇化的水平就越高。城镇化水平除了用单独的人口比例来进行衡量，还有一整套完整的评价体系，包括城市人口比重、人均国内生产总值、城市人均住房面积以及人均公共绿地面积等多维度的指标。

改革开放以来，我国城镇化发展取得了显著的成就，也积累了一些突出的矛盾和问题。现在，城镇化发展正处在一个重要关口，以往粗放扩张的老路已经行不通，亟须走出一条新路。

二、新型城镇化

新型城镇化是以城乡统筹、产业互动、节约集约、生态宜居以及和谐发展为基本特征的城镇化，是大中小城市、小城镇与农村之间协调发展达到共同进步的城镇化。新型城镇化的核心在于不以牺牲农业和粮食以及生态环境为代价，着眼于农民的切身利益，范围涵盖整个农村，实现城乡基础设施一体化以及公共服务均等化，促进经济社会的可持续发展，达到共同富裕的目标。新型城镇化要求在产业支撑、人居环境、社会保障、生活方式等方面实现由“乡”到“城”的转变，要求用新观念、新体制、新技术和新方法来完成新型工业化、区域城镇化、社会信息化和农业现代化的发展过程。

新型城镇化的本质是用科学发展观来统领城镇化建设，其本质特征是把城镇化看作一个自然生长过程，看作我国发展必经的综合演化过程。新型城镇化要求提高城镇化的质量，不是单一的城镇化率。在城镇化过程中，强调以人民为中心的发展思想，优化布局，生态文明，文化传承。因此，我们要坚持新发展理念，积极推进高质量发展。要贯彻落实农业农村优先发展政策，协调推进新型城镇化建设。要完善产权制度和要素市场化配置，坚决破除体制机制弊端，促进城乡要素自由流动、平等交换和公共资源合理配置，缩小城乡发展差距和居民生活水平差距。加快形成工农互促、城乡互补、全面融合、共同繁荣的新型工农城乡关系，加快推进农业农村现代化。我们要按照国家顶层设计与具体规划要求，推进农业转移人口市民化，提高城镇建设用地利用效率，建立多元可持续的资金保障机制，优化城镇化布局和形态，提高城镇建设水平，加强对城镇化建设的管理。

三、城乡统筹发展及其内容

城乡统筹发展，是相对于城乡分割的二元结构而言的，它要求把农村经济与社会发展纳入整个国民经济与社会发展全局中进行通盘筹划、综合考虑，以城乡经济社会一体化发展为最终目标，统筹城乡物质文明、政治文明、精神文明和生态环境建设，统筹解决城市和农村经济社会发展中出现的各种问题，打破城乡界限，优化资源配置，把解决好“三农”问题放在优先位置，更多地关注农村，关心农民，支持农业，实现城乡共同繁荣。城乡统筹发展的实质是给城乡居民平等的发展机会，通过城乡布局规划、政策调整、国民收入分配等手段，促进城乡各种资源要素的合理流动和优化配置，不断增强城市对农村的带动作用和农村对城市的促进作用，缩小城乡差距、工农差距和地区差距，使城乡实现均衡、持续、协调发展，促进城乡分割的传统二元结构向城乡一体化的现代一元结构转变。城乡统筹发展，需要观念、体制和机制的诸多变革，是一项长期、艰巨而又复杂的系统工程。

城乡统筹发展的内涵不仅指经济范畴，而且包括城乡经济社会发展中的物质文明、精神文明、政治文明、社会文明和生态文明五个方面，都要实现城乡统筹。在经济上，把农民致富与转移农民、减少农民结合起来，藏富于民，关注农民的利益。在政治上，把善待农民与尊重农民、组织农民结合起来，给农民国民待遇，让农民当家做主，关注农民的合法权益。在思想文化上应把教育农民与转变农民观念、提高农民素质结合起来，弘扬勤劳、善良、讲修养的传统美德，增强民主、科学、讲公德的现代文明意识，关注农民的综合素质。城乡统筹发展的内容主要包括以下四个方面。

（1）城乡统筹规划与建设，改变过去城乡规划分割、建设分治的状况，把城乡发展统一纳入宏观规划，使城乡协调融合发展，实现共同繁荣。主要包括：统筹城乡产业发展规划，科学确定产业发展布局；统筹城乡用地规划，合理布局建设、住宅、农业与生态用地；统筹城乡基础设施建设规划，构建完善的基础设施网络体系。特别是在农村牧区缺乏基础设施建设资金的情况下，政府要引导、调动各方面的力量加强对农村道路、交通运输、电力、电信、商业网点设施等基础设施的投入，以逐步改善农村牧区的基础设施。优先发展社会共享型基础设施，扩大基础设施的服务范围、服务领域和受益对象，让农牧民能够分享城市基础设施。

（2）城乡统筹产业发展，以工业化支撑城市化，以城市化提升工业化，加快工业化和城市化进程，促进农村牧区劳动力向二、三产业转移，农村牧区人口向城镇集聚。建立以城带乡、以工促农的发展机制，加快现代农业和现代农村建设，促进农村工业向城镇工业园区集中，促进农村人口向城镇集中，促进土地流转与有效利用，促进城市基础设施向农村延伸，促进城市社会服务事业向农村覆盖，促进城市文明向农村辐射，提升农村经济社会发展的水平。

（3）城乡统筹管理制度，破除城乡二元结构，建立健全城乡统筹发展的体制机制和政策体系，保护农民利益，建立覆盖城乡居民的社会保障制度、劳动就业制度、户籍管理制度、教育制度、土地征用制度、医疗制度等，为农村牧区居民提供平等的发展机会、完整的财产权利和自由的发展空间，遵循市场经济规律和社会发展规律，促进城乡要素自由流动和资源优化配置。

（4）城乡统筹收入分配，根据经济社会的发展情况，调整国民收入分配结构，加大对“三农”的财政支持力度，加快农村公益事业发展，建立城乡统筹的财政支出体制，将农村交通、环保、生态等公益性基础设施建设列入财政支出范围。

四、城乡统筹发展的意义

城乡统筹发展，是党中央在正确把握我国新阶段经济社会发展的新趋势、新矛盾、新挑战、新机遇并遵循经济社会发展规律的基础上提出的，具有很强的时代性、创新性和针对性，具有重要的战略意义。

（一）全面建成小康社会需要城乡统筹发展

2020年，我国要全面建成小康社会，小康社会的核心是协调发展。我国各项事业的发展不仅要讲总量，更要讲质量，要讲人均水平。一些国家的经济总量虽不如我国，但在人均指标、发展的协调性方面，则比我国表现出明显的优势。随着我国新型城镇化进程不断推进，农村人口虽然逐年减少，但乡村常住人口仍然占一半以上，农村人口比重依然较大，同时有不少贫困人口。农村牧区整体发展水平、人均收入水平、基本公共服务水平等都远远落后于城市，差距显著。农村牧区是我国经济社会发展的短板，全面建成小康社会的难点在于农牧民特别是贫困地区的农牧民是不是能步入小康。如果广大农村牧区和农牧民没有实现小康，那么全面建成小康社会就没有实现。根据我国的发展阶段，城乡统筹发展不可能绝对拉平补齐城乡差距，只是城乡差距不能太大。要缩小城乡差距、全面建成小康社会，必须通过城乡统筹发展来解决。

（二）新型城镇化与农村现代化的互相促进需要城乡统筹发展

新型城镇化与农村现代化是相辅相成、相得益彰的。城乡统筹发展水平高低与质量好坏直接影响着新型城镇化和农村现代化的水平与质量。一方面，农村现代化为新型城镇化提供了土地等重要的基本建设要素。没有农村土地的保障，城市的发展就没有新的空间，随着城镇化建设的不断推进，城市建设需要新增大量的建设用地，每年国家安排的城市建设用地计划中，绝大部分都是来源于农村的耕地。农村为城市提供了大量的劳动力，城市得以有效运转，发展日新月异，险活、脏活、累活、细活大都是由进城农民工来做，城市基础设施建设大都是由农民工承担。农村为城市不断地供应了大量的农产品，如新鲜蔬菜、水果、粮食、肉食品等，使城市居民的生活质量不断提高，得以健康地生活工作。可见，没有“三农”就没有城市的存在和发展。另一方面，新型城镇化进一步促进了农村现代化。新型城镇化不断发展有利于促进农村生产经营方式变革。我国农村人口众多，土地资源短缺，人均耕地仅 0.09 公顷，农户户均土地经营规模约 0.6 公顷，根本不具备农业规模化经营的条件。在城乡二元体制下，土地规模化经营无法推行，传统生产经营方式难以改变，这是“三农”发展面临的一个根本性问题。新型城镇化发展推动了农村人口向城镇的转移，相应地带来了农民人均资源占有量的增加，为促进农业生产规模化和机械化创造了条件。另外，新型城镇化也从总体上提高了土地集约节约水平，从而提高了土地利用效率。城镇化的发展对农村具有较强的辐射带动作用。我国城市辖地都不仅是单纯的城市，往往还包含着广大的农村。因此，从规划到操作的各个环节，城市发展与城乡统筹自然结合在一起，有利于促进农村加快发展。新型城镇化对农村的促进还表现为一种特殊形式，即一部分进城农民积累了一定的资金和技术之后，往往会返乡创业，这种现象也有利于推动新农村的建设。城乡统筹发展能够有力、有效地促进新型城镇化和农村现代化的建设和发展。

（三）区域的协调发展需要城乡统筹发展

区域协调发展是资源要素和经济社会活动以空间为载体合理配置和有效运转的结果。区域发展的不协调，具体表现在东、中、西部地区之间及内部各地区之间的差距上。城乡是典型的区域类型，既体现着特殊的空间存在，又代表着不同的资源要素和经济社会活动的集聚与运转类型，城乡发展状况直接决定区域发展的状况。城乡差距是区域差距的重要表现形式，城乡协调发展是区域协调发展的核心内容，城乡协调发展对区域协调发展具有决定性作用。城乡统筹发展较好的地区，区域协调发展程度也比较高，如珠三角、长三角地区是城镇密集地区，对农村的辐射和带动力度比较大，区域整体发展趋于平衡。如果城市不发达、农村穷困，区域发展就比较落后，区域的协调性也比较差。例如，西北地区城市对农村的辐射和带动力度比较小，区域整体发展水平与东部地区差距比较大。通过城乡统筹发展，促进生产资源要素和经济社会活动在城乡区域空间上均衡分布，有利于缩小城乡区域发展差距，推动形成区域协调发展新格局。

（四）经济社会的可持续发展需要城乡统筹发展

一方面，城市是我国各类要素资源和经济社会活动最集中的地方，城市建设是现代化建设的重要引擎。新型城镇化过程是农村人口向城市集聚、农业用地按相应规模转化为城市建设用地的过程。根据测算，每一个农业转移人口市民化将带来年均 1 万元左右的消费需求和 2.2 万元的投资需求。因此，新型城镇化能够增加消费需求和加速投资需求，能够有效地拉动经济增长，对农村发展具有带动作用。另一方面，农业具有发展的基础地位，农业的现代化、农村居民基本公共服务均等化水平的提高，能够形成对经济社会发展的巨大推动作用。城市和农村虽然反差很大，但差距就是潜力，不足代表需求，落差形成势能。无论是在生产方面还是在消费方面，无论是在公共服务方面还是在个性需求方面，我国城乡区域间的人群在现实获得上都存在显著差异，填平补齐这种差异意味着巨大的市场空间或内在需求，将为推动城乡互动协调发展、推进经济社会发展提供强大的动力。

第二节　城乡社会保障统筹发展状况及其内涵

一、社会保障及其作用

社会保障是指国家通过立法，积极动员社会各方面资源，通过收入再分配，保证无收入、低收入以及遭受各种意外灾害的公民能够维持生存，保障劳动者在年老、失业、患病、工伤、生育时的基本生活不受影响，同时根据经济和社会发展状况，逐步增进公共福利水平，提高国民生活质量。

“社会保障”（social security）[①]一词，最早在美国1935年颁布的《社会保障法》中出现。此后，“社会保障”一词被有关国际组织及多数国家接受，并逐渐成为以政府和社会为责任主体的福利保障制度的统称。不过，由于社会保障要受到政治、经济、社会、历史文化乃至伦理道德等因素的影响，各国具体国情的不同又使其在社会保障制度的实践中出现很大的差异，对社会保障的认识和理论的界定也就很自然地存在着差异。因此，当代世界对社会保障的理论界定不尽统一，可以看作国情差异与各国社会保障制度多样化的客观反映。因此，在研究社会保障时，不仅需要综合运用到社会学、经济学、政治学、法学、管理学乃至哲学、伦理学、历史学等诸多知识，而且需要与特定国家的国情及特定时代背景等结合起来。在我国，作为全国社会福利体制的统称，社会保障是一个大概念、大系统，主要包括社会保险、社会福利、优抚安置、社会救助、住房保障和慈善活动等内容，涉及各种有关公众福祉的项目。

现代意义上的社会保障是在资本主义工业化的背景下产生的，是市场经济发展的产物。市场经济实践表明，社会保障和社会信用是市场经济相辅相成的两大体系。政府科学有力的宏观调控是市场经济健康、高效、持续运行的保证。市场经济是通过市场机制来实现资源优化配置的一种经济运行方式。市场经济的本质是竞争经济，常常利用供求关系、价格参数、竞争信息来促进微观经济高效运行，同时排斥产品和产业结构调整中的弱者，排斥不能正常从事生产劳动的人。显然，在追求效率的同时，无法兼顾社会公平，容易产生社会贫富两极分化，引发社会矛盾甚至社会动荡。这就需要政府借助社会保障实行干预、调控，保证市场经济高效、健康的运行和资源、财富分配的相对公平，促进社会稳定。众所周知，市场经济具有周期性，不断在复苏、繁荣、停滞、萧条甚至危机状态中交替运行。当经济处于收缩、停滞、衰退，特别是危机到来时，大量企业破产，失业率不断上升，不少人陷入生活困境。此时，政府就必须利用社会保障提供生活保障，避免人民铤而走险，造成社会动荡。另外，社会保障还有增加需求、刺激消费、扩大就业、积累资金、

① 对“social security”一词，也有人将其翻译成“社会安全”。在国际劳动组织等的文献中，更由社会保障扩展到社会保护，其内涵与外延均在进一步扩张。

完善资本市场、拉动经济的作用。在经济萧条特别是发生危机时，社会保障在提振信心、拯救经济等方面具有不可替代的作用。[①]

二、城乡社会保障统筹发展成就及面临的主要问题

改革开放以来，特别是党的十八大以来，我国社会保障事业取得了历史性进展。社会保障制度体系基本形成，城乡基本养老保险制度全面建立；全民医疗保险制度体系逐步健全，建立了适应社会主义市场经济体制、多层次的医疗保障体系，基本医疗保险制度已经覆盖城乡全体居民；社会救助制度体系建设加速推进；社会福利制度体系不断完善，以保基本为原则，逐步健全了面向老年人、残疾人、孤儿等特殊困难群体的各项福利保障制度。社会保障覆盖范围加速扩大，基本养老保险实现制度全覆盖；全民医保基本实现；社会救助和社会福利有效惠及困难群众。社会保障待遇水平稳步提高，养老金水平逐年提高；基本医疗保险的保障水平显著提升；职工医保和居民医保政策范围内住院医疗费用支出不断增加，新农合政策范围内的住院费用报销水平不断提高，全国普遍建立了城乡居民医保门诊统筹，积极推进城乡居民大病保险，有效减轻了群众的医疗负担；工伤、失业、生育保险待遇水平在稳步提高；社会救助和社会福利水平有所提高，部分省市相继建立了高龄津贴、养老服务补贴、护理补贴、困难残疾人生活补贴、重度残疾人护理补贴和困境儿童分类保障制度。社会保障支付能力逐年增强，政府社会保障资金投入不断加大，在用人单位和个人缴费的同时，各级政府进一步调整财政支出结构，加大资金投入力度，有效支撑了统筹城乡社会保障制度体系的建设；养老保险基金规模不断扩大，初步建立起国家、单位、个人共担的筹资机制；2000 年开始建立了战略储备性的全国社会保障基金，为应对老龄化作了必要的资金储备；医疗保险基金实力不断增强；城乡救助资金投入力度不断加大。社会保险管理服务水平不断提升，各级政府和社会保障经办机构大力推进管理服务规范化、专业化、信息化，严格实施收支两条线管理，逐步完善基金预决算制度，不断加大基金监督力度，社会保障管理和服务水平有了明显

① 金海和．社会保障制度中的政府责任研究——基于理论与中国实践的思考［M］．呼和浩特：内蒙古大学出版社，2009：12.

提高。

由于城乡二元结构的存在，社会保障制度建设及其具体实施过程中存在如下问题，需要进一步解决。

（一）缺乏公平性

我国社会保障体系建设采取先城镇后农村、分人群渐次推进的方式，农村社会保障制度实施时间较短，实行自愿参保政策，导致部分非公经济组织员工、城镇灵活就业人员、农民工以及部分农村居民等没有参加基本养老保险。部分群体没有参加基本医疗保险，建筑等行业风险较高的农民工参加工伤保险的比例不高，享受不到社会保障权益。社会救助覆盖面需要进一步扩大，特别是失能、半失能老人护理和事实无人抚养儿童的基本生活保障问题比较突出。待遇差别比较大，城乡居民基本养老、基本医疗保险起步晚，待遇水平有待进一步提高；各地财政承受能力和基金结余分布不均，统筹层次偏低，社会保障互济功能没有充分发挥出来，导致地区之间待遇差别较大；机关事业单位仍实行单位退休养老制度，与企业职工养老保险制度“双轨”运行，待遇差距比较大。城乡间、不同群体间社会保障待遇存在较大差距，不同群体内部和之间相互攀比，成为影响社会稳定的因素。

（二）不太适应流动性

这是令许多人头痛而纠结的一件事，是计划经济向市场经济转换迟缓或不彻底的表现。新型城镇化加速推进人才的自然流动（包括城乡人才流动、地区人才流动、国际国内人才流动），特别是跨地区流动就业的大量农民工，使人口大规模流动成常态。可是，现行社会保障管理体制机制对这一重要特征响应十分迟缓，严重缺乏适应性。养老保险关系跨地区、跨制度转移接续存在不及时、不顺畅的问题，导致部分群体中断参保。异地劳务派遣人数较多，造成劳动关系和社保权益认定复杂化，农民工在流入地一旦发生职业风险或面临突发性、临时性困难，很难获得必要保障和救助。医疗保险管理体制不顺，不同部门分别管理城乡医保，造成流动人员重复参保、重复补贴与漏保现象并存。异地就医结算不便，由于各地医保报销水平不同和信息化未联通，使异地稳定居住的退休人员在常住地就医结算难以实施。

（三）可持续性不强

社会保障筹资渠道仍偏窄，目前各项社会保险缴费比例已经较高，财政投入大幅度增加，但面对老龄化高峰的迫近，养老人数持续增高，医疗费用上涨，给社会保障基金长期收支平衡带来了很大的压力，亟须进一步拓宽筹资渠道。社会保障制度的激励性不足。多缴多得、长缴多得的机制还不健全，职工退休年龄和领取基本养老金“门槛”偏低，致使一部分人参保积极性不高或选择较低档次缴费。基本养老保险正常调整机制尚未建立，养老金增长未能充分体现权利与义务对等的原则，不利于制度的良性循环和可持续发展。社会保障基金保值增值机制尚不健全。人民的结余基金绝大多数存银行、买国债，投资渠道单一，收益率比较低。补充性社会保障推进缓慢。商业养老、健康保险发展滞后，尚未形成多层次保障体系，参保人员过多依赖政府的基本保障。

三、城乡社会保障统筹发展的内涵

城乡社会保障统筹发展是城乡统筹发展的重要组成部分，目的是为城乡居民提供平等的社会保障待遇和发展机会。城乡社会保障统筹发展是破除城乡二元结构、解决社会保障制度建设及其具体实施中存在的问题的有效方法和途径。

城乡社会保障统筹发展的主要内容是要建成覆盖全体公民、可持续的多层次社会保障体系。

当前，中国特色社会主义已经进入新时代。我国社会主要矛盾已经转化为人民日益增长的美好生活需要与发展不平衡不充分之间的矛盾。在社会保障体系基本建立的基础上，党的十九大报告提出要全面建成多层次社会保障体系。我国全面建成多层次社会保障体系，需要坚持全覆盖、保基本、多层次、可持续的基本方针，坚持兜底线、织密网、建机制的原则，达到覆盖全民、城乡统筹、权责清晰、保障适度、可持续的目的。需要在具体保障项目上，坚持以社会保险为主体，社会救助保底层，积极完善社会福利、慈善事业、优抚安置等制度。需要在组织方式上，坚持以政府为主体，积极发挥市场作用，促进社会保险与补充保险、商业保险相衔接。需要积极构建基本养老保险、职业（企业）年金与个人储蓄性养老保险、商业保险相衔接的养老保险体系，协同推进基本医疗保险、大病保险、补充医疗保险、商业健康保险发展，在保基本的基础上满足居民多样化、多层次的保障需求。

兜底线，是指发挥社会政策的托底功能，切实保障居民基本生活需求，兜住民生保障底线，坚守社会稳定底线；织密网，是指实现制度最广泛的覆盖，让人人都能享受基本社会保障；建机制，是指持续深化改革，建立健全体制机制，不断提高社会保障法治化、制度化水平；覆盖全民，是指不断扩大社会保障覆盖面，基本实现法定人员全覆盖；城乡统筹，是指统筹推进城乡居民社会保障体系建设，合理缩小社会保障领域的城乡差异；权责清晰，是指明确各级政府和用人单位、个人、社会的社会保障权利、义务和责任；保障适度，是指根据经济发展确定保障待遇水平，合理引导居民的保障预期；可持续，是指确保各项社会保险基金收支平衡，制度长期稳定运行。

第三节　社会保障体系及其建设

一、关于建立覆盖城乡居民社会保障体系的不同看法

建立覆盖城乡居民社会保障体系提出初期，作为发展中国家，我国的经济社会发展水平还不高，市场经济体制改革还在不断深入。部分学者认为时机还不算成熟，中国经济落后，财力薄弱，城乡及地区差别极大，社会阶层处于急剧变化之中，居民在社会保障方面还未能享有法定的平等权利，现阶段还未具备建立一元化社会保障的客观条件，因此，可以将一元化的制度安排作为社会保障制度的发展目标，却不宜作为确定现实社会保障政策的出发点。[①]不少学者认为，鉴于国外一些福利国家出现的困境，我国政府不应该对农村社会养老保险投入太多，在我国建立真正全国范围内的农村社会保障体系是不现实的。中国的二元经济结构及大比例的农村人口决定了现阶段不宜把农业家庭人口纳入养老保险体系，将农民中的纯农业人口纳入全国社会养老保障体系在现阶段既不现实，也无必要。[②]个别学者认为，在中国这么大的发展中国家搞统一的社会保障体系是根本不可行的，战略目标是错误的，是“洋跃进”。其理由一是经济不可行；二是将严重削弱中国的国际竞争力；三

① 郑功成 . 加入 WTO 与中国的社会保障改革［J］. 管理世界，2002（4）：41–42.
② 马丽敏 . 农村社会养老保险请缓行［J］. 探索与争鸣，1999（7）：11–12.

是违背当前“小政府大市场”的世界改革潮流。建议建立以家庭的储蓄养老保障为主，民营的医疗保险为辅，社会的社会救济保底，廉价高效灵活多样的社会保障系统，而非统一集中国营低效的社会保障系统。①

部分学者对建立覆盖城乡居民社会保障体系的不同看法，表达了他们对我国社会保障事业发展的思考和深度关心，道出了他们对能否建立覆盖城乡居民社会保障体系的担忧。其实，建立覆盖城乡居民的社会保障体系是中国特色社会主义社会保障事业发展的必然趋势。

二、建立覆盖城乡的社会保障体系

社会保障体系是指社会保障各个有机构成部分系统的相互联系、相辅相成的总体。完善的社会保障体系是社会主义市场经济体制的重要支柱，关系改革、发展、稳定的全局。

我国的社会保障体系，包括社会保险、社会福利、社会救助、社会优抚四个方面。这几项社会保障是相互联系，相辅相成的。社会保障体系是社会的“安全网”，对社会稳定、社会发展有着重要意义。

社会保障直接关系着亿万百姓的切身利益，是全面建设小康社会，构建社会主义和谐社会的重要内容。社会保障问题是一个很重要的社会问题，也一直是全社会关注的热点问题，关系到民生和社会的稳定与发展。

（一）社会保障体系的内容

1. 社会保险

社会保险在社会保障体系中居于核心地位，是社会保障体系的重要组成部分，是实现社会保障的基本纲领。社会保险的目的是保障被给付者的基本生活需要，属于基本性的社会保障，其对象是法定范围内的社会劳动者，基本特征是补偿劳动者的收入损失，资金主要来源于用人单位（雇主）、劳动者（雇员）依法缴费及国家资助和社会募集。社会保险项目主要有养老保险、医疗保险、失业保险、工伤保险、生育保险等。

2. 社会福利

社会福利是社会保障的最高层次，是实现社会保障的最高纲领和目标。

① 陈平 . 建立统一的社会保障体系是短视政策［J］. 中国改革，2002（4）：16-17.

它的目的是增进居民福利，改善居民的物质文化生活，把社会保障推上最高阶段；社会福利基金的重要来源是国家和社会群体。

3. 社会救助

社会救助属于社会保障体系的最低层次，是实现社会保障的最低纲领和目标。社会救助的目的是保障被救助者的最低生活需要，对象主要是失业者、遭到不幸者，基本特征是扶贫，基金来源主要是国家及社会群体。

4. 社会优抚

社会优抚安置是社会保障的特殊构成部分，属于特殊阶层的社会保障，是实现社会保障的特殊纲领。社会优抚安置目的是优待和抚恤，对象是军人及其家属，基本特征是对军人及其家属的优待，基金来源是国家财政拨款。

（二）社会保障体系的作用

完善社会保障体系，就是要以社会保险、社会救助、社会福利为基础，以基本养老、基本医疗、最低生活保障制度为重点，以慈善事业、商业保险为补充，进而实现社会安定、人民安居乐业。这种作用体现在四个方面：

1.“安全网”

保障居民在年老、失业、患病、工伤、生育时的基本收入和基本医疗不受影响，无收入、低收入以及遭受各种意外灾害的居民有生活来源，满足其基本生存需求。

2.“平衡器”

社会保障制度具有收入再分配的功能，能调节中高收入群体的部分收入，提高最低收入群体的保障标准，适当缩小不同社会成员之间的收入差距。

3.“助推器”

完善的社会保障制度，既有利于提高劳动者自身素质，促进劳动力的有序流动，在一定程度上激发中国经济的活力，推动经济更快地发展；又可以避免社会消费的过度膨胀，引导消费结构更为合理，平衡社会供需的总量，有利于防止经济发展出现波动，实现经济更好地发展。

4.“稳定器”

完善的社会保障制度，能为劳动者建立各种风险保障措施，帮助他们消除和抵御各种市场风险，避免因生活缺乏基本保障而引发一系列矛盾，从而维护社会的稳定。

三、新时期社会保障体系建设的主要任务

（一）要全面实施全民参保计划

实施全民参保计划，是实现覆盖全民目标、促进人人享有基本社会保障最重要的工作。党的十八大以来，各项保险参保人数持续增长，基本养老保险参保人数已经超过 9 亿人，基本医疗保险覆盖人数超过 13 亿人，全民医保已经基本实现。新时期，扩大参保覆盖范围的重点是中、小、微企业和广大农民工、灵活就业人员、新就业形态人员、未参保居民等群体。通过实施全民参保计划，对各类人员参加社会保险情况进行登记补充完善，建立全面完整准确的社会保险参保基础数据库，实现全国联网和动态更新。采取有效措施，促进中、小、微企业和重点群体积极参保、持续缴费，促进和引导各类单位和符合条件的人员长期持续参保。

（二）要实现养老保险全国统筹

加快完善城镇职工基本养老保险和城乡居民基本养老保险制度的步伐，实现养老保险全国统筹。养老保险制度对于保障退休人员和老年居民基本生活十分重要。党的十八大以来，机关事业单位养老保险制度改革积极推进，统一的城乡居民基本养老保险制度全面实施，养老保险基金启动投资运营，企业退休人员基本养老金水平连续提高，有效保障了退休人员的基本生活。为了应对人口老龄化，需要加快养老保险制度改革，完善社会统筹与个人账户相结合的城镇职工基本养老保险制度。需要进一步规范职工与城乡居民基本养老保险缴费政策，健全参保缴费激励约束机制。需要积极进行养老保险基金投资运营，实现基金保值、增值。需要稳妥推进划转部分国有资本充实社保基金，进一步夯实制度可持续运行的物质基础。需要逐步建立待遇正常调整机制，统筹有序提高退休人员基本养老金与城乡居民基础养老金标准。需要积极发展职业（企业）年金，鼓励发展个人储蓄性养老保险和商业养老保险。根据人口老龄化发展的态势，适时研究出台渐进式延迟退休年龄等应对措施。实现养老保险全国统筹能够提高基金使用效率，均衡地区间和企业、个人负担，促进劳动力合理流动。为此，需要进一步巩固省级统筹，从建立企业职工基本养老保险基金中央调剂制度起步，通过转移支付和中央调剂基金在全国范围内进行补助和调剂，在此基础上尽快实现全国统筹，逐步形成

中央与省级政府责任明晰、分级负责的基金管理体制。

（三）建立完善统一的城乡居民基本医疗保险制度和大病保险制度

医疗保险制度对于保障群众就医需求、减轻群众医药费用负担、提高群众健康水平有着重要作用。党的十八大以来，积极整合城乡居民基本医疗保险制度，建立城乡居民大病保险制度，基本实现异地就医住院费用直接结算，整体推进支付方式改革，医保在医改中的基础性作用进一步发挥。新时期，为了协同助推医改，促进全民健康，必须持续深化医保制度改革。需要统一城乡居民基本医保制度和管理体制，实现经办服务一体化。需要深化支付方式改革，建立完善适应不同人群、疾病、服务特点的多元复合支付方式。进一步完善国家异地就医管理和费用结算平台，为群众提供高效便利服务。需要探索并建立长期护理保险制度，不断完善政策体系，减轻长期失能人员的家庭经济负担。积极发展补充医疗保险、商业健康保险，努力满足人民群众多样化的医疗保障需求。加快实施城乡居民大病保险制度，有利于拓展基本医保的功能，放大保障效应，夯实医保托底保障和精准扶贫的制度基础。需要不断巩固完善大病保险制度，对贫困人员通过降低起付线、提高报销比例和封顶线等倾斜政策，实行精准支付。通过基本医保、大病保险和医疗救助的衔接，有效实施综合保障，提高医疗保障水平，缓解困难人群的重特大疾病风险。

（四）巩固完善失业、工伤保险制度

失业保险、工伤保险制度对于维护失业人员和工伤人员的基本权益十分重要。党的十八大以来，失业保险在预防失业、促进就业方面发挥了明显的作用，预防、补偿、康复“三位一体”的工伤保险制度体系初步形成。新时期，需要建立健全失业保险费率调整与经济社会发展的联动机制，完善失业保险金标准调整机制，放宽申领条件，加快落实稳岗补贴、技能提升补贴政策。实施工伤保险基金省级统筹，加强工伤预防工作，促进待遇调整机制科学化、规范化。

（五）加快建立全国统一的社会保险公共服务平台

社会保险公共服务是党和政府联系群众的纽带，直接关系各项社会保险政策实施效果。党的十八大以来，加快了社会保险公共服务规范化、信息化、专业化建设步伐，从中央到乡镇的五级管理体系和服务网络基本形成。信息技术得到广泛应用，社会保障卡发行量持续快速增加，公民享受到了更加便

捷的服务。随着社会保障制度逐步完善，公民对优质高效的公共服务有着更高的期盼。为此，需要建立各项社会保险全国统一的公共服务平台，以全国一体化的社会保险经办服务体系和信息系统为依托，以社会保障卡为载体，以实体窗口、互联网平台、电话咨询、自助查询等多种方式为服务手段，为参保单位和参保人员提供全网式、全流程的方便快捷服务，提高社会保险公共服务水平。需要继续巩固完善全国统一的五级社会保险经办管理服务体系，实现跨地区、跨部门、跨层级社会保险公共服务事项的统一经办、业务协同、数据共享。需要构建全国一体化的社会保险公共服务信息平台，推行综合柜员制，实行“一站式”服务，充分应用互联网、大数据、移动通信等技术手段，实现线上线下服务渠道的有机衔接，实行申请、受理、通办一体化服务。积极推进社保卡应用，完善社保卡持卡人员基础信息库功能，实现社会保障一卡通。实施统一的社会保险公共服务清单和业务流程，努力实现社会保险基本公共服务标准化。

（六）完善其他相关制度体系

统筹城乡社会救助体系，完善最低生活保障制度，完善社会救助、社会福利、慈善事业、优抚安置等制度。这些都是解除困难群体生存危机、维护社会底线公平的重要制度安排。党的十八大以来，社会救助法制化水平显著提升，低保规范管理机制不断完善，各项救助水平稳步提高，社会福利、慈善事业和优抚安置持续推进。新时期，需要强化基本民生保障，兜住民生底线，不断提升保障水平。完善最低生活保障制度，推进城乡低保统筹发展，确保动态管理下的应保尽保。建立健全残疾人基本福利制度，完善扶残助残服务体系，全面提升儿童福利服务水平。激发慈善主体发展活力，规范慈善主体行为，完善监管体系。完善优待、抚恤、安置等基本制度。

第四节　城乡社会保障统筹发展的未来：城乡一体化

一、城乡一体化溯源

从不同的学术立场来审视城乡一体化，城乡一体化就有着不同的含义。

马克思、恩格斯、列宁、斯大林、毛泽东等主要是站在无产阶级的立场，目的是实现共产主义社会。他们认为，在人类社会发展的过程中，城市和乡村要经历三个辩证发展的阶段，从城乡依存到城乡分离和对立，再到城乡融合。城乡融合，[①] 就是通过新技术的应用，[②] 逐步地消灭城乡之间的差别，带来城市与乡村同等的生活条件，[③] 实现城乡一体化发展。马克思在提出共产主义社会理论的时候，其中很重要的一条内容就是消灭城乡差别，实现城乡一体化。毛泽东也多次谈到，要消除工农之间、城乡之间、脑力劳动与体力劳动之间的三大差别。

从城市规划的角度来看城乡一体化，霍华德 [④] 于 1898 年提出“田园城市”的设想，城市占地 1/6，永久绿地和农业用地占 5/6。他说：“城市和乡村都各有其优点和相应的缺点，而城市乡村的结合则避免了二者的缺点。”“城市和乡村必须成婚，这种愉快的结合将迸发出新的希望、新的生活、新的文明。”霍华德倡导的是一种社会改革思想，用城乡一体化的新社会结构形态取代城乡分离的旧社会结构形态，霍华德的思想影响了英国、奥地利、澳大利亚、比利时、德国、法国等西方发达国家，英国于 1899 年建立了田园城市协会，田园城市运动曾一度成为世界性的运动。

美国城市理论学家芒福德 [⑤] 从城市发展的角度认识城市与乡村的关系。芒福德在《城市发展史：起源、演变与前景》中指出：“城与乡，不能被截然分开；城与乡，同等重要；城与乡，应当有机结合在一起，如果问城市与乡村哪一个更重要的话，应当说天然环境比人工环境更重要。”芒福德推崇亨利·莱特的主张，通过分散权利来建造许多“新的城市中心”，形成一个更大

---

① “城乡融合”的概念最早是由恩格斯提出的：“通过消除旧的分工，进行生产教育，变换工种，共同享受大家创造出来的福利，以及城乡融合，使全体成员的才能得到全面的发展。”（《马克思恩格斯全集》第一卷第 224 页）

② 列宁在《关于全俄中央执行委员会和人民委员会的工作》中提出“电气化将把城乡连接起来，在电气化这个现代高技术的基础上组织工业生产，就能清除城乡建设的悬殊现象”的观点。

③ “不仅大城市不会毁灭，并且还要出现新的大城市，它们是文化最发达的中心，它们不仅是大工业的中心，而且是农产品加工和一切食品工业部门强大发展的中心。这种情况将促进全国文化的繁荣，将使城市和乡村有同等的生活条件。”（《斯大林》选集下卷，第 558 页）

④ 矣比尼泽·霍华德 . 明日的田园城市［M］. 金经元，译 . 北京：商务印书馆，2000.

⑤ 刘易斯·芒福德 . 城市发展史：起源、演变与前景［M］. 倪文彦，等，译 . 北京：中国建筑工业出版社，1989.

的区域统一体，以现有的城市作为主体，能够把这种“区域统一体”的发展引向许多平衡的社区，使得区域整体得到发展，这样不仅可以重建城乡之间的平衡，还有可能让全部居民在任何一个地方都享受到真正的城市生活带来的益处。同时，也可以避免特大城市的困扰。

城乡一体化是生产力发展到一定的历史阶段才会出现的产物，它伴随着工业化和城镇化的发展而呈现出一种城乡协调发展的趋势。

二、城乡社会保障统筹发展使社会保障走向公平

从“十二五”开始，应该从普惠的目标转向公平的普惠，这个公平就落脚在城乡统筹上。只有通过城乡统筹的制度安排，才能逐步体现制度的公平性，并且在现在普惠的基础上，使制度建设产生质的飞跃。①

随着经济社会的不断发展，社会保障制度建设在党和国家事业发展总体布局中的角色不断转变，逐步从国有企业改革的配套措施、社会主义市场经济的重要支柱，发展成为国家的一项重要社会经济制度。党的十八大以来，以习近平同志为核心的党中央坚持以人民为中心的发展思想，坚持全覆盖、保基本、多层次、可持续的基本方针，从增强公平性、适应流动性、保证可持续性出发，全面推进社会保障体系建设，覆盖城乡居民的社会保障体系基本建立，保障项目日益完备，制度运行安全有序，保障水平稳步提高，人民群众更多地分享到了经济社会发展成果。

参考文献

［1］金海和．社会保障制度中的政府责任研究——基于理论与中国实践的思考［M］．呼和浩特：内蒙古大学出版社，2009.

［2］郑功成．加入 WTO 与中国的社会保障改革［J］．管理世界，2002（4）：41-42.

［3］马丽敏．农村社会养老保险请缓行［J］．探索与争鸣，1999（7）：11-12.

［4］陈平．建立统一的社会保障体系是短视政策［J］．中国改革，2002（4）：16-17.

［5］陈银娥，杨卿．建立覆盖城乡居民的社会保障体系研究综述［J］．中南财经政法大学学报，2008（166）.

① 郑功成．统筹城乡社会保障体系建设发展战略［J］．中国医疗保险，2010（12）.

［6］徐志箴 . 建立覆盖城乡居民社会保障体系的制度研究［J］. 福建经济管理干部学院学报，2007（6）.

［7］秦庆武 . 统筹城乡发展的内涵与重点［J］. 山东农业大学学报（社会科学版），2005（2）.

［8］樊小钢，陈薇 . 公共政策：统筹城乡社会保障（第二版）［M］. 北京：经济管理出版社，2013.

［9］卢怀谦 . 关注世界银行中国经济报告——访胡鞍钢教授［N］. 中国证券报，2003-09-30.

［10］矣比尼泽·霍华德著 . 明日的田园城市［M］. 金经元，译 . 北京：商务印书馆，2000.

［11］刘易斯·芒福德著 . 城市发展史：起源、演变与前景［M］. 倪文彦，等，译 . 北京：中国建筑工业出版社，1989.

［12］郑功成 . 统筹城乡社会保障体系建设发展战略［J］. 中国医疗保险，2010（12）.

［13］邓大松 . 社会保险［M］. 北京：中国劳动社会保障出版社，2002.

［14］邓大松，林毓铭，谢圣远，等 . 社会保障理论与实践发展研究［M］. 北京：人民出版社，2007.

第二章　城乡社会保障统筹发展的理论基础

第一节　公民权利与社会正义理论

一、公民权利理论

公民资格不仅是政治理论的基本概念，也是政治事件的重要基础。公民资格的历史与政治的历史同样久远。公民资格与国家权力是国家和社会关系的重要诠释维度，形成了现代国家的基本政治关系。从历史的角度来看，随着公民资格的内涵、性质发生变化，国家政治的性质和表现形式也相应地发生了变化。理解和认识公民资格对于更好地解释国家社会关系变迁有着重要的意义。

公民资格的研究起源可以追溯到古希腊先哲那里，但是真正明确提出公民资格概念并有意识地进行研究则始于英国著名社会学家 T.H. 马歇尔（Thomas Humphrey Marshall，1893—1981）。马歇尔将历史分析与社会学分析结合起来，创造性地提出公民资格的概念，并对它进行系统化和理论化，从此开始了公民资格理论的研究。马歇尔侧于公民资格对社会阶级体系的影响，将公民资格与资源再分配相结合起来，考察了对公民资格在福利国家中的内涵和表现。

权利是一种法律概念，是指个人主张的合法性。马歇尔认为公民资格由三个要素组成：公民要素、政治要素、社会要素。1949 年，马歇尔在剑桥大学纪念阿尔弗雷德・马歇尔（Alfred Marshall）的年会上做的题为《公民资格与社会阶级》的讲座中指出，公民要素（civil element）是指个人自由所必需的权利组成，包括人身自由、言论自由、思想自由和信仰自由，拥有司法权利以及财产和订立有效契约的权利。政治要素（political）是指公民作为政治权力实体的成员或者是这个实体的选举者，参与行使政治权力的权利。与其相对应的机构是国会和地方议会。社会要素（social element）是指从某种程度的经济福利与安全到充分享有社会遗产并依据社会通行标准享受文明生活权利的一系列权利。与其相对应的机构是教育体制和社会公共服务体系。[①]

马歇尔将公民资格看作是公民权利（civil right）、政治权利（political right）、社会权利（social right）所组成的复合范畴。18 世纪，公民身份首先得到发展，英国通过一系列改革法案的颁布和实施，认可和保障了英国公民的人身自由、言论自由、思想自由、信仰自由等权利。18 世纪末，公民权利扩展到经济领域，包括了公民的财产权，从而形成了公民权利的当代轮廓。19 世纪早期，形成了政治权利，其意义在于将少数人的权利授予更多的人，而不在于创造了新的权利。早先，封建贵族垄断政治权利，新兴资产主义阶级通过选举制度的改革开始享有政治权利，但是工人阶级依然被政治权利排斥在外。19 世纪的政治权利是受到经济条件限制的有限特权，它成为一项独立的权利是在 20 世纪。社会权利的发展要比公民权利和政治权利复杂得多。20 世纪之前，社会权利发展的特征呈现为与公民权利相分离的状态，公开否定社会权利，例如，英国 1961 年提出的《济贫法》所提供的社会救助被看作是一种由上而下提供的施舍，而获得这种救济的前提是放弃公民权利为条件。20 世纪后，随着公共基础教育的普及，社会权利的覆盖范围越来越广，取得了前所未有的发展。社会权利当时只是作为保护弱者的权利，却不是真正意义上公民本应该拥有的一项福利权利。

马歇尔认为公民权利、政治权利、社会权利这三种权利中社会权利是影响最大的一种权利。20 世纪，面对公民资格的挑战，资本主义国家为了缓解矛盾促进社会关系稳定，通过构建福利国家来缓和这种危机。因此，英国成为世界上第一个福利国家。

马歇尔在分析对穷人援助的问题时，认为援助是满足福利的权利，并通过福利社会来实现。他说："这有助于说明一种观点，即给予援助并不是一种仁慈的行为，而是在满足一种权利——尽管从严格意义上讲，它不是一种权

① 林闽钢 . 现代西方社会福利思想［M］. 北京：中国劳动与社会保障出版社，2012：76.

利。”[①] 在救济穷人的时候，确定受助对象时必须有一个公平的衡量标准，这时自由裁量是个不可避免的问题。对于自由裁量权，马歇尔认为应当具有积极的、具有个人性质的以及仁慈的等特征，不应该受到某个个人偏好的影响。马歇尔认为穷人拥有接受援助权利的同时也必须履行相应的义务。

社会权利的落实是强制政府履行保障的责任。也就是说，公民所受到的福利待遇和援助并不是慈善机构给予穷人的施舍，而是公民应有的权利。公民资格权利是国家必须对公民履行的责任，从这个意义上看，马歇尔的公民资格理论追求的并不是解决贫困问题，而事实上是致力于实现社会平等。

英国“贝弗里奇报告”的出台，象征着福利国家体制的建立，马歇尔提出的公民资格理论为当时的贝弗里奇社会福利政策的实施提供了最重要的依据，他所强调的社会权利也为普遍性、制度化的福利的发展提供了理论根据。总之，现代社会的公民资格是本质上的平等，公民资格理念给予弱势群体争取自己基本权利最重要的论据。

社会福利国民待遇作为社会权利的内容和基本形式，是指在同一国家或地区范围内，其国民享有平等的政治、经济、文化、科技、教育、卫生医疗保障等方面的权利和待遇。社会福利国民待遇分为两种类型。第一类为名义国民待遇和实质国民待遇。名义国民待遇是指全体国民，无论其民族、性别、职业、宗教信仰、教育程度、收入状况，都平等享受社会福利的权利。实质国民待遇是指全体国民都享受的适度普惠性的社会福利。第二类为基础性国民待遇和发展性国民待遇。基础性国民待遇是指以满足国民最基本需求为主要内容，表现为制度性和普遍性的社会福利待遇，如社会救助制度、医疗保障制度、养老保障制度都属于这一类。发展性国民待遇是指以为了满足国民更高层级的需求为主，包括教育、住房、公共交通及其他公共服务等主要方面。

《中华人民共和国宪法》第二章明确规定公民在法律面前一律平等，任何公民都享有宪法和法律规定的权利，同时必须履行宪法和法律规定的义务。公民的基本权利主要有：平等权，即公民在法律面前一律平等；选举权与被

① T.H. 马歇尔，安东尼・吉登斯 . 公民身份与社会阶级［M］. 郭中华，刘训练，编 . 南京：江苏人民出版社，2008：54.

选举权，即年满十八周岁的公民，不分民族、种族、性别、职业、家庭出身、宗教信仰、教育程度、财产状况、居住期限，都有选举权和被选举权，但依法被剥夺政治权利的人除外；言论、出版、集会、结社、游行、示威的自由；宗教信仰自由，包括信仰宗教的自由和不信仰宗教的自由；人身自由、人格尊严、住宅不受侵犯和通信自由；劳动权、休息权、退休人员生活保障权和公民在年老、疾病或者丧失劳动力时获得物质帮助的权利；受教育权，进行科研、文艺创作和其他文化活动的自由；妇女在政治、经济、文化、社会和家庭生活等各方面享有同男子平等的权利，婚姻、家庭、母亲和儿童受国家的保护；保护华侨、归侨和侨眷的合法权益；国家和社会保障残废军人的生活，抚恤烈士家属，优待军人家属；国家和社会帮助安排盲、聋、哑和其他有残疾的公民的劳动、生活和教育。

我国在保障公民享受社会保障权利的前提下，已经初步建立起了分别面对城市和农村居民的最低生活保障制度、医疗保障制度、养老保障制度，形成了一个相对公平，多元制度组合的社会保障制度。长期以来，农村居民无法享受任何社会保障待遇的局面已经彻底改变，农村居民有了更多的公民资格权利和应有的福利待遇。时至今日，我国在社会保障事业上取得的成就在任何时代都不可比拟的，但是随着时代的进步、文明的发展，我国社会保障制度已经不能满足城乡居民日益增长的社会保障需求。所以为了实现农村居民能够与城市居民享受同等的待遇，实现国民待遇的平等，我们不仅要全面实施基础国民待遇，还要进一步促进发展性国民待遇。

二、社会正义理论

在西方思想史上，平等有着悠长的历史，平等的含义随着社会的发展而发生变化。在古希腊时期，毕达哥拉斯派认为平等是正义和真理的追求；柏拉图尽管持不平等的自然正义观，但在他的《理想国》中，妇女拥有与男子平等的权利和机会；亚里士多德是明确提出平等思想的学者，认为正义就是平等，平等就是正义。文艺复兴和宗教改革之后，平等思想得到了进一步的发展。“天赋人权论”就是较为全面、较为系统的平等思想体系。作为自然法、社会契约论创始人之一的霍布斯（Thomas Hobbes）认为每个人生下来就在身心两个方面与其他人一样平等。洛克认为自然状态就是一种平等的状态，所以人人必须遵守自然法的约束。20世纪，伦理学家罗尔斯认为，“正义是社会制度的首要价值，正像真理是思想体系的首要价值一样，一种理论，无论它多么精致和简洁，只要它不真实，就必须加以拒绝或修正；同样某些法律和制度，不管他们如何有效率和有条理，只要它们不正义，就必须加以改造或废除。每个人都拥有一种基于正义的不可侵犯性，这种不可侵犯性即使以社会整体利益之名也不能逾越。”[①] 罗尔斯认为所有的社会价值——自由和机会、收入和财富、自尊的基础都要平等地分配，除非其中一种价值或者所有价值的不平等分配都适合于每个人的利益，那么，不正义就是不能使每个人获得的利益平等。沃尔泽基于多元正义提出了复合平等理论，认为国家必须回到其正当领域中，发挥公平分配的作用。

社会平等还有多种理解：有形式平等与实质平等、机会平等与结果平等、客观平等与主观平等。对社会平等的渴求不只是人类的一种心理诉求，更是社会福利的原始动力。平等的存在对福利的发展有着关键作用。

学者对社会平等与社会正义有着不同的视角和判断：一种认为，人们应该依靠拥有的资源来决定自己在社会中的地位和生活内容，由于某些群体资源的欠缺形成弱势群体或者导致贫困也是正义的。而认为通过分配富人的资源来援助穷人是不正义的，甚至是助长懒汉的一种行为。另一种认为，平等包括对弱者的关怀，这样的社会才是正义且美好的。对弱者的保护就是社会福利的价值取向。

关于社会平等的争论不仅仅是停留在理论上，而且从不同程度上影响了政治现实，也推动了社会福利制度的发展。人们通过形式平等和实质平等两个角度来探讨平等。形式平等是指机会的平等、起点的平等以及规则的平等，其主旨是尊重个人在现实中自由的享有和个性的发挥。实质平等是指结果的平等、终点的平等，强调的是从个人生活的现实情况作出判断，追求最终结果的平等。从宏观角度来讲，国家往往承担保障形式平等的责任，给予公民公平的制度环境，从而保证个人最大程度上发挥自己的优势，追求最满意的生活。仅仅通过形式公平无法保证结果的公平。尤其是对于社会上的弱势群体无法通过形式平等来达到幸福生活时，实质平等便成为对国家和社会的期

① 约翰·罗尔斯．正义论［M］．何怀宏，等，译．北京：中国社会科学出版社，1988.

望。由此，人们对实质平等的渴望，产生了对社会正义的诉求，从而衍生出了社会福利的观念。

社会正义体现在公共生活的每一个领域，有关社会中各种权利和义务、资源的分配以及社会制度和结构的建立，都属于社会正义的范畴。国家和社会通过制度性的安排合理分配社会资源，以保证每个社会成员都能得到公正的待遇，实现社会正义。为了使每个社会成员都过上满意的生活，国家和社会就需要通过平等的社会机制，保障社会中各种资源的公平分配，建立一个福利社会。

总之，社会正义包含着社会平等，是社会福利制度构建的伦理基础。在现代市场经济国家，市场的作用在于保证形式平等，然而市场的基本特征是竞争，在激烈的竞争环境中，那些在资源分配中处于劣势的群体，便成为失败者，失败的原因并不仅仅是个人的懒惰，而更多地在于市场在分配资源的过程中市场失灵问题的存在，也在于社会制度安排的缺陷。这时就要求国家和社会通过法律和制度安排等途径合理干预市场，实现资源的再分配，从而维护社会正义，在这个过程中，社会福利发挥着基础性作用。

党的十八大报告提出，公平正义是中国特色社会主义的内在要求，“加紧建设对保障社会公平正义具有重大作用的制度，逐步建立以权利公平、机会公平、规则公平为主要内容的社会公平保障体系，努力营造公平的社会环境，保证人民平等参与、平等发展权利”。社会保障是政府实现社会公平的主要手段之一。建立健全社会保障体系，有助于改善贫困群体的生活处境，缓解贫富差距过大带来的社会矛盾和冲突，社会保障的目标应立足于社会公正和社会安全，通过社会救助、社会养老保险、失业救助保险、社会福利以及社会优抚等多个方面的措施来实现社会公正和社会安全。社会主义市场经济条件下的社会保障制度首先要改善国家的再分配，迫切的问题是要增加政府财政对社会保障和农村基础教育及医疗的投入，高度重视解决农村贫困人口的生活困难问题，推行新型农村合作医疗改革试点，建立城乡统筹的最低生活保障制度和公共卫生与大病统筹制度。加大对职业教育的投入，培育和增强弱势群体的人力资源优势，根据社会财力的实际可能，逐步扩大保障的社会覆盖面，使更多的人能够享有社会保障。

与发达的市场经济国家相比，我国的市场经济发展还不够成熟，尤其是在城乡二元经济格局环境下，在资源分配过程中，有违背社会平等、社会公正的问题存在，如城乡医疗、教育以及人力资源的分配严重不均等、城乡居民养老待遇不平等、农村失地农民得不到合理妥善安排等问题。区别对待、差异化的社会保障制度不符合社会平等和社会正义要求，因此构建城乡统筹的社会保障制度是实现社会平等与社会正义的必要手段。

第二节　收入分配与公共服务均等化

一、收入分配理论

收入分配与社会福利有着密切的关系，收入分配理论一直是西方经济理论研究的重要内容。在收入分配理论发展和演变过程中，形成了古典经济学、新古典经济学、新剑桥学派、福利经济学学派等许多学派。这些学派还可以分为以市场基础的收入分配理论和以国家宏观调控为基础的收入分配理论。

以市场为基础的收入分配理论包括古典经济学派的收入分配理论和新古典经济学派的收入分配理论。

18 世纪 70 年代到 19 世纪 70 年代，西方经济理论研究处于古典经济学时期，这时期的研究重视对生产的研究。代表人物有亚当·斯密、马克思、李嘉图、西斯蒙第、穆勒等。亚当·斯密和李嘉图作为创始人，最早系统地研究了资本主义收入分配问题，二人都是从商品的价值出发，分析土地、劳动、资本三种生产要素之间的收入分配，劳动价值论是其收入分配理论的核心。

亚当·斯密根据人们占有的生产条件和获取收入的形式，将国民分为三种阶级：工人阶级、地主阶级和资本家阶级。他认为社会的基本收入是由这三大阶级的收入构成的，其他收入也是从这三个阶级收入衍生出来的。与三大社会阶级相对应，亚当·斯密将收入分为工资、地租和利润。亚当·斯密认为并不是只有劳动才能创造价值，土地和资本也可以创造价值。他认为商品的价值是由投入生产的劳动、土地和资本共同决定的。而商品交换价值是由工人获得的工资、地主获取的地租以及资本家所得到的利润所构成。在这种劳动价值论的基础上，亚当·斯密论述了收入的来源，揭示了生产关系的本质。

大卫·李嘉图继承了亚当·斯密分配理论合理的部分，也认为社会总收入是由工人阶级、地主阶级和资本家阶级的收入构成的，他认为工人的工资是其劳动收入，是劳动创造的价值，但是与亚当·斯密不同的是，他认为资本家的利润虽然是资本家的收入，但却也是劳动者创造的价值的一部分。因此，李嘉图分配理论的核心在于剩余价值的产生及其分割问题，主要包括工资理论、地租理论以及利润理论。他更加注重对各阶级收入的决定因素和数量比例关系的研究。

西斯蒙第是第一个将国民的幸福和福利与收入分配联系起来的学者，这也是他的理论基础和中心。在主流经济学派中，约翰·穆勒第一个提出了收入分配除了有助于经济增长还有利于缓解收入不公平的问题，提出分配规律区别于生产规律的论点。此后，通过收入分配来解决贫富两极化和收入不均等问题成为经济学研究的重要议题。从李嘉图和约翰·穆勒开始，西方主流经济学的研究方向从强调经济增长开始向调节收入转变。

19 世纪 70 年代，随着边际革命的兴起，在收入分配方面形成了要素价格决定的边际生产力理论，该理论由 J.B. 克拉克提出。边际生产理论与古典理论相对立，古典经济学是从供给和生产的角度探讨收入分配，而边际生产理论则是从要素的需求方面来解释要素价格的决定。

阿尔弗雷德·马歇尔将古典经济理论与边际生产理论结合起来，提出了均衡价格理论。马歇尔认为生产要素的价格由要素的供求关系决定，其均衡价格就是要素的供给方面和需求方面达到均衡状态时的价格。新古典理论在决定要素价格时将供给和需求两个方面都包含进来，比古典理论更加全面、更加符合实际情况。也正因如此，新古典理论成为西方收入分配理论的主流。

以国家宏观调控为基础的收入分配理论包括凯恩斯学派的分配理论、新剑桥学派的分配理论、福利经济学的“收入均等化”分配理论、库兹涅茨的倒 U 型理论。

凯恩斯主义认为合理的收入分配有助于经济增长，而充分就业的静态均衡状态是市场经济中的特殊情况，认为分配不公是出现有效需求不足的重要原因，他主张国家通过干预的方式，建立宏观调控收入分配的经济制度，实现充分就业的均衡，从而打破了传统以市场经济为基础的收入分配理论。

新剑桥学派是凯恩斯经济学的补充和发展，以收入分配理论研究为核心。新剑桥学派将国民收入分为利润和工资两部分，随着经济的发展，利润在国民收入中的比值上升，而工作在国民收入的比值有所下降，所以经济增长加剧了利润和工资在国民收入中所占额的差距。该学派认为，经济的增长是以收入分配恶化为代价，这种收入的差异会导致消费需求不足，最终制约经济的发展。新剑桥学派提出了通过用所得税和财产税等短期政策来进行收入的再分配，给予低收入群体补助，提高失业者的就业技能，等等。同时还提出了通过实行遗产税、防止私有财产过于集中、收购个人股份等长期政策。

福利经济学从经济增长的目的是促进国民福利、解决贫困问题出发，认为收入分配均等是促进社会福利的途径之一。福利经济学认为，货币边际效用与其他商品一样，是随着货币的增长而递减，也就是说，随着一个人的收入越多，其货币收入的边际效用越低，而收入越少，货币收入的边际效用就越大。因此，福利经济学派主张，通过将富人的货币收入向低收入群体转移，可以增加货币的边际效用，使总体的社会经济效用增加，收入分配更加合理，也会使社会福利的总量增加。

西蒙·库兹涅茨提出倒 U 型曲线。倒 U 型曲线是指在经济发展的过程中，其收入分配长期变动轨迹的呈 U 型。西蒙·库兹涅茨通过对发展中国家和发达国家的对比研究，发现发展中国家的收入不平等情况比发达国家更加严重。倒 U 型曲线表明，经济发展处于早期阶段时，其收入分配先趋于恶化，但是随着经济的发展，收入分配会达到相对均等的状态。

刘易斯建立的二元经济模型，为发展中国家经济发展过程的收入分配问题提供了理论依据。刘易斯等学者从劳动力转移的角度研究经济发展和收入分配的问题，认为经济发展初期，收入分配的差距扩大；经济发展的阶段，收入分配趋于公平。在二元经济模型中，决定收入的差距的根本性原因是工人的工资和资本家利润之间的差异，这一差异也主要取决于劳动力的稀缺程度。

中共十八届三中全会上通过的《中共中央关于全面深化改革若干重大问题的决定》中指出，形成合理有序的收入分配格局，着重保护劳动所得，努力实现劳动报酬增长和劳动生产率提高同步，提高劳动报酬在初次分配中的比重，多渠道增加居民的财产性收入。同时还提出，要紧紧围绕更好保障和改善民生、促进社会公平正义深化社会体制改革，改革收入分配制度，促进共同富裕，推进社会领域制度创新，推进基本公共服务均等化，加快形成科学有效的社会治理体制，确保社会既充满活力又和谐有序。

公平且可持续的社会保障是收入分配改革的重要内容之一，也是收入分配再分配环节的重要组成部分。同样，只有提高居民收入水平才能更好地完善社会保障。为了让发展成果更多惠及公民，应该在初次分配中，兼顾效率和公平，提高劳动报酬在初次分配中的比重，让劳动者劳有所得、干有所值。而再分配中，则更加注重公平，其中完善社会保障是进一步缩小收入分配差距的内在要求。

二、公共服务均等化理论

西方对公共服务均等化的研究开展得相对早，研究成果相对丰富，也较为全面和系统。关于公共服务问题的理论研究经历了产生—发展—改革和反思三个阶段。

19 世纪中后期至 20 世纪初，公共服务理论研究处于产生阶段，产生于英国、德国等早期发达资本主义国家，代表学者有英国的托马斯·霍斯福尔、德国的瓦格纳、施穆勒等社会政策学派。在反对传统自由主义，以社会进化论为基础，将公共服务当作国家竞争力的社会背景下产生。这一时期公共服务理论的主要观点为，国家应该强制提供公共服务、提高公民素质、缓和社会矛盾、增强国家竞争力，从而争得执政合法性。这里所指的公共服务主要是指基本的公共服务，主要以医疗、就业、教育以及解决贫困为主。因此该阶段的公共服务属于补缺型公共服务，并不是全面的公共服务，并且只强调和指出国家有提供公共服务的义务，而对涉及公共服务均等化的研究还很少。

20 世纪中期，公共服务理论的研究进入发展阶段。这一时期，凯恩斯主义的盛行推动了西方发达国家的补缺型公共服务向全面型公共服务转变。凯恩斯主张政府干预经济社会生活，扩大基础设施建设和社会福利支出，从而推动经济的发展，维护社会的稳定，摆脱危机。除了凯恩斯理论，还有公共经济学和福利经济学学派的兴起，也促进和丰富了公共服务理论的研究。福利经济学的主要主张为资源分配越均等，福利就越大，强调国家在收入分配中的作用。福利经济学的福利思想是公共服务均等化研究的理论基础，认为国民收入的均等化分配可以增加社会福利，资源的合理分配能够使社会福利最大化，在资源不合理分配的情况下，国家应当通过宏观经济政策参与收入的再分配，从而达到社会福利的均等化。福利经济学派代表学者有英国经济学家霍布斯和庇古、意大利的帕累托、美国的勒纳和萨缪尔森等。公共经济学研究的重心在于“公共部门提供何种公共服务，如何提供公共服务”。该阶段对公共服务的研究不只是停留在强调国家提供公共服务的责任，而是涉及公共服务的范围和质量，并且对公共服务均等化理论产生了深远影响。

20 世纪末，公共服务理论的研究进入改革和反思的阶段。这一时期，西方国家陷入经济危机，提供普惠式的公共服务与经济增长发生冲突，学者开始对福利国家进行反思和改革，提出了新公共管理理论和新公共服务理论，主要内容是探讨政府在提供公共服务中承担的角色。新公共管理理论认为政府在提供公共服务的时候，是“掌舵者”而不是“划桨者”，所以政府应该购买服务，让私人部门提供公共服务，再次强调政府在提供公共服务中的责任。新公共服务理论则认为政府在提供公共服务时承担的是“掌舵者”而不是“划桨者”，认为政府提供公共服务不仅是追求效率，还是出于公共性的目的。该阶段对于公共服务的研究已经逐渐成熟和多样化，致力于寻找效率和公平的平衡点。

基本公共服务均等化的理念最早体现在社会正义的哲学思想中。约翰·罗尔斯的社会正义论首次将公平正义原则运用于公共事务中，认为所有的公民都拥有平等享受公共服务的权利，如有平等接受基本教育的权利、享受平等就业的机会，等等。阿马蒂亚·森认为在衡量平等的时候需要根据个人的功能和能力，认为贫困不仅仅是由低收入造成的，而是由于某方面基本能力的缺失，因此强调政府在资源分配中的作用。可以看出，这其中暗含着公共服务均等化的理念。其次，基本公共服务均等化的理念还体现在财政均等化的研究中。保罗·萨缪尔森在定义公共产品时认为公共产品是集团中所有成员均等消费的商品，该定义包含了公共服务均等化的思想。布坎南认为国家应该从相对富裕地区征收一部分税收用来补贴相对贫困地区。蒂伯特认为人们可以选择公共服务供给最满意的辖区，这种做法不仅有利于提高地方的公共服务供给效率，还可以有效缓解地方之间公共服务供给的非均等化。

对于城乡基本公共服务均等化的问题，很多学者通过不同的视角进行了研究。Michael Lipton 提出城市偏向理论，指出 20 世纪 50 年代以来，在许多发展中国家在供给公共服务过程中出现向城市倾斜的现象。他又进一步指出，政府通过价格偏向和支出偏向两个途径来实现城市偏向。主要表现为政府通过汇率以及税收等方法造成工农产品价格的扭曲，其次还表现在政府对教育、医疗、交通以及其他基础设施建设方面的投资更多地倾向于城市地区。他认为在公共服务领域中城市偏向的结果导致发展中国家农村地区远远落后于城市地区，城乡之间的收入差距、福利差距不断拉大，严重阻碍了发展中国家整体经济的发展。

与其他发展中国家相似，改革开放以来，我国对公共服务领域的城市偏向比较明显。陆铭、陈钊认为，城市偏向型发展政策是造成我国城乡公共服务不均等的重要原因，更为重要的是，我国在城乡之间实行两种不同的公共服务供给体制，加剧了城乡之间的差距和基本公共服务不均等。具体表现为教育资源、公共卫生、养老待遇、住房保障、基础设施建设等方面都存在较大的城乡差距。我国城乡居民对政府政策的影响力比较有限，因此城市偏向理论不完全适合于我国的具体国情，但是该理论对于农村地区的发展和解决贫困问题仍然具有重要的意义。

中共十八届三中全会提出，要紧紧围绕更好地保障和改善民生、促进社会公平正义深化社会体制改革，推进基本公共服务均等化。面对广大人民群众日益增长的基本公共服务需求，各级党委、政府必须按照三中全会精神，把促进社会公平正义、增进人民福祉作为出发点和落脚点，以政府治理创新推进基本公共服务均等化，使全体社会成员都能拥有平等的生存发展条件，都能公平享受发展成果，都能享有人生出彩机会。将满足广大农民、进城务工人员的基本公共服务需求摆在突出位置，探索建立城乡统筹的基本公共服务供给机制。由于历史原因，我国形成了城乡二元的基本公共服务供给格局。随着经济社会发展，广大农民、进城务工人员对基本医疗、基础教育、养老保障、公共文化等基本公共服务的需求不断提高。需求层次的不断提高和需求数量的不断增长，反映了人自身发展需求的升级，体现了公民的新期待。为此，必须逐步消除影响农村人口公平获得基本公共服务的制度性障碍，探索建立城乡统筹的基本公共服务供给机制，满足广大农民、进城务工人员日益增长的基本公共服务需求。

第三节　风险社会理论与社会治理理论

一、风险社会理论

20 世纪中期以来，环境污染、疯牛病、核泄漏等社会风险问题在西方国家层出不穷，涉及社会生活的各种领域，公众正常的社会生活受到极大的影响，引起了西方学者对社会风险理论的研究。

最早将风险概念引入经济学研究领域的学者是约翰·汉尼斯。他认为风险是损失发生的概率，在分配理论争论中，风险是获取利益的本质原因。哥伦比亚大学学者爱伦·威雷特认为风险具有客观和主观之分，损失的可能性通过心理层面的不确定性来影响经济活动。威雷特认为风险的本质是客观的，且与主观的不确定性与客观的可能性相关联。弗兰克·奈特认为风险是可测的，而不确定性却是不可预测的。风险是损失的可能性，是客观存在的，而不确定性则是主观意志决定的。因此，客观的可能性是一样的，而不确定性则因人而异。当代学者普雷切特和斯凯柏认为，风险是实际结果和预期结果的变异程度。也就是说风险不再只是意味着损失，也可能会带来收益。

20 世纪 80 年代，德国慕尼黑大学教授乌尔里奇·贝克创立了风险社会理论。在理论研究中，他强调风险的现实性和建构性，立足于后现代主义和现代化，以全球化的视角来探索风险社会。贝克所说的风险，是指完全逃离人类感知能力的放射性，空气、水和食物中的毒素和污染物，以及相伴随着的短期的和长期的对植物、动物和人的影响。它们会导致系统的、常常是不可逆的伤害，而且这些伤害一般是不可见的。风险概念是说明自然终结和传统终结的概念；或者换句话说，在自然和传统失去它们无限效力并依赖于人的决定的地方，才谈得上风险。

风险社会的概念意味着：①风险既非毁坏也非对安全的信任，而是“虚拟的现实”；②一种具有威胁性的未来变成了影响当前行为的参数；③风险直接和间接地与文化定义和生活是否可容忍的标准相联系，涉及“我们想怎样生活？”这一价值判断；④“人为制造出来的不确定性”暴露了国家—政府控制风险能力的匮乏；⑤当代的风险概念关涉知识（knowledge）和不意识、无知识（unawareness/non-knowledge）的某种特殊的综合；⑥新的风险类型可能同时是地区性的和全球性的；⑦日常的认识遮蔽了危险的传播和活动，因此知识和风险的潜在影响之间存在差距；⑧风险社会的概念消除了自然与文化之间的差异。[①]

安东尼·吉登斯在现代性研究的基础上，提出了风险社会理论。他认为风险可以分为“外部风险”和“人造风险”。外部风险是来自外部的，从自然现象、社会现象以及生理现象对人类的经济社会生活造成损害的可能性。随着经济的发展，社会的复杂化以及科技的发展，人类自身制造的风险，不能通过过去的经验来预防，如全球变暖的问题。吉登斯认为风险是现代性的后果，认为人造风险对人类社会生活的损害和影响最大。

对风险社会理论的研究虽然已经取得很大的进展，但是各学派之间没有联系，处于割裂的状态，还没有形成一个整体系统化的风险社会理论。因此，以美国学者罗杰·E. 卡斯帕森为代表，在 1988 年创立了风险的社会放大理论。该理论试图通过将心理学、社会学等各种联系起来，从而更进一步准确地解释风险和预测评估风险。风险的社会放大理论认为：风险通过与人们的心理、社会制度以及文化传播互动，可以强化风险对公众的影响。学者们通过建立风险放大模型来研究风险社会。结果表明，风险信息在传递过程中，受到新闻媒体、科学家以及人际网络等的影响使得风险放大。放大的风险对人们的行为造成影响，进而产生次级社会经济效应，这种效应可能会引发额外的制度回应和保护性措施，这个过程就是风险社会放大的整体形象。

风险社会理论与社会保障制度也有着密切的关系，风险的预测和管理对于克服社会保障制度面临的各种风险挑战都有着重要意义。我国目前社会保障制度面临的社会风险有制度风险、生态风险、公共安全风险以及金融风险。制度风险是由于制度设计和制度运行中存在的漏洞等原因引起的矛盾和冲突。在社会保障领域，主要表现为在新旧制度过渡时期发生的各种社会问题和矛

---

① 乌尔里希·贝克．世界风险社会［M］．吴英姿，孙淑敏，译．南京：南京大学出版社，2004：174-190.

盾，城市和农村各自独立运行的社会保障制度衔接过程中，制度存在空白以及缺少整体规划，城乡社会保障待遇存在着差异等问题。生态风险是环境污染、自然灾害等原因损害公众的财富和生命安全的风险。近年来，我国的生态环境退化，不仅给公众生活质量造成严重的影响，还威胁着公众的身体健康。自然灾害的频发，给我国的经济，公众的财富和人身安全造成了巨大的损害，严重阻碍了经济发展，影响了社会的稳定。金融风险是指有关金融领域方面的风险，如金融市场风险、金融机构风险、金融产品风险等。具体表现为除了周期性的经济危机，还包括以金融和信用为核心的现代经济给公民生活造成的巨大风险。我国的市场经济还没有西方发达国家的市场经济成熟，如在社会保障基金运行管理过程中，合理规划投资市场的社保基金比例至关重要。在保证社会保障基金保值的情况下，使其增值面临最小的风险一直是个难题。公共安全风险是指对不特定人群和多数群体造成财富、生命安全重大损害的风险。随着社会主义市场经济的发展，各种社会矛盾突显出来，群体事件时有发生，为了有效防止群体性事件，缓和社会矛盾，就要充分发挥社会保障制度的作用。

完善的社会保障制度可以通过有效的风险评价机制、风险预警机制以及风险决策机制来保护人们的财产和生命不受损害，同时也有利于缓和社会矛盾和维护社会安定。

二、社会治理理论

1989 年，世界银行在描述当时的非洲情形时首次使用“治理”一词。此后，在描述发展中国家政治状况时也常常使用“治理”一词，该词之后被广泛地用于政治发展研究中。20 世纪 90 年代以来，政治学家和政治社会学家对“治理”赋予了许多新的定义。治理理论的创始人之一，美国学者詹姆斯·罗西瑙将治理定义为一系列活动领域的管理机制，虽然它们未得到授权，却能有效发挥作用。与统治不同，治理是指一种由公共目标支持的活动，这些活动主体未必是政府，也无须依靠国家的强制力量来实现。[①]

罗茨认为治理不再意味着有序统治，而是一个用新的方法统治社会的过

① 詹姆斯·罗西瑙．没有政府统治的治理［M］．剑桥：剑桥大学出版社，1995：5.

程。他详细列举了六种关于治理的不同定义。这六种定义分别是：①作为最小国家的管理活动的治理，是指国家削减公共开支，以最小的成本取得最大的效益。②作为公司管理的治理，是指指导、控制和监督企业运行的组织体制。③作为新公共管理的治理，是指将市场的激励机制和私人部门的管理手段引入政府的公共服务。④作为善治的治理，是指强调效率、法制、责任的公共服务体系。⑤作为社会—控制体系的治理，是指政府与民间、公共部门与私人部门之间的合作与互动。⑥作为自组织网络的治理，是指建立在信任与互利基础上的社会协调网络。①

在各种对治理的定义中，全球治理委员会的定义最具有权威性和代表性。该委员会在 1995 年发表的题为《我们的全球伙伴关系》的研究报告中，将治理定义为：治理是各种公共的或私人的个人和机构管理其共同事务的诸多方式的总和。它是指使相互冲突的或不同的利益得以调和并且采取联合行动的持续过程。这既包括有权迫使人们服从的正式制度和规则，也包括各种人们同意或以为符合其利益的非正式的制度安排。治理有四个特征：治理不是一整套规则，也不是一种活动，而是一个过程；治理过程的基础不是控制，而是协调；治理既涉及公共部门，也包括私人部门；治理不是一种正式的制度，而是持续的互动。②

治理理论的兴起实质上是政府对当时政治、经济、社会形态的变化作出的理论和实践上的回应。统治是政府作为单一主体对国家公共事务进行管理，这种单中心的管理已经不再适应当时社会的发展。所以在这种背景下，以奥斯特罗姆为代表的制度分析学派提出了多中心治理理论。多中心治理理论就是指在参与国家公共事务的管理中，政府不再是唯一的管理主体，而是存在包括公民、非政府机构、私人机构等多个决策主体，多个主体在一定的规则约束下，以多种形式共同参与公共事务管理。多中心治理理论要求在参与公共事务时，国家、社会、政府、市场以及公民共同合作，形成一个多方互动、多维度的管理过程。多中心治理理论的终极目标是通过多种主体的共同协作、以多种的管理方式实现公共利益的最大化。

---

① 俞可平．治理与善治［M］．北京：社会科学文献出版社，2000.

② 全球治理委员会．我们的全球伙伴关系［M］．牛津：牛津大学出版社，1995：23.

治理理论在调节政府和市场的关系中发挥了重要作用，但仍然存在许多局限。它不能代替国家享有合法的政治暴力，也不可能代替市场自发地对社会资源进行有效配置。保罗·杰索普将治理理论的内在困境概括为四种两难选择。一是合作与竞争的矛盾，二是开放与封闭的矛盾，三是原则性与灵活性的矛盾，四是责任与效率的矛盾。

针对治理理论存在的困境，许多学者纷纷提出了“有效的治理”和“善治”的理念。善治是旨在公共利益最大化的社会管理过程，其特征是政府和市场之间构筑共同管理公共事务的新型合作关系，是国家与社会之间最佳的状态。善治具有六个基本要素。一是合法性。这里是指合法性与国家颁布施行的法律有一定的区别，是指政治学意义上的合法性，即被一定范围内的公民从内心所接受和认可的权威和秩序。善治的程度与合法性的程度成正比，所以协调好政府与公民的关系，有效解决各利益主体之间的矛盾对善治有着至关重要的作用。二是透明性。它是指政府政务信息的公开性。每个公民都有权知道与自己利益相关的政策信息，并且只有这样才能更有效地参与公共决策的过程，并对公共事务的管理进行监督。透明性越好，善治的程度就越高。三是责任性。它是指公民具有对自己行为负责的责任，尤其是对于从事公共事务的工作人员具有严格履行其职责的责任。管理机构及工作人员的责任性越强，善治的程度就越好。四是法治。它是指法律是最高的行为准则，法律面前人人平等。法治是善治的基本要求，没有法治就没有善治。五是回应。它是指管理机构及工作人员应当及时回应公民的诉求，与公民建立健康的互动关系。回应性越强，善治的程度便越高。六是有效。它是指管理机构的办事效率。这里既要求管理机构设置合理，也要求管理成本的最小化。有效性越强，善治的程度越高。

善治理论在社会福利领域里的应用体现在公共部门与私人部门共同参与社会福利、养老金基金的保值增值的责任转交给市场以及选择和明确受助目标等。但是这些尝试也受到了争议，关于世界银行提出的养老金私有化，有的学者认为这对于靠养老金生活的老人来说具有巨大的风险，也会削减当代劳动者对这项制度的认可度，不利于这项制度的可持续发展。残余型福利模式中，确定补助界限以及控制管理费用一直是个难题。

改革开放以来，党和政府始终高度重视社会管理，为形成和发展适应我国国情的社会管理制度进行了不懈的探索和实践，取得了重大成绩，积累了宝贵经验。同时，我们也要看到，当前我国处于发展的重要战略机遇期，又处于社会矛盾凸显期，社会管理面临着新情况和新问题。从总体上看，我国社会领域存在的问题，是我国经济社会发展水平和阶段性特征的集中反映。改革开放以来，我国经济体制深刻变革，利益格局深刻调整，思想观念深刻变化，社会活力显著增强，同时社会结构和社会组织形式发生深刻变动，社会管理环境发生了深刻变化。主要表现在：一是从经济层面看，随着经济体制改革的不断深入和经济结构调整不断推进，大批人员需要下岗、转岗，以多种形式创业就业；随着农村生产力不断发展，大批农村富余劳动力需要转移就业；地区之间、城乡之间发展差距以及部分社会成员之间的收入分配差距依然较大，统筹各方面利益难度增加；随着多种所有制经济共同发展，社会组织形式需要作出相应变动；工业用地、城市用地需求激增，农村土地征收征用、城镇房屋拆迁容易产生大量矛盾；长期存在的粗放型发展方式在安全生产、环境保护、产品质量等方面引发了不少社会问题。二是从社会层面看，机关和企事业单位等承担的社会管理职能大部分已经剥离出去，越来越多的人由“单位人”变成“社会人”。非公有制经济组织、社会组织快速发展，城乡流动人口大量增加，新的社会阶层不断出现，导致城乡结构、就业结构、人口结构、居住结构等发生重大变化。三是从思想文化层面看，人们思想活动的独立性、选择性、多变性、差异性明显增加。一方面，人们的公平意识、民主意识、权利意识、法治意识、监督意识不断增强。另一方面，部分社会成员思想道德失范，有些人的世界观、人生观、价值观发生扭曲。四是从工作层面看，一些部门和地方经济建设一手硬、社会管理一手软的问题仍然不同程度地存在，面对新情况，过去行之有效的管理理念、管理制度、管理手段、管理方法已经难以完全适应。

中共十八届三中全会将社会管理发展为社会治理，适应了中国新时期的新特点和人民群众在新时期的新期待。中共十八届三中全会提出，创新社会治理，必须着眼于维护最广大人民的根本利益，最大限度增加和谐因素，增强社会发展活力，提高社会治理水平，维护国家安全，确保人民安居乐业、社会安定有序。要改进社会治理方式，激发社会组织活力，创新有效预防和化解社会矛盾体制，健全公共安全体系。

第四节　政府责任与政府干预理论

一、政府责任理论

在当代西方政府责任理论中，最有影响力的是新公共管理的责任理论、新公共服务的责任理论和公共责任理论。新公共管理率先提出了政府的顾客责任、结果责任、回应责任、市场责任等新的责任理念，为新公共管理改革后责任政府的建设重点指明了方向。新公共服务则力图在新的责任环境下复兴传统的政治责任、官僚责任与法律责任，提供一个更有说服力的民主责任理论。公共责任理论则探讨了多元治理主体的治理责任，把责任管理扩大到了参与治理的所有行动主体。

当代西方公共行政改革在很大程度上是以新公共管理理论为指导的，因而又被称为新公共管理运动。在新公共管理运动中，建立政府对结果负责的机制和对顾客负责的机制成为责任政府研究的热点和主题，责任政府建设也突破了传统的立宪责任模式，出现了强调政府服务与结果产出的新责任模式。与强调政府向立法机关、民选官员负责的传统责任观不同，在新公共管理中，强调一种新的责任机制，在这种新责任机制中，官僚制组织、顾客、立法机关、媒体及个人之间的关系是直接实现的，而不必总是通过政治官员来进行。这时，责任或职责是指向整个社会的，而不仅仅是立宪责任。新模式的责任机制不仅日益重视产出，而且重视对产出的测量，因此远远优于传统行政模式的责任机制。美国著名公共行政学家戴维·罗森布鲁姆认为，新公共管理途径与传统管理途径截然不同。新公共管理几乎完全把焦点集中在了绩效与结果上。

相对于包括开销、人员及组织管理等问题在内的内部管理活动而言，新公共管理更强调立法部门对于各级行政部门绩效的外在监督。它还认为通过市场机制与顾客评价同样能够达到落实行政责任的目的。新公共管理的责任包括如下责任类型：第一，顾客责任。新公共管理强调对公民的直接责任机制，使行政部门像企业关注顾客一样关心公众需求，有针对性地为不同公众群体提供快捷的服务，以满足社会的多元需求，这就使政府责任机制与公众之间有了直接的联系。新公共管理的责任机制改善了政府与顾客之间的关系，使政府将其与顾客的关系作为其日常职责的一部分进行管理，负责任地与顾客交往并不断改进自己的服务。第二，结果责任。新公共管理的一个重要成就是建立了政府的结果责任机制。英国的富尔顿报告认为，责任管理就是要“使个人和单位对已得到尽可能客观评价的绩效负责”。它的实现依赖于“在政府部门内部确认或建立责任单位——这些单位的产出能够被尽可能客观加以考核，同时，这些单位中的个人则可以个人的名义对自己的绩效负责”。绩效责任通过制定一系列的绩效指标，把政府的整体责任巧妙地转化为政治官员和公务员的个体责任，具有极强的可操作性和实用性。第三，回应责任。新公共管理强调政府与社会组织间的相互依赖关系，强调政府对社会公众要求的回应性。因而，要求政府对公众需要及时回应，增加政府行政的可理解性和可接近程度，增加政府行政对顾客参与决策的公开程度，等等。第四，市场责任。市场责任意味着要以市场效率的标准来提高公共资金使用的效率，要用严格的责任机制来规范公共资金的使用。政府的市场责任主要通过合同或准合同的方式来实现，把政府的部分职能通过合同或准合同的形式交给私营部门完成，以提高公共资金的使用效率。第五，代理机构的责任。西方国家公共行政改革以来，出现了很多执行机构与代理机构。这些代理机构具有管理、财务和人事制度的灵活性以及一定的管理自主权，如英国在公共行政改革过程中，成立了执行机构，执行机构的全面设立意味着政府内部责任机制的变化。在传统的议会主权和部长负责制下，各部部长就政策和部门内部的操作管理向议会承担个人责任，执行机构设立后，机构负责人通过部长就政策执行和服务管理向议会承担责任。“将绩效责任毫不含糊地置于执行机构管理者肩上，可能会影响到部长向议会负责的方式。很明显，部长必须完全为政策负责。我们相信，议会通过部长，将管理者视为操作问题的直接责任人是可能的。”[①] 同时，英国内阁办公厅每年都对执行机构的发展、运行及其绩效状况进行总结评价，并以《执行机构评论》或《执行机构报告》的形式将评估结果公布于众。议会也要求所有机构做年度报告和财务报表，首先交

① Improring Management in Gorernment: The Next Steps [M] . London: HMSO，1998.

给英国审计署审核，之后上交给国会。执行机构的首席执行官或总裁需要出席公共会计委员会或国会特别委员会的会议，就执行机构的活动问题接受质询。新公共服务理论是在批评新公共管理理论的过程中产生的，力图在新的责任环境中复兴传统的公共行政责任理论。

新公共服务的责任观认为，尽管对效率和结果的测量很重要，但是，对于公共行政官员行为要负责、合乎道德并且符合民主原则和公共利益的要求更为重要。新公共服务主张一种复杂的行政责任观念。第一，政府应强调公共权力的责任，要使政府及其机构和官员对其最终的所有者——公民更加负责。正如罗伯特·贝恩指出“公共管理者必须对谁负责，答案是‘每一个人’”。第二，法律原则、宪政原则以及民主原则是负责任的行政行动不可辩驳的核心内容。公共行政官员的权威来源于公民，责任要求公务员应该通过授权并且强化公民在民主治理中的作用来与公民互动并且倾听他们的声音。“这种民主责任的模型有两个主要的组成部分。第一个组成部分是公务员认真对待政治权威的责任。第二个组成部分是随着公务员在政策制定和政策执行中的角色而定的一系列责任。”在新公共服务中，责任被广泛地界定为包含了一系列专业责任、法律责任、政治责任和民主责任，但是，责任机制在民主政策中的最终目的在于确保政府对公民偏好和需要的回应。行政官员应该成为一个复杂治理系统中负责任的行动主体，在这个复杂的治理系统中，他们可能扮演的角色有促进者、改革者、利益代理人、公共关系专家、危机管理者、经纪人、分析员、倡导者以及最重要的是公共利益的道德领袖和服务员。公务员是以一种负责并且是对民众负责的方式来平衡这些角色，其关键是公民参与、授权以及对话。

治理是政治国家与公民社会的合作、政府与非政府组织的合作、公共机构与私人机构的合作、强制与自愿的合作。治理是一个全方位互动的管理过程，主要通过合作、协商、伙伴关系、确立认同和共同的目标等方式实施对公共事务的管理。现代公共治理过程中，政府、市场和第三部门已经成为公共管理的多元主体。在这种多元主体并存的公共治理过程中，要求建立公共治理的责任结构，合理界定政府、市场和第三部门各自的责任及其责任关系。在一个多中心、多主体互动合作的公共治理网络中，要求完善每一个治理主体的公共责任。

公共责任的主体是多元责任主体，包括政府、非政府组织及其他社会组织。公共责任的多元主体都要履行自己的职责，并有义务对公共责任的客体或对象——公众及民意机构做出解释。各公共责任的主体要负责任地确定自己所追求的公共目标，要表现为高度的责任感和义务感。在实施公共行为的过程中，各公共责任主体要自觉接受公众或民意机构的监督并向其汇报、解释、反映情况、说明原因、提供账目等。在实施公共行为之后，各公共责任主体要接受公众对其行为结果的评价，并对自己的不当行为进行撤销和修改，对造成的损失进行赔偿。

在责任政府建设实践中，公共责任理念也得到了相应的体现。如一些西方国家在社会团体立法中采用“对公众的责任”的原则，要求社会团体保持“忠实义务”和“组织的公开性和透明性”原则。在政府管制过程中，政府也加强了对社团公共责任的监管，如要求社团申请者必须接受法律规定的诸如组织结构、责任制度等规定，要求其公开财务、管理及分配等信息。

社会保障是现代社会防范和控制社会风险的机制，是一种公平机制，是克服市场竞争给社会成员带来的各种风险，弥补市场失灵的制度。政府的权力是公民赋予的，是公共利益的代言人，为了维护国家的社会稳定，实现社会公平、公正，政府必须承担起满足公民社会保障需求的责任。并且社会保障作为一种再分配制度，是政府干预市场分配结果的重要手段，也是政府运行公共权力的责任所在。政府应通过社会保障制度的实施，调节国民收入再分配，控制或消除社会差距。

在社会保障制度建设过程中，政府需要具体承担以下几种责任。第一，制度设计。社会保障制度作为公共选择的产物，从它诞生的那一刻起，就具有社会性、非竞争性和非排他性的特征，这些特征决定了政府承担制度设计、建设和改革的责任。政府必须在社会保障体系中承担起目标选择、体系结构设计、模式选择以及改革发展方向确立等责任，提供一套行之有效的社会保障制度。科学的制度设计，不仅为社会保障具体项目的实际运行提供了良好的制度环境，而且为政府更好地履行社会保障责任提供了制度基础。第二，健全法制。社会主义市场经济应是法治经济，社会主义和谐社会首先必须实现法治。作为市场经济的重要支柱、和谐社会的重要基础，社会保障制度也必然要求法制化。社会保障法是关系国家经济发展、社会稳定和人权保障的重要法律制度。第三，财政支持。稳定的资金来源是社会保障良性发展的基础。在现代社会保障体系中，最主要的责任主体——政府的财政支持是筹措社会保障资金的一个固定、主要的来源渠道。中国社会保障中的社会救助、社会福利、优抚安置和城市居民最低生活保障所需资金，基本上是国家财政拨付的，有比较可靠的保证；而社会保险方面的资金，即养老保险、失业保险、医疗保险、工伤保险、生育保险所需的资金，由于通过企业和个人缴费筹集，时常在支付时发生一些困难，其缺口也需要国家财政予以补充。因此，没有国家财政作为经济后盾，很难健全社会保障制度，也难以实现社会保障制度的健康发展。第四，监督管理。政府在建设社会保障运行机制时，要建立高效的社会保障法制系统、管理系统、实施系统和科学监督系统。其中监督管理是保证社会保障制度良性运行的必要条件。社会保障制度能否达到预期的政策目标，在很大程度上取决于政策的执行情况，而监督管理机制的健全与否直接决定政策执行的质量。政府对社会保障承担监督管理责任，是政府作为社会保障制度的主导者和公共管理者的内在要求，是确保社会保障整体制度系统有效运行的重要保证。第五，基金管理。社会保障基金是指国家或社会依法建立的用于保证全体社会成员最基本经济生活需要的专项基金。它是社会保障体系赖以存在和产生作用的货币基础，也是社会保障制度的中心内容。社会保障基金的筹集、运用及规模，决定着社会保障制度实施的广度和深度。选择合理的社会保障基金筹集模式，对基金进行良好的管理和高效的运用，确保基金的安全完整和保值增值是各级政府义不容辞的责任。

二、政府干预理论

从亚当·斯密的自由放任学说到凯恩斯的传统政府干预理论，政府在社会经济活动中充当什么样的角色都是理论研究的重点，随着理论研究的发展，政府的作用不再局限于弥补市场的局限，而是更侧重于如何改善政府自身从而更好地管理社会经济活动。

17 世纪中叶到 20 世纪初期，以亚当·斯密为代表的自由放任主义兴起，当时的资本主义处于完成资本的原始积累，手工业向机器制造业过渡，社会化大生产基本形成的时期。自由放任主义认为资本市场具有自身的规律，可以通过对其“自由放任”，对资源进行高效配置。因此，自由放任主义反对政府对市场运作进行过多的干预，主张让市场放任自由地发展。但是自由放任主义的少干预并不是不干预和无政府的状态，而是鼓励政府为市场的自由发展提供健康的社会经济环境，通过制定法律和相关政策保证市场经济的正常运行。

20世纪30年代，资本主义国家遭遇了经济危机，各国的经济社会生活遭受到前所未有的打击。这场经济危机打破了“市场是万能的”观念，暴露了市场经济在自发调节时的局限性和盲目性。在这个经济危机的背景下，凯恩斯主义产生了。凯恩斯认为在市场经济自发地配置资源的过程中，供给不能自动创造需求，社会总供给和总需求不能自动实现均衡。因为，在边际消费倾向相对稳定的情况下，人们更愿意储蓄而不是消费。这就形成了有效需求不足。凯恩斯主张以国家干预的方式来解决市场失灵的问题。国家干预的方针和政策的具体表现为扩张性财政政策，增加财政支出，增加公共投资和公共消费，从而改善有效需求不足的情况，减少失业，促进经济发展。凯恩斯认为市场经济的资源配置没有把公共利益包括在内，不能依靠市场本身来摆脱经济危机，也不能有效解决失业问题。所以只有靠政府对经济社会的全面干预，通过收入分配政策有效刺激需求，才能解决失业问题，促进经济的复苏，从而摆脱经济危机。

20世纪六七十年代，资本主义国家由于持续的扩张性财政政策，出现了过度的财政赤字，导致经济发展停滞以及通货膨胀问题严重，凯恩斯主义宣告破产，新自由主义和新凯恩斯主义应运而生。它们在继承自由放任主义和凯恩斯主义的基础上，结合现实的问题对理论进行了修正和发展。新自由主义认同自由放任主义对市场的“看不见的手”原理，认为市场可以有效配置社会资源，并且不能受到任何外在力量的干扰，政府的干预只会扰乱市场自身的规律，打破秩序。同时承认市场配置社会资源过程中存在缺陷，但是只能通过明晰产权措施来解决和防范市场失灵的问题。并提出“政府失灵”理论，认为通货膨胀以及过度的财政赤字都是政府干预市场的结果。

20世纪80年代，新凯恩斯主义诞生。新凯恩斯主义主张政府在干预市场经济的时候，应该采取灵活多变的财政政策和货币政策，在经济萧条时期，采用扩张性的财政政策和货币政策，在经济膨胀时期采取紧缩性的财政政策和货币政策，从而促进社会经济的稳定发展，结合多种经济政策来实现多种经济目标。新自由主义和新凯恩斯主义都是结合自由放任主义和凯恩斯主义的理念，在社会资源分配过程中，市场和政府都应该发挥相应的作用，而且在政策设计上都表现为灵活多变的形式。但是二者的侧重点有所不同，新自由主义认为应该以市场配置为主，政府干预为辅，新凯恩斯理论则认为应以政府干预为主，市场配置为辅。新自由主义理论和新凯恩斯理论都在为当时的经济复苏做出了相应的贡献。

收入分配理论与政府干预理论对于我国社会保障事业的发展也具有重要的借鉴作用。首先，由于市场经济发展中存在市场失灵的现象，在社会资源配置过程中不能使社会供给和社会需求达到均衡的状态，所以就会出现富人所拥有的资源越来越多，而穷人所能配置的资源越来越少的现象，这不仅影响了稳定的社会关系，而且不利于经济的长久发展。因此，政府有必要干预宏观经济生活进行收入的再分配，完善社会福利事业，实现社会经济持续稳定的发展。目前我国由于城乡二元经济格局，社会保障制度的碎片化比较严重，社会保障基金的统筹停留在省级统筹，全国统筹仍然困难重重，且在社会保障管理领域还存在政府失灵的问题，所以如何有效防止政府失灵的问题以及如何进一步通过收入分配来促进社会保障，又如何通过社会保障来缩小收入差异仍然有待研究。

党的十八大报告提出要全面正确履行政府职能。这是完善社会主义市场经济体制，处理好政府和市场关系，使市场在资源配置中起决定性作用，更好地发挥政府作用的关键环节。在社会主义市场经济体制的框架中，企业制度、市场机制和政府管理体制是最重要的 3 个支柱。从目前来看，企业改革、市场建设和政府管理体制都取得了重大进展，相比之下，政府职能的转变滞后于企业改革和市场体系建设，存在着明显的不适应。主要表现在：第一，职能转变不到位，越位、缺位、错位同时存在。政府在经济调节中对微观干预较多，有效宏观调节偏少；直接调控的行政手段较多，利用经济手段、法律手段的间接调节较少；事前审批过多，事中事后监管较少。第二，审批事项过多，效率低下，审批过程不透明，缺乏约束监督。第三，为企业创造有序竞争的市场秩序和政策环境不到位。第四，有法不依、执法不严现象普遍，问责机制有待进一步加强。上述问题显然不能适应加快完善社会主义市场经济体制的要求，不能适应工业化、信息化、城镇化、市场化、国际化发展新趋势的要求，不能适应复杂多变的国际环境。政府的职责和作用主要是保持宏观经济稳定，加强和优化公共服务，保障公平竞争，加强市场监管，维护市场秩序，推动可持续发展，促进共同富裕，弥补市场失灵。政府要做到全面正确履行职能，需要按照以上要求在以下几方面加大改革力度。

第一，进一步简政放权，解决越位问题。要坚持市场化的改革方向，深化行政审批制度改革，大幅度减少政府审批事项，市场机制能够有效调节的经济活动，一律取消审批。通过改革，最大限度地减少中央政府对微观事务的管理，大幅度减少各级政府对资源的直接配置，把应该由企业决策的交还给企业，把该由市场决定的事交还给市场，推动资源配置依据市场规则、市场价格、市场竞争实现效益最大化和效率最优化。

第二，加强有效治理，解决在履责方面的缺位问题。要加强发展战略、规划、政策、标准等制定和实施，加强市场活动监管，加强各类公共服务提供，实行政府有效的治理，在促进经济持续健康发展，创造公平竞争的市场环境，保持社会和谐稳定方面更好地发挥政府的作用。

第三，合理划分中央和地方政府职能，解决错位问题。要加强中央政府宏观调控职责和能力，这是因为宏观调控具有全局性、战略性，在中央政府进行发展趋势研判，综合运用多种政策手段调控经济社会运行，统筹当前与长远、发展与改革、经济与社会、各区域发展等方面具有不可替代的作用。加强地方政府公共服务、市场监管、社会管理、环境保护等职责；直接面向基层、量大面广、由地方管理更为方便有效的经济社会事项，一律下放地方和基层管理。主要是考虑到这些职责有利于发挥地方政府贴近基层、就近管理的优势。

第四，创新政府管理方式，解决政府管理效能不高问题。政府的重要职能就是提供服务，多年来政府提供服务形式单一，缺乏竞争，人浮于事，服务水平和质量亟待提高。推广政府购买服务，凡属事务性管理服务，原则上都要引入竞争机制，通过合同、委托等方式向社会购买。在政府履责中，要尊重市场规律、引入竞争机制，以提高政府服务的能力和水平。

第五节 人口理论与社会分层理论

一、人口理论

人口在经济发展中扮演着重要角色，在西方的经济学发展中已经形成了系统的理论。随着社会经济背景不同，人口理论研究的角度和侧重点有所不同。但是每一个人口理论都反映着当时的人口发展形态。同一个社会形态中，由于处于不同的社会阶级和历史阶段，其人口思想和人口理论也有所不同。人口思想和人口理论随着社会形态的变化而发展和完善。到目前为止，西方经济学人口理论形成了研究总人口规模理论和影响人口变动要素分析理论两种大的体系。

早期的总人口理论可以追溯到重商主义时期，重商主义认为人们的劳动和勤奋是推动经济发展的首要因素，所以鼓励总人口的增加，鼓励技艺优良的外国人口的流入，同时限制人口的外流。作为总人口理论的先导，威廉·配第通过分析人口与财富之间的关系，得出人口少不利于财富的积累，将劳动力纳入国家基本实力的计算内容。重农学派的弗朗斯瓦·魁奈鼓励农村人口的增长和保持农村人口的稳定。

19世纪初，西欧人口迅速增长，由于机器工业的普及，大量的剩余劳动力产生，由此导致的就业与贫困问题引起了对早期形成的人口理论的反思。坎蒂隆认为，人口的多少要受到生产资料的限制，不应无条件鼓励人口的增加。古典经济学家亚当·斯密认为，人口的多少要受到劳动者报酬的支配，主张可以通过劳动者的工资调整来调节人口。面对大量失业人员的出现，生活状况不断恶化，马尔萨斯提出了人口理论。马尔萨斯的人口理论认为，人口的增长受到生活资料的限制，生活资料的增长必然会导致人口的增加，而人口增长的速度高于食物供给的速度。所以他认为人口增长与经济发展之间存在负效应，即经济的发展会导致人口的增加，而人口的增长阻碍经济的发展，这也是导致贫困问题的原因之一，消除贫困就必须要抑制人口的增长。马尔萨斯人口理论的核心是人口与生活资料之间要保持均衡。这种均衡需要通过种种手段来抑制才能达到。马尔萨斯首次强调剩余人口问题的重要性，并使其受到学术界的重视。

20 世纪 30 年代是经济危机时期，社会问题突出。现代总人口理论开始兴起。美国人 F.A. 皮尔逊和哈勃系统地研究了人口和食物供给之间的关系，并且认为食物的供给已经满足不了人口的增长。美国社会学家 J.O. 核茨勒通过对世界人口特征和社会发展的关系的研究认为，处于现代化初级阶段的国家人口压力问题与经济发展问题同时存在。在此基础上，核茨勒认为要消除贫困、解决人口问题就必须加快现代化建设，推动人口的流动。人口爆炸理论、生态恶化理论以及资源枯竭理论都强调对人口的控制。凯恩斯的有效需求则认为人口的不足会导致需求的不足，需求不足就会阻碍经济的发展，所以认为控制人口不是解决人口压力的唯一办法。英国经济学家坎德文·坎南和威克赛尔通过对人口规模和经济发展关系的研究，提出了适度人口理论。20 世纪 90 年代中期，人口控制理论和人口适度理论逐步发展和完善。将人口增长、资源枯竭危机以及生态保护等问题都考虑进来，成为一种崭新的可持续的战略思想。

除上述人口理论之外，与社会保障制度紧密联系的有关理论还有 20 世纪 60 年代由西奥多·舒尔茨提出的人力资本理论。人力资本理论认为人力资源是重要的资源，对人力资本的投资与国家收入成正比，教育是人力投资最重要的手段。人力拥有其本身的发展规律，人力再生产过程具有周期性的特点。对于国家经济而言，人力资本相对充裕的时期称为“人口红利期”，而相对匮乏的时期则称为“人口负债期”。

人口红利期是指一个国家的劳动人口占全国人口的多数，抚养率较低的时期。这一时期，由于劳动人口比例大，社会保障基金的积累较多支出较少，这有利于制度的可持续发展。但是随着时间的推移，进入人口负债期，大批劳动者到达退休年龄，面临老龄化的危机。这一时期，对社会保障基金的支出大于积累，加大劳动者的负担，对社会保障制度以及经济的发展都会形成不利的影响。

我国目前正面临着老龄化的冲击，人口老龄化会由于老人占用过多的社会资源，医疗、养老保险支出增长，加大年轻劳动力的负担，不仅可能会造成代际的矛盾，还会增加就业压力以及阻碍经济的发展。所以必须通过完善社会保障制度来缓解人口老龄化的冲击。例如，通过税收政策来鼓励企业为自己的员工建立缴费确定型企业年金制度，这样一来，就可以鼓励员工继续为企业工作。通过个人、企业和社会财富在跨越生命周期上进行财富的均衡分配，从而减少代际的冲突。

人口理论证明，一个国家和地区必须遵循人口发展规律，在建立和设计社会保障制度的时候，必须充分考虑人口红利期和人口负债期，只有这样才能更好地应对人口老龄化危机。我国可以利用城乡之间、地区之间、工农之间老龄化的时间差，科学合理地配置社会保障资源，大大预防和缓解人口老龄化的冲击。

党的十八大报告中明确提出，“积极应对人口老龄化，大力发展老龄服务事业和产业”。这是党中央针对日益严峻的人口老龄化形势做出的重大战略部署。要加快完善社会养老服务体系，积极推动养老事业和养老产业发展，加强养老项目建设，大力培养养老服务专业人才，力争在满足群众养老需求上实现更大的突破。加快构建社会养老服务体系，是构建和谐社会的现实要求。逐步建立健全以居家为基础，社区为依托，机构为支撑的社会养老服务体系。发展老龄事业和产业需要政府的主导和扶持，更需要社会力量的广泛投入。

针对迅速老龄化带来的各种挑战，党和政府及社会各界高度重视，在制度建设方面取得了很大进展。如在社会保障领域，各种养老保障制度和医疗保障制度已经基本实现了对各类人群在制度上的全面覆盖；在养老服务领域，国家确立了以居家为基础、以社区为依托、以机构为支撑的养老服务体系发展战略。针对老龄化背景下人口红利逐步消失以及劳动力结构老化等挑战，也在积极调整就业政策。除了国家层面的制度建设，不少地方政府在改善老年福利、完善养老服务体系方面也进行了很多有益探索。

虽然在应对老龄化方面我们做出了许多努力，取得了很大进展，但也必须清醒地认识到，面对严峻的老龄化挑战，我国的相关政策和制度建设仍然存在很多不足，必须加快改革步伐。例如，在社会保障领域，无论是养老保障制度还是医疗保障制度，都存在不同群体制度不统一、待遇差距大以及财务上难以持续等问题，部分保障制度的标准还很低；在养老服务领域，如何更好地协调居家、社区和机构养老之间的关系并形成有效的制度支撑，我们仍面临很多挑战；面对人口红利逐步弱化和劳动力结构老化，如何调整完善产业政策、就业政策，以确保经济稳定增长和老有所养的“双赢”，我们也面临理念和政策选择方面的挑战。例如，延迟退休年龄等改革问题近来就出现了很大的社会争议。所有这些，都需要认真研究，需要全面的协商对话，妥善加以解决，形成完善且可持续的政策体系。例如，在养老保障方面，关键是要实现社会财富代际合理分配，既要确保老有所养，也要确保养老保障制度在财务上的可持续，并发挥鼓励劳动和财富创造的功能；在医疗保障和老年生活服务方面，要立足国情，突出保基本、强基层、建机制，确保老年人病有所医，健康安全，快乐幸福；在就业方面，要切实完善就业政策，通过有效的经济激励政策并充分利用现代技术手段，积极促进大龄劳动者就业，应对人口红利消失带来的挑战，实现经济稳定增长，为包括老年人在内的所有社会成员提供财富保障。在这些方面，市场经济发达国家特别是那些率先进入老龄化社会国家的很多经验值得我们认真总结和借鉴。

二、社会分层理论

关于社会分层的定义，学界有不同的表述。有学者指出，社会分层是指一个社会中存在着拥有不平等财富和权力的群体。也有学者总结认为，对社会分层可以有两类不同的理解：一是视其为客观过程的界定，即认为社会分层是指社会成员在社会生活中由于获取社会资源的能力和机会不同，而呈现出高低有序的等级或层次的现象和过程；二是视其为主观方法的界定，即认为社会分层是根据一定的标准将其社会成员划分为高低有序的等级或层次的方法。

社会分层主要是指一个社会内部个人或群体因占有社会资源的多寡而分列为不同的层级。因而，社会分层不单单是指个人或群体社会经济地位的不平等，也表现为国家层面和社会结构层面的不平等。正是由于国际和国内一些结构性要素的不平等，才导致了嵌入在结构之中的个体不平等。

在社会分层理论中，卡尔·马克思和马克斯·韦伯提供了两种不同的，但却是最基本的理论模式和分析框架，即人们所熟悉的阶级理论和多元社会分层理论。这两种理论模式对社会分层的本质、决定要素、形式等分别做出了不同的理论解释，代表了两种本质不同的理论取向，不仅对后来的社会分层研究产生了极大影响，而且现今的理论及相关研究基本上还是在这两大理论的框架内发展。

在马克思的社会分层理论中，“阶级”虽然没有获得过准确无误的定义，但它却构成了其社会分层理论的基础。西方学者认为，马克思把分配系统的性质理解为生产系统的一种功能，生产工具为私人所掌握导致了社会划分为不同的阶级。在马克思看来，社会秩序的存在是因为某一在经济发展阶段上占优势的阶级能够通过自己对其他较低阶级的权力来维系这种社会秩序。其阶级划分是建立在“经济系统中群体与主要生产要素之关系”的基础上。尽管马克思并不认为这是阶级之间对立关系产生的唯一基础，但是经济关系中这一要素不仅决定了人们在经济生活中的地位，也决定了人们的政治地位和社会地位，因而构成了阶级对立关系的根本基础。马克思视野中的社会分层蕴含着冲突和革命，其冲突型的分层理论范式因而也具有批判性、革命性。

韦伯社会分层理论的核心是其著名的三重标准，即经济标准——财富，社会标准——威望，政治标准——权力。这三重标准对西方社会分层理论影响甚大，成为社会分层理论的一个经典模式。在韦伯看来，社会分层的第一个维度财富是建立在更为连续的技能水平之上的阶级分层的维度。第二个维度威望是基于地位荣誉的分化，在地位维度里，对社会交往的限制很重要，地位群体倾向于发展成为一个封闭的社会等级。最后是党派或权力的维度。政党或是组织的科层制形式是这一分层制维度的最典型代表。韦伯把全部三个维度视为人类社会中排列个人或群体等级的重要标准，而且这三个维度存在很大程度上的交叠。

在马克思与韦伯之后，西方的社会分层研究派别林立，但总体来说又可划分为两种理论范式，即一是最初受惠于涂尔干的社会分工思想，以帕森斯的社会分层系统功能论为代表的功能主义分层理论；二是以马克思的阶级分层理论和韦伯的阶层分层理论为传统，以达伦多夫的辩证冲突论为代表的冲突分层理论。

功能主义分层理论认为，阶层是满足社会需要的必然存在，每一个社会都会因需要整合、协调和团结而产生社会阶层；阶层反映了社会的共享价值观，提高了社会与个人的功能；经济结构不是社会中的主要结构，权力在社会中是合法分配的，工作与报酬是合理分配的；社会的阶层结构经由社会变迁而改变。在《社会分工论》中，涂尔干指出，所有社会都把一些活动看得比其他的活动重要。一个社会的所有功能——法律、宗教、家庭、工作等——都根据它们被重视程度的高低安排成层级。同时，每个人的才能不同，有些人比其他人更有天赋。经过训练，这些不同会相应地提高。涂尔干相信，一个社会要兴旺发达，那么最有才能的人必须负责最有价值的功能。为了吸引最好的和最聪明的人，社会必须完善其获取社会报酬的途径。在功能论范式框架内，戴维斯和摩尔于 1945 年提出的理论在社会分层领域引发过一场持续热烈的讨论。他们提出，社会分层是满足复杂社会系统的需要，被视为确保需求满足的一种机制。戴维斯和摩尔建议，不平等是社会确保最重要的工作由最有资格的人来担当的一种方式。他们宣称，为了激励才智之士从事需要长期训练的那些职业，就有必要拉开报酬距离。在这里，分层被看成是由各个职业地位组成的一套连续型等级秩序。帕森斯对于社会分层的关注集中于一般的社会秩序和社会分层对于社会秩序的全面维系方面。他认为，社会进化通常作为社会的一种内在趋势的结果，来增加他所称的社会“适应能力”，包括对外界做出有效反应的能力和处理由人必须生活在社会群体这一事实所引发的各种问题的能力。帕森斯把社会分层的凸现看作社会生活中不断增加的适应能力演化的一个重要方面。

冲突论的社会分层理论认为，阶层虽然是普遍存在的，但并非不可避免；竞争、冲突和征服产生社会阶层，并因此阻碍了社会和个人的功能；经济结构是社会结构中的主要结构，权力被社会中的少部分人控制，工作与报酬分配是不合理的；社会阶层的改变是经由革命来完成的。达伦多夫认为社会冲突的根源是特定的社会结构，即阶级结构，这种阶级结构不是根据是否占有生产资料来划分的，而是根据统治与服从之间的权威关系来划分。现代社会就是围绕“权力”和“权威”而形成了两个阶级：一方是占有权力和权威的阶级，另一方是被迫服从权力和权威的阶级。这两个阶级存在于社会的任何一个组织中。所以，社会组织不是一个产生于公共愿望的系统，而是一个强制性协作联合体，是具有一定权威结构的群体。在强制性协作联合体中，作为资源的权力和权威，其分配不可能是平等的，为了维系或者改变地位和报酬分配，就形成了支配与服从两种角色地位，因而也就形成了支配与服从两个阶级的不同成员：发号施令者是统治阶级的成员，服从命令者则是被统治阶级的成员。在某一种强制性协作联合体中，统治角色与服从角色有清晰的界限和分化层次，从而形成上层阶级和下层阶级，但整个社会存在多种统治与服从的社会结合形式。

当代西方社会分层理论派别林立、异彩纷呈，学派之间的争论异常激烈。然而，这并没有遏制学派间相互融合之取向。当代西方社会分层理论之所以呈现出从冲突走向综合的趋势，应该说与社会结构的变化是有密切关系的。20 世纪以来，当代西方社会结构出现了一些马克思时代所没有的新现象。首先，中产阶级成为社会的主干，中产阶级作为社会结构的稳定因素模糊了资产阶级和工人阶级之间的对立。其次，资本主义民主制度的进一步完善更加掩盖了其国家的阶级本质。这些因素都为社会分层理论从冲突走向综合提供了支撑。

社会保障制度与社会分层之间存在着一种相互作用的机制，一个合理的社会分层结构对于社会保障制度的发展有着积极作用，同时可以通过对社会保障制度的调整来促进合理科学的社会分层结构的形成。通过实现社会保障制度与社会分层的良性互动机制来推动社会的稳定发展。

橄榄形社会结构较为科学与稳定，因为在这种社会结构中，中产阶级的规模较大，社会阶层之间的流动也比较密切，对社会利益冲突具有较强的缓解作用，而社会阶层之间的差距对社会成员具有激励作用，所以这种结构非常有利于社会的发展。合理的社会分层结构也有利于社会保障制度的发展。一个合理的社会分层结构不仅能为社会福利制度的运行提供一个稳定和谐的社会环境，也能为社会保障制度的建立和实施提供坚实的经济基础。在橄榄形的社会结构中，中产阶级掌握大部分资源，社会环境相对公平，社会矛盾不突出，社会成员对社会保障制度的拥护和支持往往高于其他社会结构（金字塔型、极端畸形社会结构）中社会成员对社会福利制度的拥护和支持程度，社会福利制度的可持续性程度也高于其他社会结构（金字塔形、极端畸形社会结构）。

科学合理的社会分层结构需要大量的社会制度与社会政策的支持，我们从调整和完善社会保障制度的角度，探讨如何推动科学合理的社会分层体系的形成。橄榄形的社会结构是较为科学和稳定的社会结构，这就意味着要加大中产阶级在社会结构中的规模和比例，而在此过程中社会保障制度可以发挥重要的作用，以培育中产阶级为主的社会福利制度在实践中体现为与工作相联系的社会保险制度，这种制度设计有利于中产阶级的培植，从而形成橄榄形的社会分层结构。在合理的社会分层体系中，社会分层之间的合理流动是非常有必要的，而我们可以通过对社会保障制度进行调整来促进社会分层之间的合理流动。例如，在社会分层之间缺少流动的情况下，可以通过提高社会保障制度的统筹层次来提高社会分层之间的流动；而在社会分层之间流动性较强的情况下，可以通过降低社会保障制度的统筹层次来提高流动成本，从而降低社会分层之间的流动。

中共十八届三中全会强调，紧紧围绕更好保障和改善民生、促进社会公平正义深化社会体制改革。改革收入分配制度，逐步形成橄榄型分配格局。目前，我国经济社会中面临着居民收入增长缓慢、社会保障不够健全，享受的基本公共服务不足等问题。如何完善以税收、社会保障、转移支付为主要手段的再分配调节机制，不仅影响着百姓的日常生活，而且对居民收入能否正常增长有着重大影响。简言之，加大税收调节力度就成为其实现的关键。目前税制结构的不完善削弱了政府调节收入分配的能力。这就要求优化经济结构，发挥税收调节作用，继续推进资源税、房产税和增值税等项改革。充分发挥税收筹集财政收入、调节分配、促进结构优化的职能作用。坚持税收“取之于民，用之于民”的基本理念，加大支出结构调整力度，把更多的资金投向基本医疗保障、职业教育保障、环境保护和就业支持保障等领域。通过转移支付等手段调节上下级政府、不同地区之间的财力分配，尤其是要上收部分地方的事权，其中包括养老、社保等事项，补足地方政府履行事权存在的财力缺口，实现事权和支出责任相适应。建立规范的财政转移支付制度，保障中央和地方政府提供公共产品或服务，更多地惠及全体人民。

参考文献

［1］郑功成．中国社会保障改革与发展战略——总论卷［M］．北京：人民出版社，2011.

［2］T.H. 马歇尔，安东尼·吉登斯．公民身份与社会阶级［M］．郭中华，刘训练，编．南京：江苏人民出版社，2008.

［3］林闽钢．现代西方社会福利思想——流派与名家［M］．北京：中国劳动社会保障

出版社，2012.

［4］王国军．中国社会保障制度一体化研究［M］．北京：科学出版社，2011.

［5］约翰·罗尔斯．正义论［M］．何怀宏，等，译．北京：中国社会科学出版社，1988.

［6］卢梭．社会契约论［M］．何兆武，等，译．北京：商务印书馆，2005.

［7］罗伯特·诺齐克，无政府、国家与乌托邦［M］．何怀宏，等，译．北京：中国社会科学出版社，1991.

［8］罗纳德·德沃金．至上的美德——平等的理论与实践［M］．冯克利，译．南京：江苏人民出版社，2003.

［9］陈振明．公共服务导论［M］．北京：北京大学出版社，2011.

［10］蔡昉，杨涛．城乡收入差距的政治经济学［J］．中国社会科学，2000.

［11］陆铭，陈钊．城市化、城市倾向的经济政策与城乡收入差距［J］．经济研究，2004.

［12］俞可平．治理与善治［M］．北京：社会科学文献出版社，2000.

［13］詹姆斯·罗西瑙．没有政府统治的治理［M］．剑桥：剑桥大学出版社，1995.

［14］全球治理委员．我们的全球伙伴关系［M］．牛津：牛津大学出版社，1995.

［15］金国利，李静江．西方经济学说史与当代流派［M］．北京：华文出版社，1999.

［16］阿瑟·刘易斯．二元经济论［M］．北京：北京经济学院出版社，1989.

［17］阿塔纳·修斯·阿西马科普洛斯．收入分配理论［M］．北京：商务印书馆，1995.

［18］高培勇．收入分配：经济学界如是说［M］．北京：经济科学出版社，2002.

［19］L. 罗宾斯．过去和现在的政治经济学——对经济政策中主要理论的考察［M］．北京：商务印书馆，1997.

［20］凯恩斯．就业、利息和货币通论［M］．北京：商务印书馆，2008.

［21］斯蒂格利茨．政府为什么干预经济［M］．北京：中国物资出版社，1998.

［22］乌尔里希·贝克．世界风险社会［M］．南京：南京大学出版社，2004.

［23］安东尼·吉登斯．现代性的后果［M］．田禾译．南京：译林出版社，2011.

［24］李竟能．现代西方人口理论［M］．上海：复旦大学出版社，2004.

［25］金海和．社会保障制度中的政府责任研究——基于理论与中国实践的思考［M］．呼和浩特：内蒙古大学出版社，2009.

［26］李春玲，吕鹏．社会分层理论［M］．北京：中国社会科学出版社，2008.

第三章　内蒙古城乡社会保障发展进程与绩效

第一节　内蒙古城乡社会保障制度的历史沿革

“没有社会的安定，就没有社会的发展；而没有社会保障，就没有社会的安定。”这是国际劳工组织的名言，它在客观上描述了社会保障在当代社会发展中的重要作用。社会保障是一项用来保障人民生活并调节社会分配的基本制度，其总目标是通过保障和改善人民的生活、增进人民的福利来实现整个社会的和谐发展。它包括社会保险、社会福利和社会救助等诸多内容，并以社会保险为基本组成部分。

内蒙古作为边疆少数民族地区，经济社会各方面与全国其他省份都存在一定的差异，其社会保障制度的建设也备受关注。本节对内蒙古城乡社会保障制度的发展进行简要的梳理。

内蒙古自治区是中国 5 个民族自治区中最早成立的，它的社会保障制度建设紧紧跟随我国社会保障的发展脚步。

一、内蒙古社会保险的历史沿革

作为社会保障的基本组成部分，社会保险包含的养老保险、医疗保险、工伤保险、失业保险和生育保险使其具有保障劳动者在暂时或永久丧失劳动能力时的基本生活的功能，这让社会保险的重要作用不言而喻。

（一）养老保险制度

1. 城镇职工养老保险

内蒙古养老保险制度随着 1951 年《中华人民共和国劳动保险条例》的颁

行而建立。这时的养老保险是传统的“国家—单位险”，保障范围具有局限性，保障水平不高。

为了保障城镇企业职工退休后的基本生活，建立和完善社会养老保险制度，根据国家有关规定，1994 年 5 月 4 日，内蒙古自治区人民政府颁布了《内蒙古自治区城镇企业职工社会养老保险暂行规定》（以下简称《规定》）。《规定》涉及了社会保险适用范围、管理部门、基金管理、基本养老金缴费比例、养老金计发、监督等方面。首先，《规定》的内容适用于内蒙古自治区内的城镇各种所有制企业及其职工，国家机关、社会团体和事业单位的社会养老保险可参照本规定执行。相关社会养老保险工作由内蒙古自治区人民政府统一领导，自治区劳动行政主管部门负责管理。其次，《规定》指出社会养老保险包括基本养老保险、补充养老保险和个人储蓄性养老保险。基本养老保险实行社会统筹；补充养老保险由企业根据自身经济能力建立，政府宏观调控；个人储蓄性养老保险职工自愿参加。基本养老保险基金由企业和职工个人共同负担，按照以支定收，留有部分积累的原则征集，不敷使用时，由政府给予补贴。对无正当理由逾期缴纳基本养老保险金的企业和职工，按日增缴应缴额 2 ‰的滞纳金；对拒不缴纳基本养老保险金的企业和职工，由社会保险事业管理局责令其限期缴纳，并按日处以应缴额 1 %的罚款。《规定》还明确了职工个人缴纳的基本养老保险金按本人月工资收入的 2 %计征，但企业缴纳的基本养老保险金具体比例由盟市以上社会保险事业管理局按照保证基本养老保险金的给付和留有工资总额 3 %积累金的标准测定，并没有内蒙古自治区的统一规定。最后，按《规定》要求，缴纳基本养老保险金累计满 10 年可按月领取基本养老保险金，不满 10 年可按月领取生活费。保险金或生活费根据社会平均工资、职工缴费工资、缴费年限、职工生活费价格指数确定。补充养老保险金和个人储蓄性养老保险金的本息，职工退休后根据本人愿意一次或分次付给，职工跨地区调动时随同本人转移，职工死亡后继承人可以继承。

1997 年《国务院关于建立统一的企业职工基本养老保险制度的决定》发布后，各省市纷纷出台相应的实施细则。1998 年成为内蒙古社会养老保险的重要年份。

1998 年 1 月 1 日，内蒙古自治区施行了《内蒙古自治区人民政府关于建立统一的企业职工基本养老保险制度的实施意见》的相关规定，对缴费基数、缴费比例进行规定，提出了个人账户建立及养老金领取的实施意见，推动了内蒙古自治区基本养老保险盟市级统筹的步伐。《内蒙古自治区人民政府关于建立统一的企业职工基本养老保险制度的实施意见》的主要内容有：①企业以全部职工个人缴费基数之和为企业的缴费基数。职工个人以本人上年度月平均工资（按统计口径）为缴费基数。职工个人缴费的月平均工资低于当地职工月平均工资60%的，按60%缴费，高于当地职工月平均工资300%的，按300%缴费。企业缴纳基本养老保险费的比例，原则上不得超过企业职工工资总额的20%。个人缴纳基本养老保险费的比例不得低于本人缴费工资的4%，以后每两年提高1个百分点，最终达到本人缴费工资的8%。②全区统一按职工本人缴费工资的11%建立个人账户，个人缴费全部记入个人账户，其余部分从企业缴费中划入，随着个人缴费比例的提高，企业划入的部分要逐步降至3%。③1996年1月1日至1997年12月31日各地为职工建立的个人账户储存额与1998年1月1日后职工个人账户储存额合并计算。职工跨统筹范围调动时，个人账户全部随同转移。职工或离退休人员死亡，其个人账户余额中的个人缴费部分，一次性支付给其指定的受益人或法定继承人，其余部分并入养老保险统筹基金。④统一制度实施后参加工作的职工，缴费年限累计满15年的，退休后按月发给基本养老金。基础养老金月标准为当地上年度职工月平均工资的20%，个人账户养老金月标准为个人账户储存额除以120。缴费年限累计不满15年的，退休后不享受基础养老金待遇，其个人账户储存额一次支付给本人。统一制度实施前已经退休的人员，仍按国家和自治区原来的规定发给养老金，同时执行养老金调整机制。统一制度实施前参加工作，实施后退休且缴费年限（含视同缴费年限）累计满15年的人员，按照“新老办法平稳衔接、待遇水平基本平衡”的原则，在发给基础养老金和个人账户养老金的基础上再设立过渡性养老金和过渡性调节金。过渡性养老金以职工本人的指数化月平均缴费工资为基数，乘以统账结合前缴费年限（含视同缴费年限）的一定比例（1.4%）计发。过渡性调节金一般按照不超过当地1996年职工月平均工资45%的数额和保证按新办法计发养老金人数不低于65%的比例，由各盟市提出意见报自治区劳动厅审批后执行。

1998年，内蒙古自治区人民政府办公厅还下发了《内蒙古自治区城镇私营企业职工和个体劳动者基本养老保险办法》(以下简称《办法》),城镇私营企业职工和个体劳动者纳入了城镇基本养老保险的体系中,保障其在年老丧失劳动能力后的基本生活能得到保障,健全了全区统一的基本养老保险体系。《办法》规定私营企业主和个体劳动者的缴费基数可在当地上年职工平均工资60%～300%的范围内划分若干缴费工资档次,由其自选一档确定,并按选定的工资档次的20%～16%缴费。个体经济组织雇工按本人缴费工资的8%缴费,个体经济组织按雇工的缴费工资总和不低于12%为其缴纳基本养老保险费,具体缴费比例由盟市制定。缴费年限满15年,男年满60周岁,女年满50周岁,可按月领取保险金。具体缴费比例、计发方式与同期实施《内蒙古自治区人民政府关于建立统一的企业职工基本养老保险制度的实施意见》的相关规定一致。

为了进一步深化机关事业单位养老保险制度的改革,以适应建立社会主义市场经济体制的需要,1998年内蒙古自治区人民政府办公厅下发了《内蒙古自治区人民政府办公厅关于进一步推进我区机关事业单位养老保险改革试点工作的通知》。强调在试点中,着重体现养老保险费用由国家、单位和个人共同合理负担的原则,根据本地区、本单位的实际,研究实行社会统筹与个人账户相结合的具体办法。要慎重处理养老保险待遇计发问题,既不能随意提高标准和增加给付项目,也不能降低目前的待遇。除国家和自治区另有规定外,中央和自治区驻盟市、旗县直属单位,纳入当地养老保险制度改革统筹范围。

1999年是内蒙古社会养老保险制度完善的丰收年。内蒙古自治区政府转发自治区劳动厅、财政厅《关于建立企业职工基本养老保险自治区级调剂金制度意见的通知》,建立内蒙古自治区对盟市、盟市对旗县两级基本养老保险基金调剂金制度。内蒙古自治区级调剂金数额以盟市上年度应参加企业职工工资总额为基数,按一定比例提取。具体是:1999年为调剂金1%,以后每年增加0.2个百分点,最终达到2%。自治区按规定的条件和程序下拨自治区级调剂金。基本养老保险基金调剂金制度的建立深化了企业职工养老保险制度改革,加快了自治区级统筹步伐,加大了对基本养老保险基金的管理和调剂力度,有利于促进扩大养老保险覆盖面、提高基金收缴率,有利于确保全区离退休人员的基本养老金足额地发放,促进全区养老保险事业的发展。

1999 年 11 月，内蒙古人大常委会颁布了《内蒙古自治区城镇职工基本养老保险条例》，整合了 1998 年自治区人民政府下发的《关于建立统一的企业职工基本养老保险制度的实施意见》和《内蒙古自治区城镇私营企业职工和个体劳动者基本养老保险办法》的具体内容，更加规范了基本养老保险工作，以保障城镇职工退休后的基本生活，维护社会稳定，促进经济发展。

1999 年末，内蒙古自治区人民政府办公厅转发自治区劳动厅《关于以资产抵顶养老保险费问题处理意见的通知》要求，从 2000 年 1 月 1 日起，各级政府和劳动保障主管部门及社会保险经办机构，停止接收任何缴费单位和个人用于抵顶养老保险费的任何资产。对已接收的资产，完善资产接收手续，尽快组织资产变现。此举有效制止了以资产抵顶养老保险费的问题，保障了养老保险基金的支撑能力。

内蒙古自治区人民政府于 2000 年与 2003 年先后下发文件，将建筑施工企业与农垦企业纳入当地基本养老保险范围。

《内蒙古自治区建筑施工企业基本养老保险筹集管理暂行办法》于 2000 年印发，要求凡在内蒙古自治区境内注册的建筑施工企业按属地管理参加保险业务，为全体职工办理基本养老保险登记并建立个人账户和缴费申报。建筑施工企业应缴纳的职工基本养老保险费是建筑安装工程造价中劳动保险费（以下简称建安工程劳保费）的主要组成部分，应从建安劳保费中列支。建安工程劳保费实行全区统一标准，按工程造价的 3.5%计取，工程项目劳保费实行开工前按中标价或合同价预交和竣工时结算的办法，多退少补。工程造价在 2000 万元（含 2000 万元）的工程项目实行一次性预缴，工程造价在 2000 万元以上需分期预缴的，建设单位应与劳保费管理办公室签订分期预缴协议书，但首次预缴额不得少于应缴总额的 60%。收取的劳保费，在留取 15%作为全区调剂积累金后，其余的根据建设企业按养老保险有关规定缴纳养老保险费用情况，对建筑施工企业和职工的保险费进行划转、调配、补贴的足额拨付。该办法进一步扩大社会基本养老保险覆盖面，切实解决建筑施工企业离退休人员的基本生活问题，加快建筑施工企业改革，促进全区社会保险事业的发展。

2003 年出台的《内蒙古自治区农垦企业基本养老保险实施办法》将农垦企业及其在册正式职工和离退休人员纳入当地基本养老保险范围。该办法对养老金的缴费基数、缴费比例及计发标准进行了详细分类与核定。此举对于保持社会稳定，完善社会保障体系具有重要意义。

2004年末，内蒙古自治区人民政府办公厅下发《关于调整企业及其职工基本养老保险缴费比例的通知》，从2005年1月1日起，全区企业基本养老保险个人缴费比例统一调整为8%，盟市、旗县企业缴费比例统一调整为20%。

2006年出台的《内蒙古自治区人民政府关于完善企业职工基本养老保险制度的实施意见》（以下简称《意见》）落实了《自治区国民经济和社会发展“十一五”规划建议》，进一步完善了自治区企业职工基本养老保险制度。《意见》要求统筹考虑当前和长远的关系，坚持覆盖广泛、水平适当、结构合理、基金平衡的原则，建立起符合自治区实际情况，可持续发展的养老保险制度。主要任务是：①确保企业离退休人员基本养老金按时足额发放。②逐步做实个人账户。从2006年1月1日起，个人账户的规模统一由本人缴费形成。③统一城镇个体工商户和灵活就业人员参保缴费政策。从2006年1月1日起，城镇个体工商户和灵活就业人员参加基本养老保险，统一以当地上年度在岗职工月平均工资为缴费基数，按20%的比例缴纳基本养老保险费，其中8%记入个人账户，退休后按企业职工基本养老金计发办法计发基本养老金。④改革基本养老金计发办法，从2006年1月1日起，于《国务院关于建立统一的企业职工基本养老保险制度的决定》（国发〔1997〕26号）实施后参加工作、缴费年限（含视同缴费年限，下同）累计满15年的人员，退休后按月发给基本养老金。基本养老金由基础养老金和个人账户养老金组成。退休时的基础养老金月标准以当地上年度在岗职工月平均工资和本人指数化月平均缴费工资的平均值为基数，缴费每满1年发给1%。个人账户养老金月标准为个人账户储存额除以计发月数，计发月数根据职工退休时城镇人口平均预期寿命、本人退休年龄、利息等因素确定。《国务院关于建立统一的企业职工基本养老保险制度的决定》（国发〔1997〕26号）（以下简称《决定》）实施前参加工作，《决定》实施后退休且缴费年限累计满15年的人员，在发给基础养老金和个人账户养老金的基础上，再发给过渡性养老金和过渡性调节金。《决定》实施后到达退休年龄但缴费年限累计不满15年的人员，不发给基础养老金；个人账户储存额一次性支付给本人，终止基本养老保险关系。《决定》实施前已经离退休的人员，仍按国家原来的规定发给基本养老金，同时执行基本养老金调整办法。⑤建立参保缴费的激励约束机制。⑥合理确定基本养老金水平。基本养老金水平调整幅度为自治区企业在岗职工平均工资年增长率的一定比例。⑦划分各级政府与企业及个人的职责，完善多渠道筹资机制，加强基金征缴和监管。⑧加大基金调剂力度，在加快完善盟市级统筹的基础上，尽快实现自治区级统筹。⑨进一步做好退休人员社会化管理服务工作，提高服务水平。⑩加强社会保险经办能力建设，提高社会保险管理服务水平。

2006 年、2007 年和 2009 年内蒙古自治区人民政府办公厅先后 3 次下发《关于城镇个体工商户和灵活就业人员参加基本养老保险缴费基数有关问题的通知》，对其进行调整。根据《内蒙古自治区人民政府关于完善企业职工基本养老保险制度的实施意见》（内政发〔2006〕3 号）有关精神，城镇个体工商户和灵活就业人员参加基本养老保险的缴费基数为当地上年度在岗职工平均工资，缴费比例为 20%。为了保持新老政策平稳过渡，2006 年《关于城镇个体工商户和灵活就业人员参加基本养老保险缴费基数有关问题的通知》（内政办字〔2006〕72 号）明确缴费基数实行 3 年过渡期。2007 年《关于城镇个体工商户和灵活就业人员参加基本养老保险缴费基数有关问题的通知》（内政办发〔2007〕38 号）明确缴费基数过渡期调整为 5 年。但由于城镇在岗职工工资增长较快，城镇个体工商户和灵活就业人员缴费难度较大的实际情况，2009 年《关于城镇个体工商户和灵活就业人员参加基本养老保险缴费基数有关问题的通知》（内政办发电〔2009〕9 号）要求，自 2009 年起城镇个体工商户和灵活就业人员缴纳基本养老保险的基数，可在当地上年度在岗职工社会平均工资 60%～100% 的范围内自主选择，今后缴费基数如有调整另行通知。

为进一步完善企业职工基本养老保险制度，强化养老保险管理，提高企业职工基本养老保险抵抗风险的能力，确保基本养老金按时足额发放，2009 年 8 月，《内蒙古自治区企业职工基本养老保险自治区级统筹办法（试行）》由区人民政府印发。《内蒙古自治区企业职工基本养老保险自治区级统筹办法（试行）》适用于参加自治区城镇企业职工基本养老保险的单位及其职工、城镇个体工商户和灵活就业人员、享受城镇企业职工基本养老保险待遇的人员。统一缴费比例有关规定是参保单位缴费比例为 20%，职工个人缴费比例为 8%；城镇个体工商户和灵活就业人员缴费比例为 20%。要统一个人账户。

个人账户统一按照本人缴费工资的 8% 记入。逐渐统一缴费基数和待遇标准，统一企业职工基本养老保险业务经办规程和信息系统。参保人员在全区范围内流动时，只转移基本养老保险关系和个人账户档案，不转移基本养老保险基金。

为切实落实好“五七工”参加城镇企业职工基本养老保险工作，内蒙古自治区人民政府于 2011 年制定了《内蒙古自治区“五七工”参加企业职工基本养老保险实施细则》（以下简称《细则》）。《细则》适用于在自治区行政区域内的原国营企业（含现已转制为企业的原城镇国有事业单位）、旗县级以上（含旗县级）城镇国有单位举办的集体所有制企业、街道办的集体所有制企业工作，未经劳动部门办理招工手续的职工，并要求 2010 年 12 月 31 日前，男年满 60 周岁，女年满 55 周岁，且具有自治区城镇户籍，1995 年底以前工作满 3 年，未参加城镇企业职工基本养老保险的人员。将“五七工”纳入基本养老保险统筹范围是基本养老保险政策“清盘”工程的重要组成部分，解决“五七工”人员养老保障问题是贯彻落实党的十七大精神、实践科学发展观的重要举措，也是完善社会保障体系的一项重要步骤。

2. 农村养老保险

1992 年，民政部出台了我国历史上第一个农村社会养老保险方案——《县级农村社会养老保险基本方案（试行）》（“老农保”制度）。随即内蒙古的“老农保”工作开始试点。资金筹集坚持以个人交纳为主，集体补助为辅，国家给予政策扶持的原则。缴费标准设多个档次，月交费标准设 2 元、4 元、6 元、8 元、10 元、12 元、14 元、16 元、18 元、20 元 10 个档次，1996 年全面推开“老农保”，到 1998 年末总共不到 100 万人参保，只占农牧民总数的 7%。不仅仅是内蒙古的“老农保”推广不顺利，其他省市情况类似。由于“老农保”参保率越来越低，国务院于 1999 年 7 月指出目前我国农村尚不具备普遍实行社会养老保险的条件，决定对已有的业务实行清理整顿，停止接受新业务，农村社会养老保险制度被叫停。

2009 年，全国开始试点新型农村社会养老保险。2009 年 9 月，《内蒙古自治区新型农村牧区社会养老保险试点办法》出台，进一步完善内蒙古自治区社会保障体系，统筹城乡社会发展，保障农牧民老年基本生活。新型农村牧区社会养老保险的基本原则是“保基本、广覆盖、有弹性、可持续”。政府主导和农牧民自愿相结合，引导农牧民普遍参保，养老保险基金由个人缴费、集体补助、政府补贴构成，全部计入个人账户。年满16周岁（不含在校学生）、未参加城镇职工基本养老保险的农村牧区居民，均可在户籍所在地自愿参保。年缴费标准目前设为100元、200元、300元、400元、500元5个档次，参保人员自主选择档次缴费，也可多缴。有条件的嘎查村集体应当对参保人员缴费给予补助。政府对应缴费档次的补贴分别为30元、35元、40元、45元、50元。自治区依据农牧民人均纯收入增长等情况适时调整缴费补贴标准。对重度残疾人、农村牧区低保户，政府按100元的标准为其代缴养老保险费。养老金待遇由基础养老金和个人账户养老金组成，支付终身。基础养老金最低标准为每人每月55元，对年满70～79周岁的另加10元，年满80周岁及以上的另加20元。个人账户养老金月计发标准为个人账户全部储存额除以139。年满60周岁，缴费15年（含补缴）可以领取。农村牧区社会养老保险制度实施时，已年满60周岁的人员，不用缴费，可以按月领取基础养老金。参保人员跨统筹区域转移养老保险关系的，个人账户中的资金全部转移。参保人员死亡，个人账户中的资金余额除政府补贴外，可以依法继承。

3. 城乡居民养老保险

2011年，《内蒙古自治区人民政府办公厅关于开展城镇和农村牧区居民社会养老保险试点的实施意见》（内政办发〔2011〕133号）出台。内蒙古自治区人民政府决定将城镇居民社会养老保险与新型农村牧区社会养老保险（以下简称新农保）合并实施，建立城镇和农村牧区居民社会养老保险（以下简称城乡居民养老保险）制度。年满16周岁（不含在校学生），未参加城镇职工基本养老保险的城镇非从业居民、农村牧区居民，均可在户籍所在地自愿参保。城乡居民养老保险基金主要由个人缴费和政府补贴构成，鼓励农村牧区嘎查村集体、其他经济组织、社会组织和个人为参保人缴费提供资助，全部记入个人账户，分别记账。

参保人员应按年缴纳养老保险费。年缴费标准分为100元、200元、300元、400元、500元、600元、700元、800元、900元、1000元10个档次，各地可根据实际情况适当增设缴费档次。参保人自主选择档次缴费，多缴多得。政府对参保人实行缴费补贴30元起，缴费每提高一个档次，增加补贴5元，最高补贴75元，对重度残疾人、城乡低保户等，由政府按100元的标准为其代缴养老保险费。参保人跨统筹地区转移城乡居民养老保险关系的，个人账户资金全部转移。参保人死亡，个人账户中的资金余额除政府补贴外，可以依法继承；政府补贴余额用于继续支付其他参保人的养老金。养老金待遇由基础养老金和个人账户养老金组成，支付终身。根据国家有关规定及自治区经济发展和物价变动等情况，适时调整全区城乡居民养老保险基础养老金的最低标准。基础养老金为每人每月 60 元（中央财政补贴 55 元，自治区补贴 5 元），在此基础上，对年满 70～79 周岁的另加 10 元，年满 80 周岁及以上的另加 20 元。参保人选择 200 元及以上档次并且累计缴费超过 15 年的，每多缴 1 年，基础养老金提高 2 元。个人账户养老金月计发标准为个人账户全部储存额除以 139（与现行职工基本养老保险个人账户养老金计发系数相同）。参保人年满 60 周岁，可按月领取养老金。城乡居民养老保险制度实施时，已年满 60 周岁，未享其他养老待遇的，无须缴费，可以按月领取基础养老金；距领取年龄不足 15 年的，应按年缴费，也可补缴，但累计缴费年限不超过 15 年，补缴部分享受政府补贴；距领取年龄超过 15 年的，应按年缴费，累计缴费年限不少于 15 年。建立城乡居民养老保险制度是深入贯彻落实科学发展观，加快推进富民强区战略，切实保障和改善民生的重大举措，有利于统筹城乡发展，推进基本公共服务均等化，实现广大城乡居民老有所养，促进社会和谐稳定。

4. 养老保险制度的衔接

2014 年，内蒙古自治区人民政府办公厅印发了《内蒙古自治区城镇企业职工基本养老保险关系区内转移接续办法》的通知，切实保障参加城镇企业职工基本养老保险人员的合法权益，促进人力资源合理配置和有序流动，保证参保人员在自治区范围内流动并在城镇就业时基本养老保险关系的顺畅转移接续。同年，《关于内蒙古自治区城乡养老保险制度衔接的实施意见》出台，参加城镇职工基本养老保险和城乡居民基本养老保险的参保人员，需要在两种制度间办理衔接手续的，可按照《关于内蒙古自治区城乡养老保险制度衔接的实施意见》进行办理。落实城乡养老保险制度的衔接政策，有助于实现参保人员在不同时段、不同地区、不同制度之间的“多维”跨越。通过制度整合与制度衔接，使全区人民公平地享有基本养老保障，是经济社会发展的必然要求和推进“新四化”建设的需要，这既有利于促进人口纵向流动，也能使养老保险相关制度内的融合度更高，制度之间的衔接性更好。

（二）医疗保险制度

1. 城镇职工基本医疗保险

内蒙古城镇职工医疗保险和全国一样，1952—1988 年实行两种制度，即企业职工实行劳保医疗和机关、事业单位实行公费医疗。1988 年，中国政府开始对劳保医疗制度进行改革。1998 年，中国政府颁布了《关于建立城镇职工基本医疗保险制度的决定》，开始在全国建立城镇职工基本医疗保险制度。

为了加快医疗保险制度改革，建立城镇职工基本医疗保险制度，保障职工基本医疗，促进经济发展，内蒙古自治区人民政府于 1999 年发布了《内蒙古自治区建立城镇职工基本医疗保险制度实施意见》。《内蒙古自治区建立城镇职工基本医疗保险制度实施意见》要求自治区境内城镇所有用人单位都要参加基本医疗保险，实行属地管理。乡镇企业及其职工，城镇个体经济组织业主及其从业人员，应积极创造条件，逐步纳入基本医疗保险。基本医疗保险费由用人单位和职工双方共同负担，用人单位的缴费率控制在职工工资总额的 6%左右，职工缴费率一般为本人工资收入的 2%。基本医疗保险基金实行社会统筹和个人账户相结合。职工个人缴纳的基本医疗保险费全部记入个人账户，用人单位缴纳的 30%左右划入个人账户。个人账户的本金和利息归个人所有，可以结转使用和继承。职工跨地区流动时，个人账户基金随同转移。统筹基金和个人账户的支付范围可按门诊和住院划分，也可按病种、发生医疗费用数额等划分。统筹基金的起付标准原则上控制在当地职工年平均工资的 10%左右。最高支付限额原则上控制在当地职工年平均工资的 4 倍左右。起付标准以下的医疗费用，从个人账户中支付或由个人自付。起付标准以上、最高支付限额以下的医疗费用，主要从统筹基金中支付，个人也要负担一定的比例。超过最高支付限额的医疗费用，可通过补充医疗保险或商业医疗保险、社会医疗救助等途径解决。离休人员、老红军，二等乙级以上革命伤残军人，“文革”中致残并持有全残证人员，国家公务员，在校大中专院校学生，职工因工伤、生育支出的医疗费用按原资金渠道解决。

2001 年 1 月，《内蒙古自治区本级职工基本医疗保险暂行办法》（内政办发〔2001〕3 号）出台。呼和浩特地区的中直机关、自治区直属机关、事业单位和中直企业自治区管理机构及其职工，都要依照本办法，参加自治区本级的职工基本医疗保险。参保单位以上年度职工工资总额为基数，按6%缴纳。参保人员个人以上年度工资收入为基数，按2%缴纳，全部计入个人账户。参保单位职工上年度工资收入低于自治区本级上年度平均工资80%的，以自治区本级上年度平均工资的80%作为缴费基数；高于自治区本级上年度平均工资300%以上的，按300%计收。失业人员在领取失业保险金期间的基本医疗保险费，由失业保险金发放机构按照呼和浩特市上年度职工平均工资的60%为基数，按8%的比例为其缴纳。参保单位缴纳的基本医疗保险费划入个人账户部分，按不同年龄段确定。以本人上年度工资收入为基数，年龄在45岁以下（含45岁）的职工，按0.8%比例计入个人账户；年龄在45岁以上至退休的职工，按1%的比例计入个人账户；退休人员按退休金总额3.2%的比例计入个人账户。职工调离，个人账户资金随同转移。个人账户主要用于支付在定点医疗机构门诊就医、持门诊外配处方在定点零售药店购药支出的医疗费、药费；统筹基金起付标准以下的医疗费用；统筹基金起付标准以上、最高支付限额以下由个人负担的医疗费（按"分段计算，累加支付"的办法按比例支付）。统筹基金主要用于支付参保患者的住院、紧急抢救、经批准的特殊慢性疾病和门诊特殊检查治疗的医疗费用。超出自治区基本医疗保险用药范围、诊疗项目和医疗服务设施范围的费用，统筹基金不予支付。参保人员在定点医疗机构一年内首次住院或紧急抢救，统筹基金的起付标准为：三级甲等医院为800元；三级乙等医院为600元；二级甲等及以下医院为400元。一年内多次住院者，从第二次住院起付标准在首次住院起付标准的基础上依次降低20%。统筹基金一个年度内所能支付的医疗费用最高限额为2.5万元。

以《内蒙古自治区本级职工基本医疗保险暂行办法》为基础，2001年1月，内蒙古自治区人民政府先后出台了《内蒙古自治区本级职工基本医疗保险费用结算暂行办法》《内蒙古自治区本级职工大额医疗保险暂行办法》《内蒙古自治区本级职工基本医疗保险个人账户及IC卡管理暂行办法》《内蒙古自治区本级职工基本医疗保险转诊转院和特殊医疗项目检查及治疗管理暂行办法》。

为加强自治区本级职工基本医疗保险费用的结算管理，制定《内蒙古自治区本级职工基本医疗保险费用结算暂行办法》，对多种形式的定点就医或购药、住院支付、转院费用等作出了详细规定。

为了解决自治区本级职工基本医疗保险参保人员因病发生的超出基本医疗保险最高支付限额以上部分的医疗费用，制定了《内蒙古自治区本级职工大额医疗保险暂行办法》。凡参加自治区本级职工基本医疗保险的单位和职工，都必须参加大额医疗保险。缴费标准为参保人员每人每年100元，用人单位为参保人员每人每年缴纳60元，参保人员每 人每年缴纳40元。大额医疗保险费不建立个人账户，基金一年内的最高支付限额为10万元。参保人员调离自治区本级统筹范围的，大额医疗保险关系及待遇从调离之日起终止。根据就医情况，大额医疗保险基金支付70%～80%的大额医疗费用。

为切实加强自治区本级基本医疗保险个人账户管理，方便参保人员就医购药，制定了《内蒙古自治区本级职工基本医疗保险个人账户及IC卡管理暂行办法》。医保中心按照居民身份证号码、单位代码和IC卡代码为本级所有参保人员逐一建立基本医疗保险个人账户，并负责对其使用情况进行全程监控。

为了加强和规范自治区本级基本医疗保险参保人员转诊转院、特殊医疗项目检查及治疗的管理，出台了《内蒙古自治区本级职工基本医疗保险转诊转院和特殊医疗项目检查及治疗管理暂行办法》。定点医疗机构实行首诊医疗机构和首诊医师负责制。定点医疗机构转诊、转院原则上由低等级定点医疗机构转往高等级定点医疗机构（专科疾病除外）。参保人员转往区外医疗机构门诊就医诊治时间为20天；住院治疗时间为60天，如病情危重需延长时间者，应在转院期满前10日内到自治区医保中心办理转院延期手续。参保人员因病确需在门诊或住院期间进行单项收费在200元以上（含200元）的特殊检查和治疗，其费用结算按照《自治区本级职工基本医疗保险费用结算暂行办法》中的有关规定执行。

2002年11月，内蒙古自治区人民政府发文《关于进一步完善自治区本级基本医疗保险管理服务工作》，明确自治区本级医疗保险各定点医疗机构和参保患者签订医疗服务协议。自治区医保中心与定点医疗机构签订的服务协议中，要在人均统筹基金支付定额的基础上，明确5项考核指标，实行“五率”指标管理。

2002年末，内蒙古自治区人民政府办公厅下发了《关于调整自治区本级医疗保险统筹基金支付标准的通知》。对参保人员在定点医疗机构一年内首次住院或紧急抢救的统筹基金起付标准进行了调整：三级甲等医院600元，三级乙等医院500元，二级甲等及以下医院400元。对统筹基金起付标准以上、最高支付限额以下的医疗费用进行了调整。转外地诊治的，支付90%。参保人员在定点医疗机构住院治疗期间按医嘱使用乙类药和用基本医疗保险支付部分费用的诊疗项目治疗，其费用本人支付10%，大额医疗保险基金支付90%。

2003年，《内蒙古自治区人民政府关于推进全区医疗保险制度改革有关问题的通知》的文件出台，可简要概括为：坚持原则，推进改革；稳步扩面，强化征缴；完善体系，加强衔接；落实措施，强化管理；充实机构，提高水平。本通知对城镇职工基本医疗保险制度在全区范围平稳运行、深化改革发挥了重要作用。

为继续推进基本医疗保险制度改革，促进基本医疗保险制度可持续发展，2004年下发了《内蒙古自治区人民政府关于进一步做好城镇职工基本医疗保险制度改革工作的通知》。要求进一步改革和规范医疗保险费征缴办法，由地税部门统一征缴各统筹地区的医疗保险费。各地区筹资比例原则上不得低于6%，个别困难地区筹资比例不足4%的，先提到4%，2～3年内提到6%。各级政府要坚决落实责任，调整财政支出结构，提高财政预算中医疗保障支出比例，及时足额拨付财政应负担的医疗保险费。

内蒙古自治区人民政府于2004年11月组织开展了医疗保险基金运行情况大检查。检查结果表明，全区医疗保险制度改革工作取得了很大的成效，也发现欠缴医疗保险费问题十分严重。截至2004年10月末，全区累计欠缴医疗保险费总额达13973万元，特别是财政欠费严重，占总欠费的80%；部分统筹地区发生挤占挪用医疗保险基金问题；有相当部分的旗县级统筹地区医疗保险费征缴率偏低；有的地区医疗保险基金运行出现当期赤字，基金抵御风险能力减弱。为了更好地处理检查中的问题，确保医疗保险基金安全运行，2005年，内蒙古自治区人民政府办公厅下发《关于深化医疗保险制度改革有关问题的通知》（以下简称《通知》）。《通知》明确自2005年起，各统筹地区筹资比例不得低于4%。调整机关事业单位的缴拨方式，凡是采取由财政直接划拨资金的，从2005年起一律改为由地税部门依法全额征缴，各级财政部门要确保按月将医保经费足额拨付至各参保单位。《通知》还要求严明财务纪律，保证基金安全，严格基金支出管理，积极探索研究反欺诈办法，强化医疗监督管理，提高服务水平。

经过6年的运行，自治区本级职工医疗保险制度改革取得了积极进展。但随着经济社会的快速发展，筹资比例难以适应参保职工待遇不断提高的实际需要等问题十分突出，加之医疗费用不断上涨等因素，使得本级职工医疗保险制度执行和基金运作极易出现风险。为了认真解决存在的问题，进一步完善自治区本级职工医疗保险制度，2008年内蒙古自治区人民政府办公厅出台了《关于进一步完善自治区本级职工医疗保险制度的通知》。职工基本医疗保险中，参保单位缴费比例由原来的6%调整到7%；参保人员基本医疗保险个人账户在原有规模的基础上统一提高0.2%；自治区本级基本医疗保险基金一个年度内的最高支付限额从2.5万元调整为3.5万元。大额医疗保险中，缴费标准由每人每年100元调整到每人每年140元，其中用人单位为参保人员每人每年缴纳100元，参保人员每人每年缴纳40元。大额医疗保险基金年度最高支付限额为10万元，支付标准也有所提高。公务员医疗补助中，享受医疗照顾人员发生的门诊费用实行限额管理，一个年度内400元起付线以上部分报销95%，最高报销额度为3000元。公务员医疗补助费在一个年度内最高支付限额为6.5万元。

2009年的《内蒙古自治区人民政府关于进一步做好通知》，更进一步地完善了区内多层次的医疗保险制度，要求在当年9月底前，将全部大学生纳入当地城镇居民基本医疗保险体系；积极解决各类破产企业退休人员、困难企业职工参保问题。明确了2009—2011年的城镇基本医疗保险工作的目标，即逐步提高覆盖范围、资金筹集和补助水平、待遇水平、统筹层次。

此外，《内蒙古自治区基本医疗保险药品目录》于2001年颁布，该目录的颁布是基本医疗保险制度改革顺利进行的重要措施；是维护参保职工合法权益，保障参保职工基本医疗的重要手段；也是保证基本医疗保险统筹基金收支平衡，安全运转的客观需要。2005年、2010年对其进行修订，2010年《内蒙古自治区基本医疗保险、工伤保险和生育保险药品目录》（2010年版）印发。

2. 农村牧区合作医疗制度

为完善农村牧区合作医疗制度，保障农牧民健康，提高农牧民抵御疾病风险的能力，防止其因病致贫、因病返贫，2003年12月，内蒙古自治区人民政府印发了《内蒙古自治区新型农村牧区合作医疗管理暂行办法》。新型农村牧区合作医疗制度是由政府组织、引导和支持，农牧民自愿参加，个人、集体和政府多方筹资，以大病统筹为主的农牧民医疗互助共济制度。农牧民以家庭为单位自愿参加合作医疗，农牧民缴费标准不应低于每人每年10元，对于无经济能力可利用医疗救助资金资助其参加合作医疗。自治区各级财政对参加合作医疗的农牧民给予每人每年10元资助，原则上按照4∶3∶3的比例分别由自治区、盟市、旗县三级财政承担。合作医疗基金的使用实行大额医疗费用补助为主、小额医疗费用补助为辅的办法。基金由大病统筹基金和家庭账户基金两部分构成，个人缴纳部分计入家庭账户，财政补助部分按一定比例划入家庭账户。旗县人民政府根据筹资总额及相关政策规定，结合当地实际，合理确定大病统筹基金的支付范围和支付标准。

2006年出台的《内蒙古自治区新型农村牧区合作医疗信息系统建设项目方案》，为加强新型农村牧区合作医疗信息系统建设，实现信息管理规范化提供了依据。目标是到2008年底，建立起自治区、盟市、旗县、苏木乡镇相连接的四级新型农村牧区合作医疗信息系统网络，加强新农合信息管理，完善新农合信息统计制度。提高工作效率，简化报账程序；降低工作成本，确保数据准确；“公开、公正、公平”，保障资金安全；促进科学管理，有助于民主决策；实现资源共享，推进电子政务。

全区新型农村牧区合作医疗试点工作2003年底开展以来，试点地区的农牧民减轻了医疗负担，因病致贫和因病返贫现象有所缓解，基本形成了新型农村牧区合作医疗制度框架。内蒙古自治区人民政府决定在2007年暨内蒙古自治区成立60周年时，要在全区全面推行和建立新型农村牧区合作医疗制度，并于2006年末下发了《内蒙古自治区人民政府办公厅关于印发自治区新型农村牧区合作医疗工作方案的通知》，要求原则上农牧民个人每年每人缴费不低于10元，中央财政对参加新型农村牧区合作医疗的农牧民每人每年补助20元，自治区、盟市、旗县财政每人每年补助20元。自治区、盟市、旗县（市、区）三级财政按10∶5∶5的比例安排补助资金。农牧民人口在6万以下的牧区旗县，自治区财政对参加新型农村牧区合作医疗的农牧民每人每年再增加5元的补助资金。此外，该通知还对基金管理、补助原则和方式、监督、医疗服务等各方面做出了规定。

为提高各地新型农村牧区合作医疗管理能力和服务水平，《内蒙古自治区新型农村牧区合作医疗管理能力建设项目实施方案》于2010年下发。该方案旨在通过新型农村牧区合作医疗管理能力建设项目，对全区开展新农合工作的旗县（市、区）合作医疗管理、经办机构和定点医疗机构人员进行培训，提高有关人员的政策水平、管理能力。加强各级新农合信息系统建设，确保实现新农合信息化管理，逐步建立起科学、稳定、规范的新型农村牧区合作医疗制度。

为保障农牧民享有基本医疗服务，维护参加新型农村牧区合作医疗人员的合法权益，2013年3月起实行《内蒙古自治区新型农村牧区合作医疗管理办法》。新型农村牧区合作医疗盟市级统筹制度参保条件放宽，户籍限制放宽，对婴儿和中小学生参保作出规定，个人缴费实行预收制。牧区五保对象、孤儿参加新型农村牧区合作医疗个人缴费由民政部门医疗救助基金全额资助。农村牧区低保对象、重点优抚对象参加新型农村牧区合作医疗个人缴费由民政部门医疗救助基金按照不低于人均50元的标准资助。该办法还明确了统筹基金的使用比例，基金管理要求，转院手续、报销时间等规定，对支付最低限额和起付标准做出指导意见。

为了进一步提高自治区新型农村牧区合作医疗制度保障水平，促进城乡统筹发展，满足全区广大参合农牧民的基本用药需求，进一步规范各级新农合定点医疗机构临床用药，提高新农合基金运行效益，2005年、2008年、2011年内蒙古对农村牧区合作医疗基本药物目录做了三次改善，并于2011年9月制定了《内蒙古自治区新型农村牧区合作医疗报销药品目录》（2011年版）。

《内蒙古自治区2015年新型农村牧区合作医疗补偿方案指导意见》指出了根据经济发展，生活水平等各方面相较于2014年的变化，对相关内容又进行了改动，详细规定了2015年新农合工作基本原则、基金收支、补偿标准和基本要求等事项。这对进一步加强新农合基金管理，提高基金使用效率和参合人员受益水平，推进新农合制度建设都有重要作用。

3. 城镇居民基本医疗保险

为实现基本建立覆盖城乡全体居民的医疗保障体系的目标，建立自治区城镇居民基本医疗保险制度，保障城镇居民的基本医疗需求，2007年《内蒙古关于做好城镇居民基本医疗保险试点工作的实施意见》(以下简称《意见》)出台。呼和浩特市、包头市和乌海市为国家试点城市；自治区确定鄂尔多斯市、阿拉善盟整体启动，其他盟市选择1～2个旗县统筹区作为试点。《意见》适用于试点地区不属于城镇职工基本医疗保险制度覆盖范围的中小学阶段的学生（包括职业高中、中专、技校学生）、少年儿童和其他非从业城镇居民，以及没有参加新型农村牧区合作医疗制度的农民工家庭中，长期随父母在城市居住的农民工子女。城镇居民基本医疗保险的统筹层次原则上与城镇职工基本医疗保险一致。成年城镇居民缴费率原则上控制在当地城镇居民人均可支配收入的2%左右，最低不低于150元。未成年人缴费原则上控制在当地城镇居民人均可支配收入的1%左右，不低于70元。城镇居民基本医疗保险以家庭缴费为主，政府给予适当补助并对困难城镇居民给予倾斜。对列入国家试点城市的参保居民，政府每年按人均不低于40元给予补助。城镇居民基本医疗保险基金统筹主要用于参保居民的住院、门诊紧急抢救和门诊大病医疗支出。统筹基金范围内的支付比例原则上不低于50%。统筹基金结余率控制在15%左右。统筹基金的起付标准原则上控制在当地城镇居民人均可支配收入的5%以内。最高支付限额原则上控制在当地城镇居民人均可支配收入的2倍左右。

2008年，内蒙古自治区全面推行城镇居民基本医疗保险制度。2009年的相关文件中指出，将全部大学生纳入当地城镇居民基本医疗保险体系。践行文件要求，近几年内蒙古在校学生的医保覆盖率不断扩大。内蒙古自治区于2012年下发相关文件，要求城镇新生儿按照“属地原则”，参加所在盟市城镇居民基本医疗保险。2012年，内蒙古城镇新生儿被纳入城镇居民基本医疗保险。

2013年，内蒙古自治区多部门联合下发的《关于内蒙古自治区开展城乡居民大病保险工作的实施意见》提出：力争到2015年，大病保险覆盖全区所有城镇居民医保参保人员和新农合参合人员，对参保（合）人员基本医保报销后的个人负担费用，大病保险平均实际支付比例不低于50%。同年，内蒙古自治区启动了城镇居民大病保险试点，大病保险的保障范围将与城镇居民医保相衔接。

（三）工伤保险、失业保险、生育保险

为了保障企业职工在生产工作中遭受事故伤害和患职业病后获得医疗救治、经济补偿和职业康复的权利，分散工伤风险，促进工伤预防和安全生产，内蒙古于1997年印发了《内蒙古自治区企业职工工伤保险试行办法》，2003年印发了《内蒙古自治区工伤保险条例实施办法》。后于2005年先后印发了《关于自治区国有重点煤炭企业工伤保险实行省级行业统筹管理的通知》和《关于农民工参加工伤保险有关问题的通知》，解决区内国有重点煤炭企业工伤保险统筹层次低，农民工抗风险能力差、工伤保险待遇不到位等问题。2006年《关于内蒙古自治区事业单位和民间非营利组织参加工伤保险实施意见》的颁布，将事业单位、民间非营利组织的工作人员纳入工伤保险体系中，保障其因工作遭受事故伤害或患职业病依法享受工伤保险待遇。

1986年，内蒙古自治区人民政府发布的《内蒙古自治区国营企业职工待业保险实施细则》，被1993年12月29日颁布的《内蒙古自治区职工待业保险办法》替代，而2000年《内蒙古自治区失业保险实施办法》的实施废止了1993年的《内蒙古自治区职工待业保险办法》。自治区人民政府为了保障失业人员失业期间的基本生活，促进其再就业，制定了适用于自治区行政区域内城镇各类企业及其职工、事业单位及其职工、社会团体及其职工、民办非企业单位及其职工、国家机关和与之建立劳动合同关系的职工的《内蒙古自治区失业保险实施办法》。要求单位按照本单位工资总额的2%缴纳失业保险费；其职工按照本人工资总额的1%缴纳失业保险费。失业保险金第1～12个月按照统筹地区最低工资标准的80%发放，第13～24个月按照统筹地区最低工资标准的70%发放。累计缴费满10年且男满50周岁、女满45周岁的，失业保险金在前款标准的基础上增发20%。夫妻双方同时失业的，失业保险金在前款标准的基础上每人增发8%。失业人员失业前，所在单位和本人按照规定履行缴费义务满1年的，领取2个月的失业保险金；满2年的，领取4个月的失业保险金；满3年的，领取8个月的失业保险金；满4年的，领取12个月的失业保险金；满5年不足10年的，第5年领取14个月的失业保险金，以后每递增1年增加1个月的失业保险金；满10年以上的，领取24个月的失业保险金。失业人员在领取失业保险金期间，医疗补助金按其领取失业保

险金标准的5%发给本人；取暖补贴按照统筹地区的标准发给本人。失业保险经办机构用于失业人员职业培训和职业介绍的补贴费用，不得超过统筹地区上年度收缴失业保险费总额的15%。农牧民合同制工人连续工作满1年的，一次性发给本人2个月的生活补助费；连续工作每增加1年增加1个月的生活补助费，最高不得超过12个月。生活补助费标准按统筹地区失业保险金标准执行。领取生活补助费的农牧民合同制工人不享受失业保险的其他待遇。2014年内蒙古最低工资标准上调标准，全区失业保险金发放标准也随之提高。自治区就业服务局2014年7月13日发布消息，要求各盟市及时调整失业保险金的发放标准，调整后的失业保险金最高每月为1200元。

1998年，内蒙古自治区开始实施《内蒙古自治区企业职工生育保险试行办法》。2010年，内蒙古自治区人民政府颁布了《内蒙古自治区生育保险试行办法》。《内蒙古自治区生育保险试行办法》将生育保险使用范围扩大到自治区境内的所有用人单位，城镇无业居民参加城镇居民基本医疗保险的育龄妇女生育费用，按照城镇居民基本医疗保险相关规定执行。该办法更好地维护了职工的合法权益，保障了女职工在生育期间得到基本的经济补偿和医疗保健。

（四）社会保险管理服务

1999年的《内蒙古自治区人民政府办公厅关于由劳动部门统一管理社会保险工作的通知》，明确了社会保险工作的管理部门。2008年，印发《内蒙古自治区社会保险基金专项治理工作实施方案》，以保证基金安全，纠正和查处违规违纪问题，完善基金管理监督政策，切实解决工作中的突出问题。2010年自治区政府下发了《关于开展内蒙古自治区社会保险管理信息系统建设工作的通知》，决定开展全区统一的社会保险管理信息系统建设工作，逐步实现“四个覆盖，五个统一”的目标。2014年，内蒙古自治区人民政府办公厅转发自治区人力资源社会保障厅《关于进一步加强社会保险基金管理与监督工作意见》的通知，以进一步加强全区社会保险基金管理与监督，增强主动防范风险的能力，确保社会保险基金的安全、完整。为推进全区劳动保障信息化建设进程，实现社会保险业务规范高效的信息化管理，提供及时便捷的公共服务。

二、内蒙古社会救助制度的历史沿革

社会保障作为社会安全网，并不是单一的层次，社会救济是保障的最后一张网，保障居民的最低生活。社会救济主要包括城乡最低生活保障、农村五保供养、城乡医疗救助等。

内蒙古自治区人民政府先后出台的《内蒙古自治区农村牧区困难群众社会救助工作实施方案》《内蒙古自治区人民政府关于推进城乡社会救助体系建设的意见》《社会救助家庭经济状况核对办法》《内蒙古自治区社会救助经办人员和嘎查村民委员会（社区居民委员会）工作人员及其近亲属享受社会救助登记备案工作办法（试行）》《内蒙古自治区民政厅关于做好〈社会救助暂行办法〉宣传工作的通知》《内蒙古自治区人民政府办公厅关于完善社会救助和保障标准与物价上涨挂钩联动机制的通知》等文件，对社会救助的大方向进行了相关规定，保障了区内社会救助制度的平稳运行，维护了社会稳定。

（一）城乡居民最低生活保障制度

1998 年，自治区人民政府出台《内蒙古自治区城市居民最低生活保障暂行办法》，保障全区城市（包括旗县所在地镇及建制镇）低收入居民的基本生活，维护社会稳定，促进经济和社会发展。2001 年《内蒙古自治区城市居民最低生活保障条例实施办法》正式出台，对申请享受本地最低生活保障待遇的条件进行详细规定。2003 年颁布的《内蒙古自治区城市居民最低生活保障制度实施细则》，对城市低保范围及低保待遇、城市低保对象家庭收入核实与计算、城市低保对象申请与审批程序、城市低保对象的管理等做了更进一步的规定。《内蒙古自治区城市居民最低生活保障工作规程》于 2004 年末出台，对城市居民最低生活保障工作涉及的各方面都进行了更细致的规定，如城市低保对象的确定、家庭收入的计算、分类施保、低保资金筹措、发放和低保办公经费、低保优待及辅助措施、保障对象的管理等。并明确内容若与《内蒙古自治区人民政府关于印发城市居民最低生活保障制度实施细则通知》不一致的，以本规程为准。2005 年，为了深入扎实地做好低保工作，切实提高低保工作质量和管理水平，营造“以人为本、关注贫困”的氛围，规范低保管理工作，表彰先进，鞭策后进，内蒙古自治区人民政府制定了《全区开展城市居民最低生活保障工作评比表彰办法》。

内蒙古自治区经济社会快速发展，为了解决困难群众的基本生活，2006年农牧区居民被纳入到了最低生活保障制度中。2006年1月，《内蒙古自治区人民政府关于建立农村牧区最低生活保障制度的通知》下发。随后《关于农村牧区居民最低生活保障制度实施意见》出台。这就进一步完善了城乡社会救助体系，维护和保障了农村牧区困难居民的基本生活权益。2007年《内蒙古自治区农村牧区最低生活保障工作规程》对农牧区低保工作的开展给予了更细化的指导，也对之前的相关规定进行了部分调整。农村牧区最低生活保障制度与扶贫开发政策的有效衔接，是中共十七届三中全会决定对扶贫和相关部门提出的一项重要任务。2011年，内蒙古自治区人民政府下发了《内蒙古自治区农村牧区最低生活保障制度与扶贫开发政策有效衔接扩大试点工作实施方案》，加强了对两项制度衔接试点工作的指导。

2011年，《内蒙古自治区人民政府关于加快推进按标施保工作进一步完善城乡居民最低生活保障制度的指导意见》出台，旨在进一步促进以城乡低保为重点的社会救助工作朝规范化、制度化方向发展，实现“建立四项制度、一个平台”目标。2013年，内蒙古自治区民政厅转发了民政部关于《最低生活保障审核审批办法（试行）》的通知，旨在规范最低生活保障审核审批流程，确保低保制度公开、公平、公正实施。同年，内蒙古自治区人民政府下发的《关于进一步加强和改进最低生活保障工作的实施意见》，提出了建立救助申请家庭经济状况核对机制的要求。2013年，内蒙古自治区民政厅、人力资源和社会保障厅联合制定了《内蒙古自治区城镇有劳动能力低保对象就业帮扶渐退管理办法》，旨在建立全区城镇居民最低生活保障制度与促进就业工作的联动机制，鼓励城镇低保对象家庭中在就业年龄段内、有劳动能力人员积极实现就业或再就业。为进一步强化城乡居民最低生活保障工作责任，促进最低生活保障工作公平公正、廉洁高效，切实维护困难群众的基本生活权益，2014年12月开始实施《内蒙古自治区城乡居民最低生活保障工作监督检查及责任追究办法》。

（二）农村五保供养

内蒙古自治区农村牧区传统的社会救助制度，是20世纪五六十年代在计划经济体制下形成的，主要采取临时救济的办法。1978—1985年，内蒙古农牧区五保供养政策仍然延续了人民公社时期的供养保障制度。1985年内蒙古下发文件明确规定，原则上应通过税收或其他法定收费办法解决五保供养费用。后来，五保供养经费由乡镇（苏木）统筹，开始大力发展农村敬老院，实行保护供养，政府给予必要的支持，掀起了建设敬老院热潮，这一时期五保供养得到发展。

2005年《内蒙古自治区民政厅、内蒙古自治区财政厅、内蒙古自治区发展和改革委员会关于加强农村牧区五保供养工作的通知》下发，要求充分认识进一步做好五保供养工作的重要意义，进一步完善农村牧区五保供养政策，确保五保供养政策的落实。

根据国务院新的《农村五保供养工作条例》精神，为了全面做好五保供养工作，2006年以来，内蒙古自治区先后出台了《关于加强五保供养工作的通知》《关于印发全区农村牧区五保“敬老工程”实施意见的通知》《关于印发内蒙古自治区敬老院等级管理标准的通知》《关于加强敬老院建设项目管理的通知》等规范性文件。

为切实推进全区农村牧区五保供养服务机构建设工作，推动全区农村牧区敬老院建设和管理工作上档次、上水平，内蒙古自治区民政厅编制了《内蒙古自治区农村牧区五保供养服务机构建设五年规划（2011—2015年）》。为了推进农村牧区五保供养服务机构管理规范化，不断提高供养服务水平，内蒙古自治区人民政府于2013年印发实施了《加强农村牧区五保供养服务机构管理工作的通知》，2014年印发了《内蒙古自治区农村牧区五保供养服务机构等级评定细则》。

（三）城乡医疗救助制度

城乡医疗救助制度是城乡社会救助体系的重要内容，也是城乡医疗保障体系的重要组成部分。2005年《内蒙古自治区城市医疗救助试点工作实施方案》最先出台。为进一步做好城乡医疗救助工作，切实解决全区城乡困难群众就医难问题，2007年内蒙古自治区人民政府同意实施自治区民政厅下发的《关于建立和完善城乡医疗救助制度的意见》。2012年《关于开展重特大疾病医疗救助试点工作的通知》《关于建立城乡医疗救助“一站式”即时结算服务平台的通知》和《关于进一步规范完善城乡医疗救助工作的通知》，大大加快了城乡医疗救助制度的建设，推动城乡医疗救助与城镇居民基本医疗保险和新型农村牧区合作医疗更好地衔接，确保了这项利民惠民制度得以快速健康发展。2014 年内蒙古自治区人民政府下发了《关于进一步完善城乡医疗救助制度的意见》，为进一步完善城乡医疗救助制度提出了如下意见：明确医疗救助范围、完善医疗救助政策、全面启动重特大疾病医疗救助工作、全面推行“一站式”医疗救助服务、强化医疗救助基金的筹集和管理、加强同临时救助和慈善捐助的衔接等。

（四）临时救助制度

临时救助制度是现行城乡社会救助制度的必要补充，是完善城乡社会救助体系的重要内容，是保障困难群众基本生活的重要举措。根据《内蒙古自治区城市居民最低生活保障工作规程》和《内蒙古自治区农村牧区最低生活保障工作规程》，为深入贯彻党的十七大精神和落实科学发展观，妥善解决城乡贫困居民的突发性、临时性生活困难，推进社会救助体系建设，2009 年，内蒙古自治区人民政府办公厅印发了《内蒙古自治区城乡居民临时生活救助实施办法》。

三、内蒙古社会福利制度的历史沿革

作为社会保障的最高层次，社会福利扮演着提高居民生活质量的角色。社会福利总是以缓和某些突出的社会矛盾为终极目标。我国现在面临的突出问题就是老龄化，于是与养老相关的内容便成了社会福利的主要内容。

内蒙古自治区人民政府按照国家民政部颁布的《社会福利机构管理暂行办法》和其他相关文件的要求，下发了对内蒙古自治区福利机构管理的具体办法。2013 年末，内蒙古自治区民政厅依据《内蒙古自治区加快服务业发展若干政策规定》和自治区民政厅《关于印发内蒙古自治区福利彩票公益金资助盟市示范老年养护院、旗县（市、区）综合老年养护院、街道（社区）老年人日间照料中心项目实施办法的通知》的要求，印发了《内蒙古自治区社区老年人日间照料中心运行管理办法》，规范中心运作程序，为社区老年人提供生活照料、医疗保健、精神慰藉、法律援助、文化娱乐。2014 年 3 月，为了加强对全区养老服务机构的管理，维护老年人的合法权益，促进老年人社会福利事业健康发展，内蒙古自治区民政厅、财政厅联合印发了《内蒙古自治区养老服务机构等级评定办法》。同年 12 月，《内蒙古自治区养老机构设立许可与管理办法》下发，原《内蒙古自治区社会办养老机构管理办法》废止。

此外，内蒙古自治区人民政府还积极推进实施“儿童福利院建设蓝天计划”和流浪未成年人救助保护中心项目，大力发展残疾人事业，完善治疗、康复、教育、就业等政策。

第二节　内蒙古城乡社会保障实施效果评估

《内蒙古自治区“十二五”规划纲要》中明确提出：把社会建设放在更加突出的战略地位，努力保障和改善民生，提高人民生活水平，逐步完善覆盖城乡居民的基本公共服务体系，创新社会管理模式，促进社会和谐发展。改善民生和提高生活水平，离不开城乡社会保障的发展。内蒙古城乡社会保障的发展自新中国成立以来就备受重视。如今，经历了 70 年的发展历程，内蒙古社会保障事业取得了一系列成绩。内蒙古城乡社会保障实施的主要变化有如下几方面。

一、社会保障体系趋于健全

内蒙古自治区积极贯彻国家关于社会保障的指示，出台具体措施保障内蒙古城乡社会保障的实施。近些年来，内蒙古逐步建立起了以社会保险、社会救济、社会福利等为主要内容的社会保障体系（见图 3–1）。社会保障体系的不断健全对实现全区收入的分配和再分配，促进社会的稳定发展具有重要意义。

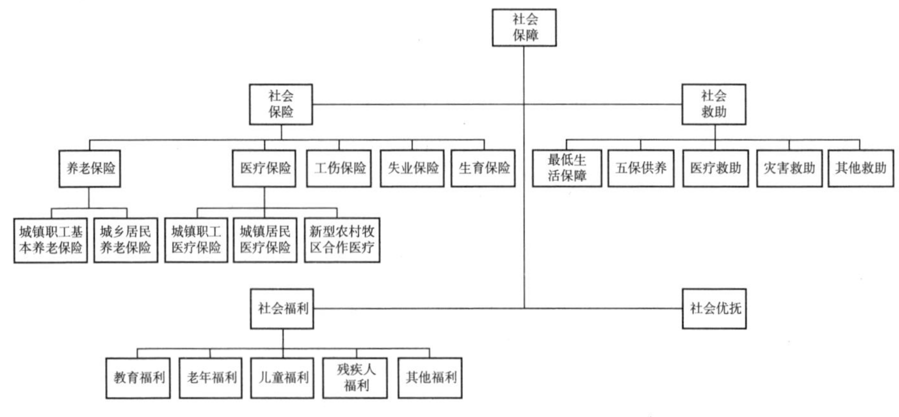

图 3–1　内蒙古社会保障结构

Figure 3–1　Structure of Inner Mongolia Social Security

二、社会保障制度逐步优化

任何事物都不是一成不变的，社会保障制度也不例外。近些年来，内蒙古社会保障制度不断地优化。社会保障突破了传统保障，实现了从企业保障到社会保障的本质转变：社会保险实行社会统筹与个人账户相结合的制度模式；建立了用人单位和劳动者共同缴费，政府给予补助的筹资机制；基本实现社会化管理服务，推进社会保障公共平台和信息网络建设。这些改变都使保障制度实现了向社会性的回归。

当然，社会保障内容也在与时俱进、不断优化，其内容并不是一成不变的，而是随着社会发展及民众的需要不断变化着。例如，最低生活保障制度的从无到有，不断健全低收入家庭认证体系，推进机关事业单位基本养老保险制度改革，出台医保关系转移接续和异地就医管理政策，不断提高保障标准和统筹层次，重视新农合的推广，等等。保障内容的及时调整使民众的基本权益得到保障，也让其及时享有社会经济的发展成果。

内蒙古城乡最低生活保障制度的建立为生活贫困的家庭提供了一份生活的保障。保障的标准由各盟市、区县根据各自的社会经济发展进行调整。[①]2014 年，全区城市最低生活保障标准达到月人均 472 元，农村牧区最低生活保障标准达到年人均 3229 元，分别比 2013 年提高了 28 元和 267 元[②]。

再以新农合为例。内蒙古高度重视新型农村牧区合作医疗制度的推行。2014 年底，参加农村合作医疗农牧民数为 1289.3 万人，比 2013 年增长 2.2%，参合率达到了 97%。2014 年新农合人均筹资标准达到 390 元，政策内住院费报销比例 75% 以上，累计支出资金 50.73 亿元，受益人口达 980 万。[③]如此高的参合率，与自治区政府每年更新的筹资、报销比例密不可分。表 3-1、表 3-2 反映了 2013 年以来内蒙古自治区新农合的筹资额度和报销比例的变化。自治区政府根据当地经济社会发展状况，适当地提高医疗保险筹资水平、住院报销比例，更切实际地体现了医疗保险补偿由疾病所带来的经济

---

① 内蒙古自治区“十二五”规划纲要（2011—2015）。

② 2014 年内蒙古各盟市城乡平均最低生活保障标准公布［EB/OL］.［2015-02-03］. http://www.nmg.xinhuanet.com.

③ 内蒙古“医改”：新农合受益人口 980 万［EB/OL］.［2015-02-03］. http://finance.ifeng.com/a/20150203/13479685_0.shtml.

损失的作用。

表 3–1　2013—2015 年内蒙古自治区新农合筹资标准（最低标准）

Table 3–1　2013—2015 NCMS Fundraising Standards for Inner Mongolia Autonomous Region (Minimum Standard)

单位：每人 / 元

年份	资金来源					
	中央补助	自治政补助	盟市补助	旗县补助	个人缴费	筹资标准（合计）
2013	188	46	23	23	60	340
2014	220	50	25	25	70	390
2015	252	54	27	27	90	450

注：补充规定：内蒙古自治区财政补助对农牧业户籍人口低于 6 万的牧业旗县人均增加 20 元。

数据来源：2013—2015 年《内蒙古自治区新型农村牧区合作医疗补偿方案指导意见》。

表 3–2　2013—2014 年内蒙古自治区新农合参照补偿标准

Table 3–2　2013—2014 Reference Compensation Standard for NCMS in Inner Mongolia Autonomous Region

<table>
<tr><th colspan="2" rowspan="2">所在地</th><th rowspan="2">医院范围</th><th colspan="2">2013 年</th><th colspan="2">2014 年</th><th colspan="2">2015 年</th></tr>
<tr><th>起付线（元）</th><th>补偿比例（%）</th><th>起付线（元）</th><th>补偿比例（%）</th><th>起付线（元）</th><th>补偿比例（%）</th></tr>
<tr><td colspan="2">苏木乡镇</td><td>苏木乡镇卫生院</td><td>100</td><td>90</td><td>50～150</td><td>85～100</td><td>150</td><td>100</td></tr>
<tr><td colspan="2" rowspan="2">旗县</td><td>二级以下医院（含二级）</td><td>400～500</td><td>80</td><td>200～400</td><td>75～85</td><td>400</td><td>80</td></tr>
<tr><td>三级医院</td><td></td><td></td><td>400～600</td><td>70～75</td><td>600</td><td>75</td></tr>
<tr><td>盟市</td><td>I 类</td><td>二级以下医院（含二级）</td><td>600～800</td><td>75</td><td>400～600</td><td>70～75</td><td>600</td><td>70</td></tr>
<tr><td colspan="3">自治区级三级医院</td><td>2000～3000</td><td>60</td><td>1500</td><td>60</td><td>1500</td><td>60</td></tr>
<tr><td colspan="3">自治区外三级医院</td><td>3000</td><td>55</td><td>2000</td><td>55</td><td>2000</td><td>55</td></tr>
</table>

注：参合人员年度内在同级别医疗机构第二次及以上住院的，应降低起付线 50%；在县级及以上中蒙医医院住院治疗的，应降低起付线 50%。对同时具备享受两项降低起付线政策的，只能享受最高级别的一项优惠政策。参加新农合的失独家庭、五保户、民政确定的优抚对象住院治疗起付线降低 50%。

数据来源：2013—2015 年《内蒙古自治区新型农村牧区合作医疗补偿方案指导意见》。

三、社会保障范围不断扩大

对事物的认识与接受程度往往是决定该事物实施效果的重要前提。内蒙古在几十年的发展中，整个社会的社会保障观念逐步转变。从开始的完全依赖国家到意识到个人责任，从怀疑到认可，观念的转变使得全区城乡社会保障的推动有了扎实的基础，群众越来越认可社会保障制度。近年来，内蒙古社会保障覆盖面不断扩大，只有国有单位的职工才可以享受社会保险的时代已经成为过去。随着经济的发展和文明程度的提高，社会保障已成为衡量社会发展的重要指标，而社会保障的覆盖面更是硬指标。

社会保险的覆盖面“由窄变宽”。内蒙古将非公有制单位职工、灵活就业人员、农牧民工纳入了保险体系，落实了“五七工”“集体工”的养老保险政策，基本解决了集体等其他关闭破产企业退休人员和困难企业职工参加医疗保险问题，基本将国有企业其他老工伤人员和集体企业老工伤人员纳入了工伤保险。

内蒙古自治区 2014 年国民经济和社会发展统计公报显示，参加城乡居民社会养老保险和城镇职工基本养老保险人数分别为 761.9 万人、524.9 万人，前者比上年下降了 2.4%，后者增长了 5.7%。全区基本医疗保险参保人数为 998.1 万人。其中，城镇职工参保人数为 470.7 万人，比上年增长 1.3%，全区参加失业保险职工人数 236.3 万人，领取失业保险金人数为 4.8 万人。在 2013 年内蒙古自治区人力资源和社会保障事业发展统计公报中，全区工伤保险、生育保险的参保人数分别为 277.4 万人、285 万人。

2014 年全区社会救助也有大进展。12 月，城市居民最低生活保障人数为 705833 人，保障户为 415696 户，农村最低生活保障人数为 1221501 人，保障户数是 958970 户。农村五保供养人数 88959 人，其中，农村五保集中供养人数 24910 人，分散供养人数 64049 人。[①]

四、社会保障支出增加

随着社会整体实力的增强，内蒙古对社会保障制度实施的财力支持

① 内蒙古民政 . 2014 年 4 季度内蒙古社会服务统计快报［EB/OL］.［2015-03-12］. http://neimenggu.mca.gov.cn.

也在不断加大。内蒙古社会保障绝对支出不断增加。2008 年的支出额为 406.65 亿元，到 2012 年增加到 1005.91 亿元（见图 3-2）。其中，各项社会保险基金支出每年不同程度地上涨，几年间，社会保险基金支出总额翻了一番（见图 3-3 和表 3-3）。社会保障的绝对支出衡量社会保障水平具有一定的局限性，一般用社会保障支出占 GDP 的比例来反映一个地区的社会保障水平。内蒙古社会保障支出占内蒙古 GDP 的比重从 2008 年的 4.79% 提高到 2012 年的 6.33%。2014 年，内蒙古各级财政部门集中财力保障和改善民生，财政社会保障资金总量和支出均实现“双增长”，共支出各类财政社会保障资金 760 亿元，倾力为民密织一张涉及养老、医疗、就业、社会救助等多领域的社会保障网，让老百姓享受实实在在的改革发展成果。[①] 截至 2014 年 12 月底，内蒙古社会救助支出 83.24 亿元；城镇最低生活保障支出 37.15 亿元；农村最低生活保障支出 31.62 亿元；农村五保集中供养支出 1.49 亿元；农村五保分散供养支出 2.44 亿元；直接医疗救助支出 6.15 亿元等。[②]

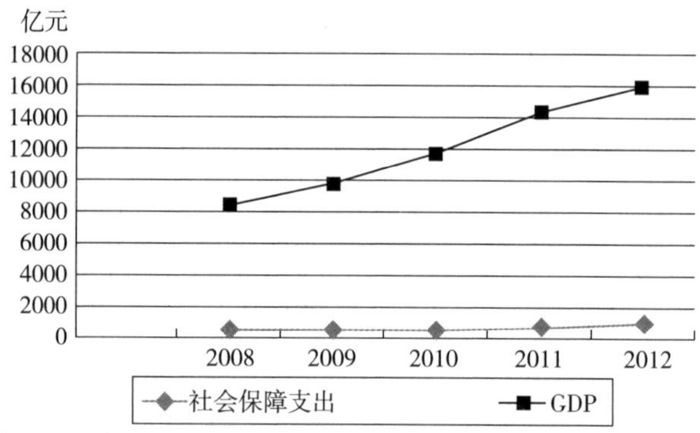

图 3-2　2008—2012 年内蒙古社会保障支出及 GDP 增长情况

Figure 3-2　Social security expenditure and GDP growth in Inner Mongolia，2008—2012

注：社会保障支出＝社会保障和就业支出＋社会保险基金支出。

数据来源：2009—2013 年《中国统计年鉴》。

① 郭俊楼，史生荣，王涛 . 内蒙古民生财政密织社会保障网［N］. 鄂尔多斯日报，2015-02-16.

② 内蒙古民政 . 2014 年 4 季度内蒙古自治区社会服务统计快报（三）［EB/OL］.［2015-03-12］. http://neimenggu.mca.gov.cn/article/mzyw/ghcw/gzdt/201503/20150300784348.shtml.

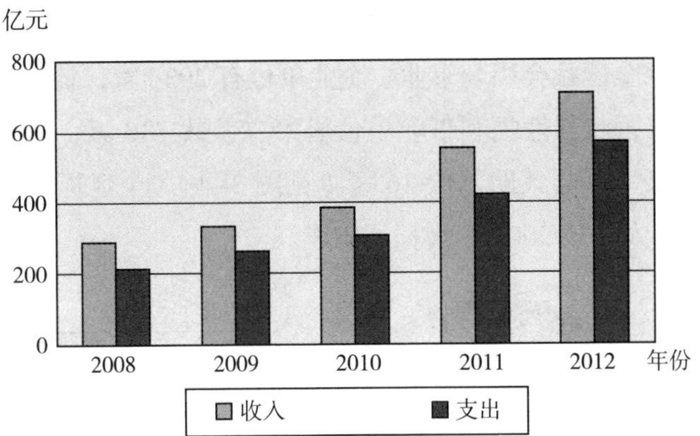

图 3-3　2008 年—2012 年社会保险基金收入与支出情况

Figure 3-3　Income and Expenditure of Social Insurance Funds，2008—2012

数据来源：2008—2012 年内蒙古社会保障总支出。

表 3-3　2008—2012 年内蒙古社会保障总支出

单位：亿元

年份	社会保险基金支出情况						财政支出情况	合计
	养老保险基金	医疗保险基金	失业保险基金	工伤保险基金	生育保险基金	基金合计支出	社会保障和就业支出	社会保障支出
2008	179	28.23	5.19	2.06	0.66	215.14	191.51	406.65
2009	208.52	42.24	8.31	2.85	0.9	262.82	274.97	537.79
2010	235.48	59.06	7.21	3.45	1.23	306.43	292.44	598.87
2011	317.23	88.72	8.04	5.38	2.75	422.12	363.97	786.09
2012	414.4	136.08	8.92	6.88	5.38	570.44	435.47	1005.91

注：（1）保险基金支出不含农村合作医疗支出。

（2）财政中用于社会保障的支出统计以 2006 年为界限出现不同。依据每年《中国统计年鉴》财政科目设置的具体指标解释，2006 年及以前财政中的社会保障支出由抚恤和社会福利救济费、社会保障补助支出和行政事业单位离退休支出三部分构成；2007 年以后，财政中的社会保障支出为社会保障和就业支出一项[①]。

数据来源：2009—2013 年《内蒙古统计年鉴》及历年《中国统计年鉴》。

五、社会保障管理服务逐渐加强

内蒙古社会保障的发展，不仅局限于体系的健全、保障水平的提高、覆盖面的扩大，还反映在社会保障管理服务的加强。近些年来，内蒙古社会保

① 张雅．北京社会保障水平适度性实证分析［J］．时代金融，2012，490（8）：80-83.

障事业的相关单位及从业人员的数量和素质也在不断增多和提高。

2012 年底，全区社会福利事业、企业单位有 2038 家，社区服务中心数量最多，为 873 家，收养性福利事业单位居第二，共 730 家，此外，还有社会福利企业 254 家，社会救助单位 36 家（见图 3-4）。全区福利企事业单位有工作人员 28716 人，较 2008 年增长了三成。

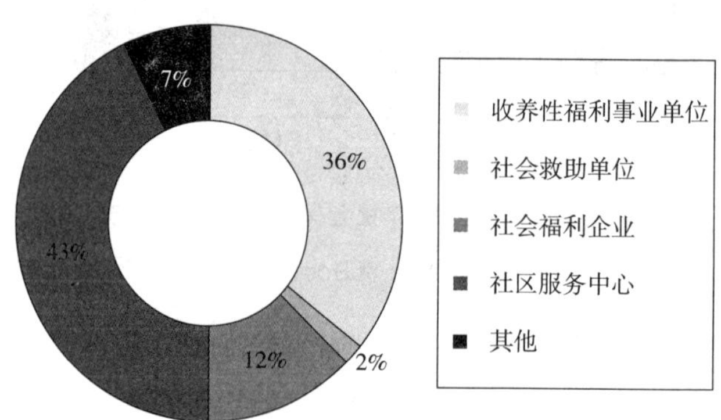

图 3-4　2012 年内蒙古社会福利事业、企业单位分类

Figure 3-4　Classification of Inner Mongolia Social Welfare Institutions and Enterprises in 2012

数据来源：2013 年《内蒙古统计年鉴》。

医疗卫生事业关系到人民群众的身体健康和生老病死，是社会高度关注的热点问题。内蒙古不断推进医疗卫生体制改革，增加相关投入，卫生事业保持平稳较快发展。从图 3-5 可以看出，1995—2012 年，每万人拥有医院床位数增加了 12.4 张，每万人医生数增加量为 1.9 人。虽然每万人拥有医院从 0.9 家降至 0.7 家，每万人医生增加量仅为 1.9 人，但从医疗机构和卫生人员的绝对数量上分析，内蒙古的医疗事业还是在不断前进的。2010—2013 年，全区医疗机构数量分别为 22685 家、22931 家、23046 家、23264 家。2013 年的医疗机构床位比 2012 年增加了 8%。2013 年卫生人员总数达到 195943 人（见图 3-6），比 2012 年增加了 8300 人。

社会保障作为第三产业促进了内蒙古的社会经济发展。2012 年内蒙古卫生、社会保障和社会福利业的增加值为 139.04 亿元，占内蒙古第三产业增加值的 2.5%[①]。

① 数据来源于《内蒙古统计年鉴 2013》。

此外，2014年内蒙古自治区还提出了农村牧区“十个全覆盖”计划，计划用3年的时间实现包括农村牧区危房改造、安全饮水、嘎查村街巷硬化、村村通电、村村通广播电视通信、校舍建设及安全改造、嘎查村标准化卫生室、嘎查村文化活动室、便民连锁超市、农村牧区常住人口养老医疗低保等社会保障“十个全覆盖”。[①] 这个计划的提出对推动农村牧区常住人口养老医疗低保等社会保障的发展具有重要意义。2014年，自治区下拨“十个全覆盖”工程资金50亿元。

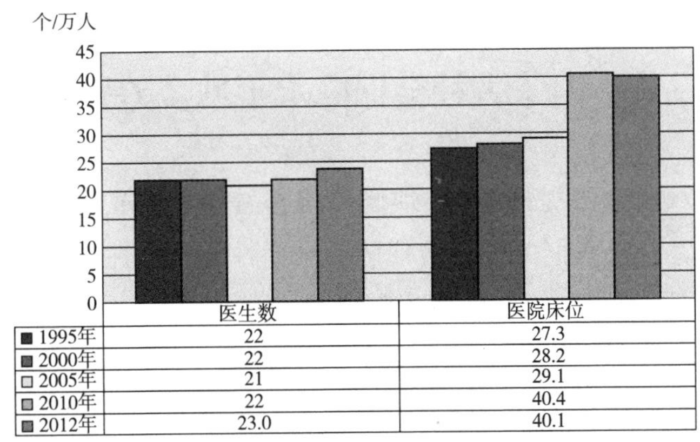

	医生数	医院床位
1995年	22	27.3
2000年	22	28.2
2005年	21	29.1
2010年	22	40.4
2012年	23.0	40.1

图 3-5　内蒙古卫生情况

Figure 3-5　Health situation in Inner Mongolia

数据来源：2013年《内蒙古统计年鉴》。

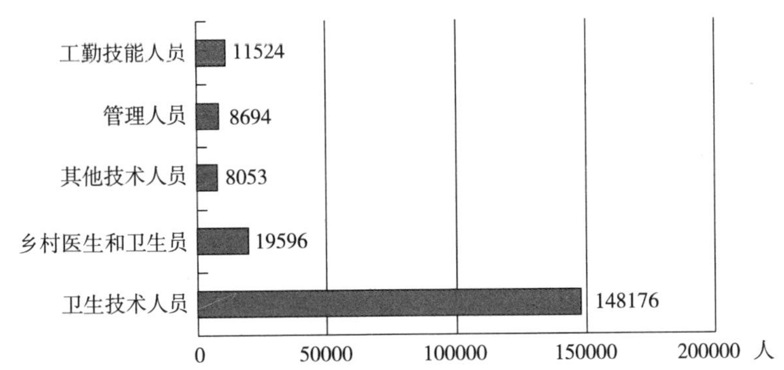

图 3-6　2013年全内蒙古自治区卫生人员分类

Figure 3-6　Classification of Health Personnel in Inner Mongolia Autonomous Region in 2013

数据来源：《内蒙古自治区2013年卫生计生事业发展简报》。

① 内蒙古启动“十个全覆盖”工程 .［EB/OL］.［2014-01-15］. http://www.northnews.cn/2014/0115/1501471.shtml.

总之，完善的体系、城镇与农村牧区的广覆盖、保障水平的不断提高使内蒙古城乡社会保障的发展获得了喜人的成绩。内蒙古城乡社会保障的发展对消除城乡之间、脑力劳动和体力劳动之间的差别，缩小各类居民收入的差距，缓解各类社会矛盾起到了积极作用，为社会成员提供了多方面的物质生活保障和精神生活保障，推动了社会和谐有序地发展。

第三节　内蒙古社会保障水平城乡差别的测量

党的十八大报告提出："必须坚持维护社会公平正义。"牢牢把握这一基本要求，需要我们关注社会保障的全面性和公平性。计划经济时期的"城乡二元制"使得二者在经济发展、社会环境、思想认识等诸多方面存在差异。城乡社会保障的差异表现在多个方面，导致城乡社会保障制度缺乏统一性、规范性和可持续性。内蒙古社会保障也不例外，城乡之间存在一定的差异。

一、城乡社会保障制度建立时间不同

通过第一节的梳理，可以看出内蒙古社会保障的建立及健全经过了如下步骤：城镇职工—农村牧区—城镇居民—衔接。养老保险和医疗保险体系的建立都是如此。内蒙古自治区最先进行城镇职工基本养老保险的改革，之后着手农村养老保险的改革，新型农村牧区社会养老保险取代了"旧农保"。此后，自治区人民政府决定将城镇居民社会养老保险与新型农村牧区社会养老保险合并实施，建立了城乡居民养老保险制度。2014 年又出台《内蒙古自治区人力资源和社会保障厅关于内蒙古自治区城乡养老保险制度衔接的实施意见》，解决城镇职工基本养老保险和城乡居民基本养老保险间的衔接问题。内蒙古医疗保险的改革从城镇职工基本医疗保险入手，之后运行了新型农村牧区合作医疗制度，2007 年城镇居民基本医疗保险启动试点。2013 年下发《关于内蒙古自治区开展城乡居民大病保险工作的实施意见》，大病保险将会覆盖全区城镇居民医保参保人员和新农合参合人员，不再只是针对城镇职工的保险。

二、城乡参保险种不同

伴随着社会经济的发展和人民生活水平的提高，社会保障体系不断健全。城市居民可以说已经建立了“从摇篮到坟墓”的保障制度。相较于城市较完善的社会保障制度，农牧区的保障体系存在缺失。

农村牧区和城镇的居民可以参加城乡居民养老保险和新型农村牧区合作医疗保险或城镇居民医疗保险已是社会保障事业的一大进步，但与可参加五项社会保险的城镇职工相比，在参加社会保险的种类上还存在差距。2005 年区政府下发文件，解决农民工参加工伤保险的有关问题。2012 年底，参加工伤保险的农牧民为 70 万人[①]。目前，对于农牧民的部分社会保障权益仍存在不少空白，例如，女性农民工的生育保障、失地农民的失业保障等。虽然《内蒙古自治区妇女发展纲要（2011—2020 年）》中提出，完善城乡生育保障制度，稳步提高妇女生育保障水平，基本医疗保险制度覆盖城乡妇女，提高妇女养老服务水平，以城乡社区为单位的养老服务覆盖率达到 90% 以上，等等，但计划的实施需要政策的制定与实际的操作过程，就目前而言，关于农村妇女的社会保障还是不尽如人意。

三、城乡保障水平不同

（一）养老保险

通过保障方式、资金来源、计发办法、保障性质等多方面的比较，我们不难发现城乡养老保险存在不小的差异（见表 3-4）。由于这种种的差异，最终导致城乡养老保险在待遇上存在明显差距。2014 年内蒙古安排资金 92 亿元，为全区 188.7 万名企业离退休人员上调养老金标准，人均每月增加 191 元，达到 2100 元[②]。而截至 2014 年 6 月，内蒙古城乡居民人均养老金水平为每月人均养老金为 111.3 元[③]。城镇职工与城乡居民的养老保险待遇确实差距过大。

---

① 数据来源于《内蒙古统计年鉴 2013》。

② 郭俊楼，史生荣，王涛 . 内蒙古：民生财政密织社会保障网 百姓享受发展成果［N］. 内蒙古日报，http://www.hlnmg.com/news/important/8770.html,2015-02-12.

③ 刘墨墨 . 内蒙古已有 193 万多人领取城乡居民养老待遇［EB/OL］.［2014-07-30］.http://news.163.com/14/0730/09/A2D2AKFM00014AEE.html.

表 3–4 内蒙古城乡养老保险比较

Table 3–4 Comparison of urban and rural pension insurance in Inner Mongolia

	城镇职工基本养老保险	城乡居民养老保险
保障方式	社会统筹与个人账户结合	个人账户
保障对象	城镇劳动者	户籍所在地居民
资金来源	个人、企业、国家共同承担	个人缴费和政府补贴
保障性质	强制	自愿
资金运行	现收现付到半资金积累	个人储蓄积累
缴费方式	参保人按月缴纳养老保险费。参保单位按员工工资总额的 20% 缴费，职工个人缴费比例为月工资的 8%	参保人按年缴纳养老保险费。年缴费标准分为 100 元、200 元、300 元、400 元、500 元、600 元、700 元、800 元、900 元、1000 元 10 个档次，各地可根据实际情况适当增设缴费档次。参保人自主选择档次缴费，多缴多得。政府对参保人实行缴费补贴 30 元起，缴费每提高一个档次，增加补贴 5 元，最高补贴 75 元。对重度残疾人、城乡低保户等，由政府按 100 元的标准为其代缴养老保险费
领取要求	缴费年限满 15 年，男年满 60 周岁，女年满 50 周岁	累计缴费年限 15 年，年满 60 周岁
跨统筹区转移	个人账户资金全部转移	
计发办法	基础养老金：退休时的基础养老金月标准以当地上年度在岗职工月平均工资和本人指数化月平均缴费工资的平均值为基数，缴费每满 1 年发给 1%	适时调整全区城乡居民养老保险基础养老金的最低标准
	个人账户养老金月标准为个人账户储存额除以计发月数，139 个月	

养老金替代率也是衡量城乡养老保险水平的标尺之一。养老金替代率是指劳动者退休时的养老金领取水平与退休前工资收入水平之间的比率，是衡量劳动者退休前后生活保障水平差异的基本指标之一。郑秉文曾表示："一个制度的替代率如果过于慷慨，不但可以拖垮国家，也有可能毁灭了制度。相反，如果一个制度的替代率过低，也会毁灭了制度。"2010 年城镇职工养老保险替代率的全国平均水平是 49.79%，2011 年已参加新型农村养老保险计划的农民养老保险替代率为 16%，而全部农村居民平均养老保险替代率仅为 2.5%。按照现行新型农村保险实施计划，2015 年实现农村养老保险全覆盖，据测算平均替代率将达到 16%，2030 年达到 21%，2050 年达到 29%。[①] 虽然

① 百度百科［DB/OL］.http://baike.sogou.com/v66185495.htm.

目前没有内蒙古城乡养老保险金的具体替代率数值，但从全国的养老金替代率数值可以推测出内蒙古城乡养老保险发展失衡。

（二）医疗保险

“看病难，看病贵”是城乡居民面临的共同问题，为了切实缓解此问题，内蒙古建立了覆盖城乡居民的医疗保险体系。但不可否认，城乡之间存在不小的差距。就 2012 年城乡医疗补偿水平而言，参加新农合的人数是城镇职工的 2.7 倍，但人均补偿只是其 1/10，城镇居民医疗的补偿水平为三者中最低（见表 3–5）。

表 3–5　2012 年内蒙古城乡医疗保险基金支出情况

Table 3–5　Expenditure of urban and rural medical insurance funds in Inner Mongolia in 2012

	城镇职工医疗保险	新型农村牧区合作医疗	城镇居民医疗保险
参加人数（万人）	455.1	1234	512.4
基金支出（亿元）	122.71	35.65	13.37
人均支出（元）	2696	289	261

资料来源：《2013 年内蒙古统计年鉴》和《2013 年内蒙古自治区人力资源和社会保障事业发展统计公报》。

报销比例也是衡量城乡医疗保障水平差异的重要标准之一。2014 年政府下发的文件中规定，统筹基金的起付标准为：三级甲等医院为 600 元；三级乙等医院为 400 元；二级甲等及以下医院为 300 元。一年内多次住院者，从第二次住院起付标准在首次住院起付标准的基础上依次降低 20%，但三级甲等、三级乙等、二级甲等及以下医院最低不得低于 400 元、300 元、200 元。基本医疗保险统筹基金起付标准以上，最高支付限额以下的医疗费用，按“分段计算，累加支付”的办法执行，统筹基金支付比例与 2010 年实施的《内蒙古自治区人民政府关于进一步做好城镇基本医疗保险工作的通知》（内政发〔2009〕57 号）中的规定相同（见表 3–6）。

表 3–6　内蒙古基本医疗统筹基金支付比例（%）

Table 3–6 Payment ratio of Inner Mongolia Basic Medical Coordination Fund

住院医疗费用	在职人员统筹基金支付比例			退休人员统筹基金支付比例		
	三甲	三乙	其他	三甲	三乙	其他
起付线 3.5 万元	85	90	95	88	93	98

续表

住院医疗费用	在职人员统筹基金支付比例			退休人员统筹基金支付比例		
	三甲	三乙	其他	三甲	三乙	其他
3.5 万元以上	95	96	97	96	97	98

内蒙古新型农村合作医疗的补偿标准在上节中也以表格的方式呈现。通过对比可以发现，无论在起付线还是报销比例上，城乡医疗保障之间的差距都是显而易见的。当然，城乡之间的医疗条件、医疗设备、医护人员水平的差距也是造成城乡医疗保障差异大的原因。

此外，通过对社会保险基金的整理，我们发现内蒙古统计年鉴中的社会保险基金的收入和支出的统计并不包含新型农村牧区合作医疗的收入与支出。内蒙古社会保险的基金收入与支出的数据统计包含城镇职工基本养老保险基金、城乡居民养老保险基金、城镇职工医疗保险基金、城镇居民医疗保险基金、失业保险基金、生育保险基金和工伤保险基金。

（三）最低生活保障

最低生活保障制度是社会救助的重要内容，是一项重要的民生工程。它体现的是一种人文关怀，是对弱势群体的尊重。作为保障的“最后一道防线”，最低生活保障对缩小城乡、区域、群体之间的差距有着重要作用。

由图 3–7 和图 3–8 的比较可得，城镇和农牧区居民的食品和用品及其他

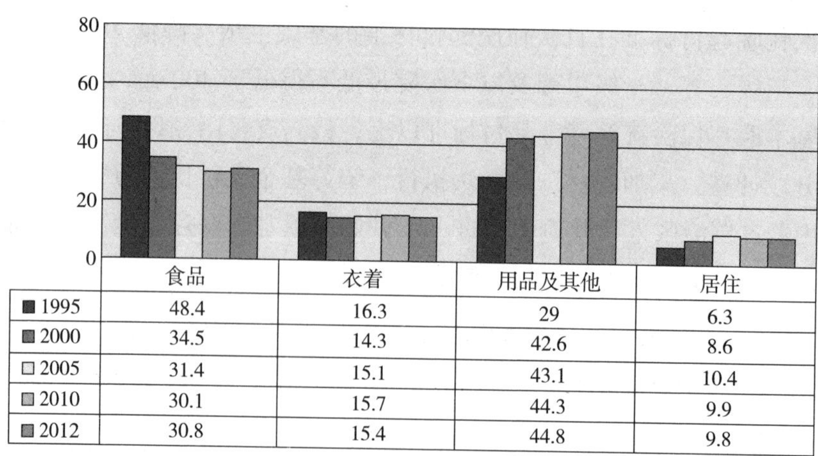

	食品	衣着	用品及其他	居住
1995	48.4	16.3	29	6.3
2000	34.5	14.3	42.6	8.6
2005	31.4	15.1	43.1	10.4
2010	30.1	15.7	44.3	9.9
2012	30.8	15.4	44.8	9.8

图 3–7　城市居民消费分类比

Figure 3–7　Consumption ratio of urban residents in different aspects

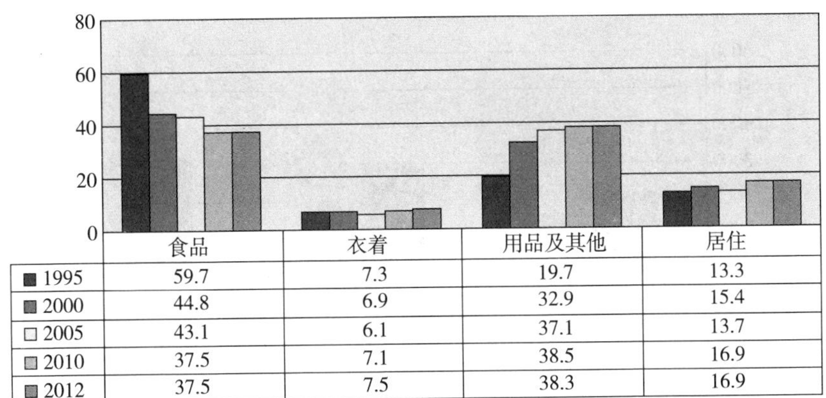

	食品	衣着	用品及其他	居住
1995	59.7	7.3	19.7	13.3
2000	44.8	6.9	32.9	15.4
2005	43.1	6.1	37.1	13.7
2010	37.5	7.1	38.5	16.9
2012	37.5	7.5	38.3	16.9

图 3-8　农牧区居民消费分类比

Figure 3-8　Consumption ratio of residents in different aspects in agriculture and pastoral areas

数据来源：《内蒙古统计年鉴 2013》。

支出比重呈同向变化，食品支出比的下降与用品支出比的增加从侧面反映出了城乡居民生活水平有了整体提高。城镇居民的居住支出比从 2005 年后开始下降，而农牧区的居民居住比却在不断增加。居住支出是居民生活最基本的支出，农牧区居民居住支出的增加说明其生活压力在变大。农牧区居民的食品和居住支出比重高于城镇居民同类支出 6.7 个和 7.1 个百分点，说明农牧区居民生活的物质成本高。

图 3-9 反映的是 2012—2014 年内蒙古城乡最低生活保障年平均标准，我们可以看出，低保标准的城乡差距较大，虽然二者每年都有增长，但城市低保标准仍是农村低保的 1.75 倍。城乡的生活水平存在差异，最低生活保障标准存在一定差异无可厚非，但居民基本生活用品的价格在城市与农村的差异并不大，如此差距之大的城乡低保标准是不合理的。低保金是按照差额救助的方式发放，由于各地区居民收入情况不同，补差金额也有变化。2014 年，内蒙古城市最低生活保障实际月人均支出水平为 390.53 元 /（人・月），农村最低生活保障月实际人均支出水平为 198.74 元 /（人・月）[①]。

① 内蒙古民政 .2014 年内蒙古社会服务统计快报［EB/OL］.［2015-03-12］. http://neimenggu.mca.gov.cn/article/gzdt/201503/20150300784432.shtml.

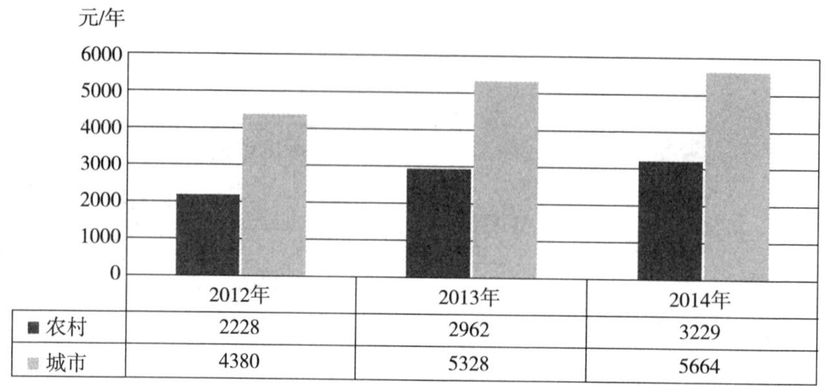

	2012年	2013年	2014年
■ 农村	2228	2962	3229
■ 城市	4380	5328	5664

图 3-9　2012—2014 年内蒙古城乡最低生活保障年平均标准

Figure 3-9 Annual average standard of urban and rural minimum living security in Inner Mongolia from 2012 to 2014

数据来源：内蒙古自治区城乡最低生活保障标准一览表，2012—2014 年。

第四节　内蒙古城乡社会保障发展面临的问题与挑战

一、内蒙古城乡社会保障发展面临的问题

我国社保体系建设采取先城镇后农村、分人群渐次推进的方式，[①] 内蒙古也不例外，虽然其城乡社会保障体系建设取得了长足发展，制度建设不断完善，覆盖范围由城镇向农村普及，保障水平逐步提高，初步形成了适应社会经济发展的城乡社会保障体系框架，但现行的社会保障制度依旧存在城乡社会保障非均衡发展的问题。

（一）城乡社会保障水平差异明显

社会保障制度基于“户籍制”建立，长期的二元结构导致社会资源的分配不均，自然而然就导致了城乡社会保障标准不一。第二节和第三节中有关

① 马凯．国务院关于统筹推进城乡社会保障体系建设工作情况的报告——2014 年 12 月 23 日在第十二届全国人民代表大会常务委员会第十二次会议上［J］．中华人民共和国全国人民代表大会常务委员会公报，2015，01：46-51.

城乡社会保障内容的比较就充分证明了内蒙古城乡社会保障水平的差异性。与城市相比，农村保障水平很低。中国城镇地区社会保障系统在一定程度上发挥了降低城市收入差距的作用，但如果考虑到农村居民获得的转移收入远远低于城市居民，那么农村社会保障就有可能起到了增加总体收入差距的负面作用。据估计，如果将城镇地区的社会保障开支认为是隐性收入，并将其纳入城镇居民的收入，那么城乡居民收入差距将进一步扩大。

（二）城乡社会保障项目差距大

内蒙古城镇的社会保障起步较早，建立起了城镇职工养老、失业、工伤、医疗、生育五大险种为主要内容的社会保险体系和老年人、儿童、残疾人等社会福利制度，低保和流浪乞讨人员救助、教育救助、医疗救助、灾害救助等社会救助制度，经济适用房、廉租房等住房保障制度。而农村社会保障仅包含养老、医疗等社会保险及五保、低保等社会救济制度，其他的社会保障项目基本没有启动。在覆盖面方面，农牧区的养老保险和合作医疗也只是在试点区域有较高的覆盖。

（三）城乡社会保障统筹不对接

内蒙古社会保障在城乡及区域内封闭运作，统筹层次不高，在不同地区、不同人群之间的社会保障缴费条件及比例不同，城乡参保人员跨统筹地区或人群身份转移存在一定的困难。同时，内蒙古社会保障的筹资机制也呈现出明显的二元格局。例如，内蒙古现行农村社会养老保险实行“个人缴费为主，集体补助为辅，政府政策扶持”相结合的筹资方式。但是，农民收入水平不高、集体经济欠发达、政府投入不足的现状，使其在实际操作过程中是完全的个人积累制，这就使得农民投保意愿不强、投保档次较低。

（四）城乡社会保障管理体制不均衡

内蒙古城镇社会保障管理服务基本实现由人力资源与社会保障部门统一管理，其制度化、规范化、社会化程度有了很大提高。但农村社会保障管理服务能力与城镇相比就相差甚远。农村基本没有专业化的社保管理队伍和技术，并且职能分散在劳动保障、民政、卫生等部门，相互之间缺乏协同配合，无法形成工作合力。卫生部门管理农村新型合作医疗保险，而民政部门负责农村养老和优抚救济。由此导致农村管理体制分散，使基金监管比较困难，制约了农村社会保障事业的发展。此外，城乡社会保障信息化管理水平也存在差别，城镇社会保障基本实现信息化和“一卡通”的现代化管理水平，但一些农村还停留在人工登记造册的状态。

二、内蒙古城乡社会保障发展面临的挑战

社会保障是一项民生工程，政府是重要的责任主体，过去政府将重点放在了城镇社会保障的建设上，虽然对农牧区社会保障有所重视，但二者之间的差距已经形成。社会发展离不开经济发展，随着经济水平的不断提高，社会和谐、共筑中国梦成为越来越热的词，要实现中国梦，离不开对公民权利的尊重和社会的稳定。只有让人人享有公平的社会保障，才会促进社会的稳定与繁荣。党的十八大明确提出了统筹推进城乡社会保障体系建设的新要求和新举措。统筹城乡社会保障发展成了大家关注的焦点。

内蒙古统筹城乡社会保障是改善现在社保问题的必经之路，内蒙古实现统筹城乡社会保障发展面临着巨大的挑战。

（一）城镇化水平较高凸显统筹城乡社会保障发展的高要求

由表 3–7 可以看出，从 1990 年开始，内蒙古城镇人口比重不断增加，2010 年城镇人口比重超过 50%，内蒙古城镇化水平越来越高。当然，城镇化的特征不仅是城镇与农村人口此消彼长，还包括了非农产业向城镇聚集和农业劳动力向非农业劳动力转移。如今，农牧区越来越多的青壮年，无论男女，都纷纷进城务工，成为城镇从业者的重要组成部分。

表 3–7　内蒙古人口城乡结构比

Table 3–7　Inner Mongolia urban–rural population structure ratio

	1990 年	1995 年	2000 年	2005 年	2010 年	2014 年
城镇	36.1	38.2	42.2	47.2	55.5	59.5
农村	63.9	61.8	57.8	52.8	44.5	40.5

数据来源：《内蒙古统计年鉴 2013》《内蒙古自治区 2014 年国民经济和社会发展统计公报》。

内蒙古城镇化的高水平，不仅展现了社会的快速发展、人民生活水平的提高，同时对社会公平、社会保障提出了要求。首先，城镇化越高，民众对公共服务、社会保障的要求越高，政府需要加大相关的人力、物力、财力的投入，满足民众的需求。其次，越来越多的进城务工人员，需要政府出台相

应的保障措施来保障他们的公民权利，让他们得到公平的待遇。当然，城镇化并不意味着忽视农牧区的社会保障，政府只有“二者兼顾”，才能促进内蒙古地区的平稳发展，逐步缩小城乡和地区间的发展差距。总而言之，劳动力和居民在城乡之间频繁流动要求各项社会保障制度和政策的统一与衔接，要求统筹层次的提升及城乡分割管理体制的整合。

（二）城乡收支水平差异大凸显统筹城乡社会保障发展的艰巨性

表 3–8 是 2005 年、2010 年、2014 年的城乡居民人均的收入和支出。从纵向（时间）来看，无论是城镇居民还是农牧区居民的收入都在持续增长，2014 年，城镇居民的收入是 2005 年的 3.1 倍，农牧区居民的收入是 2005 年的 3.34 倍。2014 年城乡居民的支出较 2005 年分别增长了 3 倍和 4.1 倍。从数据的变化我们可以发现，城乡的生活水平普遍提高，但支出比收入的增长速度略快，这也反映出物价上涨给生活水平带来了一些影响。从横向来看（见图 3–10、图 3–11），选取的 3 个时间点上，城镇居民的人均收入是农牧区的 3 倍左右，而城镇居民的人均支出由最高的 3.1 倍下降到 2.1 倍。城乡人均收入相差近 3 倍，反映了城乡生活水平差异较大；收入倍数一定，而支出倍数降低，说明农牧区的居民承受了比城镇居民更大的生活压力。这一点从城乡收入和支出比也能得到证明。城镇收入与支出的比例在 0.76 左右，而农牧区的收入与支出比例从 0.81 上升到几乎 1。目前内蒙古农牧民人均纯收入仍低于全国平均水平，全区尚有 22% 的农牧民家庭人均纯收入不足 3000 元。

表 3–8　内蒙古城乡居民人均收入支出比较

Table 3–8　Comparison of per capita income and expenditure of urban and rural residents

单位：元

项目	年份		
	2005	2010	2014
城镇居民人均可支配收入	9137	17698	28350
城镇居民人均消费支出	6929	13995	20885
农牧区居民人均可分配收入	2989	5530	9976
农牧区居民人均消费支出	2446	4461	9972

注：2014 年，农牧区人均纯收入更名为农牧区居民人均可支配收入。

数据来源：《内蒙古统计年鉴 2013》《内蒙古自治区 2014 年国民经济和社会发展统计公报》。

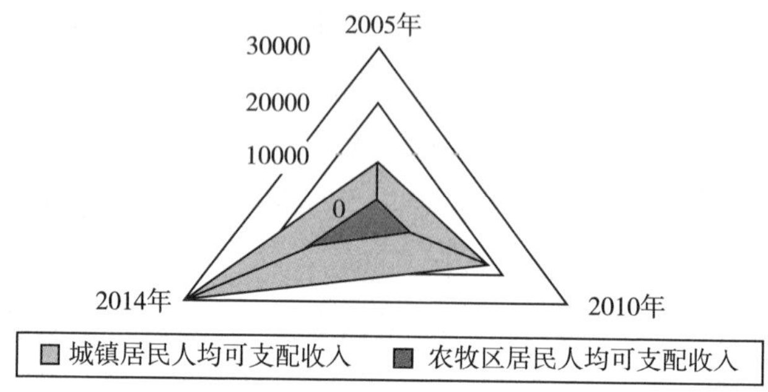

图 3–10　城乡居民人均收入比较

Figure 3–10　Comparison of per capita income of urban and rural residents

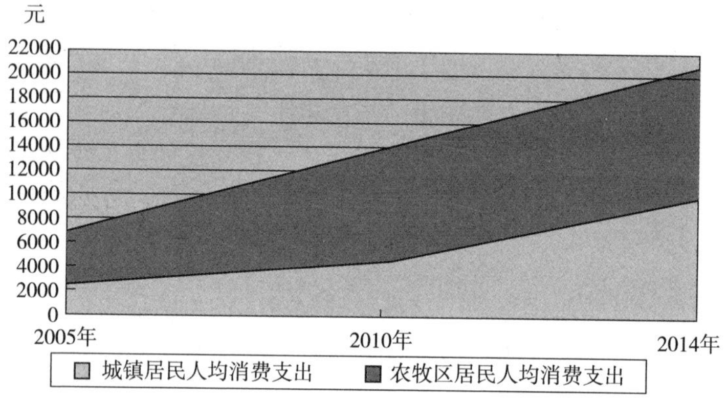

图 3–11　城乡居民人均支出比较

Figure 3–11　Comparison of per capita expenditures of urban and rural residents

数据来源：表 3–7。

农牧区与城镇居民的生活水平有较大差距，对进行社会再分配的社会保障提出缩小城乡差距的要求是适应社会发展趋势的，但是由于内蒙古各地区的经济社会发展、财力状况、消费水平差异比较大，而社会保险的待遇与缴费挂钩，不可能采取“一刀切”的办法解决。因此，需要照顾到各个方面利益的平衡，城乡社会保障统筹发展还任重而道远。

（三）人口老龄化凸显统筹城乡社会保障发展的高难度

《人口老龄化及其经济社会的影响》一书中提到：一个国家或地区的老年人口比重占总人口的 7%，就表明这个国家或地区步入了老龄化社会。根据内蒙古人口网公布的数据，2010 年第 6 次人口普查显示，内蒙古自治区 65 岁及以上人口的比重为 7.56%，自治区已进入老龄化行列。有关预测表示，2020 年内蒙古老龄人口比例会达到 10.05%。[①] 内蒙古的出生率自 2000 年起不断下降，2014 年为 9.31%，死亡率保持在 5.5% 左右，自然生长率从 2000 年的 6.1% 下降到了 2014 年的 3.56%（见表 3-9）。这种现象从家庭老年负担系数上也能反映出来，1995 年起，老年负担系数一路上升，2012 年上升到 10.3（见表 3-10）。数据的变化告诉我们，在"未富先老"的社会现状中，内蒙古城乡社会保障统筹发展面临着越来越严峻的挑战。

表 3-9　内蒙古自然生长率（%）

Table 3-9 Natural growth rate in Inner Mongolia

	2000 年	2005 年	2010 年	2012 年	2014 年
出生率	12.1	10.1	9.3	9.2	9.31
死亡率	5.9	5.5	5.5	5.5	5.75
自然生长率	6.1	4.6	3.8	3.7	3.56

数据来源：《内蒙古统计年鉴 2013》《内蒙古自治区 2014 年国民经济和社会发展统计公报》。

表 3-10　内蒙古家庭负担系数

Table 3-10　Inner Mongolia Family Burden Coefficient

	1995 年	2000 年	2005 年	2010 年	2012 年
负担老年系数	6.8	7.3	8.8	9.7	10.3
负担少儿系数	38.2	29.0	22.4	18.0	17.7

数据来源：《内蒙古统计年鉴 2013》。

"用工荒"和"养老荒"是人口老龄化社会需要面对的大问题。出生人口的减少，劳动力供给越来越少，而养老负担加重，使内蒙古城乡社会保障统筹发展面临几方面的挑战：①如何保障城乡老人的生活水平，兼顾城乡老人生活质量，使其"老有所依"，享受公平的社会待遇。②医疗保险领域，老龄化带来医疗总费用迅速增长，如何降低支付压力。③养老保险领域，个人账户多为空账，基金怎样保值增值。何立新在《中国的社会保障体系面临的三大失衡》一文中提到：公共养老金制度在转型时期的成本主要由尚未进入享

① 王奕君 . 内蒙古自治区人口老龄化趋势预测及面临问题分析［J］. 内蒙古农业大学学报（社会科学版），2010，05：117-119.

受养老金待遇的年轻人承担。而这也反映了老龄化最终会使得社会保障的基金缺口加大，这就对统筹城乡社会保障发展提出了严峻挑战。

内蒙古统筹城乡社会保障发展要正确认识统筹城乡社会保障。统筹城乡社会保障的本质是实现每个公民享有公平的社会保障，而不是均等的社会保障。外在表现上不是在农村建立与城镇完全相同的社会保障体系，而是因地制宜，政府尽最大努力促进城乡社会保障的协调发展，在满足需求的基础上，不伤害高缴费人群的积极性，也不能造成一些群体的“福利依赖”，确保权利与义务相统一。社会是个大系统，只有各方面相互协作才能更大限度地发挥改革的效果。因此，统筹城乡社会保障发展不仅要在制度内进行改革完善，也需要其他方面的配合。统筹城乡社会保障要顾全大局，立足实际，合理规划。不能盲目激进，若是超过可控制的保障水平，便会给国家和社会造成恶劣的后果。

参考文献

[1] 郑功成，等 . 中国社会保障制度变迁与评估 [M] . 北京：中国人民大学出版社，2002.

[2] 孙树菡 . 社会保险学 [M] . 北京：中国人民大学出版社，2007.

[3] 陈元 . 建立和完善覆盖城乡全体居民的社会保障体系研究 [M] . 北京：研究出版社，2010，9.

[4] 陈佳贵，王延中 . 中国社会保障发展报告 No.4，2010：让人人享有公平的社会保障 [M] . 北京：社会科学文献出版社，2010，4.

[5] 王泽英，何平，等 . 建立覆盖城乡居民社会保障体系 [M] . 北京：中国劳动社会保障出版社，2010.

[6] 樊小刚，陈薇 . 公共政策：统筹城乡社会保障 [M] . 北京：经济管理出版社，2009..

[7] 邓大松，薛惠元 . 完善社会保障体系 全面建成小康社会——评“十七大”以来社会保障发展的成就与“十八大”报告对社会保障的新要求 [J] . 财政监督，2013，14：63-67.

[8] 孟凡新，董彭滔 . 关于统筹城乡社会保障的思考——读《统筹城乡社会保障制度建设研究》[J] . 财经界（学术版），2015，01：264-266.

[9] 孙淑云 . 社会保障体系“分化”与“整合”的逻辑 [J] . 理论探索，2015，01：

74–79.

［10］王英男，赵辰光．论社会保障对城乡家庭消费的主要影响［J］．财经界（学术版），2015，02：286.

［11］樊晓燕．农民工社会保障制度的困境与出路［J］．现代经济探讨，2015，02：58–62.

［12］马凯．国务院关于统筹推进城乡社会保障体系建设工作情况的报告——2014 年 12 月 23 日在第十二届全国人民代表大会常务委员会第十二次会议上［J］．中华人民共和国全国人民代表大会常务委员会公报，2015，01：46–51.

［13］王萍．问诊社保体系建设——统筹推进城乡社会保障体系建设工作情况报告专题询问侧记［J］．中国人大，2015，01：10–12.

［14］谢素芳．织密社会保障之网［J］．中国人大，2015，01：13–14.

［15］杜凌坤．中国社会保障制度的城乡差异及统筹改革［D］．厦门：厦门大学，2009.

［16］范兴明．云南省构建城乡社会保障一体化的对策研究［D］．昆明：云南财经大学，2014.

［17］郑鑫．农村贫困与社会保障水平的关系研究［D］．上海：上海工程技术大学，2014.

［18］魏玮．苏州市城乡社会保障一体化发展研究［D］．苏州：苏州大学，2013.

［19］石萍．城乡社会保障制度一体化发展研究［D］．北京：中央民族大学，2011.

［20］袁尔．统筹城乡社会保障制度对策研究［D］．长春：吉林财经大学，2012.

［21］林俏．基于法律视角的中国城乡统筹社会保障研究［D］．大连：东北财经大学，2013.

［22］刘春．建国以来内蒙古农村养老保障制度变革［D］．北京：中国农业大学，2014.

［23］鲍震宇．内蒙古社会保障水平适度性研究［J］．中国管理信息化，2013，07：93–95.

［24］穆怀中，沈毅，樊林昕，施阳．农村养老保险适度水平及对提高社会保障水平分层贡献研究［J］．人口研究，2013，03：56–70.

［25］杨翠迎，何文炯．社会保障水平与经济发展的适应性关系研究［J］．公共管理学报，2004，01：79–85，96.

［26］陈利军．关于内蒙古社会保障基金存款利率执行情况的调查［J］．内蒙古金融研究，2008，11：14–15.

［27］廉桂萍．内蒙古社会保障制度改革的回顾与思考［J］．内蒙古大学学报（哲学社会科学版），2008，06：15–20.

［28］叶明珠．内蒙古社会保障体系的发展历程及问题研究［J］．北方经济，2013，20：56–57.

第四章　内蒙古城乡社会保障统筹发展的总体设计

第一节　内蒙古城乡社会保障统筹发展的战略目标

实现全民社会保障一体化是社会保障事业发展的长远目标。党的十八大报告明确指出：社会保障是保障人民生活、调节社会分配的一项基本制度。要坚持全覆盖、保基本、多层次、可持续方针，以增强公平性、适应流动性、保证可持续性为重点，全面建成覆盖城乡居民的社会保障体系。2016 年 11 月，根据人力资源和社会保障部《人力资源和社会保障事业发展“十三五”规划纲要》和《内蒙古自治区国民经济和社会发展第十三个五年规划纲要》，内蒙古结合经济社会发展实际出台了《内蒙古自治区人力资源和社会保障事业发展第十三个五年规划》。其主要目标之一是使社会保障体系更加完善，具体内容包括：全面建成覆盖城乡居民的社会保障体系，基本实现法定人员全覆盖；社会保险筹资机制进一步完善，社会保险待遇调整机制更加合理，统筹层次和保障水平稳步提高，基金安全可持续运行[①]。

一、内蒙古城乡养老保障统筹发展的战略目标

内蒙古养老保障体系建设要随着经济社会的发展逐渐改变养老保险“碎片化”发展格局，整合各个制度，缩小城乡差距和群体差距，推进养老保障制度城乡统筹乃至向一体化发展，建立起统一多层次的养老保障体系。同时，养老保障城乡统筹实现过程中要探索多样化的发展模式，从而更好地应对人

---

① 《内蒙古自治区人力资源和社会保障事业发展第十三个五年规划》。

口老龄化背景下的农村养老危机，缩小城乡社会保障发展差距。

二、内蒙古城乡医疗保障统筹发展的战略目标

“十三五”以来，我国继续深化医药卫生体制改革，并实行医疗、医保、医药联动，推进医药分开，建立健全覆盖城乡居民的基本医疗卫生制度。根据国家改革方针与指导思想，内蒙古医疗保障的城乡统筹应在深化医药卫生体制改革的整体性框架内，在完善制度、扩大覆盖面、提高保障水平的基础上平稳推进，建立包括城乡医疗救助制度、商业健康保险以及重特大疾病保障机制在内的多层次的城乡医疗保障体系，最终实现内蒙古医疗保障城乡一体化发展的战略目标。

三、内蒙古城乡社会救助统筹发展的战略目标

“十三五”以来，从中央到地方都进一步提高对扶贫开发工作的重视程度。《内蒙古自治区人力资源和社会保障事业发展第十三个五年规划》指出，要贯彻精准扶贫、精准脱贫基本方略，加大扶贫攻坚力度。据此，自治区贯彻落实《内蒙古自治区社会救助与扶贫开发政策衔接实施方案》（内民政发〔2016〕33号），以加快推进社会救助制度与扶贫开发政策有效衔接为重点，按照“摸清底数、区分类型、精准认定、综合施策”的思路，充分发挥社会救助在扶贫开发中的重要作用，通过社会救助政策兜底保障，使农村牧区贫困人口稳定脱贫，确保到2020年全区农村牧区贫困人口全部脱贫。社会救助统筹发展的战略目标是逐步在全区建立起与经济社会发展水平相适应的城乡统筹社会救助体系，与扶贫政策相配合应对贫困问题，加快新型城镇化进程，体现社会公平，促进社会稳定。

四、内蒙古城乡社会福利统筹发展的战略目标

内蒙古城乡社会福利统筹应在政府的全面主导下，城市和农村双向推动，需要“并轨衔接”和“体系整合”多段完成，最终实现制度统一、覆盖全体、适度保障、可转可接、资源优化的适度普惠型社会福利制度。当前，实现“义务教育均等化”是城乡教育福利统筹发展的重点；现代化的老年服务和城乡一体化是今后老年社会福利的发展目标；根据《内蒙古自治区儿童发展纲

要（2011—2020年）》（内政办发〔2012〕39号）的要求，儿童福利城乡统筹的目标定位是由补缺型向适度普惠型转变；残疾人福利在城乡统筹时期主要的发展目标是加快残疾人福利质量的全面提升，实现残疾人福利制度的全面定型，贫困残疾人口全部脱贫，残疾人家庭普遍达到小康水平。

第二节　内蒙古城乡社会保障统筹发展的条件与时机选择

一、内蒙古城乡社会保障统筹发展的必要条件

“十二五”时期内蒙古自治区社会保障体系建设取得了显著成效，是内蒙古城乡社会保障统筹发展最主要的基础条件。根据人力资源和社会保障部门的部署与安排，内蒙古全面启动了机关事业单位养老保险制度改革，并且统一了城乡居民养老保险制度。多层次的城镇医疗保障体系建立，城镇居民大病保险开始实施，养老、医疗保险关系转移接续以及异地就医更加便捷。社会保险统筹层次不断提高，实现了城镇职工基本养老保险自治区级统筹和医疗、失业、工伤、生育保险盟市级统筹。“十二五”期末，全区城镇职工基本养老、城乡居民基本养老、城镇基本医疗、失业保险、工伤保险、生育保险参保人数分别达到579万人、734.1万人、1008.1万人、242.1万人、297.1万人和302.6万人。社会保险待遇稳步提高，企业职工基本养老金、城乡居民基本养老金、失业保险金人均分别达到2142元/月、151.9元/月和1212元/月，城镇职工和居民基本医疗保险政策内住院平均报销比例分别达到85.6%和74.1%。此外，公共服务能力明显提升。基层公共服务设施建设得到进一步加强，劳动就业和社会保障5级公共服务网络基本形成，专业化、规范化、标准化水平不断提高。最后，公共服务信息化进程加快。人力资源和社会保障信息系统基本实现自治区级统一和数据集中，加载金融功能的社会保障卡持有人数达到1615.1万人，建成“内蒙古12333”线上线下一体化公共服务平台。这些成果为内蒙古城乡社会保障统筹发展提供了条件，奠定了基础。

从社会保障建设和发展的实践经验来看，在已有建设成果的基础上，要进一步完善社会保障制度，建设社会保障体系，实现城乡社会保障统筹发展，

必须具备一定的条件，其中至少要包含以下必要条件：

第一，经济条件。社会经济发展是内蒙古城乡社会保障统筹的重要条件。城乡社会保障统筹发展的经费主要来源于三个方面：城镇社会保险基金收入、农村社会保险基金收入和国家对社会保障的财政投入。实行城乡统筹的社会保障制度，主要是增加了农村社会保险，而其中有一部分是农民缴费收入，其余则是国家对农村社会保险的补贴。财政是否有经济实力来支付，是影响内蒙古城乡社会保障统筹发展的一个基本条件。《内蒙古自治区 2016 年国民经济和社会发展统计公报》数据显示，2016 年全区实现地区生产总值 18632.6 亿元，按可比价格计算，比上年增长 7.2%；人均生产总值达到 74069 元，比上年增长 6.9%，按年均汇率计算折合为 11151 美元；全年全体居民人均可支配收入 24127 元，比上年增长 8.1%，扣除价格因素后实际增长 6.8%；全体居民人均生活消费支出 18072 元，增长 5.2%；城镇常住居民人均可支配收入 32975 元，比上年增长 7.8%，扣除价格因素后实际增长 6.5%；城镇常住居民人均生活消费支出 22744 元，增长 4%；农村牧区常住居民人均可支配收入 11609 元，比上年增长 7.7%，扣除价格因素后实际增长 6.5%；农村牧区常住居民人均生活消费支出 11463 元，增长 7.8%；城镇居民家庭恩格尔系数为 28.3%，农村牧区居民家庭恩格尔系数为 29.3%。由此可见，内蒙古经济运行呈现平稳发展的良好态势，经济发展的质量和效益稳步提升，人民收入和消费水平不断提高，生活持续改善。近几年来，得益于经济持续发展，内蒙古社会保障支出不断增加，2016 年全区财政用于民生方面支出达 2979.4 亿元，占一般公共预算支出的 65.8%；财政扶贫专项资金增长 22.8%。政府加大投入，改革和完善社会保障体系，希望能够进一步在养老、医疗、就业、社会救助等方面发挥其全面保障和有效规避风险的功能，为全体居民生产生活解决后顾之忧。

第二，制度与法律条件。在中国特色社会主义制度下，内蒙古城乡社会保障统筹发展的制度条件，一方面是不断地建设完善社会保障制度体系，另一方面是由国家和自治区相关法律法规所营造的法制环境。内蒙古自治区全面贯彻党的十八大和中共十八届二中、四中、五中全会精神，深入贯彻习近平总书记系列重要讲话和考察内蒙古重要讲话精神，坚持“五位一体”总体布局和“四个全面”战略布局，按照自治区党委、政府决策部署，以“民生为本、人才优先”为工作主线，建立更加公平的可持续社会保障制度。目前，社会保障制度已经实现城乡全覆盖，2016 年末全区参加城镇职工基本养老保险人数 655.0 万人，比上年增长 13.1%；参加城乡居民社会养老保险人数 736.1 万人，增长 0.3%。参加失业保险职工人数 241.1 万人，下降 0.4%；领取失业保险金人数 6.5 万人，增长 15.9%。参加基本养老保险的离退休人员 236.5 万人，增长 13.6%。参加基本医疗保险人数 1019.3 万人，增长 1.1%；参加基本医疗保险的职工人数 488.3 万人，增长 45.2%。养老金社会化发放率 100%。社会保障体系的不断健全实现了对全区收入的分配和再分配，大大提升了基本公共服务能力和水平。但是，一直处于改革中的社会保障制度依然有许多问题有待进一步加以解决，相关法律体系有待进一步完善，社会保障事业中因城乡二元结构导致的各类问题，有待通过城乡社会保障统筹发展加以解决，还有一些不能适应发展的制度缺陷也将在统筹过程中不断完善。

第三，科技条件。以信息技术为代表的新技术应用是新时期公共服务供给效率和质量不断提升的关键，新技术的应用能够提升城乡居民对社会保障服务体系及其他政府公共服务的满意度。“十三五”以来，内蒙古积极采取措施，不断提升公共服务信息化水平，建立健全大数据的形成机制，构建人力资源与社会保障大数据应用体系，建立完善与公安、民政、财政、工商等部门信息共享和业务协同的外部数据交换平台；实施“互联网 + 人社”行动，推广和完善“内蒙古 12333”门户网、手机客户端、官方微信等“人社云”平台应用，打造“内蒙古 12333”一体化公共服务品牌；实施信息化建设工程①，通过全民社会保障信息化工程（“金保工程”二期）建成覆盖全区、联通城乡的人力资源和社会保障信息网络；实施社会保障卡工程推进社会保障

① 引自《内蒙古自治区人力资源和社会保障事业发展第十三个五年规划》。其中包括三项内容：第一，全民社会保障信息化工程（“金保工程”二期）。构建全区统一规范的社会保障信息资源库，重点推进人员、单位、管理服务机构等基础信息库及异地就医直接结算、社保关系转移接续、公共就业信息服务、就业信息监测等工作，实现跨领域、跨地区、跨层级、跨部门的信息共享和业务协同。建立和完善事业单位人事管理和机关事业单位工资管理信息系统。加快推进宏观决策和基金监管信息系统建设。完善劳动保障监察网格化、网络化信息系统。第二，社会保障卡工程。全面发行和应用社会保障卡，到 2020 年，持卡人口覆盖率达到 83.6%，实现社会保障一卡通，支持社会保障卡跨业务、跨地区、跨部门应用。建立社会保障卡应用平台，完善用卡终端环境和安全保障体系，健全社会保障卡便民服务体系。第三，安全保障体系建设项目。加强 13 个重要信息系统安全等级保护工作，加快建设同城应用级和异地数据级容灾中心，全面完善信息安全通报、应急响应和检查机制等管理制度。

“一卡通”在人社领域和其他公共服务领域应用，实现社会保障卡“一卡多用、全区通用”；通过安全保障体系建设项目完善安全保障体系和自治区级数据中心，推进同城应用级、异地数据级容灾中心建设。

此外，还有社会、文化因素和管理服务体系等能够起到一定促进作用的条件。城乡社会保障统筹发展要基于一定的社会文化环境，立足于自治区边疆民族地区的特殊性，引导本地区城乡居民的社会认知，转变其保守落后的传统观念，利用各种宣传媒体加强正面宣传和舆论引导，注重宣传全面建设城乡社会保障体系的重要意义，及时准确地解读政策，积极回应公众关注，合理引导社会预期，努力营造良好氛围。建立高效便捷的社会保障经办管理服务体系有利于城乡社会保障统筹发展。要创新社会保障服务供给模式，整合社会保障经办管理服务资源，完善社会保障事业内部和外部监督制约机制，优化城乡社会保障管理服务队伍结构，积极推进社会保障服务均等化。

二、内蒙古城乡养老保障统筹发展的基本条件

内蒙古城乡养老保障统筹发展，除具备城乡社会保障统筹发展的必要条件外，还要具备政策基础、已有实践及取得的成果以及国内外可供借鉴的经验等基本条件。

第一，政策基础。内蒙古城乡养老保障统筹发展的主要政策基础是国家和内蒙古已有的养老保障制度体系和相关政策。

农村养老保障制度。改革开放前，内蒙古制度性的养老保障主要是五保制度，改革开放后，先后于 1992 年和 2003 年进行了“老农保”和新农保的养老保障制度探索。内蒙古从 1956 年下半年开始实行五保供养制度。1992 年，内蒙古在全区实施民政部制定的《县级农村社会养老基本方案》，全面部署县级农村社会养老保险。2009 年，国务院下发《关于开展新型农村社会养老保险试点的指导意见》后，内蒙古自治区人民政府下发了《关于印发自治区新型农村牧区社会养老保险试点办法的通知》，内蒙古农村牧区新型社会养老保险试点正式启动。

城市养老保障制度。内蒙古城市养老保障体系与全国其他省市大体一致，目前城市养老保障制度已经实现制度上的全覆盖，包括城镇职工基本养老保险制度、机关事业单位养老保险制度和城镇居民养老保险制度。城市和农村

在探索中形成了各自的养老保障制度，是城乡养老保障实现统筹发展的基本条件。

第二，实践基础。2011年开始，内蒙古自治区政府先后分3批在61个旗县市、区开展了新型农村社会养老保险和城镇居民养老保险试点工作。2011年11月，内蒙古自治区人民政府办公厅下发《关于开展城镇和农村牧区居民社会养老保险试点的实施意见》，决定将新型农村社会养老保险与城镇居民社会养老保险合并实施。2012年7月，内蒙古实现了城乡居民社会养老保险制度全覆盖，标志着内蒙古初步建立起覆盖城乡居民的养老保障体系。2015年，内蒙古自治区正式出台《关于进一步完善城乡居民基本养老保险制度的意见》，就个人缴费档次设定、基础养老金最低标准调整机制、丧葬补助金制度等方面的政策进行了完善和创新。同时期，内蒙古对机关事业单位工作人员养老保障制度也进行了改革，将机关事业单位工作人员纳入社会养老保险体系，实行社会统筹和个人账户相结合的基本养老保险制度。

第三，国内外经验。关于国外经验，我们选取德国、日本和美国等养老保障相对成熟的国家，对其养老保障体系及其形成历程进行个案分析和比较研究发现：农村滞后于城市是各国城乡养老保障发展的基本规律，城乡养老保障统筹发展需逐步推进；城乡养老保障统筹发展是政府农业政策选择中的重要因素；城乡养老保障统筹发展必须发挥政府的主导作用；在统筹过程中要尊重客观存在的城乡差距，实行城乡有差别的统一；城乡养老保障统筹发展没有统一的模式，具有多样化的特点。关于国内经验，我们选取浙江省宁波市奉化区、北京市、重庆市和成都市，浙江省宁波市奉化区以修改完善后的“被征地人员养老保障”政策为基本框架，将“新型农村养老保障”与“城镇老年居民养老保障”合并，建立起“三保合一”模式，于2008年7月开始实施。“三保合一”模式有利于实现“城乡兼顾”“自愿选择”“统筹平衡”“公平享受”“独立互通”，这为各类保障互通衔接、归并整合积累了宝贵经验。北京市于2009年4月进行城乡养老保障制度统筹实践，打破“城”与“乡”的分别，分为“职工”和“居民”两条线建立城乡居民养老保险制度，为建立新型农村养老保险制度积累了经验。重庆市于2009年7月起，建立城乡居民养老保险制度。成都市于2010年建立覆盖全市城乡居民的城乡统筹双元对接养老保险体系，参照城镇职工基本养老保险的制度模式，针对农民、非在岗城镇人员、在岗城镇人员分别实施两套缴费标准与保障待遇不同的双元保障制度，这对于解决全国城职保、城居保、新农保之间的衔接问题具有参考价值。以上这些国家及国内省市的实践经验对内蒙古城乡养老保障统筹发展均有借鉴意义。

三、内蒙古城乡医疗保障统筹发展的基本条件

内蒙古城乡医疗保障统筹发展，除具备城乡社会保障统筹发展的必要条件外，还要具备政策基础、已有实践及取得的成果以及国内外可供借鉴的经验等基本条件。

第一，政策基础。内蒙古城乡医疗保障统筹发展的主要政策基础是国家和内蒙古已有的医疗保障制度体系和医改配套政策。内蒙古已经建立了以基本医疗保险制度与医疗救助制度相结合的多层次的基本医疗保障制度体系，其中基本医疗保险制度包括城镇职工基本医疗保险、城镇居民基本医疗保险和新型农村牧区合作医疗。2017 年起整合城乡居民基本医疗保险制度，实行统一的城乡居民基本医疗保险制度，实现覆盖范围、筹资政策、保险待遇、医疗目录、定点管理和基金管理“六统一”[①]。此外，还探索建立了重特大疾病保障制度，发挥商业保险的社会保障功能，以满足更高层次的医疗保障需要。

第二，实践基础。我国在“十二五”期间进行了医药卫生体制改革，其中建立和完善覆盖城乡全体公民的医疗保障体系是工作的重点。医疗保障制度建设取得了明显进展，积累了经验，为深入改革找到了方法和路径。内蒙古自治区党委和政府统筹医改五项重点改革，特别是将医疗保障制度建设与基本药物制度、健全基层医疗卫生服务体系、促进基本公共服务均等化和推进公立医院改革相衔接，同步推进。内蒙古城乡医疗保障制度通过 10 多年的实践，在医疗保障的财政投入体制、医疗卫生服务机构建设、卫生专业技术人才培养和城乡医疗保障制度扩面方面，均取得了显著的成绩：医疗保障的财政投入体制逐步完善，医疗卫生服务机构建设力度加大，卫生专业技术人才规模扩大，城乡医疗保障制度扩面成效显著。这些成就表明，内蒙古城乡医疗保障统筹发展具有良好的实践基础，为进一步提高医疗保障待遇报销与

① 《内蒙古自治区人民政府关于建立统一的城乡居民基本医疗保险制度的实施意见》。

服务水平，提高筹资水平和统筹层次，完善资金管理与运营等城乡医疗保障统筹发展工作提供了良好的条件。

第三，国内外经验。一些发达国家在医疗保障制度建设方面起步比较早，在推行医疗改革和医疗保障制度建设方面取得了不少成果，形成了多种全民医疗保障模式和制度结构，其经验值得我国借鉴与推广。美国属于市场化医疗保障模式，政府承担责任的医疗保障对象十分有限，更多的公民医疗保障需求是通过市场化机制得到满足；英国作为福利国家的代表，其医疗保障制度具有免费医疗的特色，英国政府在医疗保障的运作中发挥了主导作用，强有力的财政支持使英国的全民保健制度能够在很短的时间内迅速实现全民覆盖；德国的医疗保障属于社会医疗保险模式，体现保险的风险共担原则和互助共济性，经历了从城乡分割到城乡统筹的发展过程，政府对公民医疗保障权益的重视推动了德国医疗保障城乡统筹的进程；日本属于社会医疗保险型，“二战”后在政府的主导作用下，通过一系列改革逐步建立了覆盖全民的医疗保障制度体系。发展中国家在“二战”后通过改革逐步建立和完善与本国经济社会发展水平相适应的社会医疗保障制度，并积极推进社会医疗保障制度的城乡统筹，推动基本医疗服务的均等化。印度在发展中国家中，最早确立了全民免费医疗制度，建立了多层次的全民医疗保障体系，是经济不发达地区医疗保障模式创新的一种有益尝试。俄罗斯医疗保障采用医疗保险与免费医疗的融合模式，通过 2011 年的医疗保险制度改革方案，其医疗保障制度在保持免费医疗传统不变的基础上，引入医疗保险机制促进医疗保障制度的优化与完善。巴西于 1990 年正式建立“统一医疗体系”，其实质是全民免费医疗。泰国医疗保障制度体系由公务员医疗保险、社会医疗保险和 30 铢医疗保险计划构成。

美国、英国、德国和日本等发达国家的医疗保障模式的特点及其存在的问题，为内蒙古城乡医疗保障统筹发展在优化医疗保障模式方面提供理论指导和实践借鉴；发展中国家如印度、俄罗斯、巴西、泰国等的医疗保障制度，提供了经济不发达国家和地区构建覆盖全民的医疗保障体系的思路，对内蒙古城乡医疗保障统筹发展具有非常实用的参考价值。

就国内而言，地处珠三角地区的广东省东莞市、长三角地区的江苏省苏州市的城乡医疗保障统筹发展模式，中部地区的湖北省鄂州市和西南地区的重庆市的城乡医疗保障统筹发展模式，对内蒙古城乡医疗保障统筹发展具有借鉴意义。东莞市在全国率先建立了城乡统筹的医疗保障体系，整合城镇职工基本医疗保险、城镇居民基本医疗保险和新型农村合作医疗保险，建立起东莞市基本医疗保险制度，形成了"东莞模式"；苏州市的"苏州模式"创新性地建立了医疗保障基金风险准备金制度，打通城乡医疗保障的界限，通过理顺管理制度、整合经办机构、促进医疗保障信息共享等措施，实现了医疗保障的城乡统筹发展，有效促进苏州市基本医疗服务均等化的发展；湖北省鄂州市在全省率先启动城乡医疗保障统筹试点，采取"合并、调整、完善"三步走策略，推进医疗保障城乡统筹的进程；重庆市为了进一步扩大医疗保障制度的覆盖面、构建全民医疗保障制度，试点建立了城乡居民合作医疗保险，使重庆市医疗保障突破了城乡二元结构的束缚，加速了重庆市城乡医疗保障统筹发展的进程。通过对上述 4 个国内有代表性城市的城乡医疗保障统筹发展的实践进行经验总结，为内蒙古城乡医疗保障统筹发展提供可借鉴的经验。

四、内蒙古城乡社会救助统筹发展的基本条件

内蒙古城乡社会救助统筹发展，除具备城乡社会保障统筹发展的必要条件外，还要具备政策基础、已有实践及取得的成果以及国内可供借鉴的经验等基本条件。政策基础主要是已经建立和不断完善的城乡低保制度，农村牧区五保供养制度，城乡医疗救助、灾害救助、教育救助和临时救助等社会救助制度及相关政策。

第一，政策基础。内蒙古城乡社会救助统筹发展的主要政策基础是国家和自治区已有的最低生活保障和农牧区五保供养等制度和相关政策。城乡最低生活保障方面，1996 年《内蒙古自治区农村牧区五保供养工作实施办法》出台；1999 年内蒙古自治区 101 个旗县（市、区）全部建立了城市最低生活保障制度；2006 年，内蒙古自治区人民政府制定了《内蒙古自治区农村牧区居民最低生活保障制度实施意见》，正式启动农村牧区居民最低生活保障制度。城乡医疗救助方面，2005 年内蒙古农村牧区医疗救助制度全面建立，2008 年城市医疗救助制度全面实施。灾害救助方面，内蒙古自治区已经制定出台了《内蒙古自治区自然灾害救助应急预案》《内蒙古自治区自然灾害生活

救助资金管理暂行办法》等相关政策。教育救助方面，2005 年内蒙古自治区党委办公厅、政府办公厅联合下发了《关于抓紧解决好特困家庭大学生按时入学问题的通知》，2014 年内蒙古自治区财政厅、教育厅、民政厅联合印发了《城乡低保家庭子女升入普通高校新生资助资金管理暂行办法》。临时救助方面，2009 年内蒙古自治区政府办公厅出台了《关于印发自治区城乡居民临时生活救助实施办法的通知》。

第二，实践基础。城市居民最低生活保障方面，2011—2013 年，内蒙古城市最低生活保障工作逐步形成体系健全、制度完善的全方位、立体式救助格局。农村牧区最低生活保障方面，2006 年内蒙古正式启动农村牧区最低生活保障制度以来，对农牧区最低生活保障补助对象的补助水平逐年提高，2016 年内蒙古最低生活保障补助水平最低的盟市平均补助标准达到 3308 元 / 年。农牧区五保供养方面，内蒙古自 1980 年实施农村牧区五保供养制度以来，不断完善五保供养政策，提高供养水平。2016 年集中供养水平最低的盟市供养平均标准达到 6427 元 / 年，分散供养水平最低的盟市供养平均标准达到 3900 元 / 年。医疗救助方面，内蒙古城乡医疗救助制度建设不断加强，医疗救助的可及性明显提高，结算方式更加便捷，考评机制逐步完善。灾害救助方面，内蒙古已初步建立起有效应对突发灾害的应急工作管理体制和有效的灾害救助机制。教育救助方面，内蒙古出台了一系列政策，通过资助，使数万名来自各盟市特困家庭、城乡低保家庭及包括孤儿在内的其他特殊情况的新生能够顺利在高校就学。内蒙古城乡社会救助经过多年的不断实践，取得了显著成效：社会救助工作制度更加规范；由单一模式向制度化、复合型、全方位救助模式转变，管理水平不断提高；城乡低保标准、补助水平逐年提高；农村牧区五保供养实现历史性突破；灾害应急救助能力加强；城乡医疗救助制度不断完善；建立、实施临时救助制度；大力开展慈善捐款及慈善救助工作，慈善事业朝着法制化、制度化的方向健康发展。

第三，国内经验。成都市大力推进城乡统筹社会救助体系的建设，建立了较为完善的社会救助体系，在全国率先实施社区快速救助机制。执行社会救助体系具体项目的组织协调机构由主体救助部门、配合救助部门和相关救助部门构成，并依托电子政务构建基层接入网，形成了横向连接社会救助相关职能部门的网络体系，纵向连接市、区（市）县、乡镇（街道）、社区四级，逐步建立数据采集、交换和管理、更新的工作机制。浙江省在全国率先建立了城乡统筹的新型社会救助体系，经过多年的实践取得了显著成效，建立起社会救助工作体系长效运行的“四个机制”，即组织领导机制、基层平台机制、政府责任机制以及社会服务机制。成都市和浙江省新型城乡社会救助体系建设实践所取得的经验，值得内蒙古自治区学习、借鉴。内蒙古自治区要在原有良好的基础上，进一步完善内蒙古社会救助制度体系，提升救助效果，努力促进内蒙古城乡社会救助统筹发展。

五、内蒙古城乡社会福利统筹发展的基本条件

内蒙古城乡社会福利统筹发展，除具备城乡社会保障统筹发展的必要条件外，还要具备政策基础、已有实践及取得的成果以及国内外可供借鉴的经验等基本条件。

第一，政策基础。教育福利方面，内蒙古持续深入实行各级学校奖助学金制度、对困难家庭子女经济补助制度、对革命老区和“三少”民族地区的教育支持制度，以及进一步普及和巩固义务教育制度。老年福利方面，内蒙古相继出台了关于推广农村互助养老院、发放低收入老人高龄津贴等相关政策，贯彻落实《国务院关于加快发展养老服务业的若干意见》，加强养老服务体系建设。儿童福利方面，内蒙古自治区已制定了儿童福利机构和相关的服务业组织标准，针对农牧区留守流动儿童等特殊儿童群体出台了相应的政策，逐步建立起农村牧区儿童福利体系。残疾人福利方面，内蒙古自治区 2011 年在全国率先实施了困难残疾人生活补贴制度和重度残疾人护理补贴制度等一系列相关政策。

第二，实践基础。在教育福利方面，2000 年以来，内蒙古自治区人民政府坚持以推进素质教育为核心，以提高教育质量和效益为目标，优化调整中等教育结构，提高高等教育水平，使内蒙古人口平均受教育年限重心逐步上移，公民整体文化素质有所提高，教育福利事业取得了显著成效：“优先发展教育”政策基本落实到位；全区教育经费投入增长；学前教育资源进一步扩大；统筹推进义务教育均衡发展工作成绩显著；民族教育体系更加完善；现代化职业教育体系建设有所发展；保障能力逐年增强。在老年福利方面，内蒙古自治区加大福利事业单位改革的力度，推进社会福利社会化，加大对社

会福利事业发展的政策扶持力度，有效地改变了全区社会福利事业发展缓慢、基础设施陈旧、服务水平低下、供需矛盾突出的现状，取得了一些积极成果：养老服务机构建设有较大发展，并积极探索养老服务模式多元发展；农村贫困留守老人的养老问题得到妥善解决；城乡老年津贴制度实现内蒙古全覆盖，五保供养制度进入一个全新的发展阶段；养老服务业加快发展。在儿童福利方面，内蒙古把儿童福利发展作为“保民生、促发展”的重要任务，并且已经取得了一些成果：儿童福利事业的服务标准化程度显著提高；创新“模拟家庭”的儿童养育模式；积极推进儿童福利适度普惠制度；农村牧区儿童各种福利关爱行动有序开展。在残疾人福利方面，内蒙古残疾人福利事业的相关政策得到进一步发展，初步形成残疾人福利基本框架，残疾人福利保障人数在持续上升。围绕构建残疾人社会保障体系和服务体系，内蒙古自治区残疾人工作已经取得不少成果：残疾人社会保障工程的重点难点工作取得新突破；针对0～6岁贫困残疾儿童的抢救性康复工程效果显著；残疾人教育工作上了新的台阶；残疾人就业扶贫工程实施联动；残疾人康复和托养服务工作进展顺利。内蒙古自治区社会福利工作积极的实践活动，为内蒙古城乡社会福利统筹发展提供了基本条件。

第三，国内外经验。教育福利方面，能够将公平型教育福利政策与发展型教育福利政策同时兼顾的英国教育福利制度，以及重庆市的城乡教育统筹实践，对推动内蒙古城乡教育统筹发展，建立城乡教育新型关系有一定的参考价值。老年福利方面，建立在相对完备的法律基础上的日本多方位、多元化老年人社会福利网络体系和上海市社区居家养老服务探索建立的家庭自我照顾、社区居家养老服务、机构养老服务为一体的养老格局，能够给予内蒙古城乡老年福利统筹发展实践一定的指导。儿童福利方面，美国以提升家庭福利为着眼点的儿童福利政策和浙江省普惠型儿童福利制度建设的经验能够为内蒙古儿童福利体系建设及城乡儿童福利统筹发展提供经验借鉴；残疾人福利方面，澳大利亚残疾人福利的发展经验和北京市残疾人社会保障与服务体系，可为内蒙古城乡残疾人福利统筹发展提供有益的启示。

六、内蒙古城乡社会保障统筹发展的时机选择

党的十八大确立了全面建成小康社会的宏伟目标，建立覆盖城乡全民的

社会保障体系是全民小康实现程度的一个重要标志。中共十八届三中全会把建立公平可持续的社会保障制度作为推进社会事业发展的重要任务。随着内蒙古经济社会的发展，公众对社会公平、生活质量和个人幸福感的要求也随之不断提高。当前，我国社会保障制度改革已经进入攻坚期和深水区，经济发展新常态带来了新机遇、新挑战，社会保障城乡统筹的重要性和可行性日益凸显。

“十三五”时期是内蒙古全面建成小康社会的决战时期、全面深化改革的攻坚时期、全面推进依法治区的关键时期。内蒙古融入“一带一路”建设，打造中蒙俄经济走廊，有利于内蒙古经济发展方式的转变，从而加速新型城镇化进程，统筹城乡区域协调发展。“十三五”期间社会保障事业面临新的发展机遇：内蒙古自治区坚持共享发展理念，加快社会保障领域改革，协调推进城乡社会保障事业，为建立更公平、更有效的社会保障体系创造了条件。经济社会健康发展，社会保障投入不断加大，待遇确定和正常调整机制加快形成，为社会保障事业可持续发展提供了支撑。但同时我们也必须清醒地看到，“十三五”时期内蒙古社会保障事业依然面临诸多挑战：社会保险扩面征缴空间缩小，享受待遇群体规模不断扩大，基金安全可持续运行压力增大；基层基础建设和公共服务能力与人民群众日益增长的需求之间仍有很大的差距[①]。

第三节　内蒙古城乡社会保障统筹发展的重点领域及任务

一、内蒙古城乡社会保障统筹发展的重点领域

城乡社会保障统筹，全面覆盖城乡居民，需要特别重视社会保险、社会救助以及社会福利这三项基础性社会保障制度。内蒙古城乡社会保障统筹发展应将工作重点放在城乡养老保险制度、城乡医疗保险制度和城乡最低生活保障制度的进一步完善与发展上。

---

① 《内蒙古自治区人力资源和社会保障事业发展第十三个五年规划》。

二、内蒙古城乡社会保障统筹发展的任务

内蒙古城乡社会保障统筹发展的首要任务是建立覆盖城乡居民的社会保障体系，健全城乡社会保障的管理制度，优化社会保障资源配置。政府的工作重点，也是社会保障工作所面临的难点，就是在城镇社会保障制度基本建立并不断完善的背景下，破解城乡二元结构，进一步发展农村社会保障事业，创造城乡社会保障协调发展的良好环境。

在农村牧区实行及部分实行的社会保障项目有新型农村医疗保险、农村牧区养老保险等社会保险制度；农村牧区最低生活保障、五保供养等社会救助制度。而在城镇实行的失业保险、工伤保险、生育保险、住房保障及不少社会福利项目在农村牧区没有或基本没有。因此，首先要做的是在农村牧区积极建立和完善各项社会保障制度。此外，在农村牧区已经实行的各项社会保障制度还存在着与城镇对接的问题，尚未实行的各项制度面临着创立创新的问题。在农村牧区建立和完善尚未实行的各项社会保障制度时，可以直接在城镇社会保障制度的统一框架下创立创新，不必先在农村牧区建立，再与城镇对接，这样对接与融合的成本会很高、道路漫长。要建立全国统一的社会保障管理机构，实现城乡社会保障的统一管理。同时要实行科学分工，即将管理、执行、监督机构分开，使之相互独立、相互联系、相互制约。

（一）内蒙古城乡养老保障统筹发展的任务

内蒙古城乡养老保障统筹发展的主要任务是要建立城乡统一的多层养老保障体系。统一多层次的养老保障体系包含普惠制国民养老金、基本养老金、个人账户与企业年金合并的职业年金、自愿性个人养老储蓄计划、家庭成员之间对老年人的非正式支持等五个支柱，其健全完善的保障功能决定了这样的养老保障体系的建成过程具有长期性，但依然值得我们为之付出努力。在现阶段的改革发展中，就应将多支柱共同发展的理念融入城乡养老保障统筹建设的实践中，为最终建成结构牢固、坚实可靠的养老保障体系打好基础，摆正航向。

此外，城乡养老保障统筹的实现期待国家传统户籍制度的改革加速推进，破除城乡二元结构的束缚；要在城乡社会养老保险制度达到全民覆盖的基础上，建立和完善不同养老保险制度间的转移接续机制，加快推进城乡养老保

险制度的整合，逐步缩小不同养老保险制度间的差距；完善养老保险制度城乡统筹的财政责任与监管机制；加快立法建设使养老保险制度城乡统筹纳入法制化轨道，在《社会保险法》的规范和指导下提高城乡养老保险制度的立法层次，构建完善的法律法规体系。

（二）内蒙古城乡医疗保障统筹发展的任务

内蒙古城乡医疗保障统筹改革应在巩固扩大基本医疗保险覆盖面、提高保障水平的基础上，通过政策优化与整合，实现城乡医疗保障制度的有效衔接与协调统一。因此，要进一步加强城乡医疗保障制度建设，建立以基本医疗保障为主体的多层次医疗保障体系，提高基本医疗保险的参保率和保障水平；在统筹城乡医疗社会保险的基础上，完善作为医疗保障最后一道屏障的城乡医疗救助制度，通过发展商业健康保险构筑多层次风险补偿机制；加强基本医疗保障管理服务能力建设；推行以支付制度改革为重点的医疗费用控制机制建设。建立覆盖城乡全体居民的较为完善的全民医疗保障体系，并积极推进医疗保障的城乡统筹发展。另外，还要建立城乡医疗保障统筹发展的财政保障机制；推进城乡医疗保障付费制度改革，合理控制医疗成本；促进城乡医疗保障制度与公共卫生制度的良性互动；推进城乡医疗机构改革与创新，推进公立医院改革，大力发展非公立医疗机构；深化药品生产流通体制改革；推进基本医疗保险标准化建设；落实国家基本医疗保险和生育保险合并实施有关政策；探索建立长期护理保险制度；探索建立为长期失能人员提供基金或服务保障的社会保险制度等。

（三）内蒙古城乡社会救助统筹发展的任务

内蒙古作为经济欠发达的边疆少数民族地区，具有其特殊性，所以在统筹城乡社会救助的过程中，不仅要继续健全和完善城市居民最低生活保障制度，还要在落实农村牧区五保供养政策，建立健全农村牧区困难群众救助制度，实施城乡特困群众医疗救助制度，建立城乡特殊困难未成年人教育救助制度等方面，采取与具体实际情况相适应的有效措施。此外，还要建立应急救助机制，规范流浪乞讨人员救助，积极实施就业援助和法律援助，完善社会捐助制度。

根据中共十八届五中全会、中央扶贫开发工作会议和内蒙古自治区党委九届十四次全委会议、扶贫开发工作会议精神，结合内蒙古自治区民政事业发展“十三五”规划，内蒙古城乡社会救助统筹发展，重点是全面实现社会救助制度与扶贫开发政策的有效衔接。在巩固应保尽保成果的基础上，全面实施分类施保，提高规范化管理水平，科学调整救助标准。统筹农村牧区最低生活保障、特困人员救助供养、医疗救助、临时救助、受灾人员救助、优待抚恤、社会组织管理等工作，坚持制度创新和制度衔接相结合，加大投入和精准施策相结合，兜底保障和动态管理相结合，进一步推进精准扶贫、精准脱贫。

根据《内蒙古自治区民政厅关于全面落实脱贫攻坚民政工作任务的实施意见》（内民政发〔2016〕51 号），内蒙古城乡社会救助统筹发展的主要任务包括：加快推进农村牧区最低生活保障制度的落实，实施兜底脱贫；提高农村牧区特困供养人员的供养水平；加强医疗救助制度和扶贫开发政策衔接；加大临时救助制度落实力度；配合做好教育救助和住房救助相关工作；加强对因灾致贫人口的生活救助；进一步提升优抚安置工作水平；健全完善农村牧区养老服务体系；建立健全“三留守”人员关爱服务体系；加强和改进残疾人关爱、服务和救助工作；持续推进贫困地区农村社区建设；支持社会组织参与脱贫攻坚工作。

（四）内蒙古城乡社会福利统筹发展的任务

内蒙古社会福利事业的内容和模式在不断尝试和丰富，但普惠型的福利模式和体系还未定型，广大农民可享受的社会化福利服务非常有限，城乡和群体间的福利差距依然较大。因此缩小福利差距，让公民享受社会化福利服务是社会福利统筹发展的改革重点。“十三五”期间，教育福利方面的主要任务是实现义务教育区级统筹，并形成 15 年制义务教育，逐步缩小城乡教学质量差距，总体上达到惠及全民、满足机会公平和更高水平的普惠型教育。老年福利应从低水平保障型老年福利向关注老年人基本生活和健康需求的服务型老年福利转变。儿童福利应在法律、建设理念和体系框架的实践与逐步定型的基础上，实现体系化、成熟化和全面化。残疾人福利在初步形成一般性社会保障制度安排与专项福利制度安排相结合、经济保障与服务保障相结合、生活保障与特殊服务保障相结合的制度框架基础上，全面实现残疾人福利项目完整化、福利工作法制化，全面满足残疾人的普遍化和个性化福利需求。

第四节　内蒙古城乡社会保障统筹发展的制约因素

改革开放以来，特别是党的十八大以来，内蒙古在城乡社会保障统筹发展、推进新型城镇化建设方面取得了长足发展。但是，城乡要素流动不顺畅、公共资源配置不合理等问题依然突出，影响城乡统筹发展的体制机制障碍尚未根本消除。内蒙古城乡社会保障统筹发展是一项长期、艰巨而复杂的系统工程，内蒙古自治区体制上长期存在城乡二元结构，在具体实施城乡社会保障统筹过程中会受到种种因素的制约。制约因素主要来自法律、体制机制、经济、传统文化等方面。

一、法律方面

针对内蒙古城乡社会保障统筹发展工作方面的立法比较滞后，缺乏具体的法律、法规和相关政策的支撑。城乡社会保障统筹发展的相关法律制度需要进一步健全，具体表现在：第一，内蒙古有关社会保障事业宏观性法规比较少；第二，现有的有关社会保障事业的法规立法层次比较低，其权威性、稳定性较低；第三，内蒙古自治区各市、旗、县相继出台了许多地方性规章或执行措施，使得整个社会保障法规体系显得杂乱无序。这样会增加执行难度，不利于城乡社会保障统筹工作的推进。在内蒙古现行的医疗保险制度方面，其执行依据主要是一些意见、通知、办法，如《内蒙古自治区人民政府办公厅关于进一步完善自治区本级职工医疗保险制度的通知》《内蒙古自治区本级职工大额医疗保险暂行办法》等，缺乏正式成文的法律依据。在社会救助方面，法律法规还不够完善，所制定的有关救助的法规几乎都是灾害救济和城镇居民最低生活保障的制度、政策和措施，以解决贫困人群的生活温饱为主，与贫困人群生活紧密相关的医疗救助、教育救助、子女的教育救助等，都缺乏相应的法律规定。例如，《农村五保供养条例》《城市居民最低生活保障条例》等，其中提到了住房、医疗、贫困子女的义务教育，但并未做出有关贫困人群的住房、医疗、贫困子女的义务教育等方面具体的法律规定。政府在社会救助相关工作中大多以政府文件和参考外地的经验加以实行，在救助主体、对象、标准、期限等方面缺乏法律的有效规范，使得社会救助工作难以实现法制化管理。

二、体制机制方面

（一）城乡二元社会保障体制

由于历史原因，我国城乡经济、社会发展水平存在着较大的差异。内蒙古自治区作为经济欠发达的边疆少数民族地区，城乡同样存在着较大的差距，区域发展不平衡，农村牧区发展较为落后。城乡二元结构是产生城乡发展较大差距、造成区域发展不平衡的结构性原因，虽然我国社会保障制度的基本框架已经基本确立，但是城乡二元结构导致的城乡二元社会保障体制，使得农村牧区社会保障的效果较差。首先，年轻劳动力大规模进城务工，农村牧区劳动力逐渐减少，多为留守老人和儿童，农村牧区劳动效率十分低下，土地难以满足农牧民的基本保障需要，农牧民极容易陷入贫困化。其次，城乡二元社会保障体制拉大了城乡之间已经存在的差距。由于户籍制度、就业制度等对城乡人口采取了差别对待的制度性安排，导致城乡劳动者的收入差距一直存在，并有不断扩大的趋势。城市已基本建立起项目齐全、覆盖面广泛的社会保障体系；而广大农村牧区的很多社会保障项目才刚刚起步。因此，如果不能从制度上消除对农民的不公平待遇，彻底打破城乡二元社会保障制度，按照社会主义市场经济发展的要求构筑新的管理体制，农村发展滞后、农民收入增长缓慢、城乡发展差距扩大的趋势就不可能从根本上得以解决，统筹城乡社会保障就无从谈起[①]。

（二）户籍制度

内蒙古现行的户籍制度是以城乡二元结构分割为前提的制度，与户籍制度相适应，社会保障制度被分割成城镇和农村两部分。从保障模式来看，城镇社会保障制度已经形成；而农村社会保障制度建设则严重滞后，养老保险和新农保有待进一步完善，工伤保险和生育保险制度尚未完全建立。从保障

① 梁平，滕琦，王智勇，董宇翔．统筹重庆城乡社会保障的制约因素分析［J］．安徽农业科学，2008（5）．

水平来看，城乡社会保障水平相差悬殊。保障模式和保障水平的巨大差异导致城镇居民成为现有制度安排的既得利益者，并把城乡社会保障统筹发展当作是对自身利益的侵蚀，因此持反对态度。现行户籍制度在促进经济社会发展和维护社会秩序方面发挥了一定的作用，但随着市场经济体制的逐步建立和完善，城乡分割的户籍制度阻碍劳动力的合理流动和优化配置，同时也阻碍城乡居民均等享有社会保险及其他公共服务。

（三）农村牧区土地制度

农村牧区社会保障模式的选择受到农村牧区经济模式的影响，土地作为农牧民最重要的生存依靠，其制度安排直接决定着农村牧区经济模式和社会保障模式的选择。内蒙古现行的农村牧区土地制度是建立在“家庭联产承包责任制”基础上的，从而形成了内蒙古农村牧区特有的“土地保障模式”。家庭联产承包责任制的保障职能主要体现在两方面：按照制度规定，内蒙古农村牧区土地所有权属于农村牧区集体组织，为保障本组织内农牧民生产和生活的需要，农村牧区集体组织有按照法定程序向本组织内的农牧民无偿拨给土地的权力，农牧民对所拨付的土地可以无限期免费使用。另外，为进一步加强农村牧区土地的保障职能，我国法律规定，农村牧区土地的租赁和买卖仅限于本集体组织内的成员，其他集体组织成员或城镇居民均不得租赁或买卖，从而有效防止了农牧民因出卖土地最终流离失所的情况。内蒙古现有城乡二元分割的社会保障格局，是随着家庭联产承包责任制的出现而正式形成的。随着新型城镇化和工业化的积极推进，现有农村牧区土地制度已经成为城乡社会保障统筹发展的一大制约因素。

（四）社会保障管理体制机制

内蒙古社会保障制度的激励性不足，多缴多得、长缴多得的机制还不健全，职工退休年龄和领取基本养老金“门槛”偏低，一部分人参保积极性不高或选择较低档次缴费。内蒙古基本养老保险正常调整机制需要进一步建立完善，养老金增长未能充分体现权利与义务对等的原则，不利于社会保障制度的良性循环和可持续发展。内蒙古社会保障基金保值增值机制需要进一步健全，结余基金绝大多数是去存银行、买国债，投资渠道单一，收益率比较低。内蒙古补充性社会保障没有跟上，商业养老、健康保险发展比较滞后，没有形成多层次的保障体系，参保人员过多依赖政府的基本保障。随着我国新型城镇化进程的加快，人口大规模流动，特别是跨地区流动就业人员增加，现行社会保障管理体制已经满足不了这种流动性的需要。养老保险关系跨地区、跨制度转移接续不顺畅，部分群体中断参保。异地劳务派遣人数较多，造成劳动关系和社会保障权益认定复杂化，农民工在流入地一旦发生困难，便很难获得保障和救助。医疗保险管理体制不顺，不同部门分别管理城乡医保，造成流动人员重复参保、重复补贴与漏保现象并存。异地就医结算不方便，由于各地医保报销水平不同和信息没有完全联通，退休人员异地就医结算较难。内蒙古社会保障管理机构与职能设置需要进一步完善，加大改革力度，形成适应城乡社会保障统筹发展的高效综合管理体系。社会保障管理机构是由社会保障的行政管理机构、社会保障基金的经办机构和社会保障基金的运作监督机构组成。社会保障行政管理机构按所属单位级别不同和所属人群类别不同分别进行，制度之间以及各属经办机构之间分割较为明显，相互之间既无统一的管理机制，又无统一的管理方法。从社会保障的行政管理机构设置来看，内蒙古自治区社会保障部门的职能还不能完全覆盖城乡社会保障统筹发展的各个方面。要实现真正的高效统一管理，难度较大，需要经过一个较长的过程逐步进行调整、优化设置。统筹城乡社会保障涉及统筹规划制定、财政预算编制及各旗县具体审批权限等，需要与其他诸如财政、民政、卫生、教育等多部门进行协调。社会保障行政管理体制直接影响着城乡社会保障统筹发展的效率，管理机构与职能设置是否适应内蒙古城乡社会保障统筹发展显得十分重要。以内蒙古医疗保障、社会救助为例，在医疗保障方面，城乡医疗保险存在管理体制分割问题，城镇职工基本医疗保险、新型农村合作医疗保险和城乡居民合作医疗保险制度各自建立了一套自上而下、完整独立的管理系统，如此多头管理容易形成协调困难、效率低下等问题；同样，内蒙古社会救助工作的管理组织也存在部门分割、多头管理等问题，民政部门负责城乡低保、特困户生活救助、五保供养，教育部门负责教育救助，司法部门负责司法救助，住建部门负责住房救助，各级扶贫办负责扶贫开发，财政部门负责社会救助资金的筹集，除了这些职能部门，团委、工会、妇联、老龄办、残疾人联合会等群团组织参与社会救助的工作，在上述职能部门和群团组织内部又将工作分给所司各单位负责，多头管理不仅降低了工作效率，还会使制度的衔接产生困难，部门分割使得内蒙古城乡社会救助统筹工作协调困难，同时造成社会救助资源浪费。

三、经济方面

内蒙古城乡社会保障统筹发展来自经济方面的制约主要表现在政府财政实力有限和城乡、区域发展不平衡。一方面，内蒙古作为经济欠发达地区的基本区情还没有得到根本改变，经济发展方式仍然比较粗放，科技创新能力不强，对外开放水平总体不高，城乡居民收入和基本公共服务低于全国平均水平，脱贫任务艰巨，资源环境约束趋紧，用于城乡社会保障统筹发展的财政投入十分有限；另一方面，内蒙古在发展中不平衡、不协调、不可持续问题依然存在，特别是城乡之间、区域之间发展不平衡问题较为突出，城乡、区域社会保障统筹发展需要的资金量特别大，同时需要可持续性的资金投入。另外，内蒙古社会保障筹资渠道仍然偏窄，目前各项社会保险缴费比例已经较高，财政投入大幅度增加，但是，面对老龄化高峰的到来，养老费用持续增高，医疗费用上涨，给社会保障基金长期收支平衡带来很大的压力，亟须进一步拓宽筹资渠道。在内蒙古城乡社会保障统筹过程中，政府财政投入资金是农村牧区社会保障资金的主要来源。例如，在养老保障方面，新农保一直存在个人账户养老金统筹层次比较低的问题，基金运营必须依靠大量的财政投入才能维持运行；在社会救助方面，与发达地区相比，内蒙古各级政府依然负责绝大部分资金，来源比较单一，难以形成可持续的资金保障机制。因此，社会救助的资金来源渠道需要社会力量的参与，需要多元化。良好的社会保障制度应该通过适度的收入再分配和财政转移支付促进社会公平的实现，这种再分配不仅包括城镇居民内部的收入再分配，而且包括富裕的城市和贫困的农村牧区之间的收入再分配。但是，内蒙古作为欠发达的边疆少数民族地区，有限的财政同时需要承担大量的经济建设任务，能够用于社会保障方面的支出即使不断增长也依然十分有限。因此，内蒙古经济发展水平是城乡社会保障统筹发展的主要制约因素。

四、传统文化方面

内蒙古传统文化对城乡社会保障统筹发展的影响主要表现在两个方面：首先是家庭保障文化，虽然随着经济的发展，新型城镇化的推进，现代科学技术的应用，城市文明的传播，教育、医疗的跟进，家庭保障作为一种非制度化、非正规化的保障形式必然会被现代的社会保障制度取代，但是，即使是在现代社会，内蒙古大部分农村牧区的生产生活也仍未摆脱以家庭为依靠的保障方式，家庭保障仍然是他们认为最重要的也是最可靠的保障方式。家庭保障作为一种历史悠久的传统文化，根植于农牧民的心中，需要逐渐改变。所以，农牧民的家庭保障传统文化成了内蒙古城乡社会保障统筹发展的制约因素。然后是土地保障文化，导致农牧民无法接受“土地换保障、土地换就业”的政策，存在着随时返乡务农的趋势，使农牧民向城市迁徙的速度逐步减缓。因此，农牧民的土地保障文化也会成为内蒙古城乡社会保障统筹发展中的制约因素。

第五节　内蒙古城乡社会保障统筹发展的路径选择与实施步骤

一、内蒙古城乡社会保障统筹发展中面临的问题

（一）公平性方面存在的问题

内蒙古社会保障覆盖面有待扩大至全体公民。内蒙古养老保险还没有全覆盖，部分群体还没有参加基本医疗保险制度，社会救助制度覆盖面还不够，城乡之间、地区之间社会保障待遇差别较大。

（二）适应流动性方面存在的问题

内蒙古社会保障管理体制对大规模人口流动适应性不够，满足不了因新型城镇化带来的人口大规模频繁流动的需要。

（三）可持续性方面存在的问题

内蒙古社会保障筹资渠道仍然偏窄，面对老龄化高峰的迫近，养老人数持续增高，医疗费用上涨，给社会保障基金长期收支平衡带来困难，需要进一步拓宽筹资渠道。

（四）体制机制方面存在的问题

内蒙古城乡社会保障统筹工作在体制机制方面，存在着制度多元化、机

制不健全、管理分散化、衔接不顺畅等问题，提高城乡统筹水平还需要做大量耐心细致的工作。

（五）服务体系方面存在的问题

随着内蒙古社会保障覆盖人群的不断扩大，服务对象和内容日益增多，一线经办服务人员在数量和业务素质两方面都不足。信息化建设需要提高水平、加快速度，特别是跨地区、跨部门的网络连接和信息资源共享进度比较慢，远不能适应大规模人员频繁流动和基本公共服务均等化的需求。

二、内蒙古城乡社会保障统筹发展的路径选择

加强社会保障基金管理。首先，加大内蒙古自治区各级政府对社会保障的资金投入。完善社会保险基金预决算制度，推进财政对社会保障投入规范化、制度化。完善筹资机制和激励机制，明确政府、企业、个人各自的责任。推进落实国家关于划转部分国有资本充实社会保障基金工作。其次，要科学合理运营使基金保值增值。社会保障基金在支出上体现出刚性增长的特征，因此实现社会保障基金的保值和增值十分重要，应尽快建立基金投资运营监管、报告和信息披露制度。最后，完善监管渠道使基金安全运行。建立完善的社会保障资金监督运行机制，健全现场监督与非现场监督、行政监督与社会监督相结合的监管体系；完善基金监督信息系统，要进一步规范社会保障资金信息披露制度，提高信息披露透明度，利用社会力量加强监管。健全社会保险违法失信行为联合惩戒机制。加强基金监管队伍和监管能力建设，规范监督执法程序和标准，推进持证监督。通过上一节分析可知，内蒙古自治区各级政府对城乡社会保障统筹发展的财政投入十分有限，城乡、区域社会保障统筹发展需要持续地投入大量资金，内蒙古社会保障筹资渠道偏窄。因此，需要强化激励约束机制，扩大筹资和投资渠道。另外，社会保障基金是社会保障的物质基础，社会保障基金管理制度是社会保障基金管理行为的依据。所以，要积极探索研究社会保障基金管理制度的可持续发展问题。

改革社会保障制度与整合相关机构。社会保障制度涉及千家万户，全社会都在关注，事关改革发展稳定全局，制度的创新与改革一定要经过科学论证。要按照党的十八大提出的坚持全覆盖、保基本、多层次、可持续的方针，以增强公平性、适应流动性、保证可持续性为重点，以中共十八届三中全会

提出的建立更加公平可持续的社会保障制度为目标，加强调查研究，科学制定方案，加快形成以社会保险、社会救助、社会福利为基础，以基本养老、基本医疗、最低生活保障制度为重点，以慈善事业、商业保险为补充的覆盖全民的社会保障制度体系。第一，有效改革城乡社会保障制度。要改革城乡社会保险制度、社会救助制度和社会福利制度，全面建成覆盖城乡居民的社会保障体系。改革城镇居民社会保险和农村居民社会保险制度，建立覆盖城乡所有居民的多层次保险制度，构建城乡统筹的社会保险保障格局，进行统一管理。要重视衔接城乡社会福利和社会救助制度。根据城乡共同发展的基本要求，重点扩大福利和救助覆盖面，坚持城乡统筹发展思想，构建中国特色社会主义条件下适应内蒙古经济社会发展的社会福利和社会救助体系，实现社会保障制度的城乡统筹。第二，有序推进经办机构建设。内蒙古社会保障工作存在着管理多头、管理不统一的现象，不利于城乡社会保障统筹发展。所以需要进一步规范社会保障管理体制，建立统一管理与分级管理相互协调配合的管理体系。此外，还要构建社会保障管理机构社会化管理体系，落实社会保障相关政策，以便社会保障管理工作顺利进行，保障公民的基本生活。第三，提高经办机构管理水平及人员素质。政府需要提高工作效率和管理水平，投入更多的资金建设社会保障公共服务网络体系，做好跨地区、跨制度社会保险关系转移衔接、异地就医费用结算等工作。内蒙古城乡社会保障各项工作的开展都逐渐采用信息化手段，来提高城乡社会保障服务质量，提高政府管理水平。要进一步改革用人机制，依靠准入制度提高社会保障管理人员的专业素质。增加开展社会保障管理人员培训活动的财政支出，保证社会保障管理人员有机会接受各种培训活动。进一步规范社会保障绩效考核体系，激发管理人员的工作积极性，推动社会保障管理人员注重自身素质和技能的提高。

发挥多元主体的作用。第一，强化政府职责使城乡社会保障统筹工作有序推进。政府要树立城乡统筹发展的观念，抛弃“重城市、轻农村”的想法。要顺应城镇化大趋势，牢牢把握城乡统筹发展正确方向，树立“城乡一盘棋”理念，突出以工促农、以城带乡，构建促进城乡规划布局、要素配置、产业发展、基础设施、公共服务、生态保护等相互统筹发展的体制机制。第二，提高企业的社会意识及责任感。企业应进一步提高自己在社会中的责任意识，抛弃给职工参保会增加企业资金困难的错误认识。企业要认识到为职工参保能够为企业带来经济效益，减少员工的流失和企业培训员工的成本费用，企业的凝聚力和竞争力会大大提升。同时还能收获社会效益，有利于提高企业在社会中的形象。要明确企业雇佣的农牧民工需要按照规定与程序进行参保，不可故意漏缴农牧民工的社会保险。第三，转变居民社会保障观念。城镇居民、农村牧区居民的观念都要及时转变，更新依靠家庭存款、养儿防老、土地保障、家庭保障等传统观念，充分认识到社会保障具有风险共担、风险分散、互济互扶的良好社会功能，从而加速内蒙古社会保障扩面，加快社会保障体系建设，促进内蒙古城乡社会保障统筹发展。除以上三个主体之外，还应鼓励慈善团体等社会组织发挥作用，共同推进城乡社会保障的统筹发展。

千方百计促进就业。根据《内蒙古自治区人力资源和社会保障事业发展第十三个五年规划》，"十三五"期间的主要目标之一，就是要继续完善就业创业政策和就业服务体系，从而实现比较充分和更高质量的就业。因此，内蒙古已经开始深入实施就业优先战略和更加积极的就业政策，大力开展"创业内蒙古"行动。在采取这些措施的过程中，要努力构建更加平等的就业环境，重视相关法律法规的建设，消除就业歧视现象。同时，还要在加快转变经济发展方式的同时积极拓宽就业渠道，把握时机，积极融入"一带一路"建设，打造中蒙俄经济走廊。深入贯彻落实市场就业政策，使经济增长与扩大就业互相促进，形成良性循环。

推进基本公共服务均等化。要坚持普惠性、保基本、均等化、可持续方向，完善自治区、盟市、旗县（区）、苏木乡镇（街道）、嘎查村（社区）劳动就业和社会保障五级公共服务体系。全面公开人力资源和社会保障公共服务事项，简化办事环节和手续，统一服务标准，优化服务流程，加快信息化建设，特别是进一步加强对苏木乡镇（街道）、嘎查村（社区）信息网络建设的投入，提升公共服务整体效能。

在内蒙古城乡社会保障统筹发展的改革实践过程中，需要加强宏观指导和统筹协调，实施社会保障工作目标化管理；继续提高法治化水平，完善与国家相配套的城乡社会保障统筹发展政策法规，深化行政审批制度改革，持续推进简政放权；贯彻落实区域发展战略，推动呼包鄂、东部盟市等区域社会保障事业联动发展、互补发展。内蒙古城乡社会保障统筹发展，要坚持从基本区情出发，统筹考虑内蒙古自治区、单位和个人的承受能力，尽力而为、量力而行；坚持公平与效率相结合、权利与义务相适应，整体设计、统筹城乡、循序渐进、逐步完善；坚持改革创新，完善体制机制，健全法规制度，加强各项社会保障制度之间的衔接，提高管理能力和服务水平，努力实现社会保障与内蒙古经济社会发展的良性互动和制度的可持续发展。

三、内蒙古城乡社会保障统筹发展的实施步骤

（一）完善内蒙古城乡社会保障基本制度

（1）完善社会统筹与个人账户相结合的城镇职工基本养老保险制度，贯彻国家关于城镇职工基础养老金全国统筹、参保缴费激励约束、渐进式延迟退休年龄等政策。进一步巩固自治区级统筹，从建立企业职工基本养老保险基金中央调剂制度起步，通过转移支付和中央调剂基金进行补助和调剂，在此基础上实现全国统筹。

（2）完善统一的城乡居民基本医疗保险制度和大病保险制度。加快医疗保险自治区级统筹，完善医保缴费参保政策。全面统一城乡居民基本医疗保险制度和管理体制，实现经办服务一体化。深化医疗保险支付方式改革，建立完善适应不同人群、疾病、服务特点的多元复合支付方式。完善国家异地就医管理和费用结算平台，为公民提供高效便利的服务。探索建立长期护理保险制度，不断完善政策体系，减轻长期失能人员的家庭经济负担。鼓励发展补充医疗保险、商业健康保险，努力满足公民多样化医疗保障需求。不断完善大病保险制度，对贫困人员通过降低起付线、提高报销比例和封顶线等倾斜政策，实行精准支付。通过加强基本医疗保险、大病保险和医疗救助的有效衔接，实施综合保障，切实提高医疗保障水平。根据国家统一部署，合并实施生育保险和基本医疗保险。

（3）完善失业、工伤保险制度，规范和完善失业保险盟市级统筹。完善失业保险保障失业人员基本生活、预防失业、促进就业政策。建立健全失业保险费率调整与经济社会发展的联动机制，完善失业保险金标准调整机制，放宽申领条件，落实稳岗补贴、技能提升补贴政策。完善预防、补偿、康复相结合的工伤保险制度，全面落实公务员和参照公务员法管理的事业单位、

社会团体工作人员工伤保险政策，探索适应灵活就业人员的工伤保险保障方式。建立工伤保险自治区级调剂金制度，积极推进工伤保险自治区级统筹，全面推开工伤预防工作，促进待遇调整机制科学化、规范化。

（4）完善社会保险转移接续政策，建立更加便捷的社会保险转移接续机制。实施职业年金制度，着力扩大企业年金覆盖面，鼓励发展补充医疗保险、商业健康保险、商业养老保险，落实国家推出的个人税收递延型养老保险，促进商业保险与社会保险、补充保险相衔接，鼓励商业保险机构参与医保经办，探索工伤保险与商业保险合作模式，形成多层次的保障体系。

（5）完善内蒙古城乡社会救助体系，完善最低生活保障制度，完善社会救助、社会福利、慈善事业、优抚安置等制度。强化内蒙古基本民生保障，兜住民生底线，不断提升保障水平。完善最低生活保障制度，推进城乡低保统筹发展，确保动态管理下的应保尽保。建立健全内蒙古残疾人基本福利制度，完善扶残助残服务体系，全面提升儿童福利服务水平。激发慈善主体发展活力，规范慈善主体行为，完善监管体系。完善优待、抚恤、安置等基本制度。

（6）建立完善内蒙古自治区统一的社会保险公共服务平台。建立各项社会保险全区统一的公共服务平台，以全区一体的社会保险经办服务体系和信息系统为依托，以社会保障卡为载体，以实体窗口、互联网平台、电话咨询、自助查询等多种方式为服务手段，为参保单位和参保人员提供方便快捷的服务，提高社会保险公共服务水平。实现跨地区、跨部门、跨层级社会保险公共服务事项的统一经办、业务协同、数据共享。构建全区一体化的社会保险公共服务信息平台，充分应用信息技术，实施统一的社会保险公共服务清单和业务流程，基本实现社会保险服务标准化。

（二）实施内蒙古全民参保计划

在巩固社会保障制度已有覆盖面的基础上，要重点做好特殊人群、困难人群的参保扩面工作。通过合理调整保障水平，适当提高参保人员的待遇，增加制度的吸引力，切实提高公民的保障水平，同时应注意不同群体间待遇差距的缩小。

基本实现法定人员全覆盖是“十三五”期间内蒙古社会保障事业发展的主要内容之一，为此自治区制订了全民参保计划，促进和引导各类单位和符合条件的人员长期持续参保。该计划包含两项内容[①]：第一，开展全民参保登记。通过信息比对、数据采集、入户调查、数据集中管理和动态更新等措施，对各类人员参加社会保险情况进行记录、补充完善，建立全面、完整、准确的社会保险基础数据库，形成每个人唯一的社保标识，并实现动态更新，为全面参保和精确管理提供支持。第二，做好重点群体参保工作。在城镇继续以中小微企业、灵活就业人员为重点扩大参保覆盖面。在农村牧区以在城乡之间流动就业和居住农牧民为重点，鼓励持续参保。积极引导在城镇稳定就业的农牧民工参加职工社会保险。实施高风险行业工伤保险扩面专项行动，探索推进网络就业、创业等新型业态群体参保。

（三）提高内蒙古城乡社会保障制度供给水平

社会保障制度在全民覆盖的基础上，内蒙古自治区要按照国家的统一部署和要求，结合内蒙古的实际情况，逐渐将各类人群的社会保障项目进行归类、精简和合并，进行梳理、整合、优化。例如，以城乡居民缴费能力为分类依据，对城乡分立的不同类型的保障制度进行归类合并，基本形成以低收入人群为覆盖对象的城乡居民社会保障制度，以稳定就业或者具备缴费能力职工为覆盖对象的职工社会保障制度，在事业单位分类改革的基础上改革机关事业单位社会保障制度，并建立不同类型保障制度的衔接转移机制，使三种不同类型的养老保障制度成为一个有机联系的整体，逐步缩小制度间差距，为最终过渡到统一的保障制度奠定良好的基础。在完成社会保障制度梳理、整合、优化任务后，内蒙古自治区应着力建设城乡统一、公平的劳动力市场，并在统一的社会保障制度内设定良好的社会保障关系转移接续通道，设定劳动者可承受、有弹性的缴费标准和公平合理的待遇计发机制，不断缩小正规就业劳动者与灵活就业劳动者的待遇差距。要发挥社会政策的托底功能，切实保障公民的基本生活需求，兜住民生保障底线，坚守社会稳定底线。要实现制度最广泛的覆盖，让人人都能享受基本社会保障。要持续深化改革，建立健全体制机制，不断提高社会保障法治化、制度化水平。

（四）内蒙古全面建成多层次社会保障体系

全面建成多层次社会保障体系，使内蒙古社会保障向着城乡一体化迈进。

---

① 《内蒙古自治区人力资源和社会保障事业发展第十三个五年规划》。

全面建成多层次社会保障体系需要不断扩大社会保障覆盖面，基本实现内蒙古法定人员全覆盖；需要统筹推进内蒙古城乡居民社会保障体系建设，合理缩小社会保障领域的城乡差异；需要明确内蒙古自治区各级政府和用人单位、个人、社会的社会保障权利、义务和责任；需要根据内蒙古经济发展确定保障待遇水平，合理引导群众的保障预期；需要确保内蒙古各项社会保险基金收支平衡，制度长期稳定运行。在具体社会保障项目方面，内蒙古要继续执行以社会保险为主体，社会救助保底层，积极完善社会福利、慈善事业、优抚安置等制度。在组织方式方面，内蒙古要以各级政府为主体，积极发挥市场作用，促进社会保险与补充保险、商业保险相衔接。内蒙古要积极构建基本养老保险、职业（企业）年金与个人储蓄性养老保险、商业保险相衔接的养老保险体系，协同推进基本医疗保险、大病保险、补充医疗保险、商业健康保险发展，满足公民多样化多层次的保障需求。

参考文献

［1］内蒙古自治区政府门户网站．内蒙古自治区人力资源和社会保障事业发展第十三个五年规划（内政办发〔2016〕162号）［EB/OL］．http://www.nmg.gov.cn/xxgkml/zzqzf/gkml/201611/t20161128_586871.html.

［2］内蒙古自治区政府门户网站．内蒙古自治区人民政府关于建立统一的城乡居民基本医疗保险制度的实施意见（内政发〔2016〕122号）［EB/OL］．http://www.nmg.gov.cn/xxgkml/zzqzf/gkml_7823/201611/t20161114_582591.html.

［3］林闽钢．试论适度普惠型社会福利的城乡一体化［J］．理论月刊，2011（7）.

［4］梁平，滕琦，王智勇，董宇翔．统筹重庆城乡社会保障的制约因素分析［J］．安徽农业科学，2008（5）.

［5］内蒙古自治区政府门户网站．关于促进全区残疾人社会福利和慈善事业发展的意见（内民政发〔2015〕63号）［EB/OL］．http://www.nmg.gov.cn/xxgkpt/mzt/xxgkml/201708/t20170821_635384.html.

［6］内蒙古自治区政府门户网站．内蒙古自治区社会救助与扶贫开发政策衔接实施方案（内民政发〔2016〕33号）［EB/OL］．http://www.nmg.gov.cn/xxgkpt/mzt/xxgkml/201604/t20160429_546670.html.

［7］内蒙古自治区政府门户网站．内蒙古自治区儿童发展纲要（2011—2020年）（内政办发〔2012〕39号）［EB/OL］．http://www.nmg.gov.cn/zt/sewzt/zxgh/201307/

t20130719_183428.html.

[8] 内蒙古自治区政府门户网站. 内蒙古自治区 2016 年国民经济和社会发展统计公报［EB/OL］. http://www.nmg.gov.cn/fabu/tjxx/tjbg/201703/t20170322_604110.html.

[9] 李远行. 城乡统筹发展的切入点与基本路径［J］. 国家行政学院学报，2006（2）.

［10］戴卫东. 统筹城乡基本养老保险制度的十个关键问题［J］. 现代经济探讨，2009（7）.

［11］郑功成. 中国社会保障改革与发展战略——理念、目标与行动方案［M］. 北京：人民出版社，2008.

［12］袁文全，张卫国. 统筹城乡社会保障体系建设的经验启示与实践向度［J］. 学海，2010（6）.

［13］郑秉文，齐传君. “大一统”：社保改革的未来方向［J］. 宁波经济，2009（6）.

［14］马一民. 论城乡社会保障统筹发展［J］. 经济学动态，2008（11）.

［15］薛维然. 我国城乡社会保障体系统筹建设研究［J］. 农业经济，2015（05）.

［16］汪国华. 城镇化与城乡社会保障制度统筹发展研究［J］. 天府新论，2013（02）.

［17］郑功成. 从城乡分割走向城乡一体化（上）——中国社会保障制度变革挑战［J］. 人民论坛，2014（01）.

［18］郑功成. 从城乡分割走向城乡一体化（下）—— 中国社会保障制度变革取向［J］. 人民论坛，2014（06）.

［19］郑秉文. 养老金制度改革应重点关注八个方面［J］. 经济研究参考，2015（12）.

［20］孟续铎. 实现城乡社会保障统筹发展的条件［J］. 人口与经济，2009（S1）.

第五章　内蒙古城乡养老保障统筹发展研究

养老问题，是任何时代都必须解决的社会问题。从古至今，养老保障方式大体经历了从家庭养老的非正式方式到养老保险制度这种正式制度安排的变化。中华人民共和国成立以前，中国作为典型的小农经济社会，每一个家庭都是一个相对独立的经济单位，家庭承担着的诸多社会功能中，养老是非常重要的一个方面。中华人民共和国成立以后，中国的养老保障在空间上实行“城乡分治”，在时间上以改革开放为界，分别在城市和农村进行了一系列探索，养老保障基本实现了制度全覆盖，并且在积极探索实现养老保障制度的城乡统筹直至城乡养老保障一体化目标的实现。内蒙古养老保障制度的发展同全国整体保持一致，但又具有一定的地区和民族特色。

第一节　内蒙古城乡养老保障的实施现状

中华人民共和国的成立，标志着中国建立了人民民主专政的社会主义国家，国家制度发生了翻天覆地的变化。农村养老保障制度与国家制度的变化相适应，也发生了深刻变化。从养老责任承担主体角度划分，中国农村养老保障制度大致经历了 1978 年以前的集体养老阶段和 1978 年以后的家庭养老阶段。具体来说，改革开放以后，中国先后在 1992 年和 2003 年进行了“老农保”和新农保的探索。总体来讲，两个阶段、两次探索构成了新中国成立以来农村养老保障制度变迁的主旋律，内蒙古亦是如此。

一、内蒙古农村牧区养老保障制度的变革

内蒙古农村牧区养老保障制度以改革开放为界，改革开放前，内蒙古制度性的社会保障制度主要是五保制度，改革开放后，于 1992 年和 2003 年开始进行了“老农保”和新农保的探索。

（一）改革开放前内蒙古农村牧区养老保障制度变革

新中国成立以后，内蒙古农村牧区社会发生了巨大的变化，土地制度和行政管理制度发生了重大调整和变革，随着国家集体经济公有制以及之后人民公社行政管理体制的建立，家庭的功能迅速弱化，使内蒙古农村牧区老年保障制度迅速由家庭养老向集体养老强制性转变。这一时期，集体公社步入历史舞台，承担起农村牧区老年保障供给者的重任，内蒙古农村牧区老年保障制度发展到一个新阶段。内蒙古广大农村牧区建立了五保供养制度，该制度的实施基本保障了内蒙古农村牧区社会最贫困、最脆弱的群体，在当时取得了良好的社会效果。

根据五保供养制度的有关规定，内蒙古自治区从 1956 年下半年开始实行五保供养制度，制定了五保户安置办法，由苏木、乡镇、民族乡人民政府负责组织五保供养工作的实施，集体经济组织负责提供五保供养所需的经费和实物。五保供养的对象主要是：没有法定扶养义务人或虽有法定义务人但扶养义务人没有扶养能力的，没有劳动能力以及生活来源的老年人、残疾人和未成年人。苏木、乡（镇）、民族乡人民政府规定五保供养的具体标准，以不低于当地农牧民的一般生活水平为原则，所需经费和实物由社队公益金中支付。在供养方式上，主要采取分散供养的方式，由五保对象居住地的农牧业生产合作社为其提供食物和现金供养。五保供养所需费用，从社队公益金和集体工业、副业利润中支付。集体经济薄弱或遭受严重自然灾害的社队，难以全部供养的，由国家给予必要的救济，保障五保户的基本生活。①

通过以上措施，内蒙古农村牧区很多社队对五保对象实行分散居家供养方式，即把五保对象分散安置到其亲属或邻居家中，特殊情形下才由社队安

① 内蒙古自治区民政厅．内蒙古自治区志民政志［M］．呼和浩特：内蒙古人民出版社，2009：459.

排专人，专门照顾其日常生活，其中绝大多数鳏寡孤独的老年人生活得到妥善安排，不必再为生老死葬发愁。但在具体的供养内容和标准上，主要以保障基本生活为主要标准和依据，主要为保吃、保穿、保住、保医和保葬等。

（二）改革开放后内蒙古农村牧区养老保障制度的发展演变

改革开放后内蒙古农村牧区社会养老保障同全国一样，经历了由集体养老向家庭养老的转变，以及老农保、新农保的两次探索，家庭养老功能由强变弱，社会养老保险制度从无到有，与养老相关的其他社会保险、社会救济、社会福利制度和政策措施对养老产生了积极影响，内蒙古农村牧区社会养老保障发生了巨大的变化。

1. 改革开放初期内蒙古农村牧区养老保障状况

家庭联产承包责任制的实施，使农牧民的生产热情日益高涨，农村劳动生产率和土地产生率提高，粮食产量逐年增加，这不仅为农村牧区积累了财富，也为国家改革发展提供了资金和生产、生活资源的积累。统计数据显示，1978—1985 年，内蒙古农牧民的人均收入均有所提高，如农民的人均纯收入从 1978 年的 126 元增加到了 1985 年的 360 元。① 农牧民收入的增加，使老年人具有较强的自我养老保障能力。

1978—1985 年，内蒙古农牧区五保供养政策仍然延续了人民公社时期的供养保障制度，五保供养人数基本没有增加。这是因为 1978 年以后，随着人民公社体制和集体经济组织的结束，村级公益金的提取面临根本性的困难，五保供养缺乏物质来源，很多地方政府依靠村、组两级组织为五保“筹粮”，五保变为“保吃”，实际上大部分农村牧区是通过“群众互助”来帮助五保供养解决生活困难。农牧区开始大力发展农村牧区敬老院，实行保护供养，政府给予必要的支持，掀起了建设敬老院的热潮，这一时期“五保户”供养得到发展。但从总体上看，五保供养政策已经难以满足广大农牧民的养老保障需要。

① 内蒙古自治区统计局 . 内蒙古统计年鉴（2012）[M]. 北京：中国统计出版社，2012：89，226.

2. 内蒙古农村牧区社会养老保险制度的探索

20 世纪 80 年代中后期，随着计划生育政策普遍推行，内蒙古农牧区人口结构逐渐发生变化，老年人口比例逐渐加大。越来越多的农村牧区剩余劳动力特别是青壮年劳动力进城务工。家庭的小型化，人口的老龄化，使家庭养老负担增加，农村牧区社会养老保障面临新的挑战。鉴于这种情况，打破单纯依靠家庭养老的格局，探索多元化养老的途径越显重要。根据国家“七五”国民经济和社会发展计划提出的任务，1986 年开始，内蒙古地区和全国一道，对农村牧区社会养老保险进行了积极探索。

（1）1986—1992 年内蒙古各地社会养老保险的探索

根据国家“七五”计划对探索研究建立农村社会保险制度的试点要求，内蒙古党委、政府在《内蒙古自治区经济和社会发展第七个五年计划》中把农村牧区社会保险制度探索试点作为农村牧区经济和社会发展的重要任务，鼓励全区各地切实做好试点落实工作。综合内蒙古各地试点情况，在社会保障项目设定上，试点一般选择了统筹综合项目，把养老保险纳入农村牧区社会保障整体方案，统筹资金、统一管理、逐项兑现。在投保对象分类上，将从事农牧业生产和从事乡镇企业的一起入保，统一制度，以工补农，适应了农村牧区劳动力的流动趋势，而且务工的更倾向于参加低水平的养老保险。在筹资方式上，大都实行保费积累一部分，即收现得一部分，难以实现收支平衡的统筹积累和统筹支付。从统筹层次上看，以嘎查村级社区统筹为主，层次较低，基金规模小，效率低、管理难、风险大。

这一时期养老保险资金主要甚至完全来自嘎查村集体，而大部分地区的农村牧区集体经济已经萎缩，根本无法承担庞大的资金需求。由于缺乏政府统筹和财政支持，这种制度还不能算作严格意义上的社会养老保险制度。适应经济社会发展需求和农村牧区养老保障需要，探索更加有效的农村牧区社会养老保险制度势在必行，1992 年内蒙古在全区实施民政部制定的《县级农村社会养老基本方案》，开始进行真正意义上的农村牧区社会养老保险探索。

（2）1992—1998 年“老农保”在内蒙古的实施

按照民政部《关于进一步加强农村社会养老保险工作的通知》和《县级农村社会养老保险基本方案试行》的精神，内蒙古自治区人民政府于 1992 年全面部署县级农村牧区社会养老保险（以下简称“老农保”工作）。内蒙古民政厅召开全区县级农村牧区社会养老保险试点工作会议，先期纳入全区试点的有呼和浩特市、兴安盟、包头市、呼伦贝尔盟（现呼伦贝尔市）、哲里木盟（现通辽市）、赤峰市，以及乌兰察布盟（现乌兰察布市）、锡林郭勒盟、伊克昭盟（现鄂尔多斯市）、巴彦淖尔盟（现巴彦淖尔市）、乌海市、阿拉善盟的部分旗县（市区）。按照自治区《实施方案》的规定和要求，各试点盟市结合本地实际研究下发专门文件启动落实试点工作。各地成立工作协调领导小组推进试点工作，民政部门成立农保科股专门负责此项业务，各旗县（市区）、苏木乡镇、嘎查村逐级宣传发动农牧民参加社会养老保险。

试点之后，内蒙古在 1996 年正式推行。据统计，当时共有 10 个盟市，63 个旗、县、市、区，977 个乡镇，7919 个嘎查村开展了这项工作，参保农牧民近 100 万人，积累基金 1.16 亿元，参保人数占农村牧区人口的 7.10%。① 集体经济好的苏木乡镇、嘎查村参保率明显高于集体经济弱的地区，旗县、苏木乡镇财政支持力度大的地区参保率高，乡镇企业发展快的地区参保率高。

内蒙古“老农保”推进的方式与具体的制度运作模式主要表现在以下几方面：一是根据覆盖对象的灵活性，采取“先易后难”的办法。首先着眼于个体工商户、国营企业、村办企业和外出参与非农产业的人员为投保动员对象，按嘎查村来动员其参保。二是在筹资方式上遵循个人缴费为主、集体补助为辅和国家政策扶持的原则。三是按实际确定待遇模式。按实际缴费的年限和缴费标准计算养老金的发放标准，到 60 周岁开始领取养老金。四是基金管理方面，在统筹范围和层级上实行县级统筹，主要采取购买国债和存入银行的方式实现基金的保值增值。

“老农保”开创了内蒙古农村牧区社会化养老保障的先河，在制度框架、政策把握、计发办法等方面进行了有益的探索。由于当时经济发展水平和对农保的投入能力所限，“老农保”推进中困难重重。首先，资金来源受限，待遇水平过低。“老农保”时期个人缴费能力十分有限，乡村级集体经济普遍薄弱（主要依靠“三提五统”和“土地承包”收入），国家政策扶持十分有限，

① 李香媛，张晓峰．内蒙古农村牧区养老保障现状、问题和政策建议［J］．北方经济，2006（11）：20.

导致老农保事实上成为农牧民个人储蓄式低水平、高风险的保险形式。其次，覆盖面有限，群众参保率低。由于没有财政投入，而且统筹级别低，农牧民的参保愿望始终不是很强烈，适龄农民最高参保率不足10%。最后，职能划转不彻底，管理体制未理顺。1998年国务院机构改革后，内蒙古农村牧区社会养老保险职能的机构划转到劳动和社会保障部门，有相当多的盟市旗县（市区）苏木乡镇划转工作滞后，一些地方的收费管理、支付管理、档案管理、基金安全管理受到影响，甚至工作出现中断。此外，基金管理存在问题，增值渠道只有银行存款和国债两种方式，且监督机制也不完善。“老农保”一直以县级统筹运营，基金监管不力，缺乏养老金调整机制和统筹互济功能，养老金待遇缺乏价格调整的激励。

（3）1999年“老农保”叫停后10年内蒙古农村牧区养老保障状况

1998年国家农村社会保障职能由民政部管理划转劳动和社会保障部之后，亚洲金融危机爆发，我国保险业受到冲击。1999年，国务院批转停止接收新的农村社会养老保险，对原有的业务进行清理整顿。内蒙古自治区政府成立由相关部门组成的整顿工作领导小组和专门工作机构，广泛开展调研。各盟市旗县（市区）积极配合，从摸清家底开始，加强对基金的核算和监管。旗县（市区）分别按照盟市的整顿方案，开展清理整顿工作。内蒙古自治区各级劳动和社会保障部门设置内设机构，专门负责办理农村牧区社会养老保险后续业务以及其他社会保险探索工作。2000年1月，民政部农村社会养老保险管理服务中心正式并入新组建成立的劳动和社会保障部社会保险事业管理中心。内蒙古“老农保”的清理整顿工作到年底也基本结束。2000年，内蒙古自治区劳动和社会保障厅组建成立新的社会保险事业管理中心，与厅内设机构社会保险处一起负责“老农保”遗留工作。1999年“老农保”叫停后10年内，内蒙古农村牧区社会养老保险呈不断萎缩状态。到2005年底，农牧民参保人数约为80万人，已有近20万人退保，领取养老金人数近1万人，当年五保供养人数为54560人，全区参保人数和五保供养人数约85万人，不到农牧业人口的7%，①“老农保”最终以失败告终。

① 李香媛，张晓峰．内蒙古农村牧区养老保障现状、问题和政策建议［J］．北方经济，2006（11）：20.

（4）内蒙古新型农村牧区社会养老保险制度的试点

“老农保”探索失败后，面对农村牧区日益严重的老龄化、农村牧区家庭日趋小型化和土地养老功能弱化的形势，农村牧区养老制度供给和实际需求的矛盾日益突出，建立新型农村牧区养老保障制度势在必行。

2009 年，内蒙古自治区人民政府下发了《关于印发自治区新型农村牧区社会养老保险试点办法的通知》，内蒙古新型农村牧区社会养老保险试点正式启动。当年国务院批准内蒙古首批 10 个新农保试点旗县（市区），分别是呼和浩特市武川县、包头市同阳县、通辽市开鲁县、赤峰市敖汉旗、锡林郭勒盟正蓝旗、乌兰察布市察右后旗、巴彦悼尔市临河区、呼伦贝尔市莫力达瓦达斡尔族治旗和鄂尔多斯市杭锦旗。内蒙古自治区自选确定了 3 个试点旗县（市），分别是阿拉善盟阿拉善左旗、呼伦贝尔市鄂温克自治旗和鄂伦春族自治旗。

内蒙古新农保坚持的基本原则和全国一样，即坚持“保基本、广覆盖、有弹性、可持续”的基本原则。具体来说，在缴费标准和待遇标准方面，坚持与经济社会发展水平和各方面的承受能力相适应，实行低水平起步；在资金来源方面，坚持个人、集体、政府共同负担，明确各自的权利和义务；在工作推进上，坚持政府主导与农牧民自愿参保相结合，努力保证所有农牧民全部参加；在管辖权限上，实行属地管理。这些重要原则的确定，明确了工作思路，为工作的顺利开展提供了保证。

在参保范围上，内蒙古新农保规定，未参加城镇职工基本养老保险的年满周岁的农村牧区居民均可参加，但不包括在校学生。

在缴费标准上，内蒙古新农保从 100 元到 500 元以 100 元为间隔共设 5 个档次，农牧民可以在 5 个档次中自由选择，也可以超过最高档次多缴费，多缴多得。在资金筹集上，内蒙古新农保实行政府缴费补贴和基础养老金补贴。在缴费补贴方面，选择 100 元档次的，自治区政府为缴费人补贴 30 元，选择 200 元、300 元、400 元、500 元档次的，分别补贴 35 元、40 元、45 元、50 元，超过 5 个档次多缴费的，补贴标准亦是 50 元。而且内蒙古自治区还规定，补贴标准将根据农牧民人均纯收入增长情况等因素适时进行动态调整。此外，盟市旗县级政府还可以根据自身财力状况自行提高补贴标准，提高部分所需资金由各自财政负担。对于农村牧区低保户，内蒙古自治区政府按 100 元的标准为其代缴养老保险费。在基础养老金补贴方面，国家规定，基础养老金最低补贴标准为55元，这部分资金由中央财政负担。在此基础上，内蒙古自治区政府对年满70～79周岁的农牧民另加基础养老金补贴10元，对年满80周岁及以上的另加20元，这部分资金由内蒙古自治区财政负担。盟市旗县级政府可以根据财力状况自行提高补贴标准，提高部分所需资金由本级财政负担。另外，内蒙古新农保试点办法规定，有条件的嘎查村集体应当对参保人给予缴费补贴，补贴标准由村嘎查委员会民主决策，同时也鼓励其他组织，包括经济组织、社会组织、公益组织以及个人提供资助。

在待遇模式上，内蒙古新农保实行社会统筹与个人账户相结合的模式。个人账户包括个人缴费、集体补助、其他组织和个人资助、地方政府缴费补贴。社会统筹即基础养老金账户，包括中央财政下拨的基础养老金最低补贴，内蒙古自治区增加的对高龄老人的基础养老金补贴，盟市、旗县级政府自行提高的基础养老金补贴。农牧民到龄领取的养老金由上述两部分资金构成。

在运行机制上，内蒙古自治区各级政府设新农保经办机构，旗县级经办机构为参保人建立账户。参保人的养老保险关系可以实现跨区域转移，个人账户中的资金可以随养老保险关系全部转移。内蒙古新农保采用了较为先进的信息化管理，建成了专门的新农保信息系统，如登记参保、缴纳保费、发放待遇、账户管理、查询服务，全部实现信息化规范管理。在基金管理上，在财政设立新农保基金账户，实行“收支两条线”管理，单独核算记账，按有关规定对基金进行运作，确保保值增值。

2010年除10个国家级试点旗县和3个自治区级试点旗县外，又确定呼和浩特市土默特左旗、包头市土默特右旗、呼伦贝尔市阿荣旗、兴安盟科右前旗、通辽市扎赉特旗、赤峰市喀喇沁旗、锡林郭勒盟太仆寺旗、鄂尔多斯市乌审旗、巴彦淖尔市乌拉特中旗、阿拉善盟额济纳旗和阿拉善右旗11个旗为国家第二批新农保试点。2011年新农保试点范围继续扩大，内蒙古呼和浩特市和林格尔县等40个旗县区为国家第三批新农保试点，三批试点共61个旗县区，占内蒙古101个旗县市区的61%。内蒙古新农保在2009年试点当年，参保人数达到100万人，2011年参保人数达到301万人，参保人数占全区农业人口1469.2万人的20.5%。[①]2011年农村社会养老保险基金支出额为9.50亿

① 李云平．内蒙古个旗县开展新农保试点参保人数达百万［EB/OL］. http://www.nmg.xinhuanet.com.

元，是 2010 年支出额 3.15 亿元的 3.02 倍。[①] 新农保参保人数和基金支出在短短的 3 年内迅速增加，发展势头迅猛。

2010 年 1 月 1 日，内蒙古自治区政府决定在全区实行新农保的试点旗县保险费由地税机关负责征收。2011 年 7 月，内蒙古将新农保基础养老金在国家政策每人每月 55 元的基础上提高到 60 元，人均养老金达到 150 元 / 月。国家试点人均养老金达到 97 元 / 月，自治区试点人均养老金达到 100 元 / 月，盟市、旗县自行试点人均养老金达到 203 元 / 月。全区试点旗县普遍启用新农保信息系统，初步实现业务经办网络化。

尽管内蒙古自治区新农保试点工作取得了积极进展，但面临的困难和问题不容忽视。一是中青年农牧民参保积极性不高，参保率偏低；二是新农保经办机构设置滞后；三是部分自行试点旗县养老保险基金运行存在问题；四是新农保制度衔接不畅，存在无法接续的情况，影响了农牧民的参保积极性；五是新农保的保障水平较低，仅是一种收入补充性的养老保障制度安排，无法完全保障农村牧区老人的基本生活。

二、内蒙古城市养老保障制度的实施现状

中国城市的养老保障制度也以改革开放为界，经历了两个时期多个阶段的探索，由计划经济时期的单位养老演变为社会化、制度化的养老保障方式，目前城市养老保障制度已经实现制度上的全覆盖，包括城镇职工基本养老保险制度、机关事业单位养老保险制度和城镇居民养老保险制度。内蒙古城市养老保障体系与全国大体一致。

所谓“单位养老”，简单来说就是以劳动者的就业单位为依托的养老方式。1978 年以前，“单位”是中国社会的基本组织形态。当时的社会保障是以“单位”和户籍制度为基础的。在城市，每个城市社会成员都属于一定的“单位”，并从中取得相应的生存和发展的资源。在计划经济时期，国家对“单位”实行财务上的统收统支、包盈包亏，单位按照国家有关规定提取和发放养老金，对退休人员实行管理。养老金多少取决于工龄的长短和退休前工资

① 内蒙古自治区统计局编．内蒙古统计年鉴（2012）［M］．北京：中国统计出版社，2012：480.

的高低。养老金筹集模式是现收现付方式。国家通过单位向城市劳动者提供了“从摇篮到坟墓”的全面保障。这种模式是与计划经济条件下国家统一配置劳动资源相适应的。在计划经济时期，尤其是20世纪60年代，单位之间和城乡之间基本不存在劳动力的流动。不同所有制之间甚至同一所有制的不同单位之间在福利待遇和水平上存在很大差异。另外，养老保障制度是一种就业福利制度[①]，对计划经济低工资制的补充，有工作才有福利。

1978年中共十一届三中全会后，中国开始由计划经济向社会主义市场经济转变。国家的工作重心由政治斗争转向经济建设，开始了养老保障制度的恢复和探索。

1991年，国务院发布《关于企业职工养老保险制度改革的决定》，确立了基本养老保险、企业补充养老保险和职工个人储蓄性养老保险相结合的多层次养老保险制度框架，建立由国家、企业和个人共同负担的筹资机制；1995年，国务院发布《关于深化企业职工养老保险制度改革的通知》，开始探索建立“统账结合”的制度模式，并提出了社会统筹与个人账户相结合的两个实施办法，允许各地结合实际进行选择试点；在试点基础上，国务院于1997年发布《关于建立统一的企业职工基本养老保险制度的决定》，正式确立了目前企业职工基本养老保险制度的基本框架。

（一）内蒙古城镇企业职工基本养老保险制度

2009年10月1日起施行的《内蒙古自治区企业职工基本养老保险自治区级统筹办法》，把参加自治区城镇企业职工基本养老保险的单位及其职工、城镇个体工商户和灵活就业人员统一纳入企业职工基本养老保险制度中，实行社会统筹与个人账户相结合的筹资模式，基本养老保险基金由自治区级统筹管理和使用[②]。2010年9月26日实施的《内蒙古自治区城镇企业职工基本养老保险关系区内转移接续暂行办法》，保证了所有在自治区范围内流动并在城镇就业的参加城镇企业职工基本养老保险人员和农牧民工的基本养老保险关

---

① Ahamad and Hussain. Benefits provided by and through the word unit were predicated on and linked to employment, 1991.

② 《内蒙古自治区人民政府关于印发自治区企业职工基本养老保险自治区级统筹办法（试行）的通知》（内政发〔2009〕78号），2009年8月31日。

系顺畅转移接续[①]。2010年12月自治区出台的《关于将原“五七工”纳入城镇企业职工基本养老保险的通知》，明确了未经劳动行政部门办理招工手续而已到龄的“五七工”纳入城镇企业职工基本养老保险的相关政策。2011年10月24日，自治区又出台了《关于解决未参保集体企业退休人员基本养老保障等遗留问题的意见》，对经劳动行政部门办理招工手续而未到龄和已到龄人员、未经劳动行政部门办理招工手续而未到龄人员的基本养老保障等遗留问题将得到解决[②]。这几部法规文件出台后，全区未参保城镇企业职工基本养老保障等遗留问题将得到彻底解决，职工基本养老保险政策制度缺失等漏洞问题基本补齐。截至2011年10月末，内蒙古全区基本养老保险参统人数为435.94万人，其中企业在职职工296.95万人；参统企业离退休人数121.4万人，企业离退休人员基本养老金实现100%按时、足额、社会化发放。2011年初，为企业退休人员调整了基本养老金，月人均增加220元，调整后企业退休人员月人均养老金为1625元，超过了全国平均水平[③]。

（二）内蒙古机关事业单位养老保障制度

内蒙古机关事业单位人员养老保障制度经历10余年的改革，基本没有取得太大的突破性进展，反而造成现在机关事业单位退休金制度与养老保险制度并存的局面。从目前来看，全区机关公务人员仍延续着20世纪50年代确立的离退休制度，个人不缴纳任何养老保险费税，退休人员养老金全部来源于政府财政，退休金与在职人员工资同步增长。事业单位工作人员的养老保险情况较为复杂，2005年自治区劳动保障厅、人事厅、财政厅出台的《内蒙古自治区直属事业单位新进人员基本养老保险制度改革试行办法》规定，2004年后参加工作的事业单位工作人员要按工资的4%缴纳养老保险费，单位按个人工资的10%缴纳养老保险费[④]，将来的养老金待遇水平由国家根据社

---

① 《内蒙古自治区城镇企业职工基本养老保险关系区内转移接续暂行办法》（内政办发〔2010〕73号），2010年8月26日。

② 《关于解决未参保集体企业退休人员基本养老保障等遗留问题的意见》（内人社发〔2011〕249号），2011年11月24日。

③ 内蒙古自治区人力资源和社会保障厅．2011年1—10月全区社会保险工作情况［EB/OL］．［2011-11-17］.http://www.nmg.gov.cn/nmat/Articlecontent.aspx?id=99067&ClassID=172.

④ 《内蒙古自治区直属事业单位新进人员基本养老保险制度改革试行办法》（内劳社字〔2005〕1号），2005年1月15日。

会平均收入水平、居民生活水平以及价格指数的变化统一调整。于是在事业单位中只有2004年后参加工作的人员参保缴费，2004年以前参加工作的大多数人员仍沿用旧的退休金制度，这不仅造成企业与机关事业单位退休待遇差距的持续扩大，而且造成了事业单位内部职工的不公平。

（三）内蒙古城镇居民基本养老保险制度

2011年，在全国范围内，城镇居民社会养老保险开始启动首批试点工作（以下简称城居保）。由于新农保和城居保在政策和制度模式上基本相同，有合并发展的趋势，同时鉴于呼和浩特、鄂尔多斯、包头等市在国家试点启动前就已经将农村和城镇居民的养老保险合并实施，内蒙古具有将两项制度合并实施的实践基础，所以从2011年开始，内蒙古将两项制度合并实施，建立了城乡居民社会养老保险制度。

随着城乡居民养老保险工作的不断深入推进，这项制度存在的一些问题逐渐暴露出来。在参保范围上，按照规定，年满16周岁（不含在校学生）、非国家机关和事业单位工作人员及不属于职工基本养老保险制度覆盖范围的城乡居民，可以在户籍地参加城乡居民养老保险。

三、内蒙古城乡养老保障制度统筹现状

（一）城乡居民社会养老保险制度并轨

2011年7月1日，内蒙古自治区启动城乡居民养老保险试点。自治区政府先后分3批在61个旗县市、区开展了国家新农保和城镇居民养老保险试点工作。

2011年11月，内蒙古自治区人民政府办公厅下发《关于开展城镇和农村牧区居民社会养老保险试点的实施意见》，决定将新农保与城镇居民社会养老保险合并实施。并轨后的实施原则和新农保的实施原则基本相同，个人缴费档次由新农保的5个档次增加到10个档次，以100元为间隔，最低缴费档次为100元，最高缴费档次为100元。

2015年，为了不断完善覆盖全体城乡居民的基本养老保险制度，充分发挥社会保险对保障公民基本生活、调节社会收入分配等方面的重要作用，内蒙古自治区根据国务院要求，正式出台《关于进一步完善城乡居民基本养老保险制度的意见》（以下简称《意见》），就个人缴费档次设定、基础养老金最低标准调整机制、丧葬补助金制度等方面的政策进行了完善和创新。

在筹资模式上，养老保险基金由个人缴费、集体补助、政府补贴构成。其中，在个人缴费方面，为了给参保人提供更多的选择，以适应不同收入水平群体的需求，新出台的《意见》将个人缴费标准调整为 13 个档次，即每年 100 元、200 元、300 元、400 元、500 元、600 元、700 元、800 元、900 元、1000 元、1500 元、2000 元、3000 元。内蒙古自治区人力资源和社会保障厅会同自治区财政厅依据城乡居民收入增长等情况适时调整缴费档次标准。在集体补助方面，有条件的嘎查村集体经济组织应当对参保人缴费给予补助，补助标准由嘎查村民委员会召开嘎查村民会议民主确定。同时，鼓励有条件的社区将集体补助纳入社区公益事业资金筹集范围，鼓励其他社会经济组织、公益慈善组织、个人为参保人缴费提供资助，补助、资助金额不超过当地设定的最高缴费档次标准。在政府补贴方面，政府对符合城乡居民养老保险待遇领取条件的参保人全额支付基础养老金，并按照 100～3000 元 13 个缴费档次给予补贴。其中：选择 100～400 元缴费档次的分别补贴 30 元、35 元、40 元、45 元；选择 500～1000 元缴费档次的分别补贴 60 元、65 元、70 元、75 元、80 元、85 元；选择 1500 元、2000 元、3000 元缴费档次的，补贴 85 元。对于城乡低保户、重度残疾人、五保供养等缴费困难群体，按照 100 元为其代缴养老保险费，允许代缴人员个人增加缴费，缴费后按照相应档次享受缴费补贴。缴费补贴和自治区提高的基础养老金补贴由自治区各级财政负担，原则上自治区负担 50%，盟市负担至少 25%，其余部分由旗县（市区）负担。自治区按财政状况将 12 个盟市划分为三类地区，补贴重点向财力不足地区倾斜，三类地区分别按 40%、50%、60% 的比例给予补贴。此外，在上述基础上，盟市、旗县级政府还可以根据财力情况，自行提高缴费补贴标准和基础养老金补贴标准，所需资金由本级财政负担。

在待遇模式上，城乡居民养老保险待遇由基础养老金和个人账户养老金构成。在基础养老金方面，自治区确定全区基础养老金最低标准，在此基础上，对年满 70～79 周岁的另增加 10 元，年满 80 周岁及以上的另增加 20 元。参保人选择 200 元及以上档次并且累计缴费超过 15 年的，每多缴 1 年，基础养老金提高 2 元。自治区建立基础养老金最低标准正常调整机制，并根据经济发展和物价变动等情况，适时调整全区基础养老金最低标准。各地区可以根据实际情况适当提高基础养老金标准。在个人账户养老金方面，个人账户养老金的月计发标准，目前为个人账户全部储存额除以 139（与现行职工基本养老保险个人账户养老金计发系数相同）。参保人死亡，个人账户资金余额（包括政府补贴）可以依法继承。凡参加城乡居民养老保险的个人，年满 60 周岁、累计缴费满 15 年，且未领取国家规定的基本养老保障待遇的，可以按月领取城乡居民养老保险待遇。自新农保、城乡居民养老保险实施之日起，距规定领取年龄不足 15 年的，应逐年缴费，允许补缴，累计缴费不超过 15 年；距规定领取年龄超过 15 年的，应按年缴费，累计缴费不少于 15 年。

此外，参加城乡居民养老保险的人员，在缴费期间户籍迁移、需要跨地区转移城乡居民养老保险关系的，可在迁入地申请转移养老保险关系，一次性转移个人账户全部储存额，并按迁入地规定继续参保缴费，缴费年限累计计算；已经按规定领取城乡居民养老保险待遇的，无论户籍是否迁移，其养老保险关系都不转移。

需要指出的是，城乡居民社会养老保险制度是一个独立运行的体系，相对于企业职工基本养老保险和机关事业单位退休金制度，其保障水平有相当大的差距。2013 年内蒙古城乡居民人均养老金为 153 元 / 月，企业退休人员基本养老金经连续 9 年大幅调整后达到人均 1907 元 / 月，后者是前者的 12.5 倍。企业退休人员平均养老金水平如果和机关事业单位平均退休金水平相比，前者又大幅低于后者。企业职工和机关事业单位工作人员的主体是城市人口，纳入城乡居民社会养老保险体系的绝大部分人员是农村牧区人口，所以从城乡划分的角度讲，养老保险保障水平的差异，实质上是城乡二元结构体制下的城乡差别，不断提高城乡居民社会养老保险的保障水平任重道远。

（二）机关、事业单位养老保障制度改革

2014 年，为统筹城乡社会保障体系建设，建立更加公平、可持续的养老保险制度，内蒙古按《国务院关于机关事业单位工作人员养老保险制度改革的决定》（国发〔2015〕2 号）精神，出台了《内蒙古自治区机关事业单位工作人员养老保险制度改革实施办法》，对机关事业单位工作人员养老保障制度进行改革，将机关事业单位工作人员纳入社会养老保险体系，实行社会统筹和个人账户相结合的基本养老保险制度。

机关事业单位养老保险制度实行全区统一的缴费基数计算口径、缴费比例、计发办法、统筹项目和调整办法；使用统一的经办规程和信息管理系统办理养老保险业务，数据资源由自治区集中管理。在完善养老保险管理制度，明确各地区征收、管理和支付责任的基础上，基本养老保险基金逐步实行自治区级统筹。

按照公务员法管理的单位、参照公务员法管理的机关（单位），以及实行分类改革后确定为公益一类和二类的事业单位均列入机关事业单位养老保险制度。对于目前划分为生产经营类，但尚未转企改制到位的事业单位，已参加企业职工基本养老保险的仍继续参加；尚未参加的，暂参加机关事业单位基本养老保险，待其转企改制到位后，按有关规定纳入企业职工基本养老保险范围。按照国家规定，机关事业单位编制外人员参加企业职工基本养老保险。

机关事业单位基本养老保险费由单位和个人共同负担，职工以本人缴费工资为基数，按照 8% 的比例缴纳基本养老保险费，由单位从本人工资中代扣代缴，个人缴纳的基本养老保险费全部记入个人账户。机关单位工作人员的缴费工资项目包括：基本工资、国家统一规定的津贴补贴（含艰苦边远地区津贴以及国家统一规定纳入原退休费计发基数的项目）、规范后的津贴补贴（地区附加津贴）、年终一次性奖金；事业单位工作人员的缴费工资项目包括：基本工资、国家统一规定的津贴补贴（含艰苦边远地区津贴以及国家统一规定纳入原退休费计发基数的项目）、绩效工资。其余项目暂不纳入个人缴费工资。职工的缴费工资基数以本人上年度月平均工资为基础核定。本人上年度月平均工资超过自治区上年度在岗职工月平均工资 300% 以上的部分，不计入个人缴费工资基数；低于自治区上年度在岗职工月平均工资 60% 的，按自治区上年度在岗职工月平均工资的 60% 核定缴费工资基数。单位按职工缴费工资基数之和的 20% 缴纳基本养老保险费，记入基本养老保险统筹基金。

国家规定机关事业单位养老保险制度改革后实行“老人老办法，新人新制度，中人逐步过渡”的办法，对改革前（2014 年 10 月 1 日）已经退休的“老人”，维持原待遇不变，并参加今后的待遇调整。对改革后参加工作的“新人”，退休后基本养老金由两个部分构成：一是基础养老金，以在岗职工平均工资和本人缴费工资的平均值为基数，每缴费一年，计发一个百分点。也就是缴费年限越长，待遇水平越高；二是个人账户养老金，累计历年个人缴费的本息除以规定的计发月数，也就是缴费越多，待遇水平越高。对改革前参加工作，改革后退休的“中人”，在上述基础养老金、账户养老金外，再发给过渡性养老金。

机关事业单位养老保险转移分为两种情况，一种是参保人在自治区机关事业单位内转移，只转接养老保险关系，不转移基金。另一种是机关事业单位工作人员跨省区转移，或者在机关事业单位与企业之间转移，既转移个人账号累计存储额，还要转移部分基金。但无论哪种转移，工作人员转移前后的缴费年限（包括视同缴费年限）都连续计算。

此外，为了建立多层次的养老保障制度，在改革基本养老保险制度的同时，机关事业单位应当为改革范围内的工作人员建立职业年金，作为机关事业单位人员的补充养老保险。资金来源由两部分构成：单位按工资总额的8%缴费，个人按本人缴费工资的4%缴费。

第二节　内蒙古城乡养老保障制度统筹发展的必要性

由于历史原因，中国城乡经济发展水平和社会发展程度等存在着巨大差异，并且形成了特有的城乡二元化结构，这种二元化结构同样体现在养老保障制度上。基于身份制下的养老保险制度，造成了城乡社会养老保险制度的非均衡发展，严重影响到中国经济和社会的全面发展。党的十六大提出“城乡统筹”思想后，政府加大了对城乡社会养老保险制度的建设力度，加快了城乡基本公共服务均等化的进程。内蒙古自治区积极响应国家政策号召，在保证经济又好又快发展态势的基础上，不断加快改善民生的步伐，统筹城乡社会养老保险制度成为落实“改善民生、增收富民”政策的重点工作之一。因此，立足内蒙古实际，积极探索城乡社会养老保险统筹发展的路径对内蒙古经济社会的全面发展具有重要意义。

一、统筹城乡社会养老保险有利于改变养老保险“碎片化”发展格局

随着城镇化建设的不断推进，农村剩余劳动人口流动加速，各地政府为

不同的人群“量身定做”了相应的养老保险制度。虽然农村劳动者参加养老保险的可选性增大，但受城乡二元化的路径依赖以及地方保护主义思想的影响，城乡劳动者养老保险关系转移接续还不是很通畅，造成了养老保险制度“大碎片”和“小碎片”交杂的局面[①]。目前，内蒙古养老保险制度形成了多种类型并存且在各地的“做法”多样、发展失衡的局面。虽然有些已根据需要实现了并轨运行，但短期内难以整合，表现出明显的地域性（零星化）、封闭性（碎片化）、过渡性（不可持续化）特征，影响社会保障城乡统筹发展。例如，社会保障管理成本提升、城乡居民养老保险待遇差距巨大、统筹层次低、保值增值困难、部分人员尚未被制度覆盖，这些问题不仅影响社会保障全民覆盖目标的实现进程，而且会阻滞内蒙古经济社会的快速发展。因此，改变城乡养老保险的“碎片化”发展格局，消除二元结构下养老保险待遇城乡有别的体制障碍，是加快建设城乡统筹社会养老保险制度的当务之急和必然趋势。

二、统筹城乡社会养老保险有利于应对人口老龄化背景下农村牧区养老危机

中国已于2000年进入了人口老龄化国家的行列，据相关部门预计，到2051年65岁及以上的老年人口占总人口的比例将达到31%的峰值，其中80岁及以上高龄老人占老年总人口的比重将保持在25%～30%，而且在2040年以前农村老龄化水平总体高于城镇1.24个百分点，届时中国将进入重度老龄化和高龄化时期[②]。老龄化进程的加速推进和城乡之间、地域之间人口流动速率的加快，给“未富先老”的中国养老保险制度带来了巨大压力。由于农村的老龄化程度远大于城市，而传统家庭养老模式受到城镇化进程和计划生育政策的严重冲击，家庭保障功能的持续弱化与农村养老保障体系残缺的现象并存，使得农村家庭的养老风险不断加大。截至2011年10月，内蒙古101个旗县区中有61个已成为国家新农保的试点，全区1160余万农村牧区人口

---

① 王晓东．社会养老保险制度城乡统筹的路径研究——以内蒙古为例［J］．电子科技大学学报（社科版），2012，14（2）．

② 全国老龄工作委员会办公室．中国人口老龄化发展趋势预测研究报告［EB/OL］．［2007-12-27］．http://www.cncaprc. gov.cn/ info/1408.htm.

中参加新农保的人数有 301.87 万人，享受新农保待遇人数仅为 64.8 万人[①]，这表明仍有大量的农村牧区人口未被覆盖到现有的养老保险制度之中，牧业旗县、边境旗县、革命老区旗县的农村牧区居民养老问题更是危机重重。统筹城乡社会养老保险制度是应对农村牧区养老危机的客观需要和必然要求，旨在通过相应的制度安排来填补制度漏洞，解决养老保险制度的全民覆盖问题，在让农村牧区居民享有基本养老保障服务的基础上，不断缩小城乡间、地域间和群体间的养老保险水平差距，以解除农村牧区居民养老的后顾之忧。

三、统筹城乡社会养老保险有利于缩小城乡社会保障发展差距

长期以来，城乡社会保障的二元化发展道路使城乡社会保障制度缺乏统一性和规范性，养老保险制度的非对称性发展问题尤为严重。“城有乡无、城高乡低”的养老保险制度不但不能保证养老保障权益的全民公平共享，反而因自身发展失衡加大了城乡间社会保障水平的差距。为解决城乡发展不平衡这一长期存在的问题，党的十六大确立了统筹城乡发展的基本战略，其中一项重要举措就是要统筹城乡社会保障发展，并于 2009 年和 2011 年相继在全国范围内启动“新型农村社会养老保险”和“城镇居民养老保险”的试点工作。近年来，内蒙古经济社会发展速度较快，城乡社会养老保险制度建设也备受政府重视且发展势头良好，但因基础薄弱和受区位因素的限制，城乡发展差距较大、农村牧区贫困发生率较高和经济欠发达依然是不可回避的现实区情，在积极推进新型农村牧区社会养老保险试点的过程中，“低水平起步”的实施原则使新农保的保障水平与城市居民的养老保险水平相比还存在不小的差距，这一方面是基于新农保制度“可持续性”考虑的结果，但更多折射出城乡经济社会发展水平差距难以在短期内消除的现实。统筹城乡社会养老保险制度就是通过把城市居民和农村居民的养老保险作为一个整体来进行统筹规划，均衡公共财政资源的城乡配置，实现养老保障公共服务的城乡均等化，加快推动社会保障制度城乡一体化建设，这是缩小城乡社会保障发展差距的内在需要和现实选择。

---

① 新华社内蒙古分社 . 内蒙古 61 个旗县区成为国家新农保试点［EB/OL］.［2011-11-06］. http://www.nmg.gov. cn/nmdt/ ArticleContent.aspx?id=98265&ClassId=170.

第三节　养老保障城乡统筹的国际经验借鉴

农村养老保障制度比城镇发展缓慢，直到 20 世纪 50 年代才在欧洲大陆现身，目前，全球有 170 多个国家和地区实行养老保险，但是只有 70 多个国家和地区覆盖到农村人口。这 70 多个国家的经济社会条件，历史文化各不相同，城乡养老保障在覆盖对象、待遇水平、资金来源及运行模式等方面呈现出多样化特点，形成了分立型、统一型和统分结合型三种统筹发展模式。[①]

分立型统筹模式依据城乡居民不同特点，设立不同类型的养老保障制度，如德国、法国；统一型是将城市居民的养老保障制度直接延伸到农村，建立覆盖城乡居民统一的养老保障制度，如美国、英国、澳大利亚；统分结合型是指基本养老保险实行全国统一，与职业关联部分则保留一定的差异，如日本、加拿大。考察这些国家养老保障城乡统筹发展实践，总结养老保障城乡统筹发展的基本规律，对中国统筹城乡养老保障发展具有重要意义。

一、典型国家养老保障城乡统筹发展的实践

（一）德国养老保障城乡统筹发展实践

德国是世界上最早建立养老保险制度的国家。1889 年，德国颁布了第一部老年社会保险法，适用于包括农业和家庭服务业在内的大多数行业工资劳动者，以及年收入不超过 2000 马克的白领雇员。1912 年，又将适用范围扩大到所有领取薪金的工作者，但不包括农民。直到 20 世纪 50 年代，德国（西德）农场主及其共同劳作的家属主要依靠自愿购买的商业养老保险解决养老问题，而当时只有 33% 的农场主和 16% 的共同劳作家属购买了商业养老保险。为了解决农民养老问题，1957 年 7 月联邦德国出台了《农民老年扶助法案》，建立起专门覆盖农民的养老保障制度。

① 涂玉华．城乡统筹背景下的中国养老保障制度发展问题研究［M］．成都：西南财经大学出版社，2014：172.

1. 德国农民养老保障制度的主要内容

（1）覆盖范围

德国农民养老保障主要覆盖以下人群：一是农业企业主，起初只包括从事农牧业生产和经营的农场主，后来扩大到淡水养鱼业业主；二是农民的配偶，指拥有同等经营权的丈夫或妻子；三是在农业企业与农民从事共同劳动的成员和他们的配偶。共同家庭成员包括：三代以内的血亲，两代以内的嫡亲以及与农业企业主或者其配偶长期保持类似家庭关系并且被农业企业主或其配偶视为家庭成员的保姆。

（2）资金来源

德国农民养老保障资金来源于个人缴费和国家补贴。农场主本人及共同劳作家庭成员的缴费均由农场主负担，其中农场主本人全额缴纳养老保险费，共同劳作家庭成员的保险费减半征收。无论经营农场规模的大小以及收入状况，所有的参保人缴纳相同的保险费。1957 年，德国农民养老保险缴费标准为每人每月 10 马克，到 2001 年，养老保险缴费标准为每人每月 346 马克。到 2002 年，每人每月缴费标准为 400 欧元。德国政府对参保人缴费不给予补贴，只对农村养老保险基金承担兜底责任，即政府在农民养老保险基金出险财政赤字时给予补贴。随着德国农民养老保险制度逐渐走向成熟，制度赡养率不断提高，参保人缴费已远远不能支付养老金支出，政府补贴已成为养老保险基金的主要来源。

1989 年，德国农民养老金的预算支出为 39.58 亿马克，其中 69% 来自政府补贴，个人缴费占 31%。2013 年，农民养老保险基金收入为 29.19 亿欧元，其中来自联邦政府的资金为 22.60 亿欧元，占基金收入的 77.42%。具体如表 5–1 所示。

表 5–1　德国农民养老基金来源

Table 5–1　Sources of German Farmers Pension Fund

年份	农民养老保险基金收入来源（亿欧元）			政府资助占总收入比重（%）
	基金收入规模	参保人缴费规模	政府资助规模	
2008	30.74	7.09	23.45	76.28
2009	30.49	6.86	23.43	76.84
2010	30.06	6.79	23.07	76.75

续表

年份	农民养老保险基金收入来源（亿欧元）			政府资助占总收入比重（%）
	基金收入规模	参保人缴费规模	政府资助规模	
2011	29.77	6.83	22.73	76.35
2012	29.63	6.77	22.67	76.51
2013	29.19	6.42	22.60	77.42

资料来源：数据来自《Statistisches Jahrbuch（2011）》，表格转引自涂玉华《城乡统筹背景下的中国养老保障制度发展问题研究》一书[①]。

（3）领取资格和待遇

为了防止农民到了退休年龄之后也不愿意放弃农场，德国农民养老保险将参保人经营的农场转移（Agriculture Undertaking）给继承人作为领取养老金的先决条件。参保人满足缴费满 15 年，年满 65 周岁且转让了农场经营权三个条件后，才有资格领取养老金。农民养老金由于实行等额缴费制，因此参保人领取养老金的数量与收入无关，只与缴费年限有关。参保人缴费年限超过 15 年，每超过一年，年养老金增加 3%。2013 年，德国农民每月养老金平均水平为 402 欧元，见表 5–2。

表 5–2　德国农民养老保险概括

Table 5–2　Summary of German Farmers' Pension Insurance

年份	参保人数（万人）	收益人数（万人）		月养老金水平（欧元）
		领取养老金总数	领取退休养老金人数	
2008	30.15	62.31	31.60	422
2009	29.15	62.77	32.33	414
2010	28.14	62.89	32.62	407
2011	27.23	62.73	32.67	404
2012	26.47	62.41	32.56	403
2013	25.73	61.81	32.16	402

注：农民养老金收益人数（领取养老金总数）包括退休、残障以及鳏寡收益人员；退休人员养老金水平是指退休人员支付的养老金水平。

资料来源：转引自涂玉华《城乡统筹背景下的中国养老保障制度发展问题研究》一书[②]。

① 涂玉华．城乡统筹背景下的中国养老保障制度发展问题研究［M］．成都：西南财经大学出版社，2014：174.

② 涂玉华．城乡统筹背景下的中国养老保障制度发展问题研究［M］．成都：西南财经大学出版社，2014：175.

2. 德国法定养老保险（Statutory Pension Insurance）

德国覆盖工人、职员的法定养老保险始于1889年立法，现行的立法颁布于1973年。德国农民和工人养老保险制度均采取现收现付的筹资模式，除此之外，覆盖对象、资金来源、受益资格以及待遇水平等方面均存在明显的差别，呈现出二元分割的特征。覆盖对象方面，农民养老保险覆盖对象是农场主及其配偶和共同生活家庭成员；在农场中的雇员、个体经营者以及私营部门的雇员则参加法定养老保险，法定养老保险覆盖人群广。资金来源方面，法定养老保险资金来源于雇主和雇员缴费，雇主和雇员缴费与本人收入相关，缴费比例为缴费工资基数的19.9%；农村养老保险资金主要来源于政府补贴，参保人无论收入高低，均缴纳等额的养老保险费。政府补贴力度方面，法定养老保险所需资金约有23%来自政府补贴，农民养老保险所需资金的70%来自政府补贴。养老金待遇水平也不统一，法定养老保险待遇水平与收入相关联，农村养老保险待遇水平则与收入无关。收益资格方面，法定养老保险年满65周岁，缴费满15年即可领取养老金；农民养老保险除了满足上述两个条件，还必须转让农场经营权才有资格领取养老金。

（二）日本养老保障城乡统筹发展实践

1. 日本城乡养老保障制度基本框架

第二次世界大战前，日本就已经建立了与收入相关联的覆盖公共部门和私营部门雇员的养老金制度。1875年和1884年，日本分别建立了覆盖军职人员和文职人员的养老金制度，并于1923年将上述两种类型的养老金制度整合成为公共部门养老金制度。1942年，日本建立了覆盖私营部门蓝领工人的厚生年金制度（Employee Pension Insurance），随后在1944年将覆盖范围扩大到所有雇工人数在5人以上的私营企业。从业人员不满5人的小企业、个体经营户以及农民被排除在养老保障制度之外。到1955年为止，全国有3000多万自营就业者和农民居民没有被纳入相应的社会保障制度。第二次世界大战结束以后，随着日本城市化的发展和人口老龄化，农民、个体经营者等未被厚生年金覆盖人群的养老保障问题日益凸显，引起了社会的普遍关注。20世纪50年代初，政府开始酝酿建立全民年金的可能性。经过长期的论证和考察，1959年，日本颁布了《国民年金法》（1961年4月实施），将未被厚生年金覆盖的农民、个体经营者等人群强制纳入养老保险，实现了“国民皆年金”

的目标。

2. 国民年金制度（National Pension）

1959 年，日本颁布《国民年金法》时，国民年金仅仅覆盖农民、个体经营者以及官员人数在 5 人以下的小企业员工。1985 年，日本对《国民年金法》进行改革，将覆盖范围扩大至全体国民，形成普惠制的基础养老金制度，见表 5-3。

表 5-3　日本公共养老金基本结构

Table 5-3　Basic Structure of Japanese Public Pensions

工作性质	类型	人员构成	第一层次	收入相关联第二层次
非稳定就业	No.1	农民	国民年金	农业者年金；国民年金基金
		个体户		国民年金基金
	No.3	No.2 配偶		
稳定就业	No.2	私营部门雇员		厚生年金
		公共部门雇员		互助年金

（1）覆盖范围

现行的国民年金制度作为基础性养老金，覆盖日本全体国民。国民年金制度依据职业特征将全体国民分为三类：第一号参保人（No.1 insuranced）是 20～60 周岁的农民、个体经营者、小企业的员工以及适龄学生；第二号参保人（No.2 insuranced）是厚生年金参保人（私营部门员工）和互助统筹基金参保人（公共部门员工）；如果第二号参保人配偶没有工作（即年薪低于 130 万日元），则成为第三号参保人（No.3 insuranced）。

（2）资金来源

基础养老金的资金来源于政府补贴和个人缴费。2009 年以前，基础养老金支出的 1/3 来自政府补贴；2009 年之后，基础养老金支出的 1/2 由政府补贴。余下部分由个人缴费形成基金支付。日本公共养老金遵循统一性与差别性相结合的原则，所有国民年金的参保者领取基础养老金的标准相同，但补贴类型参保人缴费标准不同。其中，第一号参保人缴费标准与收入无关，不管收入高低，采取等额缴费标准。第二号参保人缴费标准与收入相关联，2009 年厚生年金缴费标准为个人工资的 15.704%，每年增长 0.354%，到 2017 年，缴费标准达到 18.30%。第三号参保人如果其配偶加入厚生年金，则其本人不需要缴费。

（3）养老金待遇领取

参保人加入国民年金满 25 年且年满 65 周岁，都可以领取统一的与收入不相关联的基础养老金。2009 年，参保 40 年且每年足额缴费的参保人退休后每月领取的基础养老金为 67000 日元。由于参保人缴费时间长短不同，从全国范围来看，日本 60 岁以上的老人中有 96% 的能够领取基础养老金，每月养老金水平为 52500 日元。

3. 农民年金（Famers Pension）

（1）覆盖范围

为了保障农民的晚年生活，促进农地经营权的转让，防止农村财产继承时土地细分，提高农村土地经营规模化水平和农业经营者的年轻化，1970 年，日本制定的《农民年金法》（1971 年 1 月起开始实施）规定拥有 7.5 亩（1 亩≈ 666.67 平方米，全书同）以上农田的农业经营者必须加入；拥有农田 5 亩以上，7.5 亩以下的，且年农业劳动时间达 700 个小时以上的农业经营者自愿加入；上述两类参保人员的直系家属，且从事农业时间合计满 3 年以上者也要加入。2001 年，日本政府改革了农民年金，取消了对土地经营权的要求，也不再对经营土地规模设置具体限制，只要年龄在 20～60 岁的一号参保人（不包括免缴费用的一号参保人），且年从事农业的天数达到 60 天以上的，均可加入农民年金。

（2）资金来源

农民年金的资金来源于个人缴费和政府补贴。农民可按 1000 日元为一个单位在月金额 2 万～6.7 万日元范围内自由选择缴费档次。该养老保险基金的缴费分为普通保险费和附加保险费。除个人缴费外，日本政府对农民年金给予补贴，对农业经营权转让者，政府补贴为年金额的 1/2。对参保年限有望超过 20 年（1947 年 1 月 2 日出生）且全年农业收入低于 900 万日元的农民按其缴费额的 20%～30% 给予补贴。其中，对 35 岁以下的补贴 30%～50%，35 岁以上的补贴 20%～30%。对农民年金的补贴全部来自中央财政。

（3）待遇领取

参保人缴费满 20 年且将自己名义下的土地所有权全部转移给直系亲属或者配偶，或在保留一定规模以内的自留地前提下转让给农业年金的参保人后，在其年满 60 周岁后，可以领取经营转让年金（2001 年，经营转让年金调整为附件年金）。当年满65周岁后，由于参保人能够领取国民年金，因而农民年金不再支付全额经营转让年金，而是支付经营转让年金的1/10，同时开始发放农民老年年金。农民年金的水平取决于个人缴费额、参保年限以及农民养老基金的投资回报率。

4. 国民年金基金（National Pension Fund）

日本政府为了向第一号参保人提供高层次的养老保障，缩小一号参保人和二号参保人之间的养老金水平差距，1991年引入了国民年金基金。国民年金基金坚持自愿原则，凡20～60周岁的一号参保人均可自愿加入国民年金基金，但免缴国民年金保险费及“农民年金”参保者除外。参保人在缴纳“附加保险费”后，在其65周岁以后，不仅可以获得基础养老金，还可以获得附加国民年金基金。国民年金基金既可以由道府郡县（Prefecture）地方政府举办，也可以采取行业统筹的形式举办。由于国民年金基金缴费和给付没有统一的标准，因此，各个国民年金基金的缴费标准和给付标准各不相同。

5. 厚生年金和互助年金

日本政府将国民年金制度改造为覆盖全民的大普惠制基础养老金制度，使农民、个体经营者、私营部门以及公共部门的员工的基础养老金实现了统一。在统一的基础养老金上，日本依据工作性质的不同，在养老金第二层次方面设置了不同的养老金组合。农民和个体户主要参加农民年金或者国民年金基金，二号参保人中私营部门和公共部门职员分别参加厚生年金和互助年金。其中，互助年金包括国家雇员互助养老金计划（National Government Employees' Mutual Aid Association）、地方政府互助养老金计划（Local Government Employees' Mutual Aid Association）、私立学校教师和雇员互助养老金计划（Private School Teachers' and Employees' Mutual Aid Association）。厚生年金和互助年金是国民年金的补充部分。厚生年金和互助年金由雇主和雇员各负担50%。其中厚生年金缴费标准为工资的15.507%。中央和地方政府雇员缴费标准为工资的15.154%，私立学校雇员缴费标准为12.584%。厚生年金和互助年金均与个人收入相关联，参保人收入越高，缴费时间越长，其获得的养老金待遇也越高。

（三）美国养老保障城乡统筹实践

美国覆盖城乡的公共养老保障计划主要由老年、遗嘱以及残障保险和补充收入保障计划组成。

1. 老年、遗嘱以及残障保险（Old-Age，Survivors and Disability Insurance，OASDI）

（1）覆盖范围

20 世纪 30 年代大危机造成的灾难性后果，使人们认识到只有政府才能担负起稳定经济和保障生活的重任。在“罗斯福新政”的影响下，1935 年美国颁布了《社会保障法》。该法在起草之初，试图将所有工薪阶层，包括农业劳动者也覆盖在内，但由于农场主，特别是南方农场主的坚决反对，1935 年《社会保障法》只覆盖了工业和商业领域的从业人员，并未覆盖农业部门的从业人员。1950 年《社会保障法》修正案将 OASDI 的强制覆盖范围扩大到除农场主以外的年净收入在 400 美元以上的自雇人士、定期受雇的农业工人、定期受雇的家庭佣工（Regularly Employed Farm and Domestic Workers）。覆盖面扩大后，新增参保农业工人和家庭佣工在 400 万人左右。1954 年《社会保障法》修正案将自营农场主（Farm Self-Employed）纳入 OASDI 覆盖范围，约有 360 万自营农场主被纳入。由此，美国通过扩面的方式建立了城乡一体化的社会保障制度。目前，OASDI 除了一部分收入达不到最低要求的自营农场主、家庭佣工及农业工人等未被覆盖，养老保障基本实现了对工薪阶层的全覆盖。2010 年，美国 OASDI 基本实现了全覆盖，覆盖面高达 93%。OASDI 资金来源于雇主、雇员和自营者缴纳的工资税。工资税以事前规定的不超过最高应税收入作为缴费基础。同时，雇主也按相同的比例缴纳保险税。

1935 年，社会保障建立之初，缴费水平很低，雇主和雇员分别按照缴费工资的 1.0% 缴费。从 1990 年开始，OASDI 缴费水平从 1935 年的 1.0% 提高到 7.65%。参保人最高纳税收入基数每年根据经济发展水平和生活费用指数进行调整。2010 年，最高应税收入为 106800 美元。农民按照自雇者的标准缴费。

（2）待遇领取

参保人领取养老金需要满足一定的条件，参保人从 21 岁起至 62 岁止，每个年度至少缴纳一个季度的保险费，最高限额为 40 个季度。参保人达到法定退休年龄 62 岁时，就开始领取养老金。养老金水平取决于本人缴费工资、缴费年限以及退休年龄。按照目前的标准（2011 年 11 月），参保人退休时每月领取的养老金水平为 1185 美元。

2. 补充收入保障计划（Supplemental Security Income，SSI）

美国对一些临时雇佣的农场主、家庭内部劳动者和年收入低于规定标准的个体经营者，设立了一种补充收入保障制度。补充收入保障计划是一项选择性的养老金制度安排，参保人养老金水平达不到一定的标准时，可申请加入补充收入保障计划，以维持基本生存。

二、养老保障城乡统筹发展的国际经验

（一）逐步推进养老保障城乡统筹发展

从西方国家养老保障城乡统筹发展的经验看，养老保障制度的发展，农村滞后于城市是各国养老保障城乡统筹发展的基本规律。例如，德国 1889 年就建立了针对雇员的养老保险制度，但直到 1957 年才建立了覆盖农民的养老保险制度，中间相差 106 年。日本 1941 年建立了覆盖雇员的厚生年金，1959 年实现“国民皆年金”的目标，中间相差 18 年。即使像英国这样的老牌福利国家，养老保障实现城乡全覆盖也经历了很长时间，英国 1908 年就建立了覆盖雇员的养老保险制度，1946 年以后才建立全民统一的养老保险制度，间隔 38 年。

从城乡统筹发展的时机看，养老保障城乡统筹一般是在工业化发展到中后期，即工业化发展到靠自身积累，且其剩余开始反哺农业的时期。除美国外，英国、德国、日本以及法国养老保障覆盖城乡的时间与以工补农的时点基本接近。当前，中国已经进入工业反哺农业的阶段，养老保障城乡统筹发展既符合历史规律，也是中国经济社会发展的必然要求。

（二）养老保障城乡统筹发展是政府农业政策选择中的重要因素

从发达国家养老保障城乡统筹发展的历史看，政府往往将农村养老保障政策与政府土地政策进行“捆绑”，把养老保障政策作为推进农业土地集约化经营的工具，因而农村养老保障政策往往成为农业政策的一部分。1971 年，日本政府在《农民年金法》中鼓励农民离开土地，并对土地经营权转让后丧失生活来源的农民给予补助。20 世纪 90 年代以后，日本农业人口急剧下降，农村人口老龄化程度十分严重，日本农业政策从鼓励“离农”到“返农”转

变，相应的养老金政策也随之调整，取消了离农年金。德国为了实现农场所有者和经营者年轻化，将土地经营权转让给继承人作为农民领取养老金的前提条件。

（三）养老保障城乡统筹发展必须发挥政府的主导作用

从养老保障城乡统筹发展的国际经验来看，城乡养老保障制度的发展，尤其是农村养老保障制度的普及，必须发挥政府的主导作用。政府除了要搭建城乡养老保障制度的框架，还要充分利用转移支付机制，对低收入人群给予必要的补贴。与城镇职工相比，农民收入水平较低，缴费能力有限，政府补贴是养老保障覆盖城乡的基本条件。例如，德国政府每年对农民养老保险的补贴比例超过 70%，日本政府负担基础养老金的 50%。

（四）尊重客观存在的城乡差距，实行城乡有差别的统一

从西方发达国家养老保障城乡统筹的经验看，除了个别国家（美国），养老保障城乡统筹坚持有差别的统一原则，即农民依据职业特点参加同一类型的养老保障制度，以体现统一性；与此同时，不同职业身份往往设置了不同的养老保障计划，体现出制度的多元化和差别性。但多元化的制度安排多数是根据农民的职业特点，而不是像中国以户籍身份作为农民参加养老保障的依据。西方发达国家养老保障一般依据农民是否经营土地，将农民分为农业工薪人员和农业经营者。其中，农业工薪人员与其他行业职工被同等对待，一般参加雇员养老保险；农民养老保障计划覆盖对象仅限于实际从事农业生产的农业经营者，如德国和日本的农民养老保障计划。

西方发达国家不仅在养老保障制度模式上存在一定的差别，而且因城乡发展的客观差距，城乡养老保障水平也不完全统一，体现了城乡收入和消费水平的差异性。德国农民养老金水平约为城镇职工的 60%；日本农民养老金约为城镇职工的 70%。

中国正处在从农业社会向工业社会转型的阶段，农民分化速度很快，农村养老保障制度的改革和发展既要坚持统一性原则，尽可能使不同群体的养老保障制度适度集中，避免制度的碎片化；也要体现差别性，以便养老保障能够适应不同群体的特点，满足他们多样化的需求。

（五）养老保障城乡统筹发展模式多样化

无论是发展中国家还是发达国家，各国经济发展水平、文化背景以及政

治环境不同，养老保障城乡统筹发展并没有统一的模式。从经济合作与发展组织25个成员的养老保障城乡发展情况来看，美国、韩国、荷兰、瑞士、西班牙等13个国家实行城乡统一的制度；德国、法国、奥地利以及希腊等7个国家对城乡居民分别采用不同的制度向城乡居民人人享有基本保障的目标努力；日本、丹麦、瑞典以及加拿大等5个国家实行统分结合的制度。经济落后的发展中国家养老保障城乡统筹也没有统一固定的模式，如菲律宾和马来西亚等国实行城乡统一缴费性养老金制度，而南非城乡均采取缴费性的养老金制度。

第四节　养老保障城乡统筹的国内经验总结

一、北京市社会养老保障制度城乡统筹实践

（一）北京市社会养老保障制度城乡统筹制度安排

早在2008年北京市就建立了新型农村社会养老保险制度，农民人均养老金水平由2007年的100元左右提高到400元左右，大大调动了农民参保的积极性，到2008年底，参保率由36.6%提高到85%。2009年2月1日，北京市发布了《北京市城乡居民养老保险办法实施细则》，对城镇职工基本养老保险、新型农村社会养老保险和老年保障制度等多项养老保险制度进行了整合，规定城乡居民自2009年4月1日起可办理城乡统一的居民养老保险参保缴费手续，从此实现了养老保险缴费、待遇等5个标准上的城乡一致，率先进行了养老保障制度城乡统筹实践，实现了养老保障制度城乡全覆盖，基本形成了针对城乡劳动者和城乡居民两大养老保障体系。

按照《北京市城乡居民养老保险办法实施细则》规定，北京市城乡居民养老保险实行个人账户养老金与基础养老金相结合的给付结构，个人缴费、集体补助与政府补贴相结合的制度模式，个人账户资金由个人缴费、集体补助、其他收入及利息几部分组成，基础养老金在参保人领取待遇时由政府财政性资金予以补助，补助标准为每人每月280元，这一标准位于全国较高水平。除了这两部分基金，还有调剂金，它是由超过应计入个人账户信息以

外的增值结余和参保人死亡无继承人时支付丧葬费后的余额等资金构成。[①]北京市是最先进行养老保险城乡统筹建设的典型地区，有很多创新思路可供借鉴。

1. 城乡居民养老保险的缴费标准

养老保险实现按年缴费的方式，每年的缴费时间为4月1日至12月10日。当年达到领取年龄条件的参保人员，在缴费时间内缴纳当年保险费的，从达到领取年龄的次月享受城乡居民养老保险待遇。最低缴费标准为上一年度农村居民人均纯收入的9%；最高缴费标准为上一年度城镇居民人均可支配收入的30%。北京市劳动保障行政部门根据市统计部门公布的本市上一年度农村居民人均纯收入和本市上一年度城镇居民人均可支配收入，在每年3月31日前发布最低缴费标准和最高缴费标准。参保人员达到领取年龄时，不符合按月领取养老金待遇条件的，需要继续按年缴纳保险费的（以下简称“延期缴费”），缴费标准不低于本市上一年度农村居民人均纯收入的9%。

2. 城乡居民养老保险的领取条件

参保人员符合下列条件之一的，男年满60周岁、女年满55周岁的次月起，按月享受城乡居民养老保险待遇：《城乡居民养老保险办法》施行之日；累计缴费年限满15年或《城乡居民养老保险办法》施行之日；男已年满45周岁、女已年满40周岁的人员（不含本办法施行之后由外埠迁入本市户籍的人员），每年按照规定的缴费标准不间断缴费的。《城乡居民养老保险办法》施行之后，外埠迁入本市户籍的人员，男年满60周岁、女年满55周岁时缴费年限不满15年的，按照上一年度最低缴费标准，一次性补足差额年限保险费。参保人员达到领取年龄时缴费年限不符合本条第一款第1、2项规定的，本人自愿，可以延期缴费，最长延期缴费5年，在延长缴费期限内达到规定的，延长缴费5年累计缴费年限仍不符合本条第二款规定的，按照不低于上一年度最低缴费标准，一次性补足差额年限保险费。

3. 城乡居民养老保险的待遇标准

养老保险待遇由个人账户养老金和基础养老金组成。个人账户养老金的

① 北京市城乡居民养老保险办法实施细则［EB/OL］.［2009-02-21］. http://www.chinaacc.com/new/63_74_/2009_2_10_wa84032920541012900210585.shtml.

领取标准实行分段计算，2004 年 7 月 1 日前参加农村社会养老保险的人员，在 2008 年 1 月 1 日前缴纳的保险费按 8.8% 的计发系数确定个人账户养老金标准；2004 年 7 月 1 日之后参加农村社会养老保险的人员，在 2008 年 1 月 1 日前缴纳的保险费按 5% 的计发系数确定个人账户养老金标准；2008 年缴纳的新型农村社会养老保险费和参保人员缴纳的城乡居民养老保险费，按照国家规定的基本养老保险个人账户计发月数确定个人账户养老金标准。基础养老金是在参保人领取待遇时由政府补助的财政性资金构成，标准全市统一，为每人 280 元 / 月。发放基础养老金所需资金由区（县）财政负担，并列入财政预算。

（二）政策效果及经验

北京市的社会保障体系建设走在了全国前列，并且率先在全国进行了社会养老保障制度城乡统筹实践。北京市城乡居民养老保险制度统筹的思路是打破“城”与“乡”的分别，而分为“职工”和“居民”两条线，前者指有工作的人员，后者指无业人员，建立了城乡居民养老保险制度。这一制度建立之后，可以将城镇职工基本养老保险制度、老年保障制度、机关事业单位退休制度以外的所有城乡居民，都统一纳入城乡居民养老保险制度中，实现城乡养老保障制度的一体化。截至 2010 年底，北京市提前 3 年实现了城乡居民社会养老保障体系全覆盖的目标，建立了包括职工基本养老保险、城乡居民社会养老保险、城乡无保障老年人福利养老金制度和机关事业单位退休金制度在内的四位一体的养老保障体系，其中城乡居民社会养老保险参保人数达到 168.5 万人（城镇居民 9.2 万人，农村居民 159.3 万人），17.7 万城乡居民领取了养老金（城镇居民 0.9 万人，农村居民 16.8 万人），61.3 万人享受了福利养老金。从 2011 年开始，逐步将城乡居民社会养老保险基金从区县级统筹过度为市级统筹，2012 年城乡居民社会养老保险实现从制度全覆盖到人群全覆盖的目标。

北京市建立的城乡居民养老保险制度，为全国建立新型农村养老保险制度做出了重大贡献，其中有三方面经验值得借鉴：首先，北京市在推动城乡居民养老保险制度过程中逐步建立了一套较为完善的管理体系；其次，制定了业务管理规程、基金财务管理办法和会计核算办法等管理制度，使养老保险工作有章可循；最后，建立了方便、快捷、准确的信息系统，对农民“服务一生、记录一生、保障一生”起到了非常好的作用。此外，北京市在推动城乡居民养老保险制度过程中体现出的最大特色是普惠制和公平制，同时加大了财政投入，缩小了城乡差距，这些都走在了全国前列，也是全国今后推行新型农村社会养老保险工作的一个方向。

二、成都市社会养老保障制度城乡统筹实践

（一）成都市社会养老保障制度城乡统筹的制度安排

成都市农村社会养老保险最早开始于20世纪90年代初。按民政部《农村社会养老保险基本方案》建立的“老农保”制度，属于储蓄性保险，覆盖面小、共济性差、保障水平低，不能从根本上解决农民的养老保险问题。2003年开始，成都市启动了城乡社会养老保险制度统筹发展之旅，经历了分别建立与完善城镇职工养老保险制度与各类农民保险制度、建立城乡统筹的养老保险制度等几个阶段。2010年4月1日，成都市正式实施了《成都市城乡居民养老保险实行办法》，建立了覆盖全市城乡居民的养老保险制度。成都市坚持“保基本、全覆盖、有弹性、可持续”的发展理念，坚持权利与义务相对应、保障水平与经济社会发展水平相适应的基本原则，实行社会统筹与个人账户相结合的制度模式。2011年，成都市按照“制度构架城乡统筹、待遇标准城乡衔接、机构设置城乡统一、经办操作城乡一致”的思路，进行了双元化养老保障体系制度创新，构建了城乡居民共创共享的养老保障制度。

成都市现已建立起分由城镇职工基本养老和城乡居民基本养老两大支柱构成、缴费和待遇标准多层次、保险关系城乡之间无障碍对接的双元化养老保险体系。①

1. 缴费标准

成都市城乡居民养老保险中农村居民与城镇居民实行不同的缴费标准。②农村居民的缴费标准为：第一，年满60周岁及以上的参保人，在区（县）政府设定的5个缴费档次中任选一档作为缴费基数，按12%的费率一次性缴

① 尹音频．西部民族地区养老保险城乡统筹发展研究［M］．呼和浩特：内蒙古大学出版社，2013（4）．

② 王晓东．西部民族地区养老保险城乡统筹发展研究［M］．呼和浩特：内蒙古大学出版社，2014：193.

纳 15 年养老保险费。5 个缴费档次分别为上一年度全省在岗职工平均工资的 10%、20%、30%、40%、50%，具体缴费金额由市劳动保障局、市财政局每年年初定期公布。第二，国务院确定的新型农村社会养老保险试点地区中，年满 60 周岁及以上年龄的农村居民，其子女参保缴费后，本人可不缴费，享受省政府规定标准的新型农村社会养老保险基础养老金。第三，16 周岁及以上、60 周岁以下的参保人，在区（县）政府设定的 5 个缴费档次中选择一档作为缴费基数，按 10% 的费率按年或按月缴纳养老保险费。

城镇职工基本养老保险制度覆盖范围之外的城镇居民的缴费标准为：第一，年满 60 周岁及以上的参保人，按上一年度全省在岗职工平均工资的 40% 或 50% 为缴费基数，按 12% 的费率一次性缴纳 15 年养老保险费。具体缴费标准由市劳动保障局、市财政局每年初期定期公布。第二，16 周岁及以上、60 周岁以下的参保人，按上一年度全省在岗职工平均工资的 40% 或 50% 为缴费基数，按 12% 的费率按年或按月缴纳养老保险费。每年具体缴费金额由市劳动保障局、市财政局年初定期公布。

2. 养老保障关系转移办法

《成都市城乡居民养老保险试行办法》规定城乡居民养老保险转移到城镇职工养老保险时，个人账户和统筹基金全额转移，缴费工资基数、缴费年限分别换算为城镇职工基本养老保险缴费基数和缴费年限；城镇职工基本养老保险转移到城乡居民养老保险时，个人账户和统筹基金全额转移，缴费工资基数和缴费年限分别转换为居民养老保险缴费基数和缴费年限；农村居民因土地被依法征用并参加城镇职工基本养老保险后，未享受城乡居民养老保险待遇的，社会保险经办机构将其个人缴纳的城乡居民养老保险费（含个人账户资金）全额划转到城镇职工基本养老保险，已享受城乡居民养老保险待遇的，社会保险经办机构将其个人缴纳的城乡居民养老保险费扣除已领取的养老金后的余额，一次性支付给本人；参保人养老保险关系转移到本市行政区域外的，按省有关规定执行。①

① 成都市城乡居民养老保险实现办法［EB/OL］.［2010–01–07］. http://cd.qq.com/a/20100107/003289.htm.

（二）成都市城乡统筹双元对接养老保障制度的特点

1. 参保范围的全覆盖

成都市城乡统筹双元养老保障制度实现了对城乡所有适龄参保群体的全覆盖，在制度规定上确立了每个适龄人员享受养老保障的权利。

2. 账户结构的对接性

国家新农保与城居保采取个人账户完全积累的方式，不建统筹基金，相对城镇职工基本养老保险制度独立运行；而成都市的城乡养老保险实行社会统筹与个人账户相结合的模式，在相对独立运行的基础上实现与城镇职工基本养老保险制度的对接。

3. 缴费标准的多元化

成都市遵守一般性和特殊性相结合的原则，在缴费基数统一为职工工资基数的条件下，根据不同群体的特殊性，实施缴费档次和费率的多元性。

城镇职工基本养老保险按参保范围的不同群体做了细分：①企业参保人员。企业按全部职工缴费工资总和作为缴费基数，缴费率为20%；职工个人按本人上月工资作为缴费基数，缴费率为8%。②个体参保人员按上一年四川省在岗职工月平均工资作为缴费基数，缴费率为20%。③城镇个体工商户按其雇工缴费基数的12%缴费，雇工个人按本人缴费基数的8%缴纳养老保险费。

在缴费标准制度方面，有别于国家新农保与城居保多档定额缴费制度，成都市城乡居民养老保险实行多档定率缴费制度：①农民按上年全省在岗职工平均工资的10%、20%、30%、40%、50%为基数，以10%的费率，自行选择交纳。②城镇居民按上一年度全省在岗职工平均工资的40%或50%为缴费基数，以12%费率，按年或按月缴纳养老保险费。通常情况下，全省在岗职工平均工资额是逐年上涨的，因此，相对于定额缴费制度，定率缴费制度更具有累进性与弹性。

4. 地方政府补贴的激励性

在政府补贴方面，国家新农保与城居保采取定额财政补贴方式，而成都市城乡居民养老保险则是采取定额与定率相结合的财政补贴方式：对于16～60周岁的农村居民，政府按本人缴费基数的2%给予养老保险缴费补贴；对年满60周岁的城乡居民给予每月55元的“基础养老金补贴”。相对于定额补贴方式，定率补贴更具有激励性。缴费基数越高则获得的财政补贴就越多，因此定率补贴具有鼓励参保人员选择高缴费基数的促进作用。

5. 养老保险关系之间的选择性与转移性

城乡居民养老保险制度下的参保人员可以选择参加城镇职工基本养老保险；同时城乡居民养老保险与城镇职工基本养老保险之间可转移个人账户和统筹基金全额转移，缴费工资基数、缴费年限均转换为转移后保险制度的缴费基数和缴费年限。该制度的优点是：第一，切实保障广大农民工的利益。目前，成都市已将农民工综合社会保险制度并轨到城镇职工基本养老保险制度，就此加强了农民工就业单位的社会保障义务，强制其缴纳较高的费用，更好地维护了农民工的利益。同时，城乡居民养老保险和城镇职工基本养老保险之间的可转移性解除了农民工参加社会养老保障的后顾之忧，提高了参保积极性。第二，保障其他参保社会成员的利益。允许原本加入城乡居民养老保险的群体在经济收入提高的情况下，向城镇职工基本养老保险转移，以提高自己的保障水平。

（三）成都市城乡统筹双元对接养老保障制度的经验

1. 创建城乡统筹的养老保险制度体系

成都市以统筹城乡试验为契机，坚持“保基本、全覆盖、有弹性、可持续”的原则，构建了城镇职工基本养老与城乡居民基本养老两大体系，并且通过制定设计，实现了两大养老保障体系的城乡统筹和无障碍对接。这一制度安排具有两大优点：第一，“城乡统筹”下的双元化。在“全域成都”的理念下，在制度设计上体现“城乡统筹”特色，实现城乡养老保险的全覆盖。同时针对农民与非在岗城镇人员与在岗城镇人员收入水平的差异性，分别实施两套缴费标准与保障待遇不同的双元保障制度，符合现实的经济发展水平。第二，“城乡统筹”下的对接化。城乡居民养老保险制度在账户结构、缴费标准、待遇计发等方面参照了城镇职工基本养老保险的制度模式，有利于城乡居民养老保险与城镇职工养老保险的转移对接，为实现城乡统一的社会养老保障制度奠定了良好的制度基础。这对于解决全国城职保、城居保、新农保之间的衔接问题具有重要的参考价值。

2. 建立长效的新农保筹资机制

成都市在城乡统筹过程中，创立了耕地保护基金以及以耕地保护基金为保障的新农保筹资机制，该机制最大的价值在于提供了土地资源与经济收入之间稳定的转换机制。该制度的推广意义在于：一是政府按照一定比例拨付专款，体现政府对农民社会保障制度建设所应承担的公共责任；二是出让、出租集体建设用地使用权、承包地经营权所取得的土地收益纳入农村集体财产统一管理，专款用于本集体经济组织成员的社会保障。它体现了在市场经济条件下，土地这一稀缺资源价值表达的另一种实现及以建设用地使用权和土地承包经营权为主的用益物权的充分行使。

3. 政府勇于承担公共财政职能

成都市政府在创建城乡统筹养老保险体系的过程中，承担了相当的财政补贴责任。第一，在对已征地农转非人员实行退费进社保政策时，政府给予一次性补贴，对劳动年龄段的新征地农民，还一次性发放6000～8000元的就业补助金。第二，对用人单位招用本市户籍农民工并参加综合保险的，财政按参保单位全年综合保险缴费基数总额的4.5%给予补贴。第三，对丧失劳动力的农民一次性缴费参加农民养老保险的，政府补贴40%的一次性缴费；对劳动年龄段的参保农民，政府补贴2%的缴费（总费率为12%）。第四，财政筹集建立耕地保护基金。财政筹集26亿元资金作为支撑，使得财政补助占新农保个人账户总额的平均比例高达42.75%。

三、重庆市城乡养老保障统筹发展实践

（一）重庆市城乡统筹养老保险发展历程

2007年6月，重庆市被国家批准成为国家统筹城乡综合配套改革实验区。重庆市结合实际市情，积极探索建立统筹城乡养老保险制度体系，取得了不小的成绩。一是探索建立城乡居民养老保险制度。九龙坡、大渡口、南岸等部分区县先后开展新型农村养老保险试点，到2008年底，参保人数3.2万人，其中领取养老金人员1.8万人。① 在总结部分区县试点经验的基础上，重庆市在全国率先出台了《城乡居民养老保险试点工作的指导意见》。从2009年7月起，开始建立基础养老金与个人账户相结合的城乡居民养老保险制度。这项制度的建立也标志着重庆市养老保险制度体系实现了全覆盖。二是为农民

① 吴延．重庆市城乡统筹养老保险机制研究［J］．经营管理者，2014（10）下．

工“量身定做”养老保险制度。针对农民工亦工亦农、流动就业和收入相对较低的实际情况，重庆市在全国率先出台了《农民工养老保险试行办法》。从2007年7月起，在全市建立了“低费率、广覆盖、可转移”的农民工养老保险制度。该制度的出台，为解决农民工老有所养的问题、促进养老保险城乡统筹发展迈出了坚实的步伐。三是搞好事业单位养老保险制度改革试点准备工作。2008年，重庆市被国务院批准为事业单位养老保险制度改革5个试点地区之一，重庆市在全国率先完成了全市事业单位人员基础数据采集和基金收支、财政支出、计发办法等多项测算，研究制定了改革试点实施方案。截至2012年末，重庆市城镇企业职工基本养老保险参保人数已达到703.57万人，其中：参保职工459.48万人，参保离退休人员244.09万人。而全年城镇企业职工基本养老保险基金收入为531.13亿元。其中：征缴收入396.71亿元，财政补贴116.56亿元。与此同时，重庆市城乡居民社会养老保险参保人数为1130.95万人，其中领取待遇人数349.57万人。当年基金收入63.68亿元，其中个人缴费9.63亿元，财政补贴52.96亿元。当年基金支出38.07亿元，基金累计结余40.49亿元。重庆市政府计划到2020年建立覆盖城乡居民的多层次养老保险制度体系，实现老有所养、人人享有基本养老保障，老年人口养老待遇足以维持体面基本生活并能得到适当的社会服务。到2050年，形成城乡一体化的养老保险制度体系。

（二）重庆市统筹城乡养老保障制度的特点

重庆市在城乡养老保障制度统筹发展过程中坚持制度创新，为养老保障制度的城乡统筹发展建立多项制度保障。

1. 法律保障机制

立法是社会养老保险制度作为社会政策和国家制度安排的具体体现。在目前不具备全国统一立法的条件下可单行立法或制定地方性条例。建议制定地方性法规对统筹城乡社会养老保险的参保对象、范围，法定权利，各级政府的责任，财政拨款支持的初始额度以及逐年增长的比例，社会养老保险机构的设置，基金的筹集、管理、发放，公民享受养老保障的程序，侵害公民社会养老金权利行为的处置等，做出具体规定。在条件成熟时单独制定全国社会保障法案，使社会养老保险工作有法可依，改变目前社会养老保险工作一直是依靠行政力量推动的局面。

2. 风险担保机制

城乡统筹社会养老保险财务运行的风险对地方政府的考验主要在于：一是能否保证相应的投保贴补率（30% 左右）；二是能否承担转轨的成本（对老年农民的养老补贴）；三是将来收不抵支时能否兑现对参保者的养老承诺，并使养老待遇随经济的发展增长。现行做法隐含的未来制度的风险将全部由地方政府承担，这显然不符合国际上推行社会养老保险制度的通行做法，也有悖于城乡社会养老保险制度的公平原则。因此，从现在起就要未雨绸缪，各级政府建立统筹城乡社会养老保险风险储备基金。地方政府（市、县二级）的风险储备基金每年从土地出让金、土地拍卖收入中提取一部分，财政预算专门安排一部分，预算外收入切出一部分，专门用于建立统筹城乡社会养老保险的风险储备基金，并列入当年财政预算；中央和省一级也应从发达地区上缴的财政收入和土地出让收入中提取一部分作为风险担保金。各级风险储备金可由省级社会养老基金管理机构进行集中管理。

3. 基金管理运营机制

社会养老基金的管理思路是：一是建立省、市（县）两级政事分开的管理体制，行政单位负责制定政策，事业单位负责基金管理。社会养老基金由省、市（县）共管，省级负责基金管理，县（市）级负责基金的收缴和发放。二是尽快出台基金运营优惠政策并拓宽基金运营渠道，确保基金的保值增值。中央政府每年发行社会养老保险基金专项优惠债券，或制定社会养老保险基金银行储蓄优惠利率。建议确定一定比例，经省级人民政府批准投资一些风险小、收益高的大型基础设施建设项目。这样既保证基金有较高的回报率，又可解决建设资金不足的问题。三是加大基金监管力度，建立开放式的监督机制，完善审计、监察、财政等有关部门联合组成的外部监督制度，以保证基金安全。设立社会养老保险基金投资风险准备金。投资风险准备金来源于各级基金管理公司的投资收益部分，且只有当投资收益率达到一定水平，如超过当年通货膨胀率的 5% 时，才收缴超过部分的一定比例作为风险准备金。

4. 公共财政支持机制

基本养老保险基金主要依靠政府公共财政支持，这是发达国家建立社会养老保险制度的基本经验。要保证新型的统筹城乡社会养老保险制度正常运转，地方财政预算每年要确定一定的比例，切出专门的一块，充实社会养老保障基金，而且要随着经济的发展同步增长。目前，由于城镇社会养老保险已使中央财政困难重重，省级财政主要对落后地区和欠发达地区的社会保障进行转移支付。但从长期发展来看，新型的统筹城乡社会养老保险制度建设要逐步体现中央财政和省一级财政的责任，这是可持续发展的重要条件。在目前的条件下，可通过税收和相关金融优惠政策来支持新型的统筹城乡社会养老保险制度的发展。

5. 个人账户的弹性机制

统筹城乡社会养老保险制度应该是一个开放的制度体系。因此，对个人账户的设计和管理要体现弹性化要求，即能灵活处理“参保人身份、缴费方式、携带转账、中止和恢复、税收减免”等信息，以适应城乡居民在各类经济活动情况下的缴费方式和地域流动的需要，保证账户的可携带性，让参保居民可终生随时随地办理缴费、查询和领取养老金的手续。并锁定账户，即在参保人达到规定领取养老金年龄之前，不得提前支取账户资金。个人账户最好统筹城乡社会养老保险制度建设，研究由具有托管资格的银行保管，并向参保人进行信息披露，让投保人参与管理个人账户。

6. 法律救济机制

没有社会养老保险的法律救济机构，城乡居民的社会养老保险权利只能是没有保障的权利，随时有被剥夺和侵害的可能。随着养老保险个人账户弹性制度的建立和统筹城乡社会养老保险制度覆盖面的不断扩大，以及城乡居民职业身份、地域流动的增加，养老保险争议趋于上升是必然的趋势。因此，适时设立专门的法律救济机构，以便在受保险人认为自己的权益受到侵害时，及时公正地给予救济也是统筹城乡社会养老保险制度可持续发展的要求。

四、浙江省宁波市奉化区城乡养老保障统筹发展实践

（一）浙江省城乡养老保障制度统筹实践

改革开放以来，浙江省养老保障制度建设一直朝着“惠及全民”的目标不懈努力，许多实践在全国不仅具有先行性而且具有一定的创造性。而浙江省宁波市奉化区创造的“三保合一”模式，更是浙江省城乡统筹建设中的一个典型。

奉化区以修改完善后的“被征地人员养老保障”政策为基本框架，将

“新型农村养老保障”与“城镇老年居民养老保障”合并，建立“城乡居民养老保障”制度，统一缴费标准、统一待遇标准、统一政府财政补贴、统一基金管理、统一操作，从而构建起地方性的城乡统筹社会养老保障大平台。“三保合一”做到了“城乡兼顾”“自愿选择”“统筹平衡”“公平享受”“独立互通”。其主要特点如下：

1. 惠及全民，实现制度上的城乡统筹

奉化区打破农民和居民的身份界限，实行同等缴费，同等享受社会养老保障，且缴费档次和待遇标准可自愿选择，参保人个人账户在符合相关条件时可退、可转移、可继承。

2. 公共财政公平享受

奉化区分设的 5 个缴费档次以科学的标准和测算依据为前提，以政府补贴资金各档、各年龄段基本平均为要求，以个人和政府都能承受为目的，精确设定参保人缴费标准和待遇享受标准。同时各类保障待遇享受“只靠一头，自愿选择”的原则。

3. 实现各类社会养老保障间的互通衔接

各类养老保障制度之间的互通衔接主要体现在引导、鼓励劳动年龄段内人员参照自由职业者身份参加城镇职工基本（或低标准）养老保险，在扩大了城镇职工养老保险参保面的同时，缩小了地方养老保障参保人数，减轻了地方财政支付压力，达到了双赢的局面。

4. 建立可靠、稳定的资金筹措机制

奉化区财政每年按上年待遇给付额的 35% 拨入基金专户。基金余额不足以支付未来 6 个月支出时，市财政部门会同市劳动保障部门提出基金补助计划，报市政府批准后执行。这为城乡养老保障体系建设提供了强大的财力支持。

5. 坚持政府补贴，实行“财政为民”

个人账户余额不足以支付养老待遇时，由政府财政支付。被征地人员每月增发政府待遇补贴。

（二）政策效果及经验

“三保合一”模式自 2008 年 7 月 1 日实施以来，取得了明显成效。

1. 养老保障使参保对象有保障

截至 2009 年 5 月底，“三保合一”模式已参保 32577 人，重点对象参保率为 59%，该模式使得广大农民群众和被各类养老保险拒之门外的城镇老年居民得到了最基本的养老保障。截至同年 6 月底，城乡居民养老保险参保人员中 70 岁以上高龄老人占到 53.64%，被征地人员养老保险占到 42.37%，将近一半是高龄老人，一定程度上为老年人特别是高龄老人的晚年生活提供了保障。①

2. 养老保障有实效

养老保障能否有效地保障参保群众的基本生活，这里拟用群众生活保障度和社会养老保险金替代率两项指标来加以衡量。群众生活保障度可以由年人均养老金与人均生活消费支出之比来确定。计算结果：城镇为 32.26%，农村为 43.48%。可见，与以往生活状况（特别是“老农保”时期）相比，养老金收入已经成为现时开销的一项重要来源，在一定程度上保障了老年人的基本生活。随着地方财力的不断增强，待遇水平的不断提高，养老金最终必将完全能够保障群众的生活支出。社会养老保险金替代率过高，将不利于调动在职职工的工作积极性；替代率过低，将难以保障退休人员的基本生活。按照中国对基本养老保险制度改革的总体思路，未来基本养老保险金替代率目标确定为 60% 左右，同时养老保险金替代率不得低于 20%。可见农村养老保险替代率略超过标准水平，城镇老年居民养老保险替代率虽然较低，但仍高于最低水平。

3. 养老保障满意度高

群众信任度是衡量养老保障满意度的重要方面，主要关注社保部门能否兑现当初给投保人的承诺，能否保证老年权益的兑现，即能否及时足额返还养老金。在参保情况调查中，参保群众都认为能及时足额拿到政府发放的养老金，信任度达到 100%。同时，民意调查显示：“三保合一”模式的满意度达到 47.78%，而且 84.24% 的群众认为其很实惠或者有所受益。总体而言，群众对该模式的总体评价是较为满意的。“三保合一”的地方性养老保障，是中国社会养老保障改革完善的重大创举，为各类保障互通衔接、归并整合作出了积极探索，积累了宝贵经验。

① 芦江，陆飞．浙江实施城乡一体化养老保障的研究——基于奉化“三保合一”模式的调查［J］．特区经济，2011（5）．

第五节　内蒙古城乡养老保障统筹发展的路径选择

内蒙古全面建成多层次社会保障体系，体现社会公平正义，满足人民群众的差异化需求，就必须走城乡社会保障统筹发展的道路，这是社会保障体系自身发展完善的必然要求。养老保障统筹发展应与城乡、地区之间经济发展相平衡、相适应，城乡养老保障统筹发展不能急于求成，应该分阶段逐步推进，坚持从相互分割到整合再到基本统一的发展路径。基于内蒙古养老保障城乡统筹建设的现实条件，我们认为应在国家的总体战略部署下，由政府全面主导，分“三步走”实现内蒙古城乡养老保障制度统筹发展和一体化。

一、第一步：城乡养老保障制度补缺

内蒙古养老保障统筹发展，首先是实现制度上的全覆盖。2009 年，我国启动了新农保的试点工作，建立起了覆盖农村居民的养老保险制度。2011 年我国又启动了以城镇无业人员为主要覆盖对象的城镇居民养老保险试点工作，填补了城市养老保障制度的最后一片空白。2012 年我国已经基本实现养老保障制度的全覆盖。至此，内蒙古养老保障制度基本实现全覆盖，第一阶段的目标基本实现。

内蒙古养老保障城乡统筹发展的第一阶段主要是弥补制度性缺失。在已有的城镇职工养老保险制度、机关事业单位养老保险制度、新型农村社会养老保障制度、城镇居民社会养老保障制度基础上，通过制度创新，将未覆盖的人群全部纳入养老保障，争取由制度全覆盖上升到全民覆盖，努力完善养老保障体系。

二、第二步：养老保障制度城乡整合发展阶段

内蒙古养老保障城乡整合发展应该在“十二五”期间完成。在此期间，内蒙古养老保障制度在全覆盖的基础上，逐渐对各类人群的养老保障项目进

行归类、精简和合并。

这一阶段的基本思路就是以城乡居民缴费能力为分类依据，对城乡分立的不同类型的养老保障制度进行归类合并，基本形成以低收入人群为覆盖对象的城乡居民社会养老保险制度，以稳定就业或者具备缴费能力职工为覆盖对象的职工基本养老保险制度，在事业单位分类改革的基础上改革机关事业单位养老保障制度，并建立不同类型养老保障制度的衔接转移机制，使三种不同类型的养老保障制度成为一个有机联系的整体，逐步缩小制度间差距，为最终过渡到统一的养老保障制度奠定良好的基础。经过这一阶段的整合发展后，内蒙古养老保障制度“碎片化”发展状态将得到根本转变。

在经过前一阶段的制度扩面、体系整合、结构完善后，2013—2015 年应当是养老保障体系全面定型、稳定持续发展的时期，这一阶段的主要任务是完善适度集中、有序组合、没有漏洞的多元制度安排，建立全面稳定的城乡居民养老保险制度、职工基本养老保险制度和城乡老年津贴制度[①]。2011 年底，内蒙古职工基本养老保险制度的宏观框架已建设齐备，灵活就业人员养老保险和农民工养老保险业已统一归并到城镇职工基本养老保险制度中，集体企业职工未参保、城镇企业职工基本养老保障等遗留问题也已得到彻底解决。随着机关事业单位劳动雇员制度和养老保险制度改革的进一步推行，以及城镇化进程的日益加快，在经历近 5 年的制度扩面和结构调整后，职工基本养老保险制度将日益成为整个养老保障体系中的主体。“十二五”期间，内蒙古应着力建设城乡统一的劳动力市场，并在统一的养老保险制度内设定良好的养老保险关系转移接续通道，设定劳动者可承受、有弹性的缴费标准和公平合理的养老金计发机制，不断缩小正规就业劳动者与灵活就业劳动者的养老金待遇差距。

在城乡居民养老保险制度基本实现统筹的前提下，优化制度结构、提高待遇标准和配套相关服务是这一时期内蒙古城乡养老保障统筹工作的重心。随着城乡基本公共服务均等化进程的大力推进，农牧民的参保意识和参保能力逐渐提高，城乡居民养老保险由自愿参保向强制参保转变的条件和时机均

① 郑功成．中国社会保障改革与发展战略（养老保险卷）［M］．北京：人民出版社，2011：16–23.

已成熟，一方面是规避“逆向选择”风险以增强养老保险互助互济能力的需要，另一方面也能真正实现养老保险的城乡居民全覆盖。在国家财政稳定支付最低标准养老金的基础上，通过渐进提高城乡居民的缴费标准和待遇水平，大力发展农村牧区老龄服务产业，适时创建城乡老年人护理保险和服务制度，普及社区服务为主、多元化供给主体的居家养老模式，以不断缩小城乡养老保险水平差距和提高养老保险服务质量，为将来统筹城乡居民养老保险与城镇职工养老保险制度创造条件。

国内外的发展实践表明，以缴费型为主体的基本养老保险即使再成熟，也不可能真正实现无遗漏的全覆盖，总会有部分因贫困、病残、鳏寡孤独等人群被排斥在制度之外。因此，全面建立非缴费型的城乡居民老年津贴制度，不仅是整合农村五保制度、优抚制度及城市老年福利制度的需要，而且是保障部分缺乏养老金老年人的基本生活和适度分享经济成果的长久途径。内蒙古在“十二五”期间应加快建立养老保险补贴制度，为没有纳入基本养老保险范围、无固定收入的城乡 80 岁以上老人每人每月发放不低于 100 元的生活补助金；百岁以上老人每人每月发放 300 元长寿补贴，还应制定低收入家庭中生活不能自理的老年人入住服务机构的补贴制度，把困难老年人作为临时生活救助、医疗救助、司法救助的重点对象[①]。随着内蒙古财政实力的不断增强，再逐步降低受益对象的年龄标准，补贴标准也应随物价指数和居民收入水平的变动而实现同步调整，争取在 2015 年实现全区盟市 75 岁以上高龄老人按月领取高龄津贴，逐步实现高龄老人津贴制度化。

三、第三步：养老保障城乡一体化发展阶段

第三步是推进养老保障城乡统筹从整合向城乡统一的迈进。由于内蒙古城乡差距的逐渐消除是一个长期的过程，因而养老保障城乡统筹发展从整合过渡到城乡一体化将是一个十分漫长的过程。

养老保障城乡一体化发展阶段的主要任务是实现城乡居民养老保险制度、机关事业单位养老金制度分别和城镇职工养老保险制度的并轨。

---

① 全国老龄工作委员会办公室 . 到 2015 年内蒙古 75 岁以上老人将享受高龄津贴 [EB/OL] . [2011-03-11] . http://www.cncaprc.gov. cn/mzyq/info/11155.html.

首先，要采取强制措施实现机关事业单位养老金与城镇职工养老保险制度的并轨。如果机关事业单位养老保险制度和城镇职工养老保险制度并轨，将会导致机关事业单位工作人员养老金水平的大幅降低。因此，为了避免养老金制度并轨对机关事业单位工作人员养老金水平的影响，两种养老保障制度在并轨的同时，需要建立职业年金制度，弥补因并轨导致的待遇损失。

其次，要初步实现城乡居民养老保险与城镇职工养老保险制度的统筹并轨。随着农村牧区劳动力逐渐转移到城镇，将会有越来越多的流动人口加入城镇职工养老保险制度，城镇职工养老保险制度的覆盖范围将会逐渐扩大。在农村牧区，随着居民的收入水平提高，越来越多的农牧民具备参加城镇职工养老保险制度的缴费能力，农村牧区的养老保险制度将会逐渐萎缩。城镇职工养老保险制度和城乡居民养老保险制度将通过这种"一增一减"的方式实现一体化。

城乡居民养老保险与城镇职工养老保险制度的全面定型和稳定发展是统筹城乡社会养老保险制度的前提条件，养老保险基金的区级统筹和养老保险关系的转移接续为统筹提供了现实可能性，而人人享有基础性养老金及相关服务才是统筹城乡养老保险制度的目的所在，这也是内蒙古完成前两步养老保险发展战略后应实现的初级目标。鉴于"农保"和"城保"在制度设计上存在较大的区别，实现二者的统筹归并一定要遵循"阶梯过渡、渐进对接、进退自如"的原则来构建城乡养老保险统筹的体系内容。第一，稳定"统账结合"的保险模式，形成"农保"和"城保"可衔接的筹资模式；第二，在提高劳动者劳动所得占初次分配中比重的条件下，养老保险的缴费比例设计应在各方主体可承受的前提下实现统一，其中个人缴费比例提高为10%，企业（职工的雇主）和国家（农民的雇主）各为20%，但缴费基数应该根据就业与否有所区别，城镇就业职工和企业缴费基数的上下限分别为上年当地平均工资的300%和60%，城乡未就业居民和国家的缴费基数可以减半，个人缴费全部计入个人账户，企业和国家缴费全部计入社会统筹。

再次，养老金可由三部分组成，第一部分是现收现付式的待遇确定型最低标准的养老金，由50%的社会统筹基金给付给所有居民，以体现国民待遇和底线公平。第二部分由50%的社会统筹基金给付与就业相关的职工养老金，计发办法与现行职工基本养老保险的基础养老金相同。第三部分是完全积累式的缴费确定型的个人账户养老金，由个人缴费、政府补贴和其他来源组成，待遇给付体现多缴多得的激励机制。

最后，做好“农保”与“城保”的接转工作。参加“农保”的人员如具备参加“城保”的条件（如就业或是增加缴费），可直接转入“城保”，其原有个人账户基金全部按实际转移，缴费年限减半计算，也可补缴，补缴应缴部分及规定利息后，缴费年限按实际年限计算；已参加“城保”的人员如不在企业工作的，要继续按“城保”标准缴费的，可享受财政对农民的同样补贴，达到退休年龄时，享受企业职工养老金①。这样的制度设计，一方面需要相关制度的配套实施，如延迟退休年龄、政府财政分担机制的合理确定和多层次养老保障体系的建立，另一方面也是希望积极促进就业，全面提高劳动者的养老金水平。

第六节　内蒙古城乡养老保障制度统筹发展的政策设计

内蒙古基本养老保险制度的基本框架包括覆盖从业人员的职工基本养老保险制度、覆盖公职人员的机关事业单位养老金制度以及覆盖城乡非从业人员的城乡居民社会养老保险制度。经过多年的实践，内蒙古在国务院统一的制度框架下通过多元化的制度安排，坚持“低标准、广覆盖”的原则，解决了基本养老保障制度全面覆盖的问题，但是目前的养老保障制度还存在各养老保险制度碎片化严重、城乡分割、不同群体的养老待遇标准差距大、保障层次低等问题。因此，养老保障体系建设要随着经济社会发展，逐步整合各个制度、缩小城乡差距和群体差距，推进养老保障制度城乡统筹乃至一体化发展。

一、建立统一多层次的养老保障体系

20 世纪 80 年代后，人口老龄化危机开始显现，当时以现收现付为主的养老制度面临财务危机，制度可持续性受到威胁。在此背景下，世界银行在

① 郑功成．中国社会保障改革与发展战略（总论卷）［M］．北京：人民出版社，2011：110-111.

1994年提出了“三支柱”养老金改革模式，试图对上述问题给予回应，第一支柱是强制性的公共养老金计划，目标是有限度地缓解老年贫困，提供各种风险保障。核心特征是通过代际转移筹资来为老年人提供一定水平的长寿保险。第二支柱是强制性的完全积累养老金计划。完全积累制会促进资本积累和金融市场的发展，并减少人们对第一支柱的依赖。第三支柱是自愿性个人储蓄养老金计划，强调自由支配的灵活性和自愿性。这一支柱为那些希望在老年时得到更多收入的人提供额外保护，政府应当为这种储蓄提供税收优惠。

世界银行“三支柱”模式提出以后，在许多国家得到了应用。但也遇到了实践和理论两方面的挑战。通过对采取三支柱改革的阿根廷等国家的研究，学者发现由于机会成本、收入状况等原因，贫困者未能加入政府的养老金计划，导致养老保障体系覆盖率的下降。此外，“三支柱”模式下仅工作稳定的劳动者才能得到较高的给付，就业不稳定的工人则可能面临年金给付不足的情况，扩大了收入差距。

针对“三支柱”模式的缺陷，世界银行在2005年提出了“五支柱”的改革思想，核心是在原有“三支柱”的基础上，增加了零支柱和第四支柱（世界银行，2006）。零支柱是非缴费型养老金计划，旨在消除老年贫困，为终身贫困者及没有资格领取正式养老金的退休者提供最低水平保障，应该是普享型的国民养老金形式。第四支柱是指家庭成员之间对老年人的非正式支持，因为一部分退休消费者可能来自非养老金资源，如家庭内转移支付，以及赡养医疗和住房方面的服务等。下面将基于多支柱理论，结合中国特别是内蒙古的实际情况，阐述多支柱养老保障模式。

（一）零支柱：普惠制国民养老金

普惠制养老金可以理解为只要是该国公民，无论其就业历史和收入状况，只要满足一定年龄，均可享受的，由国家财政支付的养老保障金（林义，2006）。普惠制养老金制度对于发展中国家有独特意义。一方面，由于发展中国家就业不充分，居民收入较低，如果采取缴费型养老金制度，低收入社会成员将会被排除在外。另一方面，由于普惠制养老金不考虑社会成员收入和工作年限，管理结构简单，交易成本低，对于工资收入信息不充分的发展中国家更为适用。国际上已有较多国家实施普惠制养老金制度，如澳大利亚、英国等发达国家；阿根廷、巴西、哥斯达黎加、纳米比亚等发展中国家。

中国作为发展中国家，仍有大量的非正式就业者和低收入者，因此建议在中国实施普惠制的国民养老金制度。同时，已有研究表明，只要具备最基本的财政支持及政治意愿，在发展中国家农村地区实施普惠制养老金同样具有可行性，这种方案能提高农村地区的社会保障覆盖率，减轻贫困，从而提升社会整体福利（Jessica J.、John B.，2006）。内蒙古作为经济欠发达的边疆少数民族地区，建议率先尝试普惠制的国民养老金制度。

（二）第一支柱：基本养老金

我国城镇职工养老保障 1993 年确立以来，经过 1995 年、1997 年以及 2005 年的三次大的改革，目前已经确立了社会统筹与个人账户相结合的模式。其中，社会统筹采取现收现付的筹资模式，用于发放基础养老金，体现互助共济的原则，有利于社会再分配。无论是世界银行的“三支柱”模式还是“五支柱”模式，第一支柱核心都在于促进社会再分配，使退休职工达到维持基本生活的保障水平。现收现付制是促进社会再分配的有效手段，因此，建议内蒙古将城镇基本养老保险中的社会统筹部分独立，改造为基本养老金，使其成为多支柱养老保障体系的第一支柱。目的在于通过现收现付的方式促进社会再分配，提供对正式就业者退休后基本生活的保障。

必须指出的是，对于部分有较高养老保障需求的自雇者，应当鼓励他们参加第一支柱。这是因为自雇者多属于中低收入群体，而第一支柱具有良好的再分配功能，因此通过参加第一支柱可以促进社会成员之间互助共济。然而，目前基本养老保险社会统筹部分由企业缴费，因此必须由自治区给予自雇者一定的政策支持或缴费补贴。

（三）第二支柱：个人账户与企业年金合并的职业年金

多层次养老保险体系中，基本养老保险的个人账户和企业年金计划都属于积累性支柱，因此建议将个人账户与企业年金合并，组成多支柱养老保障体系的第二支柱——职业年金计划。其目标在于维持职工退休后生活对退休前生活的一定替代，使其生活水平比单一的第一支柱有所改善。

国外的第二支柱的职业年金制度有的自愿实施，如美国的 401K 计划；有的强制实施，如澳大利亚的超级年金计划。考虑到我国劳动力市场的实际情况，如果遵循自愿实施的原则，那么企业可能将凭借其强势地位，拒绝建立职业年金。此外，从日后机关事业单位与企业养老保险制度统一的角度来看，职业年金的建立必不可少，考虑到制度的统一性，中国宜实行强制性的职业年金制度。

职业年金缴费可以分为强制性和自愿性两部分。强制性缴费是目前个人缴纳的，进入个人账户的8%基本养老保险费。在此基础之上，各企业可以根据自身条件补充一定的职业年金缴费。职业年金治理方面，职业年金中的企业年金部分是实账运行，因此个人账户部分的“空账”必须逐渐做实，以适应第二支柱完全积累的要求。目前，在积累制养老金治理上，政府应专注于监督者角色，基金的管理运营分散到各个独立的机构中，能提高基金管理和运营效率。参加职业年金计划的劳动者达到退休年龄后，可以一次性领取也可以通过购买保险转化为年金形式逐年领取。

（四）第三支柱：自愿性个人养老储蓄计划

第三支柱是自愿性的个人养老储蓄计划，目标是为那些希望在年老时得到更多收入保障的社会成员提供更高层次的保护。自愿性的个人养老储蓄不需要政府的过多投入，具有操作灵活、管理简便等优点。因此各国普遍重视个人养老储蓄计划的发展，并给予了一定的政策支持。我国到目前为止尚未出台实际的支持政策，个人养老性储蓄激励不足。因此，适当的政策扶持成为第三支柱在我国得到长足发展的关键，具体可以从两个方面入手：第一是对进入个人养老储蓄的工资收入减免税收；第二是对个人养老储蓄账户资金给予利率优惠。个人养老储蓄账户资金的运营和发放可以参考职业年金计划的管理模式，由政府核准的基金管理公司经营，个人可以自主选择不同的基金管理公司，参加者到达领取年龄之后，可以一次性领取也可以转化为年金形式，逐年领取。

二、养老保险城乡统筹配套措施

（一）养老保险城乡统筹需要着力推进传统户籍制度的改革

我国现行的户籍制度是在计划经济体制时期建立起来的。在新中国成立初期内外交困的历史条件下，国家采取“农村支援城市”的发展战略，当时的户籍制度承担着政治、经济和社会管理的职能，通过户籍制度，把国家划分为城市和乡村，把人口分为农业人口和非农业人口，并严格限制人数众多的农民群体流入城市，对农村实行“剪刀差”政策以支援城市的发展。

作为国家行政管理的重要组成部分和基础性工作，现行户籍制度在促进经济社会发展、保障公民合法权益以及维护社会秩序方依据户籍制度面发挥了一定的作用。但也正是依据户籍制度，我国才建立了城乡相互分割的社会养老保险制度。20 世纪 90 年代以来，城镇社会养老保险制度快速发展，农村牧区社会养老保险制度停滞不前，以及由此带来的社会养老保险制度城乡差异都是以户籍制度为标准的城乡二元结构为基础的。随着市场经济体制的逐步建立和完善，城乡分割的户籍制度阻碍着劳动力的合理流动和优化配置，成为城乡居民均等享有社会养老保险以及其他公共服务的桎梏。

附着在户籍制度上的社会福利太多是我国户籍制度改革中最大的阻力，而城乡有别的养老保障制度又固化了户籍制度，二者互为因果。户籍制度能否还原人口登记管理和人口数据统计的本质，关键在于能否剥离附着在户籍制度上的社会福利，剥离社会福利最根本的办法不能只靠户籍制度的单项改革，而应当在社会保障制度改革与调整的同时，逐步实现一元化的户籍登记制度。首先，实现户籍制度形式上的统一，逐渐取消农业户口和非农业户口的分类，代之以城乡统一的居民户籍，允许城乡居民平等地享受统一的公共服务和公共设施。虽然户籍制度形式上的统一不能从本质上改变城乡二元结构的现实，城乡经济社会发展不平衡还将长期存在，与之相对应的社会管理体制改革也不能一蹴而就，但是，通过统一户籍制度形式，取消城乡二元结构的典型标志，就可以形成制度“倒逼”机制，[①] 使隐藏在聚集背后的相关社会管理制度（如就业、社会保障、劳动力市场）问题得以暴露，迫使那些本不属于户籍制度承载功能的相关行政制度，实施相应的改革，逐渐回归户籍制度的本质功能，逐步打破城乡二元的社会管理体制，使城乡居民均等地享有公共服务。

（二）完善养老保障制度，实现城乡社会养老保险制度全民覆盖

内蒙古养老保险城乡统筹发展的首要任务就是填补制度性缺失，探索建立新制度，将未覆盖的人群全部纳入该体系，实现养老保险制度上和理论上的全覆盖。首先，推进新型农村牧区社会养老保险制度从试点走向全覆盖，将所有农村牧区居民纳入统一的养老保障体系，使得广大农村牧区居民能够

① 张静．城市地区户籍制度改革及其路径思考［J］．中国行政管理，2009（8）．

享受社会养老保险制度；推进城镇居民基本养老保险制度建设，使未能参加城镇职工基本养老保险制度的居民享受基本养老保险制度，确保城镇居民基本养老金制度的健康合理发展。其次，探索建立老年人护理保险制度，使这一新型社会风险纳入社会保险制度，确保城乡老年人享有基本护理保险制度；加快探索失地农牧民、被征地农牧民和农牧民工的养老保险制度模式，使其能够享受相关社会养老保险制度。通过以上措施可确保养老保险制度在城乡所有不同群体间的全覆盖，实现应保尽保。

（三）建立城乡养老保险制度整合与转移接续机制

加快推进内蒙古城乡不同养老保险制度间的整合，逐步缩小不同养老保险制度间的差距。将机关事业单位职工基本养老保险制度和企业职工基本养老保险制度整合为职工基本养老保险制度，其覆盖群体既包括机关事业单位职工和企业职工等各类从业者，也包括在乡镇企业就业的劳动者，还包括农村牧区有雇佣关系的劳动者；将城乡居民的基本养老保险制度整合为居民社会养老保险制度，其覆盖范围为城镇和农村牧区没有正规雇佣关系的劳动者；推进新型农村牧区社会养老保险制度与城镇居民基本养老保险制度的整合，进而实现城乡居民基本养老保险制度与城镇职工基本养老保险制度的整合。重视新农保与农村牧区社会救助制度尤其是最低生活保障制度、新农保与农村牧区计划生育家庭奖励扶助制度等的整合。尤其应注意的是，目前中国不仅城乡基本养老保障制度是分裂的和有严重差别的，城乡基本养老保障服务也是如此。因此，应实现城镇基本养老保障服务的整合及农村牧区基本养老保障服务的整合，推进城乡居民基本养老保障服务的整合，进而实现城乡居民基本养老保障服务与城镇职工基本养老保障服务的整合。

建立针对不同养老保险制度间的转移接续机制。首先，新型农村社会养老保险要和新型农村合作医疗以及农村居民生育保险制度协调发展；要构建合理的社会救助制度与养老保险制度的对接机制，完善五保供养制度与新型农村社会养老保险制度等的衔接；完善职工养老保险与个体工商户和灵活就业人员相关制度的对接，建立企业职工基本养老保险与城镇居民的对接机制；加强农牧民工养老保险与新农保制度的转移接续。通过以上转移政策不但可以使参保者的养老金权益不受损失，而且能确保参保者在不同地域流动的情况下也可以领取养老金。其次，为实现城乡养老保障制度内容、管理、服务的衔接，还应成立统一的养老保障管理机构，建立统一的城乡养老保障综合业务信息管理系统，该系统应遵循国家社会保障综合信息系统网络建设要求，按照统一规则、统一标准的数据接口进行设计，保证与人力资源和社会保障部以及其他社会保障系统的无缝衔接能力。该系统应具有网络互联、信息共享、安全可靠的特点，以实现对养老保障经办业务的信息化管理，为养老保障城乡统筹的衔接提供技术上的支持，确保决策的科学化。

（四）完善养老保险制度城乡统筹的财政责任与监管机制

统筹养老保险制度财政责任机制。首先，探索城乡居民养老保险制度和城镇企业职工养老保险制度中国家财政责任机制的模式转变路径，推进城镇企业职工养老保险制度中财政责任由隐性化向显性化转变，推进城乡居民养老保险制度中的地方政府财政责任机制由模糊化朝明晰化方向转变，促进城乡养老保险制度国家财政预算机制的科学化。其次，改善城乡养老保险制度国家财政责任对城乡居民和城镇劳动者参保的激励性，保证城乡居民养老保险制度和城镇企业职工养老保险制度国家财政调整机制的协调化，确保不同人群在不同制度转换中保障水平的合理化，避免因制度转换带来保障水平的较大差距。再次，推进新型农村牧区社会养老保险制度与城镇居民养老保险制度的一体化进程，可在实现统一制度安排、统一管理体制的基础上探索缴费档次和给付水平的统筹。最后，统筹城镇企业职工养老保险制度和城乡居民养老保险制度，可在缴费机制、待遇给付机制和调整机制、财政责任机制、监管机制上探索两者的融合。

统筹城乡养老保险制度监管机制。监管是民主管理的一种体现，是约束权力、防止腐败的有效机制。建立监管机制防范和化解养老保险管理风险已是当务之急。当前，建立和完善养老保险监督和运行机制应从以下几方面考虑：首先，建立统一的城乡养老保险监督管理委员会，行使监督职能，监管养老保险制度统筹中资源的合理分配，保障不同人群在不同养老保险制度转换中的权益。其次，建立健全养老保险基金监管机制。应建立城乡养老保险基金监管的制度框架，全面理清养老保险基金现状，加大对以往挤占挪用基金的回收力度。逐步拓展基金监管的工作渠道，充分利用现代科技手段，加强养老保险基金的信息化管理，对基金的发放、稽核、账户管理以及各项数据进行信息化管理，从根本上改变传统管理方式和监管手段，保证养老保险基金使用的合理性和有效性。

（五）加快立法建设，使养老保险制度城乡统筹纳入法制化轨道

养老保险城乡统筹是一个政府主导的经济资源城乡之间调整的过程，而这一过程需要强有力的法律作保障，以确保养老保险制度城乡统筹的顺利实现。应在《社会保险法》的规范和指导下提高城乡养老保险制度的立法层次，在相关法律规范中明确政府的财政与缴费责任，对筹资方式、受益资格以及养老金的发放标准加以明确规定，构建一个责任主体清晰、内容明确具体、基金运行安全的完善的法律法规体系，增强农民对于制度平稳长效运行的信心，加快推进养老保险城乡之间的统筹。

参考文献

［1］内蒙古自治区民政厅．内蒙古自治区志民政志［M］．呼和浩特：内蒙古人民出版社，2009.

［2］内蒙古自治区统计局．内蒙古统计年鉴 2012［M］．北京：中国统计出版社，2012.

［3］李香媛，张晓峰．内蒙古农村牧区养老保障现状、问题和政策建议［J］．北方经济，2006（11）.

［4］新华网．内蒙古各旗县开展新农保试点参保人数达百万［EB/OL］．http://www.nmg.xinhuanet.com.

［5］《内蒙古自治区人民政府关于印发自治区企业职工基本养老保险自治区级统筹办法（试行）的通知》（内政发〔2009〕78 号）［EB/OL］．［2009-08-31］．http://www.nmg.gov.cn/art/2009/8/31/art_1686_138164.html.

［6］《关于解决未参保集体企业退休人员基本养老保障等遗留问题的意见》（内人社发〔2011〕249 号）［EB/OL］．［2011-11-24］．http://www.hjq.gov.cn/hjqxxgkml/hjqxxgkmu_44357/qq_hjzc_1437/qq_hjzc_0346/201210/t20121030_709534.html.

［7］内蒙古自治区人力资源和社会保障厅．2011 年 1—10 月全区社会保险工作情况［EB/OL］．［2011-11-17］．http://rst.nmg.gov.cn/.

［8］王晓东．社会养老保险制度城乡统筹的路径研究——以内蒙古为例［J］．电子科技大学学报（社科版），2012（2）.

［9］全国老龄工作委员会办公室．中国人口老龄化发展趋势预测研究报告［EB/OL］．［2007-12-27］．http://www.cncaprc. gov.cn/ info/1408.htm.

［10］新华社内蒙古分社．内蒙古 61 个旗县区成为国家新农保试点［EB/OL］．［2011-

11-06］. http://www.nmg.gov.cn/nmdt/ArticleContent.aspx?id=98265&ClassId=170.

［11］涂玉华 . 城乡统筹背景下的中国养老保障制度发展问题研究［M］. 成都：西南财经大学出版社，2014.

［12］北京市城乡居民养老保险办法实施细则［EB/OL］.［2009-02-21］. http://www.chinaacc.com/new/63_74_/2009_2_10_wa840329205410129002l0585.shtml.

［13］尹音频，杨晓姝，张丽丽 . 成都市城乡统筹双元对接养老保障模式研究［J］. 社会保障研究，2013（4）.

［14］王晓东 . 西部民族地区养老保险城乡统筹发展研究［M］. 呼和浩特：内蒙古大学出版社，2014.

［15］成都市城乡居民养老保险实现办法［EB/OL］.［2010-01-07］. http://cd.qq.com/a/20100107/003289.htm.

［16］吴延 . 重庆市城乡统筹养老保险机制研究［J］. 经营管理者，2014（10）.

［17］芦江，陆飞 . 浙江实施城乡一体化养老保障的研究——基于奉化“三保合一”模式的调查［J］. 特区经济，2011（5）.

［18］郑功成 . 中国社会保障改革与发展战略（养老保险卷）［M］. 北京：人民出版社，2011：16-23.

［19］全国老龄工作委员会办公室 . 到 2015 年内蒙古 75 岁以上老人将享受高龄津贴［EB/OL］.［2011-03-11］. http://www.cncaprc.gov. cn/mzyq/info/11155.html.

［20］郑功成 . 中国社会保障改革与发展战略（总论卷）［M］. 北京：人民出版社，2011：110-111.

［21］张静 . 城市地区户籍制度改革及其路径思考［J］. 中国行政管理，2009（8）.

［22］丁建定 . 社会保障制度论：西方的实践与中国的探索［M］. 北京：社会科学文献出版社，2016.

［23］郭伟伟，等 . 亚洲国家和地区社会保障制度研究［M］. 北京：中央编译出版社，2011.

［24］李超明 . 美国的社会保障制度［M］. 上海：上海人民出版社，2009.

［25］牛文光 . 美国社会保障制度的发展——西方社会保障制度发展丛书［M］. 北京：中国劳动社会保障出版社，2004.

［26］沈洁 . 日本社会保障制度的发展［M］. 北京：中国劳动社会保障出版社，2004.

［27］宋健敏 . 日本社会保障制度［M］. 上海：上海人民出版社，2012.

［28］姚玲珍 . 德国社会保障制度［M］. 上海：上海人民出版社，2011.

［29］胡晓义 . 走向和谐：中国社会保障发展 60 年［M］. 北京：中国劳动社会保障出版社，2009.

第六章　内蒙古城乡医疗保障统筹发展研究

第一节　内蒙古城乡医疗保障的实施现状与存在的问题

2009 年新一轮医药卫生体制改革实施以来，国家和自治区分别出台了医药卫生体制改革总体规划、2009—2011 年近期目标规划、医药卫生体制改革“十二五”规划。经过努力，各项配套政策措施陆续出台，医疗保障体系和医疗卫生供给机制不断健全和完善，为新时期继续深化医药卫生体制改革奠定了坚实的基础。“十二五”期间的医改将力争在健全医保体系、巩固基本药物制度及基层医疗机构运行机制、积极推进公立医院改革三个方面取得重点突破。其中建立和完善覆盖城乡全体公民的医疗保障体系是医改工作的重中之重。

一、内蒙古城乡医疗保障的发展现状

医改启动实施前三年，也就是 2009—2011 年，是医改的起步阶段，也是医疗保障制度建设和扩大覆盖面的关键时期。自治区党委和政府统筹医改 5 项重点改革，特别是将医疗保障制度建设与基本药物制度、健全基层医疗卫生服务体系、促进基本公共服务均等化和推进公立医院改革相衔接，同步推进。基本药物制度在基层初步建立起来，基层服务体系薄弱的现状明显改善，为医疗保障制度的完善提供了相关配套政策支持。这个阶段医疗保障着眼于保基本、低水平、广覆盖。工作的重点是完善医保政策、健全医保制度、扩大医保覆盖范围。国家和自治区各级财政加大了医改投入，医疗保障制度建设取得了明显进展和初步成效，实现了阶段性改革目标，我区医疗保障水平较医改启动前的 2008 年有了大幅提高。人民群众看病就医的公平性、可及

性、便利性得到较大改善，“看病难”，“看病贵”问题有所缓解，健康状况得到了一定程度的改善。医疗保障制度的完善为维护民族团结和社会稳定，以及促进经济发展创造了良好条件。

（一）城乡医疗保障体系逐步健全

建立了以基本医疗保险制度与医疗救助制度相结合的多层次的基本医疗保障制度体系，实现社会保险项目与社会救助项目在保障功能上的互补。城镇职工基本医疗保险、城镇居民基本医疗保险和新型农村牧区合作医疗各司其职、有序协调发展，实现了基本医疗保险制度的全覆盖。探索建立了重特大疾病保障制度。鼓励有条件的群众积极参加商业健康保险，充分发挥商业保险的社会保障功能，满足更高层次的医疗保障需要。

（二）城乡医疗保障覆盖范围逐步扩大

根据《内蒙古自治区 2014 年国民经济和社会发展统计公报》数据，截至 2014 年末，全区职工医保、城镇居民医保、新农合 3 项基本医保制度覆盖人群达到 2287.4 万人，参保率达到 91.3%。其中：参加城镇基本医疗保险人数 998.1 万人，比上年增长 1.2%，分别有 470.7 万城镇职工和 527.4 万城镇居民参加城镇基本医疗保险；参加农村合作医疗的农牧民数为 1289.3 万人，比上年增长 2.2%。在此基础上，通过多方筹资有效解决了关闭破产企业退休人员、困难企业职工、在校大学生、非公有制经济组织从业人员、灵活就业人员和农民工等人群的参保问题。此外，各级政府还加大了医疗救助的财政投入力度，医疗救助在医疗保障体系中的作用逐步发挥，在一定程度上缓解了困难群众的看病就医负担。2014 年享受医疗救助的人数为 133.7 万人次，其中住院救助 12.2 万人次，门诊救助 3.6 万人次，资助参合参保 117.9 万人次，有效缓解了城乡困难群众的就医负担，广大人民群众基本被覆盖城乡的基本医疗保障体系覆盖。①

（三）城乡医疗保障水平逐步提高

首先，从医疗保障水平看，职工医保政策比较稳定，保障水平逐步提高，筹资标准随职工工资标准的上升逐年提高，报销比例和保险封顶线稳中有升，开始探索职工门诊医疗费用统筹试点，并取得了初步成效。职工医保制度保

① 霍晓庆，张晓琳 . 内蒙古提前下拨 3.5 亿元医疗救助补助资金［N］. 内蒙古日报，2014-12-09.

障有力、效果显著，参保职工的基本医疗需求得到保障。其次，城镇居民医保和新农合政府补助标准逐年大幅提高，目前已经达到人均 200 元以上，部分经济条件较好的地区，加大了政府补贴的力度，如鄂尔多斯市的伊金霍洛旗财政补贴达到 712 元。再次，各项医疗保险制度政策范围内住院费用报销比例普遍提高到 70% 左右，城镇居民医保和新农合开展了门诊统筹，建立了特殊病种和部分大额慢性病门诊费用补偿制度，扩大补偿病种范围。儿童先心病、白血病以及重性精神病、终末期肾病、耐多药结核、布病等重大疾病纳入了新农合保障范围。通过完善医疗保险与医疗救助报销的衔接机制，减轻广大群众的看病就医负担。

（四）城乡医疗保障管理服务水平逐步提高

首先，探索建立了医保经办机构与医药服务提供方的谈判机制，引入竞争机制和监督机制，积极推行付费方式改革，探索医疗服务由按项目付费逐步向定额预付改革，通过建立按人头付费、按病种付费等定额付费方式，引导和激励医疗机构控制医疗费用，避免医疗资源浪费。其次，城乡基本医疗保险信息系统建设取得显著成效，城镇基本医疗保险信息实现自治区与盟市、旗县联网，参保人员信息实现电子化管理，并进一步向基层延伸。基本实现自治区、盟市、旗县医保经办机构与医疗服务机构信息系统对接，直接结算费用。

二、内蒙古城乡医疗保障存在的问题

从制度建设的角度来看，经过 5 年的改革，基本医疗保障制度的政策框架已基本形成，基本医疗保障制度基本覆盖了城乡全体居民。但应清晰地认识到当前医疗保障制度建设与运行中仍存在一些突出的问题，特别是随着改革向纵深推进，一些长期隐藏的问题逐步显现。随着经济的发展和社会的进步，人民群众对医疗保障提出了更高的要求，加剧了医疗保障资源供给约束与医疗保障需求日益增长之间的矛盾。

（一）医疗保障水平有待进一步提高

医疗保障制度在运行中不断摸索，逐步改进，但是受多种因素的制约，在总医药费用支出中，医疗保障补偿的比例不高，广大群众仍需承担比较高的医疗费用。因而群众看病就医的负担并未彻底减轻，因病致贫、因病返贫的现象时有发生。造成这种问题的原因是多方面的：一是医保本身的报销比例偏低，尽管住院报销比例能够达到60%～70%，但这是政策范围内的报销比例，实际的报销比例不到全部医疗费用的50%。门诊报销的比例极低，大多数地区在20%～30%，并且有很低的封顶线，门诊统筹所能解决的问题极其有限。二是缺乏医疗保险与医疗救助的衔接机制，加之医疗救助的范围较窄，一些身患重病的低保边缘户无法被纳入医疗救助的范围，医疗救助起付线和封顶线也制约了部分困难群众实际获得的医疗费用补偿数额。三是在实际报销中，没有针对地方病、常见病给予报销优惠，这些疾病在一定地域范围内的发生带有普遍性，因而其造成的医疗负担也带有普遍性，应当给予特殊保障。此外，医保管理部门对定点医院的监管不力，现实中，一些医生违背职业道德，开大处方药、目录外药品，或者是要求患者做没有必要的检查等问题还不同程度地存在，增加了患者的医疗负担。

（二）民族医药纳入药品目录报销范围的数量有限

目前纳入《内蒙古新型农村牧区合作医疗药品目录》的药品共有1558个品种，而城镇基本医疗保险药品目录范围内有药品2582个品种，前者仅为后者的60%。纳入新农合药品目录的药品构成为西药873种，中成药469种，少数民族医药216种，中药饮片只列出了不予支付的药品名称，无具体目录。其中，民族医药占新农合药品目录总数的13.86%。内蒙古在国家基本药物目录307种药品的基础上，又通过增补目录的方式增加了211个种类的药物，这其中少数民族医药有122种，占57.8%。国家的307种基本药物中不含有民族医药，民族医药只能通过地方增补目录的形式成为基本药物，享受报销优惠。122种民族医药仅为总基本药物数量（国家307种，自治区增补211中，合计518种）的23.6%。因此，从以上数据中可以看出，民族医药纳入药品目录的比例尽管比前些年高，但与少数民族对民族医药的需求相比，还略显不足。很多民族医药成本低、疗效好，而且耐药性小，如果能将更多的民族医药纳入药品目录，将有利于少数民族健康水平的提高和医疗费用的节约，也有利于民族医药产业的发展。此外，纳入《内蒙古自治区新型农村牧区合作医疗诊疗服务项目范围》中的诊疗项目所包含的民族诊疗项目也比较少，这些因素制约了民族医药在农村牧区医疗保障中作用的发挥。

（三）筹资水平和统筹层次较低

城镇居民医保和新农合的筹资水平与广大群众的实际医疗保障需求相比，略显偏低。尽管新农合的筹资水平逐年在提高，经过 11 年的发展，筹资水平已经由制度起步时的 30 元提高到现在的 300 元。但筹资标准的总体水平与东部一些地区仍有差距，与城镇职工基本医疗保险筹资水平的差距也比较大。筹资水平制约了新农合保障水平的提高，也制约了新农合在减轻农牧民看病就医负担上的功能发挥。目前，新农合市级统筹仅在个别几个城市试点，大部分地区仍是县级统筹。统筹层次偏低限制了新农合基金在更大范围内的调剂使用，难以在更大范围内分散医疗风险，同时也增加了政府对新农合基金监管的难度。此外，较低的统筹层次也给农牧民异地就医的费用结算造成了一定困难，不利于新农合服务效率的提高。

（四）医疗保障资金短缺与结余并存

在医疗保险制度起步初期，因制度的报销比例较低，城镇职工医保、城镇居民医保和新农合都出现了大量的资金结余。医改实施以来城乡居民政策范围内住院费用报销比例普遍提高了 20% 以上，并且增加了门诊统筹，提升了大病保障能力。以上增加的费用多重挤压医保基金扩增部分，致使自治区部分人口较少的旗县出现了基金超支的情况，其缺口只能由地方财政予以弥补。与此同时，一些地区医保报销比例偏低，报销条件严格，致使医疗保险累计结余基金超过当年统筹基金的 20%，严重影响了医疗保障制度的运行效率和实施效果。可以预见，今后医疗服务需求和医疗费用总体上仍将保持较快上涨的势头，但医保筹资的增长将与经济社会发展水平相适应，逐步趋于稳定，如不采取有效措施，则医保基金的压力和风险是显而易见的。

（五）医药费用增长速度过快

医改实施以来，虽然医保覆盖范围不断扩大，但是卫生总费用上涨的速度非常快。据统计，2008—2010 年底，全区医疗机构门诊人次和入院人次年均增长 9.1% 和 11.9%，同期全区医院门诊人均医疗费和住院人均医疗费年均增长 15.2% 和 11.9%。尽管报销比例不断提高，但是群众负担的部分没有显著下降，有些地方甚至不降反升，少数群众感觉看病更贵、更难了。究其原因，是医药费用的成本控制机制不健全，刺激了医院和患者过度使用医保进行过度检查和过度治疗，既造成了医保资源的浪费，也加重了患者个人的经济负担。

（六）医疗保障服务水平有待进一步提高

首先，医疗保险关系的转移接续制度不健全，农民工等流动就业人员基本医疗保障关系跨制度、跨地区转移接续仍然存在障碍。城镇职工医保、城镇居民医保、新农合和城乡医疗救助之间的衔接机制不健全，医疗保险与医疗救助的功能未能充分整合。其次，基本医疗保障经办管理资源缺乏整合，城乡一体化的基本医疗保障管理制度尚未普遍建立。再次，医保服务网络建设滞后，出院后的医疗费用不能实现跨地区即时结算，需要患者自己垫付资金，增加了贫困患者看病的负担。最后，商业保险发展不充分，商业保险机构经办各类医疗保障管理服务的积极性没有充分调动，通过商业健康保险补充保障的功能尚未充分发挥。

三、内蒙古城乡医疗保障面临的机遇与发展思路

内蒙古城乡医疗保障发展的成绩与问题并存，在新的发展时点上，机遇与挑战并存，需要政府迎难而上，一鼓作气，争取改革的全面胜利。应客观分析和准确把握医疗保障改革所面临的发展机遇，从宏观角度和战略高度对内蒙古医疗保障制度的改革与完善进行长远谋划，立足当前，着眼长远，建立促进内蒙古城乡医疗保障可持续发展的长效机制，促进内蒙古医疗保障事业的蓬勃发展。

（一）内蒙古城乡医疗保障面临的机遇

尽管医疗保障制度改革的深入推进面临诸多困难和挑战，改革的难点进一步聚焦，但改革也面临着难得的历史机遇，只有持续深入推进，才能不断扩大改革成效，巩固改革的前期成果，最终实现改革的长远目标。

1. 政府决心解决群众的医疗保障问题

把基本医疗卫生制度提到国家制度的高度，把医改作为一个政治问题，而不是一个专业技术问题来抓。李克强总理用“开弓没有回头箭”形容了医改工作深入开展的决心。医疗保障制度的完善成为践行科学发展观，构建社会主义和谐社会的重要内容。深入推进医疗保障制度建设是实现党和国家确定了 2020 年前建立覆盖城乡全体居民的较为完善的社会保障体系宏伟战略目标的重要工作环节。政府的重视，是医疗保障制度改革和完善的政治保障。

2. 经济的发展为医疗保障改革提供了财力支持

医改强化了政府责任，增加财政投入，积极推进医疗保障制度建设。国家通过下拨专项补贴、地方财政配套，解决所有关闭破产企业退休人员和困难企业职工参保问题。对符合条件的就业困难人员参加城镇职工医保的参保费用，实行政府补贴政策，政府对城镇居民医保和新农合人均每年补助标准逐年提高，这些举措为扩大基本医疗保险覆盖面和提高保障水平提供了坚实的经济基础。政府通过财政投入扩大医疗救助基金规模，为困难群众参加医疗保险和减轻看病就医经济负担提供支持。政府的财政投入，是医疗保障制度改革与完善的经济保障。

3. 2009—2014 年 5 年的医改积累了经验，增强了信心

5 年的医改积累了经验，增强了信心，为下一阶段深入改革找到了方法和路径。国家的医疗保障整体设计、统筹协调能力逐步增强，主管部门的医疗保障政策制定与执行能力逐步增强，地方政府的医疗保障筹资与服务能力逐步提升。这些经验和成绩的取得鼓舞了改革的斗志，增强了改革的信心，是医疗保障改革深入推进的精神动力和思想基础。

（二）内蒙古城乡医疗保障的发展思路

医疗保障是医改工作的基础环节，医疗保障制度提供的医疗费用资金支持是有效分散疾病风险、缓解群众医药费用负担过重的重要制度安排。依据医疗保障制度面临的突出问题，改革的基本思路是进一步加强城乡医疗保障制度建设，建立以基本医疗保障为主体的多层次医疗保障体系，提高基本医疗保险的参保率和保障水平，引导和扶持商业健康保险发展。加强基本医疗保障管理服务能力建设，推行以支付制度改革为重点的医疗费用控制机制建设。建立覆盖城乡全体居民的较为完善的全民医保体系，并积极推进医疗保障的城乡统筹发展。

1. 坚持多元化筹资、多层次保障的原则

坚持以人为本，把维护人民健康权益作为医疗保障制度建设的最终目标。建立以基本医疗保险为核心的多层次的医疗保障体系。把基本医疗保险作为公共产品向全民提供，但应避免国家和地方财政负担过重。建立和完善个人、单位和国家相结合的多方筹资机制。积极引导和鼓励商业健康保险的发展，发挥商业保险的补充功能，全方位地提供医疗保障服务，满

足群众更高层次的医疗保障需求。建立以政府投入与社会捐助相结合的医疗救助基金筹资渠道，通过医疗救助与医疗保险的衔接，减轻困难群众的医疗负担。

2. 坚持立足区情，因地制宜的原则

建设具有内蒙古特色的医疗保障体制。准确把握自治区医疗保障发展现状和主要矛盾，坚持医疗保障水平与国民经济和社会发展水平相协调、与人民群众的承受能力相适应。充分发挥蒙中医药作用，优先将民族医药和民族诊疗纳入基本医疗保险报销范围，并提高报销比例。坚持因地制宜、分类指导，更加注重牧区、边境地区、人口较少民族地区和贫困地区的医疗保障事业的发展，建立符合区情的基本医疗保障制度，探索医疗保障城乡统筹的现实可行路径。

3. 兼顾公平与效率的原则

医疗保障制度建设立足维护社会公平的公共政策目标，以追求社会效益为目标增加公共财政投入，强化政府在基本医疗保障制度中的责任，加强政府在制度、规划、筹资、服务、监管等方面的职责，维护基本医疗保障制度的公益性，促进公平、公正、公开。同时，在医疗保障资源配置和服务提供方面，采用政府主导与发挥市场机制作用相结合的方式，兼顾公平与效率。注重发挥市场机制作用，动员社会力量参与，促进有序竞争机制的形成，提高整体运行效率和服务水平与质量，满足人民群众多层次、多样化的医疗保障需求。

4. 坚持城乡统筹发展的原则

坚持统筹兼顾，把完善制度体系与解决当前突出问题结合起来。理顺医疗保险机构、医疗服务机构和参保群众三方之间的关系，统筹制定改革方案和政策措施。坚持城乡统筹推进的原则，努力缩小城乡、地区、不同收入群体之间基本医疗保障覆盖范围和保障水平的差距，建立起规范完善方便快捷的城乡医疗救助制度。既要立足当前，又要着眼长远，逐步实现城乡基本医疗保障制度的统一和服务资源的整合。创新体制机制，着力解决医疗保障制度中存在的突出问题，既要注重整体设计，明确总体改革方向目标和基本框架，又要突出重点，分阶段、分步实施，积极稳妥有序地推进改革。

5. 坚持先行试点，逐步推开的原则

医疗保障制度改革涉及面广、情况复杂、政策性强，一些重大改革要先行试点，逐步推开。各盟市可结合实际，创新改革方式，开展多种形式的改革试点，注意总结和积累经验，不断深入推进改革，采取自下到上、由外到内逐步深入、持续攻坚的推进策略，确保医疗保障改革能够顺利进行，并取得积极效果，避免由于决策失误造成的巨大损失。

第二节　内蒙古城乡医疗保障统筹发展的必要性与可行性

内蒙古医疗保障事业的发展与国家统一的医疗保障发展进程基本同步，但在一些方面显现出一定的滞后性，影响了内蒙古民生事业的发展进程，也制约了国家社会保障整体水平的提升。当前，我国正进入经济转轨和社会转型的关键时期，由计划经济向市场经济的转轨，对作为市场经济配套制度的社会保障制度提出了更高的要求，由传统农业社会向现代工业社会转型，对作为社会风险管理手段的社会保障制度是一种严峻的考验。特别是疾病风险，具有广泛性、普遍性和偶然性的特征，如果缺乏现代化的医疗风险管理机制和化解机制，将严重影响到本地区居民的健康状况，也会影响到患者家庭的正常生活和可持续生计能力，导致一些家庭深陷因病致贫和因病返贫的困局无法摆脱。随着国家和自治区各项民生政策的制定与落实，以及医疗卫生体制改革的逐步深化，内蒙古医疗保障制度建设机遇与挑战并存、问题与思路共生，推进城乡统筹的医疗保障制度建设，是完善和优化内蒙古社会保障制度的重要举措。

一、内蒙古城乡医疗保障统筹发展的必要性

城乡医疗保障统筹发展是内蒙古经济社会发展的内在要求，是内蒙古城镇化发展的现实需要，是有效解决内蒙古城乡医疗保障面临的制度公平性问题的可行措施。城乡医疗保障统筹发展有利于促进内蒙古城乡劳动力的有序流动，有利于促进内蒙古经济的健康发展，也有利于维护内蒙古的社会稳定

与和谐，是促进北部边疆安全的社会制度保障。

（一）医疗保障城乡统筹是经济社会发展的内在要求

在计划经济体制下形成的城乡二元结构，导致农业人口无法像城镇居民一样享受国家提供的医疗保障，长期徘徊于福利制度的边缘。随着经济的发展和社会的进步，农民的权利意识增强，提出了医疗保障城乡统筹的利益诉求。政府高度关注城乡发展差距问题，采取了一系列举措缩小城乡差异。当前我们已经进入工业反哺农业、城市反哺农村的重要历史时期，解决“三农”问题成为各级政府工作的核心和重心所在。通过建立城乡统筹的医疗保障制度，可以提高医疗保障的普惠性、拓展公平性，提高农业人口的医疗保障水平，与城镇居民平等地分享国家和地区经济社会发展成果。

（二）医疗保障城乡统筹是城镇化发展的现实需要

新型城镇化战略被认为是解决“三农”问题、缩小城乡差距的重要举措，也是构建和谐社会、小康社会以及践行科学发展观促进经济社会可持续发展的内在要求。城镇化的标志是城镇人口占总人口的比例上升，城镇土地面积占总土地面积比例的提高，以及工业化率的提高。毋庸置疑，城镇化是与经济的发展和第三产业的繁荣相伴而生的，但城镇化绝不仅仅是单一经济领域的变迁，也需要相关公共政策与社会政策配套。因此，建立城乡统筹的医疗保障制度是城镇化发展的现实需要。

（三）医疗保障城乡统筹有利于城乡劳动力的有序流动

市场经济的发展需要建立城乡统一的劳动力市场，发挥市场在劳动力资源配置中的主体性作用。当前，劳动力的流动以农民工进城务工为主体，外出务工已经成为农民脱贫致富的主要渠道。除此之外，还包括劳动力在城市之间的流动、行业之间的流动和企业之间的流动。中国流动人口的规模已经超过 2.5 亿，成为一个新兴的庞大的社会群体和社会阶层。制约人口流动的因素，除了户籍制度，最主要的就是社会保障制度的城乡分割，以及跨统筹区域流动的社会保障关系衔接与转移接续障碍。建立城乡统筹的医疗保障制度，有利于农民工等流动人口平等地分享医疗保障待遇，解除人口流动的后顾之忧，实现劳动力资源的最优化配置。

（四）医疗保障城乡统筹有利于维护社会稳定

城乡居民之间的收入差距和福利差距已经成为影响当前中国社会稳定的

主要因素之一。社会保障是社会的“安全网”和“减震器”，是重要的柔性维稳工具，也是社会政策的核心构件。作为社会保障的核心制度，城乡分割的医疗保障，不但无法发挥社会保障制度的收入再分配功能，缩小城乡差距，维护社会稳定，甚至还会进一步扩大城乡差距，引发社会矛盾，影响社会稳定。建立城乡统筹的医疗保障制度，有利于减轻城乡居民的医疗负担，使城乡居民平等地获得医疗费用补偿，维护其合法的健康权益。建立城乡统筹的医疗保障制度，有利于在更大范围内分散医疗风险，根据保险的大数法则，可以在更大的统筹范围内调剂使用医保基金，增强医保基金的互助共济能力，避免因初次分配的收入差异造成的医疗待遇不均等，减少因社会分配机制不公平造成的心理失衡和社会冲突与对抗，有效治理社会风险与公共危机，促进社会和谐。

（五）医疗保障城乡统筹有利于促进经济发展

消费、投资和净出口是拉动经济发展的“三驾马车”。完善的医疗保障制度，能够解除劳动者和居民的后顾之忧，激发消费热情和消费潜能，促进经济的发展。内蒙古巨大的消费潜能在农村，城乡统筹的医疗保障有利于农村消费潜能的释放，成为内蒙古经济增长的不竭动力，也是推动内蒙古经济发展方式向内需驱动型转变的重要制度保障。建立城乡统筹的医疗保障制度，有利于扩大医疗保障的覆盖面，提高医疗保障的待遇水平，促进医药产业的发展，特别是民族医药和中医药产业的发展，使之成为内蒙古新的经济增长点。

二、内蒙古城乡医疗保障统筹发展的可行性

内蒙古医疗保障城乡统筹需要一定的经济基础、思想基础与组织基础，这是实现制度整合的必要保障，也是推进内蒙古医疗保障城乡一体化可能与可为的必要条件。综观国内外已经实现医疗保障城乡统筹的国家和地区，内蒙古当前的经济社会发展状况已经具备了实现城乡医疗保障统筹发展的基础性条件。我们应该充分利用这一有利时机，积极推进内蒙古医疗保障城乡统筹发展进程，加快城乡医疗保障的制度创新与机制创新，实现医疗保障的管理服务现代化。

（一）内蒙古医疗保障城乡统筹的经济基础

生产力决定生产关系，经济基础决定上层建筑，这是社会发展变迁的一般规律。内蒙古医疗保障的城乡统筹需要建立在一定的物质基础之上，唯有如此，才能够稳固和可持续。新中国成立后，国家先后出台了一系列政策，促进民族地区的经济发展，解放和发展了民族地区的生产力，民族地区的现代工业体系初具规模，如内蒙古的包钢已经成为我国重要的钢铁生产基地。特别是改革开放后，在“西部大开发”“振兴东北老工业基地”和“中部崛起”的重大战略支持下，内蒙古经济实现了快速发展。例如，2002—2009 年内蒙古的经济增速连续 8 年保持全国第一，GDP 总量也跃居中等行列。与此同时，内蒙古产业优化升级加速，通过加大固定资产投资和基础设施投资，提升经济发展的潜力和竞争力。经济的发展，带动地方财政收入的增长，为建立城乡统筹的医疗保障体系提供了坚实的物质保障。

（二）内蒙古医疗保障城乡统筹的思想基础

进入 21 世纪，普惠、平等、共享成为社会保障的核心价值理念，构建具有中国特色的社会主义福利社会成为社会发展的未来目标。民族平等、民族团结、各民族共同繁荣是我国民族政策的核心价值理念。以上价值理念是推进内蒙古医疗保障制度城乡统筹的思想基础，即所有公民，无论性别、身份、地位、民族、职业、阶层，都能公平地享有基本的医疗保障和公共卫生服务。农村居民与城镇居民应该享有相同质量的医疗服务，应消除制度的城乡差异、农村与牧区的差异，建立城乡统筹的医疗保障政策体系与医疗卫生服务体系。

（三）内蒙古医疗保障城乡统筹的组织基础

逐步健全的城乡医疗保障管理体制是内蒙古医疗保障城乡统筹的组织基础。我国社会保障的主管部门多次调整，但长期以来，一直是多部门管理格局。尽管 1998 年建立了劳动与社会保障部，2008 年调整为人力资源和社会保障部，但该部门仅负责社会保险事务，更多的社会救助、社会福利和社会优抚事务仍由民政部负责。此外，新型农村合作医疗又是由卫生部门负责的。各个社会保障的业务主管部门都建立了从国家到省、市、县的行政管理机构，建立了深入街道乡镇、社区和村的业务经办体制。部分社会保障事务的经办机构已经开始逐步城乡整合。例如，新农保与城居保统一由人社部门负责，部分地区新农合与城镇居民医保由人社部门或卫生部门统一管理，城乡救助与服务事务由民政部门统一管理。医疗保障经办机构的整合与网点配置是推进内蒙古医疗保障城乡统筹的组织基础。此外，医疗保障的管理与服务还可以充分发挥商业保险等市场主体的积极作用，构建多层次的医疗保障服务网络。另外，各类社会组织的发展壮大，也拓展了医疗保障的业务经办主体范围。积极发挥社会组织的第三方服务与监督优势，可以有效提高城乡医疗保障的服务效率和实施效果。总之，推进内蒙古城乡医疗保障统筹发展的组织基础已经基本具备，业务经办队伍的专业化水平也在不断提高，这是全面深化医保改革的组织与人力资源保障。

（四）内蒙古医疗保障城乡统筹的实践基础

内蒙古在改革公费医疗和劳保医疗制度的基础上，逐步建立了与市场经济体制相适应的以医疗保险为主体、以医疗救助和商业保险为补充的现代医疗保障制度体系。内蒙古城乡医疗保障制度建设以"广覆盖、保基本"为原则，充分体现了政府、企业和个人相结合的责任共担机制和筹资保障机制。内蒙古城乡医疗保障制度从无到有，从不完善到体系基本健全，经历了漫长的探索与调整过程。通过10多年的实践，在医疗保障的财政投入体制、医疗卫生服务机构建设、卫生专业技术人才培养和城乡医疗保障的制度扩面方面，均取得了显著的成绩，为内蒙古城乡医疗保障统筹发展奠定了坚实的制度实践基础。以下依据《内蒙古自治区经济和社会发展统计公报（2005—2014）》的数据，对该阶段内蒙古城乡医疗卫生供给与保障的制度实践进行分析与评价。

1. 医疗保障的财政投入体制逐步完善

党的十七大以后，内蒙古各级政府加大了民生领域的公共财政投入，其中医疗卫生支出占地方财政支出的比重逐年增加，由2007年的4.03%增加到2013年的5.31%，增长了1.28%，医疗卫生支出的绝对值由2007年的43.66亿元增加到2013年的195.53亿元，增长了151.87亿元。以下为内蒙古2007—2014年医疗卫生财政支出的详细数据。

2007年地方财政支出1083.57亿元，比上年增长33.4%。其中，社会保障和就业支出151.19亿元，比上年增长33%；医疗卫生支出43.66亿元，增长43.2%；教育支出153.36亿元，增长38.3%。

2008年地方财政支出1455.48亿元，比上年增长34.5%。其中，社会保障和就业支出191.82亿元，比上年增长26.2%；医疗卫生支出59.46亿元，增长35.5%；教育支出205.84亿元，增长34%。

2009年地方财政支出1925.13亿元，比上年增长32.3%。公共与民生领域成为支出的重点，其中，一般公共服务支出299.83亿元，比上年增长24.1%；社会保障和就业支出274.57亿元，增长43.4%；医疗卫生支出102.09亿元，增长70.7%；教育支出243.32亿元，增长17.9%；环境保护支出96.99亿元，增长21.7%。

2010年地方财政支出2280.47亿元，比上年增长18.4%。2010年，公共与民生领域仍然是支出的重点，其中，一般公共服务支出258.48亿元，比上年增长15.1%；社会保障和就业支出291.33亿元，增长20.2%；医疗卫生支出120.20亿元，增长16.8%；教育支出328.46亿元，增长34.9%；环境保护支出107.22亿元，增长9.5%。

2011年地方财政支出2989.21亿元，比上年增长31.5%。2011年，公共与民生领域仍然是支出的重点。其中，一般公共服务支出304.53亿元，比上年增长19.6%；社会保障和就业支出363.97亿元，增长24.5%；医疗卫生支出164.59亿元，增长36.3%；教育支出390.69亿元，增长21.3%。

2012年公共财政预算支出3425.99亿元，增长14.6%。2012年，公共与民生领域仍然是支出的重点。其中，一般公共服务支出341.84亿元，增长12.3%;社会保障和就业支出435.47亿元，增长19.6%;医疗卫生支出177.91亿元，增长8.1%;教育支出439.97亿元，增长12.6%。

2013年公共财政预算支出3682.15亿元，增长7.5%。2013年，民生和重点社会事业支出得到较好的保障。其中，社会保障和就业支出488.2亿元，增长12.1%；医疗卫生支出195.53亿元，增长9.9%；教育支出457.94亿元，增长4.1%。

2014年完成公共财政预算收入1843.2亿元，公共财政预算支出3884.2亿元，分别增长7.1%和5.4%。民生和重点社会事业支出得到较好的保障。其中，社会保障和就业支出532.2亿元，增长8.4%；教育支出475.6亿元，增长4.1%。全年共下拨“十个全覆盖”工程资金50亿元。

2. 医疗卫生服务机构建设力度加大

内蒙古加大医疗卫生服务机构的建设力度，特别是加强农村牧区基层医疗卫生机构建设，建立了县、乡、村三级医疗卫生服务供给机制，提高了基层医疗服务的供给能力。2005—2014 年，内蒙古医疗卫生机构由 3774 家增加到 23426 家，增幅为 521%，年均增长 52.1%；医疗机构病床数由 6.94 万张增加至 12.9 万张，增幅为 85.87%。以下为内蒙古该阶段医疗卫生服务机构和床位数的详细数据。

2005 年末，全区共有卫生机构 3774 家，比上年增加 59 家。其中，医院 476 家，增加 4 家；农村牧区卫生院 1330 家，疾病预防控制机构 146 家，妇幼卫生机构 116 家。全区医疗卫生单位拥有病床 6.94 万张，比上年增加 0.3 万张。其中，医院拥有病床 5.06 万张，乡镇卫生院拥有病床 1.31 万张，妇幼卫生机构拥有病床 0.24 万张。

2006 年末，全区共有卫生机构 3693 家。其中，医院 474 家，农村牧区卫生院 1325 家，疾病预防控制机构 140 家，妇幼卫生机构 113 家，专科疾病防治院（所）51 家。全区医疗卫生单位拥有病床 7.03 万张，比上年增长 1.2%。其中，医院拥有病床 5.15 万张，乡镇卫生院拥有病床 1.31 万张，妇幼卫生机构拥有病床 0.24 万张。

2007 年末，全区共有卫生机构 3755 家。其中，医院 475 家，农村牧区卫生院 1338 家，疾病预防控制机构 140 家，妇幼卫生机构 113 家，专科疾病防治院（所）51 家。全区医疗卫生单位拥有病床 7.06 万张，比上年增长 0.4%。其中，医院拥有病床 5.17 万张，乡镇卫生院拥有病床 1.33 万张，妇幼卫生机构拥有病床 0.24 万张。

2008 年末，全区共有卫生机构 7966 家，比上年增加 113 家。其中，医院 479 家，农村牧区卫生院 1325 家，疾病预防控制机构 140 家，妇幼卫生机构 114 家，专科疾病防治院（所）54 家。全区医疗卫生单位拥有病床 7.4 万张，比上年增长 0.2%。其中，医院拥有病床 5.26 万张，乡镇卫生院拥有病床 1.31 万张，妇幼卫生机构拥有病床 0.24 万张。

2009 年末，全区共有卫生机构 7781 家，比上年增加 358 家。其中，医院 471 家，农村牧区卫生院 1328 家，疾病预防控制机构 133 家，妇幼卫生机构 116 家，专科疾病防治院（所）50 家。全区医疗卫生单位拥有病床 7.84 万张，比上年下降 3.7%。其中，医院拥有病床 6.21 万张，乡镇卫生院拥有病床 1.56 万张，妇幼卫生机构拥有病床 0.29 万张。

2010年末，全区共有卫生机构7792家，其中，医院468家，农村牧区卫生院1307家，疾病预防控制机构127家，妇幼卫生机构117家，专科疾病防治院（所）48家。全区医疗卫生单位拥有病床9.73万张，比上年增长11.5%，其中，医院拥有病床7.16万张，乡镇卫生院拥有病床1.60万张，妇幼卫生机构拥有病床0.27万张。

2011年末，全区共有卫生机构22845家，其中，医院491家，农村牧区卫生院1326家，疾病预防控制机构121家，妇幼卫生机构117家，专科疾病防治院（所）50家。全区医疗卫生单位拥有病床10.57万张，比上年增长8.1%，其中，医院拥有病床7.29万张，乡镇卫生院拥有病床1.69万张，妇幼卫生机构拥有病床0.29万张。

2012年末，全区共有卫生机构23055家，其中，医院519家，农村牧区卫生院1329家，疾病预防控制机构119家，妇幼卫生机构116家，专科疾病防治院（所）52家。全区医疗卫生单位拥有病床11.08万张，增长9.9%，其中，医院拥有病床8.23万张，乡镇卫生院拥有病床1.75万张，妇幼卫生机构拥有病床0.31万张。

2013年末，全区共有卫生机构23264家，其中，医院566家，农村牧区卫生院1332家，疾病预防控制机构119家，妇幼卫生机构116家，专科疾病防治院（所）53家。全区医疗卫生单位拥有病床12.02万张，增长8.5%，其中，医院拥有病床9.17万张，乡镇卫生院拥有病床1.79万张，妇幼卫生机构拥有病床0.33万张。

2014年末，全区共有卫生机构23426家，其中，医院639家，农村牧区卫生院1335家，疾病预防控制机构119家，妇幼卫生机构117家，专科疾病防治院（所）53家。全区医疗卫生单位拥有病床12.9万张，增长7.5%，其中，医院拥有病床9.9万张，乡镇卫生院拥有病床1.9万张，妇幼卫生机构拥有病床0.3万张。

3. 卫生专业技术人才规模扩大

卫生技术人才短缺始终是制约内蒙古医疗卫生体制改革的主要障碍，也影响到城乡医疗保障制度的实施效果。解决百姓“看病难”“看病贵”的问题，既需要为其提供医药费报销的经济保障，也需要完善的服务保障与服务递送机制。近些年，内蒙古加大了卫生技术人才的培养力度，并通过制定鼓励政策，吸引医疗卫生技术人才到基层工作，夯实了基层医疗卫生的基础。2005—2014 年，全区卫生技术人员由 10.26 万人增加至 15.4 万人，年均增长 5%。以下为内蒙古该阶段卫生技术人才的详细数据。

2005 年末，全区拥有卫生技术人员 10.26 万人。其中，医院 5.41 万人，乡镇卫生院 1.79 万人，疾病预防控制机构 0.63 万人，妇幼卫生机构拥有 0.46 万人；执业医师、助理医师 5.03 万人，注册护士 2.71 万人。农村牧区卫生事业不断加强，拥有农村牧区村级卫生室 1.24 万个，乡村医生和卫生员 1.70 万人。

2006 年末，全区拥有卫生技术人员 10.23 万人。其中，医院 5.37 万人，乡镇卫生院 1.71 万人，疾病预防控制机构 0.56 万人，妇幼卫生机构 0.44 万人；执业医师、助理医师 5.04 万人，注册护士 2.76 万人。农村牧区卫生事业不断加强，拥有农村牧区村级卫生室 1.31 万个，拥有乡村医生和卫生员 1.77 万人，分别比上年增长 5.7% 和 4.5%。

2007 年末，全区拥有卫生技术人员 10.26 万人。其中，医院 5.38 万人，乡镇卫生院 1.72 万人，疾病预防控制机构 0.56 万人，妇幼卫生机构拥有 0.44 万人；执业医师、助理医师 5.06 万人，注册护士 2.80 万人。农村牧区卫生事业不断加强，拥有农村牧区村级卫生室 1.33 万个，乡村医生和卫生员 1.80 万人，分别比上年增长 1.6% 和 1.5%。

2008 年末，全区拥有卫生技术人员 10.62 万人。其中，医院 5.84 万人，乡镇卫生院 1.72 万人，疾病预防控制机构 0.57 万人，妇幼卫生机构拥有 0.47 万人；执业医师、助理医师 4.9 万人，注册护士 3.12 万人，均比上年有所增加。农村牧区卫生事业不断加强，拥有农村牧区村级卫生室 1.56 万个，拥有乡村医生和卫生员 1.67 万人，分别比上年增长 3.8% 和 1.9%。

2009 年末，全区拥有卫生技术人员 11.69 万人，比上年末增长 6.2%。其中，医院拥有 6.51 万人，乡镇卫生院拥有 1.73 万人，疾病预防控制机构拥有 0.5 万人，妇幼卫生机构拥有 0.51 万人；执业医师、助理医师 5.18 万人，注册护士 3.48 万人，分别比上年增长 3.9% 和 10.1%。农村牧区卫生事业不断加强，拥有农村牧区村卫生室 1.47 万个，拥有乡村医生和卫生员 2.04 万人，分别比上年增长 3.6% 和 12.9%。

2010 年末，全区拥有卫生技术人员 14.50 万人，比上年末增长 23.7%，其中，医院拥有 8.51 万人，乡镇卫生院拥有 1.94 万人，疾病预防控制机构拥有 0.61 万人，妇幼卫生机构拥有 0.56 万人。执业医师、助理医师 5.32 万人，注册护士 3.75 万人，分别比上年增长 2.5% 和 7.4%。农村牧区卫生事业不断加强，拥有农村牧区村卫生室 1.04 万个，拥有乡村医生和卫生员 3.42 万人。

2011 年末，全区拥有卫生技术人员 13.17 万人，比上年末增长 4.7%，其中，医院拥有 7.42 万人，乡镇卫生院拥有 1.77 万人，疾病预防控制机构拥有 0.48 万人，妇幼卫生机构拥有 0.49 万人。执业医师、助理医师 5.78 万人，注册护士 4.25 万人，分别比上年增长 2.7% 和 11.2%。农村牧区卫生事业不断加强，拥有农村牧区村卫生室 1.43 万个，拥有乡村医生和卫生员 2 万人。

2012 年末，全区拥有卫生技术人员 14 万人，比上年末增长 6.2%，其中，医院拥有 8.05 万人，乡镇卫生院拥有 1.77 万人，疾病预防控制机构拥有 0.48 万人，妇幼卫生机构拥有 0.52 万人。执业医师、助理医师 5.96 万人，注册护士 4.68 万人，分别增长 4.1% 和 10%。农村牧区卫生事业不断加强，拥有农村牧区村卫生室 1.4 万个，拥有乡村医生和卫生员 1.94 万人。

2013 年末，全区拥有卫生技术人员 14.81 万人，比上年末增长 5.9%，其中，医院拥有 8.91 万人，乡镇卫生院拥有 1.76 万人，疾病预防控制机构拥有 0.47 万人，妇幼卫生机构拥有 0.52 万人，执业医师、助理医师 6.21 万人，注册护士 5.24 万人。农村牧区拥有村卫生室 1.4 万个，拥有乡村医生和卫生员 1.96 万人。

2014 年末，全区拥有卫生技术人员 15.4 万人，比上年末增长 4.3%，其中执业医师、助理医师 6.2 万人，注册护士 5.7 万人。农村牧区拥有村卫生室 1.4 万个，拥有乡村医生和卫生员 1.8 万人。

4. 城乡医疗保障的制度扩面成效显著

城乡医疗保障统筹发展是以城乡医疗保障制度的广覆盖为基础的，只有同步推进医疗保障的制度全覆盖和人群全覆盖，才能为内蒙古医疗保障的城乡统筹发展提供群众基础和医疗风险分散机制。内蒙古城镇职工基本医疗保险参保人数由 2005 年的 206.02 万人增加到 2014 年的 470.7 万人，年均增加 26.47 万人。内蒙古新型农村牧区合作医疗的试点旗县由 2005 年的 12 个增加到 2010 年的 98 个，目前已实现制度全覆盖，参合人数由 2005 年的 204.75 万人增加到 2014 年的 1289.3 万人，10 年增长了 5.3 倍。2007 年建立城镇居民基本医疗保险后，制度扩面也十分迅速，截至 2014 年底，参保人数已经达到 527.4 万人。以下为该阶段内蒙古城乡医疗保障覆盖人群的详细数据。

2005 年，开展新型农村合作医疗试点的旗县达到 12 个，比上年增加 5 个；覆盖农村牧区人口 204.75 万人，比上年增长 99%。全年有 206.02 万职工和 85.98 万离退休人员参加了基本医疗保险。

2006 年，开展新型农村合作医疗试点的旗县达到 39 个，比上年增加 27 个；覆盖农村牧区人口 662.89 万人，比上年增加 461.9 万人。全年有 223.01 万职工和 93.13 万离退休人员参加了基本医疗保险。

2007 年，开展新型农村合作医疗试点的旗县达到 95 个，比上年增加 56 个；覆盖农村牧区人口 1335 万人，比上年增加 672.1 万人。全年全区参加基本医疗保险人数 352.6 万人，比上年增长 11.5%；全年有 248.75 万职工和 103.85 万退休人员参加了基本医疗保险。

2008 年，开展新型农村合作医疗试点的旗县达到 95 个，覆盖农村牧区人口 1434.4 万人，其中，实际参加农村合作医疗的农牧民 1180 万人，比上年增长 6.5%。全年参加基本医疗保险人数 373.7 万人，比上年增长 6%；全年有 265.06 万职工和 108.64 万退休人员参加了基本医疗保险，分别比上年增长 6.6% 和 4.6%。

2009 年，开展新型农村合作医疗试点的旗县达到 95 个，覆盖农村牧区人口 1435.7 万人，其中，实际参加农村合作医疗的农牧民 1108 万人。全年参加基本医疗保险人数 410.36 万人，比上年增长 9.8%；全年有 292.84 万职工和 117.52 万退休人员参加了基本医疗保险，分别比上年增长 10.5% 和 8.2%。

2010 年，开展新型农村合作医疗试点的旗县达到 98 个，覆盖农村牧区人口 1309.37 万人，其中，实际参加农村合作医疗的农牧民 1214.63 万人。全年参加基本医疗保险人数 886.37 万人，比上年增长 10.1%；全年有 309 万职工和 124.54 万退休人员参加了基本医疗保险，分别比上年增长 5.5% 和 6%。

2011 年末，参加基本医疗保险人数有 907.2 万人，比上年增长 2.4%；全年有 310.24 万职工和 127.85 万退休人员参加了基本医疗保险，分别比上年增长 0.4% 和 2.7%。

2012 年末，参加基本医疗保险人数有 967.52 万人，增长 6.6%；全年有 455.09 万职工和 132.14 万离退休人员参加了基本医疗保险，分别增长 3.9%

和 6.3%。

2013 年末，参加基本医疗保险人数有 986.21 万人，增长 1.9%；全年有 464.5 万职工和 134.47 万离退休人员参加了基本医疗保险，分别增长 2.1% 和 1.8%。

2014 年末，全区参加基本医疗保险人数有 998.1 万人，增长 1.2%；有 470.7 万职工参加了基本医疗保险，增长 1.3%。参加农村合作医疗农牧民数为 1289.3 万人，增长 2.2%。

第三节　医疗保障的国际经验借鉴

医疗保障制度改革与城乡统筹推进是世界性的难题，纵观社会医疗保障制度诞生 100 多年的历史，发达国家和发展中国家根据自身的经济发展水平和社会发展状况，在借鉴他国成功经验的同时，结合本国历史文化进行医疗保障模式的创新，呈现出不同的发展路径。西方发达国家建立的覆盖城乡全体居民的、公平普惠的医疗保障制度体系既是我国医疗保障制度改革的目标，也是需要我们认真思考的医疗保障模式选择与路径设计问题，我们不能简单复制国外的成功模式，因为未必会适应我国的现实国情，未必与我国的传统文化相融，我们需要在国际比较的视野中学习经验、吸取教训，避免失败，少走弯路，使有限的医疗保障资源得到最优化配置，发挥出规模效应和改革的外部正效应。

一、发达国家的医疗保障

发达国家指经济发展水平和社会发展程度较高的国家，也称作工业化国家。通常是指经济合作与发展组织（OECD）的 24 个成员国，其中以美国、德国、日本最为发达。第二次世界大战以后，科技革命的技术创新成果被广泛应用到社会生产和经济建设领域，加之雄厚的资本积累和基础设施建设基础，部分资本主义国家劳动生产率提高，经济保持快速增长，成为发达国家。经济上的发达为国家积累财富提供了可能，税收收入增加扩充了政府财力，为政府通过收入再分配和财政转移支付加强社会建设提供了经济和物质基础。发达国家不仅经济在世界上占据重要地位，对世界经济结构与政治格局调整产生较大影响，其自身的社会发展程度也不断提升。发达国家通过建立完善的社会保障与社会福利制度，提升国民的生活水平和幸福指数。通过建立覆盖全民的城乡一体的医疗保障制度体系，降低人口死亡率，提高人口预期寿命和健康水平。通过合理划分政府与市场的责任边界，有效避免了医疗保障和医疗服务供给的市场失灵和政府失灵，提高了医疗保障资源的配置效率和配置效果。发达国家在推行医疗改革和医疗保障制度建设方面，取得了举世瞩目的成就，形成了多种全民医疗保障模式和制度结构，其经验值得借鉴与推广。

（一）美国的医疗保障

从制度模式上看，世界医疗保障制度可以划分为四种模式，即国家医疗保障模式、社会医疗保障模式、市场化医疗保障模式和全民保健模式。美国属于典型的市场化医疗保障模式，其医疗保障采用市场供给模式，按照市场竞争规则运作。美国的市场化医疗保险在实施中遇到了诸如外部性、信息不对称等市场失灵问题，政府也曾试图建立社会化的医疗保障制度来纠正市场失灵，但受美国民众崇尚自由、平等的文化影响，这些改革至今仍然举步维艰。在美国经济社会生活的各个领域都普遍推崇市场的功能，尽可能减少政府的干预以及对个人自由选择权利的干涉。在医疗保障领域也不例外，美国政府仅仅提供十分有限的医疗保障公共福利，绝大多数社会成员的医疗保障依靠市场机制解决。

美国有限的医疗社会保障主要包括由政府提供的“医疗照顾”（Medicare）和“医疗补助”（Medicaid）计划，由政府出资解决贫困者、儿童和老年人的医疗保障问题，主要提供紧急治疗和基本医疗服务，这在一定程度上体现了医疗服务和医疗资源配置的公益性与福利性。[①] 但政府承担责任的医疗保障对象十分有限，更多的公民的医疗保障需求是通过市场化机制得到满足的。

美国商业医疗保险完全按市场化规则运作，包括私营医疗保险与合作型

---

① 赵要军，王禄生．中国、美国、泰国三国医疗保险制度比较分析［J］．中国卫生经济，2009，11：41-44.

医疗保险，营利性医疗保险与非营利性医疗保险（如美国的蓝盾和蓝十字），有全国性的保险公司，也有地区性的保险公司。险种可以细分为几十个类别供参保者选择，保险产品的多样性能够满足公民的多层次医疗保障需求。由于保险公司和险种的选择余地较大，通常投保人需要借助保险中介选择保险机构和投保险种，因而保险环节增加，成本上升，参保人需要支付的费用增多。为了控制医疗费用过快上涨，美国试图通过强化市场机制、促进竞争机制与监督机制完善等措施实现对医疗费用的有效控制。保险机构既管医疗机构和医生，也管病人。保险机构与医疗机构或医生签订医疗服务协议，患者治疗结束后，由保险公司审核医疗费用并进行结算，对于医疗效果不理想和恶意增加医疗费用的医疗机构和医生，保险机构将取消与其合作的协议，替换更有优势的医疗机构和医生。此外，美国还存在医疗机构与保险公司的一体化组织形式，如健康维持组织（HMO）。这种保险与医疗服务的一体化模式通常为其参保者提供两方面的服务，即医疗服务供给和医疗费用补偿。参保人缴纳保险费后，可免费享受规定范围内的一切医疗服务，包括疾病预防、保健、康复和治疗，由于对参保人健康管理的重视，这种模式降低了参保人的疾病发生率，避免了未来诸多高额医疗费用的发生，有效控制了医疗费用的总支出。[①] 同时，保险公司利用自己创办的医疗机构提供医疗服务，使保险机构与医疗服务机构由博弈关系转变为利益共同体，避免因过度医疗产生的巨额医疗费用，节约了医疗保障成本，增强了公司的盈利能力和市场竞争能力。

（二）英国的医疗保障

英国是福利国家的代表，其医疗保障制度更是以免费医疗的鲜明特色而享誉全球。英国政府在医疗保障的运作中发挥了主导作用，制度设计、资金支持、服务供给等一系列职能均由政府负责。

1942 年《贝弗里奇报告》发表，描绘了英国现代福利制度的蓝图，确立了社会保险与相关服务的政策目标与供给原则，明确社会保障是具有普遍性和统一性的制度安排，享有社会保障是公民应有的权利，建立完善的社会保

① 胡文魁．部分发达国家医疗保障制度的比较及启示［J］．中国全科医学，2007，09：719-720.

障制度是政府义不容辞的责任。1946 年英国议会通过《国民健康服务法》，正式建立了医疗保障制度。该法于 1948 年正式实施，标志着英国成为“二战”结束后第一个建立起全民医疗保健模式的福利国家。英国的国民健康保险覆盖全体国民，是城乡一体化的制度安排，体现了制度设计的公平性与可及性。只要是英国的常住人口，就拥有享受免费医疗的权利。

英国的医疗保障制度以政府为筹资主体，政府强有力的财政支持使其全民保健制度能够在很短的时间内迅速实现全民覆盖。政府的投入有效地化解了国民的疾病风险，减轻了患者的医疗负担，确保了患者家庭的正常生活和可持续生计能力。英国的国民健康服务资金，98% 来自政府税收，其余 2% 是非免费医疗项目，由患者自己承担。①

英国政府除了建立医疗制度、为医疗服务筹资，还承担了医疗服务的供给责任。除进行医疗资源的分配与配置外，还直接作为管理主体，管理医疗机构，雇佣医疗机构工作人员，确保医疗服务供给和利用的公平性，并有效降低医疗服务的供给成本。根据经合组织的统计，英国医疗费用是发达国家中最低的，但这丝毫没有影响其婴儿死亡率、平均寿命等健康指标，英国的这两项指标均达到了发达国家的平均水平。英国的医疗服务带有政府垄断性，医疗服务体系归国家所有，医疗资源配置由政府负责。医疗机构为非营利性组织，医疗机构的日常开支和医疗服务人员的报酬由政府预算解决。②

（三）德国的医疗保障

德国是现代社会保险制度的诞生地，其最早颁布的社会保险法律即是医疗保险方面的法律。德国的医疗保障模式不同于美国的市场主导型，也不同于英国的政府主导型，而是属于社会主导型的医疗保障模式。德国医疗保障制度是随着德国经济社会的发展不断进行改革完善与制度优化的，至今共进行了三次改革。③第一次改革（19 世纪末），建立医疗保险。1883 年德国颁布《疾病保险法》，德国社会医疗保险制度正式建立，成为世界上最早建立社会

---

① 李长远，张举国 . 国外医疗保障制度城乡统筹发展的经验及其对我国的启示［J］. 理论导刊，2014，11：102-105.

② 胡文魁 . 部分发达国家医疗保障制度的比较及启示［J］. 中国全科医学，2007，09：719-720.

③ 房珊杉，孙纽云，梁铭会 . 德国医疗保障体系改革及启示［J］. 中国卫生政策研究，2013，01：28-33.

医疗保险制度的国家，随着医保覆盖范围不断扩大，保障水平逐步提高，德国医疗费用逐年递增。第二次改革（20 世纪 70 年代），控制医疗费用增长。政府对医疗服务供需双方均采取管制措施，并以对供方的管制为主。对医疗服务机构建立总额预算制度，划定医疗服务费用的上限。通过缩小报销范围、设计共付比例强化个人责任的方式对医疗服务需求方进行控制。随着经济发展和科技创新，医疗服务需求不断增加，导致医疗费用增长再度失控。第三次改革（20 世纪 90 年代），促进医疗系统效率提升。通过引入市场竞争机制和激励机制，在控制医疗成本的同时，提高医疗服务效率。赋予投保人自主选择医保基金的权利，加剧了保险基金之间的竞争。通过改革医疗付费制度和医生薪酬制度，合理控制医疗费用增长。目前，德国医疗保障主要进行政策微调，通过相关参数的调整实现医保基金的财务平衡，控制医疗服务费用过快增长，增进国民健康水平。

德国政府通过法律强制性征收医疗保险费，费用由政府、企业和个人共同承担，所筹集的医疗保险基金由准公共机构负责运营，参保者可自主选择保险机构投保，并由其提供医疗保障服务。政府规定最低保费和统一服务内容，医疗保险待遇与缴纳的保费高低没有必然的联系，体现保险的风险共担原则和互助共济性。参保人的配偶和子女无须缴费即可享受医疗保险待遇，提高了社会医疗保险的可及性与公平性，扩大了制度的受益面。[①] 政府充当"医保守夜人"的角色，低收入者的缴费完全由雇主承担，无业者或失业者的医疗保险缴费由政府负责。低收入者必须参加社会医疗保险，高收入者可以自愿选择参加社会医疗保险或商业医疗保险。德国的医疗服务供给机构包括开业医生、医院、康复和护理机构四种类型，医疗服务机构布局均衡，医疗服务待遇公平。按照营利性质，可以分为公立医院、非营利医院、私营医院三种类型，其中公立医院床位数占 53.7%，非营利医院床位数占 36.3%，私营医院床位数占 10%，可以满足不同层次患者的就医需求。[②]

德国的医疗保障属于社会医疗保险模式，其医疗保障经历了从城乡分割到城乡统筹发展的过程，最终目标是建立覆盖全体公民、制度标准统一、城

① 吴正一，张志愿，胡雨春 . 发达国家医疗保障体制的模式和启示［J］. 医院院长论坛，2007，03：57-62.

② 周毅 . 德国医疗保障体制改革经验及启示［J］. 学习与探索，2012，02：110-112.

乡统一的社会医疗保障制度。德国社会医疗保障覆盖范围从城市扩大到农村经历了一个漫长的发展过程，直到1911年出台《帝国保险法》，才将农村居民纳入医疗保障的保障范围，此时相距1883年颁布的覆盖城市居民的《疾病保险法》已经过去了28年。① 正是由于德国政府对公民医疗保障权益的重视，才推动了其医疗保障城乡统筹的进程。

（四）日本的医疗保障

日本的医疗保障模式属于社会医疗保险型。“二战”后日本通过一系列改革，逐步建立了覆盖全民的医疗保障制度体系，特别是将农业劳动者也纳入医疗保险的保障范围。日本的企业职工被《雇员健康保险法》制度覆盖，该制度诞生于1922年，是日本第一部社会保险法律，该法规定健康保险的保险人是政府和各保险组合。雇佣人数在300人以上的参加政府的保险组合，雇佣人数在500人以上的，可自行设立保险组合。1927年，政府对该法进行了修改，规定雇佣人数在10人以上的企业强制加入该保险。1934年，政府再次对该法进行修改，要求雇佣人数在5人以上的企业也必须参保。该保险提供职工的医疗费用、工伤费用、生育费用补充，并承担伤残津贴和生育津贴的给付责任。②1953年政府扩大了雇员健康保险的实施范围，将临时工、私立学校的教职工也纳入保障范围，同时将医疗待遇的给付期延长到3年。

日本的国民健康保险与雇员健康保险之间是相互独立运行的，国民健康保险主要覆盖对象是农业劳动者、个体工商户和无业者，是日本覆盖面最广的社会保险制度。国民健康保险由参保人个人缴费以及国家和地方财政补助筹集费用。参保人按年收入的一定百分比缴纳，以户为单位收取，缴纳保费后获得医疗证。财政补贴中，1/2由中央财政负担，县级财政负担1/4，其余由县以下财政负担。③ 参保人可凭医疗证自由选择医疗保险的合同定点医院就医。日本国民健康保险主要支付医疗费用的支出，支付范围包括疾病诊疗费、药费等，支付方法包括门诊报销和住院费用的报销，报销比例可达70%，其

---

① 李长远，张举国．国外医疗保障制度城乡统筹发展的经验及其对我国的启示［J］．理论导刊，2014，11：102-105.

② 仇雨临，翟绍果．城乡医疗保障制度统筹发展研究［M］．北京：中国经济出版社，2012：179-180.

③ 邓燕云．日本、新加坡医疗保障实践对我国的启示［J］．经济体制改革，2009，04：156-158.

余部分由患者自付。此外，日本还针对大额医疗费用进行特殊补贴，即一个自然月内患者自己负担的医疗费用超过一定数额后，超出部分全部由健康保险基金负担，这在一定程度上减轻了重病患者的医疗负担。从总体上看，日本农村居民国民健康保险待遇低于职工的雇员健康保险待遇，主要原因是两种保险项目缴费构成、缴费比例存在较大差异，筹资水平高的医疗保险项目的补偿比例高于筹资水平较低的医疗保险项目的补偿比例。

1922 年日本就颁布了覆盖城市劳动者的《雇员医疗保险法案》，后来通过建立《国民健康保险法案》逐步将农民和无业者纳入其中，直到 1961 年，日本的社会医疗保险才真正实现全民覆盖，城乡统筹的医疗保障体系正式形成，农民享受医疗保障待遇比城市居民整整晚了 39 年。[①] 在这个漫长的扩面过程中，政府发挥了主导性作用，承担了制度设计、财政支持。监督管理的医疗保险管理和运行职能。

二、发展中国家的医疗保障

发展中国家又称为不发达国家，是与发达国家相比较经济发展滞后的国家。这些国家主要分布在亚、非、拉丁美洲，共有 130 多个国家和地区，总人口占世界的 70% 以上，总面积也超过了发达国家，自然资源和劳动力资源丰富。发展中国家在历史上大多是帝国主义国家的殖民地、半殖民地。19 世纪末 20 世纪初，主要资本主义国家采用扩张战略，实施对外侵略，使 10 多亿发展中国家人口成为其廉价劳动力，殖民地和半殖民地也成为其原料产地和商品倾销市场，广大发展中国家人民深受帝国主义的剥削和压迫，经济社会发展停滞，人民生活贫困。经过长期艰苦卓绝的反帝反殖斗争，广大发展中国家相继取得主权独立，建立起自己的国民经济体系，经济发展开始起步。但由于长期受帝国主义剥削和掠夺，经济发展水平较低，经济增长的基础薄弱，动力不足。政治上的独立并不意味着经济上的独立，广大发展中国家仍然面临着经济强国的控制和剥削。为了寻求自身的发展，广大发展中国家加强相互合作与联系，逐渐成为一支新生力量参与国际事务，维护自身主权，

① 李长远，张举国．国外医疗保障制度城乡统筹发展的经验及其对我国的启示［J］．理论导刊，2014，11：102-105.

并谋求自身经济发展。由于经济发展起步较晚，市场经济的体制、机制不完善，经济发展水平远低于发达国家。发展中国家生产率水平低，贫困发生率高，人民生活水平较低，对第一产业的依赖度较高，第二、三产业占国民经济的比重较低。加之人口众多且增速快，人口赡养负担较重。受经济发展的制约，就业率偏低，失业问题严重。居民生活的脆弱性，迫切需要政府建立完善的社会保障体系，解决其基本民生需要。“二战”后，建国不久的发展中国家纷纷建立了自己的社会保障体系，特别是建立了医疗保障制度，有效解决了本国居民的看病就医难题，一定程度上减缓了因病致贫和因病返贫现象的发生。通过改革，逐步建立和完善与本国经济社会发展水平相适应的社会医疗保障的制度，并积极推进社会医疗保障制度的城乡统筹，推动基本医疗服务的均等化。以下介绍几个典型发展中国家的医疗保障制度建设经验，通过对比，可以揭示出发展中国家医疗保障制度的共同特征和发展规律。

（一）印度的医疗保障

印度在 1949 年宪法中明确规定了“所有国民都有权利享受免费医疗”，在发展中国家最早确立了全民免费医疗制度，尽管不同于英国福利国家的全民免费医疗，在保障范围和保障水平上与英国有较大的差距，但这一制度仍然具有历史意义，是经济不发达地区医疗保障模式创新的一种有益尝试。传统观点认为，全民免费医疗必须建立在生产力水平高度发达的发达国家，发展中国家不具备发展全民免费医疗的实力。印度用有限的财力解决了社会贫困阶层的看病就医问题，体现了政府在医疗保障领域勇于担当的责任理念。

印度的全民免费医疗制度是通过一套完善的公共医疗服务体系提供全民医疗保健服务的。这一体系由国家、邦、地区、县、乡五级医疗服务体系构成。政府向一级到三级医疗机构免费提供公共资金支持和管理服务，这笔开支占印度卫生费用总支出的 18% 和 GDP 的 0.9%。目前，印度全国共有 2.2 万家初级医疗中心，1.1 万家医院，2.7 万家诊疗所和 2000 多家社区医疗中心所。[①] 印度覆盖城乡的医疗服务网络增强了国民健康服务的社会供给能力，为贫困患者提供了全面的健康保障与健康支持服务。在提供公共医疗服务的同

① 张媛媛．发展中国家建立医疗保障制度的探索——以印度和中国为例［J］．现代经济信息，2009，11：314+316.

时，印度政府也出台了相关政策，引导和鼓励私营医疗机构的发展，提供与公共医疗互补的市场化医疗服务，满足国民多层次的医疗保障需求。

与城市相对完善的医疗服务体系相比，农村的医疗服务水平相对较低。为了减少城乡二元分化对农民造成的负面影响，印度联邦政府与各地方政府积极推动农村医疗卫生服务体系的建设，推进医疗保障和医疗服务的城乡统筹。保健站、初级保健中心和社区保健中心三级医疗机构分工明确、各司其职，保障了医疗服务供给的有条不紊。作为最基层医疗服务供给单位的保健站负责辖区内村民的基本卫生保健服务。初级保健中心除提供医疗服务外，还提供预防保健等公共卫生服务，其管辖的人群范围大于保健站。而社区保健中心是农村更高级别的医疗机构，大约每 10 万农民配备 1 个社区保健中心。这三级医疗机构日常运行所需费用完全由各级政府承担。

印度建立的多层次的全民医疗保障体系为国民提供了基本的医疗保障服务和公共卫生服务，特别是有效解决了贫困人口的医疗服务需求，取得了积极的成效。但我们也看到，印度提供的免费医疗服务是一种低水平的医疗服务，受经济发展的制约，财政的支付能力是有限的，基层医疗机构仍然面临着基础设施建设落后、专业医疗人员匮乏、药品短缺等问题。这些问题需要随着经济发展、政府财力增强而逐步得到彻底解决，并且需要通过服务理念的转变与服务方式的创新，提升基本医疗服务的供给质量。印度的全民免费医疗政策为低收入阶层和弱势群体提供了基本医疗需求保障，有效促进了社会公平，维护了社会稳定，具有积极意义。

（二）俄罗斯的医疗保障

《俄罗斯宪法》第 41 条规定，在俄罗斯的每个公民都有保持健康和获得医疗服务的权利，应在国家和地方医疗机构中依靠相应的预算、保险金和其他收入为居民提供无偿的医疗服务。为保持和促进国民健康水平，国家要提供相应的财政保障。苏联解体前，俄罗斯的医疗保障制度带有浓重的计划经济色彩，奉行国家保障模式。苏联解体后，经济长期不振，为摆脱国家保障模式下沉重的财政负担，俄罗斯进行了一系列医疗保障改革。

1991 年 6 月颁布的《俄罗斯公民医疗保险法》标志着俄罗斯医疗保险制度的正式确立。该法对俄罗斯医疗保险的资金筹集渠道、保障和服务范围、政府承担的责任等均作出了明确规定。该法案的特点是建立了强制性医疗保险与自愿性医疗保险相结合的医疗保障制度体系，其中强制性保险由雇主（就业者）或国家（未就业者）缴费，个人无须缴费，国家在强制性医疗保险范围内提供免费医疗服务，免费医疗未涵盖的医疗服务需求，通过自愿保险报销。尽管俄罗斯医疗保障采用医疗保险的形式，但在保障服务内容上仍然延续之前的模式，提供免费医疗服务，成为医疗保险与免费医疗的融合模式。在这种模式下，参保人并不具备完全的自由选择权，包括对保险公司的选择和对医疗服务供给机构的选择，市场规则不能充分发挥优化医疗资源配置的功能。医疗服务的范围有待扩大，医疗服务的水平和质量有待提高，医疗服务的市场化机制有待完善。

2010 年 11 月，俄罗斯颁布《俄罗斯联邦强制医疗保险法》，并于次年启动了新一轮医疗保险制度改革方案。改革的主要内容有：①为保持医疗保险基金的财务收支平衡，将强制性保险费率由 3.6% 提高到 5.1%，由联邦政府统一管理，有效解决各地医保待遇不均衡的问题；②制定国家免费医疗规划，明确免费医疗的覆盖范围、保障标准和服务质量；③在医疗保险运营和医疗服务供给中引入市场化机制，促进医疗保障效率提升，允许参保人自由选择保险机构，允许私营医疗机构参与医疗服务供给。

俄罗斯的医疗保障制度在保持免费医疗传统不变的基础上，引入医疗保险机制促进医疗保障制度的优化与完善。俄罗斯医疗保障的发展得益于政府的重视和积极的财政支持。政府将医疗列入国家优先发展项目，并给予资金和政策支持，向国民提供优质的医疗服务，并将医疗保障与公共卫生相结合，提供疾病预防、疾病治疗和疾病康复服务。2012 年，俄罗斯免费医疗支出 28985 亿卢布，约占全部医疗支出的 68%。其中，政府预算拨款 22834 亿卢布，约占免费医疗支出的 78.8%，全部医疗支出的 53.6%。[①] 俄罗斯通过提高医疗保险统筹层次，撤销 1160 家地方医保基金分支机构，统一收归联邦管理，有效解决了因制度碎片化导致的各地待遇不公平的问题。同时，俄罗斯医疗保障改革与医疗服务供给与药品生产流通同步进行，确保医保改革目标的实现。在完善公立医疗机构补贴机制的同时，降低私营医疗机构的准入门槛，

① 童伟，庄岩．俄罗斯医疗保障制度的启示与借鉴［J］．中央财经大学学报，2014，10：18-25.

允许其提供强制医疗保险报销范围内的医疗服务。2002 年俄罗斯正式发布药品价格管制目录，目录包含 522 种基本药品，其中 50% 以上为国产药，纳入目录的药品执行最高限价管理，并保证充分供给。俄罗斯对药品的管制有效控制了医疗费用的快速上涨，减轻了患者的医疗负担，1994—2009 年，药品价格仅上涨了 7.2 倍。①

（三）巴西的医疗保障

巴西是位于拉丁美洲的一个发展中国家，长期以来，发展不均衡，贫富差距较大，但巴西国民的健康水平却达到了发达国家的水平。那么在经济不发达的巴西，是如何保障国民健康水平提高的呢？这得益于巴西政府对医疗保障的重视，把保障公民的健康权作为政府的基本责任，并写入宪法。1988 年，巴西提出建立统一医疗体系，保障全体公民平等地享有公共卫生和医疗服务的权益，并将其写入宪法。1990 年，正式建立“统一医疗体系”，其实质是全民免费医疗，“统一医疗体系”为 70%的人口提供免费初级医疗服务。②统一医疗体系涵盖预防、治疗和康复三个领域，由各级政府分级管理，满足不同人群的基本医疗服务需求和特殊医疗服务需求。巴西公立医疗机构对病人实行免费医疗，全体公民具有平等的基本医疗权利。中等收入者和富裕阶层可以选择在私营医院提供高质量的特需医疗服务，费用由统一医疗体系和私人保险各承担一半。巴西实行医疗服务的社区首诊制，必须先去所在社区卫生服务站的全科医生那里就诊，社区卫生服务站无法治疗的疾病才能转到上一级医院治疗。巴西的社区卫生站主要负责常见病、多发病的治疗，以及预防保健和疾病康复等服务。

除了实行覆盖全民的统一医疗体系，1994 年巴西政府还为农村居民建立了初级卫生保健制度，即家庭健康计划，该计划有效促进巴西医疗服务的均等化，提高农民获得医疗服务的可及性。巴西通过加大农村公共卫生基础设施投入，建立分级的医疗卫生服务供给机构，为农村居民提供基本医疗卫生服务。为了吸引医疗人才到偏远地区工作，巴西政府推行“内地化计划”，通

---

① 关博 . 俄罗斯医疗保障制度改革的经验与启示［J］. 沈阳大学学报（社会科学版），2015，01：40–43.

② 符定莹，兰礼吉 . 印度、巴西和墨西哥的医疗保障制度及其对我国的启示［J］. 医学与哲学（人文社会医学版），2011，10：44–46.

过优惠条件吸引合格的全科医生到边远地区工作或开办私人诊所，政府支付的工资是发达地区公立医院医生工资的 2 倍，同时为开立私人诊所的医生提供挂号费补贴。①

除提供定点医疗服务外，巴西也尝试开展流动型医疗服务，送服务上门，解决边远地区居民的看病难题。例如，为了帮助亚马孙森林腹地的居民得到医疗服务，巴西海军每年 2 次派船沿亚马孙河而上，带去医生、护士、药品和医疗设备，为亚马孙内地居民免费送医上门。②

（四）泰国的医疗保障

1997 年，泰国颁布了《国家医疗保险法》，保障全体国民享有平等的医疗机会。泰国医疗保障制度体系由公务员医疗保险、社会医疗保险和 30 铢医疗保险计划构成。30 铢医疗保险计划于 2001 年建立，是泰国医疗保障的主体，参保人数占总人口的 3/4，主要是未被公务员医疗保险和职工社会医疗保险覆盖的社会成员，包括无业贫困者、老人和残疾人。泰国 30 铢医疗保险计划以税收为主要筹资渠道，管理机构是国家卫生安全办公室。保障内容包括门诊、急诊和住院医疗。卫生安全办公室采用按人头付费与按病种付费相结合的模式向医疗机构支付费用，其中，门诊医疗实行按人头拨款，财政按每人 600 泰铢 / 年的标准支付医院门诊费用，住院医院按病种进行支付。③患者在门诊或住院治疗时，需要自己支付 30 泰铢的费用，贫困者可以免交，30 铢医疗保险计划由此而得名。除此之外，公民凭 30 铢保险卡还可享受社区疾病预防和妇幼保健服务。

泰国医疗服务的供给方包括公立医院、私营医院和社区初级卫生保健机构，其中私营医疗机构占 30%。居民就医必须在事先选定的社区卫生服务中心进行首诊，必要时进行双向转诊。除非急诊或放弃 30 铢保险福利，泰国大医院一般不接受未经转诊的患者就医。泰国卫生服务分为三个层次：初级卫生保健服务、二级医疗服务、三级医疗服务。初级卫生保健服务通常由社区和村初级卫生保健中心负责，提供基本治疗和疾病预防保健服务。二级医疗

---

① 马丹，任苒．巴西医疗保障体系［J］．医学与哲学（人文社会医学版），2007，10：1–3.

② 刘岩．巴西医疗保障制度研究及启示［J］．生产力研究，2009，12：131–133.

③ 赵要军，王禄生．中国、美国、泰国三国医疗保险制度比较分析［J］．中国卫生经济，2009，11：41–44.

服务主要由街道乡镇和区县医疗机构负责，提供综合性治疗服务，同时对初级卫生保健机构提供技术支持。三级医疗服务主要由地市级大医疗机构提供，包括公立医院和规模较大的私立医院。政府将主要的医疗资源和资金配置到基层医疗卫生机构，构建以社区为核心的医疗卫生服务网络，提高医疗服务的公平性与可及性，有效降低医疗服务的供给成本，提高有限医疗资源的配置效率。①

三、国外医疗保障的经验总结

通过对发达国家美国、英国、德国和日本的医疗保障制度进行比较，可以梳理出其现有的医疗保障模式，并总结归纳各种模式的特点及其存在的问题，为优化我国的医疗保障模式提供理论指导和实践参考。通过对发展中国家印度、俄罗斯、巴西、泰国的医疗保障制度比较，我们可以总结出经济不发达国家如何构建覆盖全民的医疗保障体系的思路，对完善我国的医疗保障政策更具现实参考价值。发达国家与发展中国家尽管经济社会发展水平、社会制度、文化存在较大的差异，但在构建和完善全民医疗保障体系的过程中，却存在诸多的相似之处，这是世界医疗保障制度发展的客观规律，任何国家在构建本国城乡统筹的医疗保障制度体系时，都应遵循这一客观规律，在此基础上，结合本国的实际，进行制度创新和机制设计，不断优化本国的医疗保障制度。

（一）构建全民医疗保障制度是政府义不容辞的责任

各国医疗保障制度的建立与完善都离不开政府的干预。政府的医疗保障职能包括完善法制、建立制度、履行监督职能、提供财政支持、直接提供医疗保障产品或服务等。这几项基本的医疗保障职能各国政府参与的程度和承担的责任并不完全相同，但均无一例外地承担了政府应该承担的责任。采用社会福利型医疗保障模式的国家，政府承担的责任最大，政府干预的程度最强。例如，英国政府在全民保健制度中承担了从制度设计到服务供给等一系列职能。采用社会保险型医疗保障模式的国家，政府承担有限责任。但该种模式在不同国家政府承担的责任也存在较大的差别。例如，德国政府在社会

① 刘玉娟．泰国“30铢计划”对我国医疗保险的启示［J］．卫生经济研究，2011，04：45-47.

医疗保险中承担制度设计和完善法律的职能，尽管不直接管理社会保险实务，而是交由社会组织负责运营，但仍然会履行一定的监督管理职能，在必要时，政府也负责协调各方利益，促进社会医疗保险健康发展。与德国相比，美国政府介入医疗保障的程度相对较低，市场在医疗保障资源的配置中发挥主导作用，美国人的医疗保障主要通过购买市场商业保险解决，政府只负责少数低收入者和老年人的医疗保障。采用个人储蓄型医疗保险模式的国家，政府承担的责任最小。例如，新加坡的医疗保障制度运行中，政府只负责创造医疗保障政策运行的条件，并与社会组织和参保者个人共同承担责任。

从总体上看，发达国家政府承担的医疗保障责任有大有小，发展中国家政府在推进全民医疗保障制度建设中都承担了主导性的责任，这也是在经济发展水平低、市场化不充分的国家，推行覆盖全民医疗保障制度的有益经验。此外，中央政府与地方政府的合理分工是保障医疗保障制度顺利运行的关键。在明确医疗保障服务事权的基础上，合理分配医疗保障财政权力，通过不同层级政府间的转移支付，为各级政府履行医疗保障事权提供充足的财力保障。全国性的医疗保障项目由中央政府应承担主要责任，地方性的医疗保障项目由地方政府承担主要责任。例如，日本建立了“全民皆保险”的医疗保险体制，覆盖面最广的国民健康保险由中央政府与地方政府共同负责，建立了国民健康保险的分级责任体系，合理划分中央政府与地方政府的财权和事权，特别是对地方各级政府承担医疗保险责任的范围做了明确界定。而对于政府公务员等特定群体的保障，则由中央政府负责。

（二）立法先行是构建全民医疗保障制度的基础

法律和制度是推进医疗保障发展的关键性因素，立法先行还是制度先行在理论和实际操作层面均存在着争议。国外医疗保障制度改革的实践表明，立法先行可以有效解决医疗保障制度推进中遇到的一系列阻力和障碍，进而推动医疗保障的全面覆盖和快速发展。例如，德国在推进医疗保障全民覆盖的过程中，先后出台了《疾病保险法》和《帝国保险法》，对于城镇居民和农村居民的医疗保障都是通过法律先行的方式保障实施的。日本在推行全民医疗保障的过程中，也先后出台了《雇员健康保险法》和《国民健康保险法》，逐步将医疗保障的覆盖范围由城镇职工扩大到包括农民在内的全体公民。医疗改革和医疗保障的完善需要在充分论证的基础上，出台相关法律，然后在已经出台的法律框架内构架相关制度安排，唯有如此，才能兼顾社会各方利益，充分考虑影响制度运行的各种环境因素。在各方达成共识的基础上推行医疗保障改革，能够减小制度推行的阻力，并且在法律的强制力下保障实施，也有利于医疗保障覆盖范围的迅速扩大和筹资能力的提高。

（三）医疗保障水平与经济社会发展水平相适应

各国医疗保障制度建立的时间以及全民医疗保障体系建成的时间均与经济社会发展水平密切相关。为何大部分国家的医疗保障都是从城镇居民开始，逐步向农业人口覆盖的？究其原因，这主要是受经济发展水平的制约，在制度实施初期，政府不具备建立覆盖全民的医疗保障制度的财力，所以才选择了逐步推开的渐进式路径。澳大利亚、日本和德国推行全民医疗保障时，其人均 GDP 都超过了 2000 美元。[①] 而英国的医疗保障没有经历从城乡分立到城乡统筹的过程，而是一步到位，直接建立了覆盖全民的国民健康保健体系，这与其雄厚的国力是分不开的。英国是工业革命的发祥地，是最早的工业国家，工业的发展为英国带来了巨额财富，加之殖民地的扩张，使英国的国力迅速增强，为建立全民医疗保险和国家卫生服务体制奠定了坚实的物质基础。

各国的医疗保障水平也与经济发展水平和综合国力密切相关。随着各国政府财力的增强，政府投入在医疗保险筹资中所占的比例逐步提高，政府举办的医疗保险和提供的医疗服务占保险市场和医疗服务市场的比例逐步提高。有些国家甚至由政府完全承担医疗保险或医疗服务供给的筹资责任，如英国和加拿大的医疗费用完全由政府负责，通过一般税收进行筹资，这对提高国民的健康水平起到了极其重要的促进作用。随着筹资水平的提高，各国医疗保障的报销范围和报销比例显著提高，患者的看病就医负担得到减轻。例如，英国患者仅需支付小额挂号费即可享受免费医疗，泰国患者仅需支付 30 泰铢的费用即可享受由政府提供的免费医疗服务，法国对慢性病和重大疾病的医疗费用全额报销，俄罗斯和印度建立了覆盖全民的基本医疗服务体系。

（四）完善医疗保障制度改革的相关配套措施

医疗保障制度改革是医药卫生体制改革的核心环节，推进医疗保障制度

---

① 张再生，赵丽华．发达国家医疗保障制度城乡统筹经验及启示［J］．现代经济探讨，2009，08：79-82.

改革必须与医药卫生体制改革的其他措施相衔接与配套，唯有如此，才能真正解决国民病有所医的难题，推进国民健康水平的提高。医疗保障制度的完善仅能解决费用问题，要想彻底解决患者的看病难题，必须同时推进医疗服务供给机制和药品生产流通机制的改革，否则无论多么庞大的医保基金都会被不断膨胀的医药费用侵蚀。医疗服务的费用控制是世界难题，各国都推进了医疗付费方式改革，由按项目付费的后付制逐步过渡到预付制。美国、德国等国家积极开展按人头付费、按病种付费和总额预付制度的改革。英国引入全科医生制度，建立了社区全科医生首诊和双向转诊的诊疗制度，杜绝了患者过度医疗，避免了医疗资源的浪费，节约了医疗费用开支，减轻了医保基金和患者个人的压力与经济负担。印度建立了国家、邦、地区、县、乡五级医疗服务体系，遍布城乡的医疗服务网络为患者提供及时的医疗服务。俄罗斯制定了药品价格管制目录，纳入目录的药品执行最高限价管理，并保证充分供给，俄罗斯对药品的管制有效控制了医疗费用的快速上涨，减轻了患者的医疗负担。为了加强基层医疗服务队伍建设，提升医疗服务质量。巴西制定了吸引医疗人才到偏远地区工作的“内地化计划”，通过优惠条件吸引合格的全科医生到边远地区工作或开办私人诊所，政府给予工资补贴和政策优惠。通过这些措施的配套，确保了医疗保障制度改革的顺利推进，提高了各国的医疗保健水平，提高了医疗服务的均等化程度，也促进了医疗服务利用可及性的提高。

第四节　医疗保障城乡统筹的国内经验总结

中国地域辽阔，东、中、西部地区存在较大的发展差距，国家通过东部优先发展战略、西部大开发战略、振兴东北战略和中部崛起战略平衡区域发展，缩小区域发展差距，取得了一定的成效。然而，中国仍然面临着比较突出的地区发展差距、城乡发展差距问题，经济的发展差距造成了社会事业的发展差距，不同地区居民的收入水平、就业机会、教育、医疗和社会保障等福利水平差距过大，不但不能有效发挥社会福利的收入再分配功能，反而会因社会保障的区域和城乡差距扩大中国的贫富差距，甚至造成福利的逆向再分配。中国医疗保障的城乡统筹发展已经是共识，但受各地经济社会发展水平的影响，不可能采用统一的医疗保障城乡统筹路径，各地根据自身的条件，因地制宜地进行制度设计与政策创新，探索适合本地区的医疗保障城乡统筹路径，因而形成了东、中、西部地区不同的医疗保障城乡统筹发展模式。

一、东部地区医疗保障城乡统筹模式

中国的东南沿海地区是改革开放后迅速发展起来的区域，特别是长三角和珠三角地区是中国经济改革和对外开放的前沿阵地，改革开放 40 余年来，经济迅猛发展，城镇居民可支配收入和农村居民纯收入显著提高，地方财政收入逐年增长，财政支出中社会保障支出所占比例逐年提高，医疗保障的城乡统筹步伐较快，一些地区已经开始探索医疗保障的城乡一体化模式，成为中国医疗保障改革的先行者。广东东莞、江苏苏州同是发达地区，但其医疗保障城乡统筹的路径并不完全相同，其统筹发展的模式值得中西部地区学习与借鉴。

（一）东莞模式

广东省东莞市是一个地处珠三角地区的地级市，该市不设区县，市直管乡镇和街道，人口城镇化率为 88.67%。[①] 改革开放以来，东莞第二、三产业发展迅速，地区生产总值以年均 18% 的速度高速增长。城镇化的加速，外来人口的大量涌入，对城乡医疗保障制度整合的需求显现。通过建立城乡统筹的医疗保障制度，迅速扩大了东莞医疗保障的覆盖面。截至 2009 年 9 月底，东莞基本医疗保险的参保人数已达 529 万人，覆盖了全部户籍人口和 70% 的外来人口。[②]2009 年东莞医疗卫生事业支出占财政支出的比例仅为 1.90%，远低于全国 3.19% 的平均水平，但东莞的医疗保障却实现了城乡统筹，走在了全国前列。[③]

---

① 黄颖，黄静雯，郭云琪．统筹城乡医疗保障制度典型模式的比较——以坊子区、成都市和东莞市为例［J］．法制与社会，2013，21：214–215.

② 张亚林，叶春玲，郝佳．东莞市统筹城乡医疗保障制度的现状与启示［J］．中国卫生政策研究，2009，12：3–6.

③ 李瑛珊．医疗保障城乡整合典型模式比较研究——以东莞、珠海、湛江为例［J］．卫生经济研究，2014，06：17–22.

在城乡医疗保障制度整合方面，东莞在全国率先建立了城乡一体化的医疗保障体系，将城镇职工基本医疗保险、城镇居民基本医疗保险和新型农村合作医疗三项制度整合到一个制度中，形成东莞市基本医疗保险制度。首先，东莞的城镇职工基本医疗保险制度取消了地域限制，即非本市户籍的外来务工人员无论其原籍是农村还是城市户籍，均被纳入东莞城镇职工基本医疗保险体系中，享有与本地企业职工同等待遇。其次，东莞取消了居民参加基本医疗保险的城乡户籍限制，无论是城市居民还是农村居民，均享受同等的居民医疗保险待遇。最后，东莞医疗保障打破了医疗保障的就业关联性，将企业职工基本医保与城乡居民基本医保并轨，实行城乡一体化的医疗运行机制，就业者和非就业人者享受同等的医疗保障待遇。[①]

在城乡医疗保障机构整合方面，城乡统筹的医疗保障行政管理体制和经办服务体制确保了东莞医疗保障的资源整合及城乡统筹发展的顺利推进。东莞首先理顺医疗保障的行政管理体制，将由不同行政部门管理的医疗保障项目统一整合到人力资源和社会保障部门管理，管理体制和机制的创新为医疗保障城乡统筹的有效运行创造了条件。此外，东莞还对城镇居民基本医保与新型农村合作医疗保险的经办服务管理资源进行整合，包括机构整合、人员整合、信息整合与基金整合等具体内容。机构整合与人员整合促进了经办资源的集中、管理办法的统一和经办流程的规范，避免了因多头管理造成的经办资源的浪费。通过建立统一的医疗保障管理信息系统，能够有效提高城乡医疗保障的管理服务效率，推进医疗保障的跨制度、扩区域衔接。医疗保障基金的整合有利于提高医保资金的统筹调剂能力和风险分散能力，也有利于城乡医疗保障制度自身的风险管理，确保医疗保障制度可持续发展与保障水平的稳步提高。

（二）苏州模式

长期以来，苏州基本医疗保障的具体实施办法主要是由地方政府制定的，各地区在筹资标准、补偿水平等医疗保险制度参数设计方面存在较大差异，基于行政区划、户籍制度和职业特点等形成的碎片化的医疗保障制度已经无

① 仇雨临，郝佳．城乡医疗保障制度统筹发展的路径研究——基于东莞、太仓、成都和西安的实地调研［J］．人口与经济，2011，04：64-69.

法适应苏州经济社会发展的需要，医疗保障待遇水平的差异和医保关系转移接续的障碍，既阻碍了流动人口的自由流动，也影响了劳动力资源的优化配置。对比苏州市进行了医疗保障制度城乡统筹的有益尝试，通过理顺管理体系、整合经办机构、促进医保信息共享等措施，实现了医疗保障的城乡统筹发展，有效促进苏州基本医疗服务均等化水平的提升。苏州市是国务院确定的全国医疗保障改革试点地区之一，早在 2007 年就出台了《苏州市社会基本医疗保险管理办法》，将苏州市全体居民纳入统一的基本医疗保险体系，形成了以职工医疗保险、居民医疗保险为主体，以医疗救助体系为补充的多层次、可衔接的社会医疗保障体系。①

在城乡医疗保障管理与服务机构整合方面，苏州统一了基本医疗保险的行政管理与业务经办机构。城乡医疗保障的行政管理由人力资源和社会保障局全面负责，具体业务管理由人力资源和社会保障局下设的业务经办机构管理。苏州对医疗保障的机构设置和组织结构进行重新配置和调整，并进行人员和编制的调配，实现了医疗保障经办资源的优化配置。例如，昆山市在社保中心增设居民医保科，负责城乡居民的医疗保险业务，职工医保由职工医保科负责，管理医保的机构统一整合到了社保中心，基层的合作医疗经办人员并入劳动保障事务所，全面负责居民医保事务，原卫生部门管理的卫生保健所不再管理医保事务，管理重心回归预防保健事务。再如太仓市，也将卫生局的合作医疗管理办公室与人社局的社保中心进行机构与人员的整合，成立医保中心，统一管理与经办全市的医疗保险事务，实现管理与服务的一体化。医疗保险的缴费、报销计算、转外就医审批、医保关系转移接续均由该机构负责。

在城乡医疗保障制度整合方面，苏州统一了职工与城乡居民医疗保险的基金管理办法、定点医疗机构管理办法、转外就医管理办法，同时缩小了各类医保制度报销比例和报销范围的差异。苏州创新性地建立了医保基金风险准备金制度，打通城乡医保的界限，统一按照基金收入的 5% 计提风险准备金，任何一种医保制度出现基金收不抵支时，风险准备金都可以调剂使用，增强了医保基金应对风险的能力。在基本医疗保险方面，统一了城乡居民医

① 樊路宏，平其能 . 统筹城乡医疗保障管理体制的探索——以苏州经验为例［J］. 学海，2012，02：102-107.

疗保险，并逐步缩小城乡居民医保与城镇职工医保的待遇差距，建立职工医保与居民医保的衔接机制。例如，昆山市职工医疗保险与居民医疗保险尽管缴费水平存在差异，但门诊与住院的起付线和最高保险限额是统一的，在报销比例方面，城居保为 50%，职工医保为 77%。在大病补充医疗保险方面，统一了职工与居民的大病补充医疗保险，实行基金统筹使用。将从居民基本医疗保险基金中提取的大病补充医疗保险基金与城镇职工大病补充医疗保险基金合并，建立统一的大病补充医疗保险基金，用于职工和居民 5 万元以上 20 万元以下的大额医疗费用补偿，使居民能够享受与职工一样的大病报销比例。苏州实现了基本医疗报销有差异，大病医疗报销无差异的职工与居民医保衔接模式。在城乡医疗救助方面，苏州将原来由卫生、民政、残联、总工会等部门管理的医疗救助对象统一划归人社保部门管理，实现了医疗救助由分散管理向统一管理的转变，促进了政府与社会医疗救助资源的整合。无论基本医保选择职工医疗保险还是居民医疗保险，均按照统一的救助标准和救助程序享受医疗救助待遇。同时建立了城乡医疗救助与城乡医疗保险的衔接机制，实现医疗保障的城乡统筹与无缝衔接。

二、中西部地区医疗保障城乡统筹模式

中部和西部地区的经济发展基础与发展速度与东部地区存在一定差距，但也在各自的经济承受能力范围内积极推动医疗保障制度的城乡统筹，其制度统筹路径既有相似之处，也存在明显的不同。其中，湖北的鄂州市是中部地区推进医疗保障城乡统筹的典型代表，重庆市是国家确定的城乡统筹综合改革试验区，是西部地区医疗保障城乡统筹的典型代表，两个地区结合实际情况，因地制宜地探索出了适合自身的医疗保障城乡统筹发展模式。

（一）鄂州模式

2008 年，湖北省鄂州市在全省率先启动医疗保障城乡统筹试点，采取“合并、调整、完善”三步走策略，进行了医疗保障制度城乡统筹的创新尝试。通过机构整合、制度调整、配套措施完善等手段，推进医疗保障城乡一体化的进程。[①]

① 王华新 . 鄂州市城乡医疗保障一体化调查［J］. 中国财政，2009，13：44-46.

在行政管理机构整合方面，建立了统一的医疗保险经办服务体系。现行的三大医疗保险项目分别由人力资源和社会保障部门、卫生部门负责管理，即城镇企业职工基本医疗保险和城镇居民基本医疗保险由人力资源和社会保障部门负责管理，而新型农村合作医疗由卫生部门负责管理。鄂州市按照“精简、统一、效能”原则对医保经办服务机构进行整合，将新农合的行政管理和业务管理职能整体由卫生部门划出，转入人社部门，由一个机构集中管理三项医疗保险项目。同时加强县以下基层医疗保险服务机构和网点的建设，将医保服务延伸到街道和乡镇，深入基层村庄和社区。建立统一的医保信息数据库，对参保信息、定点医疗机构、定点药店等信息进行资源共享和动态管理。

在医疗保障制度调整方面，鄂州对新型农村合作医疗制度与城镇居民医疗保险制度进行了整合，给予了城乡居民充分的自主选择权。新农合与城居保的筹资都是由政府补贴和个人缴费构成的，但政府补贴的标准和各级政府间的财政责任分配比例两种制度是不同的，其个人缴费也存在差异，新农合的个人缴费标准低于城居保。对于政府补贴部分，受制于现行财政体制既定的责任分担机制，基层政府无法改变。鄂州对城乡居民医疗保险的个人缴费部分做了调整，将原来新农保和城居保的个人缴费标准作为新的城乡居民医疗保险的两个缴费档次，允许城乡居民根据自身的经济条件和家庭收入情况自由选择缴费档次。家庭成员所选缴费档次必须相同，缴费档次一经选择，2年内不得更改。符合更改缴费档次的条件后，只能从低档升级高档，不能由高档降级低档。整合新农合与城居保的医疗保险基金，统一管理、统一支付、调剂使用。新农合与城居保的住院报销标准存在一定差异，制度整合的关键是统一待遇标准。统一的内容包括：统一定点医疗机构目录、统一定点药店目录、统一药品目录、统一诊疗目录、统一起付线、统一封顶线、统一报销比例。鄂州市针对两档缴费城乡居民分别制定了报销标准，对在基层医疗机构就医的患者制定了统一的报销比例。在开展医疗保险改革的同时，鄂州还积极发展城乡居民医疗救助，推行医前、医中、医后救助模式。帮助困难群众参加城乡居民医疗保险，对参保缴费的个人负担部分进行补贴。建立城乡医疗救助与城乡居民医保的衔接机制，推行即时结算，减轻患者负担。

（二）重庆模式

作为中国西部地区唯一的直辖市，重庆具有典型的城乡二元经济结构特征，城乡发展差距较大，这与重庆特大型中心城市的发展定位不相吻合。能否采取措施缩小城乡差距，建立城乡一体化的社会经济制度，是制约重庆经济社会全面发展的关键性因素。2007 年重庆市被国家确定为统筹城乡综合配套改革试验区，政府采取了一系列举措，推动重庆经济社会城乡一体化统筹发展。医疗保障的城乡统筹也随之成为政府推进社会建设、创新社会管理的重要举措。城乡医疗保障统筹发展不仅有利于促进社会公平正义，使全体居民平等地享受医疗保障福利，促进基本医疗服务均等化，并分享经济社会发展成果，也有利于提高医疗保障自身的运行效率，增强医疗保障基金的抗风险能力，特别是在人口老龄化加速、人口流动加速等人口结构发生剧变的背景下，推进医疗保障的城乡统筹已是大势所趋。

在城乡医疗保障制度统筹方面，重庆各项医疗保险制度的建立与完善为实现城乡统筹奠定了制度基础。重庆市 2000 年建立了城镇职工基本医疗保险，后来又建立了城镇职工大病统筹保险，覆盖了城镇就业的劳动者，包括破产企业职工、灵活就业人员、自由职业者和个体工商户。重庆市 2003 年建立的新型农村合作医疗制度，在渝北区、江津区等 6 区县试点的基础上，于 2007 年在全市范围内全面推开，后来又建立了农民工大病统筹保险，将农民和农民工纳入医疗保障制度覆盖范围。为了进一步扩大医疗保障制度的覆盖面、构建全民医保制度，重庆市 2007 年试点城乡居民合作医疗制度。2007 年首先在江北区、九龙坡区、南岸区、永川区和南川区 5 个区启动试点，2008 年进一步扩大试点范围，2009 年试点区县扩大到 80% 以上，2010 年城乡居民合作医疗保险在全市范围内推开。[①] 城乡居民合作医疗保险的建立标志着重庆突破了城乡二元结构的束缚，通过建立统一的制度覆盖城乡居民，加速了重庆医疗保障城乡统筹的发展进程。重庆城乡居民合作医疗保险设立 2 个档次的筹资标准，供参保的城乡居民自由选择，政府补助标准是统一的，个人可根据自身条件选择不同的缴费档次，不同的缴费标准享受的待遇水平也是

① 梁平，石静．统筹城乡医疗保障的基础分析——以重庆市为例［J］．河北农业科学，2010，03：124-128.

不同的。农村居民和城市困难居民可选择低档缴费，城市居民和富裕农民可选择高档缴费。[①]以此为基础，重庆市还相继出台了一系列医疗保障政策，推动医疗保障的城乡一体化进程。例如，重庆建立了医疗保险与医疗救助的衔接机制，由医疗救助资金对城乡低保户、困难户进行参保缴费的全额资助或部分资助，同时对个人医疗负担较大的贫困户进行医保报销之外的医疗费用二次补偿。截至 2012 年底，城镇职工医疗保险参保人数达到 497 万人，城乡居民医疗保险参保人数达到 2200 万人。[②]

在城乡医疗保障机构整合方面，整合现有经办资源，实现城乡医疗保险经办机构的统一。早在 2003 年开展新农合试点起步之时，重庆就开始构建医疗保险服务经办网络，尽管当时的经办机构是为开展新农合而设立的。经过几年的发展，重庆已经形成了较为完善的新农合经办管理服务体系。2007 年重庆启动城镇居民基本医疗保险试点时，就将统筹城乡医疗保险制度发展纳入城乡统筹的总体发展战略，作为国家统筹城乡综合改革配套试验区，重庆对医疗保障管理服务机构的城乡整合进行了有益探索，并积累了宝贵的改革经验。重庆以现有的新农合业务经办网络为平台，直接将城镇居民医疗保险并入其中，建立城乡居民合作医疗保险制度。经过整合，重庆市新农合与城居保实行统一的行政管理和业务管理，构建了统一的网络信息服务平台，提高了管理服务效率，降低了制度的运行成本，避免了经办资源的浪费和重复建设。重庆各个区县均建立了城乡居民合作医疗保险管理中心，中心的网络与基层医疗保险机构联网，在基层街道乡镇及社区配备社保管理人员和社保办事人员，建立了完善的医疗保险参保管理服务体系，实现了城市居民参保在社区、农村参保在乡镇的服务递送机制。[③]2012 年重庆市完成城乡居民合作医疗保险的市级统筹，全市参保政策、待遇标准、基金管理统一，经办流程、信息系统统一。[④]

---

① 武永生 . 统筹城乡医疗保障制度试点城市的比较——以昆山、成都和重庆市为例［J］. 南京人口管理干部学院学报，2011，01：60-63.

② 罗宇航 . 重庆市统筹城乡基本医疗保障制度研究［J］. 中国卫生经济，2014，10：42-44.

③ 杨小丽 . 重庆市统筹城乡医疗保障制度的实践探索［J］. 中国卫生经济，2011，04：26-28.

④ 罗宇航 . 重庆市统筹城乡基本医疗保障制度研究［J］. 中国卫生经济，2014，10：42-44.

三、医疗保障城乡统筹的基本规律与经验

通过对东、中、西部地区 4 个代表性城市城乡医疗保障统筹发展的本土经验总结，可以为西部地区推进医疗保障城乡统筹发展提供经验和教训。尽管 4 个地区推进城乡医疗保障统筹发展的时机选择、制度设计和管理体制存在差异，但也有很多共性的特征，这些共性即是推进医疗保障城乡统筹发展的客观规律。

（一）医疗保障城乡统筹发展应与经济社会发展水平相适应

地区的经济社会发展水平决定了医疗保障制度的覆盖范围和保障水平，医疗保障的城乡统筹既意味着保障范围的扩大，也意味着保障水平的提高，这些都需要经济这个物质条件作为统筹基础。对于像东莞、苏州等东部经济发展水平较高的地区而言，地方财政和居民个人的筹资能力强，加之人口城市化率高，农民占比低且逐年下降，已经具备了医疗保障城乡统筹的筹资条件和待遇支付能力，可以尝试医疗保障由城乡统筹向城乡一体化迈进，在建立统一的城乡居民基本医疗保险的基础上，逐步打破医保的职业关联性，统一职工与城乡居民的医疗保障制度。对于像鄂州、重庆等经济发展处于中等水平的地区，即使不具备城乡居民缴费和待遇统一的条件，也应积极推进城乡居民基本医疗保险制度的统一规划，可以在统一的制度内分设不同的缴费档次供城乡参保者自由选择，缴费不同待遇不同，缴费水平与待遇水平挂钩。对于经济发展落后的中西部地区，因城乡差异较大，短期内可以先不考虑城乡居民医保统一的制度安排，而应努力扩大城镇居民医疗保险和新型农村合作医疗制度各自的覆盖面，引导已参保城乡居民继续参保，避免参保率的回落。待条件成熟时，再推进医疗保障的城乡统筹和城乡统一。推进城乡医疗保障统筹发展，既要考虑地区经济发展实际，也要考虑地方政府的负担能力和城乡居民的承受能力，特别是要考虑人民群众的医疗保障现实需求，有针对性地进行制度供给，提高政府医疗保障资源的配置效率，提高群众的满意度和认可度。

（二）政府支持是医疗保障城乡统筹的动力源泉

经济发展固然是推动医疗保障城乡统筹发展的物质基础，但并不意味着经济是唯一的推动力，否则在中西部地区就不会出现城乡统筹的医疗保障模

式。通过对上述典型城市的案例分析可知，鄂州和重庆处于中西部地区，经济发展程度处于中等，但是仍然在国内建立了医疗保障城乡统筹发展的制度模式，甚至早于很多东部发达省份，这与政府的推动是分不开的。政府在医疗保障城乡统筹中的作用主要表现在三个方面：一是理念创新，这是医疗保障城乡统筹的价值基础；二是财政投入，这是医疗保障城乡统筹的经济基础；三是转变政府职能、理顺管理体制，这是医疗保障城乡统筹的组织基础。在已实施医疗保障城乡统筹的地区，政府无一例外都是城乡医疗保障统筹发展的推动者和支持者，这些地方政府将推进基本医疗服务均等化作为维护社会公平正义的重要举措，并且高度重视这一受益面最广的基本民生工程建设，形成全社会共同关注的舆论氛围。在已经实施医疗保障城乡统筹的地区，各级政府都加大了医疗保障支出占财政总支出的比重，为扩大医疗保障覆盖面、提高医疗保障待遇水平提供资金支持，把各类无力缴费的困难群体也逐步纳入城乡医疗保障系统中，缩小医疗保障的城乡差距和人群差距，确保医疗保障制度的公平性，提高基本医疗服务的可及性。在已经实施医疗保障城乡统筹的地区，一般都进行了医疗保障管理体制的改革和业务经办机构的整合，统一了医疗保障的行政管理和业务管理，实现了决策和执行的统一，在确保制度公平性的同时，也提高了业务经办效率，实现了医疗保障资源有效配置和效用最大化。医疗保障的城乡统筹是政府主导下的强制性制度变迁，这种制度变迁以群众利益最大化为目标，获得了群众的普遍支持和认可，因而各方利益协调相对容易，可以降低制度变革的行政成本和社会成本。仅靠城乡统筹的医疗保障制度还无法彻底解决群众看病就医的公平性问题，特别是农村和边远地区，还需要政府加大财政投入，提供公共卫生和基本医疗服务的基础设施建设，通过政策引导吸引优秀医疗人才服务基层，创造基本医疗服务的有效供给，实现基本医疗服务的城乡均等化。

（三）城乡医疗保障制度整合需要兼顾各方利益

各地区城乡医疗保障统筹发展过程中，面临的首要问题都是制度整合与制度衔接的问题，但各地采取的措施既有相同之处，也存在差异。有的地区是把现有的三个医疗保障制度整合为一个医疗保障制度，使全体居民无论城乡、就业与否，都参加同一个医保制度。尽管医疗保障的缴费、待遇实现了统一，确保了制度的公平性，但统一的缴费标准也会增加低收入者的参保负担，所以该模式仅适用于经济发达地区。有的地区是将新型农村合作医疗与城镇居民医疗保险合并实施，建立统一的城乡居民基本医疗保险制度，实现城市未就业居民与农村居民的医疗保障待遇均等化，但保障水平低于城镇职工医疗保险待遇，这是兼顾了居民与职工不同的缴费能力而进行的政策选择。有的地区城乡居民基本医疗保险只是在形式上实现了统一，一个制度内部分设两个缴费档次和与之相对应的两种待遇标准，高档次主要为城镇居民和富裕的农民设计，低档次主要为农村居民和城镇贫困居民设计，这样的制度设计考虑到了不同群体的缴费能力的差异，采用了差别化的参保策略。各地现行医疗保障城乡统筹制度的差异性，决定了未来的城乡医疗保障制度统一会有不同的模式。医疗保障的城乡统筹要综合考虑各项制度之间的衔接与接续，考虑不同参保群体的利益诉求，特别是本地户籍与外来务工人员、长期用工与灵活就业的群体差异，制定更加人性化的衔接政策。城乡医疗保障制度的整合是一个循序渐进的过程，不可能一蹴而就，新旧制度转换过程中要兼顾各方利益，才能实现政策调整和改革的平稳过渡。

（四）城乡医疗保障管理服务机构整合需要发挥比较优势

城乡医疗保障制度的高效运行需要建立统一的医疗保障管理体制和业务经办机制，通过建立统一的网络信息平台进行管理模块和管理功能的整合。在医疗保障的实践中，存在 3 种主要的医疗保障经办机构的整合模式：第一种是将卫生部门管理的新农合业务机构并入人社部门管理的城居保业务机构，由人社部门负责统筹的制度设计与经办管理；第二种是将人社部门管理的城居保业务经办机构并入卫生部门管理的新农合业务经办机构，由卫生部门负责统筹后的制度设计与经办管理；第三种是只整合新农合与城居保制度，但经办管理还分别由卫生部门和人社部门负责。真正意义上的医疗保障城乡统筹，既包括制度的统筹，也包括管理服务机构的整合，上述第三种情况实行城乡分立的医疗保障管理服务显然不是医疗保障城乡统筹发展的目标方向，医疗保障的管理服务机构必须城乡统一。但究竟是应该将新农合并入城居保，由人社部门管理？还是将城居保并入新农合，由卫生部门管理？这个问题从国家层面来看，目前还没有定论，允许各地自行选择，待总结经验后，再全国统一。在国家政策不明确的前提下，各地在进行城乡医疗保障经办资源整合时，应充分考虑各部门的比较优势，哪个部门更具比较优势，就应把医疗保障业务统一到哪个部门管理，建立统一的医疗保障管理体制。人社部门与卫生部门各自都拥有医疗保障的管理服务队伍，但人社部门在医疗保险基金的征缴、管理和使用方面的实践经验比较丰富，一直负责城镇职工医保和城镇居民医保，依托“金保工程”已经建立了完善的信息系统，完全有能力管理城乡统筹后的医疗保险事务，而卫生部门长期从事医疗机构的监督管理和卫生服务政策的制定，并且掌握医疗服务相关专业知识，由其管理医疗保险能够优化医疗资源分布，更好地满足居民的医疗服务需求，并且卫生部门也积累了丰富的新农合管理经验，可供统筹后的城乡居民医疗保险借鉴。国家应尽早明确城乡居民医保的管理主体，以及人社和卫生部门的职能划分和利益的分配。在国家统一政策出台之前，各地可以比较优势为决策依据，将城乡居民医保划入一个部门管理，待国家政策明确后再统一调整至相应的部门。

第五节　内蒙古城乡医疗保障统筹发展的路径选择

内蒙古城乡医疗保障发展经历了由城市单一保障逐步向农村延伸的发展历程，目前已经进入医疗保障城乡统筹发展的关键时期。能否平稳推进内蒙古医疗保障的城乡统筹，直接关系到内蒙古医疗保障城乡一体化发展的战略目标的实现，也关系到内蒙古 2400 多万城乡居民的健康权益保障和幸福指数提升。党的十八大确立了全面建成小康社会的宏伟目标，建立覆盖城乡全民的社会保障体系是全民小康实现程度的一个重要标志。中共十八届三中全会把建立公平可持续的社会保障制度作为推进社会事业发展的重要任务。按照医疗保障制度发展的客观规律，医疗保障的发展都要经历制度从无到有、覆盖面从小到大、保障水平从低到高的发展过程。内蒙古医疗保障的发展应在完善制度、扩大覆盖面、提高保障水平的基础上推进城乡统筹。在城乡统筹的路径设计上应以制度整合为前提，以机构整合为基础，消除制度的户籍、身份、职业壁垒，保障城乡居民的参保权益和待遇享受机会均等。在内蒙古医疗保障城乡一体化实现之前，医疗保障制度城乡统筹的主要内容还应包括：第一，建立不同保障项目间的衔接机制和跨地区转移接续机制，确保城乡居民医疗保险关系的连续性；第二，建立统一的城乡居民医疗保险定点医疗机构、定点药店、药品目录、诊疗目录、医疗服务设施目录，确保城乡居民医疗保障项目和服务内容的统一；第三，建立城乡统一的医疗费用补偿结构，包括门诊医疗、住院医疗、大病医疗等补偿项目，确保城乡居民保障标准的一致。短期内内蒙古尚不具备三项医疗保险制度统一的条件，可以采用"城乡居民医保制度统一、职工居民医保制度衔接"的模式，推进医疗保障的城乡统筹发展。待条件成熟时，再推进内蒙古医疗保障的城乡一体化，即实现城乡医疗保障的模式统一、缴费统一、待遇统一以及管理经办统一。

一、城乡医疗保障制度的整合

健全覆盖城乡全体居民的全民医疗保障体系是医改的基础性工程，扩大保障范围、提高保障水平和管理服务水平是提升基本医疗保障质量的关键。根据国务院《"十二五"期间深化医药卫生体制改革规划暨实施方案》的精神，自治区医疗保障城乡统筹改革的工作着力点应是在巩固扩大基本医疗保险覆盖面、提高保障水平的基础上，通过政策优化与整合，实现城乡医疗保障制度的有效衔接与协调统一，通过制度优化促进医疗保障的公平性与可及性提高。

（一）巩固扩大基本医疗保障覆盖面，提高保障水平

自治区基本医疗保险是社会保险五大险种中覆盖面和参保率最高的制度，应在巩固城镇职工和城乡居民医保覆盖面的基础上，重点做好特殊人群、困难群众的参保扩面工作。通过提升保障水平，增加制度的吸引力，切实提高广大群众的医疗保障水平。医疗保障制度的广覆盖与不同医疗保障制度待遇差距的逐步缩小是推进城乡医疗保障制度整合的基础性条件。

将职工医保、城镇居民医保和新农合三项基本医疗保险参保率在 2014 年的基础上提高 3 个百分点，达到 98% 以上，基本实现全民医保。重点做好农民工、非公有制经济组织从业人员、灵活就业人员及学生、学龄前儿童和新生儿参保，通过政府补贴和允许自主选择参保项目等措施做好关闭破产企业退休人员和困难企业职工参保工作。参保补贴资金，由国家下拨专项补贴、地方财政配套资金列支。通过城乡医疗救助制度资助低保家庭成员、五保户、重度残疾人以及城乡低收入家庭参加城镇居民医保或新农合，要重点做好农

村牧区贫困少数民族的参合工作。

（二）整合城镇居民基本医疗保险与新农合制度

在城镇居民医疗保险和新型农村合作医疗制度基本实现全覆盖的条件下，推进两项制度的整合，使之成为化解城乡居民基本医疗风险的统一性制度安排。建立内蒙古城乡居民基本医疗保险制度，覆盖全部城镇非就业人口与农业居民，实行统一的缴费标准、补助标准和待遇标准。

医疗保障的筹资水平是制约保障水平提高的关键因素，通过增加各级政府补贴以及提高个人缴费标准可以有效扩大基本医保筹资规模。城乡居民基本医疗保险的政府补助标准在现有基础上提高到每人每年 400 元以上，对 6 万人口以下的牧业旗县，自治区财政每人每年增加补助 20 元。城乡居民基本医疗保险的个人缴费水平随城乡居民收入增长同步提高，逐步建立与经济发展水平相适应的筹资机制。

整合后的制度应提高城乡居民政策范围内的住院费用报销比例，由医保基金支付的比例达到 75% 左右，明显缩小与实际住院费用支付比例之间的差距。同时提高城乡居民基本医疗保险的最高支付限额，使住院报销的封顶线达到城乡居民可支配收入的 8 倍以上。初步建立大病统筹与门诊统筹相结合的医疗费用补偿模式，并逐步提高门诊统筹的报销比例和封顶线，门诊补偿比例和封顶线要与住院补偿起付线和补偿比例有效衔接，同时探索建立特殊病种和部分大额慢性病门诊费用补偿制度，扩大补偿病种范围。城乡居民基本医保门诊统筹的支付比例应达到 50% 以上，门诊统筹所需经费由现行基本医疗保险筹资渠道解决。

构建城乡一体化医疗救助制度，努力实现与城乡居民基本医疗保险制度的无缝衔接。医疗救助制度作为医疗保障体系的基本构成部分，是保障低收入者医疗服务可及性的有效工具，在各国医疗保障体系中起到了至关重要的作用。内蒙古先后在 2003 年和 2005 年建立了农村和城市的医疗救助制度，但该制度尚不健全。目前，内蒙古医疗救助制度城乡差异大，尚未建立有效筹资机制，存在救助资金不足，救助标准较低等问题。完善内蒙古城乡医疗救助制度，需要以人人享有到基本医疗服务为目标，建立由各级政府负主要责任的稳定的多方筹资机制，建立中央、省、市、县四级的财政分担机制，中央财政重点向中西部地区倾斜，逐步扩大救助范围。构建内蒙古城乡一体化医疗救助制度，需要改革医疗救助的管理体制，实现城乡医疗救助的政策统一、办法统一、标准统一。城乡医疗救助一体化是城乡医疗保障制度整合中重要的一环，虽然目前内蒙古已经有相关文件对医疗救助制度与城乡基本医疗保险制度的衔接作出了规定，但都属于指导性意见，缺乏系统的衔接细则。应从两个方面入手，建立医疗救助与基本医疗保险的衔接办法：一是资助低保户和贫困边缘群体参加基本医疗保险。二是资助虽参加了基本医疗保险，但自付费用较高且无力承担的贫困患者。通过医疗救助制度与基本医疗保险的无缝衔接，提高医保资金有效利用率和医疗服务的可及性。

（三）积极推进居民医保与职工医保的制度整合

医疗保障城乡统筹的最终目标是城乡统一，新农合与城居保两项制度整合相对容易，原因是两项制度在筹资标准和待遇水平方面的差距不大，制度整合在不降低双方医疗待遇的前提下进行，改革的阻力较小。但职工医保与居民医保无论在筹资标准，还是在待遇水平方面都存在较大差异，考虑到地区的财政负担能力和参保居民个人的承受能力，短期内无法实现制度的统一，但随着城乡居民收入的提高，财政补贴力度的加大，两个制度间的筹资标准和待遇标准的差距会逐步缩小，待条件成熟时就可以将两者合并为统一的制度。目前可以为两项制度的整合做一些准备性的前期工作。首先，统一职工医保与居民医保的定点医院和定点药店管理，统一职工医保与居民医保的基本药品目录、基本医疗服务目录和医疗服务设施目录。其次，建立职工与居民统一的大病医疗保险统筹制度，将从居民医保基金中提取的大病医保基金与职工的大病医保基金整合在一起，提高基金的抗风险能力。在资金使用时，打破制度间的界限，按照统一待遇标准共同使用。最后，建立统一的职工医保、居民医保与医疗救助的衔接机制，对困难群众的自付高额医疗费用进行二次补偿救助。

二、城乡医疗保障管理服务机构的整合

医保管理体制是医保工作运行的组织保障，是医保政策执行和落实的核心环节，医保制度和管理机构的整合是实现医保城乡统筹和提高管理服务水平的关键。建立统筹城乡的基本医保管理体制，需要探索整合职工医保、城镇居民医保和新农合制度的管理职能和经办资源，提高服务能力，推进基本

医疗保障制度的城乡统筹。逐步分离基本医保行政管理机构和业务经办机构的职能，各司其职。根据对内蒙古医疗保障城乡统筹的制度设计，短期内因城镇职工医保、城镇居民医保、新农合筹资标准、缴费水平和待遇水平存在较大差异，无法实现制度整合，但可以积极探索建立城乡统筹的居民基本医疗保险制度，合并城镇居民医保和新农合，建立城乡居民基本医疗保险制度，待条件成熟后再推行三项制度的并轨。在城乡居民医疗保险管理体制改革方面，应做好机构整合、管理制度完善与基金管理等工作。

（一）整合城乡基本医疗保险管理服务机构

建立城乡居民基本医疗保险必须有统一的经办机构，合并新农合与城镇居民医保管理机构，能够提高经办能力和效率。城乡居民医疗保险的管理机构可以在卫生部门和人社部门中择优选择。人保部门经办居民医保的优势在于该部门从 20 世纪 90 年代就开始管理城镇职工基本医疗保险，在资金筹集和账户管理方面积累了较为丰富的经验，新农合并入人社部门管理，有利于三项医保制度的整合，提高管理服务效率。按照保险大数法则，做大基金规模，能够提高抵御风险的能力，提高医疗保障水平。同时由人社部门管理也有利于社会保险的五险合一，避免社会保险的多头管理。但人社部门管理医保的劣势在于医疗保险是一个十分专业化的制度设计，需要大量的医学知识和医疗管理经验，这方面人社部门明显不如卫生部门。卫生部门经办城乡居民医保的优势在于其在 2003 年就开展了新农合工作，建立了体系较为完备的基层医保服务网络，积累了丰富的管理经验，而且管理成效显著，加之其本身的专业优势，有利于推进医保制度的改革和医疗费用的控制。例如，在推行付费制度改革方面，卫生部门管理的新农合就比人保部门管理城镇居民医保成效更加显著。卫生部门管理医疗保险的不足之处在于作为医疗机构管理的行政部门，如果同时管理医疗保险，就会形成医疗付费方与医疗服务提供方的利益连带，不利于第三方付费制度的建立和医疗保险的费用控制。北京、成都等地目前已经建立了医院管理局，专司医院管理职能，这在一定程度上可以调节上述矛盾，其经验值得我们借鉴。此外，卫生部门管理医保的一个障碍是不利于未来城乡居民医保与城镇职工医保的整合，若所有医保统一由卫生部门管理，就意味着要将除新农合之外的其他两项制度进行管理机构的转换，其转换成本是比较高的。鉴于以上分析，人保部门和卫生部门管理医疗保险各有利弊，自治区可以选择部分盟市进行试点，部分试点地区将新农合划入人保部门管理，部分试点地区将城镇居民医保划入卫生部门管理，经过一段时间的运行对其绩效进行评估，最终确定医疗保险的管理机构。完善城乡居民医保管理体制还需要加强偏远民族地区基层医保服务机构能力建设和服务网点建设。在确保基金安全和有效监管的前提下，鼓励以政府购买服务的方式，委托具有资质的商业保险机构经办各类医疗保障管理服务。

（二）完善城乡居民医保的结算制度和转移接续制度

加快推进城乡居民基本医保和医疗救助即时结算，使患者看病只需支付自付部分费用，其余费用由医保经办机构与医疗机构直接结算。2016 年底前实现统筹区域内即时结算，逐步建立异地就医结算机制，2017 年底全面实现自治区范围内医疗费用异地即时结算，开展省际医保结算合作，2018 年底初步实现跨省医疗费用异地即时结算。

完善医保关系跨地区转移接续和跨制度衔接政策，妥善解决流动人口的医保接续与衔接。2018 年底前实现统筹区域内各项基本医疗保险制度之间的衔接。积极推进基本医保关系跨区域跨制度接续与衔接，做好基本医保和医疗救助结算衔接。加快医保信息系统建设，建立具有基金管理、费用结算与控制、医疗行为管理与监督等复合功能的医保信息系统，实现与定点医疗机构信息系统的对接。积极推广医保就医“一卡通”，整合健康卡和医保卡的功能，方便参保人员就医。

（三）完善城乡居民医疗保险的基金管理

加强基本医保基金收支管理，使基金既不沉淀过多，也不出现透支。城乡居民医保基金要坚持“当年收支平衡”的原则，结余过多的，可结合实际重点提高高额医疗费用支付水平。逐步提高基本医保统筹层次，增强基本医保基金共济和抗风险能力。在市级统筹的基础上，逐步建立自治区级风险调剂金制度，积极推进自治区级统筹。完善基本医保基金管理监督和风险防范机制，防止基本医保基金透支，保障基金安全。

建立自治区级风险调剂金的具体做法是在自治区社会保障资金财政专户下设立“城乡居民基本医疗保险风险调剂基金”财政专户，实行收支两条线管理，专款专用，接受审计、财政部门的监督。基本医保风险调剂金由各盟市按上年度城乡居民基本医疗保险基金征缴收入预算数的 5% 上解，风险调剂金总额达到自治区上年度基金支出预算的20%后不再提取。当发生政策调整增加基金支出、发生重大传染病疫情、群体性不明原因疾病、重大自然灾害等不可预测情况时，如出现医保基金不足，则可以申请风险调剂金。如发生未严格执行自治区统一政策和管理办法、未完成当年扩面征缴任务、擅自调整基金收支预算、因违规违纪行为造成基金重大损失、同级财政应承担的补助资金或风险调剂分担资金未到位等情形，并造成基金缺口的，由同级政府负责，风险调剂金不予调剂。风险调剂金发挥“查漏补缺”的作用，盟市医疗保险基金当年收不抵支，首先从历年基金结余中解决，仍有缺口的，由同级政府和风险调剂金分担。

第六节　内蒙古城乡医疗保障统筹发展的政策建议

内蒙古医疗保障的城乡统筹发展，除制度的整合与管理服务机构的整合以外，还需要相关配套政策的支持与统筹推进。应在深化医药卫生体制改革的整体性框架内，推进内蒙古医疗保障的城乡统筹，做好医疗保障与其他医改项目的协调与配合，实现医改的整体性与系统性突破。在优化城乡医疗保障制度的同时，应加大财政的投入力度，建立城乡医疗保障统筹发展的财政保障机制。应统筹医疗保障与公共卫生的发展，建立多元化的医疗卫生保障机制。应积极推进公立医疗改革，鼓励社会办医，规范药品生产流通，建立监督约束机制，合理控制医疗费用的过快增长，提高医疗保障资金的配置效率和保障效果。

一、建立城乡医疗保障统筹发展的财政保障机制

城乡医疗保障制度统筹发展需要各级政府财力的支持，应建立基于事权与财权对应的城乡医疗保障财政分级保障机制。东部地区的经济发展水平高，其城乡医疗保障可由地方政府承担主要责任。中西部地区的城乡医疗保障制度运行应由中央政府与地方政府共同承担出资责任。同时应建立地方各级财政间的责任分担机制和财政转移支付机制，确保各级政府有足够的财力承担

城乡居民基本医疗保险的筹资责任。同时将城乡医疗保障的行政管理与业务经办费用纳入同级财政预算，给予优先保障，确保城乡医疗保障工作的正常开展。应建立城乡居民基本医疗保险筹资规模的动态调整机制，政府对城乡医保的投入增幅不低于财政收入的增长率，城乡居民个人缴费的增幅不低于城乡居民可支配收入的增长率。医疗保障城乡统筹必然会提高制度覆盖面和提高保障水平，所有增量部分的调整都需要政府增加财政投入，确保医疗保障城乡统筹工作的正常开展。

二、推进城乡医保付费制度改革，合理控制医疗成本

医保机构作为独立于医疗服务供给方和需求方的第三方付费机构，应积极发挥其在医疗费用控制方面的作用，避免医疗服务提供方和医疗服务需求方过度医疗及其利益合谋行为，控制医疗保险基金支出，提高基金使用效率。

（1）发挥医保机构对医疗费用过快上涨的控制作用，并建立相关责任机制。加大医保支付方式改革力度，由按项目付费转变为定额付费。在全区范围内积极推行按病种付费、按人头付费、按床日付费、总额预付等支付方式改革，引导医疗机构主动控制成本，增强医保对医疗行为的激励约束作用。2015 年底前建立医保对统筹区域内医疗费用增长的制约机制，制定医保基金支出总体控制目标并分解到定点医疗机构，把医疗总费用、次均门诊住院费用、人均年度医疗负担、个人支付比例作为衡量医疗成本控制的重要指标。积极推动建立医保经办机构与医疗机构、药品供应商的谈判机制和购买服务的付费机制。合理确定药品、医疗服务和医用材料支付标准，控制成本费用。

（2）完善差别支付机制，医保支付政策进一步向基层倾斜，向偏远民族地区倾斜，增加基层医疗机构报销比例，通过利益机制引导群众小病到基层就诊。建立双向转诊、社区首诊制度，促进分级诊疗制度形成，合理控制医疗费用，节约医疗资源。将符合资质条件的私人诊所等非公立医疗机构和零售药店纳入医保定点范围，建立多元化的医疗服务供给体系，方便群众就医。

（3）加强医保对医疗服务行为的监管，完善监控管理机制，逐步将医保对医疗机构医疗服务的监管延伸到对医务人员医疗服务行为的监管。制止开大处方、重复检查、滥用药品等行为。加强对定点医疗机构和零售药店的监管，加大对骗保欺诈行为的处罚力度，并及时公开相关信息。

三、促进城乡医疗保障制度与公共卫生制度的良性互动

应逐步拓展城乡医疗保障制度的功能，将疾病预防、疾病治疗和疾病康复纳入医疗保障的费用补偿范围，与社区医疗和全科医生制度相结合，形成一体化的健康促进机制。目前我国基层卫生医疗服务机构建设滞后，不能满足群众的医疗需求，转外就医增加了农村患者的经济负担，一些经济困难家庭只能放弃治疗，最终酿成大病，甚至威胁生命。基层医疗机构担负着本地区基本公共卫生服务和基本医疗服务的双重使命，如果能将公共卫生制度与医疗保障制度有机结合，将会促进基层医疗机构的发展。通过基础设施的投入、医疗设备的购置以及医疗服务人才的配置，可以有效提高基层的医疗服务水平，促进农村居民的健康水平提高。通过加大公共卫生的投入和农村公共医疗服务基础设施的建设，合理配置城乡医疗服务资源，提高农村医疗卫生服务水平，为医疗保障城乡统筹发展提供基础条件。将乡镇卫生院和村卫生室纳入城乡居民医疗保险定点医疗机构，提高患者在基层医疗机构的报销比例，并降低或取消起付线，通过利益引导促进群众在基层就医，实现基层医疗机构的发展与医疗资源的合理配置，降低患者的医疗负担，提高医疗服务和医疗保障的可及性。以预防保健为重点的公共卫生制度的完善，也有利于城乡居民健康水平的提高和医疗费用的节约。逐步提高基本公共卫生人均服务经费标准，加强传染病、慢性病、地方病等严重危害群众健康的疾病防治，为城乡居民建立电子化的健康档案，可以减轻医疗保险基金和医疗救助基金的支付压力，促进城乡医疗保障制度的健康发展。

四、建立多层次的城乡医疗保障体系

建立城乡基本医疗保险制度可以解决绝大部分群众的医疗保障需求，但不同社会分层的居民具有不同的医疗服务需求，应建立多层次的医疗保障制度体系，满足群众多层次的需要。

（一）完善城乡医疗救助制度，筑牢医疗保障底线

医疗救助是基本医疗保险的重要补充，是确保医保制度底线公平的重要制度安排，是从源头上解决“因病致贫”和“因病返贫”的重要保障措施。

（1）加大救助资金投入，筑牢医疗保障底线，扩大医疗救助的覆盖范围。

将城乡低保家庭成员、五保户、重度残疾人以及城乡低收入家庭重病患者和低收入家庭老年人以及低保边缘户等困难群体纳入医疗救助范围。资助其参加城乡居民基本医疗保险。坚持以住院救助为主，兼顾门诊救助，在取消医疗救助起付线的基础上，逐步提高救助封顶线，将救助对象政策范围内住院自负医疗费用救助比例提高到70%以上。简化救助资金审批发放程序。

（2）在试点基础上，全面推进重特大疾病救助工作，加大对重特大疾病的救助力度。建立疾病应急救助基金，通过政府出资、社会捐赠等多渠道筹资建立基金，解决无费用负担能力和无主病人发生的应急医疗救治费用。该应急救助基金是针对特殊群体的急救医疗费用救助资金，应从现有医疗救助资金中划拨一定比例专门用于急救医疗救助，同时政府给予一定的补助。

（3）拓宽医疗救助资金来源渠道，政府投入为主，广泛吸纳社会捐助资金，进一步扩大医疗救助基金规模，严格基金的管理和使用，自觉接受财政、审计和社会的监督。鼓励和引导社会力量发展慈善医疗救助。鼓励工会等社会团体开展多种形式的医疗互助活动。

（二）积极发展商业健康保险，构筑多层次风险补偿机制

商业健康保险与基本医疗保险在保障功能上存在交叉和竞争，通过建立多层次的医疗保障体系可以将两者的关系由竞争转变为互补，发挥商业健康保险对基本医疗保险的补充作用，有利于满足不同人群的医疗保障需求，构筑多层次的风险补偿机制。

（1）充分发挥商业健康保险对基本医保的补充作用，通过多元化的保障手段提高医药费用补偿比例，减轻患者的经济负担。基本医保起付线以下、封顶线以上和介于两者之间经医保统筹基金报销后的自付部分皆可作为商业健康保险的保障范围，以起到拾遗补阙的作用。

（2）完善商业健康保险产业政策，鼓励商业保险机构发展基本医保之外的健康保险产品，积极引导商业保险机构开发长期护理保险、特殊大病保险等险种，满足多样化的健康需求。鼓励企业、个人参加商业健康保险及多种形式的补充保险，落实税收等相关优惠政策。简化理赔手续，方便群众结算。加强商业健康保险监管，促进其规范发展。

（三）建立重特大疾病保障机制，消除因病致贫隐患

重特大疾病的发生本是一个小概率事件，但是对个人而言，却如同晴天

霹雳、灭顶之灾，会直接影响到其个人和家庭的基本生活。面对这种巨灾风险，单靠个人和家庭以及基本医保制度都无法解决高昂医疗费用的筹资问题，需要发挥社会互助协同机制在更大范围内分散风险，减轻患者的经济负担。

（1）研究制定重特大疾病保障办法，在提高基本医保最高支付限额和高额医疗费用支付比例的基础上，统筹协调基本医保和商业健康保险政策，积极探索利用基本医保基金购买商业大病保险或建立补充保险等方式，分散重特大疾病风险，有效提高重特大疾病保障水平。充分发挥基本医保、医疗救助、商业健康保险、多种形式补充医疗保险和公益慈善的协同互补作用，加大对低收入大病患者的补偿力度，切实解决重特大疾病患者的因病致贫问题。

（2）在全面实施已经开展的终末期肾病（尿毒症）、儿童白血病、儿童先天性心脏病、乳腺癌、宫颈癌、重性精神疾病、耐多药肺结核、艾滋病机会性感染等 8 类大病保障的基础上，增加肺癌、食道癌、胃癌、结肠癌、直肠癌、慢性粒细胞白血病、急性心肌梗死、脑梗死、血友病、I 型糖尿病、甲亢、唇腭裂等 12 类大病，扩大保障和救助试点范围。充分发挥多种形式补充医疗保险的协同互助作用，使补偿水平提高到 90%左右。

五、推进城乡医疗机构改革与创新

医疗机构是医疗服务的供给方，医药卫生体制改革既要改革医疗服务的需求支付机制，也要改革医疗服务的供给机制，各类医疗机构的改革与创新是推动医疗服务供给机制改革的关键。应鼓励非公立医疗机构的发展，形成公立医疗机构与非公立医疗机构优势互补的多元化医疗服务供给机制。

（一）推进公立医院改革

旗县级公立医疗应由政府承担基本建设责任和医疗服务人员人事管理责任，对于旗县级公立医疗机构承担的公共卫生任务给予专项补助，按服务成本计算政府指定的紧急救治、救灾、支援基层等公共服务费用。政府负责旗县公立医院基础设施建设、大型设备购置、重点学科培育的经费支持，同时负担在编人员的基本工资和各项法定福利。按照医疗机构的服务人口数确定人员编制和医疗机构床位数。完善公立医院绩效考核制度，建立分配激励机制。探索以服务质量、岗位工作量和群众满意度为主的综合绩效考核和岗位绩效工资制度。对长期在基层医院工作的卫生技术人员，在职称晋升和津贴补贴方面给予适当倾斜，调动医务人员的积极性。鼓励通过城乡对口支援等方式促进医疗资源合理配置，为农村患者提供优质、可及的医疗服务，提高医疗资源的利用效率，缓解群众“看病难”问题。逐步取消以药补医机制，探索医药分离的新路径，逐步取消药品加成政策。降低大型设备检查价格，政府投资购置的公立医院大型设备按扣除折旧后的成本制定检查价格。对公立医院由此减少的收入，采取增设药事服务费、调整部分技术服务收费标准等措施，以及增加政府投入等途径予以补偿。

（二）大力发展非公立医疗机构

创新多元化办医方式，满足群众多层次的医疗服务需求。吸引有实力的国内外、区内外民营资本投资医疗机构，可通过个人独资或股份制等形式开办新的医疗机构或收购小型公立医疗机构，鼓励私人医生开办个人诊所，提供社区医疗服务。国务院转发 5 部委《关于进一步鼓励和引导社会资本举办医疗机构的意见》中就放宽社会资本举办医疗机构的准入范围、进一步改善社会资本举办医疗机构的执业环境、促进非公立医疗机构持续健康发展等 3 个方面提出了 24 条意见。自治区以及各盟市要根据自身的情况制定相应的政策，选择部分盟市和非公立医疗机构进行试点实施，在此基础上不断完善政策体系，逐步落实和推广。将具有一定规模和一定医疗服务能力的民营医疗机构纳入政府购买医疗服务的范围，促进公立医院和民营医疗机构的有效竞争，提高整体医疗服务水平，给予民营医疗机构一定的税收优惠和水电费补贴。引导非公立医疗机构在医疗资源薄弱的地区开展非营利性医疗服务，由政府提供部分基本建设资金支持。此外，还需加强对非公立医疗机构的行政监督和社会监督，依法严打非法行医和医疗欺诈行为，及时处理患者及其家属的医疗投诉，维护医疗服务市场秩序。

六、深化药品生产流通体制改革

药品生产流通是医药卫生事业改革的核心内容，与医疗保障改革密切相关，药品生产流通领域的改革能够促进城乡医疗保障制度的健康持续发展。

在药品生产领域，应加强药品的审批和监督检查，建立严格的行业准入条件，限制市场供给过剩药品的生产规模。应加强药品质量监管，不符合药品生产质量管理规范（GMP）的厂商生产的产品不得流入药品市场。鼓励企业提高药品生产技术、优化工艺流程，提高药品质量。鼓励医药企业进行自主研发与产品创新，发展生物药物、化学医药新品种和民族医药。特别是在内蒙古，蒙药具有临床疗效确切、治疗方式简便、费用低廉等特点，深受民族地区患者的信赖。有调查资料显示，在同级医院治疗同一种疾病，蒙中医药能节约 1/3～1/2 的费用。重视蒙中医药发展也是传承民族传统文化、落实党的民族政策的客观需要。应加大蒙古族医药的研发投入，促进蒙药产业发展。鼓励医药企业对高价值医用耗材、先进医疗器械进行研发攻关，提高国产化水平，降低医疗成本。按照市场机制，对医药企业进行兼并重组，促进资金、技术向优势企业集中，做大做强民族医药产业。

改革药品流通渠道，建立区域性的药品流通中心，发展连锁经营和电子商务等现代营销模式，优化整合药品供应链，降低物流成本。发展现代物流业，减少药品流动的中间环节，促进药品流通的健康发展。调整药品批发、零售网点设置和规划布局，引导药品经营企业提高农村牧区药品配送能力。

改革药品价格形成机制，使医药价格能够客观及时地反映生产服务成本变化和市场供求。完善药品价格监管体系，使用科学的方法进行药品价格的宏观调控，优化医药资源配置，维护医药市场价格稳定与竞争秩序。完善药品指导价管理办法，选取临床使用量较大的药品，参考社会零售药店销售价格和省级药品集中招标采购价格制定药品销售指导价格，并建立药品指导价格的定期调整机制。建立药品市场信息披露制度和诚信档案，对药品购销领域中出现违法违规行为的药品生产企业、经营企业依法实施吊销许可证等行政处罚。严厉打击发布虚假药品广告、销售假冒伪劣药品等扰乱市场秩序的违法行为。

参考文献

［1］仇雨临，翟绍果 . 城乡医疗保障制度统筹发展研究［M］. 北京：中国经济出版社，2012.

［2］顾海，李佳佳 . 中国城镇化进程中统筹城乡医疗保障制度研究：模式选择与效应评估［M］. 北京：中国劳动社会保障出版社，2013.

［3］董黎民 . 我国城乡基本医疗保险一体化研究［M］. 北京：经济科学出版社，2011.

[4] 解垩 . 城乡卫生医疗服务均等化研究 [M] . 北京：经济科学出版社，2009.

[5] 贾洪波 . 中国基本医疗保险制度改革关键问题研究 [M] . 北京：北京大学出版社，2013.

[6] 林义 . 统筹城乡社会保障制度建设研究 [M] . 北京：社会科学文献出版社，2013.

[7] 樊小钢，陈薇 . 公共政策：统筹城乡社会保障 [M] . 北京：经济管理出版社，2013.

[8] 赵要军，王禄生 . 中国、美国、泰国三国医疗保险制度比较分析 [J] . 中国卫生经济，2009，11：41–44.

[9] 胡文魁 . 部分发达国家医疗保障制度的比较及启示 [J] . 中国全科医学，2007，09：719–720.

[10] 李长远，张举国 . 国外医疗保障制度城乡统筹发展的经验及其对我国的启示 [J]. 理论导刊，2014，11：102–105.

[11] 房珊杉，孙纽云，梁铭会 . 德国医疗保障体系改革及启示 [J] . 中国卫生政策研究，2013，01：28–33.

[12] 吴正一，张志愿，胡雨春 . 发达国家医疗保障体制的模式和启示 [J] . 医院院长论坛，2007，03：57–62.

[13] 周毅 . 德国医疗保障体制改革经验及启示 [J] . 学习与探索，2012，02：110–112.

[14] 邓燕云 . 日本、新加坡医疗保障实践对我国的启示 [J] . 经济体制改革，2009，04：156–158.

[15] 张媛媛 . 发展中国家建立医疗保障制度的探索——以印度和中国为例 [J] . 现代经济信息，2009，11：314+316.

[16] 童伟，庄岩 . 俄罗斯医疗保障制度的启示与借鉴 [J] . 中央财经大学学报，2014，10：18–25.

[17] 关博 . 俄罗斯医疗保障制度改革的经验与启示 [J] . 沈阳大学学报（社会科学版），2015，01：40–43.

[18] 符定莹，兰礼吉 . 印度、巴西和墨西哥的医疗保障制度及其对我国的启示 [J] . 医学与哲学（人文社会医学版），2011，10：44–46.

[19] 马丹，任苒 . 巴西医疗保障体系 [J] . 医学与哲学（人文社会医学版），2007，10：1–3.

[20] 刘岩 . 巴西医疗保障制度研究及启示 [J] . 生产力研究，2009，12：131–133.

[21] 刘玉娟 . 泰国“30 铢计划”对我国医疗保险的启示 [J] . 卫生经济研究，2011，04：45–47.

[22] 张再生，赵丽华 . 发达国家医疗保障制度城乡统筹经验及启示 [J] . 现代经济探讨，2009，08：79–82.

[23] 张再生，赵丽华 . 发达国家医疗保障城乡统筹中政府责任 [J] . 中国医疗保险，2014，03：63.

［24］黄颖，黄静雯，郭云琪．统筹城乡医疗保障制度典型模式的比较——以坊子区、成都市和东莞市为例［J］．法制与社会，2013，21：214-215.

［25］张亚林，叶春玲，郝佳．东莞市统筹城乡医疗保障制度的现状与启示［J］．中国卫生政策研究，2009，12：3-6.

［26］李瑛珊．医疗保障城乡整合典型模式比较研究——以东莞、珠海、湛江为例［J］．卫生经济研究，2014，06：17-22.

［27］仇雨临，郝佳．城乡医疗保障制度统筹发展的路径研究——基于东莞、太仓、成都和西安的实地调研［J］．人口与经济，2011，04：64-69.

［28］樊路宏，平其能．统筹城乡医疗保障管理体制的探索——以苏州经验为例［J］．学海，2012，02：102-107.

［29］王华新．鄂州市城乡医疗保障一体化调查［J］．中国财政，2009，13：44-46.

［30］梁平，石静．统筹城乡医疗保障的基础分析——以重庆市为例［J］．河北农业科学，2010，03：124-128.

［31］武永生．统筹城乡医疗保障制度试点城市的比较——以昆山、成都和重庆市为例［J］．南京人口管理干部学院学报，2011，01：60-63.

［32］罗宇航．重庆市统筹城乡基本医疗保障制度研究［J］．中国卫生经济，2014，10：42-44.

［33］杨小丽．重庆市统筹城乡医疗保障制度的实践探索［J］．中国卫生经济，2011，04：26-28.

［34］王如冰．成都市医疗保障城乡统筹的经验探讨［J］．现代商贸工业，2009，10：85-86.

［35］陈建胜，王小章．由“城乡统筹”迈向“城乡一体化”——基于德清县基本医疗保障制度的研究［J］．浙江社会科学，2011，01：141-147，159-160.

［36］吴君槐．构建长江三角洲地区城乡统筹医疗保障体系的思考［J］．江西财经大学学报，2011，04：58-65.

［37］喻子畅．医保制度改革：从城镇保障到城乡统筹——医疗保障“马鞍山模式”研究［J］．社会保障研究，2010，01：79-82.

［38］王红漫，陈燕婧，林楠．我国医疗保障制度城乡统筹实证研究——山东省居民社会医疗保险满意度调查及自由选择医保制度可行性分析［J］．国外医学（卫生经济分册），2014，02：70-76.

［39］徐玮．关于医疗保障制度城乡统筹发展的思考［J］．中国卫生资源，2009，01：21-23.

［40］杨小丽，张亮，冯泽永．城乡统筹医疗保障制度建设的核心议题［J］．中国卫生事业管理，2009，07：463-464.

［41］杨小丽，张亮，冯泽永．论城乡统筹目标下的医疗保障［J］．医学与社会，2009，09：7-8.

［42］车莲鸿．试论经济发达地区基本医疗保障城乡统筹发展路径［J］．卫生软科学，2009，05：523–525，528.

［43］于瑞均，马新力．城乡统筹医疗保障制度设计初探［J］．现代财经（天津财经大学学报），2009，11：24–29.

［44］杨小丽，张亮，冯泽永．构建城乡统筹医疗保障制度的核心议题［J］．重庆医学，2009，21：2754–2756.

［45］易奕．城乡统筹与农村医疗保障制度［J］．现代经济信息，2013，15：411–412.

［46］王红漫．中国城乡统筹医疗保障制度理论与实证研究［J］．北京大学学报（哲学社会科学版），2013，05：152–158.

［47］李翔．医疗保障制度城乡统筹的现状分析与路径选择［J］．中国卫生事业管理，2012，02：87–89.

［48］杨小丽．论城乡统筹目标下医疗保障的底线公平［J］．重庆医学，2011，02：135–136.

［49］雷海潮．城乡统筹医疗保障制度的内涵与实现策略［J］．中国卫生政策研究，2011，03：1–3.

［50］王翔．对医疗保障城乡统筹的建议和思考［J］．中国卫生经济，2011，10：44–46.

［51］赵永生，郝佳，李鹏，孙晓燕．构建城乡统筹的社会医疗保障体系初探［J］．卫生经济研究，2008，09：45–46.

［52］蒋兴和，孙红．推进城乡统筹的医疗保障体系建设［J］．四川劳动保障，2010，08：18.

［53］王东进．关于基本医疗保障制度建设的城乡统筹［J］．中国医疗保险，2010，02：6–9.

［54］郑功成．医疗保障城乡统筹是大势所趋［J］．中国医疗保险，2010，03：15.

［55］刘静，熊先军，刘正杰．医疗保障城乡统筹发展研究［J］．中国医疗保险，2010，03：34–36，40.

［56］李建忠．牢固确立医疗保障城乡统筹理念［J］．中国医疗保险，2010，12：24–25.

［57］王东进．把医疗保障城乡统筹惠民工程建设好［J］．中国医疗保险，2010，03：13.

［58］孙晓燕．城乡统筹进程中的农村医疗保障［J］．改革与开放，2006，02：18–20.

［59］姚蕾．论城乡统筹发展中农村医疗保障制度的改革［J］．求索，2006，05：79–81.

第七章　内蒙古城乡社会救助统筹发展研究

第一节　内蒙古城乡社会救助的发展历程

一、内蒙古最低生活保障制度的发展历程

（一）城市最低生活保障制度的发展历程

1993年，上海市最先建立城市居民最低生活保障制度。1995年，内蒙古民政厅按照全国城市居民最低生活保障工作座谈会关于1997年在省会城市率先建立并实施城市低保制度的要求，向内蒙古自治区党委、政府做出了专题汇报，该工作被列入议事日程。1996年4月，自治区党委、政府组织有关呼和浩特市城市居民低保的调研，通过对大约1万户居民的入户抽样和问卷调查，初步调查出呼和浩特市城市居民最低月生活支出为97.24元，这为第一次确定最低生活标准提供了依据。1996年底，呼和浩特市政府决定出台建立城市居民最低生活保障制度，将保障标准确定为每月100元，呼和浩特市城市低保试点的成功，为全区全面推广低保制度提供了经验。

1997年，呼和浩特市正式实施城市居民低保制度，当年7月1日，全区21个城市全部建立起城市低保制度，1998年2月至1999年6月，全区101个旗县（市、区）全部完成了城市低保制度的建立。

2000年初，自治区民政厅、财政厅联合下发了《关于进一步加强城市居民最低生活保障工作的通知》，要求各地区按照属地化管理原则，将应保未保的低保对象全部纳入保障范围，并按月及时、足额地将低保金发放到位。

2001年初，自治区党委、政府提出当年城市低保工作的重点是解决中直、区直企业职工最低生活保障问题。9月初，自治区市政府办公厅下发的《关于

报送城市居民最低生活保障工作有关情况的通知》，要求各地需进一步了解国营集体企业、国营农林牧场和其他非农业人口中低保对象的相关情况。9月20日，自治区党委办公厅、政府办公厅下发了《关于进一步做好城市居民最低生活保障工作的紧急通知》，要求各盟市、旗县（市、区）尽快将低保对象全部纳入保障范围。11月，自治区下拨1000万元低保补助金，重点保障中直、区直企业和财政困难、低保人数多的盟市。

2002年4月上旬，自治区人民政府召开了全区城市低保工作会议，提出了实现应保尽保的目标，政府办公厅下发了《关于调整城市低保资金预算的紧急通知》。各地严格按照“一要吃饭，二要建设”的原则，积极筹措资金，自治区、盟市、旗县三级财政落实低保资金8647万元，顺利实现了应保尽保的目标。截至2002年底，全区共有城市低保对象64.9万人，占全区非农业人口的7.6%。当年发放低保资金25400万元，其中中央补助资金16800万元，自治区财政补助1500万元，盟市、旗县财政补助7147万元。

2003年是自治区城市低保制度进一步规范与完善的重要时期。2004年，就城市低保补助标准低、质量不高的问题，全区范围内进行了分类施保。这一政策措施得到了民政部的肯定，并为全国开展此项工作提供了借鉴。

2005年，自治区在巩固应保尽保的基础上，注重动态管理和提高保障质量工作，对《内蒙古自治区城市居民最低生活保障工作实施细则》实施以来发现的新问题进行了总结，新出台了《内蒙古自治区城市居民最低生活保障工作规程》。

2006—2010年，自治区党政联席会议做出6项民生指标达到或超过全国平均水平的决策，各级低保补助资金继续大幅增长，2010年底，全区城市低保平均保障标准高出全国标准。

2011—2013年，内蒙古城市低保工作逐步走入体系健全、制度完善的全方位、立体式救助格局，一是实现了“城乡低保保障标准与自治区经济社会发展、城乡困难群众临时生活补贴与物价上涨”双联动；二是在全国范围内率先建立低保工作绩效评价制度；三是启动了社会救助家庭经济状况核对工作，到2013年，内蒙古继续提高城市低保的标准。

2016年，内蒙古自治区人民政府办公厅下发了《关于2016年全区社会救助标准有关事宜的通知》，公布了各盟、市在2016年的城市最低生活保障标准，具体为：呼和浩特市的平均标准为546元/月，包头市的平均标准为580元/月，呼伦贝尔市的平均标准为488元/月，兴安盟的平均标准为512元/月，通辽市的平均标准为590元/月，赤峰市的平均标准为498元/月，锡林郭勒盟的平均标准为600元/月，乌兰察布市的平均标准为500元/月，鄂尔多斯市的平均标准为534元/月，巴彦淖尔市的平均标准为508元/月，乌海市的平均标准为585元/月，阿拉善盟的平均标准为622元/月，满洲里市的平均标准为570元/月，二连浩特市的平均标准为640元/月。[①]

（二）农村最低生活保障制度的发展历程

农村最低生活保障制度是传统社会救济制度改革后的产物。1992年山西省左云县在总结定期定量救济经验的基础上，率先在全国开展了建立农村最低生活保障制度试点工作，拉开了正式建立农村最低生活保障制度的序幕。[②]1994年，上海市和山西省阳泉市率先在全国开展农村最低生活保障的试点工作。

1996年，全国民政厅局长会议把改革农村社会救济制度、积极探索农村低保制度纳入当年的工作重点。民政部开始了农村社会保障的试点工作，并确定出3种不同类型的试点县。江苏等地自行开展起农村低保制度的试点工作。

2003年底，《中共中央 国务院关于促进农民增加收入若干政策意见》的下发为建立农村低保制度的探索提供了有力支撑。2005年12月，中共中央、国务院下发的《关于推进社会主义新农村建设的若干意见》要求有条件的地区，应积极探索建立农村最低生活保障制度。内蒙古自治区依据本区经济发展水平的实际情况，提出已建立农村低保的地区要进一步完善政策；有条件的地区应积极探索建立农村低保制度；不具备条件的地区要建立农村牧区特困户救助制度。

2004年，自治区民政厅下发《内蒙古自治区农村牧区困难群众社会救助工作实施方案》，并在经济发展较好的地区试行农村牧区低保制度。全区最先制定

---

① 内蒙古自治区人民政府办公厅关于2016年全区社会救助标准有关事宜的通知［EB/OL］. http://neimenggu.mca.gov.cn/article/mzyw/shjz1/zcfg/201603/20160300933745.shtml.

② 柳拯.中国农村最低生活保障制度政策过程与实施效果研究［M］.北京：中国社会科学出版社，2009.

并出台具体办法的盟市是鄂尔多斯市，呼和浩特市和包头市随后也开始试行。

2005年，自治区在全区范围内开展了农村牧区社会救助情况深入调查，为农村牧区低保制度的启动做了大量前期准备工作。

2006年，自治区政府制定了《内蒙古自治区农村牧区居民最低生活保障制度实施意见》，正式启动农村牧区低保制度，并对特困户给予救助。实施意见中对保障范围、保障标准、资金来源等问题都做出了详细规定，农村牧区低保标准起步阶段每人每年不低于360元，采用定额救助方式，自治区是全国第19个全面开展农村低保的省份，该制度是当年自治区为困难群众办的“六件实事”之一。

2007年，中央在全国范围内开始全面实施农村低保制度，自治区继续加大工作力度，下发《内蒙古自治区农村牧区最低生活保障工作规程》，规定自治区农村牧区最低生活保障指导性标准为年收入700～1000元，个别旗县（市、区）应从当地实际出发确定最低生活保障标准。有条件的地方可以适当提高，各地要随着经济的发展逐步提高保障标准。自治区农村牧区最低生活保障补助标准为每人每天不低于1.2元，全年不低于438元；经济条件好的地方可适当提高补助标准并实施。

2014年4月4日，内蒙古自治区人民政府办公厅下发了《关于确定2014年度全区城乡居民最低生活保障标准有关事宜的通知》，农村牧区保障标准达到年人均3229元。

2016年，内蒙古自治区人民政府办公厅下发了《关于2016年全区社会救助标准有关事宜的通知》，其中公布了各盟、市在2016年的农村牧区最低生活保障标准，具体为：呼和浩特市的平均标准为3744元/年，包头市的平均标准为5044元/年，呼伦贝尔市平均标准为3500元/年，兴安盟的平均标准为3385元/年，通辽市的平均标准为4400元/年，赤峰市的平均标准为3308元/年，锡林郭勒盟的平均标准为4500元/年，乌兰察布市的平均标准为3600元/年，鄂尔多斯市的平均标准为4968元/年，巴彦淖尔市的平均标准为3865元/年，阿拉善盟的平均标准为5994元/年。[①]

① 内蒙古自治区人民政府办公厅关于2016年全区社会救助标准有关事宜的通知［EB/OL］. http://neimenggu.mca.gov.cn/article/mzyw/shjz1/zcfg/201603/20160300933745.shtml.

二、内蒙古农村牧区五保供养工作的发展历程

1980 年，中共中央《关于进一步加强和完善农业生产责任制的几个问题通知》要求，内蒙古自治区政府对农村牧区五保户给予照顾，确保他们的基本生活水平不降低。中共十一届三中全会后，我国农村经济体制的改革使得农牧业生产快速发展，内蒙古的五保供养工作也取得新的进展。1983 年，按照民政部要求，内蒙古政府开展了第一次农村五保普查工作。通过普查，摸清了五保对象的底数，有效推动了五保政策的落实。当时普查内蒙古自治区的五保对象总数为 63162 户 73762 人。1984 年，政社分开后，五保供养经费由苏木、乡镇统筹，或从嘎查村提留中使用。

1994 年，国务院颁布《农村五保供养工作条例》，这是我国第一部有关五保供养的法律文本。1996 年 3 月出台《内蒙古自治区农村牧区五保供养工作实施办法》。1997 年 3 月，民政部颁布《农村敬老院管理暂行办法》，规范农村敬老院的建设，加强集中管理，进一步提高集中供养的水平。

2003 年，农村经济体制改革不断深化、税费制度改革工作全面推行，针对这一情况，农村牧区五保供养管理以及经费来源发生了较大变化。内蒙古自治区民政厅经过全面调研，决定从 2004 年开始，五保供养经费从转移支付资金中下拨各盟市，其中分散供养每人每年不低于 800 元，集中供养每人每年不低于 1200 元。2005—2007 年，利用 3 年时间实施“敬老工程”，即对敬老院进行改建新建，财政投入 1800 万元。

2011 年 11 月，自治区民政厅编制了《内蒙古自治区农村牧区五保供养服务机构建设五年规划（2011—2015 年）》，要求 2013—2015 年，每年整合、新建、改造床位不低于 5000 张，3 年新增床位 10000 张，资金投入 37500 万元。整个建设项目的资金投入共需 177300 万元。

2016 年，内蒙古自治区人民政府办公厅下发了《关于 2016 年全区社会救助标准有关事宜的通知》，公布了各盟、市在 2016 年的农村牧区五保供养标准，因为供养方式分为集中供养和分散供养，所以两种供养方式的标准也是不同的。具体为：呼和浩特市集中供养的平均标准为 8200 元 / 年，分散供养的平均标准为 4800 元 / 年；包头市集中供养的平均标准为 8000 元 / 年，分散供养的平均标准为 5889 元 / 年；呼伦贝尔市集中供养的平均标准为 7500 元 /

年，分散供养的平均标准为 3900 元 / 年；兴安盟集中供养的平均标准为 6427 元 / 年，分散供养的平均标准为 3928 元 / 年；通辽市集中供养的平均标准为 8000 元 / 年，分散供养的平均标准为 4500 元 / 年；赤峰市集中供养的平均标准为 8000 元 / 年，分散供养的平均标准为 4000 元 / 年；锡林郭勒盟集中供养的平均标准为 9500 元 / 年，分散供养的平均标准为 5000 元 / 年；乌兰察布市集中供养的平均标准为 8000 元 / 年，分散供养的平均标准为 4000 元 / 年；鄂尔多斯市集中供养的平均标准为 8000 元 / 年，分散供养的平均标准为 4968 元 / 年；巴彦淖尔市集中供养的平均标准为 7323 元 / 年，分散供养的平均标准为 4158 元 / 年；乌海市集中供养的平均标准为 18000 元 / 年，分散供养的平均标准为 13920 元 / 年；阿拉善盟集中供养的平均标准为 9720 元 / 年，分散供养的平均标准为 6480 元 / 年；二连浩特市集中供养的平均标准为 24000 元 / 年，分散供养的平均标准为 19200 元 / 年。①

三、内蒙古医疗救助工作的发展历程

（一）城市医疗救助制度

城乡医疗救助制度是城乡社会救助体系的重要组成部分，它是指通过财政拨款或社会力量筹集资金，给予城乡患病困难居民资金、服务等方面的帮扶制度。2004 年，农村牧区医疗救助制度在内蒙古 7 个旗县（区）开始试点，2005 年底全面建立。2005 年，城市医疗救助制度在 25 个旗县（市、区）开始试点，2008 年 6 月全面实施。

2003 年 7 月，民政部下发《关于建立城市医疗救助制度有关事项的通知》。2005 年 3 月，国务院转发了民政部等部门《关于建立城市医疗救助制度试点工作意见的通知》，提出了在全国开展城市医疗救助制度的试点工作。为了贯彻落实国务院通知精神，内蒙古民政厅、卫生厅、劳动和社会保障厅（现人力资源和社会保障厅）、财政厅联合起草了《内蒙古自治区城市医疗救助试点工作实施方案》。2005 年，内蒙古政府下发了《关于印发自治区民政厅等部门城市医疗救助试点工作实施方案的通知》，就指导思想、总体目标、基

① 内蒙古自治区人民政府办公厅关于 2016 年全区社会救助标准有关事宜的通知［EB/OL］. http://neimenggu.mca.gov.cn/article/mzyw/shjz1/zcfg/201603/20160300933745.shtml.

本原则、试点内容、救助对象、申请审批程序、救助标准、救助基金的筹集、管理、组织、实施等方面都做了明确规定。同时确定了呼和浩特市辖 4 区、包头市 9 个旗县区、乌海市辖 3 区、呼伦贝尔市海拉尔区、赤峰市红山区、鄂尔多斯市准格尔旗、巴彦淖尔市乌拉特前旗、阿拉善盟阿拉善左旗等 25 个旗县（市、区）为全区城市医疗救助试点单位。

2016 年，自治区民政厅在锡林郭勒盟多伦县召开全区城乡医疗救助工作推进会，全面总结了近年来全区城乡医疗救助工作取得的成效：一是制度建设不断加强，医疗救助实现城乡统筹；二是救助对象范围日益扩展，医疗救助的可及性明显提高；三是结算方式更加便捷，确保困难群众能够及时享受到医疗救助服务；四是考评机制逐步完善，考核工作激励作用得到充分发挥。①

（二）农村牧区医疗救助制度

2003 年 11 月，民政部、卫生部、财政部下发了《关于实施农村医疗救助制度的意见》（民发〔2003〕158 号），对农村医疗救助工作作出了部署。2004 年 1 月，民政部下发了《关于贯彻落实民政部、卫生部、财政部关于实施农村医疗救助制度意见的通知》，要求各级民政部门认真贯彻落实。2004 年 10 月，内蒙古自治区民政厅、卫生厅、财政厅联合制定了《内蒙古自治区农村牧区医疗救助工作实施方案》，并确定鄂温克旗、奈曼旗、多伦县、化德县、准格尔旗、临河区、阿拉善左旗等 7 个旗县区为农村医疗救助的试点单位，也是新型农村合作医疗的试点单位。当年，全区 7 个试点单位共筹集了医疗救助资金 349 万元，救助 7886 人，人均救助 491 元。

2005 年，根据民政部《关于加快推进农村医疗救助工作的通知》要求，内蒙古全面开展了这项工作的调查，就全面启动这项工作做了积极准备。自治区民政厅根据试点单位开展这项工作的情况，就全面启动制度、进一步规范完善制度、取消或降低起付线、提高救助比例和封顶线、扩大救助病种等提出具体要求。到 2005 年 10 月，内蒙古 95 个涉农的旗县（市、区）相继出台了农村牧区医疗救助工作实施方案细则，农村牧区医疗救助制度在内蒙古

① 全区城乡医疗救助工作推进会在锡林郭勒盟多伦县召开［EB/OL］. http://neimenggu.mca.gov.cn/article/mzyw/shjz1/gzdt/201609/20160900975874.shtml.

全面建立。

2017年，内蒙古自治区政府制定出台《关于进一步加大脱贫攻坚力度的十项措施》，措施中明确内蒙古采取四大举措，强化医疗救助有效保障。

一是实行大病救助有效保障。完善城乡居民基本医保、大病保险、医疗救助、健康扶贫商业保险等制度的衔接机制，对建档立卡贫困人口形成医疗保障合力。支持盟市（旗县）建立贫困人口大病保障基金，对贫困患者大病住院费用经基本医保、大病保险、医疗救助等报销后，个人负担部分给予有效保障，解决因病致贫、返贫问题。各贫困旗县根据实际需求确定基金规模和救助标准，所需资金由贫困旗县在本级财政、社会募集资金中统筹安排。

二是实施“三个一批”行动计划。针对贫困患者不同病情因人因病开展分批分类救治，即“大病集中救治一批、慢病签约服务一批、重病兜底保障一批”。

三是加快推进一站式结算服务、先诊疗后付费和家庭病床等制度。在定点医疗机构设立综合服务窗口，实现基本医保、大病保险、医疗救助“一站式”信息对接和直接结算，贫困患者出院时只需支付个人自负费用。

四是健康扶贫要精准到户、精准到人。以贫困旗县为单位，免费为贫困人口进行健康体检，苏木乡镇卫生院承担健康体检任务。健康体检所需经费由旗县统筹解决。[①]

四、内蒙古灾害救助的发展历程

内蒙古自治区地处祖国北部边疆，地理位置的特殊性和区域的广阔性决定了内蒙古既有中纬度地区多灾的特点，又具有季风边缘地带易灾的孕灾环境，干旱、风雹、洪涝、低温冷冻、雪灾是常见的自然灾害，地震灾害也偶有发生。[②]

我国的灾害救助经历了从计划经济到市场经济条件、从灾害救济到灾害救助转变过程。20世纪80年代到21世纪初，我国救灾工作的方针为：依靠群众，依靠集体，生产自救，互助互济，辅之以国家必要的救济与扶持。灾

---

① 内蒙古四大举措保障脱贫攻坚医疗救助有效落实［EB/OL］. http://www.nmg.gov.cn/fabu/xwdt/bm/201704/t20170425_610282.html.

② 史培军. 内蒙古自然灾害系统研究［M］. 北京：海洋出版社，1993.

害救助的主体为个人和集体，国家给予的只是道义上的救助、象征性的救助，这样的救助决定了救灾资金总量偏少、救助的标准偏低、灾民的生活缺乏可靠的保障。1995 年，内蒙古民政厅针对各级政府救灾资金偏少、管理水平不高的实际问题，提出对传统救灾工作进行改革的思路，一是建立救灾资金专户，对救灾资金实行专户储存、专项管理，使有限的救灾资金充分发挥效益；二是自治区、盟市、旗县三级财政每年各列救灾资金预算 500 万元，共 1500 万元，以提高救助标准和水平。这一思路获得了内蒙古自治区党委的批准，并于 1996 年开始执行。

2000 年，内蒙古自治区民政厅出台了《内蒙古自治区自然灾害救助办法》。2004 年，按照国家在抗击“非典”后对各地区、各部门加强应对突发事件能力建设的要求，内蒙古自治区和 12 个盟市以及 101 个旗县市（区）都出台了本级自然灾害救助的应急预案，同时自治区和部分盟市建立了救灾物资储备库，加强灾害应急体系建设。

2006 年，国家对救灾工作方针做出重大调整，改为：政府主导，分级管理，社会互助，生产自救。这也是救灾工作认真落实科学发展观、贯彻以人为本理念的重要体现。新的救灾工作方针说明政府主动承担起了救灾工作的主要责任，成为灾害救助的责任主体，各级政府则根据灾害程度分担各自的灾害救助责任，也强调了充分发挥社会各界的作用。

内蒙古已形成了“政府统一领导，部门分工负责，社会积极参与，群众有序互助”的灾害救助格局，初步建立了有效应对突发灾害的应急工作管理体制和有效的灾害救助机制。内蒙古设立了自然灾害生活救助专项资金，2009 年，内蒙古自治区下拨各类救灾资金 28700 万元，其中民政部、财政部下拨给内蒙古救灾资金 23700 万元，自治区财政下拨救灾资金 5000 万元，有效救助灾民 300 多万人次。

“十二五”期间，内蒙古自治区各级政府和社会各界高度重视防灾减灾工作，把综合防灾减灾作为国民经济和社会发展的重要保障，作为构建公共安全体系的核心内容，以提高全区灾害应急救援能力为重点，大力加强综合防灾减灾基础设施建设，新建自治区级救灾物资储备库 3 个、盟市级 9 个、旗县级 78 个，初步形成“自治区—盟市—旗县”三级救灾物资储备体系。各主要灾害的测、报、防、抗、救、援措施得到强化，综合防灾减灾能力和灾害综合管理水平得到大幅提升。

灾害管理法律法规和政策制度进一步完善。制定出台了《内蒙古自治区自然灾害救助应急预案》《内蒙古自治区自然灾害生活救助资金管理暂行办法》《内蒙古自治区冬春受灾人员生活救助工作规程》等政策制度，防灾减灾救灾工作基本上实现了有法可依、依法管理。

建立了科学有效的灾害管理体制机制。建立了党委政府统一领导、部门分工负责、灾害分级管理、属地管理为主的防灾减灾救灾领导体制。设立了自然灾害四级救灾应急响应机制，完善了主要由自治区减灾委成员单位参加的灾情会商和信息共享机制。建立了救灾预警、应急救助、过渡性救助、灾害损失评估、恢复重建相衔接的自然灾害救助制度，有效保障了受灾群众基本生活。

重特大自然灾害应对高效、有序。根据灾情及时启动救灾应急响应，累计向各盟市下拨自然灾害生活补助资金 202970 万元，发放蒙古包、救灾帐篷、棉衣被等救灾物资。用于受灾群众紧急转移安置、过渡期生活救助、倒损住房恢复重建，以及受灾群众冬春期间临时生活困难救助，救助受灾群众 1353 万人次。

救灾物资储备体系建设框架基本形成。全区共投入 4.83 亿元用于救灾物资储备库项目建设，形成了以区本级救灾物资储备库为中心，以自治区东、西救灾物资代储库为支撑，盟市、旗县救灾物资储备库为基础，苏木乡镇储备点为补充，辐射全区的救灾物资储备网络。

救灾装备建设取得了明显成效。为全区 69 个旗县配备救灾应急专用车辆，为各盟市和多灾易灾及边境旗县配备了 81 部海事卫星电话，为自治区、盟市、旗县三级民政部门灾害管理人员配备了 204 部报灾专用手机，灾害应急救助能力得到进一步提升。①

五、其他社会救助概况

教育救助：2005 年 8 月，自治区党委办公厅、政府办公厅联合下发了

① 内蒙古自治区人民政府办公厅 . 关于印发《内蒙古自治区“十三五”时期综合防灾减灾规划》的通知［EB/OL］. http://www.nmg.gov.cn/xxgkml/zzqzf/gkml/201701/t20170120_595525.html.

《关于抓紧解决好特困家庭大学生按时入学问题的通知》，要求各级党委和政府要解决好特困家庭学生的入学问题。各地按照要求，纷纷出台配套政策和管理办法，帮助困难家庭考上大学的学生完成学业。2013 年，内蒙古一次性救助的贫困大学生达 1.62 万人，共支出救助资金 4491.7 万元，人均一次性救助水平为 2773 元。

根据内蒙古自治区政府批转的《关于家庭经济困难学生实施普通高校新生入学资助政策的意见》，从 2014 年起，当年被录取到普通高等学校、具有内蒙古自治区户籍且录取时为城乡低保家庭子女的新生，本科类学生将获得一次性资助 4 万元，普通高校专科或高职高专类学生获得一次性资助 3 万元。①

2014 年，自治区财政厅、教育厅、民政厅联合印发了《城乡低保家庭子女升入普通高校新生资助资金管理暂行办法》，对当年被录取到普通高等学校、具有内蒙古户籍且录取时为城乡低保家庭的子女，录取到普通高校本科类的新生一次性资助 4 万元；录取到普通高校专科或高职高专类的新生一次性资助 3 万元，所需资金全部由自治区本级财政承担。此外，各盟市自行制定对城乡其他家庭困难学生实施普通高校新生入学资助的具体政策，所需资金由盟市、旗县承担。截至 2014 年底，自治区共落实城乡低保家庭子女升入普通高校新生入学资助资金 6.54 亿元，惠及城乡低保家庭学生 1.86 万人。

2015 年，自治区在继续抓好城乡低保家庭升入普通高校新生入学资助政策落实的基础上，对不在低保范围的就读于中高职院校的贫困家庭子女实施“雨露计划”，2015 年将以“一卡通”形式资助贫困学生 23467 名，每人补助 3000 元。② 自治区民政厅联合教育厅、财政厅印发《关于做好孤儿升入普通高校新生资助工作的通知》，对从 2015 年起当年被录取到普通高等学校、具有内蒙古户籍且录取时为孤儿的学生实施教育资助。资助标准为录取到普通高校本科类新生一次性资助 4 万元，录取到普通高校专科或高职高专类新生一次性资助 3 万元。为充分保障孤儿大学生能够顺利完成高等教育学业，所需

① 内蒙古将支出 5 亿教育救助资金资助困难大学生［EB/OL］.http://www.jyb.cn/high/gdjyxw/201407/t20140718_590901.html.

② 内蒙古自治区进一步扩大教育救助覆盖范围［EB/OL］.http://www.mca.gov.cn/article/zwgk/dfxx/201508/20150800866164.shtml.

资金全部由自治区本级福利彩票公益金承担。目前，自治区已下拨孤儿大学生教育资助资金 493 万元。[①]

临时救助：临时救助制度是指由政府给予低保对象、特殊困难家庭的一次性特殊补助，是城乡社会救助制度的补充性内容。2009 年 8 月，自治区政府办公厅出台了《关于印发自治区城乡居民临时生活救助实施办法的通知》，该通知的出台有效推动了全区范围内这项工作的开展。此前，呼和浩特市、包头市、赤峰市已出台当地的临时救助办法。按照国家民政部的统一部署，2013 年 12 月 1 日至 2014 年 4 月 15 日，在全区范围内开展了“寒冬送温暖”专项救助行动，期间共救助流浪乞讨人员 16075 人次，其中流浪未成年人 172 人次、残疾和精神病人 3777 人次、危重病人 200 人次、自主返乡 2037 人次，护送返乡 99 人次，跨省接送 98 人次。[②]

2016 年，自治区共实现对生活无着人员救助 44590 人次，临时救助 290585 户次等。[③]

第二节　内蒙古城乡社会救助的实施现状与成效

一、2000 年以来城乡社会救助的保障人数及待遇[④]

2000 年城乡居民最低生活保障人数为 186698 人，其中城镇居民最低生活保障 105338 人。农村居民最低生活保障人数为 81360 人，农村贫困户得到救济的有 288699 人，农村散居五保户有 35557 人，城镇困难户得到救济和补助的有 43670 人，精减辞退老弱残职工得到救济的有 14745 人，享受原工资 40% 救济的有 6279 人，享受定期定量救济的有 8466 人，困难户得救济金额为 1238.5 万元。

---

① 内蒙古自治区 2015 年起对孤儿大学生实施教育资助［EB/OL］. http://neimenggu.mca.gov.cn/article/mzyw/shjz1/gzdt/201512/20151200900362.shtml.

② 内蒙古 2014 年第一季度社会救助工作有关情况［EB/OL］. http://www.mca.gov.cn/article/zwgk/dfxx/ttxx/201404/20140400627880.shtml.

③ 2016 年 4 季度内蒙古自治区社会服务统计快报［EB/OL］. http://neimenggu.mca.gov.cn/article/gzdt/.

④ 根据 2000—2010 年《内蒙古统计年鉴》整理得出。.

2001 年城乡居民最低生活保障人数为 365118 人，其中城镇居民最低生活保障为 307889 人，农村居民最低生活保障人数为 57229 人，农村贫困户得到救济的有 332446 人，农村散居五保户有 38719 人，得到集体给予救助人数为 30522 人，城镇困难户得到救济和补助的有 81655 人，精减辞退老弱残职工得到救济的有 32835 人，享受原工资 40% 救济的有 6140 人，享受定期定量救济的有 8432 人，困难户得救济金额为 11246 万元，

2002 年城乡居民最低生活保障人数为 686872 人，其中城镇居民最低生活保障为 648253 人，农村居民最低生活保障人数为 38619 人，农村贫困户得到救济的有 316807 人，农村散居五保户有 24733 人，得到集体给予救助人数为 26549 人，城镇困难户得到救济和补助的有 26817 人，精减辞退老弱残职工得到救济的有 14001 人，享受原工资 40% 救济的有 5952 人，享受定期定量救济的有 8049 人。

2003 年城镇居民最低生活保障人数为 704559 人，城镇居民最低生活保障 296385 户，城镇临时救济 50733 人，农村居民最低生活保障人数为 27400 人，农村居民最低生活保障 8574 户，农村定期救济人数为 70857，农村定期救济户数为 56516 户，农村临时救济人次数为 311163 人，自然灾害生活救助为 16562 万元。社会救助单位 30 家，工作人员 390 人。

2004 年城镇居民最低生活保障人数为 717128 人，城镇居民最低生活保障 316397 户，城镇临时救济 33883 人，农村居民最低生活保障人数为 15354 人，农村居民最低生活保障家庭数 7856 户，农村定期救济人数为 76927 人，农村定期救济户数 57069 户，农村临时救济人次数为 217763 人，自然灾害生活救助为 27373 万元。社会救助单位 30 家，工作人员 384 人。

2005 年城镇居民最低生活保障人数为 696895 人，城镇居民最低生活保障户数 3321378 户，农村居民最低生活保障人数为 60119 人，农村居民最低生活保障户数 39603 户，自然灾害生活救助为 17937 万元。社会救助单位 32 家，工作人员 406 人。

2006 年城镇居民最低生活保障人数为 724082 人，城镇居民最低生活保障户数 347359 户，城镇临时救济人 22692 次，农村居民最低生活保障人数为 427541 人，农村居民最低生活保障户数 247420 户，农村特困户救济人数 70506 人，农村特困户救济户数为 44050 户，农村五保供养人数 106984 人，

农村传统救济人数 19606 人，农村临时救济人 207684 次，自然灾害生活救助为 18192 万元。社会救助单位 32 家，工作人员 413 人，农村五保供养服务机构 618 个，工作人员 2027 人。

2007 年城镇居民最低生活保障人数为 80.07 万人，城镇居民最低生活保障户数 38.96 万户，农村居民最低生活保障人数为 90.59 万人，农村居民最低生活保障户数 54.82 万户，自然灾害生活救助为 19733 万元。社会救助单位 33 家，工作人员 401 人。

2008 年城镇居民最低生活保障人数为 85.06 万人，城镇居民最低生活保障户数 42.41 万户，城镇临时救济人 19243 次，农村居民最低生活保障人数为 113.87 万人，农村居民最低生活保障户数 75.79 万户，农村五保供养人数 92046 人，农村传统救济人数 32150 人，农村临时救济人 127422 次，自然灾害生活救助为 23399 万元。社会救助单位 35 家，工作人员 403 人。

2009 年城镇居民最低生活保障人数为 87.47 万人，城镇居民最低生活保障户数 44.90 万户，城镇临时救济人 12499 次，农村居民最低生活保障人数为 121.08 万人，农村居民最低生活保障户数 86.09 万户，农村五保救济人数 90321 人，农村传统救济人数 40833 人，农村临时救济人 99398 次，自然灾害生活救助为 26235 万元。社会救助单位 33 个，工作人员 388 人。

截至 2010 年 12 月，内蒙古城镇最低生活保障支出 26.42 亿元；农村最低生活保障支出为 15.38 亿元；农村五保集中供养支出 6389 万元；农村五保分散供养支出 1.54 亿元；城市医疗救助支出 1.40 亿元，农村医疗救助支出 2.03 亿元，其他农村社会救济支出 1.07 亿元。城市居民最低生活保障人数 853690 人，农村最低生活保障人数 1156728 人，农村集中供养五保人数 21247 人，农村分散供养五保救济人数 69554 人，民政部门城市大病救助为 165940 人次，民政部门农村大病救助人数为 255100 人次，其他农村社会救济 22872 人，临时救济 145997 人次，直接接收社会捐赠款数为 2025.3 万元，间接接收的社会捐赠款数为 127.5 万元。

截至 2011 年 12 月，内蒙古城镇最低生活保障支出为 32.26 亿元；农村最低生活保障支出为 20.93 亿元；农村五保集中供养支出 9758 万元；农村五保分散供养支出 1.80 亿元；城市医疗救助支出 1.72 亿元，农村医疗救助支出 2.40 亿元，其他农村社会救济支出 1.40 亿元。直接接收社会捐赠款数为 787.7

万元，间接接收的社会捐赠款数为 365 万元。城市居民最低生活保障人数 848138 人，城市临时救助 45506 人次，农村居民最低生活保障人数 1164531 人，农村集中供养五保救济人数 26388 人，农村分散供养五保救济人数 64380 人，农村临时救济人 124422 次，城市医疗救助 172184 人，农村医疗救助 280092 人。

2012 年城镇居民最低生活保障人数为 80.80 万人，城镇居民最低生活保障户数 44.44 万户，城镇临时救助家庭户次数为 42590 次，农村居民最低生活保障人数为 123.51 万人，农村居民最低生活保障户数 91.78 万户，农村五保救济人数 89138 万人，农村传统救济人数 31980 人，农村临时救济家庭户次数为 49388 次，自然灾害生活救助为 45670 万元。社会救助单位 36 家，工作人员 401 人。

截至 2013 年底，内蒙古城市最低生活保障支出 38.91 亿元；农村最低生活保障支出为 30.05 亿元；农村五保集中供养支出 1.53 亿元；农村五保分散供养支出 2.10 亿元；农村直接医疗救助支出 2.83 亿元，其他农村社会救济支出 1.97 亿元。城市居民最低生活保障人数 783744 人，农村最低生活保障人数 1253151 人，农村集中供养五保人数 27875 人，农村分散供养五保人数 59811 人，城镇三无救助为 12590 人，民政部门城市医疗救助人次数为 139233 人次，民政部门农村医疗救助人数为 160377 人次，生活无着人员救助床位数 2114 张，救助人次数 26735 次，传统救济 23066 人，临时救助 69305 户，直接接收社会捐赠款数为 1401.41 万元，间接接收的社会捐赠款数为 720 万元。

2014 年 11 月，城市最低生活保障支出 31.22 亿元；农村最低生活保障支出为 24.65 亿元；农村五保集中供养支出 1.18 亿元；农村五保分散供养支出 1.85 亿元；医疗救助直接支出 3.45 亿元。城市居民最低生活保障人数 702723 人，农村最低生活保障人数 1220566 人，农村集中供养五保人数 24833 人，农村分散供养五保人数 63713 人，民政部门直接医疗救助人次数为 151592 次，支出 37.15 亿元；农村最低生活保障支出 31.62 亿元；农村五保集中供养支出 1.49 亿元；农村五保分散供养支出 2.44 亿元。截至 2014 年 12 月底，内蒙古自治区社会救助支出 83.24 亿元；城镇最低生活保障支出 6.15 亿元等。

2015 年，内蒙古自治区继续提高各项社会救助标准，政府确定了各项社会救助标准。2015 年，自治区城乡低保实际保障标准达到月人均 497 元和年人均 3454 元，分别比上年提高 25 元和 225 元，增幅为 5.3% 和 6.9%。农村牧区五保对象实际集中和分散标准达到年人均 7513 元和 3916 元，分别比上年提高 843 元和 273 元，增幅为 12.6% 和 7.5%。城镇三无对象实际集中和分散供养标准达到月人均 1043 元和 723 元，分别比上年提高 259 元和 163 元，增幅为 33% 和 29.1%。

2016 年，全区共投入各项社会救助资金 86.33 亿元，月均保障城乡低保对象 165.7 万人，保障标准分别达到月人均 542 元和 349.75 元，高于全国平均水平 48 元和 38 元，排在西部省区第 1 位，分别排在全国第 8 位和第 7 位。保障特困人员 9.8 万人，农村牧区集中和分散供养标准分别达到年人均 8598 元和 5124 元，均高于全国平均水平。

二、内蒙古城乡社会救助资金预算执行情况

2009 年内蒙古自治区共争取到中央经费 308420 万元。其中，城乡医疗救助经费 23779 万元，救灾经费 23700 万元，城镇低保经费 134967 万元，农村牧区低保金 76027 万元。本级专项资金安排的经费为 86594.2 万元，其中城乡医疗救助经费 1385 万元，救灾经费 55500 万元，城镇低保经费 42399 万元，农村牧区低保金 17802 万元。

2009 年，自治区共下拨了城市居民最低生活保障补助资金 164604 万元，其中中央补助资金 122430 万元，自治区本级预算支出为 42174 万元。内蒙古自治区民政厅严格按照财政厅根据人均可用财力确定出的三类地区补助比例，即一类地区按照人均补助金额的 85%、二类地区按照人均补助金额的 100%、三类地区将一、二类地区补助资金分配后剩余资金测算人均金额后予以补助。

2009 年，自治区财政共下拨贫困大学生救助资金 800 万元。自治区民政厅按照财政厅根据人均可用财力确定的三类地区补助比例，即一类地区按照人均补助金额的 85%、二类地区按照人均补助金额的 100%、三类地区将一、二类地区补助资金分配后剩余资金测算人均金额后予以补助。

2009 年，自治区财政共下拨临时救助资金 1000 万元，补助对象为城乡低保对象、五保对象、优抚对象和新中国成立前入党的老党员。补助标准为每人 70 元。自治区财政对人均可用财力在 10 万元以下、5.5 万元以上的地区按

照每人 30 元补助；对人均可用财力在 5.5 万元以下的地区按照每人 46 元补助，其余资金由地方财政分担。对于人均可用财力在 10 万元以上的地区，自治区财政不予补助，由地方政府全额负担。

2016 年 1 月，民政厅会同财政厅提前下拨 2016 年中央和自治区社会救助补助资金 412448 万元，其中城乡低保资金 358295 万元，农村牧区五保供养资金 7500 万元，城乡医疗救助资金 35139 万元，临时救助资金 11514 万元。分别用于低保对象和五保供养对象基本生活支出，资助救助对象参加基本医保，并对救助对象难以负担的基本医保政策范围内自负费用给予补助，以及用于救助对象的临时生活困难支出，各类救助资金的优先保障等。①

三、内蒙古城乡社会救助实施办法

（一）健全和完善城市居民最低生活保障制度

当前和今后一个时期的重点是在巩固应保尽保成果的基础上，全面实施分类施保，提高规范化管理水平，科学调整救助标准。根据粮油价格上涨等因素对城市困难群众生活的影响，经过科学测算、认真论证、实事求是地调整当地的城市最低生活保障标准，做到既要与当地的财政承受能力相适应，又要满足低保对象的生活需要，又能积极促进有劳动能力的低保对象自主就业。针对不同对象制定相应的救助标准，在发放低保金时，对低保对象中的三无人员、因病、子女上学、高度残疾、高龄老年人、单亲家庭等给予重点照顾和倾斜。加强动态管理，将符合低保条件的困难家庭及时纳入保障范围；超出保障标准的人员及时取消低保待遇；对生活困难加重的低保对象和家庭，及时提高救助金额；对收入提高的低保对象和家庭，及时降低救助金额。

（二）建立应急救助机制

进一步完善灾害应急预案，加强部门之间的横向联系和沟通，充分发挥各部门的职能作用，形成救灾工作的整体合力。要提高应对突发性灾害的快速反应能力，确保在重大灾害发生后 24 小时内，能够妥善安排灾民的吃、

---

① 内蒙古提前下拨 2016 年社会救助补助资金 41 亿元确保救助资金及时兑付发放［EB/OL］. http://neimenggu.mca.gov.cn/article/mzyw/shjz1/gzdt/201601/20160100915361.shtml.

穿、住、饮用水、医疗救助。加强救灾物资储备工作，有充足的救灾帐篷、衣被等物资，做到未雨绸缪，有备无患。各级财政在年初要做出救灾资金预算，以备灾害发生后能够迅速投入使用。全面加强灾情信息系统建设，提高灾情的监测、预警水平，强化部门之间灾害管理信息共享机制建设，形成灾害管理信息共享平台，为快速决策和启动救灾工作的应急机制提供依据。

（三）进一步落实农村牧区五保供养政策

及时审批五保供养对象，发放《五保供养证书》，做到应保尽保；明确供养标准，落实供养经费，确保五保供养资金及时、足额发放。随着经济的发展和群众生活水平的提高适度调整供养标准。根据自治区农牧民一般生活水平，确定全区分散供养的五保老人年供养标准不低于800元，集中供养的五保老人年供养标准不低于1200元，条件较好的地区可适当提高标准。各地在安排使用农村牧区税费改革转移支付资金时，首先要确保五保供养资金的落实。集中供养经费可由旗县级财政部门根据民政部门提出的用款计划直接拨付到敬老院；分散供养经费可由旗县级财政部门根据民政部门提出的用款计划通过银行直接发放到户，确保五保资金落实到人。进一步加强敬老院建设与管理，将此项工作纳入当地经济与社会发展规划，充分利用乡镇合并和学校布局调整后的闲置资源，搞好敬老院建设和改造，确保全区集中供养率达到30%以上。选聘合格的专、兼职敬老院工作人员，加强敬老院内部管理，努力提高敬老院管理和服务水平。对分散供养的五保老人要明确代养人及代养人的责任，并签订协议，保障五保老人老有所养。

（四）建立健全农村牧区困难群众救助制度

农村牧区困难群众包括因灾、因病、因残、因缺乏劳动力和其他原因致贫的人员。农村牧区困难群众救助主要采取定期定量救助与临时救助相结合的方式，有条件的地方可以试行农村牧区最低生活保障制度，所需资金由自治区财政转移支付补助一部分，各盟市、各旗县财政自行安排一部分，社会各界捐赠一部分来解决。定期定量救助以货币形式为主，按时发放；临时救助可以货币与实物相结合，适时发放。对享受定期定量救助的农牧民发放《农村牧区特困群众救助证》；享受临时救助的农牧民发放《农村牧区困难群众临时救济卡》。各地要严格审核、审批制度，实行规范化管理，确保农村牧区困难群众的基本生活。

（五）加快实施城乡特困群众医疗救助制度

农村牧区医疗救助工作要在2005年全部实行。对农村五保对象、特困救助对象等困难群众，因病影响基本生活的给予必要的医疗救助。各地要根据民政部、财政部、卫生部《关于实施农村医疗救助的意见》和财政部、民政部《农村医疗救助基金管理办法》要求，结合当地实际，抓紧制定本地区的农村牧区医疗救助实施办法或管理办法，合理确定农村牧区大病医疗救助的病种及医药费用补助的起付线、封顶线和补助标准，并做好与新型农村牧区合作医疗试点工作的衔接。城市医疗救助要从2005年开始进行试点工作，在总结经验的基础上，逐步建立起规范可行的制度，力争使患大病而无法维持最低生活水平的城市居民得到救助。

（六）建立城乡特殊困难未成年人教育救助制度

通过救助，使持有农村牧区五保供养证和属于城镇三无对象的未成年人，基本实现普通中小学免费教育；使持有城乡最低生活保障证和农村牧区特困群众救助证卡家庭的子女在义务教育阶段实现“两免一补”（免杂费、免书本费、补助寄宿生活费），高中教育阶段能够提供必要的学习和生活补助。继续做好“希望工程”、“春蕾计划”、慈善捐助等专项救助工作，确保城乡困难群众子女不失学、不辍学；积极实施“寒窗基金”、勤工俭学和爱心助学等资助措施，充分发挥社会力量，利用国家优惠政策，调动各企业、经济实体及个人捐赠的积极性，帮助城乡特殊困难未成年人完成学业。

（七）规范流浪乞讨人员救助

完善救助管理工作的运行机制和程序，让应该接受救助的人员能够得到有效的救助。鼓励支持社会组织和个人救助流浪乞讨人员，组织和动员社会各方面力量做好救助工作。各地对救助管理站设施进行检查、评估，对不符合要求的要抓紧更新改造，确保救助管理工作正常进行。规范流浪乞讨人员救助，积极开展住房供应和保障体系建设试点工作，对符合城镇居民最低生活保障标准且住房困难的家庭提供租金低廉的普通住房。对已租住公房的城镇困难家庭，在租金上予以优惠。

（八）积极实施就业援助

就业是解决困难群众生活的最根本途径。要积极支持和鼓励困难群众就业，优先落实各项帮扶政策，免费提供就业培训和职业介绍，帮助他们尽早实现就业再就业。要积极帮助残疾人尤其是贫困残疾人就业，对以吸纳残疾人就业为主的福利企业，继续给予政策上的扶持保护。

（九）开展法律援助工作

各地法律援助机构要科学地调配资源，使所有律师、基层法律服务工作者承担起法律援助义务，为城乡困难群众提供优质高效的法律援助。法学社团等组织以及法学院校等单位要充分利用自身优势，积极投入法律援助事业，为特定对象提供法律援助。

（十）完善社会捐助制度

进一步完善经常性社会捐助服务网络，充分发挥公益慈善组织的作用，积极探索社会捐助的市场化运作模式。广泛开展“义工”服务、“结对帮扶”、社区互助、邻里互助等活动，大力弘扬社会互助新风。对已经建立“爱心超市”“慈善超市”的地区，要不断总结经验，强化管理，完善制度建设，规范运作。尚未建立的地区，要结合当地实际，选择一些经济条件较好的地方先行试点，在试点的基础上，稳步推进。依法接受社会捐赠的团体，应定期将扶贫帮困活动的范围、形式及资金使用情况及时向社会公布。

四、内蒙古城乡社会救助工作取得的成效

（一）社会救助工作制度更加规范

一是社会救助核对工作的开展，进一步完善了社会救助工作制度、规范了社会救助工作程序、使社会救助的诚信承诺制度得到全面贯彻，对于推进社会救助工作的有序发展，打造社会救助工作新形象，促进和谐社会的建设都具有十分重要的意义。二是开拓了合理的进退渠道，及时清除不符合条件的人员，对需要救助的家庭及时给予政策救助，确保进退有序。三是实现了社会救助的公平、公正，优化了政府的救助资源，在社会救助申请人“诚信认同”以及授权的基础上，采取了有效方式进行核对，有力地杜绝了通过隐瞒家庭收入与财产状况骗取社会救助现象的发生。人户分离家庭的城乡最低生活保障入户核查协作工作机制的建立健全为进一步完善自治区城乡最低生活保障工作提供了强有力的制度保障。

（二）社会救助由单一向多元转变

内蒙古社会救助相关政策制度的不断健全和完善，实现了由过去传统单

一的基本生活救助向制度化、复合型、全方位救助的转变，以城乡低保、农村牧区五保为基础，专项救助为支撑，临时救助为辅助，覆盖城乡、项目多样、功能整合的社会救助体系框架已经初步形成，构筑了社会稳定的“安全网”和困难群众基本生活的“兜底线”。

与此同时，内蒙古社会救助管理水平得到不断提高。进一步推进居民家庭经济状况的核对工作，加快建立起部门之间业务数据共享机制。科学测算审批下达各地区的城乡最低生活保障标准，各旗县（市、区）测算本年度城乡低保保障标准并上报自治区政府审批后向社会公布实施。实施了“三级联审联批”和低保“听证会”制度，城乡低保申请、审核和审批程序得到进一步的规范，公示力度加大。自治区还将城乡低保、五保供养工作纳入盟市党政领导班子社会救助实绩考核指标体系，保证城乡社会救助工作的全面贯彻落实，改善城乡困难居民的生活状况，维护和谐社会的发展。

（三）城乡低保标准、补助水平逐年提高

内蒙古在全国较早建立并实施了农村牧区最低生活保障制度，根据 2009 年底的统计，内蒙古城乡低保保障标准在全国各省市区均排名第 11 位，城镇低保补助水平在全国排第 6 位，农村牧区低保补助水平在全国排第 8 位。城乡居民最低生活保障标准的自然增长机制已基本建立，保障标准与补助标准之间的比例更加合理。各盟市通过调整支出结构，足额列支低保补助资金，优化动态管理，坚持应保尽保与按标施保的原则，有效保障了自治区 200 多万困难群众的基本生活。

（四）农村牧区五保供养实现历史性突破

2006 年 3 月，国务院颁布了新的《农村五保供养工作条例》，自治区按照文件要求全面推进五保供养以及敬老院的建设工作，五保供养的经费来源由乡、村统筹改为财政转移支付。

（五）灾害应急救助能力加强

根据《国家自然灾害应急救助预案》的总体要求，自治区修订并完善了各级灾害救助应急预案，先后出台了《冬春灾民生活救助工作规程》《自然灾害救助应急工作规程》《民政部门启动自然灾害救助应急响应工作规程》，增强了对重大自然灾害的应急响应能力，确保了对重大自然灾害的及时有效救助，全面提高了自治区应急救助指挥体系的科技水平、管理水平。在此期间，

自治区还对四川汶川、青海玉树、甘肃舟曲等灾区进行全力支援和捐赠，帮助当地受灾群众妥善安排生活，积极开展灾后重建。

（六）城乡医疗救助制度不断完善

内蒙古从 2005 年开始在 25 个旗县（市、区）进行城市医疗救助试点，2006 年发展到 32 个。2007 年，自治区政府下发了《批转自治区民政厅关于建立和完善城乡医疗救助制度意见的通知》，明确了救助范围，取消了大病病种限制，实行有病即救，还拓展了救助方式，实行日常医疗救助、住院救助、门诊救助、大病门诊定额救助、药店定额救助等救助方式相结合。

（七）正式建立和启动实施临时救助制度

为妥善解决城乡贫困居民突发性、临时性生活困难，2009 年 7 月 30 日，内蒙古自治区政府办公厅印发了《内蒙古自治区城乡居民临时生活救助实施办法》。这一政策的出台，标志着临时救助制度在内蒙古正式建立，这一制度的建立使得自治区城乡社会救助体系更为完善，救助方式更加灵活。

内蒙古自治区慈善总会第一届理事会于 2008 年召开，全区 12 个盟市以及 27 个旗县（市、区）相继成立起慈善总会，大力开展慈善捐款及慈善救助工作，内蒙古慈善事业朝着法制化、规范化的方向健康发展。

第三节　内蒙古城乡社会救助统筹发展的必要性

一、实行城乡统筹是社会救助政策未来发展的必然趋势

经过多年的探索和实践，当前城乡差异的社会救助政策无法适应社会的发展所需，已成为阻碍社会进步与城乡协调发展的一块“绊脚石”。国内多个省市特别是发达地区正在进行社会救助城乡统筹模式的尝试，国务院正式批复建设成渝经济区城乡统筹发展示范区，成都市和重庆市已经开始探索社会救助城乡统筹制度。如成都市提出了“统筹城乡社会救助工作，城乡困难群众共享改革发展成果”的社会救助工作，并于 2005 年建立了城乡一体化的社会救助体系，这些都说明了实行社会救助城乡统筹工作已是大势所趋、历史必然。内蒙古当前正在大力发展经济，提高人民生活水平，在发展经济的过

程中必须兼顾公平，努力使城市与农村之间的发展差距缩小，使城市居民和农村牧区低保家庭、五保家庭和其他困难群众的生活有所保障，不断提高农村社会救助的保障标准，保证城乡社会救助工作的统筹发展。重视农村社会救助工作的开展，进一步缩小与城市间的差距，才能更快地实现社会救助工作的城乡统筹，更好地适应经济社会的发展。

二、体现社会公平、促进社会稳定的必然要求

社会救助制度是社会的“减震器”或“安全阀”，是一种最低层次的社会保障。经过多年的发展，现在已经成为起到“兜底保障作用”的一项重要社会保障制度。在经济体制转变的过程中，城市居民获得了较多项目的社会保障和社会救助，而农村居民仍然主要靠土地保障和家庭保障，城乡居民在享受社会救助待遇上的标准不一，城市居民的保障标准高于农村居民，城市居民享受社会救助的项目也远远超过农村居民，城乡之间的不公平现象在扩大，社会救助中的城乡差异成为制约社会救助城乡统筹发展的障碍性因素。巨大的城乡差异不利于社会的稳定发展，这种影响还会随市场经济的发展呈现出显性化、扩大化的特征。农村社会的不稳定容易波及城市，而农业是基础，因此，社会的稳定离不开农村地区的稳定。因此，自治区应该加大对农村地区的社会救助力度，缩小农村和城市之间在救助水平上的差距，最大限度地体现出社会公平。全面推进城乡发展一体化，逐步缩小城乡公共服务差距，这也是内蒙古自治区“8337”发展思路的重要内容之一。

三、有利于加速城市化进程和城乡人口流动

推动城市化进程是解决我国“三农”问题，缩小城乡差距，实现经济社会可持续发展的一个必要举措。党的十六大提出了到2020年我国要全面建设小康社会，其中的主要内容就是加快我国城镇化进程，人口城镇化率到2020年应达到56%以上。2010年第6次全国人口普查显示，全国流动性人口数量更是增加到2.61亿人，比10年前增长1.4亿人，增速81.03%，其中1亿人来自乡镇农村。[①] 在城镇人口数量方面，2014年末，内蒙古常住人口为2504.8

① 根据《中国现有流动人口2.61亿 较十年前大量增加》（中国新闻网，2011年4月28日）相关数据整理。

万人，比上年增加了 7.2 万人。其中，城镇人口累计为 1490.6 万人，乡村人口为 1014.2 万人。城镇化率达到 59.5%，比上年提高 0.8 个百分点，并且高于全国平均水平。[①] 内蒙古自治区区内、与其他省份之间都存在较大规模的人口流动。外出打工成为农村人口脱贫的主要方式。农村居民大多依靠家庭成员的收入维持基本生活，政府加大对农村居民的社会救助力度，提高农村居民的救助标准，使得他们的生活有所保障，必要时再向他们提供其所需的医疗救助、教育救助等专项救助和一些临时性救助，使他们得到政策的保障，感到生活的稳定和安全。通过统筹城乡社会救助，可以解决外出务工经商子女的后顾之忧，使他们可以放心外出务工改善家庭收入状况。

四、统筹城乡社会救助有利于应对人口老龄化

依据国际惯例，一个国家 60 岁及以上老年人口占总人口的比重超过 10%、65 岁及以上老年人口占总人口的比重超过 7%，我们就认为这个国家进入人口老龄化社会。我国在 2000 年进入老龄化社会，人口老龄化是 21 世纪中国社会的一大显著特征。2011 年我国 65 岁及以上老年人口比重为 9.1%，成为世界唯一一个老年人口数量超过 1 亿的国家。2009 年末常住人口 2422.07 万人，比上年增加 8.34 万人，在总人口中，65 岁及以上老年人口达 180.20 万人，比重为 7.4%，比上年提高 0.12 个百分点。内蒙古是我国人口高老龄化的地区之一，农村牧区 60 岁以上的老年人口超过 150 万人，占城乡老年人口总数的 47.8%。其中，贫困老年人口 57.1 万，占农村牧区低保对象的 50%。[②]

农村牧区老人收入普遍都不高，生活来源主要靠低保、五保、粮食补助等政策补贴，加之家庭结构小型化，青壮年外出务工，传统家庭养老模式的作用被弱化。农村地区的配套资金和养老、医疗、文娱资源都很匮乏。因此，内蒙古自治区通过统筹城乡社会救助制度，提高农村牧区低保、五保、医疗救助、临时救助的标准，加大对农村牧区五保供养服务机构的建设和管理，积极应对人口老龄化。

---

① 内蒙古自治区 2014 年国民经济和社会发展统计公报。

② 内蒙古“十二五”将建 2000 个村级“互助养老幸福院”［EB/OL］. http://www.gov.cn/jrzg/2012-10/05/content_2238042.htm.

第四节　内蒙古现行社会救助体系运行中存在的问题

一项制度从建立到发展，都需要一个长期的过程，并在实践中不断得到完善，内蒙古现行社会救助体系在运行中有许多不完善的地方，需要不断调整、补充和完善。

一、社会救助未达到全覆盖，城乡存在较大差异

社会救助的本质是追求公平，其宗旨为保障困难家庭的基本生活，消除贫困，缩小社会成员在经济收入与社会地位上的不平等。内蒙古东中西部经济发展水平参差不齐，城市和农村牧区之间存在较大差异，城乡二元结构突出，主要表现为以下两方面：

（一）内蒙古城乡社会救助地区标准不一，城乡失衡

内蒙古由于地区间经济发展水平参差不齐，社会救助的保障力度也多有不同。以城乡最低生活保障为例，2014 年，自治区城市低保标准月人均 472 元，其中，锡林郭勒盟东乌旗和鄂尔多斯伊金霍洛旗月人均 610 元，最低的是兴安盟突泉县月人均 391 元；农村牧区低保标准达到年人均 3229 元，锡林郭勒盟锡林浩特市和乌拉盖管理区最高，年人均为 6120 元，最低的是兴安盟扎赉特旗，年人均为 2615 元。现行城乡最低生活保障制度实行的是四级财政供给（中央、省、市、县），虽然中央拨款占到大部分，但地区间经济发展的差异性仍旧是社会救助不均衡发展的制约因素。还有一些生活在城市边缘的困难群体，其实与城市居民没有差别，生活方式也相似，但因为是农村户口，在享受社会救助标准上与城市居民享受的标准相差很多，而且他们因生活在城市边缘，面对的物价水平是城市的水平，生活压力与城市居民和生活在农村牧区的居民相比来说更大。城乡低保标准的差距无疑是社会救助统筹发展的壁垒。

（二）低保标准划定不尽科学，难以达到应保尽保

自治区城乡最低生活标准的制定是由县级人民政府确定，确定的标准依

据的是当地经济发展水平、居民收入、物价指数等。城市最低生活保障施行的是补差制度，即以家庭为单位，将人均收入低于最低生活保障标准的纳入保障范围，以最低生活保障标准和家庭收入的差距给予补助。而农村最低生活实行的是县级人民政府定期定量补助制度，符合保障条件的家庭享受全额补助。但在制度的具体运行过程中，绝大多数地区的最低生活保障线是通过估算确定的，而不是精算，因此缺乏一定的科学依据。各地主要依据年龄结构和有无劳动能力进行简单分类，未严格按家庭实际收入进行救助。从内蒙古的现实情况来看，贫困家庭除了最低生活保障需求，对医疗、就业、子女教育以及住房的需求也很迫切。但现在这些专项救助与最低生活保障制度捆绑，只有生活水平在最低保障线以下的家庭才可以享受。而很多收入略高于最低生活保障线标准的边缘困难群体，其家庭成员在教育、医疗等方面的开支较大，也存在经济上的困难，同样需要救助，却因超过救助标准而无法享受专项救助。此外，随着大量农村进城务工人员涌入城市，他们中的大部分人生活困难，又因为没有城市户口，无法被纳入城镇居民最低生活保障范围内。

二、社会救助法律法规不完善，有的方面近乎空白

我国制定的有关救助的法规几乎都是灾害救济和城镇居民低保的制度、政策和措施，大多以解决贫困人群的生活温饱为主，但与贫困人群的生活紧密相关的医疗救助、教育救助、子女的教育救助等，都缺乏相关的法律规定。《农村五保供养条例》第九条规定："五保对象是未成年人的，还应当保障他们依法接受义务教育。"《城市居民最低生活保障条例》第六条规定："城市居民最低生活保障标准，按照当地维持城市居民基本生活所必需的衣、食、住费用，并适当考虑水电燃煤（煤气）费用以及未成年人的义务教育费确定。"以上这些规定中，只是简单提到了住房、医疗、贫困子女的义务教育，并未做出有关贫困人群的住房、医疗、贫困子女的义务教育等方面具体的法律规定。

现阶段，政府工作大多以政府文件和参考外地的经验实行，在社会救助的主体、对象、标准、期限等方面缺乏法律的有效规范，使得社会救助工作难以实现法制化管理。

三、基层信息平台建设相对落后

随着城市化、工业化进程以及统筹城乡就业步伐的不断加快，社会成员跨地区、跨城乡流动越来越频繁，地区间社会救助信息管理的差异阻碍了人们及时地获得社会救助。人员的频繁流动给城乡社会救助的动态管理、分类施保、家计调查等工作增加了难度。农村牧区救助对象的群体差异性、分散性导致城乡社会救助的统筹推进工作面临更多的挑战，农村牧区的信息化平台建设与城市相比本就薄弱，亟须改进与完善。

四、社会救助制度资金短缺、社会参与度低

社会救助制度得以顺利运行的物质基础是资金的充足供给，而救助经费的短缺总是成为制约内蒙古城乡社会救助工作顺利开展的主要瓶颈。在城乡社会救助所需资金的筹集过程中，往往存在一种悖论，即经济水平发展较好的地区，其地方财政和村集体的财力都较强，需要救助的对象数量相对较少，基本上能够保证社会救助资金与物资及时、足额到位。而在贫困落后地区，地方财政吃紧，救助资金筹集困难，由于经济不发达，贫困人口往往也越多，救助需求大，所需的社会救助资金也就越多，由此产生了恶性循环，资金问题始终得不到彻底解决，社会救助资金筹集渠道窄，社会环境与法制环境建设较为滞后，特别是农村税费全面取消后，各旗县、乡镇和农村嘎查都只能依赖地方性财政支出，农村救助水平很难得到较多改善。另外，社会救助资金来源单一，筹资机制不完善。主要表现为：政府的资金投入是主要渠道，由社会捐助的资金量少。近些年，各级财政的投入虽逐年增多，但社会捐助得总量所占比例很小。西方工业化国家的社会救助获得了较好的效果，其社会救助的主要资金来源恰恰是民间捐赠。社会救助资金的来源渠道单一，筹资的自然增长机制还未形成，救助水平很难随着经济的发展同步提高。

社会救助制度与传统社会救济制度的最大区别在于其摆脱了过去临时性、应急性的救济模式，而是采用连续性的支付手段，目的是改善城乡困难群众的生活状况，缩小贫富差距，并且救助标准随物价指数和经济发展水平等因素而不断调整。在这种情况下，社会救助就不应只是政府的事情，而应该由

多方动员社会组织来参与。规范化、制度化、完善的社会救助工作应由政府相关部门共同参与并实施。目前内蒙古的社会救助制度与发达地区相比，社会力量的贡献仍然有限，基本还是政府职能部门负责绝大部分，从资金的配置上来看，也需要是中央、省、市、县四级按不同比例承担社会救助的费用，社会力量的资金贡献率还很有限。这就使低保救助在实施过程中存在一些问题，低保制度公平、公正地实施更需要政府相关部门共同配合来完成。资金来源单一，未能形成稳定的多元保障机制。自治区内很多市、旗县财政负责大部分费用，财政压力大，需要社会力量的参与，只有多主体配合才能更有效地推进城乡社会救助的统筹工作。

五、社会救助管理体制不健全、专业化程度不高

内蒙古社会救助工作的管理组织存在部门分割、多头管理，机构工作人员专业化水平有限等问题。

社会救助部门分割，未能形成救助合力。民政部门负责城乡低保、特困户生活救助、五保供养，教育部门负责教育救助，司法部门负责司法救助，住建部门负责住房救助，各级扶贫办负责扶贫开发，财政部门负责社会救助资金的筹集。除了这些职能部门，团委、工会、妇联、老龄办、残疾人联合会等群团组织也参与社会救助的工作，群团组织都不同程度地参与社会救助工作的开展。在上述职能部门和群团组织内部又将工作分为各司、局负责，多头管理不仅降低了工作效率，还会令制度的衔接产生困难，部门分割使得社会救助城乡统筹工作的协调难度加大，而且造成社会救助资源的浪费。

社会救助工作是一项政治性、技术性很强的工作，需要社会工作人员具备较高的思想道德素质和专业工作技能。香港的社会工作者必须经过培训、实践和通过资格考试才能够从事社会工作，这就对社会工作者的职业技能和职业精神提出了较高的要求。内蒙古目前社会救助工作人员相对短缺，尤其是在农村地区，机构和人员配备都较少，社会救助工作人员也很少是从事社会救助相关专业的。

六、城乡社会救助制度与社会保险、社会福利项目的有效衔接还有困难

内蒙古社会救助城乡统筹工作的发展必须考虑与社会保险、社会福利以及慈善等多种制度的有效衔接。内蒙古自治区存在城乡二元、地区分割、部门分割等问题，社会救助城乡统筹工作不仅面临着城乡最低生活保障制度的有效衔接问题，还面临着如何将城乡最低生活保障制度和综合救助制度与其他社会保障项目之间有效衔接的问题。例如，城乡社会救助制度与新型农村养老保险制度、五保制度、城镇居民养老保险制度、失地农民养老保险制度的有效衔接，最低生活保障制度与专项救助制度、社会救助制度与慈善事业发展之间的有效衔接。实现这一衔接任务，需要考虑到多种制度、组织资源、信息资源的整合和共享。制度的衔接是一项复杂的工作，存在诸多困难，也是内蒙古城乡社会救助统筹所面临的一项挑战。

第五节　统筹城乡社会救助制度的国内经验借鉴

一、成都社会救助体系建设经验借鉴

（一）成都市社会救助体系建设所取得的显著成效

1. 完善的城乡低保工作制度

一是完善城乡最低生活保障制度建立起城乡低保标准的自然增长机制，实现城乡低保的同步测算和调整，缩小城乡低保补助差距，有效保障城乡低保对象的基本生活需求。同时，强化分类救助和动态管理。将城乡低保家庭按照致贫的不同原因分类保障，并且定期复核情况。二是实行低保与就业联动机制。按照“先求职后保障”的原则，在法定年龄段内并且有劳动能力的未就业低保申请人，应先到户籍所在街道领取《就业失业登记证》。无正当理由拒绝失业登记的低保申请人，不能享受低保待遇。成都市政府加大政府购买力度，积极增加公益性岗位，推荐低保对象优先就业。及时清退不履行就业义务的低保家庭。三是建立了低保“救助渐退”机制。低保人员到岗就业

后，家庭收入超过了低保标准的，可以在3个月内继续享受低保待遇，3个月后，经过家庭收入复核确认仍超过救助标准的，停止享受低保待遇。四是建立对低保边缘困难群众实施救助的机制。成都市政府把高于城乡低保标准50%以内的低保边缘困难群众纳入医疗、教育等专项救助的范围内，使这些收入略高于低保标准但遇到临时困难的群众可以得到及时、有效的帮助。

2. 完善医疗救助工作

扩大城乡居民基本医疗保险覆盖面。资助城乡低保对象、农村五保对象和成都市行政区域内各类全日制普通高校中属于城乡低保对象和一、二级残疾大学生参加到成都市城乡居民基本医疗保险中。城镇三无对象、农村五保对象和城乡低保对象中和一、二级精神病患者的资助标准按有关部门指定的标准执行。

分类实施门诊救助。一是对城镇三无对象、农村五保对象发生的符合基本医疗保险范围的门诊医疗费用，实行全额救助。二是对城乡低保对象和一、二级精神病患者，门诊救助为每人每年200元。三是对于其他城乡低保对象，门诊救助每人每年为100元，年度包干使用，家庭成员可共享，不可结转。

分类、按比例实行住院救助。对城镇三无对象、农村五保对象在基本医疗保险定点医疗机构所发生的住院费用，扣除城乡居民基本医疗保险报销的费用后，剩余符合基本医疗保险规定的住院医疗费用实施全额救助；对城乡低保对象住院费用起付标准以下的部分给予全额救助。

此外，成都市还实施了临时医疗救助，鼓励社会团体积极参与医疗资助，确定医疗救助定点机构，切实解决群众“看病难、看病贵”的问题。

3. 建立健全教育资助和激励制度

一是教育资助制度。成都市将城乡低保家庭、低保边缘困难家庭、城镇三无人员、农村五保对象的幼儿、学生，纳入教育资助的范围内，由困难幼儿和学生所在的公办幼儿园、学校资助。对学前教育阶段幼儿免收杂费、管理和保育费，对义务教育和高中教育阶段需要资助的学生实行费用减免，通过生源地贷款在普通高校就读的低保家庭以及低保困难家庭的学生给予资助。

二是教育激励制度。为避免贫困代际转移，成都市于2009年建立了城乡一体的教育激励制度。除家庭领取的低保金以外，还对低保家庭的学生上浮低保标准的一定比例，鼓励其努力学习，成都市实施的低保学生教育激励机制、还为农村女学生增加上浮低保标准 10%的教育激励费用。

4. 建立并完善住房救助制度

完善城镇廉租住房保障制度。廉租住房保障制度针对的是城市低保家庭、低保边缘困难家庭以及低收入家庭的有住房困难的家庭。成都市民政对廉租住房保障对象实行实名制管理机制，并且定期复核，进一步推进了农村住房的保障工作。2011 年，成都市政府出台《关于建立农村住房保障体系的实施意见（试行）》，提出了建立农村住房保障体系。成都市在全国率先建立起农村住房保障体系，弥补了住房保障在农村的空白。对农村低保对象、困难优抚对象中的住房困难家庭予以帮助，并实施发放基本生活用品的配套救助。

（二）成都市城乡社会救助体系建设的主要经验

1. 成都市建立了较为完善的社会救助体系

成都市大力推进城乡统筹社会救助体系的建设，2005 年 5 月，成都市委、市政府出台《关于构建城乡一体化社会救助体系的意见》（成委发〔2005〕34 号），确定出 11 项救助内容，初步形成了以最低生活保障制度为核心，以帮困助学、帮困助医、帮困建房三大救助作为配套，其他专项救助、临时性救助与社会帮扶为补充的一系列统筹城乡的救助制度。该意见的制定和出台，有效地保障了低保对象、特殊困难群众在衣食住行、入学、就医等方面的基本需求，也使得成都市城乡社会救助工作开始走上制度化、规范化、程序化的轨道。

2013 年 10 月，成都在全国率先实施了社区快速救助机制，发生突发事故后，市民最快在 3 天内就可以在社区领取到一笔快速救助金。一张覆盖城乡居民、保障基本生活与解决专项困难相结合、社会保险制度与社会救助制度相衔接、政府负责与社会参与相补充的城乡一体化社会救助安全网已经基本建成。①

执行社会救助体系具体项目的组织协调机构由主体救助部门、配合救助

---

① 成都建立城乡一体的社会救助体系［EB/OL］. http://www.sc.xinhuanet.com/content/2013-12/23/c_118663531.htm.

部门和相关救助部门构成。其中，最低生活保障是核心，“帮困助学、帮困助医、帮困建房”三大工程具有鲜明的城乡救助体系创新和特色，切实保障和改善城乡居民的生活。主体救助部门为民政、教育、卫生、房管和劳动保障部门，分别负责低保、五保、优抚对象、安身工程、救灾、流浪乞讨救助、大中专学生救助、农村医疗救助，小学、初中、高中助学，农村新型合作医疗，落实城镇廉租住房政策，城镇医疗救助、征地农转非人员社会保险、就业再就业职业培训和就业再就业救助。配合救助部门由财政、残联、农委、司法、工会组成，分别负责落实救助资金、加强资金监管，对特困残疾人生活补助、按比例安置残疾人就业、劳动技能培训，农业生产科技扶持、实施扶贫开发项目，提供法律援助、保障困难群众获得必要的法律援助，对贫困职工提供帮困援助。相关救助部门负责协助做好社会救助相关工作。

2. 成都市城乡一体化社会救助信息的不断完善和运行

2005 年 5 月开始，成都市开始依托电子政务构建基层接入网，形成了横向连接社会救助相关职能部门的网络体系，纵向连接市、区（市）县、乡镇（街道）、社区四级，逐步建立数据采集、交换和管理、更新的工作机制。2007 年 1 月 1 日，成都市城乡一体化社会救助信息平台正式运行。社会救助涉及教育、劳动保障、卫生、残联、财政等相关部门，全市建立起统一的救助信息采集系统，可以提高社会救助工作的执行效率。

3. 社会的参与是社会救助不可或缺的重要部分

成都市在推进城乡社会救助一体化的同时，也在积极鼓励社会力量参与救助。近年来，成都市广泛开展了许多慈善捐赠活动，落实各项税收减免政策，支持、鼓励企业以及公民参与到慈善活动中，提高其社会参与慈善捐赠的积极性。同时，大力发展各类志愿者（义工）服务组织，创新并不断丰富志愿服务的内容和方式，为老年人、未成年人、残疾人等困难群众提供服务。

在政府的鼓励与支持下，一大批社会力量开始兴办慈善福利机构，为困难群众提供便捷的服务。民间的力量也在不断加强。成都从 2003 年开始开展“慈善一日捐”活动，所筹的社会捐助资金用于“阳光圆梦工程”，保证了成都考上大学的低保家庭子女无一人因贫失学。社会救助工作使得城乡困难居民都能够获得相应的帮助，大多数受益者来自农村。

二、浙江省新型社会救助体系建设经验借鉴

1995年，浙江省开始了最低生活保障制度的试点工作，1997年底，全省基本建立城乡一体最低生活保障制度，但当时保障标准较低。2002年，浙江省民政厅提出应建立符合市场经济发展所需要的现代社会救助制度，保障困难群体的基本生活，促进经济社会协调发展。

浙江省民政厅对建立社会救助制度所提出的创新性思考得到了省委、省政府的认同，统筹城乡经济社会发展，在城市和农村构建具有长效机制的社会救助体系。

2003年8月，浙江省政府召开了社会保障工作会议，全面部署了新型社会救助体系的建设工作，通过改革社会救助工作模式，完善救助政策，整合救助资源，规范救助行为，基本建立起以最低生活保障制度为基础，以养老、医疗、教育、住房、司法等专项救助为辅助，以其他救助、救济和社会帮扶为补充，城乡一体化、组织网络化、管理社会化、保障法制化的社会救助制度。浙江省新型社会救助制度对困难群体的救助是全方位的，救助标准的制定与过去相比更加科学，在制度上实现了统一。浙江省新型社会救助体系建设工作的全面推进为中国建设覆盖城乡社会救助体系提供了有益经验。

（一）浙江省新型社会救助体系建设所取得的显著成效

1. 最先在全国实行城乡最低生活保障制度

2001年浙江省政府颁布并实施了《浙江省最低生活保障制度办法》。截至2013年末，在册低保对象（未含五保供养）62.9万人，其中，城镇7.3万人，农村55.6万人；低保资金（含各类补贴）支出23.1亿元，比上年增长12.1%；城乡低保平均标准分别为每人每月515.49元和393.42元，分别增长8%和12%；获得生活补助的城乡低收入家庭持证重度残疾人8.9万名，发放补助金额4.0亿元，年分别增长13.5%和28.2%。[①]此外，杭州市和嘉定市还对不属于低保家庭却生活困难的边缘人群在救助方面进行了积极的探索和尝试。

2. 城乡医疗救助制度开始起步

2004年浙江省政府出台了《关于加快建立和完善医疗救助制度的通知》，

① 2013年浙江省国民经济和社会发展统计公报。

明确了医疗救助工作的组织领导工作和具体内容。坚持“城乡同时推进”的原则，把降低门槛和扩大覆盖面有效结合。政府出资帮助农村低保家庭参加农村合作医疗，在合作医疗报销后，医疗费用负担仍有困难的，再实施医疗救助。社会医疗救助后还有困难的，实行临时救济。

3. 农村五保对象、城镇三无对象集中供养试点工作的顺利开展

浙江省改革了过去的分散供养方式，实行农村五保供养的标准按照不低于当地农民人均纯收入的60%，城镇略高于该标准的政策，农村五保集中供养率由政策实施之初的29.8%提高到92.48%，城镇三无人员集中供养率由33%提高到97.59%，基本实现了农村五保对象和城镇三无人员集中供养的目标。①

4. 确保城乡社会救助体系工作机构的高效运行

在城乡社会救助组织网络建设方面，全省实现了组织统一、资源整合、综合协调以及归口管理。2003年初，浙江省政府成立了社会困难群众救助工作领导小组和办公室，统一领导全省的社会救助工作。浙江省政府在印发的《浙江省人民政府关于加快建立覆盖城乡的新型社会救助体系的通知》中提出：各地政府应加快建立各级社会救助管理服务机构，形成政府部门负责、社会各方参与、乡镇具体落实的工作网络体系。搭建社会救助管理服务体系的重点是加快以街道、乡镇为主要平台的社会救助工作网络建设。经过努力建设，截至2006年底，浙江全省98.62%的乡镇（街道）建立了劳动保障社会救助综合管理服务机构；73.35%的社区、村建立了社会救助室。②

此外，在教育救助、住房救助、养老救助、失地农民基本生活保障等方面，浙江省人民政府和有关部门已制定和颁布了多个相关文件，以满足困难群众多方面的需求。

（二）浙江省新型城乡社会救助体系建设的主要经验

浙江省在中国率先建立了城乡一体的新型社会救助体系，经过多年的探索和实践，取得了显著的成效，成为东南沿海地区推进城乡社会救助统筹发

① 刘晓清，陈国强．加快构建具有浙江特色的社会救助体系［J］政策瞭望，2007（02）．

② 齐彦．中国城乡社会救助体系建设研究［M］．北京：人民出版社，2009．

展的典范，为促进社会秩序的稳定、经济社会的健康发展起到了重要的保障和推进作用，浙江省新型城乡社会救助体系建设的主要经验包括以下三点：

1. 由政府主导，责任意识明确

浙江省政府明确提出将新型社会救助体系建设作为政府民生工作的重要内容。社会救助作为一种公共物品，政府有责任成为重要提供者。浙江省在制定和实施新型社会救助体系建设的过程中，省长和副省长分别担任社会困难群众救助工作领导小组组长、副组长，定期召开会议，讨论并解决社会救助体系建设中存在的问题。

如今，新型城乡社会救助体系的建设已成为全省各级政府工作的重点领域，政府也将其作为财政投入的重要一环，推动了浙江新型社会救助体系的完善。

2. 确保社会救助体系建设的法制化、规范化发展

完善的法规和政策是社会救助体系建设的基础，也是政府开展社会救助工作的行为规范。2000 年，浙江省政府出台了《浙江省法律援助条例》，为社会弱势群体无偿提供咨询、诉讼、刑事辩护和公证等法律援助；为提高城乡居民最低生活保障标准，保障城乡居民的最低生活水平，2001 年又出台了《浙江省最低生活保障办法》，提出了城乡居民最低生活保障标准应随经济发展水平与物价上涨水平相适应的增长机制；2003 年，浙江省政府发布《关于加快建立覆盖城乡的社会救助体系的通知》，要求按照统筹城乡经济社会发展的要求，建立健全城乡新型社会救助体系。2013 年 11 月 5 日，浙江省政府第 16 次常务会议审议并通过了《浙江省社会救助条例（草案）》，并提交省人大常委会审议，这是我国第一部覆盖各类救助对象的社会救助地方性法规草案。通过以上一系列政策和法规的实施，社会救助的内容上从最初单一的生存救助向生产、生活性救助多元发展；社会救助对象的覆盖面也扩大到有救助需求的边缘人群、特殊困难群体。社会救助的方式也从过去的单一救助延伸到规范的、常态化救助，进一步提高了浙江省新型社会救助体系建设的效率和效果。

3. 经济的高速发展为社会救助提供了坚实的财政基础

浙江省属于我国的经济发达省份，其经济发展水平已进入快速发展时期。2007 年，浙江省生产总值为 18638 亿元，比上年增长 14. 5%；截至 2012 年，

全省全年生产总值达 37568 亿元，比 2012 年增长 8.2%，[①] 国民经济增长速度出现了突破性提升。浙江省新型社会救助体系的建立和完善得益于经济的快速发展。

4. 政策的具体落实，建立健全社会救助工作的长效机制

浙江省在建立新型社会救助体系的过程中，形成了完善这一体系长效运行的“四个机制”——组织领导机制、基层平台机制、政府责任机制以及社会服务机制。组织领导机制是指由政府主要领导担任工作组组长、政府统揽、部门分工、协调推进的社会救助领导工作机制，使其有效发挥统揽全局、整合资源、监督检查的作用，确保城乡社会救助体系工作得以顺利进行。基层平台机制包括两方面：一方面是基层队伍的建设，抽调专门人员，组建社会救助监察队伍，定期开展业务培训，提升队伍素质能力，强化监督检查工作手段，保证监督检查经费及时到位。另一方面是推进信息化建设。不断完善社会救助信息平台的建设和管理系统，实现信息资源共享，对社会救助工作实行动态监测，提高监督检查的工作效率。

政府责任机制体现在浙江省出台了社会救助绩效考评办法，设定科学的绩效目标，对社会救助制度实施的过程和效果进行综合评估，规范社会救助工作的运行，提升制度的整体效益。加大责任追究力度，按照“谁主管、谁负责”的原则，对因责任不落实、监管不到位而影响社会救助工作并造成严重影响的有关部门和相关责任人进行党纪、政纪处分，构成犯罪的要依法追究相关责任人的责任。

社会服务机制的建立与运行补充了新型社会救助体系，调动了非政府组织的参与积极性。非政府组织对社会救助事业的关注和支持，弥补了社会救助资金的缺口，确保救助工作的可持续发展。浙江省充分利用省内民营经济发达的优势，积极参与社会福利和慈善事业，开展社会捐款以及群众互助等活动，促进了非政府组织对浙江省社会救助工作的支持和补充。

① 2013 年浙江省国民经济和社会发展统计公报。

第六节　内蒙古城乡社会救助统筹发展的路径选择

一、完善社会救助体系，扩大救助范围、缩小城乡差距

自治区要根据各盟市需要保障的人数、人均可支配收入水平、当地经济发展状况等因素调整政策的落实和资金匹配情况，继续提高社会救助保障标准，并及时发放补助资金。科学计算各地城乡社会救助所需金额，对低于自治区城乡社会救助平均标准的地区，财政进行转移支付，提高保障标准相对较低的地区，改善困难群众的基本生活，缩小与区内其他地区的差距。对高于自治区所确定的城乡社会救助标准的地区，所需社会救助资金大部分由地方承担。

进一步完善综合社会救助体系，细化各类救助对象，按照普通救助与特殊救助对社会救助对象进行分类，实施分类救助。建立更加科学的社会救助标准增长与调整机制。加大对城乡困难群众中的未成年人、老年人、重度残疾人、重病患者的救助力度，努力提高救助对象的生活水平。逐步将医疗、教育、住房等专项救助纳入对城乡低收入困难群体的救助范围中，扩大社会救助的政策覆盖面，消除政策空白点，实现社会救助制度的全覆盖，提高政策的公平公正性。

在城乡低保、五保供养方面，各地应按照自治区的相关政策规定逐步完善地方实施意见并落实相关配套政策，规范申请受理、审核程序、民主评议程序、公示程序、审批程序、发放程序。在城乡医疗救助方面，不断加强参合参保管理、门诊救助管理、住院救助管理、重特大疾病医疗救助管理、“一站式”医疗救助即时结算服务管理、医疗救助基金筹集与管理力度，不断提升为民服务水平。对于边缘困难家庭实行专项救助，当这些边缘困难家庭在子女教育、家庭医疗等方面存在困难时，及时给予专项救助，避免这些略高于贫困线标准却实属生活困难的家庭得不到保障，给予他们享受医疗救助、教育救助等方面的权利。

二、建立并完善政策法规，为城乡社会救助的统筹发展提供法律依据

借鉴国外经验我们可以发现，社会救助体系是一个社会正常运行的必备体系，美国、英国和日本等发达国家社会救助制度的建立和完善皆为立法先行。

应加快制定出台《内蒙古自治区社会救助办法》。按照国务院《社会救助暂行办法》的有关要求，为了更好地适应全区社会救助发展需要，突出地方特色，建议自治区人大、政府法制办等部门，尽快启动制定《内蒙古自治区社会救助办法》立法程序，使《内蒙古自治区社会救助办法》尽早出台，对社会救助的实施主体、对象、标准、范围、条件、期限、监督、责任、义务等进行规范，使救助统筹工作有法可依、有章可循。此外，还要对社会救助的实施过程进行严格监督，包括对社会救助机构和从业者的监督，对社会救助的效益进行监督等。

因此，自治区要真正实现社会救助制度中的城乡统筹，就必须尽快出台相关法律法规，对农村低保制度实施主体的权责做出明确规定与说明，并及时出台相应的具体实施办法，将其上升到法律的层面，通过相关制度和办法来加大农村低保制度建设的力度，规范农村低保的操作，保障农村居民的合法权益。

三、构建城乡社会救助信息平台

实现城乡社会救助的统筹发展这一目标需要多个部门的有效配合，城乡一体化社会救助体系的建立需要一个覆盖城乡、信息共享的社会救助信息平台。目前，各城镇地区发放了居民的社会保障卡，但社会保障卡大多以办理居民社会保险业务为主，鲜有涉及社会救助业务。江西省等地的财政部门专门针对惠农资金设计了“惠农一卡通”，将农村低保、农村低物价补助、五保户补助临时补贴、社会救助临时补贴、临时救助、医疗救助、住房救助、灾害救助等资金汇入“惠农一卡通”，实现直通式发放。

从长远来看，应该推进社会保障卡的系统升级，实现一卡多用，在人群上全面覆盖城乡居民，在业务上覆盖社会保险、社会福利和社会救助等。统

一的信息管理平台的完善必将成为实现城乡社会救助统筹发展的“助推器”。

四、加大政府资金投入和社会参与度相结合

政府是社会救助的责任主体，其社会职能决定了当社会成员遭遇困境时应给予帮助。城乡社会救助一体化建设的推进工作务必要以较强的财力为支撑。为实现城乡社会救助一体化目标，政府需要解决资金问题，加大资金投入。一是优化财政支出结构，加大包括社会救助在内的公共产品和公用服务的支出费用，保证社会救助资金所占财政支出总量的应有份额。二是科学制定社会救助的资金分级负担机制。内蒙古自治区内各盟市、旗县之间存在经济社会发展不均衡问题。内蒙古自治区政府应根据各盟市、旗县的财政状况、经济发展水平以及人均收入等指标来确定各级社会救助的资金分担比例，对于经济落后地区，应加大财政转移的支付力度，不可一概而论。例如，美国的社会救助支出分别由联邦政府、州政府以及地方政府共同负担，各自的比例由各州根据费用支出和人均收入来决定。对于人均收入较低的州，联邦政府负担较大的比例。

实现城乡社会救助一体化的责任主体应该多元化，这迫切需要社会力量和个人的广泛参与。社会救助的本质即社会互助，政府通过向纳税人征税的方式筹集资金再通过财政转移支付的方式提供给救助对象。

五、创新管理体制，提升专业素质

统筹城乡社会救助制度的建设，亟须创新管理体制，改变多头管理、离散管理的管理方式，实行党政领导，民政综合管理。劳动保障、财政、卫生教育等部门各司其职，形成合力。在创新管理体制的过程中，政府还应重视城乡最低生活保障制与教育救助、医疗救助、就业培训等方面的配合，体现经济援助和政策扶持的有效结合，社会救助与社会保险、社会救助与开发性扶贫政府救助和民间救助的有效结合，扩大社会救助的受益范围和收益水平。针对社会救助工作人员短缺、水平不高的问题，可以通过定期业务培训提高他们的专业素质，使其更好地适应岗位的需求。具体可以进行城乡社会救助信息平台的操作培训、工作流程的培训等，提高社会救助工作人员的数量以应对繁多的社会救助工作量，培训可以有效提高社会救助工作队伍的职业素

养和专业技能。

六、统筹城乡社会救助体系，整合多种资源，有效形成合力

内蒙古城乡社会救助统筹的发展，需要借助多种正规和非制度资源在实现社会救助城乡统筹过程中所能发挥的重要潜在作用。要重视家庭在城乡救助制度中的作用。据中国社会科学院社会学所最近的一项调查，我国居民社会支持系统显示在面临生活困难时，寻求并获得帮助的渠道，家庭占87.3%，家族占63.8%，私人关系网占55.5%，社区组织占17.8%，单位占15%。[①]由此可见，家庭是居民在面对生活困难时的主要和有力的支持系统。内蒙古相关部门在推进社会救助城乡统筹过程中不能脱离家庭这一重要的社会组织。要通过资金扶持、制度扶持、政策支持和社会宣传等，继续弘扬家庭成员之间互帮互助的传统美德。家庭在内蒙古农村牧区对老人和困难群众尤为重要，农村牧区较为偏远，子女对老人的生活保障方面占到很大一部分，政府要继续鼓励家庭发挥在统筹城乡社会救助中的作用，以弥补政府在救助过程中，尤其是政府对农村牧区低保、五保以及其他困难家庭救助工作的不足。政府还应该因地制宜，鼓励农村牧区建立农村牧区救助模式，因地制宜的救助模式效果具有针对性，如果合理引导，则这些救助项目可以起到很好的补充作用。

内蒙古自治区在统筹社会救助的过程中，正规制度与非正规制度的协调与整合不容忽视，多方资源配合发展，才能真正使得城乡低保制度、医疗救助、教育救助、住房救助、就业援助等综合性的社会救助配套制度发挥作用，使困难家庭受益，进一步促进和谐社会的发展与进步。

内蒙古推进城乡社会救助统筹建设的总体思路是：以最低生活保障制度为基础，以养老、医疗、教育、住房等专项救助为辅，以其他救助、救济和社会帮扶为补充，逐步在全区建立起与经济社会发展水平相适应的城乡统筹的社会救助体系。

---

① 李培林．2006年中国社会和谐稳定状况调查报告［EB/OL］．http://jianpincn.com/skwx_jp/Datadetail.aspx?ID=34657&isBranchLogin=true.2006.

参考文献

［1］柳拯．中国农村最低生活保障制度政策过程与实施效果研究［M］．北京：中国社会科学出版社，2009.

［2］史培军．内蒙古自然灾害系统研究［M］．北京：海洋出版社，1993.

［3］内蒙古将支出五亿教育救助资金资助困难大学生［EB/OL］．http://www.jyb.cn/high/gdjyxw/201407/t20140718_590901.html.

［4］内蒙古 2014 年第一季度社会救助工作有关情况 http://www.mca.gov.cn/article/zwgk/dfxx/ttxx/201404/20140400627880.shtml.

［5］内蒙古自治区统计局．历年内蒙古统计年鉴［EB/OL］．http://tj.nmg.gov.cn/ndsj/index.html.

［6］内蒙古自治区统计局．内蒙古国民经济与社会发展统计公报 2009—2014 年［EB/OL］．http://tj.nmg.gov.cn/tjgb/index_1.html.

［7］中国现有流动人口 2.61 亿较十年前大量增加［EB/OL］．［2011-04-28］.http://www.chinanews.com/gn/2011/04-28/3004225.shtml.

［8］内蒙古自治区统计局．内蒙古自治区 2014 年国民经济和社会发展统计公报［EB/OL］．［2015-03-13］．http://tj.nmg.gov.cn/tjgb/6417.html.

［9］内蒙古“十二五”将建 2000 个村级“互助养老幸福院”［EB/OL］．http://www.gov.cn/jrzg/2012-10/05/content_2238042.htm.

［10］内蒙古财政厅［EB/OL］．http://neimenggu.mca.gov.cn/article/mzyw/shjz1/zcfg/.

［11］成都建立城乡一体的社会救助体系［EB/OL］．http://www.sc.xinhuanet.com/content/2013-12/23/c_118663531.htm.

［12］2013 年浙江省国民经济和社会发展统计公报［EB/OL］．［2014-02-26］．http://www.zj.gov.cn/art/2014/2/26/art_12371_1119958.html.

［13］刘晓清，陈国强．加快构建具有浙江特色的社会救助体系［J］. 政策瞭望，2007（2）.

［14］齐彦．中国城乡社会救助体系建设研究［M］．北京：人民出版社 .2009.

［15］2013 年年浙江省国民经济和社会发展统计公报［EB/OL］．［2014-02-26］．http://www.zj.gov.cn/art/2014/2/26/art_12371_1119958.html.

［16］郑功成．中国社会保障改革与发展战略（救助与福利卷）［M］．北京：人民出版社，2011.

［17］王卫平，郭强．社会救助学［M］．北京：群言出版社，2007.

［18］陈良瑾．社会救助与社会福利［M］．北京：中国劳动社会保障出版社，2009.

［19］唐钧．中国城乡低保制度的现状与前瞻［M］．北京：社会科学文献出版社，2004.

［20］李志明．城乡社会救助制度研究：权利界定、目标设计与政策建议［J］．河南社会科学，2009（8）.

［21］郑功成．中国社会保障制度变迁与评估［M］．北京：中国人民大学出版社，

2002.

[22] 宋晓梧 . 中国社会保障体制改革与发展报告 [M]. 北京：中国人民大学出版社，2001.

[23] 成思危 . 中国社会保障体系的改革与完善 [M]. 北京：民主与建设出版社，2000.

[24] 孙绍骋 . 中国救灾制度研究 [M]. 北京：商务印书馆，2004.

[25] 多吉才让 . 中国最低生活保障制度研究与实践 [M]. 北京：人民出版社，2001.

[26] 何文丽 . 民政社会救助档案的管理体制与原则 [J]. 中国档案，2010（2）.

[27] 李志明 . 城乡社会救助制度研究：权利界定、目标设计与政策建议 [J]. 河南社会科学，2009（4）.

[28] 杨翠迎 . 中国社会保障制度的城乡差异及统筹改革思路 [J]. 浙江大学学报（人文社科版），2004（3）.

[29] 杨刚 . 对中国农村社会救助政策的框架性思考 [J]. 江苏社会科学，2004（6）.

[30] 尚晓媛 . 中国社会救助体系改革研究报告 [M]. 北京师范大学课题组，2005.

[31] 何菊芳 . 构建农村最低生活保障制度的设想 [J]. 当代经济研究，2005（9）.

[32] 郑功成 . 十一五期间社会保障工作新要求 [J]. 中国劳动保障，2006（4）.

[33] 关信平 . 论中国农村社会救助制度的目标原则及模式选择 [J] 华东师范大学学报，2006（6）.

[34] 吴学军 . 关于建立城乡新型社会救助体系的思考 [J]. 前沿，2006（10）.

[35] 洪大用 . 社会救助的目标与中国现阶段社会救助的评估 [J]. 甘肃社会科学，2007（4）.

[36] 韩作珍 . 建立健全甘肃农村社会救助体系与对策探微 [J]. 社科纵横，2007（5）.

[37] 田成平 . 贯彻落实科学发展观，构建覆盖城乡居民的社会保障体系 [J]. 中国劳动保障，2007（9）.

[38] 杨宜勇，刘婉 . 中国城乡二元社会保障体系面临的主要问题及原因 [J]. 经济纵横，2007（3）.

[39] 江治强，李将军 . 中国农村社会保障制度的发展议题与政策取向 [J]. 社会，2008（3）.

[40] 王齐彦 . 中国城乡社会救助体系建设研究 [M]. 北京：人民出版社，2009.

[41] 洪大用 . 转型时期中国社会救助 [M]. 沈阳：辽宁教育出版社，2004.

[42] 林闽钢 . 中国社会救助体系的整合 [J]. 学海，2010（4）.

[43] 朱海波 . 城乡基本社会保障一体化研究 [J]. 中共中央党校，2007

[44] 周传蛟 . 社会转型期社会保障制度研究 [J]. 中共中央党校，2006.

[45] 赵禹，李霞 . 我国社会救助制度的问题及完善 [J]. 法制与经济，2007（3）.

[46] 刘孝龙 . 我国社会救助制度现存的问题及对策 [J]. 经济论坛，2009（3）.

[47] 贾宝和，廖亮 . 完善我国城镇社会救助的对策思考 [J]. 金融与经济，2008（9）.

[48] 李珍 . 社会保障理论 [M]. 北京：中国劳动社会保障出版社，2007.

第八章　内蒙古城乡社会福利统筹发展研究

社会福利是我国基本公共服务的一个重要方面。加快推进社会福利城乡统筹是实现城乡基本公共服务均等化的具体体现，也是我国社会保障体系整体优化和完善提升的主要任务和发展目标，更是我国经济社会发展的必然要求。

目前，我国已进入了适度普惠型社会福利的城乡一体化推进时期。① 内蒙古自治区作为西部地区重要的经济发展区域，也是带动西部发展的龙头，在多年经济连续快速增长的同时，如何把经济社会发展的成果合理、公平、普惠地落实到关乎全区各族群众切身利益的民生领域，是一项重要的政治任务和重大的实践创新，而实现城乡基本公共服务均等化尤其是加快推进城乡社会福利统筹发展是自治区目前面临的紧迫问题，也是“十三五”时期民生建设的主要目标和重点任务。

第一节　社会福利的含义与内容

社会福利是社会发展中一项必不可少的社会安全制度，是关乎社会公平公正和民生福祉的社会政策，是改善居民生活水平、提高其生活质量的有效措施。作为社会管理和社会建设的重要内容，社会福利制度的理论研究和现实推进在我国长期处于“概念泛化”和“定位不清”的境地，给社会福利发展的语境交流和政策推行带来了障碍。因此，为规范本书的社会福利研究对

① 林闽钢．试论适度普惠型社会福利的城乡一体化［J］．理论月刊，2011（7）．

象，有必要结合现有观点理清概念及与社会保障的关系，一方面能够明确本书的研究主旨，另一方面也为内蒙古发展社会福利的目标选择、政策制定及其职权划分提供参考依据。

一、社会福利的内涵界定

首先，在概念界定上，我国的社会福利内涵采用的是“小福利”概念，与西方国家的“大福利”内涵有着本质区别。我国的社会福利与社会救助、社会保险、社会优抚是并列项目，是作为社会保障制度中的一个子系统且是以最高层次的保障形式而存在，包含于社会保障范畴之内，是指专为社会弱者或特殊人群服务的，为其提供基本生活保障的各种福利补贴和福利服务；西方国家的社会福利内涵要更为宽泛，泛指社会为满足社会成员生活需要而提供的一切资源保障和服务支持。[①]尽管中西方的社会福利范畴有大有小，但制度属性却是一项惠及民生、社会性和公益性较强的准公共产品，[②]都具有涉及福利服务、行为、事业、责任、状态与制度的性质特点。

其次，从词源构成和外在表现的角度看，福利是一个涉及物质与精神层面的复合体，表现为整个社会的福利供给状况与满意程度。同时，社会福利又是一个由众多内容与项目构成的体系，不管是公共政策实施的广义社会福利，或是针对特殊群体的剩余性狭义福利，还是以提高社会成员生活质量为追求的发展型福利，都是不同层面的“大福利”体系，包括社会救助、社会保险、社会优抚等社会保障举措在内的一个多种福利项目，还包括普惠型福利和特惠型福利举措，社会服务、社会工作，社会福利计划、社会福利津贴等帮助人们克服困难的措施，还包括精神、心理方面的支持，等等。[③]

最后，在社会福利实际工作推进中，官方文件和国民广泛接纳的是剩余性狭义社会福利观，认为社会福利是“民政部门代表国家提供的针对弱势老人、残疾人、孤儿和优抚对象的收入和服务保障”，是一种疗救社会病态、

① 田北海．社会福利概念辨析——兼论社会福利与社会保障的关系［J］．学术界，2008（2）．

② 王晓东．转型期中国社会福利制度的供给机制选择［J］．内蒙古大学学报（哲学社会科学版），2010（5）．

③ 周沛．社会福利理论：福利制度、福利体制及福利体系辨析［J］．国家行政学院学报，2014（4）．

预防或矫治社会问题的制度或手段。[①] 中共十七届三中全会也将社会福利界定为“扶老、助残、救孤、济困、赈灾”，在现实中专指由政府（主要是各级政府中的民政部门）举办的各种福利院、福利工厂等，特别是对一些无家可归、无依无靠、无生活来源、无劳动能力的孤老残幼在生活上实行的保障措施，同时为家庭无力照顾的离退休老人、残疾儿童和精神病人提供的服务。[②]

本书所研究的社会福利主要是指民政部门主管的社会福利事业，是以专为社会弱者（如三无人员）或特殊人群服务（老、弱、病、残、妇女、儿童等）提供基本生活保障为核心，并以社会成员的基本福利需求为根本的社会性福利补贴、设施及事业。社会福利的对象是因年老、疾病、生理残疾或心理缺陷而丧失劳动能力从而出现生活困难的特殊人群；社会福利的标准是维持其最基本的生活需求并基于发展要求而适度提高生活水平；社会福利的内容主要涉及教育福利、公共卫生福利、老年福利、儿童福利、残疾人福利、妇女福利、住房福利、慈善公益事业等方面。

二、社会福利的内容构成

依据不同的标准和角度，对社会福利的内容构成分类很多。从社会福利供给对象即群体分类的角度界定，认为社会福利的对象是部分特殊成员即社会弱势群体，主要包括老年人福利、妇女儿童福利和残疾人福利等；从社会福利供给主体的角度界定，认为由民政部门代表国家提供给弱势群体（老年人、残疾人、孤儿和优抚对象等）的收入保障和服务[③] 就是社会福利，强调的是国家（政府）责任。这两者在实践中几乎没有实质性区别，都是民政福利实践中最常见也是国民最熟悉的概念分类。但随着“补缺型福利”向“普遍型福利”的迈进，这种以人群为标准来划分社会福利内容的方式似乎“局限了”受益群体和服务内容，毕竟社会福利不是少部分人的“专利”，而是以满足社会成员的基本福利需求的“大众”性福利，只有把所有的社会成员都

① 多吉才让．中国社会福利丛书总序［A］．周弘主编．国外社会福利制度［C］．北京：中国社会出版社，2002：5.

② 国家经济体制改革委员会．社会保障体制改革［M］．北京：改革出版社，1995：210.

③ 周良才．中国社会福利［M］．北京：北京大学出版社，2008：3.

纳入社会福利体系的保障范围，或是所有社会成员都能享受到某一福利项目，才是真正的社会福利。福利对象的广泛性和内容的基本性是社会福利的主要优点，也是社会福利的发展方向，其中要突出社会成员的基本福利需求，主要涉及的内容是关乎城乡居民切身生存利害关系和生活利益问题的需求如教育福利需求、工作福利需求、居住福利需求、养老福利需求和健康福利需求等。[①] 与此对应，社会福利项目就包括教育福利、就业福利、老年福利和住房福利等。

基于居民福利服务的急需性和关注影响的重大性以及本书研究的集中性，特把老年福利、教育福利、儿童福利和残疾人福利作为推进适度普惠型社会福利城乡统筹的重点予以分析和设计。

1. 教育福利

提供免费而公平的基础教育是现代福利国家的一项法定义务，是一项政府主导供给的制度性的社会福利安排，其中以保障弱势群体的平等受教育权尤为典型。所谓教育福利事业，就是将教育视为政府必须予以保障的社会福利的重要组成部分，必须被所有适龄儿童与青少年平等地享有，政府在确保所有儿童与青少年的平等受教育权方面具有不可推卸的法定责任。[②] 简言之，我国教育福利既是一种以货币形式（主要是教育财政资源）帮助社会群体解决基础性教育问题的机制，又是一种通过提供劳务、实物和其他形式的服务满足社会成员教育需要的核心制度，[③] 是国家和社会为保障国民的受教育权利，提高国民身心素质，促进教育公平而承担的责任和义务，以及为此提供的公共资源和优惠条件。一般而言，教育福利包括幼儿教育福利、小学和初中教育福利、高中教育福利、职业教育福利、高等教育福利、继续教育福利和特殊教育福利等层次。[④]

---

① 景天魁，毕天云，高和荣，等．当代中国社会福利思想与制度［M］．北京：中国社会出版社，2011：2.

② 刘新民，江赛蓉．福利国家弱势群体的教育福利制度研究［J］．华东师范大学学报（哲学社会科学版），2011（6）．

③ 万国威．中国少儿教育福利省际均衡性研究［J］．中国人口科学，2012（1）．

④ 景天魁．中国教育福利事业发展战略研究［A］// 郑功成．中国社会保障改革与发展战略（救助福利卷）．北京：人民出版社，2011：203.

2. 老年福利

老年福利是养老保险的延续和提高，是以老年人为特殊对象的社会福利项目，是指国家和社会为了发扬敬老爱老美德，在保障老年人基本物质生活需要即解决好“养”的基础上，进一步充实老年人精神文化生活、维护老年人身心健康为目的而采取的政策措施和提供的设施和服务。在我国，老年福利是以满足老年人养老服务需求、提升老年人生活质量为目标，面向所有老年人，提供生活照料、康复护理、精神慰藉、紧急救援和社会参与等设施、组织、人才和技术要素形成的网络，以及配套的服务标准、运行机制和监管制度。[①] 老年津贴和老年服务体系是最典型的两种老年福利。其中，老年津贴是一种非缴费型养老金制度，由政府通过公共财政资金为老年居民提供基本生活津贴，解决老年人的基本生活保障问题；老年服务体系也是国家和社会根据老年人的需求和自身特点，为老年人提供社会养老服务，方便其年老生活、提高其生活质量。

3. 儿童福利

儿童福利是世界各国社会福利体系中最基本的组成部分，国际上公认的儿童福利是指针对那些父母无能力照顾、社区资源不足的儿童青少年，提供促进其家庭和社区养育、保护儿童能力的服务，是支持、补充或替代父母功能不足、有缺陷或停顿的情况，以及修正现有社会机构，或创立新机构来改善儿童及其家庭的状况。[②] 在我国，儿童福利的定义分为广义和狭义，广义的儿童福利是指所有直接或间接促进儿童生长和发展的一切活动和制度，是针对全体儿童普遍的主、客观需求，来提供各种设施、制定政策、完善福利，以及促进儿童生理、心理及社会环境的发展，使其符合人类社会发展的需要。[③] 狭义的儿童福利是指国家通过立法，运用社会政策手段，以特殊需要儿童的生活、健康、教育和权益保护为主要内容的各种津贴、服务和扶持的总和，是一种“补缺型”福利。从实际运行来看，我国儿童福利既未达到广义儿童福利的广泛性，也非严格局限在狭义儿童福

---

① 林闽钢，李凤琴．中国社会服务［M］．济南：山东人民出版社，2014：119.

② 周震欧．儿童福利［M］．台北：巨流图书公司，2001：9.

③ 陆士桢．中国儿童福利事业发展战略研究［A］// 郑功成．中国社会保障改革与发展战略（救助福利卷）．北京：人民出版社，2011：233.

利范畴内，而是介于两者之间以救助性为主的一个社会福利子系统，重点关注的是由国家和社会提供的针对失去家庭监护的孤儿、弃儿、事实无人抚养儿童、流浪乞讨儿童，以及贫困家庭中的残疾儿童、患重（大）病儿童、艾滋病感染儿童等特殊儿童群体的生活、养育、康复、医疗、教育等方面的生活保障和服务保障。[①]

4. 残疾人福利

与普通人相比，残疾人在身心方面更加脆弱，抵御风险的能力更加弱小，是特殊的也是特别需要帮助的社会弱势群体。残疾人福利事业是面向残疾人群体的各项保障措施、社会服务与现金津贴的统称，[②]具体是指国家和社会在保障残疾人基本物质生活需要的基础上，为残疾人在生活、就业、教育、文化娱乐、医疗、康复等各方面所提供的设施、条件和服务，保障相应的残疾人权益，努力实现“平等、参与、共享”的目标。

第二节　内蒙古城乡社会福利的实施现状

受城乡二元经济结构和“身份制”下社会管理模式的长期影响，社会福利制度从建立伊始就按照“城乡分割”的模式分治和“分群施保”的目标分设，社会福利制度“城乡分治”“区域封闭”“身份有别”的失衡发展格局已成为影响内蒙古经济社会全面、深入发展的主要瓶颈。自党的十七大提出“加快推进以改善民生为重点的社会建设”以来，社会福利城乡统筹的重要性和可行性日益凸显，从中央到地方明显加快了覆盖城乡和全民共享的社会福利体系建设步伐，内蒙古自治区积极推进社会福利城乡统筹既是响应政策，又是事有所需、大势所趋。

① 江治强，中国儿童福利体系及其构建［J］. 社会福利（理论版），2014（12）.

② 谢琼 . 中国残疾人福利事业发展战略研究［A］// 郑功成 . 中国社会保障改革与发展战略（救助福利卷）. 北京：人民出版社，2011：286.

一、内蒙古城乡教育福利的发展现状评析

内蒙古位处祖国边疆，属于经济欠发达地区，整体教育水平落后，是国家教育政策和资金重点投入和扶持的区域。2000年以来，自治区政府持续深入实行各级学校奖助学金制度、对困难家庭子女经济补助制度、对革命老区和“三少”民族地区的教育支持制度，进一步普及和巩固九年义务教育制度，并坚持以推进素质教育为核心，以提高教育质量和效益为目标，优化调整中等教育结构，提高高等教育水平，使自治区人口平均受教育年限重心逐步上移，国民整体文化素质有所提高，教育福利事业取得了显著成效。

（一）“优先发展教育”政策落实基本到位

2005年国务院颁布《关于深化农村义务教育经费保障机制改革的通知》之后，2006年内蒙古就与全国同步展开了农村牧区义务教育经费保障机制改革，全部免除农村义务教育阶段学生学杂费，对贫困家庭学生免费提供教科书并补助寄宿生生活费。从2007年秋季开学起，对所有义务教育阶段蒙语授课寄宿生补助生活费，并对城市义务教育阶段中小学生实行“两免”政策，率先在全国实现了真正意义的义务教育。到2009年，自治区又免除了义务教育阶段中小学校的寄宿生住宿费，由自治区财政按照每生每年小学100元、初中120元的标准对学校进行补助。2011年，内蒙古全区各级财政累计投入高中阶段教育“两免”资金12.41亿元，惠及54.2万名高中阶段学生。内蒙古在近5年内（2010—2015年）要实现更高水平的普及教育，学龄前儿童学前3年毛入园率达到70%以上，全区义务教育巩固率达到95%以上；高中阶段教育毛入学率达到95%以上，高质量普及民族高中阶段教育；高等教育毛入学率达到40%以上；主要劳动年龄人口平均受教育年限达到11.2年。另外，内蒙古还颁布了《内蒙古自治区中长期教育改革和发展规划纲要（2010—2020年）》，提出要在巩固提高九年义务教育的基础上，用3年时间全面实现高中阶段免费普及教育，优先发展民族教育，大力推行双语教学，不断改善民族学校办学条件和教学质量，确保到2020年与全国同步基本实现教育现代化。种种的教育福利政策促进了内蒙古教育水平的整体提升，尤其是极大地提高了人口平均受教育年限，反映了政府和个人对教育进行持续投

资的结果。

（二）全区教育经费投入总量逐步增长，但占公共财政支出比例有所下降

2013 年，全区公共财政教育支出为 438.14 亿元，占公共财政支出 3686.52 亿元的比例为 11.88%，比上年的 12.27% 降低了 0.39 个百分点。

1. 公共财政教育支出情况[①]

2013 年，全区教育经费总投入为 613.12 亿元，比 2012 年的 570.2 亿元增长了 7.53%。其中，国家财政性教育经费（主要包括公共财政预算教育经费，各级政府征收用于教育的税费，企业办学中的企业拨款，校办产业和社会服务收入用于教育的经费等）为 555.65 亿元，比上年的 513.43 亿元增长 8.22%。全区公共财政教育支出（包括教育事业费、基建经费和教育附加费）为 438.14 亿元，比上年的 420.23 亿元增长 4.26%，低于财政经常性收入 9.95% 的增长幅度。

2. 各级教育生均公共财政预算教育事业费支出增长情况

2013 年，全区普通小学、普通初中、普通高中、中等职业学校、普通高等学校生均公共财政预算教育事业费支出情况如下：

（1）全区普通小学为 9837.99 元，比上年的 8896.05 元增长 10.59%。其中，农村为 14886.26 元，比上年的 13301.75 元增长 11.91%。普通小学增长最快的是乌兰察布市（28.94%）。

（2）全区普通初中为 11414.81 元，比上年的 10207.12 元增长 11.83%。其中，农村为 14430.28 元，比上年的 12281.93 元增长 17.49%。普通初中增长最快的是赤峰市（21.21%）。

（3）全区普通高中为 10670.59 元，比上年的 10068.71 元增长 5.98%，增长最快的是乌兰察布市（35.48%）。

（4）全区中等职业学校为 11943.86 元，比上年的 11784.04 元增长 1.36%，增长最快的是锡林郭勒盟（80.08%）。

（5）全区普通高等学校为 15356.47 元，比上年的 14678.16 元增长 4.62%，增长最快的是乌海市（203.23%）。

---

① 内蒙古自治区教育厅、统计局、财政厅关于 2013 年全区教育经费执行情况统计公告［EB/OL］.［2014-11-25］. http://www.nmgov.edu.cn/zwgk/xxgk_jytj/jytj_jytj/201412/t20141212_14973.html.

3. 各级教育生均公共财政预算公用经费支出增长情况

2013 年，全区普通小学、普通初中、普通高中、中等职业学校、普通高等学校生均公共财政预算公用经费支出情况如下：

（1）全区普通小学为 2298.51 元，比上年的 2099.11 元增长 9.5%。其中，农村为 2964.49 元，比上年的 2893.01 元增长 2.47%。普通小学增长最快的是乌兰察布市（116.34%）。

（2）全区普通初中为 3168.45 元，比上年的 3014.58 元增长 5.1%。其中，农村为 3295.91 元，比上年的 3276.02 元增长 0.61%。普通初中增长最快的是包头市（66.84%）。

（3）全区普通高中为 3812.12 元，比上年的 3669.76 元增长 3.88%，增长最快的是乌兰察布市（112.47%）。

（4）全区中等职业学校为 4202.41 元，比上年的 4773.8 元降低 11.97%，增长最快的是通辽市（112.85%）。

（5）全区普通高等学校为 6759.06 元，比上年的 6929.95 元降低 2.47%，增长最快的是乌海市（690.94%）。①

（三）学前教育资源进一步扩大

通过深入实施国家农牧区学前教育推进工程（2011—2015 年）、“学前教育三年行动计划”二期工程（2014—2016 年），设立自治区“扶持民办幼儿园发展专项资金”等措施，初步形成“政府主导、社会参与、公办民办并举”的办园体制。学前教育普及水平进一步提升，2013 年全区学前三年毛入园率 74.72%，比全国平均水平高 10.2%。截至 2014 年 10 月，全区学前教育机构 3140 所，比上年增加 400 所，在园幼儿 55.9 万人，比 2013 年增加 4.35 万人。

（四）九年义务教育发展成绩显著

2000 年以来，自治区以普及九年义务教育为核心，持续增加基础教育的投入，整合城乡教育资源配置不合理的问题，调整乡镇中小学布局，改善农村牧区乡镇中心学校的基础建设和教学设施，培养、培训教师队伍，推进素质教育。全区基础教育发展取得了显著的成绩。到 2007 年底，全区 101 个旗

① 内蒙古自治区教育厅、统计局、财政厅关于 2013 年全区教育经费执行情况统计公告［EB/OL］.［2014-11-25］.http://www.nmgov.edu.cn/zwgk/xxgk_jytj/jytj_jytj/201412/t20141212_14973.html.

县普及九年义务教育人口覆盖率全部达到100%。2014年10月，东胜区、新巴尔虎右旗通过国家组织的义务教育发展基本均衡旗县评估认定，实现了历史性跨越，表明自治区在统筹推进义务教育均衡发展工作方面成绩斐然。

2014年，自治区小学适龄人口入学率达到100%，比2013年增长0.14%，初中阶段毛入学率达到97.28%，比2013年减少0.4%，高中阶段毛入学率达到96.17%，比2013年减少0.4%。截至2014年末，义务教育小学的学校总数达2174所，比2013年减少134所，减幅达5.81%，在校学生数1296454人，比2013年下降了1.08%，农村留守儿童入学人数46457人，比2013年减少3550人；普通初中725所，比2013年减少24所，减幅达3.2%，在校学生数531939人，比2013年减少19817人，减幅达3.59%，农村留守儿童入学人数19877人，比2013年减少1053人，减幅达5.03%；幼儿园3140所，比2013年增加400所，增幅达14.6%，在校学生人数559013人，比2013年增加8.43%。[①] 很明显，内蒙古受人口少子化的影响，小学和初中在校人数和学校总数规模有所下降，但学前教育在校人数和学校规模都在不断扩大，这一方面说明学前教育需求旺盛，政府应该加大投入；另一方面，义务教育资源布局应该适应人口结构变化和城乡空间结构的新需要而重新整合优化。总体而言，九年义务教育的普及和教育水平稳定提高，拉动了自治区人口总体受教育水平的提升。

（五）其他层次教育发展状况

2012—2013年初，内蒙古各级各类普通教育学校8984所，在校生2961407人，其中少数民族在校生人数197862人，蒙古族在校生人数144256人，其他少数民族在校生49460人，少数民族青少年接受各类教育的人数大幅度增加。各级各类普通教育学校教职工231165人，其中专任教师171609人。各级各类成人教育学校总数为3693所，在校生676691人，其中少数民族在校生人数33826人，蒙古族在校生人数为25067人，其他少数民族在校生人数为4843人；各级各类成人教育学校教职工12853人，其中专任教师9089人。

普及高中阶段教育的基础已具备，逐渐推进普通高中发展多样化。2013

① 2014年内蒙古自治区教育事业统计简报［EB/OL］.［2015-01-27］. http://www.nmgov.edu.cn/zwgk/xxgk_jytj/.

年，全区有普通高中 272 所，在校生 50.03 万人，已建自治区示范性普通高中 53 所，盟市级示范性高中 80 所。高中阶段全面实现“两免”（免学费、免教科书费）教育，高中阶段教育毛入学率达到 93.23%，比 2011 年提高 1.67%。2014 年，自治区教育厅制定印发了《关于推进普通高中优质多样化发展的意见》，加快了普通高中办学体制、培养模式和课程多样化建设的发展步伐。经过国家和自治区对高中教育的大力度政策支持和财政投资，自治区普及高中阶段教育已具备良好基础。

现代化职业教育体系建设有所发展。在积极实施“基础能力建设工程”的基础上，职业学校的办学条件有所改善。2013 年，全区中等职业学校 276 所，在校生 27.5 万人，中等职业教育规模占高中阶段教育总规模的比例稳中有升，对中等职业学校学生和高中阶段蒙古语（朝鲜语）授课学生、家庭经济困难学生实施“两免”政策，这在一定程度上推进了职业教育的发展，尤其是使大量农村家庭的子女接受职业教育，提升其就业能力。

民族教育“优先重点”发展方针得到落实。民族教育关乎少数民族群体平等享受教育的权利问题，一直是自治区优先发展的领域，始终坚持推行“两主一公”办学模式，积极推进“民族教育人才培养模式改革”和“民族教育发展水平提升工程”，民族中小学办学条件达到并部分超过当地同级同类学校平均水平。2013 年，全区有独立设置的少数民族中小学校 534 所，在校学生 34.53 万人，其中实施双语教学的少数民族中小学共有 466 所，在校学生 21.93 万人；现有独立设置的少数民族幼儿园及学前班 168 所，在园幼儿 6.86 万人，其中实施双语教学的幼儿园及学前班 149 所，在园幼儿 4.65 万人；全区 48 所普通高校中，有 36 所开设了 100 多个蒙、汉双语授课专业和少数民族预科班，在读学生 4.39 万人；全区高校中共有少数民族在校大学生 10.58 万人，在读少数民族研究生 4970 人。显而易见，自治区确保民族教育优先发展、着力提升民族教育层次和水平等方面投入巨大，成效显著。

（六）教育机制保障能力逐年增强

2014 年，中央、自治区财政预算安排义务教育各类保障资金 32.2 亿元，较 2013 年的 28.4 亿元增加了 3.8 亿元，增长了 13.4%，其中自治区本级资金 15.4 亿元，较 2013 年预算安排的 14.2 亿元增加了 1.2 亿元，增长 8.45%。进一步提高农村义务教育阶段学校普通学生年生均公用经费，小学和初中分别达到 600 元和 800 元；自治区政府还逐年提高农村寄宿制学校公用经费，达到寄宿生年人均小学为 720 元、初中 920 元。除此之外，自治区还在 2014 年重点推出两项保障民生和促进教育公平的惠民措施：一是农村牧区小学和幼儿园“十个全覆盖”校舍建设及安全改造工程。截至 2014 年 10 月底，全区已累计开工学校 466 所，占 2014 年规划的 85.1%，累计开工项目 480 个，累计开工面积 37.61%，占 2014 年规划的 78.21%；累计竣工并交付使用的学校（幼儿园）271 所、项目 277 个、面积 13.55 万平方米，累计投入工程建设资金 3.01 亿元，占 2014 年规划投入资金 11.31 亿元的 26.61%。二是贫困家庭大学生资助政策。自治区从 2014 年起，对当地被录取到普通高等学校、具有内蒙古户籍且录取时为城乡低保家庭的子女，录取到普通高校本科类的新生一次性资助 4 万元，录取到普通高校专科或高职高专类的新生一次性资助 3 万元，全部由自治区本级财政负担。截至 2014 年 9 月 15 日，全区共资助 18539 人，发放资金 6.46 亿元。①

（七）总体评价

内蒙古自治区教育改革发展取得了显著成就。学前教育规模逐步扩大，义务教育普及水平提高，办学条件得到改善，农村牧区义务教育得到加强；高中阶段教育发展加快，优质高中资源不断扩大，甚至部分实现了高中阶段的义务教育，职业教育基础能力建设得到强化；高等教育稳步发展，大众化水平提高，科技创新能力增强；民族教育得到优先重点发展，民族教育体系更加完善；特殊教育和民办教育得到重视；教师素质提高，队伍建设得到进一步加强。在充分肯定成绩的同时，必须清醒地认识到内蒙古城乡教育福利事业发展仍面临来自内外部各种困难和问题。

（1）经费投入不足、师资短缺和流失严重是农村教育发展中面临的首要难题。农村中小学规模逐年萎缩，许多师生离开了学校。虽然自治区义务教育已经从政策上实现了普及教育，但是对于偏远地区的贫困农村牧区，教育普及程度和水平与城镇相比差距明显，这也是农村教育的一个“老大难”问

① 2014 年内蒙古自治区教育事业统计简报［EB/OL］.［2015-01-27］.http://www.nmgov.edu.cn/zwgk/xxgk_jytj/.

题，特别是教育经费严重不足，农村学校条件差，农村学校师资总体素质不高、队伍不稳定，是农村中小学发展中十分突出的问题。

（2）内蒙古城乡教育资源分配不公现象较严重。义务教育公用经费标准偏低，高等教育、高中阶段教育债务沉重，优质教育资源不足，尽管自治区教育经费逐年有很大的增长，但相比于公共财政收入增长和其他事业公共财政支出增长的比例，增长幅度还是不大，尤其是相对于教育事业发展的实际需求，教育投入依然不足，农村牧区教育投入总量和速度相较于城市还是偏少。

（3）农村师资队伍不仅缺乏且能力素质有待提高。作为教育改革发展重要保障的师资队伍建设和信息化建设在农村地区还有待增强，特别是经济欠发达和偏远农牧区中小学师资队伍水平偏低，职业院校“双师型”教师数量不足，义务教育学校教师“留不住”，农村教育理念和人才培养模式落后，是当前农村教育发展中面临的首要难题。农村学前教育资源投入虽有所增加，但各地工作进展不平衡，少数偏远农牧区学前教育推进力度偏弱。

二、内蒙古城乡老年福利的发展现状评析

（一）养老服务机构建设有较大发展

“十二五”以来，内蒙古政府投入大量资金，扶持以“扶老”为重点的老年人福利事业的发展，累计投入养老机构基础设施建设资金 26 亿元，通过推进养老服务重点工程、强化养老服务模式改革、不断推进困难老人救助、公办和民办养老机构建设、养老护理人才培养等重点工程，积极探索养老服务模式多元发展。截至 2014 年底，全区共有国办社会福利院 55 所，老年公寓 15 所，精神病福利院 5 所，社会办福利机构 129 所；农村牧区敬老院 560 所，床位总数 5.09 万张，其中国办社会福利机构床位数 1.02 万张，社会办福利机构 1.1 万张，农村牧区敬老院 2.97 万张。[①] 全区 12 个盟市和 2 个计划单列市相继建成综合福利园区，建设养老床位 3310 张；81 个旗、县建成综合社会福利中心，建设养老床位 1.48 万张；629 个社区建设老年人日间照料中心，设立养老床位 9400 余张，城镇三无老人和社会老年人供养问题正逐步解决。[②]

① 老年人福利［EB/OL］.［2010-12-21］.http://neimenggu.mca.gov.cn/article/mzyw/lnrf/201012/20101200121966.shtml.

② 钱春弦，于嘉 . 内蒙古：让老年人颐养天年［N］. 北方新报，2014-11-3.

《内蒙古自治区养老服务体系建设“十二五”发展规划》中提出：“到2015年基本建成以国家兴办的社会福利机构为示范，其他所有制形式的社会福利机构为骨干，社区养老服务为依托，居家养老为基础的社会福利服务网络，全区90%的老年人将通过社会化协作实现家庭照顾养老，7%的老年人通过政府购买服务实现社区依托养老，3%的老年人通过入住机构养老，以点带面推动全区养老服务体系建设发展，初步建立符合内蒙古区情的养老服务体系。”内蒙古老年社会福利事业发展“十二五”规划设定的总体目标已基本达到，截至2015年3月底，自治区共有60岁以上老年人口382.2万人，有各类养老机构2252所，总床位数20.47万张，每千名老人拥有床位数近54张，按照民政部年度考核通报排序，千人床位数位居全国各省区市首位。在现有各类养老机构中，公办社会福利机构和老年养护院共有164所，床位数2.67万张；社区老年人日间照料中心629所，床位数9435张；农村牧区互助养老幸福院769所，床位数8.5万张；农村敬老院398所，床位数4.44万张；光荣院34所，床位数2159张；民办养老机构258家，床位数3.7万张。[①] 全区初步形成了以居家养老为基础、社区养老为依托、机构养老为支撑的养老服务体系。

2015年，自治区还将进一步健全养老服务体系，满足养老服务需求，计划新增床位2万张，社区日间照料中心、12349便民为老服务中心、养老服务中心等城市社区居家养老服务覆盖率达到50%以上，农村牧区互助养老幸福院、农村敬老院、养老服务站等农村牧区居家养老服务覆盖率达到30%以上，盟市级12349便民为老服务中心全部开通，旗县级开通30%。同时，继续利用福彩公益金和财政专项资金，“以奖代补”资助重点养老项目建设。

（二）农村贫困留守老人的养老问题得到妥善解决

内蒙古在解决农村贫困留守老人的养老问题上走出了一条独具特色且效果显著的路子。2009年，内蒙古乌兰察布市化德县开始试行农村互助养老幸福院工程，采取“集中居住，分户生活，院民自治，互助服务”的模式，由政府主导，整合危房改造、扶贫、财政“一事一议”等多部门资金，利用敬

① 霍晓庆．内蒙古现有各类养老机构2252所，千名老人拥有床位数居全国首位［N］．内蒙古日报，2015-04-14.

老院、旧的学校等进行改造和扩建，将同村或邻村的老人集中在同一互助养老幸福院中，保持了原来的人际交往和亲情关系，探索出了一条解决农村牧区养老难题的成功之路。自治区总结化德县农村养老的成功经验，全面推广农村互助养老幸福院模式，包头市、鄂尔多斯市、兴安盟等地纷纷建起了互助养老幸福院。2010 年至今，全区投入资金 20 多亿元，建成农村牧区互助养老幸福院 453 所，床位达 8.23 万张。2012 年，自治区政府出台《内蒙古自治区人民政府关于推进农村牧区互助养老幸福院建设的意见》，不仅规范了互助养老幸福院建设，也为其今后的发展提供了政策支撑。2014 年 4 月，《内蒙古自治区人民政府关于推进农村牧区互助养老幸福院建设的意见》被评为首届"中国十大创新社会福利政策"，表明自治区的养老福利政策经得起检验，是真正让群众得到实惠的好政策。[①]

（三）城乡老年津贴制度实现全区全覆盖

"十二五"期间，内蒙古老年津贴制度也在全面升级，建立了 80 岁以上高龄老人津（补）贴制度，实施老年人免费乘坐公交车政策，推进老年福利由补缺型向适度普惠型发展。据统计，2012 年全区 80 岁以上的老年人口为 80.7 万人，90 岁以上约为 15 万，100 岁以上有 360 人，为保障老年人共享改革发展成果，内蒙古出台《内蒙古自治区人民政府办公厅关于印发 80 岁以上低收入老年人高龄津贴发放管理办法的通知》，把农村牧区享受低保的 80 岁以上高龄老人列入农村牧区"十个全覆盖"中，自治区享受高龄津贴老年人达到 27.1 万人。高龄津贴发放标准是 80～99 周岁的老年人，每人每月 100 元，100 周岁以上的每人每月 300 元；高龄津贴按户籍实行属地管理，严格按照个人自愿申请、社区居委会（村委会）对老年人的社会保障、社会福利待遇、收入以及人口状况进行全面核实。到 2014 年，自治区党委、政府决定扩大高龄津贴补助范围，将领取低保金的 80 岁以上老年人全部纳入高龄津贴补助范围。2014 年 5 月，自治区财政厅下拨了针对 80 岁以上城乡低保老人的高龄津贴补助资金 8206 万元，全区 11.12 万 80 岁以上城乡低保老人领上了高龄津贴，内蒙古实现 80 岁以上无固定工资收入老年人高龄津贴的全覆盖。2014

① 霍晓庆．内蒙古农村牧区互助养老幸福院获评"中国十大创新社会福利政策"［J］．内蒙古日报，2014-04-15.

年全年，自治区财政共投入2.52亿元用于高龄津贴补助，盟市旗县配套2.1亿元，全区38.3万名高龄老人受益。[①]

2014年，内蒙古五保供养制度也进入了一个全新的发展阶段，老人集中供养和分散供养标准有了大幅度提升，分别为年人均6670元和3643元，保障水平处于全国前列；城市低保老人保障标准月人均472元，农村牧区标准为年人均3229元，保障水平均居全国第6位。

（四）养老服务业的加快发展

2015年，自治区民政厅将配合有关部门开展《内蒙古自治区老年人权益保障法实施办法》立法调研，全面贯彻落实《国务院关于加快发展养老服务业的若干意见》，并要求和指导各盟市制定《内蒙古自治区人民政府关于加快发展养老服务业的实施意见》的重点任务分工、具体优惠措施等相关政策。提出要继续加大养老服务体系建设力度，总结推进城市、农村、牧区、社会化养老4种养老服务模式经验。不断加强老年养护院、日间照料中心、托老所、养老服务站、互助幸福院等养老服务设施建设。搭建养老服务综合平台，推进“12349”为老服务网络系统全覆盖，为居家老人提供生活照料、精神慰藉、康复护理、辅具配置、安全援助等服务。继续开展“养老服务机构管理年”活动，加强各类养老服务机构等级评定工作，规范服务管理标准，落实工作责任，提高服务管理的规范化、专业化水平。加大依托社区开展居家养老服务的力度，积极探索购买各类社会组织为老服务，培育增强社区为老服务社会组织的内在动力，鼓励引导社区为老服务社会组织发展。推动落实养老服务培训规划和培训扶持政策，加强与自治区高等院校和职业学校的合作，培养养老护理高层次专业人才。完善民办养老机构信息管理系统，落实民办养老机构床位运营补贴资金和一次性建设补贴资金等优惠政策。加大投入，支持农村牧区互助养老幸福院建设项目。鼓励各盟市开展公办养老机构改革试点工作，支持社会力量兴办医养结合的养老服务机构，通过购买服务，公办民营、民办公助等多种形式逐步使社会力量成为养老服务业发展的主力。重点探索建立养老机构融资和降低养老机构风险机制。加强与金融机构合作，积极开发适合老年人需求的保险种类。建立完善养老机构责任保险制度。鼓

① 霍晓庆，张凯．内蒙古：高龄津贴惠及38.3万名老年人［J］．内蒙古日报，2014-10-02.

励有条件的地区探索建立老年人长期护理保障制度和养老护理人员补贴制度。[①] 这些民政工作的实施要点，为“十三五”时期老年福利的进一步发展指明了方向。

（五）总体评价

（1）近年来，内蒙古各地按照国务院关于实施“老有所养”政策的要求，结合实际，加大福利事业单位改革的力度，推进社会福利社会化，加大对社会福利事业发展的政策扶持力度，有效地改变了全区社会福利事业发展缓慢、基础设施陈旧、服务水平低下、供需矛盾突出的现状，构建了城乡统一的老年津贴制度，积极探索“公办民营、民办公助”的养老机构建设模式，提升了社会福利事业水平，尤其是在兼顾即开型彩票发行的同时，开通了内蒙古风采电脑福利彩票，开创了福利彩票发行工作新局面，为全区福利事业的发展提供了有力的支持，老年福利工作上了新的台阶。

（2）总体来看，内蒙古老年福利事业蓬勃发展，但也有一些方面需要进一步改进。诸如老年津贴水平应该与经济发展水平和物价水平相衔接，形成自然动态增长机制；社会养老服务体系建设需要突出以居家养老为基础、社区为依托的养老服务模式；养老服务机构的数量、服务质量和服务能力有待进一步提升，民营企业和社会力量参与养老机构建设的热情高涨但成效甚微，如何通过政策、税收、场地或是资金等方面的优惠来支持民营养老机构的发展；养老服务队伍的专业化和社会化程度还不高、农村养老福利机构缺乏、服务水平低下将是严重阻碍城乡社会福利统筹发展的关键，等等。

三、内蒙古城乡儿童福利的发展现状评析

从社会保障的服务对象和保障群体的特殊性来讲，儿童应是社会保障体系首要关注的群体之一，该群体福利保障水平的高低决定着社会的未来和民族的希望，因此，需要依赖于国家（政府）和社会功能的发挥来发展儿童福利事业。随着社会的发展，儿童个体的需求不断多样，儿童问题日益复杂，儿童社会福利的专业化需求日益突出，政府主导下的儿童福利事业也需要全面深化。在日益膨胀的儿童福利需求和尚未普及的儿童福利制度矛盾下，内

① 刘艳芳 . 今年内蒙古将加大推进社会福利建设［N］. 呼和浩特日报，2015-03-05.

蒙古政府把儿童福利发展作为“保民生、促发展”的重要任务。

（一）儿童福利事业的服务标准化程度提高显著

通过儿童福利机构标准化设计，可以达到儿童福利机构服务质量目标化、服务方式规范化、服务过程程序化的目标，从而使儿童获得优质服务，推动儿童福利事业的规范、科学发展。内蒙古呼和浩特市儿童福利院①被民政部确立为首批民政范围内社会工作服务标准化建设示范单位，率先进行了标准化技术设计，希望为内蒙古其他城市的儿童福利院发展提供参照。先后围绕通用基础标准体系、服务保障标准体系、服务提供标准体系等3大标准体系设计了儿童福利院标准体系结构图和相关的服务业组织标准，如《儿童福利院工作人员服务规范》《儿童福利院医务区服务规范》《儿童福利院儿童养育工作流程》《儿童福利院送养服务流程》《儿童福利机构引导式教育康复服务技术规范》《儿童福利机构儿童日常生活照料技术规范》《儿童福利机构类家庭养育服务质量要求》《儿童福利机构集体养育服务质量要求》《儿童福利机构儿童成长档案记录与管理》《儿童福利机构安全管理规范》《儿童福利机构类家庭养育服务质量评价规范》《儿童福利机构集体养育服务质量评价规范》。②目前，在已制定的儿童福利服务工作国家标准、行业标准及本地区单位标准的严格规范下，儿童福利院内各项业务、行政工作更加专业和高效，管理水平有了很大的提高。

（二）创新“模拟家庭”的儿童养育模式

为了让孤儿也能体验普通家庭成员间的亲情，内蒙古创新孤儿养育模式，引入一对代理父母带领4～6个不同年龄的孩子，形成“模拟家庭”。福利院把院内整体管理理念和方法融入模拟家庭，又兼顾到家长和儿童的个别化需求，强化管理，加强指导、监督、检查，杜绝安全隐患，通过政府购买服务，为“模拟家庭”提供专业社工服务，并对模拟家庭的家长岗位职责、工作标准、膳食制作标准、安全防范等管理规定进一步细化。为了提升家长的综合

---

① 呼和浩特市儿童福利院是呼和浩特市民政局所属的福利事业单位，成立于1999年，是内蒙古全区收养规模最大的儿童福利机构，也是呼市地区唯一一所收养16以下孤儿及弃婴的儿童福利机构。目前收养孤残儿童347人，残疾儿童占98%以上，3岁以下婴幼儿和3岁以上儿童各占儿童总数的50%。

② 内蒙古：儿童福利事业也要标准化［N］．内蒙古日报，2014-10-29.

素质，院里组织了多期护理、特殊教育、康复方面的专业培训，经常性给予实地指导。家长能够辅助为孩子制订康复和特教个别化计划，着重指导家庭实现教育功能，寓教于生活中的点点滴滴，使儿童更好地建立情感依恋，开发智力，掌握生活自理能力和社会交往能力。膳食方面，每个家庭在专业人员的指导下，对养育儿童进行评估，根据儿童年龄、疾病情况调整每日食谱，饮食更加丰富多样，通过科学营养配餐，满足每一名孩子的成长需求。根据实际需要为家庭添置家具、电器、儿童教具、玩具等，各类硬件设施配备齐全。[①]2014 年，呼和浩特市福利院各区域扩大了小家庭养育模式，让更多的孩子回归家庭温暖，享受到亲情关怀。习近平总书记称赞呼和浩特市福利院“模拟家庭”养育模式“很好，有家庭的温暖”。这说明自治区儿童福利院院内建设和管理，尤其是“模拟家庭”养育模式、丰富多彩的青少年活动、中西方结合的管理模式、独特的院文化等儿童福利工作取得了显著成效。

（三）加快推进儿童福利适度普惠进程

适度普惠福利制度，是指惠及全体儿童的保障标准适度的福利制度。内蒙古民政厅要求区内各儿童福利院要在做好孤儿基本生活保障的基础上，将重残、重病、事实无人抚养儿童等困境儿童优先纳入儿童福利保障范围，对服刑人员未成年子女、吸毒家庭子女等困境家庭儿童群体，建立分类保障制度，比照社会散居孤儿养育标准，给予相应的基本生活保障。同时，为改善儿童的医疗康复条件，提高儿童的营养水平，落实儿童的监护责任，试点地区要探索建立重病、重残儿童医疗康复补贴制度和收养、寄养机构内残疾儿童家庭补助制度。[②]在民政部的支持下，内蒙古大力建立和发展以家庭养育为基础、社区福利服务为依托、儿童福利机构为保障的儿童福利服务网络。探索建立自治区儿童福利指导中心，在人口 30 万以上、孤儿较多的旗（县、市、区）建立儿童福利院，在城乡社区普遍兴建“社区儿童之家”，每个百万人口以上的城市新建 1 所残疾儿童康复中心，为现有儿童福利机构配备救助和康复设备。加快培养专业化、职业化孤残儿童护理员队伍，提升孤残儿童护理水平；建立孤儿生活补助标准自然增长机制，使孤儿生活水平高于当地

---

① 薛瑾蕙 . 儿童福利院：全力保障好孤残儿童基本权益［EB/OL］.［2015-01-26］. http://www.hhhtnews.com/2015/0126/1851030.shtml.

② 甘贝贝 . 适度普惠型儿童福利制度试点扩容［N］. 健康报，2014-5-30.

居民人均生活水平。推进儿童福利由补缺型向适度普惠型发展取得了一定成效。

（四）农村牧区儿童各种福利关爱行动有序开展

虽然目前针对农村牧区儿童福利体系尚未完全、完整形成，但也围绕儿童教育、生活、娱乐、心理、亲情和安全等方面开展了日常关爱服务与阶段性活动，如儿童营养健康提升计划、孤残儿童集中收养、开展农村牧区先心病患儿免费医疗救治活动等，并充分依托现有农村公共服务设施，在农村牧区留守儿童集中的学校、嘎查村积极推进儿童活动场所和托管机构的建设，建立留守儿童关爱管理和服务队伍，出台制度，落实政策，制定措施，形成机制，持之以恒地为留守儿童和流动儿童提供日常性的关爱服务。建立了留守、流动儿童动态监测机制，及时掌握留守、流动儿童状况和需求情况，按需施策，形成学校、家庭、社区相衔接的关爱服务网络。特别是重点推进"代理家长""爱心妈妈"等志愿服务，发展儿童公益项目，对留守儿童学习、生活等给予有效指导和帮助。面向家长，推进"亲情连线"网络视频等关爱行动，让家长多和孩子沟通，增进农村留守儿童与父母的亲情联系。依托家长学校、儿童家园等，向家长及委托监护人提供家庭教育指导服务，宣传科学的家庭教育知识和方法。在劳动力转移培训中增加家庭教育指导的内容，在务工人员集中的社区、单位，开展家庭教育培训和指导服务，家长和委托监护人承担好教育子女的责任和义务，提高科学教子的能力和水平。组织留守、流动儿童开展课余和节假日阅读、作业辅导、音乐绘画、体育健身等文娱活动，开展心理指导服务活动。在留守、流动儿童中开展"结对子""手拉手"等互帮互学活动，促进留守、流动儿童身心健康、全面发展。①

农村儿童福利的重点主要是以优化农村牧区留守流动儿童发展环境为基础，开展形式多样的关爱行动，以推进管理服务制度化、规范化、经常化为核心，建立家庭、社会、学校互相衔接的关护网络，促进留守、流动儿童健康成长和全面发展。这是党和政府改善民生、为民解困的具体行动，已成为

① 内蒙古自治区妇联．关于开展农村牧区留守流动儿童关爱服务体系建设的意见（征求意见稿）［EB/OL］．［2014-03-11］．http://www.nmwomen.org.cn/index.php?m=content&c=index&a=show&catid=3&id=13434.

缓解农村牧区因病致贫的重要措施。

（五）总体评价

随着内蒙古近年来经济的增长和社会的发展，在民生建设和构建和谐社会的内在要求下，党和政府对于儿童福利事业给予了足够重视，加大了各项儿童福利项目的资源投入，也颁布了一系列的政策法规，但还存在以下不足：

1. 儿童福利普及程度较差

农村儿童福利尚未形成体系和规范性制度，城乡缺乏专门和统一的基本儿童立法，儿童优先意识不强，儿童工作机制有待进一步完善，城乡之间儿童发展不平衡，偏远农村牧区儿童整体发展水平较低，关注的儿童群体带有一定的局限性，多以“问题儿童”“困境儿童”等特殊儿童为保障对象，服务对象具有选择性而不具有普遍性。

2. 政府的主导责任还有待强化

一方面，用于儿童福利支出的比例过低，远低于经济发展水平和其他福利支出水平；另一方面，儿童福利服务缺乏专项资金来源，政府预算没有关于儿童福利的专门项目设置，[①]资金投入带有“问题紧迫”和“领导意志”等随意性特点，农村儿童福利资金投入更为零散，“今年有钱了多投、明年没钱了不投”，甚至还出现其他方面的投入挤占儿童福利投入的现象，以及中央财政和地方财政、地方儿童福利机构衔接不到位的局面。城乡儿童福利制度残缺且统一性不足，是城乡社会福利制度统筹发展的重大障碍。

四、内蒙古城乡残疾人福利的发展现状评析

残疾人作为社会的组成部分，应当和正常人一样平等享有一切权利，也应当享有为实现这些权利而设置的所有社会保障制度。从现行的制度安排和政策措施来看，我国残疾人福利事业主要包括残疾人就业保障、残疾人经济供养、残疾人教育、残疾人康复，以及与普通人一样的相关社会保障等内容。[②]近年来，内蒙古非常重视包括残疾人福利事业在内的整个残疾人事业的发展，初步形成一个残疾人福利框架，残疾人福利事业的法制和政策取

---

① 杨超，郭林．关于完善我国儿童福利体系的若干思考［J］．科技交流，2007（2）．

② 谢琼．中国残疾人福利事业发展战略研究［A］// 郑功成．中国社会保障改革与发展战略（救助福利卷）．北京：人民出版社，2011：287.

得突飞猛进的发展，残疾人福利保障的人数持续上升。2013 年以来，内蒙古残疾人工作围绕构建残疾人社会保障体系和服务体系，以实施残疾人事业“十二五”发展规划纲要和五个专项工程为重点，全面提升残疾人工作整体水平，残疾人生活状况得到不断改善。

（一）残疾人社会保障工程的重点难点工作有了新突破

重点实施自治区贫困残疾人生活困难补贴制度。以城镇贫困残疾人每年 600 元、农村牧区贫困残疾人每年 360 元为标准，向 21.6 万贫困残疾人发放生活困难补贴资金 9111 万元（其中自治区投入 5525 万元，盟市投入 3586 万元）。鄂尔多斯市更是对城镇重度残疾人每人每年补贴 4000 元，对农村牧区重度残疾人每人每年补贴 3000 元；城镇精神、智力（三、四）级残疾人每人每年补贴 3000 元，农村牧区精神、智力（三、四）级残疾人每人每年补贴 2000 元。

实施贫困残疾人危房改造项目。自治区财政安排资金 844 万元、彩票公益金安排 405 万元、国家彩票公益金安排补贴资金 600 万元用于补贴全区 6750 户农村牧区贫困残疾人实施危房改造，三项资金合并使用每户残疾人补贴 2738 元。三项资金与自治区农村牧区危房改造项目资金捆绑使用，改善了残疾人的住房条件。

实施贫困残疾人家庭无障碍改造项目。自治区安排 500 万元以奖代投资金，支持盟市对 5050 户（每个旗、县、市区 50 户）残疾人家庭进行无障碍改造；国家彩票公益金拨付 227 万元对 650 户贫困残疾人家庭进行无障碍改造。此外，各盟市投入资金 1185.69 万元，对 5700 户贫困残疾人家庭进行了无障碍改造。

实施“阳光助行”肢体残疾人康复救助项目。与老牛基金会联合实施“阳光助行”肢体残疾人康复救助项目，共投入 1200 万元，用 2013 年、2014 年两年时间让全区 3000 名下肢缺失残疾人全部站起来，2013 年为残疾人装配假肢 1200 例，为 24932 名残疾人发放 2013 年燃油补贴 648 万元，为 18692 名残疾人拨付 2014 年燃油补贴 486 万元。①

① 内蒙古残疾人联合会 . 内蒙古自治区残疾人工作 2013 年工作总结［EB/OL］.［2014-03-03］. http://www.nmgcl.org.cn/zwdt/gzjh/201403/t20140303_103026.html.

内蒙古各盟市在加大落实残疾人社会保障工程的同时，更加注重社会保障工程与各项惠残政策的相对接，并对残疾人参加社会保险进行补贴。全区城镇残疾职工参加社会保险人数达到6.4万，城镇残疾居民参加基本医疗保险达到13.5万人，城镇9.3万和农村20.9万残疾人纳入最低生活保障范围；城镇集中供养残疾人和农村五保供养残疾人分别达到2474人和13168人；20.6万名和19.8万名残疾人分别享受到稳定的生活补贴和护理补贴，13.2万名城乡贫困残疾人得到了其他救助救济。残疾人托养服务机构达到110个，共为2770名残疾人提供了托养服务，其中寄宿制托养服务机构68个，日间照料机构8个，综合性托养服务机构34个，接受居家托养服务的残疾人达到1.8万名。①

（二）针对贫困残疾儿童的抢救性康复工程效果显著

2009年人工耳蜗救助项目实施以来，内蒙古已为100名贫困听障残疾儿童免费植入人工耳蜗，救助资金1800万元，并组织项目专家组对该项目进行了全面评估，结束训练的50名聋儿中52%进入了普通幼儿园，38%进入了普通小学，剩余10%的儿童继续接受康复训练，结果得到专家组的充分肯定。实施国家“七彩梦行动计划”项目，为85名贫困适龄聋儿植入人工耳蜗，并进行康复训练。为全区200名聋儿、200名低视力儿童、200名脑瘫儿童、200名智力残疾儿童和200名孤独症儿童开展康复训练。为400名贫困智力残疾儿童补贴训练经费，为185名脑瘫儿童、400名孤独症儿童提供康复训练，培训智力残疾儿童家长525人，实施肢体残疾儿童矫治手术和康复训练180例，为4096名肢体残疾人提供康复训练指导。

在落实好自治区残疾儿童抢救性康复工程的基础上，持续开展了国家、自治区、盟市康复项目，为有康复需求的残疾人提供了不同程度的康复服务。实施白内障复明手术10636例，其中免费手术5977例。“复明24号”流动眼科手术车完成手术2000例，其中免费手术800例。为3719名低视力患者验配助视器，对1595名盲人进行了定向行走训练，为279名听力残疾人配戴助听器。为2000名贫困精神病患者提供基本治疗药品补贴，为370名贫困精神病患者提供一次性住院医疗补贴。全年为残疾人供应辅助器具10397件，其

① 内蒙古残疾人联合会．内蒙古自治区2013年残疾人事业统计公报［EB/OL］．［2014-05-08］．http://www.nmgcl.org.cn/tjgz/201405/t20140508_107091.html.

中免费发放7022件，为残疾人提供555例假肢和矫形器装配服务。

（三）残疾人教育工作上了新台阶

2011年和2012年，自治区投入资金326.8万元，对招收残疾儿童的学前教育机构进行补贴，支持幼儿园、特殊教育学校、残疾儿童康复和福利机构等实施残疾儿童学前康复教育；对义务教育阶段适龄儿童全部实行了国家"两免一补"政策，残疾儿童入学率达到85%以上；开展交通银行资助项目、中央彩票公益金助学项目，投入经费48万元，资助残疾学生160人次，各盟市根据地方实际，投入611.37万元资助残疾学生4752名，[①] 全区上线残疾考生100%被区内外大学录取。为家庭经济困难的残疾儿童享受普惠性学前教育提供资助204人次。开办特殊教育普通高中班（部）6个，在校生96人。残疾人中等职业学校（班）8个，在校生213人，毕业生187人，其中157人获得职业资格证书。有445名残疾人被普通高等院校录取。未入学适龄残疾儿童少年1576人，其中视力残疾儿童56人，听力残疾儿童62人，言语残疾儿童83人，智力残疾儿童516人，肢体残疾儿童482人，精神残疾儿童67人，多重残疾儿童310人。[②] 特殊教育体系建设工程成效显著。

（四）残疾人就业扶贫工程实施联动

自治区各级政府将残疾人就业纳入地方就业总体规划和年度计划，纳入开展联动、督导工作总体安排。2013年，城镇新增就业残疾人6802人，其中集中就业1517人，按比例安排就业1196人，公益性岗位就业488人，个体就业及其他形式灵活就业3384人，辅助性就业217人。全区建立残疾人职业培训基地66个，其中残联兴办20个，依托社会机构兴办46个，1.2万人次城镇残疾人接受了职业培训。

内蒙古残联还吸引社会企业力量，大力扶持残疾人自主择业、自主创业，城镇扶持新增残疾人就业6460人。各盟市根据地方实际采取措施推进残疾人自主创业，锡盟、阿盟分别投入5万元和4.4万元对集中安置残疾人企业进行了奖励，锡盟对70名创业残疾人每人给予3000元扶持资金，通辽市为100

① 内蒙古残疾人联合会．内蒙古自治区残疾人工作2013年工作总结［EB/OL］．［2014-02-03］．http://www.nmgcl.org.cn/zwdt/gzjh/201403/t20140303_103026.html.

② 内蒙古残疾人联合会．内蒙古自治区2013年残疾人事业统计公报［EB/OL］．［2014-05-08］．http://www.nmgcl.org.cn/tjgz/201405/t20140508_107091.html.

名就业创业残疾人每人落实 2 万～5 万小额贷款。盟市、旗县（市、区）政府购买公益岗位，安排符合条件的残疾人就业超过 10%，此外还增加 3% 的名额安排残疾人担任农家书屋管理员。对城镇有就业意愿和劳动能力的 1 万名残疾人进行职业技术培训，并联合相关单位对 2010—2012 年残疾人就业保障金征收使用管理情况进行了自查。

残疾人扶贫基地建设列入自治区 2013—2017 年扶贫开发规划，自治区每年从扶贫专项资金中划拨 2000 万元用于 38 个贫困旗县残疾人扶贫基地建设，部分盟市如呼和浩特市和呼伦贝尔市分别投入 100 万元和 120 万元扶持 10 个残疾人扶贫基地建设。全区对 1.5 万名农村牧区有就业意愿和劳动能力的残疾人进行实用技术培训，每人补贴 100 元，各盟市根据地方实际，分别提高了补贴标准，帮助 4 万名贫困残疾人增加了收入。实施国家“万村千乡市场工程”助残扶贫项目，安置了 80 名农村贫困残疾人或家庭成员就业，帮助 30 户农村贫困残疾人家庭创办了村级店。

在残疾人扶贫方面，扶持残疾人 4.1 万人，其中 3.9 万残疾人实现脱贫；接受实用技术培训的残疾人达到 1.8 万人次。康复扶贫贴息贷款扶持贫困残疾人 17841 名，2852 个单位和 5962 个人对贫困残疾人开展结对帮扶。残疾人扶贫基地达到 98 个，安置 2213 名残疾人就业，扶持带动 3154 户残疾人家庭。完成 7473 户农村贫困残疾人危房改造任务，各地投入危房资金 8064 万元，9152 名残疾人受益。

（五）残疾人康复和托养服务工作进展顺利

2013 年开始，自治区将二级重度残疾人纳入重度残疾人护理补贴发放范围，全面实施重度残疾人护理补贴制度。目前享受该制度的一、二级重度残疾人达到 19.7 万人，每年安排护理补贴资金 5512 万元，较 2011 年、2012 年新增 3934.5 万元。同时实施国家“阳光家园计划”，投入资金 799 万元，对 13366 名智力、精神和重度残疾人进行居家托养补贴。[①]

全区在 22 个市辖区和 81 个旗县（市）开展了社区康复工作，累计已建

① 内蒙古残疾人联合会．内蒙古自治区残疾人工作 2013 年工作总结［EB/OL］.［2014-03-03］. http://www.nmgcl.org.cn/zwdt/gzjh/201403/t20140303_103026.html.

社区康复站 2063 个，配备 1.1 万名社区康复协调员，有 22 个县的 25 个医疗卫生机构陆续开展残疾儿童筛查工作。全区视力残疾康复机构共 17 个，完成白内障复明手术 1.1 万例；为 5346 名贫困白内障患者免费施行复明手术；为 2445 名低视力患者配用助视器，培训低视力儿童家长 1053 名，对 2519 名盲人进行定向行走训练。全区现有省级听力语言康复机构 1 个，基层听力语言康复机构 23 个。2013 年，新收训聋儿 418 名，在训聋儿 584 名，培训聋儿家长 803 名；开展各级各类听力语言康复专业技术人员培训，共培训专业人员 62 人；全区肢体残疾康复训练服务机构 27 个，培训各级各类肢体残疾康复人员 132 人次；全区共对 6260 名肢体残疾人实施康复训练；资助 442 名脑瘫儿童进行机构康复训练，资助 113 名贫困肢体残疾儿童实施矫治手术。全区智力残疾康复训练服务机构 23 个，培训各级各类智力残疾康复人员 185 人次；资助 457 名智力残疾儿童进行机构康复训练，同时培训儿童家长。大力推广“社会化、综合性、开放式”精神病防治康复工作。在 84 个旗县（市、区）开展精神病防治康复工作，对 7.1 万名重度精神病患者进行综合防治康复，监护率达到 81.7%，显好率达到 63.3%，社会参与率达到 53.8%，肇事率 0.2%；对 3160 名贫困精神病患者进行医疗救助，为 449 名孤独症儿童进行了康复训练。加强残疾人辅助器具服务体系建设，努力提高辅助器具供应服务水平，为残疾人供应各类辅助器具 17065 件，其中装配假肢 856 例、矫形器 78 例、其他辅助器具 16131 件，为残疾人免费发放辅具器具 4747 件。①

（六）总体评价

内蒙古日益雄厚的财政实力和对残疾人社会福利事业的逐渐重视，为其残疾人福利事业的深入全面推进奠定了基础，但受全国残疾人福利制度尚未定型的影响，内蒙古的残疾人福利事业发展面临着残疾人福利供给和残疾人福利需求差距日益扩大的巨大挑战。

（1）残疾人福利还带有明显的补缺性、供养性和救济性特点，保障项目有限，保障范围是选择型并非普惠型，福利水平属于生活保障型而非生活质量型，保障层次侧重于经济供养而尚未关注到残疾人服务和精神慰藉方面，

① 内蒙古残疾人联合会 . 内蒙古自治区 2013 年残疾人事业统计公报［EB/OL］.［2014-05-08］. http://www.nmgcl.org.cn/tjgz/201405/t20140508_107091.html.

尤其是随着社会救助等专项救助项目的深入发展，残疾人福利还面临被其他社会保障项目肢解的危险。

（2）现有的残疾人福利体系中缺少残疾人护理和专项福利津贴的制度安排，针对残疾人的就业保障、特殊教育还存在着制度缺陷，残疾人康复服务则处于部门分割、制度分割的状态，急需资源整合和制度衔接。上述问题的产生，一方面与残疾人福利制度的建设理念还停留在恩赐和保护阶段，缺少强有力的法治约束和明确的发展目标有关；另一方面，国家和地方财政对残疾人福利的投入严重不足，残疾人覆盖面较窄，针对农村残疾人群体的相关优惠政策落实不到位，服务设施短缺，无法从根本上满足残疾人群体的需要。

（3）自治区残疾人事业基础还比较薄弱，残疾人社会保障政策措施还不够完善，地区、城乡之间发展不平衡，残疾人在基本生活、医疗卫生、康复、教育、就业、社会参与等方面还存在许多困难，总体生活状况与社会平均水平存在较大差距，残疾人事业发展总体滞后于全区经济社会发展的整体水平。

第三节　内蒙古城乡社会福利统筹发展的必要性

一、内蒙古城乡社会福利发展面临的挑战

2000年以来，内蒙古各项社会福利事业建设取得了显著成就，以老年人、三无人员、五保对象、残疾人、孤儿等社会特殊困难群体为主要服务对象的传统民政福利取得了长足发展，尤其是以各项社会福利服务为主，集城镇三无人员、农村五保对象、城镇社区老人、孤残儿童、流浪乞讨人员救助和服务于一体的民政社会福利基础设施建设取得重大突破，盟（市）、旗（县）、苏木（乡镇）三级福利机构不断健全，基本形成覆盖城乡、功能完善、设施齐全的社会福利服务体系，大部分地区的社会福利设施还成为当地社会工程的一大亮点。[①] 但在经济快速发展和民生诉求不断升级的过程中，内蒙古社会福利事业发展仍面临诸多挑战，有些问题总体上属于制度自身的建设性问题，

① 内蒙古：全面推进民政社会福利设施建设［J］. 中国民政，2012（3）.

也有些是因城乡二元结构而形成的发展性困境，需要在城乡统筹的动态过程中加以改进和完善。

（一）社会福利滞后于经济发展的问题比较突出

每一个社会发展阶段的经济发展水平，都必然要有与之相匹配的社会福利制度，这是一个社会健康、完善、进步的重要标志，也是满足居民公平、共享经济发展成果的必然表现。近年来，全国经济快速发展，但在社会福利方面存在认识不到位、发展有顾虑（警惕“福利病”）、投入不足和管理太分散等问题，社会福利事业严重滞后于经济发展水平，老年人、残疾人、孤儿等特殊社会群体无法很好地享受到社会福利的恩泽，内蒙古地区也存在类似的问题，社会福利事业不仅滞后于经济发展，难以满足广大居民不断增长的社会福利需求，而且与其他社会保障项目发展也有不小的差距，一定程度上加重了社会养老保险、医疗保险和社会救助等制度的建设压力，影响到社会福利制度的功能定位，“补缺型”社会福利模式的弊端依然突出，传统民政福利模式覆盖之外的特殊群体及其他城乡居民诸多的福利需求无法满足，社会保险和社会救助水平又相对低下，在一定程度上增加了居民的生活成本和不满意度。

（二）社会福利事业部门分割、城乡分割现象明显，难以形成保障合力

现行的社会福利制度和服务工作，基本上还是沿袭计划经济时期的民政福利模式，重点为生活无着的孤、老、残、幼等群体提供收容性的社会福利供养。近年来，社会福利事业的发展领域虽逐步扩大到老年福利、教育福利和住房福利等方面，但制度覆盖面比较窄的矛盾并未得到根本性改变，社会福利制度的城乡分割、区域分割和人群分割状态依然存在，甚至在户籍制度尚未“松绑”的情势下，还有福利异化和福利分层持续扩大的现象发生，教育福利最为典型。社会福利事业发展目标不明确，各类福利事业项目又被分隔在不同的管理体系中，不同部门“各自为政”，各类福利在民政部门牵头负责管理之下又有各自对应的归口管理部门，如残疾人福利由内蒙古残疾人联合会管理，教育福利由教育厅管理，老年人福利由内蒙古老龄办和民政局共管，妇女儿童福利由内蒙古妇联管理，等等。部门间缺乏联动、政策间分割分治，导致社会福利事业发展的不协调。另外，如社会福利与社会救助、慈善事业和社会保险之间发展的不平衡及缺乏梯度保障措施，尚未形成有效的

配套衔接机制，保障对象和结构相互交杂，服务管理网络无法互联，难以形成保障合力，保障资金效率不足。

（三）农村社会福利和相关服务供给不足，城乡基本公共服务的非均等化程度严重

从本质上讲，社会福利是一种服务政策、服务设施和服务行为，包含的内容较为广泛。就农村而言，社会福利建设主要包括以下内容：农村的道路交通、供水、供电和广播电视设备等基础设施建设；农村教育事业，也包括农民子女的入学、农民培训等；农村医疗卫生事业，包括农民基本医疗、疾病卫生防疫等；农民最低生活保障；农村老年人、妇女儿童和残疾人的福利等。这些内容既是农村福利建设的主要内容，也是农村公共服务的核心内容。① 近年来，内蒙古各级政府积极推进社会福利社会化，加快福利事业单位改革的进程，不断加大福利财政投入，着力改变全区社会福利事业发展缓慢、基础设施陈旧、服务水平低下、供需矛盾突出的现状，但农村社会福利事业历史欠债严重，基层政府又普遍面临财政支持不足的困境，农村社会福利服务总体持续供给的能力不足，特别是涉及农民基本生活、生产的交通、供电、供水、信息网、医院、学校等基础设施建设严重滞后，农村适龄儿童辍学、失学问题还很严重，农村义务教育经费短缺，硬件设施欠缺，农村优秀教师流失，教学质量普遍低下仍是不可回避的事实，这从根本上限制了农民其他福利项目和水平的提升，农民急需的基础教育、农村公共卫生和医疗保障、农民就业支持和贫困群体救助等至今仍是公共服务供给的“软肋”。客观存在的城乡二元体制和非均衡的城乡公共服务供给制度影响，是造成农村社会福利发展滞后的根本原因。

二、内蒙古城乡社会福利统筹的重要性

当前，社会保障制度改革已经进入攻坚期和深水区，容易的已经都改了，剩下的都是难啃的“硬骨头”，社会福利的城乡统筹便是难点之一。经济发展新常态带来了新机遇、新挑战，内蒙古如何在严峻复杂的经济形势下，保持经济发展的定力？加快社会福利的城乡统筹和制度升级便是一项必要的保障

---

① 袁金辉. 基本公共服务均等化与农村社会福利建设［J］. 党政论坛，2009（3）.

措施，强调城乡社会福利的统筹发展，其重要性在于：

（一）国家发展所处的时代环境，要求从战略高度促进社会福利事业的城乡统筹发展

目前，我国总体进入“以工促农、以城带乡”的发展阶段，统筹城乡社会保障制度的重要性已是举国共识，也成为国家社会保障建设的重要目标指向。特别是多年的快速经济发展，使国力和财力都有了很大提升，内蒙古经济更是连续8年实现了GDP增速全国第一的跨越式发展，社会结构和社会资源均随着新兴工业化的发展而发生了重大变化，人口老龄化程度日趋严重并呈现“城乡倒置”格局……所有这一切，都决定了从中央到地方的各级政府必须高度重视社会保障“安全网”“稳定器”“减震阀”“蓄水池”的经济社会功能，经济发展方式转轨和社会体制转型也到了必须依赖健全社会福利体系的阶段，只有加快城乡基本公共服务均等化进程，真正建立健全、完备城乡统筹的社会福利体系，才能实现国民福利和经济社会的同步、健康发展，才能在全体国民合理分享经济社会成果的同时，实现社会的和谐发展。内蒙古作为西部地区经济社会发展较为强劲的省份，应在全力保障经济发展稳中提质、稳中有进的基础上，从战略的高度来谋划包括社会福利事业在内的整个社会保障制度的城乡统筹发展，才能更好地实现“保增长、保民生、保稳定”的目标。

（二）民生诉求的不断增长，迫切要求社会福利城乡统筹来提升城乡居民特别是弱势群体的生活质量

近年来，从全国到地方都在持续进行着民生建设大幅度改善的改革，这一方面是经济增长条件下社会领域及时跟进和提升的客观需要，另一方面也是民生需求和利益诉求的不断扩张和升级的必然结果。基础性社会保障制度的建立虽然使部分公众有了基本的生活保障，免除了生活层面的后顾之忧，但随着经济社会环境的变化，公众对社会公平、生活质量和个人幸福感的要求越来越强烈，对社会福利项目层次和水平的依赖性高度增强，需要满足的社会福利需求更加多样化、个性化和全面化。如当老年人有了养老金后，特殊化的养老服务便构成了老年人的普遍需求，尤其是城乡“空巢”老人的护理服务和临终关怀服务需求程度更高，对老年人来说，推进城乡统筹、社会化的养老服务或许比支付不断提高的养老金更能够体现老年生活的尊严，生活质量也能得到更切实的保证；再如九年义务教育普及后，学前教育的“入园难”“入园贵”变成了城乡居民普遍“头疼”的问题，如果儿童福利事业发展跟进不到位，即使提升居民收入，多数家庭也不堪承受……儿童成长过程对儿童福利的依赖不仅不会因经济增长和收入增长而减弱，反而会进一步强化。[①] 可见，伴随着社会发展进步，人的生、老、病、死对于社会福利事业的发展升级依存度越来越高，特别是需要重点发展针对老年人群体、残疾人群体和妇女、儿童群体的社会福利服务，这不仅有助于社会弱势人群生活质量的提高，而且更能体现社会对弱势人群自身价值的尊重，是国家、社会文明进步的标志。加快城乡社会福利统筹发展、转变保障发展理念、创新福利服务供给机制和体制、均衡城乡社会福利服务供给、扶持社会力量兴办福利事业，是内蒙古积极、理性发展社会福利事业的重要定位和长远规划。

（三）有助于缩小内蒙古城乡社会福利差距，健全完善覆盖城乡居民社会保障体系

总体而言，相对于社会救助、社会保险制度的改革力度，国家对社会福利事业的重视程度有限，甚至对社会福利的功能定位还存有“福利病”的隐忧顾虑，并未被提到国家发展层面来统筹考虑。实践中，“重保险、轻福利”“重经济保障、轻服务提供”“重就业群体、轻全民普惠”的建设思维还有很大的“市场”，部分社会福利项目实际存在着被社会救助和社会保险肢解的趋向，但基础性的社会保险和社会救助制度对公民生活水平的改善能力和提升潜力已没有太大的空间，迫切需要加强社会福利服务来整体性、全方位地降低生存成本、优化生存环境。虽然各地对传统的民政福利制度进行了扩容、完善的改革试验，但普惠型的福利模式和体系还未定型，广大农民可享受的社会化福利服务非常有限，财政投入和制度发展的城乡分割所导致的福利差距依然放大着城乡差距和群体差距，成为社会不公和社会问题的根源。加快社会福利城乡统筹，不仅可以使农村居民被公平覆盖在统一的社会福利制度服务下，而且还可以通过基本公共服务均等化机制、城乡财政能力均等化体制和农村公共服务供给的法律保障，来完善农村社会福利设施，提升福利服务水平，逐步消除城乡差距。同时，着力社会福利的城乡统筹发展，也

---

① 郑功成．中国社会福利改革与发展战略（核心报告）：从照顾弱者到普惠全民［A］// 郑功成．中国社会保障改革与发展战略（救助福利卷）．北京：人民出版社，2011：42.

是为弥补社会福利发展不足、均衡社会保障各项目发展程度的必要之举，有助于2020年覆盖城乡社会保障制度体系目标的提前实现。

第四节　社会福利城乡均等化的国际经验与国内实践

一、城乡教育福利均等化的经验及启示

1948年《世界人权宣言》第26条第1款就明确指出："人人都有受教育的权利，教育应当免费，至少在初级和基本阶段应该如此。"1996年的《经济、社会、文化权利国际公约》第13条又进一步对此予以重申。可见，现代教育的普惠性和公益性，已成为国际社会的共同主张，只有实现了普遍性（多数国家在基础教育阶段都已实现）的教育福利制度，才能从根本上消除社会歧视和社会排斥。我国要尽快建成覆盖城乡的公共教育服务体系，逐步实现基本教育公共服务均等化，发达国家的教育福利制度及相关措施可为我国提供相关参考。

（一）英国全民平等的教育福利制度

英国的教育福利体系堪称完备，但也经历了等级性、特殊选择性和普遍性的演变历程。19世纪前，英国的教育事业阶层等级分明，初等教育是贫民的教育，中等教育是富人的教育，而且贫困者的教育一直是接受教会或富有者的慈善济助，直到1870年《初等教育法》（又称《福斯特法案》）的颁布，才意味着英国教育福利事业初见端倪，但恩赐性、选择性和互助性是当时教育福利的最大特点，政府在教育事业中的角色仍然是"辅助者"，是一种典型的剩余型福利模式。

"二战"后，《贝弗里奇报告》的问世，昭告了包括教育福利在内的社会福利制度从过去的政府恩赐性质转向公民的法定权利性质。[①] 英国政府于1944年颁布了《巴特勒法案》（又称《1944年教育法案》），为英国教育福利制度奠定了法律基础，其确立了法定公共教育由初等教育、中等教育和继续教育

① 张守文. 社会法论略［J］. 中外法学，1996（6）.

三个衔接阶段所组成的体系结构；规定了地方教育当局为学生提供免费的医疗、午餐和其他点心，必要时包括衣、食、宿等责任；确立了为接受继续教育和高等教育的学生提供奖学金，人人接受免费中等教育的教育制度；明确了政府为公民提供包括中等教育在内的免费教育服务是其法定职责，公民接受政府提供的教育服务是一种法定的权利。[①]

英国惠及全民的福利服务体系全面建立，促使教育福利制度也得到了深入发展。首先，教育平等的思想广泛传播，选拔性（或特殊性）教育制度被面向所有学生的综合教育制度替代，规定不同阶层出身的儿童在 11～15 岁（1973 年后改为 16 岁）期间到综合学校接受中等教育，毕业后再考虑未来的发展，这为不同阶层出身的儿童接受统一的中等教育奠定了政策基础，避免了 11 岁“一考定终生”的不公平教育制度，为英国政府关注学业成功机会平等提供了政策支持。其次，为了成功实现入学机会平等向学业成功机会均等转变，英国政府还提出了一个全国性的教育补偿规划，即“教育优先区”（Education Priority Area）的设想，对于进入教育优先区的学校，政府将加大投入，使其校舍、教学设施、图书资料、师资水平等方面尽快达到全国平均水平；对于处于教育优先区的贫困与处境不利儿童，政府给予额外的教育资源支持，积极为其提供额外补助，打破因社会经济障碍而陷于贫困的儿童无法摆脱困境的恶性循环，以求学业成功机会均等。这一理念和做法，对我国在边远落后的贫困地区学校及儿童提供必要的教育经费专项投入和资源支持，有重大的启示。

20 世纪 90 年代末，在受“第三条道路”倡导的积极福利政策的影响下，新工党政府对教育有了新的认识，认为教育是提升个体适应或就业能力、培养个人对自身负责和独立精神的最重要途径，提出教育的目标是把所有人而不是少数人培养成才，继续把教育机会平等、改善处境不利儿童的教育作为政府工作的重点，特别提出了多项针对处境不利地区和处境不利儿童的教育、培训和全方位服务计划，强调每个孩子都不能被忽视，加大对教育的投资力度，全力缩小处境不利儿童与其他儿童的差距。提高教育标准，提升每个孩子的适应能力成为英国教育改革与教育福利制度建设

① 江赛蓉．英国教育福利制度的变迁及其启示［J］．外国教育研究，2012（7）．

的主要依据与目标。

在“第三条道路”的政治主张下，英国的教育福利事业得到了空前的重视与发展。全社会不仅把教育福利作为社会公平正义和公民权利去看待，而且从培养独立精神、提升适应能力和提高国家综合实力等方面来发展教育福利制度。在教育措施中，公平型教育福利政策与发展型教育福利政策同时兼顾，争取实现教育的个体功能和社会功能的高度统一。

（二）城乡教育一体化的重庆实践

重庆市的教育城乡一体化已走在全国前列，其以体制机制改革为核心，以城带乡、城乡互动、政府强力推进的发展模式，对内蒙古推动城乡教育一体化发展，建立城乡教育新型关系有一定的参考价值。

（1）在统筹城乡教育综合配套改革试验中，重庆市通过强化“四个统筹”，大力推进城乡教育标准化和基础教育均衡化，以促进教育的公平与正义。第一，根据经济社会发展总体规划和人口流动态势，统筹调整城乡普通中小学、中等职业学校、高等院校的学校布局，促进了各级各类教育在城乡的协调发展。第二，重庆市政府加大了城乡教育投入，统筹配置城乡教育经费，教育经费总投入大幅增长，而且把其中新增教育经费的70%投到了农村。第三，大力推进城乡基础教育均衡发展，加强中职学校和高校基础设施建设，促进城乡学校信息化建设发展，统筹改善城乡办学条件。第四，修改中小学编制配置和管理办法，完善教师评聘制度，建立健全教师补充、交流、培训和激励机制，统筹提升城乡师资水平。①

（2）着力于教育发展的“农村倾向”，建立义务教育城乡一体经费保障机制。第一，统一城乡义务教育经费拨款标准，实行中小学生均经费城乡同一标准，区县农村与城镇学校生均公用经费和免杂费补助同标准拨款，推进城乡义务教育学校标准化建设。第二，通过实施农村教育国家行动计划，建立国家农村教育专项基金，用于支持县以下农村学校改善办学条件，开展教育教学设施标准化建设，持续推进农村教师国培计划，重点加强农村师资建设和学校环境。第三，统筹安排资金，完善教育资助体系，对中职五类学生（三峡库区移民、城镇低保人员、农村贫困家庭子女、退役士兵和适龄孤儿）实行“学费全

① 余善云.城乡教育一体化：重庆实践的启示［J］.重庆第二师范学院学报，2015（1）.

额资助、生活费住宿费包干补助”的特殊政策，保障弱势群体教育权益。

（3）实施城乡教育管理一体化，促进城乡教育协调发展。重庆市建立城乡教育良性互动机制和“1+1”对口支援一体化管理模式，如实施了城镇带农村、“强校”带“弱校”战略，探索和推进了“百校牵手”“结对帮扶”“捆绑发展”等圈翼对接帮扶活动。① 加大财政投入，清偿“两基”债务，兑现义务教育教师的绩效工资，统筹城乡教师待遇，提高农村师资水平，城乡、区域教育发展渐趋协调。

（三）相关启示

1. 教育福利应成为各级政府义不容辞的一项法定职责

教育福利制度的建立和发展有赖于社会经济所提供的坚实物质基础，但为公民积极提供社会福利尤其是基础教育福利则是政府的一项法定职责，这不仅是公民个体对公平正义的价值需求，也是教育福利对个体、国家和社会的良性发展和利益增进有促进功能的现实使然。公共财政是教育福利的主体，各级财政对城乡基础教育福利的持续投入和扩大，是一条不可含糊和不可回避的责任底线。

2. 教育福利应以“弱势补偿”原则为价值取向

“优先发展教育”已是社会共识，但我国还是发展中国家，东西部经济发展不平衡，城乡教育发展不平衡更是突出的问题，因此，有很多地区的教育发展指标特别是教育福利的人均绝对数量等指标不能盲目与发达国家作比较。教育发展的不平衡性，决定了教育资源分配在遵循平等分配原则的基础上，还应采用“弱势补偿”原则，以消除经济贫困、城乡差距等因素对学校和学生发展的影响。② 我国各级政府应加快建立城乡一体化的义务教育发展机制，在财政拨款、学校建设、师资配备等方面进一步向欠发达地区和农村地区倾斜，提升农村贫困地区和弱势群体的教育福利水平和层次，不断均衡城乡间的教育福利发展程度。

3. 教育福利要强化普惠性与发展性的相结合

目前，我国特殊性教育福利和普遍性教育福利是同时存在的，如面对处

---

① 郝俊杰．重庆推进城乡教育统筹发展的成效、问题与对策［J］．西部论坛，2013（9）．

② 江赛蓉．英国教育福利制度的变迁及其启示［J］．外国教育研究，2012（7）．

于社会不利地位群体（如农民工子女、残疾学生、贫困学生）的受教育权、学习权保障问题，各级政府都制定了有针对性的教育福利政策，这些针对特殊性群体的教育福利政策是特定历史阶段下带有应急补救性效果却较为明显的现实选择，也有助于扩大教育福利的普遍性[①]。随着我国经济社会的发展和社会保障制度的健全完善，教育福利的政策取向一定是从特殊福利迈向普遍福利，强化公益性，突出普遍性，同时要求政府提供的教育福利政策，不仅要注重儿童入学机会的平等，更应该注重提高每个适龄儿童的适应能力，强调人人具有平等、普惠受教育权的基础上，更要促进教育对社会、经济、政治发展的社会效能。

二、城乡老年福利均等化的经验及启示

老龄风险是老百姓最基本、可确定的风险之一，尤其是随着人口老龄化和家庭小型化形势的日益严峻，老年服务的需求总量和层次呈规模递增态势，世界各国都在不同程度地进行着老年津贴制度和老年服务体系的实践，并取得了一定经验，这对我国城乡老年福利的发展有相应的借鉴意义。

（一）日本老年福利制度的实践经验

日本的老龄化程度较为严重，因此老人问题颇受政府重视。早在 1963 年，日本政府就颁布了倡导保障全体老年人生活利益的《老人福利法》，首次明确了老人福利的权利与义务，该法也被称为“老年宪章”，并且在 1986 年、1989 年、1990 年先后三次进行了相关内容的修订，主要包括：政府出资修建特别养老院，为痴呆、卧床不起等体弱老人提供服务；强调社会福利的地方化和一元化，加强地方政府对老人福利的责任和职权。[②]之后又陆续出台了《老人保健法》《介护保险法》等法律法规，以法律形式将老年人的权利和保障内容固定下来，为老年人提供社会福利、医疗保健、生活护理等服务。

针对高龄化和失能、半失能老年人的养老照料和看护服务，日本政府于 1989 年制定了《高龄者保健福利推进十年战略》（又称“黄金计划”，1995 年更名为“新黄金计划”），制订了居家福利和设施福利事业的具体计划与目

① 尹力．多元化教育福利制度构想［J］．中国教育学刊，2009（3）．

② 秦岭，张秋秋．借鉴日本老年福利制度、提高中国老年福利水平［J］．日本研究，2002（3）．

标，提出开展社区服务是解决老年人福利保障的根本出路，并从1993年开始在全国市町村制订了地域保健福利计划，从1999年起积极推进供高龄者使用的福利设施建设，大力开展上门服务。[①] 2000年4月1日起，日本政府又实行了《看护保险法》，其中规定：对“由于年龄增长而引起的身心健康疾病，处于需要看护状态”的老人，在他们需要“洗澡、排泄、饮食等看护，身体机能训练及看护和疗养上的管理等医疗服务”时，“有必要为其提供享受保健医疗服务和福利服务时的费用”，该法实现了老人福利与老人医疗的综合利用，老年人也可任意选择所需社会福利服务的种类及具体实施时间。

可见，日本健全的老年福利是建立在法律体系相对完备的基础上，经历了以贫困老人为对象到全部老人为对象的转变，形成了对高龄、失能、残疾老年人全方位的养老和医疗综合服务体系。从项目设置来看，由单一的生活接济扩充为保健预防、康复护理、社会参与在内的综合福利体系；从责任构成来看，经历了国家包揽福利到民间互补福利的转变，目前形成了由国家、地方政府、民间福利团体、市民共同参与、共同负责的多方位、多元化的老年人社会福利网络体系。在明确的责任体系中，国家始终承担着老年福利支出的主要责任，还负责社会福利整体规划的实施与监督，地方政府作为国家福利的重要补充，除了承担相当于国家福利支出总额1/2的老年福利费用，还可根据地方福利需求与财政实力，自行制订福利计划和开展自主式福利活动，民间社会福利团体是社会福利运作的主要力量，[②] 社会志愿者活动和机构运行良好，老年服务专业化程度较高，服务方式多样，重点发展社区老年服务，特别是“居家服务”“设施服务”和“预防性服务”，[③] 老年福利产业发达，服务供给地区化、标准化、规范化、智能化程度较高。

（二）老年福利制度的国内实践——以上海市为例

上海是我国第一个进入老龄化的城市，也是迄今为止我国老龄化程度最高的特大城市。尽管有大量的外来人口涌入，让上海常住人口老龄化的比重

---

① 刘袁平．日韩老年福利比较及其启示［J］．日本研究，2006（1）．

② 李文琦．高龄化背景下的日本老年福利保障［J］．行政论坛，2011（5）．

③ 在日本，养老服务方式把居家、通所（定期去养老院）、短期入住养老院的护理服务称为“居家服务”；把长期入住养老院的护理服务称为“设施服务”；把帮助老年人保持身体健康、体味生存价值、参与社会活动等的服务称为“预防性服务”，这三者构成了日本老年人福祉、保健服务的三大支柱。

有所下降，但人口高龄化、少子化、空巢化的问题给上海老年福利建设带来了不小的压力。近年来，上海市政府通过加大财政投入，创新养老服务体制机制，在老年津贴制度和养老服务体系建设等方面均走在了全国前列。

早在20世纪80年代，上海部分富裕起来的农村、乡镇，就开始为老年村民发放津贴，也由此催生了对农村社会养老保险的探索。2006年，上海市政府出台了《关于将本市城镇高龄无保障老人纳入社会保障的通知》，规定：年满70周岁，在上海居住、生活满30年，从户籍制度建立起来就是本市城镇户籍，且未享受基本养老、医疗以及征地养老待遇的高龄无保障老人，可享受460元/人/月的非缴费性养老待遇，待遇标准随本市城镇最低养老金标准的调整而相应增加。辅之实行定点医疗、按需转诊的就医制度，医疗待遇包括门诊、急诊（由医保资金报销50%）及住院医疗（医保资金报销70%）的待遇。2008年，上海市出台了《关于完善本市城镇老年居民养老保障若干问题处理意见的通知》，调整了老年津贴的覆盖范围和享受待遇条件，即年满65周岁，在本市居住、生活满30年，现为本市城镇户籍且已满15年，未享受基本养老、医疗以及征地养老待遇的居民，可按年龄段享受相应的津贴待遇，[①] 年满65～70周岁的待遇为400元/（人·月），70周岁以上的待遇为500元/（人·月），此外还有老年居民死亡后相应的丧葬补助待遇等。

2000年起上海市就率先开始了社区居家养老服务的探索，开展以家庭为核心、以社区为依托、依靠专业化的老年服务，为生活自理困难的居家老年人通过上门或日托，提供以生活照料等为主要内容的社会化服务。上海市推进社区居家养老服务的原则为先城镇、后农村；个人自费购买服务与政府补贴服务相结合；政府推动与市场化运作相结合；为老人服务与推进再就业相结合。[②] 在开展社区居家养老服务中，上海市以“政府购买服务”形式，为经济困难且生活自理困难的老人提供养老服务补贴，2004年起又以发放“居家养老服务券”的形式兑现。对60岁及以上生活自理有困难、家庭人均收入属于“低保”“低收入”的上海市户籍城乡居民提供养老服务补贴，2009年7月1日起，根据轻度、中度和重度三个评估照料等级，给予居家养老服务补贴

① 何文炯，杨一心，刘子培．中国老年津贴制度研究［A］// 郑功成．中国社会保障改革与发展战略（救助福利卷）．北京：人民出版社，2011：117.

② 桂世勋．上海市人口老龄化与养老服务体系建设［J］．上海金融学院学报，2011（4）．

和养老服务专项护理补贴分别为 300 元 / 月、400 元 / 月、500 元 / 月。对上海市城镇户籍 80 岁及以上高龄老年人而本人不属于“低保”“低收入”家庭，但月养老金低于上海市城镇企业上年度月平均养老金、独居或生活在“纯老家庭户”（家庭户中全部都是 60 岁及以上老年人）中的，经评估需要生活照料者，也可以按养老服务补贴和养老服务专项护理补贴标准的 50% 获得补贴。目前，上海已逐步形成家庭自我照顾、社区居家养老服务、机构养老服务为一体的“9073”养老格局，即 60 岁及以上户籍老年人口中，除 3% 的老人入住养老院等养老机构以外，还有 7% 的老人将由以社区老人日间照料中心为主的社区居家养老服务完成，其余 90% 为居家养老（包括依靠亲属、雇佣钟点工及全天保姆）。同时，为了更科学、更准确地评估老年人的生活自理状况，确定其照料等级，开展老年人照料需求评估，在区级层面建立区（县）居家养老指导和评估中心，通过实施统一的老年照护需求评估，评估老人的身体情况，一次评估作为多种服务的依据，整合社区居家医疗护理、机构养护和老年护理医院资源，基本实现了老年人服务需求与各类服务供给的合理匹配，保证养老服务资源的公平分配和有效使用。①

（三）相关启示

1. 老年福利应从生活供养型向供养康复型转变

要想让老年人的生活更有保障、更有尊严，除了要向城乡老年人普遍提供维持其晚年基本生活水平的物质和福利服务，还要随着老年服务体系和内容的不断扩展，从单纯的生活保障发展成为集生活照护、健康服务和精神服务等多方面保障于一体的全方位服务体系，在生活品质上寻求满足老年人多方面、多层次的生活需求。当然，各地区需要根据自身的财政实力及老年人的购买服务能力，来建立无偿、低费的服务项目和多样化的服务内容，寻求社会支持来发展老年服务业和老年服务设施，在政府全覆盖、大福利的老年福利政策下，根据地域特点、经济发展状况和老年人需求，逐步建立能够多方位充实老年人在供养、医疗、康复、娱乐和教育等方面需求的机构、设施、产业和服务体系等。

---

① 邹娟，胡宝秀．上海试点统一老年照护需求评估［N/OL］. 东方早报，［2015-01-28］.http://www.dfdaily.com/html/21/2015/1/28/1231637.shtml.

2. 老年福利需多主体参与提供并建立开放型的运作体制

随着经济的迅速发展和社会民生的不断改善，政府对五保老年人等特殊群体提供有限的服务支持已不符合时代发展的要求，保障水平的低下更难以满足老年人的生存和发展需求，特别是随着各项老年政策的出台，老年服务对象不断扩展到全体老年人口，老年福利应打破单位制的困局，拓宽传统民政福利的范畴，在服务内容、服务方式、运营机制等方面开放地运用和吸纳社会力量，引入市场竞争机制，提高社会化程度和服务水平，将政府单一福利供给主体的角色转变为政策支持、吸引社会力量发展、外部监管的功能定位，老年服务体系应在政府、社会、家庭等多方力量的推动下，逐步朝常规化、制度化的方向发展。目前，内蒙古老年福利的发展还是应基于经济实力，坚持政府指导，从营造良好的发展环境入手，广泛依靠社会力量，依托社区服务平台，大力发展居家养老服务，进一步推动养老服务事业社会化进程，拓展城乡老年津贴福利的覆盖范围。

三、城乡儿童福利均等化的经验及启示

儿童群体相对于其他群体而言，无论是生理上还是心理上都具有明显的特殊性，是任何国家社会福利体系首要关注的对象之一。儿童福利的形成依赖于国家和社会功能的发挥，特别需要政府制定更加公正的儿童福利政策，健全儿童福利体系，主导儿童福利事业发展，这样才能从根本上保护儿童的权利，促进儿童健康发展。尽管不同国家的儿童福利制度千差万别，水平有高有低，但儿童的基本需求都是一样的，儿童福利的发展方向和目标也大体相同。我们选择部分代表性国家的儿童福利制度进行分析，以期为内蒙古儿童福利体系的发展和城乡均等化提供可借鉴的经验。

（一）美国儿童福利事业的发展状况

美国儿童福利制度以 1909 年白宫儿童会议为界，分为前制度化阶段和制度化阶段。[①] 前制度化阶段的儿童福利形势较为严峻，童工大量存在，婴儿死亡率极高，孤儿群体管理的无政府状态等问题较为突出，儿童福利并未采取立法形式，缺乏稳定持续的制度安排，政府对儿童福利院管理无序或不干涉，

① 姚建平，朱卫东 . 美国儿童福利制度简析［J］. 青少年犯罪问题，2005（8）.

仅由宗教慈善组织或富人施舍来承担儿童救助与福利的主要职能，儿童福利也没有上升到政府责任的层面。白宫会议后的制度化阶段，美国政府放弃儿童福利“自由放任”的原则，开始设立儿童局，专门负责儿童福利和救助的相关事务，制定一系列保障儿童权利的法律和福利政策。如 1961 年的《特别未成年儿童援助法案》、1963 年的《社会保障法修正案》等，进一步扩大援助儿童范围（由孤儿、单亲扩大到父母双方一方失业的儿童），加强了对困难家庭儿童的援助计划，特别是 1974 年的《儿童虐待预防及处理法案》，将遭受家庭虐待与忽视的儿童也纳入了政府保护体系，1980 年又颁布了《收养辅助与儿童福利改革法案》。联邦政府不断增加儿童福利支出，承担儿童津贴总支出的 50%～79.6%，[①] 各州也相继制定法律，以津贴的形式向儿童支付费用，并设有儿童与家庭福利科，具体负责管理儿童福利事务。但具体执行儿童福利政策、提供儿童福利服务的大多是非营利性质或者是以营利为目的的福利机构，[②] 只有少数是公营福利机构。

美国儿童福利项目内容广泛，涵盖儿童需要的方方面面。随着美国社会福利思想的转变与社会对儿童价值与权利的逐步认可，美国政府在儿童福利政策中的价值取向也经历了从自由放任到积极干预，再到回归尊重家庭权利与稳定的转变，强调建设以儿童福利最大化、提倡家庭稳定为基本理念的服务体系。因此，美国儿童福利政策和福利服务的主要内容便是如何为儿童的成长提供保护和服务，特别是为那些身处困难境遇下的儿童及其家庭提供长期的保护性服务和干预。[③] 在救济贫困方面，设有“抚养未成年子女家庭援助（AFDC）”，以帮助“父母一方丧失劳动力、死亡、失业或单亲家庭”里的孩子。除了现金福利给付，政府还通过“所得税抵免（ELTC）”为有孩子的低收入家庭提供补助。在营养健康方面，为使儿童免受饥饿以及在成长中有足够的营养，政府设置了种类繁多的食品和营养计划，影响最大的如“食品券计划”，针对学龄儿童的“全国午餐计划（NSLP）”“全国学校早餐计划

① 满小欧，李月娥．美国儿童福利政策变革与儿童保护制度——从“自由放任”到“回归家庭”［J］．国家行政学院学报，2014（2）．

② 薛在兴．美国儿童福利政策的最新变革与评价［J］．中国青年研究，2009（2）．

③ 成彦．美国儿童福利运行框架对中国儿童福利体系建构的启示［J］．社会福利（理论版），2013（9）．

（NSBP）”“暑期食品服务计划（SFSP）”，此外还有“妇女、婴儿和儿童特别补充食品计划（WIC）”，每月为婴儿和5岁以下儿童、孕妇和哺乳妇女提供包含各种人体成长所需的营养食品。[①] 在医疗援助方面，针对“抚养未成年子女家庭援助（AFDC）”和“补充收入保障（SSI）”的群体还给予“医疗援助计划”，1997年开始实行联邦儿童医疗保险计划，旨在为中低收入家庭的儿童提供医疗保险。在教育方面，美国政府对儿童基础教育资助非常大，除直接开办公立幼儿园、公立学校外，还采用教育券的形式帮助贫困家庭的孩子购买其所需的学校教育。

可见，美国儿童福利的核心是“儿童安全与保护”，并以家庭为核心，用家庭福利包裹儿童福利，通过针对困难家庭的各方面救助、家庭强化、维持家庭稳定与完整等一系列政策与项目，来完善家庭功能，优化生活环境，重视儿童成长生态圈落的福利构建，以期从源头上预防弱势儿童群体的产生，这种以提升家庭福利为着眼点的儿童福利政策设计，可为我国儿童福利体系的完善提供参考。

（二）浙江省儿童福利发展经验

我国儿童福利的立法体系中，缺乏一部对儿童相关权利与问题作出完整、正面规定的基本儿童立法，这也使各级地方政府在推进儿童福利发展时没有全国意义上的统一专门法律去依照，地方人大和地方职能部门制定、颁布、实施的各类地方法规、规章和政策，多是基于本地儿童突出问题和财政实力状况，基本是防御性和应对性的，尚未形成环环相扣、缜密完善的儿童政策法律体系，也缺乏相应的执行力度。浙江省社会保障事业发展一直处于全国前列，儿童福利制度相比其他省份有相对突出的优势，可能会对内蒙古儿童福利发展提供有益经验。

浙江省在《社会福利发展“十二五”规划》中就明确提出儿童福利事业的发展要求：“要加快发展孤残儿童福利事业，不断完善儿童福利体系，要基本建立和完善以家庭养育为基础、机构服务为骨干、社区照顾为依托、城乡一体化、组织网络化、服务专业化、保障制度化的孤残儿童等困境儿童福

① 陆士桢．中国儿童福利事业发展战略研究［A］// 郑功成．中国社会保障改革与发展战略（救助福利卷）．北京：人民出版社，2011：235.

利体系。”可见，浙江省发展儿童福利的着眼点聚焦在：①儿童福利体系的服务对象已从孤残儿童逐渐扩大到以各种类型困境儿童为主，孤儿、残疾儿童、流浪儿童、顽劣儿童、灾民子女、亲属无力照顾儿童、单亲家庭的孩子和正常儿童均成为儿童福利服务对象；②儿童福利需要更加关注儿童多方面的需求，不但要突出保障孤残儿童的基本生活，更要促进儿童整体素质的提升，实现身心全面发展，同时兼顾儿童的生存权、发展权和社会参与权；[①] ③儿童福利的具体服务范围和内容要实现城乡一体，依靠社区和家庭，实现由单纯的机构收养转向家庭、社区的生活照顾、特殊教育、康复治疗和社会保护并重。

2011 年 8 月，浙江省政府办公厅出台《关于加快发展孤儿和困境儿童福利事业的意见》(以下简称《意见》)，这是浙江省出台的首个系统性儿童福利政策，标志着儿童福利事业由救助型向适度普惠型福利的转变。该《意见》明确了“困境儿童”的救助范围，首次对孤儿最低养育标准及其增长机制作出了制度性安排，规定：“福利机构养育的孤儿年基本生活最低养育标准不低于当地上年度城镇居民家庭人均消费性支出的 70%；社会散居孤儿基本生活最低养育标准不低于当地福利机构孤儿基本生活费标准的 60%；同时规定，建立和物价涨幅联动机制，给予动态价格补贴。”要求财政部门建立稳定的经费保障机制，将孤儿和困境儿童所需资金纳入社会福利事业发展资金预算，省级财政要建立儿童福利财政专项资金，对各地儿童福利机构建设及设施设备更新、孤儿基本生活保障等给予补助，[②] 明确政府的出资责任和具体项目保障范围。

2013 年 4 月下发的《浙江省探索建立普惠型儿童福利制度“先行先试”试点实施方案》，提出建立普惠型儿童福利制度的总目标是“建立城乡一体化、保障制度化、组织网络化、服务专业化，惠及全体儿童的普惠型儿童福利体系”。要求试点单位本着适度普惠的原则，按照“分层次、分类型、分标准、分区域”的要求，着重探索和建立分类保障制度，即完善孤儿基本生活保障制度，建立困境儿童和困境家庭儿童基本生活保障制度，探索建立低保

---

① 张华．浙江省儿童福利机构特殊教育工作现状分析［J］．社会福利（理论版），2013（11）．

② 金毅，单正钊．浙江省出台系统性儿童福利政策［N］．浙江日报，2011-8-11．

家庭儿童基本生活保障制度、重残儿童医疗康复补贴制度、大病儿童医疗康复补贴制度、流浪儿童临时救助制度、残疾儿童家庭护理补贴制度、社会散居孤儿监护人补助制度、家庭收养残疾儿童补助制度、新生儿营养补贴制度等多项保障制度，并依托儿童福利院或综合性社会福利院儿童福利指导中心，在街道和乡镇设立儿童福利服务工作站，在居委会、村委会设立专职儿童福利督导员，形成自上而下、深入社区和乡村的城乡儿童福利督导服务体系。①

从中不难看出，浙江省在探索建立普惠型儿童福利制度中突出了政府的主导建设责任，按照“儿童优先、儿童利益最大化”的原则，立足于经济发展状况、儿童发展需要，明确了建立困境儿童分类保障制度的重要性，加大财政投入，积极营造各级政府部门支持、社会力量参与、“社会化”发展推进儿童福利制度建设的新格局。

（三）相关启示

1. 强化政府在儿童福利领域的主导责任，加强政策、资金的扶持力度

综观不同国家的儿童福利制度，重视儿童福利立法、设置统一而专门的儿童福利管理机构是普遍做法，内容完整、具体、具有可操作性的法制建设，是儿童福利体系得以有效运行的前提，也是儿童福利与保护服务得以高效执行和落实的重要保障。按照目前我国儿童福利发展的现状，只能强化政府对儿童福利事业的政策制定、资金支持、制度监管等主导责任，重点关注困境儿童，加大财政投入，健全资金给付型的福利项目，同时完善儿童福利的社会化设施和相关服务，这是当前规范儿童福利制度发展的关键举措。

2. 儿童保护机制应建立在基于对家庭的支持和救助基础上，注重预防性服务的提供

儿童福利实践证明，单纯依靠发放救济金或提供替代性服务的被动式儿童救助方式无法从根本上解决问题，家庭才是问题的核心，应将保护弱势儿童的残补性政策逐渐转向保护家庭的预防性政策，实施以社区为基础的“家庭强化”计划，保护和支持家庭的完整、稳定与发展，为儿童提供良好的生存环境，保护儿童的首要问题是保护儿童所在的家庭。政府和社会应提供预防性服务，加强对拥有未成年子女困境家庭的政策和资金支持，通过教育救

① 罗卫红．浙江：探索建立适度普惠型儿童福利制度［J］．社会福利，2014（3）．

助、医疗救助、生活救助和住房救助等方式减轻困境家庭的负担，从而避免由于家庭贫困等问题被动造成弱势儿童的产生。对于失去家庭或是无法在原生家庭中获得良好照顾的儿童，推动亲属收养以及使儿童福利机构或寄养家庭中的儿童以收养的方式回归家庭，帮助儿童获得身心等方面的正常化、健康化发展。

四、城乡残疾人福利均等化的经验及启示

中国是世界上拥有残疾人数量最多的国家，由于历史等方面的原因，制度化的残疾人社会福利体系建设起步较晚，但在政府的强力推动下发展较迅速，目前已成为我国建设覆盖城乡社会保障发展战略中不可或缺的重要组成部分。因覆盖对象的特殊性和人权赋予的普遍性，残疾人福利以残疾人经济保障与残疾人社会服务为基本内容，同时兼及残疾人作为普通人所应享有的社会救助与社会保险。目前，内蒙古残疾人福利面临着制度供给与福利需求差距日益扩大的矛盾，参照国外残疾人福利发展做法或许可以为内蒙古城乡残疾人福利均等化提供一条路径。

（一）澳大利亚残疾人福利的发展经验

保障残疾人的权益、增进残疾人福利是澳大利亚政府的重要职责。早在2007年，澳大利亚就成为第一批签署《联合国残疾人权利公约》的国家之一，承诺确保并促进充分实现所有残疾人的一切人权和基本自由，使其不受任何基于残疾的歧视。在澳大利亚本国的残疾人法律体系中，分为联邦法律体系和州（地区）法律体系，除了在人权、财产、诉讼等一般性法律中规定残疾人的相关权利，还专门制定关于残疾人教育、就业和服务等方面的法律。如1992年联邦出台的《残疾人歧视法案》，旨在最大限度地消除对残疾人的歧视，重点保障残疾人的教育权益；2005年《残疾人教育标准》的颁布，详细阐明了政府部门在残疾人教育方面的法律责任和义务。[①] 各州的法律更为具体，如维多利亚州颁布的《精神卫生法》（1986年）、《智力残疾人服务法》（1986年）、《残疾人服务法》（1991年）、《残疾人法》（2006年），等等。[②] 政府部门

---

① 姜峰，王丽．澳大利亚“2005年残疾人教育标准”：内容、特征及启示［J］．当代教育与文化，2009（2）．

② 刘文海，郭春宁，谢琼．澳大利亚残疾人社会保障和服务考察［J］．残疾人研究，2011（2）．

除了制定有关残疾人法律和服务规划，还负责福利事业拨款、准入管理、就业促进和残疾人失业救助等事务。

澳大利亚的残疾人福利体系主要包括收入补贴制度、残疾人医疗保障及康复服务制度、残疾人护理补贴和护理服务制度等。

（1）残疾人收入补贴制度，是最为基础的保障制度，主要包括残疾抚恤金、残疾青年补助金、退伍军人抚恤金、交通补助、护理人津贴、护理人补助、妻子抚恤金、疾病津贴等，[①] 资金由联邦财政预算支出和各州予以补贴。对于残疾人有特殊的照顾政策，如16岁之前可领取儿童福利金、家庭补助金等，可享受家庭收入的税收减免；16～65岁，可领取残疾保障（抚恤）金，标准为：独身残疾人每两周约570澳大利亚元，夫妇均为残疾人的每两周总计990澳大利亚元；65岁以上的残疾人，可领取国家养老金，标准与残疾保障金水平大体相同，但不能重复领取；对于法律确认的盲人和两年没有找到工作的残疾人，不需要经过收入和家庭资产调查可直接领取残疾金；残疾人失业可以领取失业保险金，水平略高于残疾金，最长领取时间为1.5年。

（2）残疾人医疗保障及康复服务，全部纳入全民医疗保健体系，享受正常公民的正当权益，由联邦健康和老年部等政府部门负责制定政策，各州具体实施和负责筹资，残疾人可凭医疗保健卡和残疾人医疗卡，去医疗机构享受基本免费的医疗服务。各州政府免费为残疾人提供残疾人辅助器具，残疾人根据个人需求选择不同的辅助器具，并由专门的机构实施。

（3）残疾人护理补贴和服务，主要是根据残疾人的生活自理程度，给予不同补贴和服务的制度。护理补贴的资金来自联邦和州两级政府，护理服务由当地社会福利中心和部分非营利性社会组织提供。如对生活完全不能自理的重度残疾人，进入当地护理院集中供养，费用由政府直接支付；对于一般居家生活的残疾人，政府推行个人支持服务，由社区或区域的专业化社会护理组织提供上门的居家护理、非全日制照看等服务，而且是免费服务，费用由政府直接与社会组织结算；部分轻度残疾人也可选择自我管理，向政府申请核准将个人护理补贴直接划入个人账户，由个人向社会组织购买相关服务，[②] 体现

---

① 赵永生．澳大利亚残疾人福利政策［J］．社会福利，2009（8）．

② 刘文海，郭春宁，谢琼．澳大利亚残疾人社会保障和服务考察［J］．残疾人研究，2011（2）．

了政府鼓励社区、家庭和社会企业在照料残疾人方面承担更多责任的理念。

澳大利亚残疾人福利事业还包括免费而人性化的残疾人教育、就业促进、职业康复和全社会普及无障碍设施等项目，每个残疾人均享有基本收入保障和高质量、全方位的残疾人服务，更重要的是在反歧视法律的约束下，政府投入巨资使残疾人得到良好教育、为其提供适宜就业岗位、享受便捷的护理和有尊严地融入社会创造条件和环境，与残疾人相关的社会服务主要是政府引导、非营利性社会组织负责实施，全社会公共建筑、公共交通和公共传媒都采取了比较完善的无障碍措施，残疾人福利水平较高。

（二）北京市残疾人福利事业发展经验

从现行制度安排与政策措施来看，我国残疾人福利事业主要包括残疾人就业保障、残疾人供养、残疾人教育、残疾人康复以及与普通人一样的相关社会保障等内容。尽管多年的发展已初步形成残疾人福利框架，覆盖人数持续上升，但总体水平还比较偏低，制度有残缺，福利供给相对不足……北京市因经济、政治和文化的特殊影响，尤其是 2008 年北京奥运会和残奥会的召开，大力促进了残疾人福利事业的发展，有些做法值得内蒙古效仿。

早在 20 世纪 80 年代，北京市便着手进行城市的无障碍建设。多年来一直是从法制建设入手，制定无障碍设施建设和管理条例，成为全国第一个颁布无障碍工作地方性法规的城市。与此同时，还建立了以北京市规划委牵头的无障碍设施建设和改造工作联席会议，以及以市残联牵头的无障碍监督宣传工作联席会议制度，依法维护残疾人出行的权利。借举办奥运会和残奥会之机，从 2000 年开始，北京市投入 10 多亿元人民币，实施了 14000 多项无障碍改造，包括新建城市道路、公共设施和旅游景点配套的 6000 余项无障碍设施，还为 5300 多户残疾人家庭免费改造了无障碍设施，宾馆、医院、商场、公园、影剧院、政府对外办公场所等一大批公共服务设施实现了无障碍，对 1500 多个住宅小区和高层住宅楼进行了无障碍改造，等等，实现由单纯硬件建设到营造整体环境的转变，完成了从点、线到面的全面改观，首都城乡的无障碍化进程取得了历史性突破，一举成为全国首批无障碍建设示范城市。[①]

① 廉维亮 . 给残疾人一个温馨的家园——北京无障碍设施达到世界先进水平［N］. 人民政协报，2008-09-04.

针对农村残疾人的权益保障问题，北京市多次开展“一体检，二结对，三下乡”系列活动，加大对农村贫困残疾人的扶持与救助力度。“一体检”即面向农村贫困残疾人开展免费健康体检活动，为北京市 13 个区县持有第二代残疾人证、享受农村最低生活保障的 2.72 万农村户籍残疾人，提供一次到指定医疗机构免费体检的服务；“二结对”即“城区残联与郊区县残联结对，农村扶贫助残基地与农业科研院所结对”；“三下乡”即组织开展为农村残疾人送科技、送政策、送文化下乡活动。①

为进一步完善北京市残疾人社会保障体系，统筹城乡残疾人社会保障的协调发展，提高残疾人的生活保障水平，北京市政府出台《残疾人生活补助办法》（以下简称《办法》），将享受低保的全部残疾人和未享受低保的城乡失业且无稳定性收入的残疾人全部纳入补助范围，其补助标准为：对享受低保待遇的残疾人，按照每月 100 元的标准给予生活补助；对未享受低保待遇、失业且无稳定性收入的残疾程度为一级、二级、三级的精神残疾人和智力残疾人，残疾程度为一级、二级的肢体残疾人和视力残疾人，按其户籍类别参照城市或农村低保标准按月给予生活补助；对未享受低保待遇、失业且无稳定性收入的残疾程度为四级的精神残疾人和智力残疾人，残疾程度为三级、四级的肢体残疾人和视力残疾人，残疾程度为一级、二级、三级、四级的言语残疾人和听力残疾人，按照每月 100 元的标准给予生活补助。②《办法》的出台，不仅完善了残疾人社会保障政策体系，有效解决了残疾人家庭的实际生活困难，而且进一步缩小了城乡残疾人生活保障的差距。

2011 年，北京市对 1994 年 7 月起施行的《北京市实施〈中华人民共和国残疾人保障法〉办法》进行了修订，按照针对性、适用性、突出首都特色和实际效果的原则，设计了 34 项残疾人权益保障制度，涉及残疾人康复、教育、就业、社会保障、无障碍环境等，其中细化国家有关制度 8 项，根据北京市实际补充规定的保障制度有 26 项，并对社会力量发展残疾人服务业、公共服务、公共交通、公共文化体育、无障碍环境等方作出了新规定。目前，

---

① 侯莎莎 . 北京 2.72 万农村贫困残疾人接受免费体检［N］. 中国社会报，2010-05-21.

② 京残 . 北京：11 万残疾人受惠残疾人生活补助新政［N］. 中国社会报，2011-01-14.

北京市残疾人事业已经初步构建起残疾人社会保障和服务体系的政策制度框架，做到残疾儿童义务教育“零拒绝”，残疾人基本养老、基本医疗、基本康复“全覆盖”，残疾人社会救助“无盲点”，残疾人就业有岗位，贫困残疾人基本住房有保障，残疾人生活、参与和发展状况焕然一新。①

（三）相关启示

1. 加强立法和政府主导，推进残疾人福利制度化发展

世界发达国家的残疾人社会福利制度，基本上都是建立在政府权力基础上的有法律保障的社会化、制度化体系，使残疾人的社会福利保障有法可依，这已成为一种国际惯例。要使我国残疾人社会福利朝规范化、制度化方向发展，必须在坚持公平、正义、共享理念的基础上，健全残疾人相关法律，政府主导并积极引入非政府组织参与，根据残疾人若干层面的需求或个性化需求，统筹提供包括残疾人康复、教育、就业、福利、托养、文化体育、综合服务等专业服务，满足残疾人最基本的生活要求和发展要求。

2. 建立基本的残疾人收入补贴制度，把城乡无障碍设施建设纳入公共服务体系

城乡残疾人在福利项目和设施使用等方面还有不小的差距，农村残疾人陷入贫困的概率更高，应建立一个基本的残疾人收入补贴制度，充分考虑残疾人及残疾人家庭的特殊需要和生活花费，在农村最低生活保障制度的基础上适当放宽残疾人享受待遇的门槛，提高待遇标准，根据残疾等级和生活自理程度，分别给予不同等级的护理补贴和收入补贴。另外，针对农村残疾人的无障碍设施建设也要纳入基本公共服务体系，在公共建筑、公共道路等立法中确立基本标准，方便残疾人生活。

3. 落实残疾人在教育、就业等方面的权益保护，让残疾人更多地融入社会生活

残疾人权利具有特殊性，而其实现相较于普通群体，更多是依赖福利制度，特别是满足残疾人在受教育和就业等方面的需求，才能使社会不再忽视残疾人的存在，残疾人才能有尊严地融入社会。现阶段，内蒙古各级政府可以通过政策引导、资金扶持、税收减免和按比例就业的强力扶持，鼓励社会

① 陈丽平 . 北京拟修订残疾人保障法实施办法，设计 34 项制度保障残疾人权益［N］. 法制日报，2011-05-19.

企业更多地关爱残疾人，甚至出资加大残疾人福利企业的建设，财政支持残疾儿童接受各类教育，创造条件让残疾人参加职业教育培训，等等，支持轻度残疾人群体的日常生活和护理实现居家化、社区化和互助化，重视并落实残疾人在教育、就业等特殊需求方面的权益保护。

第五节　内蒙古城乡社会福利统筹发展的路径选择

一、加大公共财政投入，推进社会多元化筹资

目前，社会福利事业的发展瓶颈还是资金问题，只有加大从中央到地方各级政府对社会福利事业的公共财政投入，特别是对农村社会福利事业的投入，同时采取多元化的筹资策略以扩充福利资金的来源，城乡社会福利统筹发展才会有持续的物质基础。

（1）建立社会福利财政投入的稳定增长机制，提高社会福利资金利用率。要针对社会福利城乡统筹的不同特点和薄弱环节，加强系统设计和重点突破，并适当向两个方面倾斜：一是向内蒙古偏远农牧区和少数民族聚居地区给予更多的财力支持，提高社会福利项目和福利设施的财政支出水平，逐步缩小与城市地区的差距；二是在关乎弱势群体切身利益的教育福利、残疾人福利、老年福利和妇女儿童福利等紧迫性项目上加大财政投入，提高公共福利财政支出绩效，实现财政支出公平和效率的有效结合。① 同时，应将财政性社会福利投入增长幅度快于财政增长幅度的指标纳入地方政府的发展规划，② 作为考核社会福利发展绩效的约束性指标，接受立法机关和公众的监督。在人口离散度较大、福利设施相对匮乏的农村牧区，设置专项福利发展资金，重点建设村级主办、互助服务、群众参与、政府支持的福利服务设施，调动社会力量参与兴办农村福利机构，大力培育福利服务组织，通过税收减免或场地低

① 王晓东．公共财政视角下社会保障城乡统筹研究——国外经验与本土借鉴［J］．行政管理改革，2012（9）．

② 郑功成．中国社会福利改革与发展战略（核心报告）：从照顾弱者到普惠全民［A］// 郑功成．中国社会保障改革与发展战略（救助福利卷）．北京：人民出版社，2011：58.

偿使用等政策，鼓励民办福利机构“下乡”“驻村”发展，为农村福利事业的发展提升创造良好的外部环境。

（2）扶持社会力量兴办福利事业，这符合社会福利社会化的发展要求，也是多方筹措福利资金的可选渠道。在推进社会福利事业发展进程中，应在政府政策规划、服务规范和外部监督的前提下，着重培植社会化的公共福利组织，鼓励民间力量甚至是市场企业兴办福利事业，通过相应的公共投入来扶持并促进社会福利组织的发展壮大，以政府购买福利服务的方式，引导或扶持社区服务和市场化服务的快速发展，来减弱政府直接生产公共福利产品和服务的资金压力和管理压力。同时，大力提倡福利彩票事业“取之于民、用之于民”的行为和理念，在坚持和完善现行福利彩票、体育彩票的同时，逐步探索其他博彩形式或是发行儿童福利彩票等，进一步扩大博彩业的社会福利筹资功能。这一方面有利于增加社会福利事业经费，为帮助困境儿童、残疾人、三无老人提供资金保障；另一方面有利于弥补国家各项福利制度设计缺失，创新社会治理模式，也有利于激发全社会关爱儿童等弱势群体的正能量。

（3）引导社会捐献，发展志愿者事业。社会福利制度覆盖对象的特殊性和弱势性，可以在某种程度上唤起社会其他群体对其的同情感和帮助行为，也为社会捐献和志愿服务奠定了慈善心理基础。现阶段投向福利领域的社会资源仍然有限，日益丰厚的民间资源潜力尚未得到有效发掘。因此，有必要通过法制规范、政策驱动、舆论引导等措施，促进民间志愿者服务事业的发展，引导社会捐献，如完善企业和个人慈善捐赠的免税政策，允许慈善机构提取管理费，进一步发挥其动员社会资源的积极性，以争取更多的社会资源，或是加大对社会企业兴办福利事业的税收优惠力度，刺激社会力量进入养老服务业、儿童教育事业、残疾人福利事业的动机和意愿，并充分利用志愿力量，依托各种社区服务中心开展定点式的福利服务。

二、加快基本社会保障均等化进程，全面实现社会保障国民待遇

基本社会保障均等化是基本公共服务均等化中更微观、更侧重于技术层面的内容，关注的是影响居民生存和发展最基本的预防性社会保障制度，诸如基本养老保险、公共卫生和医疗保健、基础教育、社会救助和基础性公共福利等，居民不分城乡、地域均能够享有机会均等和结果大体均等的基础性

国民待遇和发展性国民待遇权利，具体包括能够满足国民“两免除一解除”[①][②]基本需要的法定社会保障和更高层次需求的社会福利制度。

（1）政府通过立法和财政援助等措施，确保各类社会群体享有基本的生活保障，尤其是要确保不同地方政府具备相近的福利财政支出能力，可通过社会救助、社会福利等形式来支持和保证弱势群体的基本生活。国家以免费资助或减免保险缴费等方式，确保包括低收入群体在内的城乡居民都有支付社会保障的经济能力，来实现基本社会保障的人人享有，这个过程就是基本社会保障均等化的过程。[③] 加快均等化的方式则更侧重于如何在不同地区（尤其是城乡）来实现均等化的资源配置，不分城乡建立标准大致相当的服务设施，配置标准大致相等的设备和人员，社会保障经办机构服务体系实现城乡无差别化建设。

（2）推进基本社会保障均等化，重点是要推进基础教育、基础医疗卫生、社会救助、特殊人群社会福利的全覆盖，强化地方政府和基层社会公共服务能力，要对城乡基本社会保障服务实行规划一体化，贯彻区域覆盖、制度统筹、服务无死角的原则和要求，以服务半径、服务人口为基本依据，打破城乡界限，统筹空间布局，制定实施城乡统一的基本社会保障服务设施配置和建设标准，创新城乡基本社会保障服务的供给机制、管理运行机制、财政保障机制、监督评价机制，健全城乡基本社会保障服务标准体系，不断缩小城乡基本社会保障服务水平差距。[④]

（3）跳出社会保障视野，不单纯是专注于社会保障制度结构的改良和体系的优化，而是改善影响城乡居民基本生活的社会基础环境，从更大的基本公共服务范畴来带动或促进社会保障的升级提高，全面实现国民社会保障待遇。具体而言，为农村居民和社会弱势群体创造良好的生存环境，弱化户籍制度或“分片划区”教育管理体制等限制该群体获得相应权益的束缚，政府

① “两免除一解除”，即能够免除国民生存恐惧的社会救助制度、能够免除国民疾病恐惧的医疗保障体系、能够解除老年后顾之忧的老年保障制度等。

② 详见郑功成．中国社会保障改革与发展战略——理念、目标与行动方案［M］．北京：人民出版社，2008：15.

③ 丁元竹．中国基本社会保障服务均等化研究［A］// 郑功成．中国社会保障改革与发展战略（总论卷）．北京：人民出版社，2011：144-146.

④ 张志勇．权利与公正：西部城乡基本公共服务均等化的哲学思考［J］．改革与战略，2014（6）。

应主动承担起推动基本公共服务普遍化、均等化的主要职责，合理配置城乡基本公共服务资源，从空间上统筹布局城乡之间的交通、电力、通信、供水等基础设施以及教育、医疗卫生、社会保障、公共文化服务等社会公共服务设施，引导城镇各类福利设施向农村延伸，实行城乡基本公共服务规划和管理的一体化发展。

三、加速新型城镇化进程，提高农村社会福利基础设施建设水平

农村的城镇化是中国社会保障实现城乡一体化的重要途径，而农村社会福利制度是农村城镇化的内在要求，农村社会福利改革和提升需要依托农村城镇化，反过来又会加速农村城镇化发展。

（1）新型城镇化的核心是人的城镇化，合理解决农民市民化过程中社会保障权益不公正对待是当前政府重点关注的问题。首先，坚持财政投入向改善民生和社会事业领域倾斜，妥善解决失地农民社会保障有关遗留问题；其次，逐步破除城乡二元户籍管理体制，建立城乡统一的户口登记制度，剥离户籍附着利益，改变农村转移人口虽已实现了地域转移和职业转换、但却无法实现身份转变和平等享受城镇居民公共服务的局面，尤其是要在子女教育、住房、社会保险等方面实现“同城同权”，为促进城乡资源要素的有序流动和农民工社会保障水平的有效提升营造良好环境；最后，抓住城乡统筹的契机，加快社会保障制度整合，完善覆盖全民的社会保障体系，建立城乡统一的就业制度，规范劳动用工关系，把农民工和城镇职工同等参保于同一个基本社会保险体系之中，统一制度标准和管理程序。

（2）重点加大对村和居民点基础设施建设的扶持力度，提高农业现代化水平，增加农民收入，改善农民的生存生态。首先，各级政府要转变“重城市建设，轻农村发展”的工作思路，始终把加快形成城乡经济社会一体化发展的新格局作为根本要求，坚持工业反哺农业，城市支持农村和“多予少取放活”的方针，在收入分配格局和政府财政支持上要更多地向“三农”倾斜，加快发展现代农业，大力推进农业产业化经营，提高农业现代化程度；其次，不断提供农村发展必需的公共物品和基本的公共服务，逐渐完善农村基础设施，加大贫困地区的扶持力度，使农民的社会保障逐渐从生存型向发展型过

渡，为农村面貌的改观和农民生活水平的提高建设好“硬件”设施；最后，还要切实减轻农民的负担，对在农村留守的人员实行种粮补贴、技术指导和信息支持，提高农民的增收能力和种田积极性，在确保粮食生产安全的基础上，不断提高农民收入水平和生活质量。

（3）注重基础民政服务设施建设，积极推动基础设施建设项目延伸到农村基层，提升农村社会福利基础设施建设水平。农村民政基础设施建设的历史欠账太多，已成为制约民政事业发展的瓶颈，严重影响了民生问题的解决和公共服务的供给。在推进新型城镇化过程中，各级政府要建立健全农民参与新农村基础设施建设的激励机制，实现社会主义新农村建设与新型城镇化建设的互促联动发展，重点推进农村教、科、文、卫等公共基础设施的配套完善，尤其是综合性社会福利院、老年福利院、农村敬老院、儿童福利院、优抚医院、社区服务设施、社会捐助站、流浪乞讨人员救助管理站等实体设施建设，不但要把握农村城镇化布局发展的趋势和目标，还要科学判断人民群众日益增长的物质文化生活需求，使农村基础设施和社会福利设施建设具有一定的适用性和超前性，实现农村公共福利设施建设与农村经济社会运行的协同发展，并与城镇化建设形成互促相辅的格局。

第六节 内蒙古城乡社会福利统筹发展的政策设计

内蒙古城乡社会福利制度运行的内在缺陷以及外在制约因素的“盘根错节”，决定了制度统筹过程不可能“一步到位”，需要分阶段、分步骤、分项目渐进完成，而每一阶段的任务和目标都有其侧重和优先顺序，绝不能割裂其联系，要把制度并轨和整合的近期目标、中期目标和长期目标有机结合起来，整体规划。基于适度普惠的一体化和渐进式的一体化进程的判断，社会福利城乡统筹应在政府的全面主导下，城市和农村双向推动，需要“并轨衔接”和“体系整合”多段完成，最终实现制度统一、覆盖全体、适度保障、可转可接、资源优化的覆盖城乡居民社会福利制度。鉴于城乡社会福利各项目的适用范围不同、发展程度也有快有慢，因此，有必要分项目探讨统筹政策设计和具体实施方案。

一、教育福利城乡统筹的目标定位与推进措施

（一）教育福利城乡统筹的目标定位

教育的发展有利于国家、社会和每个人的发展，优先发展和相对均衡是增进教育福利的基本原则，尤其是基础教育（小学和初中教育）福利。目前，内蒙古教育福利的城乡差异主要体现在义务教育的城乡差异，实现“义务教育均等化”是城乡教育福利统筹发展的重点。

1. “十二五”末期（即2016年以前），实现区域内城乡义务教育的基本统筹，提高其他层级教育福利水平

内蒙古各级政府要严格按照《国家中长期教育改革和发展规划纲要（2010—2020年）》提出的教育发展目标，即“到2020年基本实现教育现代化，基本形成学习型社会，进入人力资源强国行列”，强化教育财政预算和国民经济同步发展机制，保证教育财政性支出占区内GDP 4%甚至更高的水平，调整原有的教育经费支出结构，扩大教育福利支出所占比重，重点把教育福利经费投资在农村牧区，投资在农村儿童的能力建设方面。通过区级和市级财政转移支付的“下沉”，增强县级教育财政能力和教育管理权责，在同一县域内，以学生数为标准，实行义务教育均等化拨款制度，财政资源分配应向薄弱学校和民族学校倾斜，对在农村执教的老师要给予政策倾斜和工资保障。

另外，要特别注意改善家庭困难学生、进城务工人员子女、女童、特殊教育对象和农村留守儿童的就学条件和教育问题。首先，要改善制度环境，加快户籍制度改革，取消对进城务工人员子女的入学限制，让农村留守儿童可跟随父母入城接受教育，不附带任何特殊的“高门槛”条件（如交借读费、择校费等）；其次，针对家庭困难学生，除了在义务教育阶段加快落实“两免一补”政策，还可设立奖助学金、减免费用和助学贷款等福利项目形式，帮助家庭经济困难、残疾家庭的子女就学；最后，要完善现有农村教育体系，让留守儿童能得到更好的教育。这是目前解决农村留守儿童教育问题最经济、最有效的途径。在农村中小学布局结构调整中，规范并完善寄宿制学校的管理，把农村留守儿童都集中在学校住宿，用强化、优质的学校教育弥补留守

儿童家庭教育的不足。[①]

小学和初中教育福利的统筹应至少达到市（地区）级统筹，同时与其他教育层次的教育福利实现协调共进。在教育资金和政策向基础教育倾斜的同时，重点提高幼儿教育的福利水平，大力发展公办幼儿园，积极扶持民办幼儿园，努力提高农村学前教育普及程度，制定和规范学前教育办园标准和收费标准，保证农村留守儿童入园和就学安全，并鼓励和支持经济条件较好的市县把学前两年、三年教育纳入义务教育范围；在非义务教育福利中，应逐步提高资助体系的层级，建立专项的自治区级普通高中学生资助体系，统筹中等职业教育和高等职业教育的发展进程和水平，实现免费的中等职业教育，有条件的地方可将高中阶段教育纳入义务教育范围。

2. “十三五”末期（即2020年以前），全面实现基本均衡的教育福利和城乡学前教育一体化，统一实行15年制义务教育

教育福利的基本均衡，主要是指在城乡之间、地区之间、不同收入水平阶层之间的所有应该接受和愿意接受教育的对象都能上得了学、上得起学，都能公平地获得优质教育，这是教育福利发展的核心任务，也是内蒙古实现教育现代化的必然要求。在此阶段，教育福利水平和国民经济发展水平同步增长，政府公共教育财政支出占地区GDP的比重应达到世界平均水平（4.9%）或接近发达国家水平（6.2%），义务教育应全部实现区级统筹，并形成三年学前教育、六年初等教育、三年初级中等教育和高中阶段教育的15年制义务教育；城乡幼儿入园率、学生毛入学率、巩固率、升学率应大体相当，同类学校的软硬件设施水平普遍提高并大体相同，城乡教学质量逐步接近；全面实现全区高中阶段义务教育，优化普通高中学生资助体系。总体上达到惠及全民、满足机会公平和更高水平的普惠型教育程度。

（二）教育福利城乡统筹的推进措施

1. 加大义务教育等各层级教育的资金投入，建立义务教育财政投入稳定增长机制

教育福利的长足发展，首当其冲的是要投入相当的资金，各级政府的财政性教育经费要依法确保“三个增长”：政府教育财政拨款的增长应当高于

① 林闽钢．试论适度普惠型社会福利的城乡一体化［J］．理论月刊，2011（7）．

财政经常性收入的增长，在校学生人数平均的教育费用逐步增长，保证学生人均公用经费逐步增长。在教育经费投入总量中，重点解决义务教育福利水平整体偏低的问题，扭转基础教育特别是农村基础教育投入不足的局面，强化政府财政承担责任。同时，加强政府对流动人口和贫困家庭子女的教育投资，为实现专项资金的足额到位，可以考虑采取“教育券”这种“钱随人走”的方式，让流出地政府承担一定的投入责任。[①] 进一步扩大义务教育阶段福利供给的普及程度和水平提升，把农村牧区家庭经济困难和城镇低保家庭子女（特别是少数民族）接受学前教育纳入财政资助范围，提高农村义务教育家庭经济困难寄宿生生活补助标准，通过各种“食品营养计划”改善中小学生的营养状况，严格落实农村义务教育全面纳入公共财政保障范围的政策，优化中央和地方分项目、按比例分担农村义务教育经费保障机制；在教育资金使用结构上，限制行政经费所占比例，提高并明确教育福利经费所占比重；完善义务教育财政转移支付制度，在努力促进自治区经济发展、增强其自身财政能力的同时，提高财政转移支付的层级，加大中央财政对义务教育的投入比例，特别是加大有规定用途的专项转移支付力度。

2. 改革教育福利制度，优化教育福利模式和管理体制

教育福利制度改革不仅局限在教育投入制度的改革上，还涉及教育福利的责任分担问题和教育人事制度等。

在教育福利责任结构中，一方面要从根本上改革“县、乡、村三级办学，县乡两级管理”的体制，扭转义务教育责任主要由地方政府（特别是县级政府）承担的格局，调整中央财政与地方财政在义务教育经费投入上的权责配比，实现义务教育管理体制中“财权”和“事权”的相统一。随着城乡教育福利的统筹发展和统筹层次的逐步提高，“以县为主”的农村教育管理体制要改变其内涵，即今后的以县为主管理，主要是指一般性的教育管理，而教育经费的筹措要上移至市级乃至省级，在目前的财政收入格局下，中央财政适当加大义务教育方面的投入，是有助于体现财权和事权统一的。[②] 另一方面，要加强社会力量投入，扩大社会资源支持教育福利的渠道，充分调动民间慈善机

① 范先佐．“流动儿童”教育面临的问题与对策［J］．当代教育论坛，2005（4）．

② 景天魁．中国教育福利事业发展战略研究［A］// 郑功成．中国社会保障改革与发展战略（救助福利卷）．北京：人民出版社，2011：225.

构、专项福利基金会和个人对教育福利事业的支持和参与的积极性，形成以政府为主导、各社会阶层、社会团体和个人共同参与的举国教育福利体制。

在教育人事制度改革方面，结合城乡义务教育均等化发展的需要，在教师的选聘、绩效评价、培训和薪酬管理等制度上都要进行配套化的改革。在城乡教育人力资源的规划上，要建立起农村教育和农村教师发展动态监测系统；修改教师编制方法，使其标准多元化、弹性化；建立有利于城乡教师定期交流的考评机制，打破教师的区县归属、单位归属制度；创造条件扩大农村教师培训机会，建立费用全免、体系下移、形式多元的农村教师培训机制；实行教师双向流动机制，农村教师流失补偿机制；薪酬分配和职称评定“补偿性”地倾向农村教师等，[①] 从师资保障的角度提升教育质量。

3. 制定保障城乡教育福利统筹发展的法律法规，制定均等化发展的指标体系

教育福利优先发展、均等化发展没有法律保障是难以有序、顺利推进的。教育福利立法需要从全国到地方共同重视，尤其是在当前“依法治国”的大环境下，各个层级的教育福利立法应该规范出台，至少要明确、详细规定学前儿童、小学生、中学生、大学生以及每个成年人，可以享受到什么样的教育福利权利？这些权利的实现形式、方式和途径有哪些？个人、家庭、社会、企业和政府都应该承担哪些责任？责任追究制度如何？等等，不仅要保障公民平等享受教育福利权利，而且要保障相关福利制度的有效实施。结合教育福利状况和发展趋势，目前自治区在国家相关规定的基础上，应制定或细化满足办学基本需要的义务教育基准，规定义务教育生均经费、师生比、办学条件等最低标准，规定义务教育经费占地区财政经费总支出的最低标准。同时建立地区义务教育均等化发展指标，制定义务教育阶段小学和初中生均公用经费的合理标准，计算义务教育经费供需差额，提高生均投入成本等，便于地方义务教育发展的可操作化。

4. 保障所有儿童享有公平教育，与儿童福利配合发展

坚持教育的公益性和普惠性，重点关注儿童教育福利，将学前教育发展纳入城乡建设规划。建立覆盖城乡、布局合理的学前教育公共服务体系，保障适龄儿童接受基本的、有质量的学前教育，逐步完善旗县（市、区）、苏

① 林闽钢．试论适度普惠型社会福利的城乡一体化［J］．理论月刊，2011（7）．

木（乡、镇）、嘎查（村）三级学前教育网络。农牧区乡镇和城镇新建住宅小区配套建设学前教育设施，努力扩大农村牧区学前教育资源，多渠道、多形式发展农牧区学前教育，重点实施“自治区苏木（乡、镇）中心幼儿园建设工程”。加大财政投入，大力发展公办幼儿园，积极扶持民办幼儿园，鼓励公办、扶持民办幼儿园接受农民工子女入学，保障流动儿童接受学前教育。加强学前教育的监督和管理，实行幼儿园准入制度，建立科学的学前教育办园标准和质量监测评价体系，制定合理的幼儿园收费标准。建立学前教育资助制度，对家庭经济困难儿童、孤儿和残疾儿童接受普惠性学前教育给予资助，发展残疾儿童学前康复教育，与儿童福利配合发展。优先重点发展民族教育，完善民族教育体系，促进各级各类民族教育协调发展。均衡配置教育资源，不断缩小城乡差距、区域差距、校际差距。

二、老年福利城乡统筹的目标定位与推进措施

（一）老年福利城乡统筹的目标定位

随着内蒙古老龄化进程的加快，农村老龄化问题的严重凸显，老龄化所带来的风险会逐步加大，现代化的老年服务体系和城乡一体化将是今后老年社会福利发展的必然趋势。

1.“十二五”末期（即2016年以前），全面建设以社区居家养老服务为主体的保障型老年福利体系

这一阶段是老年服务体系建设的基础性阶段，根据国家“积极发展老龄事业，加快建设社会养老服务体系”的政策要求，内蒙古应着力探索建立适合民族地区养老需求的养老服务体系和养老产业，关注老年人低水平的生活服务保障，加大政府对老年服务体系和各类老年福利院、养老院建设的重视力度，强化政府在老年福利服务设施和服务产业发展中的主导责任，在政策扶持和经济支持等方面体现出建设保障型老年福利体系的核心地位。该时期应坚持政府主导，从民族地区老年人养老需求的普遍性入手，对老年服务进行准确定性和定位，进行服务体系和养老产业发展的总体规划建设；另一方面，从特殊老年群体入手，完善该群体的老年福利服务，普及多元化主体供给的社区居家养老服务，并向农村社区延伸，城乡应逐步建立标准有别的标准化居家养老中心，确保城乡老年人能得到最基本的老年服务和保证基本

生存的老年津贴，维护老年人的权益。同时，全面做好“三无老人”“高龄老人”“失能半失能老人”“空巢老人”的重点看护服务工作，了解其特殊养老需求，通过大量兴建城乡敬老院、养老院等进行集中机构供养，并探索政府购买服务方式，完善依托社区的居家养老和互助养老模式，从基本入手重点满足老年人的急需性和基础性需求，确保老年人最基本的生活保障，维护底线公平。

2. “十三五”末期（即2020年以前），全面实现覆盖城乡老年人的服务型老年服务体系

这一阶段是内蒙古老年服务体系建设的攻坚时期，也是拓展服务内容、扩展服务对象、提升服务质量的重要阶段。随着城乡居民收入水平提高所带来的内需持续强劲增长，养老福利需求不仅表现在经济保障上，也日益凸显在老年服务保障和精神保障的需求方面，因此，应从保障型老年福利向关注老年人基本生活和健康需求的服务型老年福利转变。坚持城乡统筹，整体推进，不断提升养老福利服务水平，大力发展城乡养老机构，农村敬老院全面走向社会化，完善城乡养老机构的功能分类；拓展服务领域，从传统的五保服务转向社会便民利民服务，服务对象从传统的民政工作对象向社会对象扩展，逐步搭建起相对完备的老年生活服务、健康服务和精神服务三元体系；按照当地建设规划和老年人实际需要，协同各个部门，整合养老服务、医疗康复等各种社会资源，重视老年护理服务和专业护理人员建设，建立和发展城乡一体化的机构养老服务体系；建立公助民办、官民结合的老年服务保障机制，提供分类、分层、分级的养老服务，并通过扩大老年福利制度的覆盖范围，以及促使服务水平、层次、质量、种类的全面提升，满足不同老年群体享受福利和服务的公平机会，提高服务的数量和质量，使老年人群享受到服务型老年福利带来的便利。①

（二）老年福利城乡统筹的推进措施

1. 建立政府主导的老年福利扶持保障机制

老年服务体系的快速发展，离不开产业政策的扶持，通过建立政府主导的扶持保障机制，为养老机构特别是农村地区养老机构的发展提供政策优惠

---

① 张琪．中国老年服务体系发展战略研究［A］// 郑功成．中国社会保障改革与发展战略（救助福利卷）．北京：人民出版社，2011：176.

和资金支持，全面定位老年福利发展方向，统筹制定老年福利未来发展规划，使老年服务体系的建设与整体社会福利制度尤其是残疾人福利、妇女儿童福利等弱势群体的福利相适应、相补充、相配合、相促进。鼓励社会各界力量共同发展养老机构，应当在工商、税务、金融、土地供应、税收优惠、费用减免和财政补贴等方面制定相关优惠政策，从制度上给予鼓励和扶持，降低养老服务机构的经营成本，为养老机构的发展创造良好的条件和有利的政策环境；政府还要对民办的养老机构加强指导，支持以公建民、民办公助、政府补贴等形式兴办养老服务业，并通过政府购买服务使市场企业和社会组织等与政府部门形成各种形式的“伙伴关系”,[①] 成为政府为社会成员提供福利的重要途径，促进老年产业发展。

2. 实现养老服务机构投资主体多元化，推动以社区为主体的养老服务体系建设

随着老年福利制度由保障型转向服务型和发展型，老年服务的内容也应从满足老年人的全方位需求出发，体现多样化和多层次的特点，特别是针对不同年龄段、城乡不同生活环境、不同健康状况和不同经济状况的老年人，要在坚持政府主导建立基础性养老福利设施的基础上，不断吸引民间资本进入，运用市场化的运作机制，以免费、低费等形式提供分类、分层和分级的养老福利服务，并通过行业监管，规范老年服务供给质量。对于农村地区的养老服务设施，如农村敬老院、福利院等机构，要充分发挥民间和市场力量，多渠道筹集养老服务机构的扩建改造资金，如通过政府拨款、福利彩票、企业和民办私营业主投入、社会捐赠、敬老院创收，等等，实现服务主体多元化，资金来源多渠道和服务机制社会化的网格化发展局面，实现老年人需求和养老资源的有效匹配。

3. 壮大志愿者服务组织，建设专业化的老年服务队伍

随着经济和社会的发展，老年服务不再局限于生活照料，而是向精神生活等更加广阔的领域延伸，这就需要良好高效的组织者和专业的服务人员给予实施和保障。因此，明确服务机构职责规范，建立部门协调机制，规范服

---

① 张秀兰，徐月宾，方黎民．改革开放 30 年：在应急中建立的中国社会保障制度［J］．北京大学学报（社会科学版），2009（2）．

务机构管理流程，提高养老机构工作人员的专业化素质，不仅是各项政策措施落实到位的保证，也是老年人享受高质量服务的基础。一方面，要提高养老机构服务人员的专业素养，加大专门人才的引进力度，引入社会工作的专业理念和手法，制定服务人员的准入标准和职称系列，鼓励和吸引专业技术人员和高等院校毕业生到养老机构工作，提高其服务的职业化水平，合理规范收费标准和服务人员技术标准，规范专业服务人员的用工条件和薪酬保障，使老年服务工作成为一个体面、受人尊重和认可的职业；另一方面，积极倡导志愿服务，明确志愿者服务内容和规范，继续组织、壮大各种类型的志愿者服务队伍，给予志愿者相关培训和精神激励机制，还可以通过老年人互助服务，与大中院校、企业及社会组织合作等方式，广泛动员社会力量，开展和深化志愿服务活动，促进志愿者服务的长效化、制度化和规范化。

三、儿童福利城乡统筹的目标定位与推进措施

（一）儿童福利城乡统筹的目标定位

根据《内蒙古自治区儿童发展纲要（2011—2020年）》的要求和提出的目标，儿童福利城乡统筹的目标定位是由补缺型向适度普惠型转变，即通过进一步完善覆盖全区城乡儿童的公共卫生和基本医疗保障制度，提高儿童的身心健康水平；促进基本教育公共服务均等化，保障儿童享有更高质量的教育；扩大儿童福利范围，建立适度普惠的儿童福利体系，提升儿童福利水平；提高儿童工作社会化服务水平，创建儿童友好型的社会环境；缩小儿童发展的城乡差距、个体差距，促进儿童生存、发展、受保护和参与权利的实现。①

1. “十二五”末期（即2016年以前），全面构建基于儿童教育、健康等基础性福利的儿童福利体系

这一阶段是建立健全、完备完善的儿童福利发展体系的规划期和准备期。按照目前全国和自治区社会保障改革步骤和儿童福利事业发展的需要，当务之急是建立儿童福利制度框架和法律架构，重点围绕儿童教育、健康和基础性儿童福利等内容，进一步加强对儿童尤其是困境儿童的特殊保护，如制定相应的儿童健康、教育等相关法律，确立儿童优先、平等发展、利益最大的

① 内蒙古自治区儿童发展纲要（2011—2020年）》（内政办发〔2012〕39号）[EB/OL].[2013-07-19].http://www.nmg.gov.cn/zt/sewzt/zxgh/201307/t20130719_183428.html.

原则，通过完善全区城乡儿童公共卫生和基本医疗保障制度，把各类儿童纳入免费的救治和教育保障范围，降低婴儿和儿童的死亡率、降低出生缺陷所致残疾率、降低儿童心理行为问题发生率和儿童精神疾病患病率、提高中小学生《学生体质健康标准》达标率，以及普及学前教育，促进儿童早期综合发展、确保流动儿童平等接受义务教育，保障残疾儿童接受义务教育，等等。该时期的儿童福利发展重在法制建设、体系建立和基础保障，提高儿童的医疗保障能力，探索覆盖城乡困境儿童的保护机制和救助机制，着手解决城乡教育的均等化问题。

2. “十三五”末期（即2020年以前），推进由补缺型福利向适度普惠型福利的转变，形成物质保障和服务保障相结合、与地区经济发展水平相适应的全方位、高水平儿童福利体系

随着前一阶段儿童福利法律、建设理念和体系框架的具体实践和逐步定型，该时期已是进入儿童福利体系化、成熟化和全面化的关键阶段。在法律方面，形成科学、完整的儿童福利法律体系，全方位保障全体儿童生存、发展、教育和平等参与的权利；在管理机构方面，建成城乡统一的儿童福利管理部门，以及完善的政府、社会、家庭联合互动的儿童福利运作机制；在儿童福利内容方面，实现特殊儿童的全面福利计划，为孤儿、贫困和大病儿童提供免费医疗救助，基本满足流动和留守儿童的公共服务需求，满足孤儿生活、教育、康复、医疗和就业等方面的基本需求，孤儿的家庭寄养率和收养率大幅提高，孤残儿童养护、流浪儿童保护和残疾儿童康复的专业服务机构达到饱和，增加保障受艾滋病影响儿童和服刑人员未满18周岁子女的生活、教育、医疗、就业等权利等。在此基础上，面向全体儿童形成资金给付和服务齐全的普遍性儿童福利，儿童享有基本医疗和保健服务，不仅实现城乡全覆盖，而且可享受优质的医疗救治服务。该阶段是儿童福利的长期发展阶段，特困儿童的福利项目遍及全部特困儿童以及全体儿童福利水平的提升，还需要依赖于地区经济发展水平和公共财政的大力支持。

（二）儿童福利城乡统筹的推进措施

1. 增加公共财政对儿童福利的投入，逐步实现儿童福利服务的均等化

各级政府要加大儿童福利事业发展所需的经费投入，将各个阶段儿童福利发展所需经费纳入财政预算，保障儿童事业发展经费投入增长幅度高于当

地财政收入增长幅度，重点扶持农村贫困地区、少数民族地区，特别是“三少”民族地区儿童福利事业的发展，动员社会力量，多渠道筹集资金，支持儿童事业。具体在儿童医疗福利方面，政府要加大妇幼卫生经费投入，优化卫生资源配置，建立科学、稳定的妇幼保健机构经费补偿机制，合理安排妇幼重大公共卫生服务项目所需经费，将严重危害儿童健康的产前疾病筛查诊断项目、新生儿疾病筛查项目纳入重大公共卫生服务项目，促进儿童基本医疗和基本公共卫生服务的均等化。在儿童教育福利方面，进一步完善以政府投入为主、多渠道筹集教育经费的体制，增加教育财政投入，逐步提高自治区财政性教育经费支出占自治区生产总值的比例，建立城乡一体化的教育均衡发展保障机制和基本公共教育服务体系。

2. 完善儿童福利体系，提升儿童福利服务质量

儿童福利体系要重点基于特殊困境儿童的需求，面向全体儿童而建立，涉及范围广。加强妇幼卫生服务体系建设，重视儿童保健服务和管理，提高儿童卫生服务能力；完善儿童医疗保障体系，在城镇居民基本医疗保险和新型农村合作医疗保险制度中，强化对儿童的保障力度，适当扩大儿童医疗保险的支付范围，实行门诊统筹，降低起付线标准，提高支付比例和最高支付限额；采用政府拨款、社会和个人捐助等形式，设立儿童医疗救助专项基金，对大病儿童和贫困家庭儿童实施医疗减免或专项补助，对贫困家庭儿童、孤儿、残疾儿童参加城镇居民基本医疗保险及新型农村合作医疗保险的个人缴纳部分予以政府补贴；建立孤儿基本福利制度，落实孤儿社会保障政策，满足孤儿生活、教育、医疗康复、住房等方面的需求。鼓励和帮扶有劳动能力的孤儿成年后就业；建立受艾滋病影响的儿童、服刑人员子女的替代养护制度，为受艾滋病影响的儿童和服刑人员子女的生活、医疗、教育、就业提供制度保障；扩大儿童福利范围，建立残疾儿童康复救助制度，完善残疾儿童康复服务体系，增强残疾儿童的生活自理能力、社会适应能力和平等参与社会生活的能力。

3. 建立和完善流动儿童和留守儿童的服务机制

积极推进户籍管理制度和社会保障制度的深入改革，逐步将流动人口纳入当地经济社会发展规划和管理，在部分城市建立开放式的全天候流浪未成年人救助保护中心，完善流浪儿童救助保护网络体系，健全流浪儿童生活、

教育、管理、返乡保障制度，对流浪儿童开展教育、心理辅导、行为矫治、医疗卫生和技能培训，提高流浪儿童救助保护工作的专业化和社会化水平。整合社区资源，完善以社区为依托，面向流动人口家庭的管理和服务网络，为流动儿童享有教育、医疗保健等公共服务提供基础。健全农村留守儿童服务机制，在留守儿童集中的苏木（乡、镇）、嘎查（村）建立儿童友好家园，完善农村寄宿制学校的服务功能，加强对留守儿童心理、情感和行为的指导，提高留守儿童家长的监护意识和责任。[①]将流动儿童纳入流入地社区儿童保健管理体系，提高流动人口中的儿童保健管理率。

4. 保障和提高农村牧区儿童福利水平，缩小城乡儿童福利差距

以农牧区为重点，普及儿童健康的基本知识与技能，加强儿童疾病防治，将产前疾病筛查和新生儿疾病筛查纳入重大公共卫生服务项目网络，完善出生缺陷防治体系。制定实施多部门合作的儿童伤害综合干预行动计划，为儿童创造安全的学习、生活环境，预防和控制溺水、交通等主要伤害事故的发生。将安全教育纳入学校教育教学计划，建立健全学校和幼儿园的安全、卫生管理制度和校园伤害事件应急管理机制。建立完善儿童伤害监测系统和报告制度，提高灾害和紧急事件中对儿童的保护意识和能力，减少各类灾害对儿童的影响，为受灾儿童提供及时有效的医疗、生活、教育、游戏、娱乐、心理康复等方面的救助服务。改善儿童营养状况，继续推行中小学生营养改善计划，提高农村寄宿制学校家庭经济困难学生的伙食补贴标准，扩大补贴范围。完善婴幼儿食品、用品的国家标准，建立婴幼儿食品安全监测、检测和预警机制，保障儿童食品、用品的安全。[②]

四、残疾人福利城乡统筹的目标定位与推进措施

（一）残疾人福利城乡统筹的目标定位

内蒙古残疾人工作一直受到党委、政府的高度重视。“十二五”以来，内蒙古残疾人事业以自治区“8337”发展思路为指导，以加快残疾人社会保障

---

① 内蒙古自治区儿童发展纲要（2011—2020年）（内政办发〔2012〕39号）[EB/OL].[2013-07-19].http://www.nmg.gov.cn/zt/sewzt/zxgh/201307/t20130719_183428.html.

② 内蒙古自治区儿童发展纲要（2011—2020年）（内政办发〔2012〕39号）[EB/OL].[2013-07-19].http://www.nmg.gov.cn/zt/sewzt/zxgh/201307/t20130719_183428.html.

和服务体系建设为主线，以全面实施残疾人工作五个专项工程为重点，注重对农村牧区残疾人的扶贫开发。实践中，以“补齐短板，兜住底线”为基本目标，即通过财政支持缩小残疾人生活水平与社会平均水平的差距，发展残疾人福利满足残疾人维持生存权、发展权、健康权所需要的康复、教育、医疗等最基本的需求，使残疾人和残疾人家庭生活状况得到进一步改善。在城乡统筹时期，加快残疾人福利质量的全面提升，加快推动残疾人同步小康，应是主要发展目标。

1.“十二五”末期（即2016年以前），弥补残疾人福利制度缺失，在“两免除一解除”基本保障制度之上，增强对残疾人群体的经济给付与服务照料，建立城乡残疾人社会福利服务体系基本框架

根据国家和自治区关于残疾人事业发展的各项法律法规、规划纲要等精神和目标要求，该时期残疾人福利体系建设应与内蒙古整个社会保障体系建设保持同步，在适应经济发展水平和财政能力的前提下，发展残疾人急需的康复、教育、医疗、就业、住房等福利项目，整合现行制度安排，确立残疾人福利制度框架，探索护理保险及相关服务机制，以均等化为发放标准，建立重度残疾人福利津贴制度，并积极推进最低生活保障制度、医疗保险制度和养老保险制度的城乡一体化，在基本社保制度上实现与普通人统一的制度体系。在保持制度统一的前提下，有条件的地方，应兼顾残疾人需求的特殊性和制度发展的阶段性，增加对农村贫困残疾人的经济扶贫和服务照料等特殊福利，确保农村残疾人基本生活得到稳定的制度性保障，改善其义务教育、基本医疗、住房条件、社会参与和发展的状况，基本公共服务覆盖全体农村牧区贫困残疾人，最大限度地提升和改进农村残疾人的生活境遇，进一步缩小城乡残疾人福利水平。

2.“十三五”末期（即2020年以前），实现残疾人福利制度的全面定型，贫困残疾人口全部脱贫，残疾人家庭普遍达到小康水平

经过前一阶段的发展，残疾人社会福利已初步形成一般性社会保障制度安排与专项福利制度安排相结合、经济保障与服务保障相结合、生活保障与特殊服务保障相结合的制度框架。“十二五”时期，应在与经济社会协调发展的基础上全面推进残疾人福利事业的城乡一体化，实现残疾人福利的项目完整和质量提升，覆盖人口扩大到城乡各类程度的残疾人群，确保人人享有基

本生活保障、基本医疗卫生和康复服务、享有安全的住房，残疾儿童和少年人人享有九年义务教育，就业充分，社会参与更加广泛，残疾人生活状况得到根本改善。特别是要全面保障农村牧区残疾人平等享受基本医疗、基本养老、教育、住房和康复服务，家庭收入达到或接近当地平均收入水平，基本公共服务覆盖农村牧区贫困残疾人且水平不断提高。总体而言，该时期要全面实现残疾人福利项目的完整化、福利水平的高水平化及法制化，全面满足残疾人的普遍化和个性化的福利需求。

（二）残疾人福利城乡统筹的推进措施

1. 加大资金投入，加快发展农村残疾人事业

残疾人福利城乡统筹的“短板”，主要集中于农村残疾人福利设施的短缺、福利项目的不足和福利水平的低下，等等，而且城乡发展差别的客观存在，以及农村残疾人在社会网络资源和承受力上具有双重脆弱性，也增大了农村福利事业的发展难度。因此，加快农村残疾人事业的发展，主要是通过公共财政体制和公共服务体系的进一步健全来实现，[①] 加强农村残疾人事业的资金投入，增加和优化农村残疾人福利项目和水平。各级政府每年可安排专项资金扶持残疾人发展生产，资助残疾人扶贫基地建设和农村牧区残疾人实用技术培训以及贫困残疾人危房改造等项目，加大残疾人就业保障金对农村牧区残疾人扶贫开发的支持力度，等等，着力解决农村残疾人收入低、生活贫困，医疗、康复、教育、培训等设施不配套，残疾人参与经济、政治、社会生活能力不强等问题，真正实现城乡残疾人工作全覆盖。

2. 整合制度项目，完善社会保障体系，为残疾人基本生活提供稳定可靠的保障基础

残疾人福利体系的完善定型，应顺应我国社会保障制度城乡一体化发展和建立覆盖城乡居民的社会保障体系形势，狠抓制度形成和项目整合，理顺相关关系。进一步健全城乡残疾人社会保障体系，完善“普惠与特惠相结合”的医疗、康复训练与服务工作体系，不断落实国家及自治区各项农村牧区社会保障制度、基本公共服务措施和扶贫开发政策，将农村牧区贫困残疾人全

---

① 陈红霞．苏州残疾人事业城乡一体化发展研究［A］// 汝信，付崇兰．中国城乡一体化发展报告．北京：社会科学文献出版社，2012：155.

部纳入农村牧区社会保障覆盖范围，做到应保尽保，将有劳动能力和意愿的贫困残疾人作为扶贫开发重点人群，做到应扶尽扶。[①]按照重点保障和特别扶助、一般性制度安排和专项制度安排相结合的原则，将残疾人作为重点对象切实纳入城乡社会救助、社会保险和社会福利体系，研究制定针对残疾人特殊困难和需求的专项社会保障政策措施，落实最低生活保障、五保供养、医疗救助、康复救助、教育救助等社会救助政策，重点推进困难残疾人家庭的基本生活保障，大幅度提高残疾人参加社会保障制度的比例。[②]整合现行福利制度安排与政策措施，使残疾人保障与其他相关制度安排综合效能得到最大限度发挥，如将残疾人福利与工伤保险制度有机结合，促使残疾人康复事业快速发展；与公共卫生和妇女儿童福利事业有机结合，以减少有缺陷儿童并落下残疾的可能性；与社区服务、老年福利有机结合，以全方位、立体化解决老年残疾人的生活照料和康复服务，等等，为残疾人基本生活提供稳定可靠的保障。

3. 优化残疾人事业发展的社会环境，推进残疾人事业法治建设，走官民结合的残疾人福利发展道路

残疾人事业的健康发展，需要在完备法制建设和良性的组织保障的基础上才能实现。进一步制定、修订、完善残疾人事业法规和政策，尊重残疾人对相关立法和残疾人事务的知情权、参与权、表达权与监督权，充分保障残疾人的平等权益，加强法制宣传教育，增强全社会依法维护残疾人权益的法制观念，增强全社会的扶残助残意识，形成残疾人法治的长效机制。在管理方式上，应明确残疾人事业的政府主导和公益性质，将其纳入基本公共服务体系建设范畴，并逐步实现由单纯的行政管理型向主动服务型转变，合理界定社会责任，吸引社会资源，调动非营利性组织和公众参与残疾人福利事业的积极性，建立政府、社会和个人多渠道分担残疾人事业资金的筹资机制，推动残疾人福利事业的社会化和多层次化发展。要在全社会营造良好的“扶残助残”氛围，多途径、多方式促进残疾人社会参与，协调统筹企业、社区

① 国务院办公厅关于印发农村残疾人扶贫开发纲要（2011—2020年）的通知（国办发〔2012〕1号）[EB/OL]. [2012-07-02]. http://www.jiutai.gov.cn/info/2355/27151.htm.

② 内蒙古党委、政府关于促进残疾人事业发展的实施意见（内党发〔2009〕6号）[EB/OL]. [2009-02-24]. http://www.pkulaw.cn/fulltext_form.aspx?Db=lar&Gid=17066688&EncodingName=,%E9%97%81?.

和社会中介组织的社会力量，形成多种服务主体共同发挥作用、多种服务方式互相补充、多种服务内容全面保障的残疾人福利制度和运行机制，以社会整体合力更好地保障和服务残疾人。

参考文献

［1］林闽钢．试论适度普惠型社会福利的城乡一体化［J］．理论月刊，2011（7）．

［2］田北海．社会福利概念辨析——兼论社会福利与社会保障的关系［J］．学术界，2008（2）．

［3］王晓东．转型期中国社会福利制度的供给机制选择［J］．内蒙古大学学报（哲学社会科学版），2010（5）．

［4］周沛．社会福利理论：福利制度、福利体制及福利体系辨析［J］．国家行政学院学报，2014（4）．

［5］多吉才让．中国社会福利丛书（总序）［A］．周弘主编．国外社会福利制度［C］．北京：中国社会出版社，2002.

［6］国家经济体制改革委员会．社会保障体制改革［M］．北京：改革出版社，1995.

［7］周良才主编．中国社会福利［M］．北京：北京大学出版社，2008.

［8］景天魁，毕天云，高和荣，等．当代中国社会福利思想与制度［M］．北京：中国社会出版社，2011.

［9］刘新民，江赛蓉．福利国家弱势群体的教育福利制度研究［J］．华东师范大学学报（哲学社会科学版），2011（6）．

［10］万国威．中国少儿教育福利省际均衡性研究［J］．中国人口科学，2012（1）．

［11］郑功成．中国社会保障改革与发展战略（救助福利卷）［M］．北京：人民出版社，2011.

［12］林闽钢，李凤琴．中国社会服务［M］．济南：山东人民出版社，2014.

［13］周震欧．儿童福利［M］．台北：巨流图书公司，2001.

［14］江治强．中国儿童福利体系及其构建［J］．社会福利（理论版），2014（12）．

［15］杨超，郭林．关于完善我国儿童福利体系的若干思考［J］．科技交流，2007（2）．

［16］袁金辉．基本公共服务均等化与农村社会福利建设［J］．党政论坛，2009（3）．

［17］张守文．社会法论略［J］．中外法学，1996（6）．

［18］江赛蓉．英国教育福利制度的变迁及其启示［J］．外国教育研究，2012（7）．

［19］余善云．城乡教育一体化：重庆实践的启示［J］．重庆第二师范学院学报，2015（1）．

［20］郝俊杰．重庆推进城乡教育统筹发展的成效、问题与对策［J］．西部论坛，2013（9）．

[21] 尹力 . 多元化教育福利制度构想 [J] . 中国教育学刊，2009 (3) .

[22] 秦岭，张秋秋 . 借鉴日本老年福利制度、提高中国老年福利水平 [J]. 日本研究，2002 (3) .

[23] 刘袁平 . 日韩老年福利比较及其启示 [J] . 日本研究，2006 (1) .

[24] 李文琦 . 高龄化背景下的日本老年福利保障 [J] . 行政论坛，2011 (1) .

[25] 桂世勋 . 上海市人口老龄化与养老服务体系建设 [J]. 上海金融学院学报，2011 (4).

[26] 姚建平，朱卫东 . 美国儿童福利制度简析 [J] . 青少年犯罪问题，2005 (8) .

[27] 满小欧，李月娥 . 美国儿童福利政策变革与儿童保护制度——从“自由放任”到“回归家庭”[J] . 国家行政学院学报，2014 (2) .

[28] 薛在兴 . 美国儿童福利政策的最新变革与评价 [J] . 中国青年研究，2009 (2) .

[29] 成彦 . 美国儿童福利运行框架对中国儿童福利体系建构的启示 [J] . 社会福利 (理论版)，2013 (9) .

[30] 张华 . 浙江省儿童福利机构特殊教育工作现状分析 [J] . 社会福利 (理论版)，2013 (11) .

[31] 罗卫红 . 浙江：探索建立适度普惠型儿童福利制度 [J] . 社会福利，2014 (3) .

[32] 姜峰，王丽 . 澳大利亚“2005 年残疾人教育标准”：内容、特征及启示 [J] . 当代教育与文化，2009 (2) .

[33] 刘文海，郭春宁，谢琼 . 澳大利亚残疾人社会保障和服务考察 [J]. 残疾人研究，2011 (2) .

[34] 赵永生 . 澳大利亚残疾人福利政策 [J] . 社会福利，2009 (8) .

[35] 廉维亮 . 给残疾人一个温馨的家园——北京无障碍设施达到世界先进水平 [N] . 人民政协报，2008-09-04.

[36] 王晓东 . 公共财政视角下社会保障城乡统筹研究——国外经验与本土借鉴 [J] . 行政管理改革，2012 (9) .

[37] 张志勇 . 权利与公正：西部城乡基本公共服务均等化的哲学思考 [J] . 改革与战略，2014 (6) .

[38] 范先佐 .“流动儿童”教育面临的问题与对策 [J] . 当代教育论坛，2005 (4) .

[39] 张秀兰，徐月宾，方黎民 . 改革开放 30 年：在应急中建立的中国社会保障制度 [J] . 北京大学学报 (社会科学版)，2009 (2) .

第九章　社会保障基金管理制度可持续发展研究

社会保障基金管理制度是中国特色社会主义制度的一部分，是国家治理体系和治理能力现代化的重要内容。发展目标是使社会保障基金管理制度更加成熟定型，更加适应中国特色社会主义社会发展的需要。这就要求社会保障基金管理制度发展必须是可持续性发展。

第一节　社会保障基金管理制度可持续发展的含义、评价指标及研究综述

一、基本含义

社会保障基金是国家和社会从已有的社会财富中提存、积累并用于援助和补偿社会保障对象的资金，是社会保障制度得以确立，并能够解决特定社会问题的物质基础。[①] 社会保障基金在实践中先积累后支付，从而在客观上表现为社会后备基金形态和国民收入再分配性质。[②] 据此，本书所指的社会保障基金，是根据国家立法，为了实现社会保障制度的正常运行而积累的基金，包括社会保险基金、社会福利基金、社会救助基金、"全国社会保障基金"和补充保障基金。社会保险基金特别是养老保险基金在社会保障基金中所占比

① 郑功成 . 中国社会保障论［M］. 武汉：湖北人民出版社，1994.
② 郑功成 . 中国社会保障论［M］. 武汉：湖北人民出版社，1994.

重较大。

社会保障基金管理是为保障劳动者的基本生活，根据国家和个人的经济承受能力而展开的基金筹集、待遇支付、基金保值增值的行为和过程。[①] 社会保障基金管理制度是社会保障基金管理的管理机制、管理原则、管理方法以及管理机构设置的规范，是社会保障基金管理行为的依据。本书研究对象是指国家常态下的社会保障基金管理制度，国家特殊状态下的社会保障基金管理制度不在本研究范围内。

1980 年 3 月，联合国大会首次使用了“可持续发展”（Sustainable development）的概念。1987 年，布伦特兰夫人主持的世界环境与发展委员会对可持续发展给出了定义，指既能够满足当代人的需求，又不损害后代人满足其需求的能力的发展。可持续发展是科学发展观的基本要求之一。1993 年，中国政府为落实联合国大会决议，制定了《中国 21 世纪议程》，指出走可持续发展之路，是中国未来发展的自身需要和必然选择。1996 年 3 月，八届全国人大四次会议通过的《中华人民共和国国民经济和社会发展“九五”计划和 2010 年远景目标纲要》，明确把“实施可持续发展，推进社会主义事业全面发展”作为战略目标。

二、评价指标

社会保障基金管理制度的可持续发展评价包括较多指标，本研究选取稳定性、发展性、财政可靠性和影响因素等四个主要评价指标。

社会保障基金积累的规模能够不断扩大，一个重要的前提是管理制度具有稳定性。如果制度不能够稳定运行，就意味着基金的筹集和积累不具有持续性，从而导致社会保障事业发展的物质基础不够稳固。这种稳定性是相对的，而非绝对的，随着社会环境和社会需求的变化，需要适时做出调整，克服存在的不足，确保社会保障的实施效果，达到改善民生的目的。

在社会保障基金管理制度相对稳定的状态下，根据需要逐步调整，加以完善，就是社会保障基金管理制度的发展性。稳定性要求制度在解决自身存在问题的过程要循序渐进，既不能因循守旧也不能朝令夕改；发展性重视的

① 吕学静．社会保障基金管理［M］．（第三版）北京：首都经济贸易大学出版社，2014.

是要解决的问题和改进的方向。社会保障基金管理制度要解决的主要问题是导致基金收支不可持续的问题，所以改进方向就是要使基金的来源更可靠，运行更科学和安全，分配更加公平和高效。

公共财政是社会保障基金的主要来源，政府是社会保障基金管理的责任主体。政府是否有能力为社会保障基金提供财政保障，政府在其中承担责任的份额，是衡量社会保障基金管理制度是否具有可持续发展的重要指标。

社会环境是不断发展和变化的，意味着社会环境中的一些因素在不同时期对于社会保障基金管理制度会发生各种不同的作用和影响，这些影响既可能是积极的也可能是消极的。能否处理好与社会环境的关系也是基金管理制度能否实现可持续发展的关键，因此，在制度调整中，要充分利用这些影响因素的积极作用，尽量规避和化解消极作用。

三、研究综述

（一）国内研究综述

我国学者对于社会保障基金管理制度及其改革发展中的重点问题进行了长久性的研究。随着我国社会保障体系的逐步发展，各个阶段呈现出的特点不同，学界关注的重点也在不断改变。基本养老保险基金在社会保障基金中所占的份额比较大，以及基本养老保险基金在应对老龄化问题的过程中担负的重要责任，使其成为学者们集中关注的对象。

1. 对社会保障基金管理制度发展过程的研究

多数学者是在研究社会保障发展过程中的具体问题时将社会保障基金及其管理制度作为一个方面提出自己的观点。综观这些文献可以看出，社会保障基金管理制度改革完善过程中，备受关注的主要是养老保险部分积累制的建立，统筹层次的提高以及制度整合。

对于社会保障基金管理制度能够持续发展的最初探索是确立部分积累制，在统账结合模式的实现过程中，进一步生出了个人账户是否做实的探讨。学者们对于部分积累制的关注，可获文献 1998 年以来就有相关研究。在我国现收现付制前景堪忧的情况下，完全积累制是否可行成为最初的争论点。到部分积累制建立初期，也存在一些对此表示怀疑的声音。卢元（2000）认为部分积累制没有把属于现收现付制的收入再分配功能和属于基金制的储蓄功能从结构上分开，可能会造成养老金基金的管理效率低下、成本高昂，由此他主张将基金筹集模式，由部分积累制变为完全基金制。[①] 为了应对地方分割对养老保险发展造成的不利影响，高红岩、吴湘玲（2009）曾提出过保留基本养老保险的现收现付制，使作为补充保障的职业年金发挥基金积累的作用。[②] 对于部分积累制中个人账户是否做实的探讨，大致可以分为做实、逐步做实和不做实三种基本观点。万树等（2012）认为分歧集中在“个人账户是养老权还是财产权”上。[③] 郑秉文教授是我国学者中主张实行名义账户制的典型代表。他深入地研究并评价了名义账户制在欧亚六国的运行状况，分析了应用于中国的适用性，并对制度渊源和理论基础进行了剖析。[④⑤⑥] 郑教授认为名义账户制能够鼓励人们主动按实际工资收入多缴费，与中央强调的“多缴多得”的激励性目标相符合，现阶段应当继续实施，并且扩大账户比例。[⑦] 边恕、穆怀中（2005）认为名义个人账户制作为一种过渡性的制度安排，虽然具有一定的合理性，但在财务上不具有可持续性，不能从根本上解决养老金隐性债务。[⑧] 庞凤喜、潘孝珍（2012）认为名义账户制有利于实现制度运行成本最小化和制度收益最大化。[⑨] 薛惠元、郭文尧（2017）认为基本养老保险的改革方向应是：大账户、小统筹、名义账户制。[⑩] 对于部分积累制认知是随着实践逐步深化的。郑秉文（2005）认为统账结合只是部分积累制的一种具体实现

---

① 卢元．试论人口老龄化过程中我国城镇职工养老保险的可持续发展［J］．人口研究，2000（05）．

② 高红岩，吴湘玲．我国基本养老保险的地方分割及其对策探讨［J］．武汉大学学报（哲学社会科学版），2009（07）．

③ 万树，蔡霞，郭旭．做实个人账户观点综述与试点评价［J］．社会保障研究，2012（06）．

④ 郑秉文．欧亚六国社会保障“名义账户”制利弊分析及其对中国的启示［J］．世界经济与政治，2003（05）．

⑤ 郑秉文．“名义账户”制：我国养老保障制度的一个理性选择［J］．经济与管理研究，2003（08）．

⑥ 郑秉文．养老保险“名义账户”制的制度渊源与理论基础［J］．经济研究，2003（04）．

⑦ 郑秉文，周晓波，谭洪荣．坚持统账结合与扩大个人账户：养老保险改革的十字路口［J］．财政研究，2018（10）．

⑧ 边恕，穆怀中．对我国养老金名义个人账户制及其财务可持续性的分析［J］．经济与管理研究，2005（05）．

⑨ 庞凤喜，潘孝珍．名义账户制：我国养老保险模式的合理选择——基于现收现付制与完全积累制之异同比较［J］．天津财经大学学报，2012（04）．

⑩ 薛惠元，郭文尧．城镇职工基本养老保险基金收支状况、面临风险及应对策略［J］．经济纵横，2017（12）．

形式，我们在改革中应当坚持的财政长效性的核心理念归属部分积累制，而不一定是这种统账结合的技术路线。① 巴曙松、刘先丰（2007）基于统账结合制度在我国十几年的运行实践，以及美国、俄罗斯等越来越多的国家开始选择半积累制改革的发展趋势，认为半积累制的选择是正确的，并应当继续坚持。②

在我国养老保险统筹层次由县级提高到省级，继而向全国统筹迈进的各个阶段，学者们对于统筹层次提高的必要性和阻碍因素等进行了研究。从县级向省级统筹的过程中，张利军（2009）基于全国总工会的调研认为，早期统放不分的策略、转型造成的历史债务和各级政府已经形成的利益格局，是省级统筹实现面临的主要阻碍。③ 从后果来看，郑功成（2008）指出，较低的统筹层次不仅造成了各地养老保险费率负担的较大差异，而且对于劳动力的自由流动造成了限制和制约，不利于营造市场经济的公平环境。④ 由省级向全国范围统筹的过程中，首先面临的问题是省级统筹的基础并没有打好，多个省份并没有达到“六个一”⑤ 标准。林毓铭（2013）认为省级统筹存在“统而不筹”的问题，只能达到省级调剂，且第一代农民工的养老权益在不同统筹地区转移的过程中遭到制度性剥夺，接入地和转出地之间的利益博弈成为省级之间统筹的新难题。⑥ 邓大松、余思琦、刘桐（2018）也指出省级统而不筹弱化了养老金的互助共济作用，加剧了“马太效应”⑦ 和财政风险，经测算衡量出财政负担及所占财政支出比例的上升趋势，并计算得出 2039 年开始养老金将出现收支缺口。⑧ 对于民族地区而言，邓大松、仙蜜

① 郑秉文 . 建立社会保障“长效机制”的 12 点思考——国际比较的角度［J］. 管理世界，2005（10）.

② 巴曙松，刘先丰 . 中国社保基金管理的现状与改革趋向［J］. 中国社会保障，2007（01）.

③ 张利军 . 我国提高养老保险统筹层次的改革路径与发展方向探讨［J］. 理论与现代化，2009（07）.

④ 郑功成 . 实现全国统筹是基本养老保险制度刻不容缓的既定目标［J］. 理论前沿，2008（09）.

⑤ 详见原劳动保障部、财政部联合印发的《关于推进企业职工基本养老保险省级统筹有关问题的通知》（劳社部发〔2007〕3 号）。

⑥ 林毓铭 . 体制改革：从养老保险省级统筹到基础养老金全国统筹［J］. 经济学家，2013（12）.

⑦ 罗伯特·莫顿于 1968 年提出，指的是两极分化的社会现象，强者某一方面的优势引发优势的不断积累，从而形成强者越强、弱者越弱的发展趋势。在社会心理学、经济学等领域被广泛使用。

⑧ 邓大松，余思琦，刘桐 . 全国统筹背景下城镇职工基础养老金财政负担分析［J］. 社会保障研究，2008（02）.

花（2016）基于对民族八省区的研究，认为民族地区在人口密度、预期寿命、人口流动性、教育水平和贫困率等方面体现出来的特殊性，导致其统筹层次提升的难度更大，也使之相对而言更加需要国家财政、政策等多方面的综合扶持。[①] 从必要性的角度来看，邓大松、杨晶（2019）通过基础养老金给付模型和泰尔指数进行测算，证明统筹层次的不断提高，有利于调节养老金给付水平的非均衡性。[②] 穆怀中、张文晓、沈毅（2016）提出全国统筹财政"双补贴"机制，构建了养老保险财政支出适度水平模型，认为分比例全国统筹类型（替代率 10% 中央统筹，替代率 20% 省级统筹）具有财政支付的长期可持续性。[③]

由于制度碎片化导致社会保障公平性欠缺，学者们进行了关于制度整合促进社会保障基金管理制度发展的研究，主要是对养老金并轨和社会保险城乡统筹的探讨。第一，对养老金并轨的研究。郑秉文（2015）基于追溯养老金双轨制历史渊源和进行国际比较，分析了事业单位养老金改革的动力和阻力。[④] 杨燕绥（2015）认为养老金并轨意味着参保主体起点公平的实现，并轨后面临的挑战包括确定合理的待遇水平和发展第三支柱以完善养老金结构，应按照老龄化倒计时策略进行逐步改革。[⑤] 韩烨（2016）认为养老金并轨的目标，是建立能够体现再分配公平的可持续养老金制度，然而人口结构变化、转制成本和个人账户空账制约了这一目标的实现。[⑥] 第二，社会保险城乡统筹研究。袁涛、仇雨临（2016）认为养老保险城乡分治的路径依赖导致制度参与机会不均等和再次分配不公平，城乡统筹的目的是提高待遇水平和促进保障公平。[⑦] 蒋军成、高电玻、吴丽丽（2017）对农村养老保障效果进行了实证

---

① 邓大松，仙蜜花．民族地区基础养老金统筹中的问题及对策——基于基础养老金全国统筹的视角［J］．西南民族大学学报（人文社会科学版），2016（08）．

② 邓大松，杨晶．中国城镇职工基础养老金给付水平及其非均衡性评价——基于省级统筹和全国统筹的测算［J］．华中科技大学学报（社会科学版），2019（01）．

③ 穆怀中，张文晓，沈毅．基于财政支付适度水平的养老保险全国统筹路径选择［J］．城市发展研究，2016（12）．

④ 郑秉文．机关事业单位养老金并轨改革：从"碎片化"到"大一统"［J］．中国人口科学，2015（01）．

⑤ 杨燕绥．养老金并轨的机遇与挑战［J］．行政管理改革，2015（05）．

⑥ 韩烨．论养老金并轨改革的目标定位、约束因素与对策选择［J］．社会科学战线，2016（09）．

⑦ 袁涛，仇雨临．从城乡统筹到制度融合：中国养老保险实践经验与启示［J］．海南大学学报人文社会科学版，2016（05）．

分析，得出保障水平较低、参保激励效果差、基金管理水平低等发展不具有可持续性的结论，从生产力发展、人口结构变动等角度论证了城乡统筹的必要性。[①]武萍、周卉（2016）运用 Shapley 值法分析了城乡统筹背景下流动人口、流入地和流出地的利益得失，提出分段计算流动人口在不同地区积累的养老金权益的方法，实现三方主体利益最大化。[②]王晓东、雷晓康（2015）提出通过改良“统账结合”的财务模式，建立多层次的统分结合的城乡统一财务模式，推动养老保险城乡一体化改革。[③]杨敏、胡世超（2017）认为整体人口老龄化增加医疗保险基金收支平衡压力，城乡医保利益关系复杂性导致运营监管难度增大，制度整合下缴费水平和补偿率公平性问题的解决，都是医疗保险城乡整合面临的关键问题。[④]

2. 社会保障基金管理制度的内容

社会保障基金管理制度是对包括社会保障基金的获得、保值增值和待遇给付在内的整个过程进行管理的依据，所以在此按照学者们对于不同阶段的管理制度的观点和主张进行归纳。

在基金获得方面，主要有通过征缴和非征缴两种形式的探讨。学者们对于完善征缴管理制度的主张主要是费改税。作为来自制度成熟国家实践验证了的有益经验，通过征收社会保障税来获得稳定的基金来源的做法，一直以来都不乏支持和认可的声音，屡见于学者们的改革建议中。赵红凌（1999）分析了部分积累制的理论基础，根据阿莱斯（Allais，1947）、萨缪尔森（Samuelson，1958）和戴蒙德（Diamond，1965）的世代交叠模型，认为隐形债务通过企业没有进入个人账户的统筹资金来解决是远远不够的，大部分还需由政府来承担，支持通过征收社会保障税获得基金。[⑤]杨燕绥、朱祝霞（2011）对未来一定时期内社会保障税的税率进行测算，并与财政支出

① 蒋军成，高电玻，吴丽丽．农村社会养老保险制度保障效果及其城乡统筹［J］．现代经济探讨，2017（04）．

② 武萍，周卉．城乡统筹背景下社会养老保险基金相关主体的利益分析——基于 Shapley 值法［J］．经济体制改革，2016（01）．

③ 王晓东，雷晓康．城乡统筹养老保险制度顶层设计：目标、结构与实现路径［J］．西北大学学报（哲学社会科学版），2015（09）．

④ 杨敏，胡世超．城乡居民基本医疗保险制度整合：理论阐释与现实路径［J］．湖北社会科学，2017（11）．

⑤ 赵红凌．积累制社会保险基金问题探讨［J］．中国经济问题，1999（07）．

与 GDP 的测算结果进行对比，得出征收社会保障税可行的结论。[①] 孙宇晖、安娜（2015）认为管理分散、税收负担、结合国情进行创新是社会保障征税需要解决的难点问题，实行征税必须要从思想、规划和具体方案等方面做好充分准备。[②] 基金获得的非征缴形式方面，学者们主张发展储备基金，其中重要的扩储方式之一是国有资本划转。邓大松、吴汉华、吴小武（2006）认为要实现社会保障的可持续发展，必须要解决基金问题，应当大力发展作为缓解未来支付高峰期压力的储备基金，如全国社会保障基金，借鉴国外成功经验，从健全法规、完善管理、优化方案等方面入手规避投资风险。[③] 肖帅、陈少晖（2015）指出过渡办法化解养老保险转制成本在新形势下弊端逐渐凸显，已不适应发展的需要，通过考察国有资本部分划转的方式偿还隐性养老金债务的理论和实际可行性，认为采取这种系统外注资的方式是更为合适的出路。[④] 崔开昌、丁金宏（2016）进一步探讨了国有资本划转的具体方案和进度安排。[⑤]

社会保障基金保值增值方面，魏志华、林亚清（2014）通过分析社会保障基金"缩水"的程度和原因指出了基金保值增值的必要性和紧迫性，对比讨论了三种国外典型的投资管理模式，并在此基础上提出改革建议。[⑥] 杨晶（2018）从投资渠道、隐性债务、统筹层次等方面分析了基金保值增值的难点问题，提出选择养老金资本化的路径，并给出资本化运营风险控制的建议。[⑦] 胡继晔（2012）考察了在美国养老金保值增值中法律所扮演的角色，为中国基金投资法制建设提供参考。[⑧] 唐大鹏、王丽娟（2015）对社保基金投资增持股票进行实证分析，得出我国社保基金投资股票具有一定市场选择能力的结

---

① 杨燕绥，朱祝霞．社会保障税的税源与税率研究——基于 2010—2050 年人口预测数据［J］．财贸研究，2011（06）．

② 孙宇晖，安娜．关于我国开征社会保障税的若干思考［J］．税务与经济，2015（03）．

③ 邓大松，吴汉华，吴小武．做大、做强全国社会保障基金的战略选择［J］．管理世界，2006（03）．

④ 肖帅，陈少晖．国有资本划转：偿还城镇职工隐性养老金债务的优选途径［J］．东南学术，2015（06）．

⑤ 崔开昌，丁金宏．划转国有资本充实社会保障基金问题探究［J］．中国特色社会主义研究，2016（05）．

⑥ 魏志华，林亚清．社保基金的投资管理模式及其困境摆脱［J］．改革，2014（03）．

⑦ 杨晶．我国基本养老保险基金保值增值的问题与对策［J］．当代经济管理，2018（11）．

⑧ 胡继晔．美国养老金保值增值的法律保障及其经验借鉴［J］．保险研究，2012（05）．

论，建议在理念上注重投资的长期性和价值性，完善投资的内部流程控制和外部治理。[①]

学者们从保障对象和待遇水平两个角度对社会保障待遇给付进行研究。从保障对象来看，碎片化的社会保障制度导致了企业职工、事业单位职工和灵活就业人员的保障待遇差别。其中农民工参保问题受到广泛关注。王欢、黄健元（2018）研究了因养老保险人群分割、区域分割和低统筹层次而导致的农民工待遇不公平问题。[②]陈乙酉、张邦辉（2018）应用 Logit 选择模型和 PSM 模型对社会保障和农民工流动决策之间的关系进行实证研究，结论表明在东部地区农村社会保障制度对于流动决策的影响效应比较显著，是因为东部地区较高发展水平所决定的较高保障水平。[③]从待遇水平的确定来看，景鹏、陈明俊、胡秋明（2018）通过测算不同待遇水平下的财政负担规模，给出城乡居民养老保险的合理方案建议。[④]彭宅文、岳经纶（2018）从待遇设计范围和深度方面分析当前医保待遇政策设计问题，并从医药卫生体制改革的角度解释成因。[⑤]罗静、沙治慧（2018）以生活支出实算法为基础对城乡低保待遇调整机制进行实证分析，对调整基数和调整比例两种待遇调整方法进行改进，并提出了实施配套措施方面的建议。[⑥]杨翠迎等（2017）考察了不同保障制度的待遇梯度，认为城镇低保、最低工资和失业保险的待遇梯度结构不合理，失业保险待遇不应低于最低工资标准，否则不利于就业者参加失业保险，且可能引发逆向选择行为。[⑦]

---

① 唐大鹏，王丽娟．我国社保基金入市投资选择研究——基于股票投资增持策略的分析［J］．价格理论与实践，2015（07）．

② 王欢，黄健元．公平视野下农民工养老保险的困境与出路［J］．西北人口，2018（01）．

③ 陈乙酉，张邦辉．社会保障对农民工流动决策的影响研究——基于“推拉”理论的实证［J］．农业经济问题，2018（10）．

④ 景鹏，陈明俊，胡秋明．城乡居民基本养老保险的适度待遇与财政负担［J］．财政研究，2018（10）．

⑤ 彭宅文，岳经纶．新医改、医疗费用风险保护与居民获得感：政策设计与机制竞争［J］．广东社会科学，2018（04）．

⑥ 罗静，沙治慧．城乡低保待遇水平与物价联动标准测算方法改进［J］．社会保障研究，2018（01）．

⑦ 杨翠迎，王国洪，冯广刚．关联社会保障制度待遇标准及梯度研究［M］．北京：经济科学出版社，2017.

3. 可持续发展理论的应用

可持续发展理论主要应用于生态学、经济学和社会学领域的研究。通过知网检索结果可以看出，近10年来运用可持续发展理论进行研究发表文章的数量，同年由多到少的排序均为经济、生态、社会、社会保障、公共管理。且社会保障和公共管理类与前三类之间存在显著差距（见表9–1）。

表9–1　可持续发展理论在不同学科的应用成果统计

Table 9–1　Statistics on the Application of Sustainable Development Theory in different disciplines

年份	学科				
	生态	经济	社会	公共管理	社会保障
2018	228	354	303	2	5
2017	216	358	293	4	10
2016	256	435	318	2	9
2015	268	402	329	1	6
2014	295	500	363	0	5
2013	354	610	445	2	8
2012	308	603	419	2	4
2011	294	650	444	1	8
2010	401	806	514	0	11
2009	462	835	586	2	10

注：1. 检索范围是2009—2018年中国知网数据库CSSCI类刊物所发表的文章。
2. 检索条件是用“可持续发展”分别并含“生态”“经济”“社会”“公共管理”“社会保障”进行“主题”检索。

数据来源：中国知网检索结果。

将“社会保障”概念进一步分解成“社会保险”“社会救助”“社会福利”“社保基金”等一些相关度较高的关键词进行检索，可获得的近10年以来研究也比较有限。学者们大多致力于挖掘社会保障制度发展中不可持续的病根。林毓铭（2009）认为社会保障各主体之间责任不明确，缺乏风险分担机制，导致政府在社会保障可持续发展中承担了过大的财政负担。[①] 高连欢（2015）认为“福利刚性”是制约我国养老保险实现可持续发展的重要因素之

① 林毓铭．社会保障财政风险与危机管理战略［J］．人口与发展，2009（06）．

一。[①] 王作宝（2016）认为实现养老保险的可持续应当首先解决养老负担的代际不公问题。[②] 程毅（2015）认为多元非均衡结构制约着居民医疗体系的协调发展。[③] 何晖、芦艳子（2016）从学科建设的角度，总结出了社会保障发展过程中理论指导作用发挥不足的问题。[④]

在对社会救助和社会福利的可持续发展研究方面，谢勇才、丁建定（2015）认为社会救助的发展路径是从救助理念和方式等各方面进行改革，从生存型救助转型为发展型救助。[⑤] 陈永生（2014）认为在城市中，社会救助应该具备实现促进就业的功能。[⑥] 张奇林（2016）指出《慈善法》的出台优化了慈善事业的管理体制，为慈善事业的可持续发展提供了法律保障。[⑦] 在战略选择上要基于国情，营造良好的外部发展环境，培育和维护慈善事业的内生动力。[⑧] 赵一红（2018）基于马克思社会发展理论，认为社会福利的现代化发展要具有普惠性和平等性，才是可持续的发展。[⑨]

总体来看，我国学者对于社会保障基金管理制度的研究可以分为两类，一类是在对某一具体社会保障制度的研究中将该保障项目的基金管理制度作为其构成部分进行研究，其中养老保险制度是学者关注的重点；另一类是对社会保障基金管理过程的某一阶段或环节的制度规定进行研究，在这一类的研究中学者们更多地关注了社会保障基金如何获得。从近十年的研究情况来看，从可持续发展理论的角度对此进行研究的文章要比在其他学科领域的研究成果少很多，相对来说还不成熟。

---

① 高连欢．“福利刚性”条件下养老保险制度可持续发展路径探析［J］．理论与现代化，2015（01）．

② 王作宝．代际公平与代际补偿：养老保险可持续发展研究的一个视角［J］．东北大学学报（社会科学版，2015（01）．

③ 程毅．城镇化进程中的新型农村合作医疗制度可持续发展研究［J］．福建论坛·人文社会科学版，2015（02）．

④ 何晖，芦艳子．“十三五”时期中国社会保障制度可持续发展研究［J］．社会保障研究，2016（03）．

⑤ 谢勇才，丁建定．从生存型救助到发展型救助：我国社会救助制度的发展困境与完善路径［J］．中国软科学，2015（11）．

⑥ 陈永生．中国城市低保制度的发展困境与转型研究［J］．社会科学，2014（10）．

⑦ 张奇林．《慈善法》与中国慈善事业的可持续发展［J］．江淮论坛，2016（04）．

⑧ 张奇林．中国慈善事业的非典型发展与可持续发展［J］．江汉论坛，2015（10）．

⑨ 赵一红．论中国特色社会福利现代化——对马克思社会发展理论的分析［J］．社会科学辑刊，2018（01）．

（二）国外研究综述

西方国家的社会保障制度起步较早，发展程度更加成熟，因而国外学者较早地开始对相关问题进行关注。学者们对于社会保障基金管理制度的研究应用了多种理论和视角。

基金筹集和待遇支付管理方面的研究。尼古拉斯·巴尔（2003）从经济学的角度对积累制和现收现付制进行分析，认为二者不存在优劣上的差别，只有从实际国情出发做出的选择才能发挥好的效果。[①] 一些学者认为政府在筹集基金以提供具有持续性的社会保障方面拥有不可替代的重要性。庇古认为，政府提升国家经济福利水平更能体现公平性的收入再分配机制，即把累进制的所得税用于社会保障，这为解决基金可持续来源提供了重要思路。[②] 凯恩斯认为国家有责任支持公共福利的发展，通过提高福利待遇以刺激需求。[③] 诺德豪斯和萨缪尔森认为，由于市场存在更为普遍的信息不对称的情形，所以从帮助人们规避和分散风险方面的效果来看，与市场相比政府建立的强制保险竞争力更强。[④] 国际劳工组织基于对各国社会保护相关数据的分析指出，虽然社会保护的发展在世界范围内取得了积极进展，但很多国家在扩大覆盖面和提升保障水平方面还有很长的路要走，各国有责任为实现可持续发展目标所提倡的全民普遍的社会保护而奋斗。[⑤]

在人口老龄化的背景下，有的学者基于代际公平理论认为现收现付制存在一些不可持续的因素需要被改革。Fence 和 Warding（2003）共同指出现收现付制下人口结构的变化可能额外产生需要由后代承担的不合理成本。[⑥]Woodward（2000）认为现收现付制的实行本质上是当代人为后代人行使

① 尼古拉斯·巴尔 . 福利国家经济学［M］. 北京：中国劳动保障出版社，2003.

② A.C. 庇古 . 福利经济学［M］. 北京：商务印书馆，2006.

③ 约翰·梅纳德·凯恩斯 . 汉译世界学术名著丛书：就业、利息和货币通论［M］. 北京：商务印书馆，2014.

④ 保罗·萨缪尔森，威廉·诺德豪斯 . 汉译世界学术名著丛书：经济学（第 19 版）［M］. 北京：商务印书馆，2012.

⑤ 国际劳工组织 . 全球社会保障的最新动态与未来展望［J］. 社会保障评论，2018（04）.

⑥ Fence R，Warding M. Ageing and Fiscal Imbalances Across Generations：Concepts of Measurement［R］. Menschen：CESifo，2003.

了养老制度的选择权，这种选择未必符合他们的意愿所以不具有合理性。[①]反对者认为不应用静态和片面的视角考察现收现付制的公平性。Schokkaert（2003）认为社会的发展带来了生活条件的改善，所以后代将拥有比当代人更好的生活，他们能够且应该通过现收现付制的缴费承担更多的养老成本。[②]此外，还有一些学者对于各国养老金的待遇确定或调整机制进行比较研究，为使制度能够更好地适应人口结构的变化进行探讨。[③④⑤]

在社会保障基金的投资和监督管理方面，委托—代理理论是相关研究中常见的理论依据，学者们大多主张在基金保值增值中发挥市场的优势，减少政府非专业性和低效率等的不利影响，通过多元投资化解投资风险。[⑥⑦]

国外相关研究由于制度起步发展早所以相对成熟，学者们以代际公平理论、委托—代理理论等为理论基础对以养老金为主的社会保障基金管理制度进行研究，关于制度可持续性的探讨主要是对现收现付制和积累制的适用性研究以及对政府和市场在基金管理中应当扮演何种角色的研究。

综上所述，对于社会保障基金管理制度的研究，大多数学者关注社会保障制度的某一部分或基金管理的某一阶段。研究相对集中于养老金方面，研究多层次或全过程的社会保障基金管理制度的可得成果较少，对于制度可持续性进行的研究也不多。因此，本书从社会保障的多个层次和基金管理的全过程对我国社会保障基金管理制度可持续性进行分析，找到导致不可持续问题的原因并尝试予以解决和调整。

---

① Woodward R T. Sustainability as Intergenerational Fairness: Efficiency, Uncertainty, and Numerical Methods[J]. American Journal of Agricultural Economics, 2000, 82.

② Schokkaert E. Debate on Social Justice and Pension Reform [J] .Journal of European Social Policy, 2003, 13.

③ Barry Bosworth and R Kent Weaver. Social Security on Autopilot: International Experience with Automatic Stabilizer Mechanisms [R] . Center for Retirement Research Working Paper, 2011.

④ Robert Menes. Adjustment Mechanisms and International Actuarial Neutrality in Pension Reforms [J]. International Social Security Review, 2016, 1.

⑤ ARBATLI E, FEHER C, REE J, et al. Automatic Adjustment Mechanisms in Asian Pension Systems? [R] . IMF Working Paper, 2016.

⑥ Booth, Yakoubov. Investment Policy for Defined Contribution Pension on Schemes Close to Retirement: an Analysis of the Lifestyle Concept [J] . North American Actuarial Journal, 2000, 4.

⑦ Dirk W.G.A. Brooders, Arco van Cord, David R. Rijsbergen. Scale economies in pension fund investments: A dissection of investment costs across asset classes [J] . Journal of International Money and Finance, 2016.4.

第二节　社会保障基金管理制度发展历程及现状

一、社会保障基金管理制度发展历程

社会保障基金管理制度的建立要追溯到我国社会保障制度的建立。我国社会保障制度自1951年颁布《中华人民共和国劳动保险条例》开始建立。该条例对劳动保险基金的征缴和管理做出了规定，后由于“文革”被迫中断。之后的发展历程大致如下：

（一）社会保险基金管理制度

养老保险和医疗保险基金的建立和发展。1991年，国务院颁布了《关于企业职工养老保险制度改革的决定》，确定了我国养老保险基金的筹资模式，基本养老保险费用由国家，企业和个人共同负担，实行社会统筹。先由市、县级统筹，再逐步过渡到省级统筹。1993年，《关于建立社会主义市场经济体制若干问题的决定》提出“城镇职工养老和医疗保险金由单位和个人共同负担，实行社会统筹和个人账户相结合”，首次明确了“个人账户”的概念。1995年，国务院发布《关于深化企业职工养老保险制度改革的通知》，基本养老保险实行社会统筹与个人账户相结合的制度模式，并在全国试点。同年，医疗保险制度改革在江苏省镇江市、江西省九江市进行试点。1997年，国务院颁布《关于建立统一的企业职工基本养老保险制度的决定》，标志着我国以统账结合模式为特征的养老保险制度的形成。2005年，《关于完善企业职工基本养老保险制度的决定》（国发〔2005〕38号），改革养老金计发办法，建立了待遇与缴费紧密挂钩的激励机制，并明确提出要逐步做实个人账户。2014年，国务院发布《关于建立统一的城乡居民基本养老保险制度的意见》，国务院常务会议和中央政治局常委会通过养老金并轨方案。2016年国务院发布《关于整合城乡居民基本医疗保险制度的意见》。2018年国务院发布的《关于建立企业职工基本养老保险基金中央调剂制度的通知》指出在现行职工基本养老保险省级统筹的基础上，建立养老保险中央调剂基金，明确了“省级政府扩面征缴和确保发放责任制”。

其他社会保险基金的建立。1993年国务院发布《国有企业职工待业保险规定》，由企业缴费建立待业保险基金。原劳动部先后于1994年和1996年发布了《企业职工生育保险试行办法》和《企业职工工伤保险试行办法》，我国生育保险基金和工伤保险基金也建立起来。

社会保险基金管理制度的建立和发展。1995年劳动部、审计署发布《社会保险审计暂行规定》。1999年，国务院颁布了《社会保险费征缴暂行条例》，明确规定社会保险基金实行“收支两条线”管理，劳动和社会保障部制定了《社会保险费征缴监督检查办法》。财政部、劳动和社会保障部共同颁布了《社会保险基金财务制度》，财政部颁布了《社会保险基金会计制度》，社会保险、社会保障基金管理得到全面的统一规范。2001—2003年，劳动和社会保障部先后颁布《社会保险基金监督举报工作管理办法》《社会保险基金行政监督办法》和《社会保险稽核办法》。2010年，国务院发布《关于试行社会保险基金预算的意见》，要求社会保险基金预算单独编报，与公共财政预算和国有资本经营预算相对独立、有机衔接。2011年7月1日，《中华人民共和国社会保险法》规定了“基本养老保险基金逐步实行全国统筹，其他社会保险基金逐步实行省级统筹”。2011—2013年，人力资源和社会保障部先后发布《社会保险基金先行支付暂行办法》和《社会保险费申报缴纳管理规定》。2018年《国税地税征管体制改革方案》明确，从2019年1月1日起，各项社会保险费由税务部门统一征收。

（二）社会救助和社会福利基金管理制度

社会救助基金管理制度。这里主要介绍五保供养制度和最低生活保障制度的发展。1994年，国务院出台了《农村五保供养工作条例》，将五保户的供养责任由农民分散供养提升到乡村统筹供养。2006年，国务院颁布新的《农村五保供养工作条例》，确立了政府对农村五保户所承担的财政责任。1997年，国务院发出《关于在全国建立城市居民最低生活保障制度的通知》，1999年《城市居民最低生活保障条例》出台，使这一制度上升到行政法规规范的层次，规定“所需资金由地方人民政府列入财政预算，纳入社会救济专项资金支出项目”。2007年，国务院《关于在全国建立农村最低生活保障制度的通知》发布，对于农村低保的保障标准、资金筹集、组织机构等内容进行了规范。2014年，国务院颁布《社会救助暂行办法》，对于最低生活保障、特困人员供养、自然灾害救助等保障内容和政府责任进行了系统的规定。

社会福利基金管理制度。20 世纪中期，国家包办投入财政拨款为无生活来源、无劳动能力和无依无靠的老弱病残，孤寡社会成员提供国家福利服务。1984 年，中国残疾人福利基金会成立，开创了残疾人福利事业向民间与社会各界寻求财政资源的先河。1986 年，民政部制定五年规划，明确提出了社会福利事业由单一的国家负担改变为国家、集体、个人三方共同负担。1994 年，民政部先后发布《福利彩票管理办法》《有奖募捐社会福利资金管理使用办法》，对福利彩票这一筹集福利资金方式和社会福利基金的用途进行了规范。1999 年,《中华人民共和国公益事业捐赠法》首次用法律的形式规范社会捐赠。同年，民政部印发《关于社会福利基金筹集、管理与使用规定》的通知，对我国社会福利基金管理进行了统一和规定。

（三）补充保障和储备基金管理制度

企业年金基金管理制度。1991 年，国务院颁布《关于企业职工养老保险制度改革的决定》，第一次提出了企业补充养老保险的概念。文件规定，企业补充养老保险所需的费用，从企业自有资金中的奖励、福利基金内提取，劳动部门所属的社会保险管理机构经办企业补充养老保险的具体业务。1995 年，劳动部发布《关于建立企业补充养老保险制度的意见》，明确了实施主体、实施条件、资金来源等相关规定。2004 年《企业年金试行办法》颁布，标志着中国企业年金制度正式确立。同年颁布的《企业年金基金管理试行办法》，进一步确定了企业年金基金投资管理的原则、投资范围，为各类企业年金运营机构建立企业年金基金运作模式和流程提供了法律依据。2006 年，财政部规范了企业年金的会计处理流程，国务院在《关于完善企业职工基本养老保险制度的决定》中提出对企业年金基金实行完全积累制，采取市场化的方式进行管理和运营。劳动和社会保障部发出《关于企业年金基金银行账户管理有关问题的通知》，对企业年金、银行账户的操作和管理进行了规范。2011 年人社部、银监会、证监会、保监会发布《企业年金基金管理办法》，对企业年金基金的受托管理、账户管理、托管、投资管理以及监督管理进行系统的规定。2017 年，人社部、财政部发布《企业年金办法》，进一步完善了企业年金制度。

2002 年发布的《财政部、劳动保障部关于企业补充医疗保险有关问题的通知》，是目前国家层面的企业补充医疗保险基金的管理依据。

全国社会保障基金的建立。2016 年，国务院出台《全国社会保障基金条例》，规定了全国社会保障基金的来源构成、性质和用途，全国社会保障基金理事会负责全国社会保障基金的管理运营。

二、社会保障基金管理制度现状

（一）社会保障基金构成

社会保障从概念上来看，不同于国外的“大福利小保障”，我国的特点是“大保障小福利”。所以构成我国社会保障的主要内容，包括社会保险、社会救助和社会福利三个方面。因此，社会保障基金划分的第一个层次是社会保险基金、社会救助基金和社会福利基金。对社会保险基金进行划分，依据社会保险制度可划分为养老保险基金、包括生育在内的医疗保险基金、失业保险基金和工伤保险基金，基本养老和基本医疗保险基金可进一步分为统筹账户基金和个人账户基金。此外，还包括作为养老储备基金的全国社会保障基金，以及包括归企业所有的企业补充养老保险和企业补充医疗保险在内的补充保障基金。

（二）社会保障基金管理制度的主要内容

社会保险基金管理制度的内容。为了保证社会保险基金的专款专用，目前我国社会保险基金实行“收支两条线”管理。管理主体是人社部及所属社会保险经办机构。管理内容主要包括征收、支付、基金管理、运营和监督等方面。社会保险基金的筹资模式是部分积累制，实行省级统筹，中央调剂。社会保险基金的来源是参保人个人及所在单位的缴纳，政府对社保基金的财政补贴，社会保险基金的银行利息和投资回报以及社会捐赠。国家对于社会保险基金的优惠政策包括税前列支，以及中央和地方财政补贴和减持国有股对于社保基金缺口的弥补。目前，经过税改，社会保险金的缴纳部门统一为税务部门。在待遇支付方面，养老保险参保人可以获得统筹账户保险金和个人账户养老金。医疗保险的参保人可以按照相关规定，从统筹基金和个人账户中报销相关的医疗项目。符合工伤认定条件或患职业病的劳动者，依据实际情况和法定流程获得相应的保障待遇。按照规定参加失业保险的劳动者，在非因本人意愿中断就业并积极求职期间可享受失业保险待遇。

社会救助的主要来源是财政和社会捐赠，主要支出项目是城乡低保、特困人员救助和自然灾害救助。社会福利基金的主要来源是财政拨款、福利彩票公益金和社会捐赠，主要用于资助为老年人、残疾人、儿童和其他基本生活特别困难人员等特殊群体提供服务的社会福利项目。社会救助基金和社会福利基金管理部门为民政部。社会救助司负责拟订城乡居民最低生活保障、临时救助等社会救助政策和标准，健全城乡社会救助体系，承办中央财政困难群众救助补助资金分配和监管工作等。中国福利彩票发行中心负责彩票的发行和基金的筹集。民政部规划财务司指导和监督中央财政拨付的民政事业资金管理工作，拟订民政部门彩票公益金使用管理办法，管理本级彩票公益金。

补充保障方面，目前主要有企业年金和企业补充医疗保险。企业和职工建立企业年金，应当依法参加基本养老保险并履行缴费义务。企业应当与职工一方通过集体协商制定企业年金方案，将企业年金方案报送所在地县级以上人民政府人力资源社会保障行政部门。企业年金基金实行完全积累。企业自愿建立的补充医疗保险是在按规定参加当地基本医疗保险的基础上，资金由企业或行业集中使用和管理，实行单独建账，单独管理。

第三节　社会保障基金管理制度不可持续问题及原因分析

通过对社会保障基金管理制度发展历程和现状的回顾与总结可知，我国社会保障基金管理制度是在特定历史背景和社会条件下逐步建立起来的，并且伴随着社会变革和经济发展在不断尝试和学习借鉴中逐渐发展起来。在这个漫长而曲折的发展过程中，我们逐步改进不足、逐步解决难题、逐步跨越障碍。

本节围绕第一节选取的稳定性、发展性、财政可靠性和影响因素等社会保障基金管理制度可持续发展的四个主要评价指标，探索存在的问题，分析形成问题的原因。

一、社会保障基金管理制度不可持续问题的提出

（一）社会保障基金管理制度稳定性方面存在的问题

社会保障基金管理制度的实行情况整体而言具有稳定性，但依然存在一些与现实发展不相适应的地方。

社会保险基金方面，从出台的相关文件的修订情况来看，社会保险基金管理的主要有关法律规章（见表 9–2）等制定以来变动不大，变动情况见表 9–3。从具体险种的调整发展来看，企业职工基本养老保险的筹资模式历经 6 年（期间包含 2 年试点）由社会统筹发展为统账结合，[①] 统筹层次历经 8 年由市、县级过渡至省级统筹，[②] 之后的 20 年至今还在逐步向全国统筹迈进中。机关事业单位养老保险在运行了 19 年后与运行 18 年的企业职工基本养老保险并轨。[③] 新型农村养老保险在"老农保"实行近 20 年后实现了对其角色的替代。[④] 新型农村社会养老保险和城镇居民养老保险从最初分别开始试点到最终合并历时 5 年。[⑤] 城镇职工医疗保险筹资模式从 20 世纪 50 年代开始由单位承担经理约半个世纪（包含 4 年试点）确立起统账结合模式。[⑥] 新型农村合作医疗制度和城镇居民基本医疗保险制度从最初分别试点到最终合并历时 13 年。[⑦] 全国社会保障基金方面，《全国社会保障基金投资管理暂行办法》和《全国社会保障基金条例》施行以来不曾修订。社会救助基金方面，《社会救助暂行办法》等涉及社会救助基金管理的主要法规自颁布实施

---

① 1991 年企业职工养老保险制度开始实行社会统筹，统筹层次为市、县级。1995 年基本养老保险统账结合的模式在全国展开试点。1997 年我国以统账结合模式为特征的养老保险制度形成。

② 详见 1999 年《关于建立基本养老保险省级统筹有关问题的通知》。

③ 1986 年国家机关、事业单位和社会团体的退休养老开始实行社会保险制度。2014 年 12 月，机关事业单位养老保险制度改革方案审议通过。

④ 1992 年 1 月 3 日民政部公布实行《县级农村社会养老保险基本方案（试行）》，我国农村养老保险制度建立。

⑤ 2009 年全国新农保试点工作正式启动。2011 年 7 月城镇居民社会养老保险启动试点。2014 年《国务院关于建立统一的城乡居民基本养老保险制度的意见》将新农保和城居保两项制度合并实施。

⑥ 1994 年"两江试点"开始，1996 年试点推广到 57 个城市，1998 年《关于建立城镇职工基本医疗保险制度的决定》正式确立了统账结合的医疗保险制度模式。

⑦ 新型农村合作医疗制度从 2003 年起在全国部分县（市）试点，2007 年起开展城镇居民基本医疗保险试点，2016 年 1 月 12 日，国务院印发《关于整合城乡居民基本医疗保险制度的意见》，要求推进城镇居民医保和新农合制度整合。

以来均未有过修订。[①] 社会福利基金方面，《公益事业捐赠法》《慈善法》和《彩票管理条例》自颁布以来未经修改，《彩票管理条例实施细则》实行 6 年之后于 2018 年进行修订，但修改内容不涉及用于社会福利事业的彩票公益金。2018 年 5 月，民政部发布了《民政部彩票公益金使用管理办法》等 6 个办法，同时《民政部本级彩票公益金使用管理办法》（民办发〔2016〕7 号）等 6 个办法废止。[②] 企业年金方面，《企业年金基金管理办法》（2011 年人社部、银监会、证监会、保监会令第 11 号）替代了《企业年金基金管理试行办法》（劳动和社会保障部令第 23 号），并与《企业年金基金管理机构资格认定暂定办法》（2004 年劳动和社会保障部令第 24 号）于 2015 年进行修订。此次修订删除了部分条款，企业年金基金的受托人、账户管理人、托管人和投资管理人的资格条件有所放宽。

表 9–2　社会保险基金管理制度文件

Table 9–2　Documents on the management system of social insurance funds

综合性规定及各个险种的规定	《中华人民共和国劳动法》（2018 年第二次修正）、《中华人民共和国社会保险法》（2018 年修正）、《社会保险法实施细则》（2011 年人社部令 13 号）、《国务院关于建立企业职工基本养老保险基金中央调剂制度的通知》（国发〔2018〕18 号）、《失业保险条例》（1999 年国务院令第 258 号）、《工伤保险条例》（2010 年国务院令第 586 号）、《国务院办公厅关于转发人力资源社会保障部 财政部城镇企业职工基本养老保险关系转移接续暂行办法的通知》（国办发〔2009〕66 号）、《国务院关于印发基本养老保险基金投资管理办法的通知》（国发〔2015〕48 号）、《国务院办公厅关于全面实施城乡居民大病保险的意见》（国办发〔2015〕57 号）、《国务院关于整合城乡居民基本医疗保险制度的意见》（国发〔2016〕3 号）、《国务院关于建立统一的城乡居民基本养老保险制度的意见》（国发〔2014〕8 号）、《国务院关于机关事业单位工作人员养老保险制度改革的决定》（国发〔2015〕2 号）、《国务院关于完善企业职工基本养老保险制度的决定》（国发〔2005〕38 号）

① 涉及社会救助基金管理的主要法规：《社会救助暂行办法》《城市居民最低生活保障条例》《农村五保供养工作条例》《国务院关于在全国建立农村最低生活保障制度的通知》《自然灾害救助条例》《城乡医疗救助基金管理办法》《城乡最低生活保障资金管理办法》。

② 民政部发布了《民政部彩票公益金使用管理办法》《民政部彩票公益金民政部项目立项和评审办法》《民政部彩票公益金项目督查办法》《民政部彩票公益金使用管理信息公开办法》《民政部彩票公益金服务和其他类项目管理办法》《民政部彩票公益金培训项目管理办法》。同时《民政部本级彩票公益金使用管理办法》《民政部彩票公益金本级项目立项和评审办法》《民政部彩票公益金项目督查办法（试行）》《民政部彩票公益金使用管理信息公开办法（试行）》《民政部彩票公益金本级服务和其他类项目管理办法（试行）》《民政部彩票公益金本级培训项目管理办法（试行）》废止。

续表

筹资管理	《国务院关于试行社会保险基金预算的意见》(国发〔2010〕2号)、《社会保险费征缴暂行条例》(1999年国务院令第259号)、《社会保险费申报缴纳管理规定》(2013年人社部令第20号)
先行支付	《社会保险基金先行支付暂行办法》(2011年人社部令第15号2018年修订)
监督管理	《社会保险审计暂行规定》(劳部发〔1995〕329号)、《社会保险费征缴监督检查办法》(1999年劳动和社会保障部令第3号)、《社会保险基金监督举报工作管理办法》(2001年劳动和社会保障部令第11号)、《社会保险基金行政监督办法》(2001年劳动和社会保障部令第12号)、《社会保险稽核办法》(2003年劳动和社会保障部令第16号)、《劳动保障监察条例》(2004年国务院令第423号)

注：由于涉及相关文件数量较多，表格中选取了笔者认为涉及社会保障基金管理内容较多或重要性和相关性较高的文件。

资料来源：根据国务院及各部委网站信息公示整理所得。

表 9-3 社会保险基金管理制度变动情况

Table 9-3 Changes in the management system of social insurance funds

相关规定	实施年份	变动情况	说明
《劳动法》	1994年	2009年修改了第九十二条中的内容，2018年修改了第十五条、第六十九条和第九十四条的内容	该法第九章中，第七十条至第七十四条涉及社会保险基金管理的内容，均不在修改内容的范围
《社会保险法》	2010年	2018修订，修改条款为第五十七条、第六十四条和第六十六条	后两条涉及社会保险基金管理，即生育保险和医疗保险基金合并建账，将预算也合并编制
《社会保险基金先行支付暂行办法》	2011年	2018年仅修改第四条	变动内容简化了该条款规定情形下的申请手续
《社会保险费申报缴纳管理暂行办法》(劳动和社会保障部令第2号)	1993年	废止	替代法规《社会保险费申报缴纳管理规定》自2013年11月1日起施行
《国有企业职工待业保险规定》	1993年	废止	替代法规《失业保险条例》自1999年1月22日起施行
《工伤保险条例》	2003年	2010年修订，对条款内容进行大量增删和顺序调整	扩大了工伤保险条例的适用单位范围，变更了负责工伤保险费率的行业差别费率及行业内费率档次的制定单位和变更单位，增加了工伤保险费缴费基数确定方式，扩大了工伤保险统筹范围，扩大了工伤保险基金的用途范围

由此可见，我国社会保障基金管理制度的改革发展总体上是长期逐步有方向地推进，法律法规在实行过程中为适应经济社会发展略有调整。但是，某些制度改革长期以来进展不尽如人意，部分规定内容也不合时宜，已不能满足现实需要，总体来看制度的相对稳定实现程度有所欠缺。

（二）社会保障基金管理制度发展性方面存在的问题

制度改革有方向地逐步推进，制度发展取得了阶段性成就，同时面临着诸多自身的缺陷和来自外部的发展阻碍。

社会保障基金管理制度在多年来的发展过程中，已取得了值得肯定的阶段性成就：初步建立起的多层次社会保障体系使社会保险基金、社会救助基金、社会福利基金和补充保障基金在能够不同保障层次上发挥各自的作用，全国社会保障基金作为储备基金也承担起了预防风险的责任[①]；社会保险基金统账结合的部分积累制，兼具了互济性和积累性，推进了国家、社会和个人的责任分担；养老和医疗保险基金统筹层次不断提升和城乡制度的逐步整合，促进了制度覆盖面的扩大和社会公平的实现；民间资源在推动社会福利和社会救助事业发展中有较大的发展潜力和挖掘价值。

但在取得重要进展的同时依然存在许多制约因素：社会保障基金管理制度结构薄弱，社会保险制度碎片化和目前实际的统筹水平依然难以实现社会保险基金的整合高效管理，社会救助和社会福利法律层面仅有促进条款，立法层次依然偏低；基金管理涉及各方主体责任未理顺，利益分化阻碍制度改革完善；各层次的保障覆盖范围依然具有局限性；缴费和待遇缺乏调整机制；基金投资管理限制诸多，注重安全最终却难以保值盈利。

（三）社会保障基金管理制度财政可靠性方面存在的问题

社会保障财政投入力度不断加大，但缺乏合理的分担机制。

2018 年，我国全国一般公共预算收入为 183352 亿元，同比增长 6.2%。全国一般公共预算支出为 220906 亿元，同比增长 8.7%。社会保障和就业支出为 27084 亿元，增长 9.7%。医疗卫生与计划生育支出为 15700 亿元，增

---

① 人社部网站．两会部长通道：全国社保基金已经有两万亿元左右的战略储备，今后还会继续加大划转部分国有资本充实社保基金的力度［EB/OL］. http://www.mohrss.gov.cn/SYrlzyhshbzb/dongtaixinwen/buneiyaowen/201903/t20190312_311803.html.

长 8.5%。[①] 近年社会保障财政支出及其占总支出的比例均呈增长趋势（见图 9-1）。然而，根据邓大松等学者对未来一段时间内财政收入的预测（见表 9-4）和对城镇职工基础养老金财政负担在全国统筹假设条件下的预测，2039 年我国将开始出现 31465.27 亿元的养老金收支缺口，到 2050 年，政府需要补贴收支缺口的数额达到 139642.63 亿元，政府财政补贴占财政收入的比重将由 2039 年的 4.11% 增长至 2050 年的 12.33%。[②]

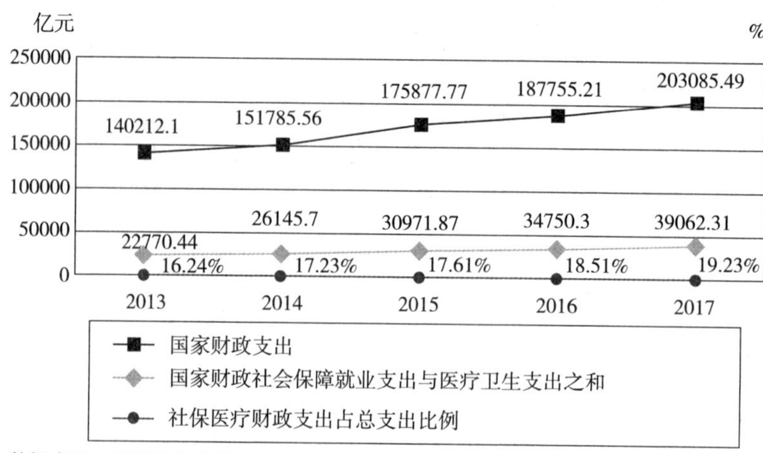

数据来源：根据国家统计局网站数据整理而得。

图 9-1　2013—2017 年社会保障财政支出情况

Figure 9-1　Fiscal expenditure on social security in 2013—2017

表 9-4　2019—2049 年财政收入预测

Table 9-4　Projections of financial revenue in 2019—2049 (in millions of dollars)

单位：亿元

年份	GDP	财政收入	年份	GDP	财政收入
2019	898839.47	194370.66	2027	1313523.69	390261.00
2021	1002510.53	236429.03	2029	1417194.74	448085.56
2023	1106181.58	283901.05	2031	1520865.80	508365.10
2025	1209852.63	335368.79	2033	1624536.85	570644.86

① 财政部网站．2018 年财政收支情况［EB/OL］．http://gks.mof.gov.cn/zhengfuxinxi/tongjishuju/201901/t20190123_3131221.html.

② 邓大松，余思琦，刘桐．全国统筹背景下城镇职工基础养老金财政负担分析［J］．社会保障研究，2018（02）．

续表

年份	GDP	财政收入	年份	GDP	财政收入
2035	1728207.90	634504.01	2043	2142892.12	898832.46
2037	1831878.96	699563.26	2045	2246563.17	965806.97
2039	1935550.01	765488.73	2047	2350234.23	1032753.49
2041	2039221.07	831992.74	2049	2453905.28	1099543.03

数据来源：邓大松，余思琦，刘桐．全国统筹背景下城镇职工基础养老金财政负担分析［J］．社会保障研究，2018（02）．

可见，在人口老龄化进程加快和社会保障基金管理制度依然不完善的背景下，我国财政对于社会保障的支持从长远来看将会面临增长性压力。因此实现管理制度可持续要解决的问题是不同主体的责任分担问题，其中包括各级政府财政责任的合理划分。

（四）社会保障基金管理制度影响因素方面存在的问题

人口结构、经济发展、专业人才和技术等影响因素也使制度的未来衍生出多种可能性。

一是人口结构。国家统计局的数据显示，2018 年我国 65 岁及以上人口达到 16658 万人，占年末总人口数的 11.9%，2013 年开始到 2017 年 15～64 岁人口一直呈下降趋势，这意味着老龄化将对社会保险基金的收支带来显著影响。二是经济发展。在现行的社会保障制度下，经济发展水平对于社会保障水平具有显著影响，是社会保障待遇调整的重要参考指标；经济发展不稳定则会增加社会保障基金投资风险，不利于保值增值的实现；金融危机、国家之间贸易战争等对于就业的不利影响也会增加社会保障负担；经济发展产生的新业态和就业高流动性对于社保基金的缴纳和转移接续也有着不可忽视的影响，如企业为高流动性职业或岗位工作人员缴纳社保的消极态度，再如农民工跨区域就业在现行基金管理制度下难以避免的权益损失。三是专业人才培养和任用。社会保险精算和基金投资管理都离不开专业的人才，社会保障的决策、经办、服务等各个部门各个环节的工作人员的专业化水平对于基金管理制度的有效落实和不断完善发挥着非常重要的作用。而目前有些专业人才培养困难导致供给不足，还有些人才未能在专业对应的岗位上发挥优势，而相关单位的工作人员的专业性依然有待提升。四是信息技术的应用。信息技术的发展虽然在一定程度上为社会保障基金管理方式和效果的改进创造了条件，但实际应用过程中存在诸多问题，其更新换代的速度也增加了技术应用的成本和难度。

二、社会保障基金管理制度稳定性存在问题的原因分析

我国已有的社会保障基金管理制度自建立以来调整幅度总体较小，调整节奏也比较平缓，从长期运行来看整体上具有稳定性。社会的发展和进步对于社会保障建设提出了越来越高的要求，社会保障基金管理制度也需要不断调整和改革以适应新的形势，然而实际的完善进度却是比较缓慢的，一些已经不适应新形势的制度安排和具体规定内容依然存在。

（一）制度改革缓慢已不满足现实需要

以养老保险统筹改革为例。1997 年基本养老保险制度推广时，人社部就要求尽早实现养老金省级统筹，但之后多年这项制度的推行进展却十分不乐观。根据人社部 2009 年度人力资源和社会保障事业发展统计公报数据显示，全国 31 个省份和新疆生产建设兵团已建立起养老保险省级统筹制度。然而部分开展省级统筹的地区仍然是由省级以下行政单位统筹，只不过是在省级层面抽调一部分结余相对宽裕地区的资金形成资金池，调配给资金相对紧张的地区。全国人大财经委《关于统筹推进城乡社会保障体系建设情况的调研报告》指出，“2013 年底，职工养老保险基金按照基金在全省区市范围内统收统支的标准，只有 6 个实现了真正意义上的省级统筹”。直到 2015 年，时任人社部部长尹蔚民表态要出台全国统筹方案时，真正实现省级统收统支的也仅有北京、上海、天津等不到 10 个省（市、区），其他基本都停留在县（市）统筹阶段。[①] 根据郑功成、齐传钧等专家的观点，只有实行统收统支制度后，养老金省级统筹改革才算“到位”。习近平总书记在党的十九大开幕当日代表十八届中央委员会向大会作报告时就曾提到，要尽快实现养老保险全国统筹，而目前省级统筹进展状况显然没有为其做好充分准备，因此全国统筹的最终实现也需要一定的时间。

---

① 中国经济网 . 养老金全国统筹方案“爽约”省级层面进展不理想［EB/OL］. http://finance.china.com.cn/news/gnjj/20170109/4060908.shtml.

城乡居民养老保险的发展同样可以证明这一点。通过表 9–5 中参保和个人缴费数据进行平均计算可以看出，人均个人缴费的增长幅度不大，四年来总涨幅没有超过 30%，跨度还没有实现一个缴费档次的跨越。而且城乡居民基本养老保险保障水平省际差距明显，总体低于“保基本”制度目标。[①] 这说明城乡居民的推进效果，至少是调动居民参保积极性方面并不理想，在改善全民福利方面发挥的作用有限，城乡居民养老保险基金的筹集模式和待遇标准都需要通过进一步的制度改革进行完善。

表 9–5 2014—2017 年城乡居民养老保险人均缴费情况

Table 9–5 Per capita contribution of pension insurance for urban and rural residents in 2014—2017

年份	个人缴费（亿元）	参保人数（亿人）	人均个人缴费（元）	人均个人缴费增长率（%）
2014	666	5.01	132.8	4.00
2015	700	5.05	138.6	4.37
2016	732	5.08	144.1	3.97
2017	810	5.13	157.9	9.58

数据来源：2012—2017 人力资源和社会保障事业发展统计公报。

（二）部分规定内容陈旧

第一，未按照规定涉及部门发生变化及时进行变更。1999 年发布的《社会保险费征缴暂行条例》（以下简称《征缴暂行条例》）中“劳动保障行政部门”在国务院机构改革中已被撤销，相同情形在 2010 年《工伤保险条例》进行修订时已变更为“社会保险行政部门”。《失业保险条例》等法规或规章[②]也存在相同的问题。第二，规定不统一。《征缴暂行条例》对于用人单位未按时足额缴费情形的规定[③]与现行《社会保险法》中该情形下的规定[④]存在冲突。第三，处罚规定已经不能发挥出足够的效果。《征缴暂行条例》对于政

① 陈浩．城乡居民基本养老保险保障水平省际差距研究［J］．老龄科学研究，2018（05）．

② 《社会保险审计暂行规定》（1995）、《社会保险费征缴监督检查办法》（1999）、《社会保险基金监督举报工作管理办法》（2001）、《社会保险基金行政监督办法》（2001）、《社会保险稽核办法》（2003）、《劳动保障监察条例》（2004）。

③ 详见第二章第十三条规定。

④ 详见第十一章第八十六条规定。

府部门工作人员违法行为的处罚规定主要是行政处分，2013 年发布的依据该条例制定的《社会保险费申报缴纳管理规定》中的处罚形式未进行变更；对缴费单位的处罚主要是罚款，《征缴暂行条例》的罚则中规定罚款上限为 2 万元。2 万元人民币在 1999 年的价值量和在近 20 年后的今天显然是不同的，这意味着相同的罚款数额时隔 20 年惩罚力度已经大不如当初。这些问题实质上是社会保障基金管理制度在法制方面的可持续发展能力建设的欠缺与不足。

可见社会保障基金管理制度部分内容，还未能达到在制度运行和发展中适时进行调整的相对稳定状态。究其原因，一方面先试点再推广的改革方式虽然具备节约改革成本、控制风险等优点，但在实际运行中却由于统放不分而导致了制度的分割推进，制度长期处于试点状态难以统一稳定地实施；另一方面，制度改革的出发点最初是为了配合市场经济改革，这样的被动改革导致制度的发展难以遵循自身发展规律，因而某些方面的内容没有受到足够的重视。

三、社会保障基金管理制度发展性存在问题的原因分析

（一）基金管理制度结构不完善

1. 社会保障基金风险负担不平衡

社会保险基金的不同险种风险负担不平衡。以医疗保险为例，城乡居民医疗保险基金的支付对象是城镇职工医疗保险基金支付对象以外的学生、少年儿童和城镇非从业人员、农民等群体，和城镇职工相比而言，这类群体中老人、儿童、身体健康条件比较差的人以及遭遇物理伤害可能性比较大的人相对更多，而且也多有由于劳动能力和条件不具备或条件差因而收入低甚至无收入的情况。也就是说，这些在社会上相对弱势的群体往往是疾病高发群体，但其低收入水平又决定了其参保缴费的支付能力有限，这就造成了城乡居民医疗保险基金的筹集和支出的严重不平衡，最终导致城乡居民医疗保险基金需要承担相对更大的医疗保障风险。

社会保障基金在不同保障层次之间也存在风险负担不平衡。养老保障存在于社会保障的各个层次，即属于社会保险范畴的城镇职工养老保险和城乡居民养老保险，属于补充保障范畴的企业年金，属于社会福利范畴的老年人

福利以及社会救助中对于老年群体在制度安排上的倾斜和优惠等。根据人社部发布的《2017 年全国企业年金数据摘要》，我国建立企业年金的企业共 80429 家，参加职工 2331.39 万人，积累基金 12879.67 亿元。而 2017 年我国企业法人达 18097682 个，就业人员已达 77640.0 万人。[①] 显然，起步较晚的企业年金在覆盖范围方面依然有很大的局限性，而能够参与企业年金的群体往往也是拥有较高收入待遇和较优越的生活条件的人群，而经济条件较差、抗击风险能力较弱的社会弱势群体往往不在其保障范围内，此外也由于其自愿参保的原则和发展未达到成熟的状态，对于养老保障风险的分担发挥的作用也非常有限。作为兼有社会救助和社会福利性质的高龄津贴制度，是我国社会福利层面的养老保障经济支持制度安排。然而这项制度也并不成熟，虽然我国所有省份都建立了这项制度，但各地发展水平存在差距。大多数省份的待遇申领条件要求老年人达到 80 岁，且津贴额度标准各地参差不齐，只有上海、香港等少数省份（特别行政区）建立起了 65 岁起各年龄段老人都能申领的相对完善的老年津贴制度，且达到不同年龄档次待遇随之增加。根据国家统计局网站的最新数据，我国人口平均预期寿命为 76.34 岁，2010 年人口普查数据显示，全国只有北京市和上海市平均预期寿命超过 80 岁，而青海省、西藏自治区和云南省人均寿命甚至未达到 70 岁。可见社会福利层面能够负担的养老压力也是非常有限的。当然，各项养老保障制度定位毕竟不同，不能要求不同保障层次的保障基金分担同等的养老保障风险，然而在当前老龄化程度不断加深且社会保险层面的保障压力已经超负荷的情况下，其他保障层次相关制度的发展程度却还没能完全担负起各自应当担负的责任，这种风险负担的失衡意味着社会保障体系的资源配置不合理且配置效率不高，应当引起足够的重视，这也是对于应对老龄化风险更有效、更长效的解决路径的探索。

2. 社会保障基金管理制度体系不健全

从前文的论述中可以看出，社会保障基金管理制度具有分散性，这种分散性不仅体现在中央各部门之间，也体现在央地之间和不同地区之间。社会保险基金管理的部分规定分散在不同险种的规章制度中，由此导致了不同险

---

① 数据来源于国家统计局网站。

种的管理方式具有一定区别和不同程度的不完整性，也导致险种之间和地区之间的衔接困难。宏观来看，社会保障基金管理没有建立专门统一的制度，社会保险、社会救助、社会福利也各自没有专门的基金管理制度，只有再进一步具体到各个险种、救助项目和企业年金等具体项目上，才有一些项目有专门的基金管理办法或条例。这些具体保障项目的基金管理相关规定大多分散在《社会保险法》或各自的实施意见、办法、条例等的具体某一章节中，所以对于基金管理的全过程或某环节的具体规定可能会比较笼统，缺乏可操作性。例如，在社会保险中，只有养老保险基金对于投资管理有相对全面具体的规定，医疗保险、工伤保险只能通过银行利息实现增值；在基金的监督方面，各险种规定也大多以行政监督和审计为主，对于来自社会的外部监督缺乏具体规定。《社会保险基金监督举报工作管理办法》中虽指出公民、法人和其他社会组织对于违法行为有权进行举报并受到合法保护，但对于举报者如何参与监督和权益具体保障方式却缺乏明确规定。

（二）基金管理制度内容不合理

1. 社会保险基金缴费与待遇水平的确定和调整机制不可持续

社会保险缴费水平确定和调整的不可持续。根据国发〔1997〕26号文[①]对于企业职工基本养老保险缴费的规定，国家对于企业缴费仅规定了上限，具体比例由省级政府确定。为降低企业用工成本，人社部和财政部于2016年、2018年两次阶段性降费，[②]都是在国发〔1997〕26号文给定的具体缴费比例的基础上进行指定比例的降费，2019年《政府工作报告》中又指出“下调城镇职工基本养老保险单位缴费比例，各地可降至16%”。以上相关规定中具体缴费比例确定的责任在于省级政府，而且形成了不断降费的趋势。可持续的缴费确定机制应当是由专业人员基于制度执行实际情况经过具体测算得到的，最初的26号文件中没有对省级政府如何确定缴费比例进行规定，所以可能存在政府决策不科学的问题。此外，缴费调整应当是依据实际需要可升可降的，降低缴费的单向调整是出于促进就业，但对于需要应对老龄化问题的

① 《国务院关于建立统一的企业职工基本养老保险制度的决定》。

② 降费规定详见《人力资源社会保障部、财政部关于阶段性降低社会保险费率的通知》（人社部发〔2016〕36号），《人力资源社会保障部、财政部关于继续阶段性降低社会保险费率的通知》（人社部发〔2018〕25号）。

社会保险基金而言，是不可持续的。而且社会保险基金要朝着全国统筹发展，实现全国范围内的互济，结余较多地区缴费的减少意味着基金存在缺口地区可获调剂的减少，这部分负担最终将转移到有限的财政上。

待遇调整的不可持续。根据企业职工养老金计发公式①，影响基础养老金的因素是所在地区社会平均工资水平和个人缴费总量，养老金待遇并不会受到人口结构变化的影响。但是人口结构变动却直接影响着养老保险统筹账户基金的总量，人口老龄化导致基金收入减少但支出增加，导致统筹养老金的不可持续。从城乡居民基本养老保险待遇的相关规定②来看，基础养老金的确定依据主要是全国城乡居民人均可支配收入，对于中央和地方的负担能力没有相关描述和规定，所以老龄化也会给城乡居民养老保险基金造成不断增长的支付压力。《社会保险法》第十八条中对于养老金待遇调整的规定，调整依据不涉及人口结构变化和基金偿付能力，调整的方向也只有提高，意味着无论符合法定条件的退休职工和居民有多少，哪怕超出了社保基金的负担能力，政府也将对养老金待遇达到必要水平承担责任，默认了福利的刚性。与政府工作报告中大幅下调企业缴费比例相对应的是，2019 年退休人员养老金将迎来“15 连涨”。③综上可知，目前的待遇调整机制并不是适应实际发展水平的自动调节机制，而是人为地被动追赶更高的待遇期望。为了实现不断改善保障水平的美好初衷，政府承担了越来越重的筹资负担。

2. 实际参保范围与覆盖范围不统一

各项社会保障制度的规定中都会对覆盖范围进行界定，即制度对于特定对象能够提供保障，这个范围是对获得保障的资格进行了划定，处于这个范围的对象拥有是否受到某项制度保障的选择权。社会保险作为个人责任与义务对应的保障形式，对于待遇获得有所要求，即要以付出某些代价满足参保

---

① 基础养老金 =（参保人员退休时全省上年度在岗职工月平均工资 + 本人指数化月平均缴费工资）/2 × 缴费年限 ×1%。（本人指数化月平均缴费工资 = 全省上年度在岗职工月平均工资 × 本人平均缴费指数。）

个人账户养老金 = 个人账户储存额 / 计发月数（50 岁为 195、55 岁为 170、60 岁为 139）。

② 详见《人力资源社会保障部 财政部关于建立城乡居民基本养老保险待遇确定和基础养老金正常调整机制的指导意见》。

③ 中国社保网 . 2019 年退休人员养老金将迎 15 连涨［EB/OL］. http://www.spicezee.com/xinwen/170128.html.

条件为前提。所以实际参保范围是制度覆盖范围之中满足参保条件已行使制度选择权的群体。由于制度对于参保强制性的规定导致社会保险参保范围不一定等同于覆盖范围。以医疗保险为例。城镇职工基本医疗保险制度对于覆盖范围规定从参保强制性的角度可以分成两类，一类是制度要求必须参加城镇职工医保的用人单位及其员工，另一类是没有彻底划归城镇职工医保覆盖范围的组织或人员，包括可以由各级地方政府自由决定是否参保的乡镇企业和个体经济组织及员工，和《社会保险法》第二十三条、国办发〔2003〕3号文件规定的可以参加职工医保的人员（即无雇工的个体工商户、未在用人单位参加职工基本医疗保险的非全日制从业人员、其他灵活就业人员、农民工等），相关规定中的表述使后者存在参加城乡居民医保甚至不参保的可能。在居民医保统筹之前，新型农村合作医疗和城镇居民基本医疗保险制度各自规定了覆盖范围内成员均为自愿参保，统筹之后的城乡居民医保制度也没有明确强制要求。部分属于制度覆盖范围但没有强制参保义务的人员可能会基于自己较好的健康条件进行成本收益的考量而不参保，除造成基金积累的流失之外，从医疗保障待遇给付人员与参保总体的比例来看增加了支付风险。另外，没有户籍信息的人员无法办理参保。根据第6次人口普查，中国约有1300万人没有户口，客观存在的“黑户”大军也意味着社保基金来源的部分缺失。

3. 社会保障基金管理执行和监督存在制度漏洞

社会保险基金征缴问题。用人单位方面，企业为了压缩经营成本侵犯劳动者的合法权益，目前主要表现为以较低的基数进行参保。《中国企业社保白皮书2018》指出，社保缴费基数不合规企业占比73%，即社保基数完全合规的企业不足三成。加之制度本身和制度运行过程中存在监管漏洞，违法后果也不是足够严重，导致许多企业纷纷以身试法。对于个人而言，有很多因素导致了个人参保积极性不高，表现为参保与否都无所谓和抵触参保两种情况。有两个原因共同导致了两种情况。第一是个人缺乏法律知识，对相关法律制度不够了解。这种认识不足导致了某些人认识不到参保的必要性和重要性，形成了无所谓参保的态度，也导致了某些人对于社会保险制度的不信任。在信息不对称的现实条件下，还有很多谣言通过发达的媒介迅速地扩散开来，更进一步加重了这种不信任。因此，会有一部分人选择不参保，或者通过其他方式对自己进行保障。例如，只满足法律规定的缴费最低年限，缴费满 15 年就停止缴费。第二，受严峻就业形势的影响，很多劳动者在被企业侵犯了社会保障权益的情形下选择忍气吞声。或者无奈接受用人单位的其他途径或形式的补偿。部分重视自我保障的人选择商业保险公司的保险计划，而对于是否参与社会保险也就不那么太在意了。对于管理主体而言，社会保险金的收缴涉及范围广，相关事务繁杂且工作量大，社会保险基金的经办管理还未出台专门管理办法，加之工作人员的工作能力和业务水平也存在参差不齐的问题，核对和校准个人和单位是否正常参保工作未必能做到万无一失，毫无差错。

社会保障待遇对象认定问题。在社会保障待遇支付过程中，存在大量由于对象认定环节出现问题而造成的基金流失。例如，养老保险待遇的发放中，存在死亡不报告继续领养老金、更改死亡时间、重复参保多处同时领取养老金、提前退休等问题；医疗保险中存在患者、医院、药店、经办机构等单独或联合作案进行多种形式的医保欺诈；失业保险中存在“隐性就业”问题；工伤保险中工伤认定和残疾认定作假；低保申请造假，等等。导致这些问题的原因主要在于违法违规后果严重程度不足，惩罚方式、力度和惩罚有效执行度对于有机会并且有打算获得不义之财的人未能起到足够的震慑作用。

社会救助资金支出管理问题。一些发达国家已经建立独立的社会救助资金预决算，但在中国尚没有独立的资金预决算的法律制度存在。少数地方财政在做年度财政预算时，虽然列支了救助资金，但实际情况是列而少支，甚至列而不支。由此导致的不良后果之一就是待遇诈骗问题。不符合低保制度规定条件的人冒充低保户享受相关待遇的情况，在全国各地具有相当的普遍性。

企业年金方面，由于相关规定不完善，和职工存在委托—代理关系的企业可以通过控制企业年金账户的转移，迫使职工留在企业。若职工主动辞职则不能获得企业年金的收益。这既损害了职工的利益，又限制劳动力的自由流转。

4. 实现社会保障基金保值增值的制度约束

由于老龄化的加剧，养老保险基金成为社会保障基金中面临保值增值压力最大的部分。根据《基本养老保险基金投资管理办法》的规定，基本养老金仅限境内投资，对于投资范围和投资工具的比例分配也有严格限制，总体来看以存款和债券为主要工具。中国人民银行《关于对养老保险基金活期存款实行优惠利率的通知》（银发〔1997〕第567号）规定，养老保险基金存入各商业银行的活期存款，从1998年1月1日起，按3个月整存整取定期存款计息。根据表9-6对于我国近年通货膨胀率的计算，以及中国五大国有银行和主要几家全国性股份制商业银行存款利率的统计结果（见表9-7）来看，目前我国各大银行的存款利率（3个月整存整取）的最高值也仅能与近年来我国的通货膨胀率最低点即2015年的1.4%持平。而如果今后通货膨胀率进一步提高，达到如2013年的2.6%，即使规定优惠利率采取两年定期存款的利率也无法实现保值。同样地，医疗保险基金方面，根据《国务院关于建立城镇职工基本医疗保险制度的决定》的基金管理规定内容，[①] 医疗保险基金只依靠银行存款利息也难以在通货膨胀的情况下实现保值。

表9-6　2013—2017年通货膨胀率

Table 9-6　Inflation rates in 2013—2017

年份	居民消费价格指数（1978=100）	通货膨胀率（%）
2017	637.5	1.6
2016	627.5	2
2015	615.2	1.4
2014	606.7	2
2013	594.8	2.6

数据来源：中国统计局网站数据计算得到。

众所周知，对于投资工具的选择风险性和营利性是正相关的，强调安全性就意味着在一定程度上放弃了高收益。所以，在基金保值增值方面的管理规定应当根据实际需要及时进行调整，努力探索新的方式改善保值增值效果。此外，据上文已述部分可知，养老保险缴费水平的确定不够合理、参保意愿和实际参保范围方面的欠缺、待遇发放过程中福利刚性等导致基金收入不足

① 基本医疗保险基金当年筹集的部分，按活期利率计息；上年结转的基金本息，按3个月整存整取银行存款利率计息；存入社会保障财政专户的沉淀资金，比照3年期零存整取储蓄存款利率计息，并不低于该档次利率水平。

但支出过度，统筹层次低水平导致养老保险基金属于小规模的分散状态，对于基金投资中规模效应的发挥被削弱，也是使得保值增值压力更大的重要原因。

表 9–7　2019 年各银行存款利率（%）

Table 9–7　Interest rates on deposits by major banks in 2019

	活期存款	三个月整存整取	三年期零存整取	一年定期	二年定期	三年定期
现行央行存款基准利率（2015 年 10 月 24 日）	0.35	1.10	1.30	1.50	2.10	2.75
中国工商银行	0.30	1.35	1.55	1.75	2.25	2.75
中国农业银行	0.30	1.35	1.55	1.75	2.25	2.75
中国建设银行	0.30	1.35	1.55	1.75	2.25	2.75
中国银行	0.30	1.35	1.55	1.75	2.25	2.75
交通银行	0.30	1.35	1.55	1.75	2.25	2.75
招商银行	0.30	1.35	1.55	1.75	2.25	2.75
中信银行	0.30	1.40	1.65	1.95	2.40	3
浦发银行	0.30	1.40	1.55	1.95	2.40	2.80
华夏银行	0.30	1.40	1.57	1.95	2.40	3.10
中国民生银行	0.30	1.40	1.65	1.95	2.35	2.80
兴业银行	0.30	1.40	1.65	1.95	2.70	3.20
平安银行	0.35	1.10	1.30	1.50	2.10	2.75

数据来源：各银行官网公布数据。

企业年金方面，监管制度不完善导致信息不对称未被有效规避。企业年金的管理者可能会为了维护自身的利益而谎报所得的利润，或采取瞒报损失的手段，但委托人与受益人难以获得准确可靠的信息。而且企业年金运行的时间长度很长，在企业职工退休之后才进行支付。在此期间，企业年金的管理主体有很大的操作空间，很有可能隐藏损失从而造成道德风险。企业年金的管理主体与委托人相对于受益人处于优势地位，由此企业年金的保值增值目标可能会难以实现，进而受益人的权益无法得到保证。

以上分析了社会保障基金管理制度全面性、平衡性、合理性和有效性等方面的欠缺和困境，社会保障制度设计过程中统筹兼顾和长远规划的不足是其中很多问题产生并难以解决的根源。这些问题的存在表明当代人的社会保障权益受到了损害，后代人获得保障的条件也在不断恶化，如果不进行及时的制度调整，解决这些问题，制度发展就会变得不可持续。

四、社会保障基金管理制度财政可靠性存在问题的原因分析

社会保障基金在性质上属于社会公共基金，在国家通过国民收入分配和再分配中形成和发挥作用，主要目的是支撑社会保障制度的运行。社会保障制度作为国家重要的社会经济制度之一，目标在于满足国民的生活保障需求，不断改善和增进国民的福利，实现整个社会的和谐发展等，这是国家改善民生的重要举措。在社会保障基金管理制度实际运行中，财政拨款是社会保障基金的主要来源之一。因此，无论从理论还是实际出发，财政在社会保障基金的形成中应当且确实承担着重要的责任。社会保障的发展对于社会保障基金的需求量是十分庞大的，尤其是在老龄化日益严重的当下，社会保障基金财政负担问题是必须优先解决的重要问题。

我国社会保障基金管理制度财政可靠性存在问题主要表现为中央和地方负担不平衡。由于各级政府的财政支出责任没有明确的分担机制，目前我国社会保障财政支出的绝大部分负担由地方政府承担（见表 9–8、表 9–9），与国际一般的社会保障支出负担格局明显不同。

表 9–8　各国中央与地方分担的社会保障支出比重及财政收入比重

Table 9–8　Share of social security expenditure and fiscal revenue between central and local governments in different countries

国家	年份	财政社会保障支出比重（%）		财政收入比重（%）	
		中央	地方	中央	地方
突尼斯	2010	100	0	97.9	2.1
希腊	2009	98.08	1.92	91.88	8.12
斯洛文尼亚	2010	97.65	2.35	80.08	19.92
塞尔维亚	2010	97.38	2.62	84.26	15.74
葡萄牙	2010	97.32	2.68	85.4	14.6
毛里求斯	2010	96.86	3.14	93.35	6.65
保加利亚	2010	96.31	3.69	84.48	15.52
意大利	2005	96.16	3.84	70.77	29.23

续表

国家	年份	财政社会保障支出比重（%）		财政收入比重（%）	
		中央	地方	中央	地方
斯洛伐克共和国	2010	95.97	4.03	81.6	18.4
爱尔兰	2009	95.74	4.26	81.31	18.69
佛得角	2009	95.49	4.51	87.3	12.7
俄罗斯	2010	95.47	4.53	76.73	23.27
爱沙尼亚	2010	94.43	5.57	77.18	22.82
摩尔多瓦	2010	93.75	6.25	76.4	23.6
捷克共和国	2010	92.92	7.08	74.06	25.94
拉脱维亚	2010	92.78	7.22	73.97	26.03
白俄罗斯	2010	92.47	7.53	64.39	35.61
匈牙利	2009	91.88	8.12	78	22
伊朗	2009	91.61	8.39	93.07	6.93
以色列	2010	91.01	8.99	86.46	13.54
立陶宛	2010	90.52	9.48	73.07	26.93
波兰	2010	89.84	10.16	68.99	31.01
哈萨克斯坦	2010	89.56	10.44	60.27	39.73
西班牙	2010	89.39	10.61	56.46	43.54
玻利维亚	2007	88.71	11.29	59.88	40.12
澳大利亚	2010	87.48	12.52	57.24	42.76
荷兰	2010	85.93	14.07	71.68	28.32
乌克兰	2010	85.76	14.24	70.86	29.14
奥地利	2010	84.44	15.56	68.72	31.28
英国	2009	79.54	20.46	72.02	27.98
挪威	2010	79.07	20.93	77.29	22.71
芬兰	2009	77.11	22.89	63.32	36.68
冰岛	2010	76.75	23.25	70.81	29.19
德国	2007	75.08	24.92	59.13	40.87
瑞士	2009	73.01	26.99	46.01	53.99
瑞典	2010	70.35	29.65	56.66	43.34
韩国	2010	67.56	32.44	60.94	39.06
丹麦	2010	42.11	57.89	51.67	48.33
中国①	2009	5.1	94.9	32.52	67.48

数据来源：林治芬，魏雨晨．中央和地方社会保障支出责任划分中外比较［J］．中国行政管理，2015（01）．

① 此处不包括港澳台地区。

表 9–9　2013—2017 年我国财政社会保障和就业支出情况

Table 9–9　Fiscal expenditure on social security and employment in China，2013—2017

年份	国家财政社会保障和就业支出（亿元）	中央财政社会保障和就业支出（亿元）	地方财政社会保障和就业支出（亿元）	中央本级财政支出占比（%）	地方财政支出占比（%）
2017	24611.68	1001.11	23610.57	4.07	95.93
2016	21591.45	890.58	20700.87	4.12	95.88
2015	19018.69	723.07	18295.62	3.80	96.20
2014	15968.85	699.91	15268.94	4.38	95.62
2013	14490.54	640.82	13849.72	4.42	95.58

数据来源：根据国家统计局官网数据整理而得。

表 9–10　2013—2017 年我国财政收入情况

Table 9–10　Fiscal revenue in China，2013—2017

年份	国家财政收入（亿元）	中央财政收入（亿元）	地方财政收入（亿元）	中央财政收入占比（%）	地方财政收入占比（%）
2017	172592.77	81123.36	91469.41	47.00	53.00
2016	159604.97	72365.62	87239.35	45.34	54.66
2015	152269.23	69267.19	83002.04	45.49	54.51
2014	140370.03	64493.45	75876.58	45.95	54.05
2013	129209.64	60198.48	69011.16	46.59	53.41

数据来源：根据国家统计局官网数据整理而得。

从表 9–10 可以看出，我国地方政府担负着超过九成以上的社会保障财政支出，远超过大多数国家地方政府的承担比例，中央少地方多的分担结构与多数国家基本上恰好相反。财政收入结构方面，各国社会保障财政支出分担结构与财政收入结构基本接近，对照我国地方政府财政收入占比与社会保障财政支出占比可以看出，我国地方政府的社会保障财政支出负担偏重。根据图 9–2 的数据可知，近年来，我国地方政府财政收入增长速度总体上比中央政府财政收入增长速度下降得更快，意味着地方政府对于社会保障支出的承受能力也将减弱，对于社会保障基金的可持续具有直接影响。

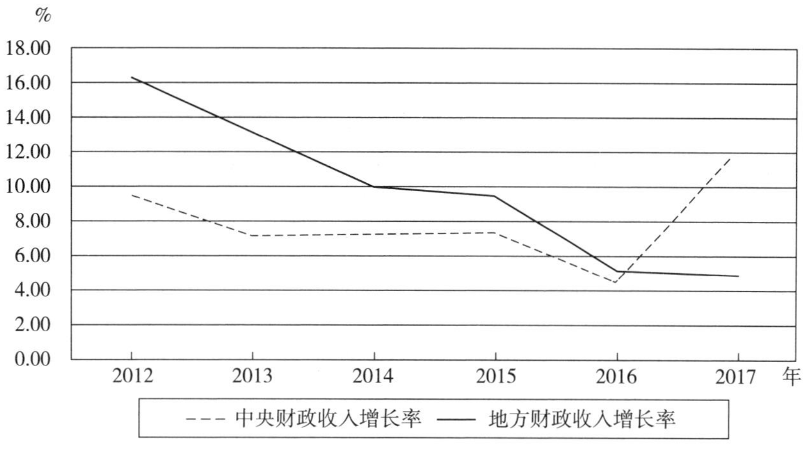

图 9-2　2012—2017 年我国财政收入增长率

Figure 9-2　Growth rate of fiscal revenue in China，2012—2017

数据来源：根据国家统计局官网数据整理。

在地方担负主要社保财政支出的背景下，各地发展水平有所不同导致对于发展当地社会保障事业所能够给予的财政支持存在差距。经济比较发达的地区财政收入较多，能够为当地居民提供更高水平的社会保障，从而更有力地促进人力资本的发展，进一步促进当地经济发展，经济欠发达地区则很有可能形成与之相反的恶性循环。从可持续发展的角度来看，如果地区间经济发展和保障水平继续趋近于两极分化，社会保障基金管理制度不能对其进行调节，这不仅不利于当代人的发展，也将使后代人无法避免面临恶劣的发展条件。

五、社会保障基金管理制度影响因素存在问题的原因分析

人口年龄结构老龄化的发展趋势对于我国社会保障事业的发展提出了更高的要求。实现国民老有所养是社会保障发展目标的应有之义。而作为人口大国，要实现国民老有所养的目标需要大量资金予以支持，社会保障基金就是实现这个目标的重要基础。前面已经提到，我国养老保险实行部分积累制，还具有一部分现收现付制的特征，而待遇确定的过程并不能对人口结构的变化进行自动调整，加上足额征缴难以实现和财政负担能力有限，使得通过制度调整来改善社会保障基金管理从而实现可持续的难度加大。

经济发展在为社会保障基金管理制度的可持续发展创造良好条件的同时也带来了挑战。党的十九大报告中指出，我国经济由高速增长阶段转向高质量发展。发展理念和发展方式的转变能创造出更多的财富，为社会保障基金的积累奠定基础。同时互联网时代诞生了以平台经济、共享经济为代表的新业态，如何更好地满足外卖员、专车司机、网络主播等新型职业从业者的社会保障需要，适应时代的发展，是社会保障基金管理制度实现社会保障基金管理制度可持续需要解决的问题之一。在经济结构优化和产业升级的过程中，必然会有大量的劳动者发生岗位之间、行业之间、地区之间的流动，在这个过程中劳动者原有的参保积累是否会有损失，在新的就业环境中合法社保权益是否会遭受侵害，同样需要在制度安排的调整和改进中受到重视。

专业人才是实现社会保障基金管理制度可持续的关键。制度设计和改进需要专业的精算人才和公共管理人才，社会保障基金的保值增值需要能力突出、经验丰富的投资管理人才，社会保障基金管理借助信息技术力量适应新形势需要的过程中也需要大量信息技术人才。这些专业人才的培养十分不易，然而成效却并不乐观。中国银保监会赵宇龙博士在北美精算师协会（SOA）第三届中国年会上表示，目前我国精算人才供给严重不足，截至 2018 年 4 月，我国共有 1104 名精算师，精算从业人员共计 3800 多人，预计未来 5 年我国对精算人才的潜在需求将达到 2.5 万～3.5 万人，未来 10 年将达 4 万～6 万人。[①] 此外，很多专业人才很难从事到真正与本专业相匹配的工作。各大高校公共管理类专业的人才培养方向就是面向以公共部门为主的用人单位，但近年国家和地方公务员招考岗位信息中对于公共管理、劳动与社会保障等专业人才的需求数量和法学、会计学、计算机、金融学等专业相比偏少，且竞争更加激烈。

信息技术应用方面，为了实现社会保障经办业务信息化管理，支持基金监管和社会化服务等目标，2003 年以来我国进行了两期金保工程建设，在基金和数据管理、信息发布等方面取得了一定成效。然而在各地金保工程实际建设过程中存在各种问题，制约着社会保障基金管理制度的发展。例如，有

---

① 中投投资咨询网．我国精算人才严重不足［EB/OL］. http://www.ocn.com.cn/jinrong/201805/rtwpi31145417.shtml.

的地区各部门业务系统分设，数据不能互通，导致经办服务手续重复和监管效果受限。再如社会保障卡的使用，社会保障卡省内通用不利于劳动力的自由流动，有的地区某些群体的社保卡发放后处于闲置状态，医保报销业务办理和养老金发放还需要通过不同的银行账户实现。另外，由于信息技术的更新发展迅速，越往基层地区工作人员的专业水平也越有限，系统的应用和维护难度大、成本高。

六、社会保障基金管理制度不可持续问题的共性原因分析

社会保障基金管理制度存在各种不可持续问题，有些原因具有共性。这些问题是由几个方面的原因综合作用所致，主要是受到了我国的基本国情、历史发展历程中的一些政策安排制度改革和管理体制缺陷的影响。

我国作为一个统一的多民族国家，幅员辽阔，人口众多。各地区自然条件和社会文化环境呈现出多样性，经济发展速度也有所不同。作为一个长期处于社会主义初级阶段的发展中国家，我国的市场经济体制还不完善，民主法制还不够健全，民族文化素质水平还有待继续提升。基于复杂的社会环境和初级阶段的发展进程，我国社会保障基金管理制度在不同的地区也呈现出不同的管理模式和发展速度，各地已经形成的利益格局和管理模式的路径依赖导致社会保险统筹层次的提升难度也较大，多层次的社会保障体系中社会福利、社会救助、补充保障发展相对薄弱，发挥的作用有限。

在我国的历史发展进程中，国家推行的一些政策安排和制度改革措施对于社会保障基金管理制度在一定程度上产生了直接或间接的影响。这些政策和改革包括改革开放政策、计划生育政策和分税制改革。改革开放初期，为打破平均主义的思想桎梏和体制束缚，邓小平提出了允许和鼓励一部分人，一部分地区先富起来的经济政策，初衷是为了实现部分地区富裕之后先富帮后富，最终实现共同富裕。在实际发展过程中，部分地区确实富裕了，但地区之间已经拉开的经济发展差距至今仍然客观存在。由于地区经济发展水平的不同，大量劳动者跨区域流动，人才通过自由流动集中到相对发达的城市，进一步拉大了地区发展差异，导致社会保障基金管理过程中出现了许多相关问题，不同地区之间的基金积累也因此产生明显对比，社会保障财政负担能力也不相同。和改革开放一样，计划生育也是我国的一项基本国策。这项政

策的出台在抑制人口过快增长、减轻环境和资源承载压力、提高人口素质等方面功不可没，但也由此产生了一些副作用。早期国家提倡一对夫妻只生育一个孩子，导致20世纪八九十年代出生率明显下降，这一时期出生的孩子不再像自己的父辈一样拥有众多兄弟姐妹，当他们开始成为社会的主力时老龄化的趋势显现出来，老龄人口抚养比明显增长，社会保障基金的筹集和待遇支付压力增加，保值增值工作也更加重要。1994年我国实行了分税制改革，这次改革整体使得财政收入向上集中，财政支出责任下放，且社会保障财政支出在中央与地方事权和支出责任的划分内容中没有提及，导致社会保障支出压力地方大于中央。①

社会保障管理体制具有分散性和复杂性的特征。自治区涉及社会保障基金管理的部门有人社厅、民政厅、财政厅、卫健委、医疗保障局、审计厅、税务部门和社会保险经办机构等。从这些部门官方网站公开显示的部门职责可以明显看出，有些部门之间分工责任模糊，界限不清，职能重复，给信息汇总和制度调整造成阻碍。例如，属于社会保障的社会福利和社会救助相关事务主管部门为民政厅，医疗保障相关事务涉及了自治区医疗保障局和卫健委等。管理体制的分散必然会造成制度体系的复杂和混乱，不同制度之间衔接困难，有关具体执行和监督的规定也容易出现漏洞，成为影响社会保障资源配置效率的重要原因之一。

第四节　社会保障基金管理制度可持续发展路径选择与政策建议

一、理顺社会保障管理体制权责关系

（一）整合各部门社会保障基金管理职能

管理制度是管理者施行管理行为的依据，所以要想管理制度能够持续正常有效地运行，制度中所涉及的管理主体职责应当是明确的，各个主体之间

① 具体规定详见《国务院关于实行分税制财政管理体制的决定》（国发〔1993〕85号）。

的关系应该是协调的，任何主体之间存在职能重叠都可能会导致管理制度的内容出现冲突或者制度执行出现问题，进而使管理制度失去有效性，这意味着制度失去了存在的意义。整合各部门基金管理职能的理想选择是由同一个部门负责全部的社会保障事务，而社会保障涉及范围之大、相关事务之多决定了这种方案短时间内难以实现。另一种方案是所有社会保障有关部门的事权依然保留，将财权统一到一个专门的部门，实现社会保障基金的统一管理。这一部门（以下简称基金管理部门）分为中央和省级两级部门，分别建立账户管理中央和地方用于社会保险、救助和福利等的社会保障财政拨款、税务部门筹集的社会保险基金、个人和社会捐款等不同渠道筹集的社会保障基金。这种方案有 3 个主要特点。第一，保障基金专款专用。地方基金管理部门通过“金保工程”应用系统，对各事权部门负责的社会保障项目所需支出，按照后者预设金额进行直接拨付。第二，统一进行投资，发挥社会保障基金的规模效应。各级基金管理部门作为委托方对社会保障基金按照相关规定进行统一投资，投资收益按比例分配。第三，协调事权部门之间以及与其他相关主体的利益冲突。基金管理部门建立社会保障准备金制度，当事权部门之间对于某些社会保障支出存在争议，出现了相互推诿等现象时，可以由社会保障准备金按照一定的程序先行支付以维护受保障者的权益，这笔支付出去的准备金相当于贷款，存在利息，督促所有当事主体积极协调处理利益关系，根据最终各主体协调的结果分别承担准备金本金和利息的归还。

（二）中央与地方财政明确责任分担

中央和地方财政应当明确社会保障支出责任，其各自分担的比例不应与财政收入比例的收入比例差距过大。按照我国目前的财政分担情况，中央承担的比例应当提高。这样做首先能够缓解地方过重的社会保障财政支付压力，对于发展水平相对落后的地区而言能够有更多的财力用于地方的建设和发展。其次，中央承担的比例提高可以使各地的社会保障待遇标准的差距缩小，有利于实现社会公平，减轻社会保险统筹层次提高的阻力。

（三）建立健全国家社会保障储备基金制度

20 世纪以来，各国纷纷尝试各种方式积极应对人口老龄化。建立主权养老基金是其中一种受到许多国家认可和采用的方式，其实质就是国家为应对未来可能会出现的养老保障风险而事先储备的基金，由于国家拥有、能够按照规定参与对外投资的特点而具有了主权基金的性质。我国于 2000 年设立全国社会保障基金，作为我国的社会保障储备基金，多年的投资运营已经取得了一定成效。但我国社会保障储备基金制度依然不完善，2016 年发布的《全国社会保障基金条例》的主体内容集中在基金投资和监督管理方面，虽然对于基金来源和用途在总则中也进行了说明，但这些规定没有明确储备基金的任何构成是定期增加的，即未保证基金具有稳定的来源，对于在何种情况下才能够使用及如何使用基金也没有具体说明，因此我国应当尽快解决这些问题，建立起更加完善的社会保障储备金制度。国际上建立非缴费型主权养老金的一些国家，将本国某种矿产资源税划归主权养老金作为可持续的来源，也许可以为我国提供一种改革思路。

二、社会保障基金管理理念创新

（一）改进筹资和待遇调整机制

1. 征收社会保障税

采用税收的方式筹集社会保险基金中个人和企业承担的部分。从公共收入理论的角度来看，税收具有非直接偿还性、强制性和规范性三个主要特征。也就是说，税收行为以法律的形式预先进行了规定，通过国家公共权力保证执行，且对于纳税方来说是不存在一一对应关系的整体有偿。社会保险基金作为社会保障基金中个人承担基金缴纳责任的部分，以《社会保险法》等为依据，法律规定范围内成员必须强制参加，通过国民收入再分配实现互济，与税收的三个特征恰好相对应。2018 年我国进行国税地税征管体制改革，改革方案要求 2019 年 1 月 1 日起将各项社会保险费交由税务部门统一征收，结束了社保费“分征”局面。2019 年 3 月 5 日，国务院总理李克强在政府工作报告中提出确保减税降费落实到位，全年减轻企业税收和社保缴费负担近 2 万亿元。可见，通过管理体制改革和企业降负举措，我国实行社会保障费改税的条件将逐步具备。已实行社会保障税的国家的成功经验证明，国家税务部门依法统一按率征收社会保障税，由财政部门进行统一规划和管理，社会保障部门负责具体的分配使用，是行之有效的。能够避免政出多门、管理混乱导致的各种问题，又可以防止税款漏逃和流失，避免或减少部门之间的利益博弈，有利于确保社会保障基金专款专用，提高使用效益。

2. 待遇水平调整机制合理化

我国历史发展证明，一个国家的人口年龄结构是不断变化的。一定时期内年轻人比例高于老年人，就意味着往后一段时期内老年人的数量将呈上升趋势，在国家政策的调整下可能反而会超过年轻人。我国养老保险制度应当具备根据人口结构变化自动调整待遇的机制，从而成为适应人口结构调整的可持续的养老保险制度，减缓老龄化对于养老基金的冲击。瑞典、德国和日本等国家的养老金制度都采取了自动调节待遇水平的制度安排，将预期寿命变化、养老金偿付能力和老龄化等因素考虑在内。其中日本所采用的调整因子（Modifier）能够对人口结构变化做出反应，对我国具有一定的参考价值。

3. 实行弹性退休制

延迟退休是缓解老龄化背景下养老金待遇支付压力的有效办法。但“一刀切”式的退休制度改革对于身处不同性质岗位的劳动者从客观条件和主观意愿来说并不具有合理性。如果能够建立起弹性退休制度安排，就能够使部分具备客观条件和积极意愿的脑力劳动者基于自身情况自愿选择延迟退休，一定程度上缓解养老金支付压力，由此保留了延迟退休的部分积极效应，也能规避一些整体延退可能造成的消极影响。

（二）放松投资管理制度约束

采用负面清单模式进行投资管理。目前，我国社会保障基金主要采取正面清单模式进行投资管理，以基本养老保险基金为例。2015 年出台的《基本养老保险基金投资管理办法》对于养老基金的投资工具选择和比例分配进行了严格的规定以确保基金安全，与全国社会保障基金和企业年金的相关规定比起来投资限制更为严格。依据资源配置理论，这样的正面清单模式是政府为了应对市场不稳定和信息不对称等原因而存在的基金投资风险而采取的政策手段，在政府与投资者的委托—代理关系中委托人对于代理人的决策造成较大干预，反而造成了投资效率缺陷和社会福利损失。而采用负面清单的模式进行投资管理，能够更好地理清政府和市场主体即委托人和代理人的责任与行为边界，使作为代理人的市场主体能够依据审慎投资人规则和专业的判断进行独立的决策，充分发挥市场在资源配置中的决定性作用。作为委托人的政府则更多地发挥监督的作用而非指挥，建立健全对于投资者的选择和监督机制，将监督的重点放在对人及其决策行为的监督上，而不是对投资工具本身的过多限制。如何通过投资工具选择的多样化分散投资风险的决定权交给代理人，委托人需要通过监督来保证代理人的行为是理性的投资行为而不是投机行为。负面清单模式在 OECD 国家中有良好运行的成功经验，如智利和加拿大。其中，加拿大通过任命相关领域专家成立专门的投资管理委员会，对于投资者团队选择和等事宜进行独立决策，对于投资者不能投资的范围事先进行明确。① 由于加拿大养老保障第二支柱即雇主和雇员共同缴费并实行市场化运作的养老金计划与我国的实际情况比较类似，所以其做法对于我国而言比较具有参考价值。

完善相关规定为实体投资创造条件。新加坡公积金管理局将社保基金投资在修建公路、港口、机场等方面，实现提高资产回报率和促进基础设施建设和经济发展双赢的成功经验，证明了这种方式是具有可行性的。近年我国积极开展对于"一带一路"倡议下处于几条重要线路上的城市基础设施建设，为我国社会保障基金进行实体投资提供了比较好的机会和选择。

三、促进不同保障项目平衡发展

前文已论述，在我国社会保险承担过重压力的情况下，其他保障项目的发展依旧不成熟，在分担社会保险的压力方面作用有限，因此要鼓励和支持其他保障项目发展。

（一）完善企业补充养老保险制度

企业建立企业年金需要具有足够的负担能力，根据《2017—2022 年中国企业经营项目行业市场深度调研及投资战略研究分析报告》数据，目前我国中小企业有 4000 万家，占企业总数的 99%，意味着我国大量的企业其发展水平可能难以负担得起建立企业年金，这对于企业年金发展的制约显而易见。我国可以对企业年金制度进行完善，鼓励中小企业共同建立行业年金计划。企业年金的参与率提升，可以使企业年金基金的规模得到大幅提升，从而使企业年金管理机构可以有更多的资金进行投资，促进企业年金机构制定更加稳健的投资策略，形成规模效应。

① 国务院研究室"社会保障体制研究"培训团．加拿大养老保障制度运行实践与经验借鉴［J］．重庆社会科学，2014（06）．

（二）充分利用社会资源发展社会救助和社会福利

目前，我国开展的各项社会救助和社会福利项目所需资金主要还是靠政府财政拨款，然而财政能够给予的支持毕竟有限，因此长期以来保障水平和保障条件的提升和改善进度比较慢。通过发挥社会资源的力量来发展社会救助和福利事业，能够在一定程度上缓解政府的财政压力，提升社会保障的整体水平。近年来我国公益事业发展迅速，不仅显示出社会力量对于发展社会保障的巨大潜力，也见证了公益众筹的发展。随着网络支付手段的产生和发展，产生了公益众筹这种新兴的具有低门槛、便捷、快速等特点的公益参与方式，同时也是推动公益事业发展的重要原因之一。我国社会救助和社会福利的发展可以通过公益众筹来整合和利用社会社会资源，实现社会救助和社会福利基金的筹资多元化。可以依据保障对象或保障项目的特点建立相关的众筹项目，或以相关部门名义建立社会保障众筹基金，同时建立健全众筹社会保障基金信息公开和监督管理制度，做好宣传倡议工作，调动社会组织和个人的参与积极性，以推进我国社会保障基金管理在决策管理、公共参与等方面的可持续发展能力建设。

四、人才保障和技术保障

教育和科技是可持续发展能力建设的重要内容，对于社会保障基金管理而言，专业的人才和先进的技术是优化社会保障资源配置的关键所在。只有在尽可能充分的信息和尽可能完备的技术条件的支持下，各类人才运用专业知识，充分发挥能动性才能在最大程度上实现资源配置公平和效率原则，提升社会保障水平。

（一）社会保障基金管理制度可持续发展的人才保障

首先要加强相关专业人才的教育和培养。使相关专业的学生能够在高校中接受理论指导的同时，有条件并且应当接受实操培训或者参与相关部门实习，使所学理论知识能够在实际应用之中更好地掌握，真正提升自己的专业能力。建立健全严格公正的职业资格和技术资格认证体系，提高专业证书的含金量，使真正高水平的人才能够被选拔出来，为社会保障基金管理制度设计、执行和社会保障基金的保值增值贡献力量。在人才任用方面，公共管理和社会保障等相关专业的学生应获得更多到相关公共部门任职的机会或考试资格。社会保障相关部门应当重视和完善对于工作人员的专业培训和考核，对于专业化水平不达标的工作人员有相应的处理办法甚至岗位退出机制，改变由于“铁饭碗”导致的资源浪费和效率低下，减小因此造成的基层地方制度改革推进困难，提升社会保障基金管理效率和效果。

（二）社会保障基金管理制度可持续发展的技术保障

在理顺管理体制的前提下，中央应当出台统一的更有可操作性的实施方案，使各地推行社会保障信息化建设过程中能够建立起结构相同的信息系统和操作体系，有利于地方之间实现信息和数据的互通，也有利于中央能够通过获得统一口径的数据从而较为准确地掌握各地实际情况。由于信息化建设所需要的专业技术人才数量庞大，为此扩增相关部门人员编制可能并不是一个很好的选择，可以考虑在与具备专业技术条件的私人单位合作的同时，为参与项目的人员建立特殊编制或者通过签订协议的方式建立长期稳定的责任关系，从技术层面保障社会保障基金管理相关系统的正常有效运行和及时调整升级，从而避免基金管理和监督过程中出现漏洞，也能更好地适应社会保障基金管理制度改革的需要。

参考文献

［1］郑功成 . 中国社会保障论［M］. 武汉：湖北人民出版社，1994.

［2］吕学静 . 社会保障基金管理［M］.（第三版）北京：首都经济贸易大学出版社，2014.

［3］高鸿业 . 西方经济学（宏观部分）［M］. 北京：中国人民大学出版社，2011.

［4］杨翠迎，王国洪，冯广刚 . 关联社会保障制度待遇标准及梯度研究［M］. 北京：经济科学出版社，2017.

［5］黄恒学 . 公共经济学［M］. 北京：北京大学出版社，2009.

［6］郑功成 . 中国社会保障 30 年［M］. 北京：人民出版社，2008.

［7］谌瑜 . 社会保障资金管理法律制度研究［M］. 北京：立信会计出版社，2015.

［8］尼古拉斯・巴尔 . 福利国家经济学［M］. 北京：中国劳动保障出版社，2003.

［9］A.C. 庇古 . 福利经济学［M］. 北京：商务印书馆，2006.

［10］约翰・梅纳德・凯恩斯 . 汉译世界学术名著丛书：就业、利息和货币通论［M］. 北京：商务印书馆 . 2014.

［11］保罗·萨缪尔森，威廉·诺德豪斯．汉译世界学术名著丛书：经济学（第 19 版）［M］．北京：商务印书馆，2012.

［12］世界环境与发展委员会：我们共同的未来［M］．长春：吉林人民出版社，1997.

［13］Woodward R T. Sustainability as Intergenerational Fairness：Efficiency，Uncertainty，and Numerical Methods［J］. American Journal of Agricultural Economics，2000，82：581–593.

［14］Schokkaert E. Debate on Social Justice and Pension Reform［J］.Journal of European Social Policy，2003，13：245–264.

［15］Robert Menes. Adjustment Mechanisms and International Actuarial Neutrality in Pension Reforms［J］. International Social Security Review，2016，1.

［16］Booth，Yakoubov. Investment Policy for Defined Contribution Pension on Schemes Close to Retirement：an Analysis of the Lifestyle Concept［J］. North American Actuarial Journal，2000.4.

［17］Dirk W.G.A. Brooders，Arco van Cord，David R. Rijsbergen. Scale economies in pension fund investments：A dissection of investment costs across asset classes［J］. Journal of International Money and Finance，2016.4.

［18］卢元．试论人口老龄化过程中我国城镇职工养老保险的可持续发展［J］．人口研究，2000（05）.

［19］高红岩，吴湘玲．我国基本养老保险的地方分割及其对策探讨［J］．武汉大学学报（哲学社会科学版），2009（07）.

［20］万树，蔡霞，郭旭．做实个人账户观点综述与试点评价［J］．社会保障研究，2012（06）.

［21］郑秉文．欧亚六国社会保障“名义账户”制利弊分析及其对中国的启示［J］．世界经济与政治，2003（05）.

［22］郑秉文．“名义账户”制：我国养老保障制度的一个理性选择［J］．经济与管理研究，2003（08）.

［23］郑秉文．养老保险“名义账户”制的制度渊源与理论基础［J］．经济研究，2003（04）.

［24］郑秉文，周晓波，谭洪荣．坚持统账结合与扩大个人账户：养老保险改革的十字路口［J］．财政研究，2018（10）.

［25］边恕，穆怀中．对我国养老金名义个人账户制及其财务可持续性的分析［J］．经济与管理研究，2005（05）.

［26］庞凤喜，潘孝珍．名义账户制：我国养老保险模式的合理选择——基于现收现付制与完全积累制之异同比较［J］．天津财经大学学报，2012（04）.

［27］薛惠元，郭文尧．城镇职工基本养老保险基金收支状况、面临风险及应对策略［J］．经济纵横，2017（12）.

［28］郑秉文．建立社会保障“长效机制”的 12 点思考——国际比较的角度［J］．管

理世界，2005（10）.

［29］巴曙松，刘先丰 . 中国社保基金管理的现状与改革趋向［J］. 中国社会保障，2007（01）.

［30］张利军 . 我国提高养老保险统筹层次的改革路径与发展方向探讨［J］. 理论与现代化，2009（07）.

［31］郑功成 . 实现全国统筹是基本养老保险制度刻不容缓的既定目标［J］. 理论前沿，2008（09）.

［32］林毓铭 . 体制改革：从养老保险省级统筹到基础养老金全国统筹［J］. 经济学家，2013（12）.

［33］邓大松，余思琦，刘桐 . 全国统筹背景下城镇职工基础养老金财政负担分析［J］. 社会保障研究，2008（02）.

［34］邓大松，仙蜜花 . 民族地区基础养老金统筹中的问题及对策——基于基础养老金全国统筹的视角［J］. 西南民族大学学报（人文社会科学版），2016（08）.

［35］邓大松，杨晶 . 中国城镇职工基础养老金给付水平及其非均衡性评价——基于省级统筹和全国统筹的测算［J］. 华中科技大学学报（社会科学版），2019（01）.

［36］郑秉文 . 机关事业单位养老金并轨改革：从"碎片化"到"大一统"［J］. 中国人口科学，2015（01）.

［37］杨燕绥 . 养老金并轨的机遇与挑战［J］. 行政管理改革，2015（05）.

［38］韩烨 . 论养老金并轨改革的目标定位、约束因素与对策选择［J］. 社会科学战线，2016（09）.

［39］袁涛，仇雨临 . 从城乡统筹到制度融合：中国养老保险实践经验与启示［J］. 海南大学学报（人文社会科学版），2016（05）.

［40］蒋军成，高电玻，吴丽丽 . 农村社会养老保险制度保障效果及其城乡统筹［J］. 现代经济探讨，2017（04）.

［41］武萍，周卉 . 城乡统筹背景下社会养老保险基金相关主体的利益分析——基于 Shapley 值法［J］. 经济体制改革，2016（01）.

［42］王晓东，雷晓康 . 城乡统筹养老保险制度顶层设计：目标、结构与实现路径［J］. 西北大学学报（哲学社会科学版），2015（09）.

［43］杨敏，胡世超 . 城乡居民基本医疗保险制度整合：理论阐释与现实路径［J］. 湖北社会科学，2017（11）.

［44］赵红凌 . 积累制社会保险基金问题探讨［J］. 中国经济问题，1999（07）.

［45］杨燕绥，朱祝霞 . 社会保障税的税源与税率研究——基于 2010—2050 年人口预测数据［J］. 财贸研究，2011（06）.

［46］孙宇晖，安娜 . 关于我国开征社会保障税的若干思考［J］. 税务与经济，2015（03）.

［47］邓大松，吴汉华，吴小武 . 做大、做强全国社会保障基金的战略选择［J］. 管理世界，2006（03）.

[48] 肖帅，陈少晖．国有资本划转：偿还城镇职工隐性养老金债务的优选途径 [J]．东南学术，2015（06）．

[49] 崔开昌，丁金宏．划转国有资本充实社会保障基金问题探究 [J]．中国特色社会主义研究，2016（05）．

[50] 魏志华，林亚清．社保基金的投资管理模式及其困境摆脱 [J]. 改革，2014（03）.

[51] 杨晶．我国基本养老保险基金保值增值的问题与对策 [J]．当代经济管理，2018（11）．

[52] 胡继晔．美国养老金保值增值的法律保障及其经验借鉴 [J]．保险研究，2012（05）．

[53] 唐大鹏，王丽娟．我国社保基金入市投资选择研究——基于股票投资增持策略的分析 [J]．价格理论与实践，2015（07）．

[54] 王欢，黄健元．公平视野下农民工养老保险的困境与出路 [J]．西北人口，2018（01）．

[55] 陈乙酉，张邦辉．社会保障对农民工流动决策的影响研究——基于“推拉”理论的实证 [J]．农业经济问题，2018（10）．

[56] 景鹏，陈明俊，胡秋明．城乡居民基本养老保险的适度待遇与财政负担 [J]．财政研究，2018（10）．

[57] 彭宅文，岳经纶，新医改、医疗费用风险保护与居民获得感：政策设计与机制竞争 [J]．广东社会科学，2018（04）．

[58] 罗静，沙治慧．城乡低保待遇水平与物价联动标准测算方法改进 [J]．社会保障研究，2018（01）．

[59] 林毓铭．社会保障财政风险与危机管理战略 [J]．人口与发展，2009（06）．

[60] 高连欢．“福利刚性”条件下养老保险制度可持续发展路径探析 [J]．理论与现代化，2015（01）．

[61] 王作宝．代际公平与代际补偿：养老保险可持续发展研究的一个视角 [J]．东北大学学报（社会科学版），2015（01）．

[62] 程毅．城镇化进程中的新型农村合作医疗制度可持续发展研究 [J]. 福建论坛·人文社会科学版，2015（02）．

[63] 何晖，芦艳子．“十三五”时期中国社会保障制度可持续发展研究 [J]．社会保障研究，2016（03）．

[64] 谢勇才，丁建定．从生存型救助到发展型救助：我国社会救助制度的发展困境与完善路径 [J]．中国软科学，2015（11）．

[65] 陈永生．中国城市低保制度的发展困境与转型研究 [J]．社会科学，2014（10）．

[66] 张奇林．《慈善法》与中国慈善事业的可持续发展 [J]．江淮论坛，2016（04）．

[67] 张奇林．中国慈善事业的非典型发展与可持续发展 [J]．江汉论坛，2015（10）．

[68] 赵一红．论中国特色社会福利现代化——对马克思社会发展理论的分析 [J]．社

会科学辑刊，2018（01）.

［69］邓大松，余思琦，刘桐 . 全国统筹背景下城镇职工基础养老金财政负担分析［J］. 社会保障研究，2018（02）.

［70］国际劳工组织 . 全球社会保障的最新动态与未来展望［J］. 社会保障评论，2018（04）.

［71］刘有贵，蒋年云 . 委托代理理论述评［J］. 学术界，2006（01）.

［72］陈浩 . 城乡居民基本养老保险保障水平省际差距研究［J］. 老龄科学研究，2018（05）.

［73］国务院研究室“社会保障体制研究”培训团 . 加拿大养老保障制度运行实践与经验借鉴［J］. 重庆社会科学，2014（06）.

［74］穆怀中，张文晓，沈毅 . 基于财政支付适度水平的养老保险全国统筹路径选择［J］. 城市发展研究，2016（12）.

［75］Fence R，Warding M. Ageing and Fiscal Imbalances Across Generations：Concepts of Measurement［R］. Menschen：CESifo，2003：842.

［76］Barry Bosworth and R Kent Weaver. Social Security on Autopilot：International Experience with Automatic Stabilizer Mechanisms［R］. Center for Retirement Research Working Paper，2011.

［77］ARBATLI E，FEHER C，REE J，et al. Automatic Adjustment Mechanisms in Asian Pension Systems?［R］. IMF Working Paper，2016.

［78］林毓铭 . 中国社会保障制度可持续发展的分析与评估［D］. 武汉：武汉大学，2004.

［79］中国经济网 . 养老金全国统筹方案“爽约”省级层面进展不理想［EB/OL］. http://finance.china.com.cn/news/gnjj/20170109/4060908.shtml.

［80］中国社保网 .2019 年退休人员养老金将迎 15 连涨［EB/OL］. http://www.spicezee.com/xinwen/170128.html.

［81］中投投资咨询网 . 我国精算人才严重不足［EB/OL］. http://www.ocn.com.cn/jinrong/201805/rtwpi31145417.shtml.

［82］人社部网站 . 两会部长通道：全国社保基金已经有 2 万亿元左右的战略储备，今后还会继续加大划转部分国有资本充实社保基金的力度［EB/OL］. http://www.mohrss.gov.cn/SYrlzyhshbzb/dongtaixinwen/buneiyaowen/201903/t20190312_311803.html.

［83］人力资源和社会保障部 . 人力资源和社会保障事业发展统计公报［EB/OL］. http://www.mohrss.gov.cn/SYrlzyhshbzb/zwgk/szrs/tjgb/.

［84］财政部网站 . 2018 年财政收支情况［EB/OL］. http://gks.mof.gov.cn/zhengfuxinxi/tongjishuju/201901/t20190123_3131221.html.

第十章 内蒙古城乡社会保障统筹发展的管理体制机制研究

中国的社会保障管理体制是随着社会主义市场经济体制改革的不断深入逐步建立起来的，要求社会保障管理体制及其相应的机制适应社会主义市场经济发展的需要，适应中国特色社会主义社会发展的需要。党的十八大以来，以习近平同志为核心的党中央坚持以人民为中心的发展思想，坚持全覆盖、保基本、多层次、可持续的基本方针，从增强公平性、适应流动性、保证可持续性出发，全面推进社会保障体系建设，覆盖城乡居民的社会保障体系基本建立，保障项目日益完备，制度运行安全有序，保障水平稳步提高，公民更多地分享到了经济社会发展成果。进入新时代以后，我国社会主要矛盾已经转化为人民日益增长的美好生活需要和不平衡不充分的发展之间的矛盾，需要在社会保障体系基本建立的基础上全面建成多层次社会保障体系，进一步推动城乡社会保障统筹向前发展。

从体制机制上看，由于历史原因，以及缺乏顶层设计，还存在着制度多元化、机制不健全、管理分散化、衔接不顺畅等问题，提高城乡社会保障统筹水平还需要做大量耐心细致的工作。内蒙古城乡社会保障统筹发展的管理体制机制要按照党的十八大提出的坚持全覆盖、保基本、多层次、可持续的方针，以增强公平性、适应流动性、保证可持续性为重点，以中共十八届三中全会提出的建立更加公平可持续的社会保障制度为目标，加强调查研究，科学制定方案，加快形成以社会保险、社会救助、社会福利为基础，以基本养老、基本医疗、最低生活保障制度为重点，以慈善事业、商业保险为补充的覆盖全民的内蒙古社会保障制度体系。内蒙古城乡社会保障统筹发展的管理体制机制的完善，要在国家顶层设计的制度框架内展开，要坚持从基本区情出发，统筹考虑国家、自治区、单位和个人的承受能力，尽力而为、量力而行；坚持公平与效率相结合、权利与义务相适应；加强内蒙古各项社会保障制度之间的衔接，提高管理能力和服务水平。

第一节　内蒙古城乡社会保障统筹发展的行政管理体制机制

一、内蒙古社会保障行政管理体制的现状

社会保障行政管理是行政部门依法对社会保障事务进行的职能范围内的管理和监督。社会保障行政管理的内容包括对社会保障法律的制定以及设置社会保障管理机构和配置工作人员，同时还要确保社会保障法律的贯彻执行及处理社会保障运行过程中出现的纠纷，等等。

内蒙古现行的社会保障行政管理体制是 1988 年在中央政府机构改革中确立的，主要表现为政府对社会保障事务的管理和监督。2008 年以后，在中央政府机构序列中，承担社会保障事务的职能部门有人力资源和社会保障部、民政部、卫生部（2013 年后由新组建的国家卫生和计划生育委员会管理）、财政部以及其他相关部门。内蒙古人力资源和社会保障部门是社会保险事务的主管部门，管理职能包括养老保险、医疗保险、失业保险、工伤保险、生育保险等保险方面的管理，还有社会保险基金的管理。民政部门主要负责内蒙古社会救助、社会福利和社会优抚的安排和管理。卫生部门负责内蒙古城乡医疗卫生事业，既包括城乡医疗保险也包括卫生保健等事务。财政部门负责管理内蒙古社会保障收支和财务制度等。内蒙古社会保障行政管理体制的现状表明，内蒙古需要进一步健全社会保障管理体制，强化监督和经办管理。

二、内蒙古社会保障行政管理体制机制存在的问题

内蒙古社会保障事业的发展与经济发达地区相比起步稍晚，而且一直受到经济发展水平较低的制约，社会保障事业不如经济发达地区那么成熟。而

内蒙古社会保障行政管理体制中面临的问题与经济发达地区社会保障行政管理体制所遭遇的问题如出一辙，严重阻碍着城乡社会保障统筹发展。

（一）政府间职责划分不清

社会保障政府治理主要包括各级政府对社会保障事务的财政投入和提供社会保障管理两个方面。地方政府的社会保障财务支出主要依赖于中央财政的转移支付。首先，中央对城乡社会保障的财政投入明显不均等，对城市社会保障的财政投入远远高于对农村社会保障的投入。随着农村社会保障制度的建设，中央对农村社会保障的投入也有所提高，但是与城市社会保障的投入依然存在着较大差距。这种不均等的财政投入加大了城乡社会保障制度之间的差异，形成了城乡社会保障统筹发展的体制障碍。其次，在社会保障管理过程中，地方与中央的责权不明，地方财政与中央财政没有明确的资金投入比例，中央的资金支持并没有与地方的事务管理相统一，社会保障基金的统筹层级不够明确，社会保障财政支出随意性比较大。最后，由于各个地区经济发展水平不同，各地区的财政能力也有所不同。内蒙古属经济欠发达的边疆少数民族地区，对中央财政投入的依赖性比较强。同时，在社会保障管理过程中，有依赖中央政府的倾向，会在一定程度上减轻地方政府的社会保障责任。

（二）社会保障管理机构分散而缺乏联动机制

社会保障的各种业务由内蒙古自治区各级政府不同的管理机构分别负责，例如，城乡最低生活保障制度由民政部门负责，新农合由卫生部门负责，养老保险由人力资源与社会保障部门负责等。这种条块分割、部门分割、城乡分治的管理体制不利于城乡社会保障统筹发展，不利于内蒙古全面建成多层次社会保障体系。首先，社会保障各种业务之间存在着密切的关系，这种多头管理的管理体制，造成管理机构重叠、管理效率低下以及管理成本上升。其次，各个业务管理部门之间缺乏有效的联动机制，在社会保障业务管理过程中，由于各业务部门之间缺乏有效的沟通，存在各部门责任不清，相互推诿、相互掣肘的现象。同时，还存在着社会保障管理空白的地方。例如，社会保险转移接续的问题，地区之间以及部门之间的差异导致相关居民的利益受损；城乡之间的社会保障业务也缺乏有效衔接的办法，不仅使城乡居民的利益受损，还阻碍了劳动力城乡之间的流动。最后，由于多年的分割管理，导致社会保障业务各管理部门建立了各自的管理体系，形成了利益分割的局面。这种利益分割的局面严重阻碍了城乡社会保障管理的一体化进程。[①]

（三）社会保障管理绩效评价体系不健全

健全的绩效评价体系是对工作效率的有力保证，内蒙古社会保障管理机构缺乏有效的绩效评价体系，影响着社会保障管理的有效运行。首先，评价主体笼统，监管无力。仅靠工作人员的年度报告和总结并不能使社会保障管理过程受到有效监督。其次，评价目的不明确，缺乏激励机制和约束机制，不利于管理工作效率的提高。最后，缺乏科学的绩效评价方法，没有形成规范化的绩效评价制度。由于上述原因，社会保障管理工作缺少有力的监督和激励，所以在实际运行中表现为效率不高和运行不畅，影响了城乡社会保障统筹发展。

（四）社会保障管理缺乏有效的监督机制

城乡社会保障监督管理委员会办公室一般都设在人力资源与社会保障部门，社会保障监督机构没有完全与行政管理部门、运营经办机构分立，存在着“一套人马，多块牌子”的现象，况且在各级社会保障监督委员会中，财政、劳动、社保、审计等政府部门仍然占主导地位，虽然也吸收了企业代表、职工代表、专家及其他社会利益代表，但数量有限，很难发挥作用。在具体事务的协调上，习惯于把社会保障监督当作由政府来操作的事务，仍按照政府部门的工作程序，在政府各个职能部门之间进行，监督效果不明显，难以达到监督的目的。这些情况所反映出来的深层次问题就是权利不明确，责任不清晰，导致监督机构形同虚设，不能有效地发挥监督作用。其次是社会保障监督管理体制偏重于对社会保障基金的监管，缺乏对整个制度实施全过程的监管。从内蒙古社会保障管理情况来看，政府的有关部门主要是侧重于社会保障基金——其中主要是养老金的管理，缺乏对社会保障实施全过程的监督。事实上，如果从系统科学的角度看，社会保障应该是一项系统的工程，应该是保障国民的基本生活和促进社会稳定发展的共同目标联系起来的社会保险、社会救助、社会福利、社会优抚等子系统及其若干具体制度构成的有机整体。因此，社会保障监督管理机制也应该是全过程的，包括对社会保障

---

① 林义．统筹城乡社会保障制度建设研究［M］．北京：社会科学文献出版社，2013.

基金的筹集、运营、支付、使用的监管，也包括对社会保障制度总体设计、实施和效果的监督与审议。

三、构建适应城乡社会保障统筹发展的行政管理体制

构建适应城乡社会保障统筹发展的行政管理体制，对于不断提高保障和改善民生水平，促进国家治理体系和治理能力现代化有重要意义。内蒙古社会保障行政管理体制改革要紧跟党中央的步伐，按照国家的顶层设计和统一部署，积极构建适应城乡社会保障统筹发展的行政管理体制，推动内蒙古城乡社会保障统筹发展。

（一）健全城乡社会保障统筹发展的法律法规

完善法律法规，依法推进内蒙古城乡社会保障统筹发展。按照中共十八届四中全会全面推进依法治国的要求，要完善社会保险、社会救助、社会福利、慈善和老年人、残疾人权益保障等方面的法律法规，制定基本医疗保险条例、社会保障基金管理条例，修订失业保险条例，形成比较完善的社会保障法治体系。内蒙古自治区政府要把社会保障法律法规贯彻落实情况列为各级政府绩效评价的重要内容，强化执法手段，落实执法责任。

内蒙古城乡之间长期实行两种不同的社会保障制度，建立一个完全统一而无差异的社会保障法律法规还需要一定的时间。在完善社会保障法律法规的过程中，要先接受城乡差别存在的事实，逐步完善内蒙古社会保障法律法规。从法律法规空缺的地方着手，结合实际情况，弥补法律法规空白。同时，修补现有法律法规存在的漏洞，比较全面的社会保障法律法规体系建成后，再进行进一步优化。将同质性较强的社会保障项目整合立法，异质性的社会保障项目进行差异化立法。用法律的形式规范社会保障主体之间的行为以及权利义务的关系，提高立法层次，加强可操作性，避免出现法律空白以及自由裁量权过大的现象。随着城乡差异、地区差异的缩小，逐步消除城乡之间、地区之间法律法规的差异，为建立无缝对接的社会保障法律法规做准备，同时加强社会保障立法、司法、执法、守法以及监督方面的完备性，用法律法规全面规范内蒙古城乡社会保障统筹发展过程中的所有工作。

（二）理顺城乡社会保障政府治理机制

解决城乡社会保障管理过程中的部门业务重叠、多头管理、交易费用高

等问题。首先，必须整合机构，统一城乡社会保障经办机构以及运营机制，建立部门联动机制，理顺管理体制。其次，逐步对社会保障管理体制进行改革。例如，将社会保障管理部门的领导由上级部门任命，权利与责任范围直接由上级部门确定，并由上级部门进行考核，同时受到上级部门与所在部门以及下级部门的联合监督。最后，完善公共财政体制，确保城乡社会保障统筹工作稳步推进。提高公共财政对农村牧区社会保障的投入总量，着力提高农村牧区社会保障服务水平和社会保障制度覆盖面。同时，合理划分各级政府之间社会保障的财权与事责，通过法律手段，明确界定各自的权责范围。例如，上级机构负责公共性较强的基本的社会保障服务，基层机构负责社会外溢性较强的扩张性社会保障服务。

按照国家的统一部署和要求，内蒙古要逐步理顺医疗保险管理体制，有序推进城镇职工医疗保险、城镇居民医疗保险、新农合等各项医疗保险工作的统一管理。

（三）健全城乡社会保障管理绩效评价体系

构建科学有效的社会保障管理绩效评价体系对于提高社会保障服务水平，提高管理效率以及节约管理成本具有重要意义。内蒙古要加强社会保障管理绩效评价体系的建设，构建由政府、社会组织、公民组成的“三位一体”社会保障管理绩效评价体系。首先，各级政府作为社会保障的主导力量，要加大对社会保障管理服务体系建设的财政投入，重视农村牧区社会保障管理服务机构的建设和人才培养，提升社会保障管理服务能力。同时，政府应当承担对社会保障管理机构的资金使用效率、工作效率以及政策执行过程进行监督的责任。其次，社会组织在社会保障管理过程中，通过影响政策制定以及参与管理等方式监督社会保障管理的运行。在政府与公民之间，社会组织发挥着调节矛盾的作用，社会组织与政府之间的互动可以促进社会保障管理绩效评价体系的科学化、规范化和制度化。最后，公民作为享受社会保障服务的主体，在社会保障管理过程中具有参与管理、反馈意见的权利，为了更好地享受社会保障服务以及提高社会保障管理水平，公民应当积极发挥其监督的作用，与管理部门有效地合作共同促进社会保障管理绩效评价体系的完善。[①]

① 郑功成．中国社会保障改革与发展战略［M］．北京：人民出版社，2008.

（四）建立有效的城乡社会保障管理监督机制

社会保障监督必须是全方位的监督，要内外监督结合、上下监督结合、专业监督与群众监督相结合。内蒙古社会保障监督系统应该由最高监督机构、法律监督、财务监督、监督平台等子系统构成。第一个子系统，建立社会保障体系的最高监督机构，该机构可以以社会保障监督委员会或者是审议委员会的形式出现，这个委员会负责对社会保障体系的总体监督，确保社会保障目标的实现。委员会应当体现独立和公民参与原则，组成上可以包括政府代表、专家学者、社会公众团体的代表等。第二个子系统，建立法律监督制度，法律监督是指国家通过法律手段，以强制力量对社会保障进行监督管理，同时，法律监督还要求健全社会保障的司法机制，以便当事人在其社会保障方面的权益受到侵害时能获得有力、公正的司法保护。第三个子系统，建立财务监督制度，财务监督制度主要是保障社会保障基金的运营、支付、安全。建立财务监督制度，要编制和完善符合社会保障实际运行情况的监督报表，建立监督管理指标体系。要依据《会计法》的有关规定，对经办机构的社会保障资金财务会计工作进行财务监督。要建立“收支两条线”制度，尽可能减少社会保障基金发放环节；公开财务账目，让受益人能够明察，进行监督；在审计方面，要采取独立审计的办法，审计结果提交给社会保障基金管理委员会。第四个子系统，建立独立的专业监督和社会监督相结合的监督平台，社会保障专业性很强，每个社会保障监督子系统都应设立专业组织，促进专业交流、研究和评审，这项工作可以由最高监督机构直接领导。在这个平台上，更重要的是要形成公民积极参与社会保障管理与监督的社会氛围。加强公告监管，建立信息披露制度，将基金管理人置于社会公众、基金持有人和监管机构的多重监督之下，防止基金管理人违规操作，损害基金持有人的利益。充分发挥新闻媒体的监督作用，赋予社会保障享受者个人及其代表或团体对社会保障的监督权。专业监督和社会监督相结合就保证了监督工作本身的公正性。社会保障监督系统是一个综合、动态发展的体系。在市场经济不断发展的今天，建立健全科学的社会保障监督系统是一项艰巨的任务，还需要深入地进行社会保障理论研究与应用对策研究。

第二节　内蒙古城乡社会保障统筹发展的业务管理

社会保障业务以社会保障资金筹集和待遇支付的具体过程为核心作相应延伸，社会保障业务办理机构是行政管理部门的派出机构，为被保障人提供各种社会保障服务，接受行政管理部门的监督。这种方式能在一定程度上减少资金筹集和待遇支付环节的管理成本，保证社会保障基金按时、足额征缴，减少待遇支付中的损失。

社会保障业务管理具体涉及的内容包括被保险人的信息进行管理、审核社会保险待遇资格、发放社会保险待遇等。在信息管理方面，目前已经采取社会保障信息管理系统，对参保人的基本信息、缴费记录、收入信息、待遇领取详细记录。① 通过信息化管理，能提高社会保险业务办理机构的管理效率，更好地为公民服务。社会保障待遇支付是指给被保险人提供社会保险待遇以及社会救助待遇等，包括养老、医疗、失业、工伤、生育保险以及最低生活保障待遇等。当参保人遭遇这些风险时，依法向经办机构提出申请，由经办机构审核其享受社会保险的资格，确定相应的待遇标准并予以提供。

一、内蒙古城乡社会救助统筹发展的业务管理

（一）城乡社会救助业务管理中存在的问题

1. 城乡社会救助项目管理运作中存在漏洞

城乡社会救助制度主要由农村最低生活保障制度、城镇最低生活保障制度、医疗救助、农村五保供养等多种项目构成，虽然对于缓解城乡贫困问题发挥着重要作用，但在实际操作过程中，还存在着种种问题。第一，在农村最低生活保障制度管理运行中，部分地区配套资金到位较晚，影响了救助资金的按时发放，农村最低生活保障制度的覆盖范围仍然较窄，不能满足贫困人口的需求。同时，由于管理过程中缺乏规范化、制度化的操作，普遍存在“该保未保”“该退未退”的现象。第二，在城镇最低生活保障制度运行中，

① 林毓铭．社会保障管理体制［M］．北京：社会科学文献出版社，2006.

由于城镇化的推进，部分地区存在同一个社区的居民享受两种不同低保待遇的现象，被征地农民享受农村低保，城镇居民享受城镇低保，二者待遇差异明显。城镇化的推进以及户籍制度的改革对城镇最低生活保障制度的动态管理形成挑战。城镇最低生活保障制度与就业政策缺乏有效衔接，客观上容易造成"养懒汉"的现象。第三，对于其他社会救助项目而言，项目管理中普遍存在资金短缺、管理人员不足、管理水平有限等问题，如医疗救助、敬老院建设、农村五保供养、艾滋孤儿救助等。

2. 城乡社会救助管理部门之间协调不易

城乡社会救助管理部门主要由民政、教育、财政、卫生、司法、城建等多部门组成，最主要的救助部门是民政部门。民政部门主要负责城乡最低生活保障、医疗救助、艾滋孤儿救助、救灾救济等业务；教育部门负责教育救助；财政部门负责救助资金的管理；卫生部门负责新农合的医疗救助；司法部门负责司法救助；城建部门负责住房救助，等等。由此可见，社会救助各业务之间条块分割，缺乏协调统一，缺少联动机制。这样的管理模式容易造成管理混乱，给受助者带来不便，使管理成本升高。

3. 城乡社会救助资源配置不合理

众所周知，享受最低生活保障待遇的低保户，不仅可以领取生活保障金，还可以享受其他更多的社会救助服务。例如，低保户可以享受子女九年义务教育期间的学杂费减免；新农合费用和新农保费用减免；优先推荐低保对象的子女就业，免费培训，等等。这种社会救助的利益捆绑效应，导致社会救助资源的不合理配置，加大了控制"人情保""关系保"的难度，是社会救助动态管理困难的原因。

4. 城乡社会救助管理缺乏管理信息系统支撑

城乡社会救助管理尚未构建一个完善的管理信息系统和决策支持系统，社会救助各子项目之间，如城乡低保、医疗救助、教育救助之间，没有相互连接的网络信息系统，这是社会救助管理效率低下的重要原因。

（二）完善城乡社会救助业务管理的建议

1. 科学界定城乡低保制度的保障对象、内容与保障标准

对于内蒙古城乡低保制度的保障对象，必须建立合理的覆盖面确定机制和对象认定机制。首先，覆盖面确定机制方面，在应保尽保的基础上，根据

当地的财政实力来合理制定覆盖范围。其次，在保障对象的认定方面，应根据属地管理与动态管理相结合的原则，严格按照规定程序来选定保障对象，要完善低保对象的退出机制，规范城乡低保制度的操作运行。在城乡低保的保障内容方面，逐步整合城乡低保和其他专项救助。加快农村医疗救助、住房救助、就业扶助等专项救助的步伐。在城乡低保的保障标准方面，应该建立科学合理的保障标准。保障标准的制定要结合基本生活所需的最低费用、居民的人均纯收入、财政承受能力以及物价水平，并找出合理的平衡点。有学者提出采用恩格尔系数法形成的“基本生存饮食费用”概念，根据当地的物价水平，计算出维持生存的基本费用，即保障标准随着物价的变动而变化。

2. 逐步整合城乡社会救助业务和统一操作程序

内蒙古社会救助各项目由多个部门分头管理，造成了社会救助管理的低效率。首先，应该逐步整合社会救助各自项目，并在各部门之间建立联动机制，构建一个统一动态的管理模式。其次，统一城乡社会救助各项目的申请程序、调查程序以及公示程序等操作程序，从而达到形式上的统一。最后，在管理机构、管理人员、经费设施等方面也应该做出统一的规定，保障社会救助管理的有效运行。

3. 构建合理的责任分担机制并实现社会救助资金来源渠道的多元化

有稳定的资金来源是社会救助制度运行的根本保障。为了进一步缩小城乡之间的差距，首先政府应该加大财政投入力度，根据各盟市的经济实力来确定其投入比例。重新明确政府的财政责任，建立一种新的责任分担机制。其次，积极拓展社会救助资金社会化筹资渠道。一方面，可以充分发挥非政府组织的力量，通过社会各界的努力来筹措资金。采取建立社会救助基金会，定期进行社会募捐。另一方面，还可以在农村建立合作经济组织，通过群众的互帮互助，筹集和积累救济扶贫资金。另外还可以鼓励发行社会保障福利彩票，使资金筹集渠道更加多元化。

4. 加快社会救助管理信息系统的建设

统一动态的社会救助管理模式需要完备的管理信息系统的支撑，所以内蒙古必须加快社会救助管理信息系统的建设，通过社会救助管理网络建设，充分利用现代信息技术，及时准确地收集城乡居民信息，提高社会救助管理工作的效率、减少工作失误。

二、内蒙古城乡社会保险统筹发展的业务管理

（一）城乡社会保险业务管理中存在的问题

1. 社会保险业务办理能力不能满足城乡居民的社保服务需求

社会保障城乡统筹发展给城乡社会保险管理带来了各种新的挑战，在具体的业务管理过程中，容易出现管理漏洞，不能很好地满足城乡居民对社会保障服务的需求。首先，社会保险经办管理服务技术亟待标准化，以提高管理效率。养老保险关系异地转移接续和异地医疗保险费用的结算等难题都与缺乏标准化的管理和技术息息相关。各地不同的管理模式阻碍着社会保障城乡统筹发展。其次，社会保险经办服务工作质量还远远不能满足服务对象的需求。一方面，服务对象迫切需要一个高效快捷的经办服务，而社会保险业务管理程序繁多，操作流程复杂，给服务对象带来不便。另一方面，随着城乡社会保险覆盖面不断扩大，保障对象不断增加，各地区的社会保险经办管理机构超负荷运转，存在工作人员紧缺和经费配备不足的现象。最后，由于社会保险各子项目都处于分散管理的状态，存在成本高、效率低、满意度差的问题。

2. 城乡社会保险基金安全问题突出

由于社会保险基金的产权不明晰以及社会保险基金的监管不力，导致社会保险基金被贪污、挪用、盲目投资的问题突出。尤其是农村社会保险基金流失严重，损害了参保人的合法权益。社会保险业务办理机构在具体操作过程中面临着体制风险、财务风险以及道德风险等多种风险。由于居民诚信档案缺位以及监管系统不力，加之居民的职业道德意识薄弱等原因存在骗取社保基金等现象。例如，在医疗保险费用支付中，医生凭借其信息不对称的有利地位，诱导患者过度消费等，这在一定程度上影响了医疗保险基金的合理利用。社会保险业务办理机构的内部管理过程中也存在许多漏洞。例如，社保信息泄露事件的频繁发生，引起了参保人的强烈不满。对于面临的种种风险，社会保险业务办理机构缺乏有效的风险防范机制以及危机处理的制度安排，影响了参保人对社保服务的满意度。

3. 社会保险业务办理的规范化程度低

社会保障统筹层次较低，各地区的统筹层次都不尽相同，在社会保险立

法层次较低的情况下，社会保险业务办理机构在具体业务操作过程中很难规范、统一。首先，在社保经办机构办理各项社会保险业务时，缺乏统一规范的行业标准，无法衡量社保服务的质量，不能保证为参保人提供高效便捷的社保服务。缺乏行业标准同时会导致一些道德风险事故的发生，如费用管理不到位、逃费和欺诈等，使社会保险业务管理变得困难。其次，社会保险业务管理分散，不同的地方其办事程序有所不同，而且各险种之间也存在差异。业务程序上的不统一不利于整合社保服务以及提高社保统筹层次。除了社保业务程序不统一，业务流程也缺乏规范、统一，流程设计和业务处理过程中存在不合理的现象，如参保人信息重复、操作过于粗放以及工作效率低下等问题。最后，由于各地区各自开发社保服务系统，缺乏统一指导，因此在数据口径以及技术标准等方面存在较大差异，加大了信息共享以及异地转移的难度。此外，虽然很多社区乡镇已经设立了社保服务窗口，但是基础设施较落后，各地区在服务环境、硬件设施以及窗口设置等方面都存在明显的差距，不能有效地为参保人提供“一站式”的社保服务。

（二）完善城乡社会保险业务管理的建议

1. 建立统一的城乡社会保险管理服务体系和管理服务标准

为了提高城乡社会保险管理服务水平，需要积极探索建立统一的城乡社会保险管理服务体系和管理服务标准。首先，政府部门应当研究和制定统一的管理服务技术标准以及统一的经办机构组织体系。包括统一的机构名称、规格、编制以及各项社会保险项目的具体指标。其次，建立统一规范的管理运行机制。统一业务流程、信息系统、管理方法，实现管理的规范、统一。最后，加强社会保险城乡一体化服务网点的建设，延伸服务平台，就近为城乡居民提供社会保险服务。进一步强化养老保险、医疗保险、失业保险、工伤保险以及生育保险五种险种的统一管理，实行各险种统一登记、统一申报受理、统一征缴费用、统一稽查，实现“一站式”办公，做到整合资源、信息共享、提高效率。

2. 加强城乡社会保险基金的监督管理

为了保障社会保险基金的安全，必须加强对社保基金的监督管理。首先，要理顺社会保险关系和基金转移接续的流程，对反映社会保险关系和基金的凭证、档案，政府应当对其进行法律保护，对相关数据进行统一规范，使其具有法律效力。其次，建立专门的社保基金监督机构，制定社会保险基金监督条例，确保社保基金的安全。最后，社会保障管理部门建立独立的稽查内审队伍，强化对业务运行以及基金使用过程进行监督，规范管理服务人员的行为。同时也要充分利用社会监督机制以及其他独立法人机构的审查，加强对社保基金的监管。

3. 实行社会保险业务外包

政府通过业务外包的形式，将社会保险经办业务委托给商业保险公司来办理，这种方式不仅可以节省管理成本，也能够有效提高管理效率。同时，充分利用金融机构网点遍布城乡的优点，与金融机构合作建设网点，甚至可以委托银行专门设立窗口办理社会保险费用的缴费、发放以及宣传等业务。这种做法既提高了社会保险管理的效率也方便了居民，真正实现了“一站式”办理。但是，业务外包的形式不适用于所有社会保险的项目，需要管理部门谨慎选择。保险公司和银行负责提供具体社会保险服务的同时，政府也承担着指导、管理和监督的责任。

4. 建立城乡社会保障管理信息系统

信息化能使管理变得高效、科学、合理，这是内蒙古城乡社会保障统筹发展的重要组成部分。建立覆盖城乡而且统一的社会保障管理信息系统，首先需要推广统一的社会保障卡，防止数据不一致以及信息重叠，方便参保人社会保险关系和基金的转移。其次，社会保险信息网络由四级平台组成。第一平台是中心业务和通信平台，支持各项社会保险的征缴、发放和办公自动化。第二平台是信息网络平台，支持信息交换和资源共享。第三平台是银行、定点医疗机构、定点药店等部门的联合网络平台，为参保人提供了方便。第四平台是监管部门的网络平台，可以全面监管社会保险管理运作过程。

第三节 内蒙古城乡社会保障统筹发展的基金管理

社会保障基金是社会保障制度的物质基础，如果没有稳定的基金支撑，社会保障制度便难以为继，为了保障社会保障制度的正常运行，必须有效管理社会保障基金。内蒙古各级政府和社会保障经办机构大力推进管理服务规范化、专业化、信息化，严格实施“收支两条线”管理，逐步完善基金预决算制度，不断加大基金监督力度，社会保障管理和服务水平有了明显提高。但是，在城乡社会保障基金管理中，仍然存在一些亟待解决的矛盾和问题。

一、内蒙古城乡社会保障基金管理面临的难题

（一）社会保障基金收支不平衡

许多地区都出现了社会保障基金收支不平衡的现象，其中养老保险基金尤为明显。社会保障基金的供不应求主要体现在以下几点：首先，随着生育率的下降，导致目前的就业人口减少，缴费人数的减少直接影响社会保障基金的收入。其次，社会保障基金的投资收益一直处于较低水平，不仅不能弥补社会保障基金入不敷出的问题，还使社会保障基金处于亏损状态。最后，在社会保障基金供款不足的情况下，其需求却在不断增大。例如，退休人员急速增加、退休人员平均寿命的延长、制度的隐性债务等原因，均使社会保障基金的需求持续增加。这种社会保障基金收支不平衡的现象，给社会保障制度运行的可持续性带来了挑战。

（二）社会保障基金保值增值困难

社会保障基金的投资运营主要是针对社会保险基金的投资运营，因为内蒙古的社会保险基金筹资模式属于部分积累制，不同于现收现付制，为了基金的保值增值，必须对积累的基金进行投资运营。我们对社会保险基金采取的是非常保守的投资方式。主要用于购买国债和存于银行专户。这种投资运营方式虽然有利于保证基金的安全，但是其投资收益却不理想，在生活水平提高、通货膨胀压力、老龄化危机的冲击下，很难达到基金保值增值的要求。

（三）社会保障基金管理分散

社会保障基金按照其用途和功能可以分为社会保险基金、社会救助基金、社会福利基金 3 种。社会保险基金主要由雇主和雇员的强制性缴费以及财政补助构成；社会救助基金主要来自财政拨款；社会福利基金是由财政拨款以及社会捐赠等多种途径筹资构成。2008 年成立了人力资源与社会保障部门，

统一管理社会保障事务，但从体制机制看，仍然存在着制度多元化、机制不健全、管理分散化、衔接不顺畅等问题。内蒙古社会保障基金由人力资源与社会保障部门、民政部门、卫生部门、财政部门等多个部门进行分散管理。社会保障基金管理的层级过多，管理效率低下，管理成本上升，服务水平满足不了投保人的需求。这种管理模式加大了内部各部门、各层级之间协调管理的难度。社会保障基金过多的管理层级与分散的管理模式影响着内蒙古城乡社会保障统筹发展。

（四）社会保障基金监管不到位

社会保障基金的监管问题主要体现在行政监督的薄弱和社会监督的缺失。首先，社会保障基金的监督管理主要侧重于资金分配后的检查，而忽视了资金分配前的基础数据审查和基金运行过程中的监督管理，事后监督也缺乏有效的沟通协调，监管的执法力度不够。其次，社会保障基金的内部监督和专门监督相对薄弱。许多地区设立的专门监管部门形同虚设，内部监管又流于形式，不能发挥其应有的作用。最后，社会保障基金缺乏社会监督。由于社会保障基金运作管理透明度低，信息披露制度的不健全，各社会组织、媒体机构、社会公民很难发挥社会监督的作用。由于上述原因，社会保障基金管理运作过程中，出现了许多违规、违法使用基金的不法行为，这种行为直接导致了社会保障基金的严重流失，损害了参保人的合法权益。

二、构建适应城乡社会保障统筹发展的基金管理模式

（一）整合城乡社会保障基金管理机构

城乡社会保障基金由多个部门管理，缺乏规范统一的管理方法，不仅不利于社会保障基金的保值增值，而且影响着社会保障制度的高效运行。因此，我们应该采取逐步整合社会保障基金的管理部门，逐步统一社会保障基金的管理标准。首先，按照社会保障业务内容与业务的客观需要整合社会保障机构，城乡社会救助基金统一由民政部门负责管理，城乡社会保险基金统一由人力资源与社会保障部门负责管理。其次，统一社会保障基金的管理程序和业务流程。规范社会保障基金的收缴、发放以及投资运营的管理方法，由统一的部门全程负责，减少基金流转的环节，提高基金使用效率。最后，建立覆盖城乡的统一的社会保障基金管理信息平台，将社会保障基金收支的全过

程通过信息系统进行管理，只有依靠现代信息技术的支撑，才能有效统一和管理社会保障基金。

（二）加强社会保障基金收支两条线管理

社会保障基金收支两条线管理是通过在国有商业银行开设的基金收入户、基金财政专户和基金支出户来实现的。在财务制度中，对这三个户的设立、用途及相互关系作了明确规定。各级人力资源与社会保障部门和社会保险经办机构要严格执行，必须将基金纳入社会保障基金财政专户，实行收支两条线管理，专款专用，不得挤占、挪用、用于平衡财政预算。在社会保险项目支出时，由社会保险经办机构提出支付计划，经财政部门审核后，将所需社会保险基金由财政专户划拨到社会保险经办部门开设的基金支出专户，由社会保险经办机构组织发放。审计部门依法对社会保障基金收入户、基金支出账户和社会保障基金财政专户收支结余情况进行审计，行使审计监督的职责。国有商业银行负责按照社会保险经办机构以及经财政部门审核同意的社会保障经办机构用款计划及时划款，并加强对基金收支的监督。社会保障管理机构负责社会保障基金的具体管理业务，包括对基金预算和决算的编制、基金的征缴和发放、基金的核算、职工个人账户基金的记录和管理以及基金结余的安排等工作。财政部门代表政府行使监督管理的职责，对社保经办机构管理的各项工作进行核算，并拨付社会保障经办机构的经费。社保经办机构和财政部门应当定期公开基金专户的情况，实现管理的透明化和规范化，确保基金的合法使用。同时，社保经办机构经办的基金根据国家规定，按照各项险种的征缴范围，分别建立养老保险基金、医疗保险基金、失业保险基金等专门账户，实行专款专用，自求平衡。各部门之间明确各自的职责，各司其职，相互协调配合，共同做好社会保障基金的收支两条线管理。

（三）拓宽社会保障基金筹资与投资渠道

我们需要建立健全多缴多得、长缴多得的社会保险激励机制，引导和鼓励参保人员通过增加缴费年限和提高缴费基数获得较高的基本养老金；通过增加政府补贴等措施，引导城乡居民早参保、多缴费和长缴费。需要建立兼顾各类群体的社会保障待遇正常调整机制，根据经济发展、居民收入水平、物价变动和财政承受能力等情况，适时调整职工和城乡居民基本养老保险待遇，并将多缴多得的激励机制延伸到待遇调整政策中。对于基本医疗保险要完善政府、单位和个人合理分担的筹资机制，深入推进付费方式改革，使医疗费用实现合理可控的增长。需要综合考虑人力资源供需、教育水平、人均预期寿命、基金收支等因素，探索实施渐进式延迟退休年龄政策，改善职工基本养老保险抚养比。各级政府需要进一步调整财政支出结构，加大对社会保障的投入，完善社会保险基金预算制度。要发挥补充养老保险、补充医疗保险的作用，积极推动商业保险发展。

社会保障基金的投资出于基金安全性的考虑，一直处于谨慎而被动的状态。需要对社保基金的投资模式、运营办法进行深入研究。需要制定基本养老保险基金投资运营办法，在确保基金安全的前提下扩大投资渠道，实现保值增值，增强基金支付能力。首先，根据预定的风险收益率进行积极的投资组合管理，带来更高的投资收益。从发达国家的经验来看，在相对成熟的市场经济环境下，社会保障基金的证券投资可以带来可观的投资收益。在市场经济还不够成熟的条件下，在初期阶段可以探索进入风险较小的股票市场，选择业绩稳定、流通性强、具有良好前景的蓝筹股为主，然后根据市场的发展情况和流动性的需求，调整投资策略。等到市场经济和金融环境相对成熟的时候，可以尝试其他金融工具进行投资，如住房抵押贷款、房地产、期货、期权等。其次，通过投资海外市场来提高基金投资收益。充分利用海外成熟的资本市场，扩大社保基金的投资范围，通过科学的预算制定投资多元组合，调整资产结构，从而达到分散国内市场经济的风险，提高基金投资收益的目标。当然，要防范由于国际经济关系发生变化所带来的风险。在挑选海外市场的时候，应当选择政局相对稳定、经济比较发达的资本市场进行投资，降低基金损失的风险。最后，通过对基础建设项目进行投资，提高社保基金投资收益。随着新型城镇化的推进，城乡各项公共服务的基础建设项目资金需求庞大，如农村的道路建设、医疗机构的建设、城镇图书馆的建设以及水资源开发，等等。这种基础性建设投资的投资收益较高且风险较小，同时投资周期较长。不仅有利于社会保障基金的保值增值，还有利于缓解基础设施建设的资金压力，是社会保障基金可以选择的投资渠道。

（四）健全社会保障基金监管机制

进一步完善社保基金安全监督制度，形成行政监督与社会监督相结合的监督体系，确保基金安全。有良好的社会保障基金监管机制，才能保障社会保障基金的安全和使用效率。

第一，应当建立税务、财政、审计、社保等四位一体的监管机制，保障社会保障基金管理工作的公正和高效，明确规定各部门的职能范围，解决由于责任不明而推脱责任的问题。税务部门负责社会保障税的征收以及编制资金收入报表；财政部门负责在银行等金融机构设立社会保障基金专户，并对基金的收入和支出分别管理；审计部门负责对社会保障基金的收支过程进行审计和监督；社保部门负责对社会保障基金通过银行等渠道进行社会化发放。通过各部门各司其职，进行多方位的监督，从而提高社会保障基金的管理效果。

第二，强化社会保障基金的内部监督。首先，通过规范社会保障基金操作过程中的各种程序以及管理方法。其中包括社保基金的预算、决算制度、基金收支的核算制度以及基金的保值增值制度。通过规范各项管理程序，保证社保基金的有效管理。其次，提高社保基金管理的业务水平。合理制定各岗位的职责，创新各岗位相互监督、相互合作的运行模式，同时提高各岗位工作人员的业务能力，加强管理机构内部监督。最后，建立独立的内部审计机构。内部审计机构负责对各项基金收支业务进行事前、事中、事后等全方位审计，及时发现和解决问题，使社保基金管理更加完善、有序。

第三，充分发挥社会监督的作用。社会保障基金涉及全体公民的利益，不仅工会、企业、社会媒体对社会保障基金具有监督权利，劳动者也享有监督评论权。政府要鼓励公民对社会保障基金管理工作进行监督，并培养宽松的社会环境，让公民更多地参与到社会保障基金管理工作中。政府可以通过电视媒体、报刊广播、发放宣传小册子等多种途径，使公民了解社会保障政策以及社会保障基金管理工作。通过定期给职工发放个人账户对账单以及建立网络、电话监督等方式来促进社会监督工作。

第四，完善社会保障基金监督管理工作的信息披露制度。为了提高社会团体、公民参与社会保障基金监管工作的积极性，需要增加社会保障基金管理工作的透明度，建立严格的信息披露制度。在建立信息披露制度过程中，要制定相关的法律法规，保证信息的准确性、真实性和完整性。同时注意保护参保人的个人信息。

第四节 内蒙古城乡社会保障经办机构及其服务网点建设

社会保障服务的提供是通过各级社保经办机构及其服务网点来实现的，经办机构及其服务网点显得十分重要，社保经办机构的机构设置、人员配置以及服务质量影响到社会保障政策的具体落实、政府部门在广大群众心中的形象以及每一个居民的切身利益。随着内蒙古经济社会的发展，公民对美好生活需要的增长，新型城镇化的推进，内蒙古城乡社会保障业务量日渐增多，社保经办机构及其服务网点承受的压力越来越大，所以，要加快内蒙古城乡社会保障经办机构及其服务网点建设的步伐。

一、内蒙古城乡社会保障经办机构建设中存在的问题

社保经办机构名称多样，按险种设置机构，管理分散。随着社保业务覆盖面越来越广，保障的居民越来越多，社会保障经办机构出现了政策执行力不足、服务能力不足、组织能力不足、风险控制能力不足以及信息系统不兼容等问题。造成社保经办能力不足的原因有很多。首先，缺乏社会共识。居民对社保经办机构的工作不了解、不理解、不认同，社保经办机构与居民缺少互动互通。其次，社保经办机构的法制建设滞后。社保经办机构的服务缺少行业标准，执法力度不够。最后，社保经办机构运行效率不高。社保经办层级较多、管理部门繁多、缺乏信息共享机制、工作人员综合素质参差不齐等原因，导致整体经办机构的服务效率低下，给参保人带来诸多不便，社会满意度较低。

（一）机构设置不合理

社保经办机构按照险种的不同设置，包括养老保险中心，医疗保险中心，失业保险中心以及工伤生育保险中心等多个机构。各业务的参保登记、缴费申报、待遇支付等过程都分散在不同的经办机构办理，不仅造成了工作的重复，也增加了群众参保的不便。这种“五险分立”“城乡分立”的管理模式，在机构设置、人员配置、责任划分、工作机制等方面存在差异，不利于社保

数据的整合，烦琐的程序降低了服务质量，增加了工作人员的负担。[①]

除社保经办机构设置分散之外，社保经办机构深入到社区的网点还不够多，许多偏远落后的农村牧区还没有社保经办机构的服务网点，导致农村牧区居民对社会保障政策的知晓度普遍低，不知道通过何种途径可以方便地享受社保服务。所以，需要加快填补社保经办服务网点的空白，进一步提高社保服务质量。

（二）社会保险经办机构的规范化程度低

社会保障统筹层次较低，各地区的统筹层次不尽相同，而且在社会保险立法层次较低的情况下，社会保险经办机构在具体操作过程中很难具有统一性。首先，社保经办机构在办理各项社会保险业务时缺乏统一规范的行业标准，无法衡量社保服务质量，不能保证为参保人提供高效便捷的社保服务。其次，社会保险业务管理分散，根据不同的地方其办事程序有所不同，而且各险种之间也存在差异。程序不同会影响社保服务整合以及社保统筹层次的提高。除此之外，缺乏规范统一的业务流程，流程设计及业务处理存在不少问题，如参保人信息重复、操作过于粗放、工作效率低下等。最后，由于各地区各自开发社保服务系统，缺乏统一的工业标准，数据的结构、技术标准等存在较大差异，加大了信息共享以及异地转移的难度。此外，社保经办机构在街道、乡镇、苏木的辖区内已经设立了社保服务网点，但是基础设施比较落后，各地区在服务环境、硬件设施以及窗口设置等方面都存在明显的差距，不能有效地为参保人提供“一站式”的社保服务。

（三）信息化建设有待进一步加强

不同的险种由不同的经办机构来办理，这种状况导致信息系统的建设也是各自为政，同一个参保人不同险种的信息都分散在不同的信息系统中，缺乏信息的统一，无法实现信息的共享。信息系统的建设还处于初步阶段，信息系统只能处理基础的业务办理，其兼容性和拓展空间非常有限，不能实现各险种业务的整合。除此之外，社保经办服务的自助服务系统以及网上社保系统等便于参保人的基本服务设施还有待开发。由于技术、资金以及专业人员的短缺，信息系统的开发和建设受到了限制，不能满足城乡居民获得便捷

---

① 杨燕绥．社会保险经办机构能力建设研究［M］．北京：中国劳动社会保障出版社，2011.

高效社保服务的需求。

（四）经办服务人员综合素质有待提高

社保业务的日益增多以及社保政策逐渐完善，对社保经办机构的工作人员的服务质量提出了更高的要求。许多工作人员还停留在从前的工作模式，缺乏有效的业务技能培训，在经办机构中能够熟练掌握政策和业务技能，能够真正解决具体问题的工作人员占比不高。具体表现为：对社保政策、法律、法规理解不准确，不能严格按照法律程序办事；不熟悉业务操作程序，难以解决实际问题；缺乏服务意识，不善于沟通协调，不善于处理矛盾。如此，大大影响了社保服务质量。

（五）基层社会保障经办机构缺失与网点建设滞后

部分城市的社区以及经济欠发达的偏远农村牧区，由于经济条件和自然条件的限制，社会保障事业的推进比较缓慢，存在着机构不健全、社会保障政策落实不到位等现象。首先，城市的社会保障业务办理基本集中在社区，社区同时承担着党团、计生、卫生、治安、社保、低保等多项职能。社区没有设置专门技术人员负责社会保障服务业务，社区工作人员工作压力大、待遇低、业务能力有限导致社会保障工作过于粗放。其次，在经济比较落后的农村牧区，社会保障管理与监督机制不健全，社会保障基金管理比较复杂，出现贪污挪用社会保障基金的问题，损害了农村牧区居民的社会保障权益。最后，一些偏远的农村牧区，还没有设置专门的社会保障服务机构，无法保障信息不畅通、交通不方便的农牧民享受社会保障服务的权利。

二、提高内蒙古城乡社会保障经办机构服务能力

（一）优化社会保障经办机构

建立垂直与水平对接的网格化的社保经办服务体系，给予经办机构独立法人地位。明确划分各级经办机构的责任范围，最高一层负责总体部署和指导管理，同时负责核心业务的资格审查和待遇发放；中间一层负责适合集中办理的业务，同时给予基层办事机构指导和支持。基层办事机构设立在街道、乡镇、苏木一级，给予居民面对面的社保服务。深入城镇社区以及农村牧区，因地制宜地设立基层办事机构，贴近城乡居民，给予便捷高效的社保服务。社保经办机构的人员配置按照工作人员与参保人次的比例进行配置，并且由

上级经办机构进行核定。同时可以通过雇佣合同制人员和服务外包的形式来满足对社保服务人员需求。经办管理费用应当考虑人工费用、服务费用、基础设施建设费用以及信息系统建设费用等各种费用，精确测算后，从社保基金中列支。

（二）整合经办资源与完善业务操作流程

受社会保障管理体制和统筹层次的影响，社保经办资源比较分散，不利于提高社会保障服务质量和管理成本的控制。所以，需要根据各险种的相近性进行逐步的整合，最终实现社保经办资源的统一管理。各险种在市级、县级以及乡级都设置社保经办机构服务网点，实现各险种可以在同一个服务网点进行办理以及查询。在整合经办资源的同时，还要完善各社保业务的办理和操作流程。促进业务办理的规范化、标准化，统一各险种的办理流程，减少烦琐的程序，提高业务办理效率，为居民提供更加高效便捷的社保服务。

（三）加强社会保障信息平台建设

整合经办机构以及规范社保业务办理程序都离不开信息系统的支持。统一完善的信息平台对于提高服务质量以及节约资源起着关键性作用。因此，内蒙古需要加快建立和完善城乡统一的社会保险公共服务信息平台，推行综合柜员制，实行“一站式”服务，充分应用互联网、大数据、移动应用等技术手段，逐步实现线上线下服务渠道的有机衔接。要加快推进社保卡应用，完善社保卡持卡人员基础信息库功能，实现社会保障一卡通。实施统一的社会保险公共服务清单和业务流程，基本实现社会保险基本公共服务标准化。内蒙古社会保险公共服务信息平台的建设，各险种统一开发信息系统，统一技术标准和数据信息标准，避免系统的重复建设以及数据的重复录入。在提高各险种统筹层次的前提下，建立险种统一、城乡统一的信息平台，实现各业务之间的数据共享。重视数据信息安全，健全和落实系统维护、网络管理、信息采集和信息修改等管理制度，重要数据实行备份和异地存储。要建设和完善查询系统、档案管理系统、自助服务系统、通信系统、网上社保中心等全方位的信息平台，从而真正实现社保服务高效便捷的信息化管理。信息平台的建设离不开资金支持、技术支持以及专业人才支持，需要政府提供信息平台建设的资金保障。

（四）提高社会保障经办服务人员整体素质

提高内蒙古社保经办人员的整体素质主要通过以下途径：首先，实施专业人才建设工程，培养一批精通社会保障政策、精通业务的高级管理人员、管理能手和业务标兵。其次，对现有社保经办机构工作人员进行严格的专业培训。通过研究制订培训计划，定期组织实施业务培训，推进业务培训的常规化和制度化。最后，加强社保经办机构的内部管理。积极探索科学合理的绩效考核制度和动态薪酬制度，提高工作效率与服务水平。

（五）加快基层服务网点建设

由于基层社会保障服务网点的不健全，许多城乡社区的居民对社保政策缺乏了解，难以方便地享受社保服务，内蒙古需要加快社保基层网点的建设，提高社保服务覆盖率。根据城乡社区居民的居住人口数量、居住人口结构、居住人口的流动性等因素，精细算出每个地区基层网点的数量以及每个网点配备工作人员的数量，以最少的资源提供最优质的社保服务。在此基础上，大力推广现代信息技术的运用，如通过网上社保、电话社保、自助社保服务设备等提高社保服务水平，减轻参保人负担，为参保人提供便利。另外，可以通过流动服务站的形式为交通不便的农村牧区提供社保服务，进一步提高社保服务的城乡覆盖率。

（六）发挥市场在社会保障服务中的作用

内蒙古社会保障事业的发展全靠政府在推动，政府的社会保障管理负荷十分繁重，从社会保障方案的顶层设计、法律法规制定，经各相关部门的实施、管理，到社会保障经办机构及其服务网点，事无巨细，各项建设任务与各项服务活动全部由政府来完成，难以保证管理效率与服务水平。所以，有必要探索如何利用市场力量来辅助完成社会保障的服务活动，尝试通过政府购买服务的方式，政府与市场共同合作提供社会保障服务。首先，新型农村牧区社会养老保险可以通过服务外包的方式来为农村牧区居民提供养老保险服务。具体流程是，社会保障管理部门通过招标的方式，将养老保险业务交给中标的寿险公司，社会保障管理部门与寿险公司根据当地的居民数量、服务数量和服务质量，拟订相应的合同。政府在评估和确认寿险公司提供的社会保障服务之后，为其支付管理费用。社会保障管理部门承担对寿险公司的指导、监督、调控的职能，寿险公司负责新农保管理运作的具体操作。同样，新型农村牧区合作医疗以及大病补充保险业务都可以通过政府购买服务的方式予以提供，可以探索建立覆盖城乡女性居民的计划生育保险制度，积极鼓励商业保险向城乡居民提供生育保险服务。其次，政府通过制定税收优惠政策，积极引导社会资源配置向社会保障领域倾斜。鼓励慈善组织积极资助农村牧区贫困人口，大力推动大型企业对贫困农村牧区进行就业与社会保障帮扶活动，由审计部门进行指导和监督。鼓励商业保险公司积极投资养老院、养老社区的建设，提供更加专业的养老服务，从而弥补政府养老保障的资金和人力的短缺，减轻政府提供全面养老保障服务的压力。

参考文献

[1] 林义. 统筹城乡社会保障制度建设研究[M]. 北京：社会科学文献出版社，2013.

[2] 郑功成. 中国社会保障改革与发展战略[M]. 北京：人民出版社，2008.

[3] 郑秉文. 中国养老金发展报告2013——社保经办服务体系改革[M]. 北京：经济管理出版社，2013.

[4] 龙菊. 中国社会保障基金管理与投资问题研究[M]. 北京：中国经济出版社，2012.

[5] 林毓铭. 社会保障管理体制[M]. 北京：社会科学文献出版社，2006.

[6] 刘钧. 运行与监管——中国社会保障资金问题分析[M]. 北京：清华大学出版社，2003.

[7] 杨燕绥. 社会保险经办机构能力建设研究[M]. 北京：中国劳动社会保障出版社，2011.

[8] 王晓东，童星. 城乡统筹视域下社会保障管理体制改革的路径[J]. 社会保障研究，2012(02).

[9] 杨长福，张烁. 论统筹城乡背景下农民社会保障管理制度的构建与完善——基于宪政视角[J]. 重庆大学学报，2014(05).

[10] 陈仰东. 高统筹格局下的经办服务体系再造——兼论五险统筹层次与经办管理体系[J]. 中国医疗保险，2014.

[11] 郑秉文. 中国社会保险经办服务体系的现状、问题及改革思路[J]. 中国人口科学，2013(06).

[12] 董尚雯. 我国社会保险经办机构能力提升问题探索[J]. 经济研究参考，2014(17).

[13] 王飞跃，郭怀亮. 属地管理、运行机制与社会保险经办机构变革取向[J]. 公共

管理，2012（11）.

［14］陈宗利 . 从分立到合一的路径选择——对提升社保经办机构能力的思考［J］. 中国社会保障，2006（07）.

［15］邱浩杰 .《社会保险法》对社会保险经办机构建设的要求及社保经办机构发展走势分析［J］. 发展研究，2011（12）.

［16］刘大卫 . 社会保障财政资金分配效应研究［D］. 成都：西南财经大学，2013.

［17］裴坦 . 城乡社会保障统筹发展中的政府责任研究［D］. 长春：长春工业大学，2012.

［18］王晓玲 . 构建统筹城乡医疗保障制度的机制创新——基于湛江实践的比较分析［J］. 农业经济问题，2014，02：95–101，112.

［19］白小平 . 城乡社会保障统筹一体化可行性反思与对策［J］. 中州学刊，2014，07：72–77.

［20］杨影，王丽 . 我国城乡社会保障一体化机制之构建［J］. 学术交流，2012，12：131–134.

［21］王晓东 . 城乡统筹下我国社会保障财政体制的改革［J］. 宏观经济管理，2012，12：56–58.

［22］龚海燕 . 城乡统筹视域下社会保障管理体制改革的路径［J］. 现代经济信息，2015，07：35.

［23］吴沙沙 . 统筹推进辽宁省城乡社会保障体系建设的思考［J］. 长春金融高等专科学校学报，2015，03：30–33.

［24］石郑 . 统筹推进城乡社会保障体系建设的若干认识［J］. 劳动保障世界（理论版），2013，01：4–6.

［25］罗志先 . 关于统筹推进城乡社会保障体系建设的思考［J］. 实事求是，2013，01：86–89.

［26］刘卫平 . 论统筹城乡发展中社会管理的协同治理［J］. 江西社会科学，2013，07：218–222.

［27］翟绍果，仇雨临 . 城乡医疗保障制度的统筹衔接机制研究［J］. 天府新论，2010，01：90–95.

［28］毕伟玉，李爱 . 统筹发展城乡社会保障制度研究［J］. 东岳论丛，2010，03：174–177.

［29］何平，汪泽英 . 统筹城乡社会保障制度发展的思考［J］. 劳动保障世界（理论版），2010，02：42–52.

［30］王磊 . 社会救助制度中的城乡统筹问题——以辽宁省为例［J］. 理论探索，2010，04：82–86.

［31］高君 . 推进城乡社会保障统筹发展的几点思考［J］. 长春师范学院学报，2005，04：12–14.

[32] 仇雨临，翟绍果，郝佳．城乡医疗保障的统筹发展研究：理论、实证与对策[J]．中国软科学，2011，04：75–87.

[33] 林闽钢．我国城乡社会保障体系协调发展战略研究[J]．苏州大学学报（哲学社会科学版），2011，05：1–5，191.

[34] 陈际华．统筹城乡社会养老保险现状、难点及前瞻研究——以江苏省为例[J]．江苏社会科学，2013，05：134–139.

[35] 和俊民，杨斌．中国城乡养老保险制度差异问题研究——基于城乡统筹的视角[J]．郑州大学学报（哲学社会科学版），2013，06：85–89.

[36] 童广印，薛兴利．统筹城乡社会养老保险实施路径与战略布置[J]．特区经济，2009，01：220–222.

[37] 汪沅，汪继福．我国社会养老保障制度的城乡统筹问题探析[J]．税务与经济，2008，03：28–32.

第十一章　内蒙古城乡社会保障统筹发展的实践

第一节　2013—2017年内蒙古城乡社会保障统筹发展的实践

一、党的十八大对社会保障和改善民生的要求①

党的十八大报告中，对社会保障和改善民生有如下要求："加强社会建设，必须以保障和改善民生为重点。提高人民物质文化生活水平，是改革开放和社会主义现代化建设的根本目的。要多谋民生之利，多解民生之忧，解决好人民最关心最直接最现实的利益问题，在学有所教、劳有所得、病有所医、老有所养、住有所居上持续取得新进展，努力让人民过上更好生活。"在统筹推进城乡社会保障体系建设中指出："社会保障是保障人民生活、调节社会分配的一项基本制度。要坚持全覆盖、保基本、多层次、可持续方针，以增强公平性、适应流动性、保证可持续性为重点，全面建成覆盖城乡居民的社会保障体系。改革和完善企业和机关事业单位社会保险制度，整合城乡居民基本养老保险和基本医疗保险制度，逐步做实养老保险个人账户，实现基础养老金全国统筹，建立兼顾各类人员的社会保障待遇确定机制和正常调整机制。扩大社会保障基金筹资渠道，建立社会保险基金投资运营制度，确保基金安全和保值增值。完善社会救助体系，健全社会福利制度，支持发展慈善

---

① 胡锦涛.坚定不移沿着中国特色社会主义道路前进为全面建成小康社会而奋斗［N］.人民日报，2012-11-09（002）.

事业，做好优抚安置工作。建立市场配置和政府保障相结合的住房制度，加强保障性住房建设和管理，满足困难家庭基本需求。坚持男女平等基本国策，保障妇女儿童的合法权益。积极应对人口老龄化，大力发展老龄服务事业和产业。健全残疾人社会保障和服务体系，确实保障残疾人权益。健全社会保障经办管理体制，建立更加便民快捷的服务体系。”在提高人民健康水平中指出：“健全全民医疗保险体系，建立重特大疾病保障和救助机制，完善突发公共卫生事件应急和重大疾病防控机制。”在推动实现更高质量就业中指出：“健全人力资源市场，完善就业服务体系，增强失业保险对促进就业的作用。健全劳动标准体系和劳动关系协调机制，加强劳动保障监察和争议调解仲裁，构建和谐劳动关系。”在推进经济结构战略性调整中指出：“加快改革户籍制度，有序推进农业转移人口市民化，努力实现城镇基本公共服务常住人口全覆盖。”在推动城乡发展一体化中指出：“要加大统筹城乡发展力度，增强农村发展活力，逐步缩小城乡差距，促进城乡共同繁荣。坚持把国家基础设施建设和社会事业发展重点放在农村，深入推进新农村建设和扶贫开发，全面改善农村生产生活条件。着力促进农民增收，保持农民收入持续较快增长。”在增加居民收入中指出：“完善劳动、资本、技术、管理等要素按贡献参与分配的初次分配机制，加快健全以税收、社会保障、转移支付为主要手段的再分配调节机制。”

二、2013—2017 年内蒙古城乡社会保障统筹发展的具体实践

下面就 2013—2017 年内蒙古城乡社会保障统筹发展的实践，特别是统筹推进社会保障体系建设的实践，以及与城乡社会保障统筹发展密切相关工作的实践，按照养老保险、医疗保险、社会救助、扶贫脱贫、保障性住房、医疗卫生、社会福利、就业与劳动保护、居民收入等方面进行梳理、归纳、总结。

（一）2013 年实践情况[①]

2013 年，全区参加城乡居民社会养老保险人数为 780.3 万人，增长

① 数据来源于《内蒙古自治区 2013 年国民经济和社会发展统计公报》及《2014 年内蒙古自治区政府工作报告》。

3.2%；参加城镇职工基本养老保险人数 496.48 万人，增长 5.1%；全年参加基本养老保险的离退休人员 168.7 万人，增长 13.3%。全年参加基本医疗保险人数 986.21 万人，增长 1.9%；全年有 464.5 万职工参加了基本医疗保险，增长 2.1%；有 134.47 万离退休人员参加了基本医疗保险，增长 1.8%。参加失业保险职工人数 233.41 万人，领取失业保险金人数为 4.96 万人。企业退休人员养老金、城乡最低生活保障等社会保障标准均提高 10% 以上，城乡低保、农村牧区五保、城镇三无人员和孤儿补助标准位居全国前列，贫困大学生、受灾群众和特殊困难群众得到有效救助，全年共有 203.7 万人得到国家最低生活保障救济。从压缩下来的“三公经费”中安排 18 亿元，为 295 万低收入农牧户每户发放 1 吨取暖煤。

2013 年，扶贫投入超过 100 亿元，实施扶贫开发项目 961 个，40.8 万贫困人口稳定脱贫，贫困发生率由 17.8% 下降到 14.9%，贫困人口人均纯收入增长 16% 以上。

2013 年，启动包头北梁等棚户区集中改造项目，开工建设各类保障性住房 17.8 万套，开工率 101.6%；完成农村牧区危房改造 12.75 万户，超出国家下达任务 3.65 万户。

2013 年，全区共有卫生机构 23264 个，其中，医院 566 个，农村牧区卫生院 1332 个，疾病预防控制机构 119 个，妇幼卫生机构 116 个，专科疾病防治院（所）53 个。全区医疗卫生单位拥有病床 12.02 万张，增长 8.5%，其中，医院拥有病床 9.17 万张，乡镇卫生院拥有病床 1.79 万张，妇幼卫生机构拥有病床 0.33 万张。全区拥有卫生技术人员 14.81 万人，比上年末增长 5.9%，其中，医院拥有 8.91 万人，乡镇卫生院拥有 1.76 万人，疾病预防控制机构拥有 0.47 万人，妇幼卫生机构拥有 0.52 万人，执业医师、助理医师 6.21 万人，注册护士 5.24 万人。农村牧区拥有村卫生室 1.4 万个，拥有乡村医生和卫生员 1.96 万人。城乡医疗和公共卫生服务体系建设，公立医院改革、城乡居民大病保险试点等工作进展顺利。

2013 年，全区各类社会福利院床位 7.27 万张，各类福利院收养人数 5.53 万人。全年筹集社会福利资金 12.22 亿元，销售社会福利彩票 39.57 亿元，分别增长 39.9% 和 40.8%。接受社会捐赠 2820.25 万元，其中内蒙古自治区本级直接接受社会捐赠 698.84 万元，内蒙古自治区各盟市直接接受社会捐赠

1401.41 万元，间接接受社会捐赠 720 万元。

2013 年，新增城镇就业 27.1 万人，城镇登记失业率控制在 3.66% 的水平，农村牧区劳动力转移就业 259.3 万人次。

2013 年，在财政收支矛盾突出的情况下，通过压缩"三公经费"和一般性支出等措施，全力保障民生投入。全区财政民生支出 2340 亿元，占公共财政预算支出的 63.6%。2013 年全区居民人均可支配收入 18693 元，比上年增长 10.7%；城镇常住居民人均可支配收入 25497 元，增长 10.1%；农村牧区常住居民人均纯收入 8596 元，增长 12.9%，均高于经济增速。城镇常住居民人均生活消费性支出 19249 元，增长 8.7%；农村牧区常住居民人均生活消费支出 7268 元，增长 13.9%。城镇常住居民家庭恩格尔系数为 31.7%，农村牧区常住居民家庭恩格尔系数为 35.6%。

（二）2014 年实践情况①

2014 年，全区参加城乡居民社会养老保险人数 761.9 万人，下降 2.4%；参加城镇职工基本养老保险人数 524.9 万人，增长 5.7%；参加基本养老保险的离退休人员 188.7 万人，增长 11.8%。全区参加基本医疗保险人数 998.1 万人，增长 1.2%；有 470.7 万职工参加了基本医疗保险，增长 1.3%；参加农村合作医疗农村牧区常住居民人数为 1289.3 万人，增长 2.2%。参加失业保险职工人数 236.3 万人，领取失业保险金人数为 4.8 万人；参加工伤保险 289.6 万人；参加生育保险 293.8 万人。为每个低收入农牧户发放 1 吨取暖煤，惠及 336.7 万户农村牧区常住居民；为每个低保家庭大学生每年发放 1 万元就学补助并一次性补贴到位，解除了 1.8 万大学新生的后顾之忧。企业退休人员养老金月人均提高 191 元，城镇低保标准月人均提高 28 元，农村牧区低保标准年人均提高 267 元，新农合和城镇常住居民医疗保险政府补助人均标准由 280 元提高到 320 元。制定了城乡养老保险制度衔接实施意见，出台了工伤保险条例实施办法，积极推进医疗保险付费方式改革，完善医疗费用结算管理办法，内蒙古自治区各盟市均出台了城镇居民大病保险政策。完善重特大疾病保障机制，将 8 种恶性肿瘤靶向药纳入了医疗保险支付范围。启动了养老保

① 数据来源于《内蒙古自治区 2014 年国民经济和社会发展统计公报》及《2015 年内蒙古自治区政府工作报告》。

险经办服务标准化、医疗保险区内异地就医直接结算和社会保障卡综合应用等试点工作，全区社会保障卡持卡人数达到1012万人。

2014年，实施了领导干部联系贫困点、“三到村三到户”精准扶贫等办法，投入资金100多亿元，40万贫困人口稳定脱贫。为了从根本上改善农村牧区生产生活条件，完成投资216亿元，3495个嘎查村完成了10个全覆盖建设任务。

2014年，开工建设各类保障性住房24万套，基本建成22.9万套，超额完成全年目标；完成农村牧区危房改造17万户，超过国家下达任务的1倍；包头北梁、赤峰铁南、兴安盟阿尔山等重点棚户区改造进展顺利。

2014年，全区共有卫生机构23426个，其中，医院639个，农村牧区卫生院1335个，疾病预防控制机构119个，妇幼卫生机构117个，专科疾病防治院（所）53个。全区医疗卫生单位拥有病床12.9万张，增长7.5%，其中，医院拥有病床9.9万张，乡镇卫生院拥有病床1.9万张，妇幼卫生机构拥有病床0.3万张。全区拥有卫生技术人员15.4万人，比上年末增长4.3%，其中执业医师、助理医师6.2万人，注册护士5.7万人。农村牧区拥有村卫生室1.4万个，拥有乡村医生和卫生员1.8万人。

2014年，全区各类社会福利院床位7.7万张，各类福利院收养人数5.8万人。全年共有192.7万人得到国家最低生活保障救济。全年筹集社会福利资金15.1亿元，销售社会福利彩票49.6亿元，分别增长23.6%和25.4%。接受社会捐赠420.6万元，其中内蒙古自治区本级直接接受社会捐赠51.9万元，盟市级直接接受社会捐赠346.3万元，间接接受社会捐赠22.3万元。

2014年，新增城镇就业27.2万人，城镇登记失业率控制在3.6%的水平；农村牧区居民转移就业250万人。安置就业困难人员就业6.9万人；帮助990户“零就业”家庭中的1099人实现就业，为每个零就业家庭至少解决1人就业，实现了动态清零。推进劳动用工网上备案，已备案职工90.5万人。盟市、旗县仲裁机构实体化率分别达到80%和72%。劳动监察“两网化”建设，11个盟市实现了全覆盖。检查用人单位3.6万户，补签劳动合同17.7万人，追发劳动者工资等待遇24.7亿元，督促缴纳社会保险费4300多万元。

2014年，继续压缩“三公经费”等一般性支出，优先保障重点民生支出，各级财政民生支出2440亿元，占一般公共预算支出的63%。全体居民人均可支配收入20559元，增长10%，扣除价格因素实际增长8.3%；城镇常住居民人均可支配收入28350元，增长9%，扣除价格因素实际增长7.2%；农村牧区常住居民人均可支配收入9976元，增长11%，扣除价格因素实际增长9.7%；快于经济增长速度。全体居民人均生活消费支出16258元，增长9.3%；城镇常住居民人均生活消费支出20885元，增长8.5%；农村牧区常住居民人均生活消费支出9972元，增长9.8%。城镇常住居民家庭恩格尔系数为28.7%，农村牧区常住居民家庭恩格尔系数为30.5%。

（三）2015年实践情况①

2015年，全区参加城乡居民社会养老保险人数734.1万人，下降3.7%；参加城镇职工基本养老保险人数579万人，比上年增长10.3%；参加基本养老保险的离退休人员208.1万人，增长8.0%。参加基本医疗保险人数1008.1万人，增长1.0%；有336.2万职工参加了基本医疗保险，增长1.3%；参加农村合作医疗农村牧区常住居民人数为1285万人。参加失业保险职工人数242.1万人，领取失业保险金人数为5.6万人；参加工伤保险参保人数297.1万人；参加生育保险参保人数302.6万人。进一步完善"8+1"兜底体系，投入社会救助资金82.7亿元，共有176.7万人得到国家最低生活保障救济，保障了困难群众的基本生活。企业退休人员养老金月人均提高206元；城乡居民养老保险基础养老金提高20元；城镇居民基本医疗保险财政补助标准提高到380元；基本公共卫生服务经费补助标准提高到人均40元。城镇居民大病保险实现全覆盖，大病保险医疗费用医疗保险支付后的平均报销比例达到55%。实施全民参保登记计划，启动以建筑业农民工参加工伤保险为重点的"同舟计划"。自治区出台了《完善城乡居民基本养老保险制度的意见》《机关事业单位养老保险制度改革实施办法》，制定了《城乡居民基本养老保险经办规程》，规范了职工养老保险内蒙古自治区级统筹，制定了《企业职工养老保险基金保值增值的实施意见》。为了实现内蒙古自治区内异地就医直接结算，出台了《内蒙古自治区内异地就医经办管理暂行办法》，建立了内蒙古自治区级异地就医结算和管理平台。推进社会保障卡发放和应用推广工作，全内蒙

① 数据来源于《内蒙古自治区2015年国民经济和社会发展统计公报》及《2016年内蒙古自治区政府工作报告》。

古自治区持卡人数达 1615.07 万人。全区在嘎查村建立 6053 个“社会保障卡综合服务点”，实现了居民社保查询、选档缴费、资格认证、待遇领取、持卡消费“五个不出村”。

2015 年，投入财政扶贫资金 48 亿元，发放金融扶贫贷款 176 亿元，贫困发生率下降到 6%，国家标准下的贫困人口下降到 80 万人左右。全年完成工程投资 418.6 亿元，扩面工程完成投资 263 亿元，包括行政嘎查村和部分自然村在内的 1.93 万个嘎查村开展了工程建设。

2015 年，新开工城镇保障性住房 28.5 万套，其中棚户区改造 24.2 万套。完成了北梁棚改任务，铁南、阿尔山等棚改项目进展顺利。实施农村牧区危房改造 21.8 万户，竣工 21.4 万户。

2015 年，全区共有卫生机构 23886 个，其中，医院 702 个，农村牧区卫生院 1322 个，疾病预防控制机构 119 个，妇幼卫生机构 114 个，专科疾病防治院（所）53 个。全区医疗卫生单位拥有病床 13.4 万张，增长 3.8%，其中，医院拥有病床 10.5 万张，乡镇卫生院拥有病床 1.9 万张，妇幼卫生机构拥有病床 0.3 万张。全区拥有卫生技术人员 16.2 万人，增长 5.1%，其中执业医师、助理医师 6.4 万人，注册护士 6.1 万人。农村牧区拥有村卫生室 1.4 万个，拥有乡村医生和卫生员 1.8 万人。

2015 年，全区各类社会福利院床位 8.9 万张，各类福利院收养人数 6.3 万人。全年筹集社会福利资金 15.4 亿元，销售社会福利彩票 53.6 亿元，分别增长 2.1% 和 8.0%。接受社会捐赠（不包括社会组织捐赠）61.2 万元。

2015 年，城镇新增就业 26.9 万人，城镇登记失业率 3.65%，全区农村牧区居民累计转移就业 257.4 万人。出台《进一步做好新形势下就业创业工作的实施意见》《支持农民工等人员返乡创业的意见》《进一步做好为农村牧区常住居民工服务工作的实施意见》等文件，加大了政策扶持力度。出台了公益性岗位开发管理办法，重新修订了就业困难人员认定办法，对就业困难人员实行精准帮扶，帮助 666 户“零就业”家庭中 673 人实现就业，保持了动态清零。进行实训基地建设，发放“以奖代补”资金 5250 万元，奖励 32 个建设项目。全区城乡技能培训 28.44 万人，订单、定岗、定向式培训人数达到培训总人数的 70% 以上。扩大援企稳岗实施范围到所有参加失业保险的企业，落实补贴 2.73 亿元，惠及 408 家困难企业和 18.82 万名职工；降低失业、工伤、生育保险费率，共减轻企业和职工负担 5.4 亿元。实行劳动用工网上备案，累计掌握单位基本信息 23.4 万户，备案职工 115 万人。各级调解仲裁机构共立案受理争议案件 1.2 万件，结案率达到 97.2%。检查用人单位 3.86 万户，追发劳动者工资等待遇 16.65 亿元。

2015 年，内蒙古自治区各级财政民生支出 2873 亿元，增长 17.8%，占总支出的 66%。全体居民人均可支配收入 22310 元，比上年增长 8.5%；城镇常住居民人均可支配收入 30594 元，比上年增长 7.9%；农村牧区常住居民人均可支配收入 10776 元，比上年增长 8.0%。全体居民人均生活消费支出 17179 元，增长 5.7%；城镇常住居民人均生活消费支出 21876 元，增长 4.7%；农村牧区常住居民人均生活消费支出 10637 元，增长 6.7%。城镇常住居民家庭恩格尔系数为 28.4%，农村牧区常住居民家庭恩格尔系数为 29.4%。

（四）2016 年实践情况①

2016 年，全区参加城乡居民社会养老保险人数 736.1 万人，增长 0.3%；参加城镇职工基本养老保险人数 655.0 万人，比上年增长 13.1%；参加基本养老保险的离退休人员 236.5 万人，增长 13.6%；养老金社会化发放率 100%。参加基本医疗保险人数 1019.3 万人，增长 1.1%；参加基本医疗保险的职工人数 488.3 万人，增长 45.2%。参加失业保险职工人数 241.1 万人，下降 0.4%，领取失业保险金人数 6.5 万人，增长 15.9%；参加工伤保险人数 303.13 万人；参加生育保险人数 305.24 万人。全年共有 162.5 万人得到国家最低生活保障救济。全区 6000 名企业离休人员调整了离休费和艰苦边远地区津贴标准，城乡居民基础养老金提高到 90 元，城镇常住居民医疗保险政府补助标准提高到 420 元，全区城镇职工医疗保险政策内住院费用平均报销比例保持在 85% 左右，城乡居民医疗保险政策内住院费用平均报销比例保持在 73% 左右。进一步规范城镇常住居民大病保险，参保人员经基本医疗保险报销后个人负担的合规费用报销比例达到 60%。完善重特大疾病保障机制，纳入医疗保险可支付范围的靶向药物达到 13 种。全面启动机关事业单位养老保险制度改革，出台了《关于机关事业单位养老保险制度改革若干问题的通知》。进一步完善企

① 数据来源于《内蒙古自治区 2016 年国民经济和社会发展统计公报》及《2017 年内蒙古自治区政府工作报告》。

业职工基本养老保险内蒙古自治区级统筹，出台了《关于落实企业职工基本养老保险内蒙古自治区级统筹有关问题的通知》，就统一全区养老保险缴费及待遇计发、机关事业单位编外人员补缴养老保险费等政策作出规定。整合城乡居民医疗保险制度，出台了《内蒙古自治区人民政府办公厅关于整合城乡居民基本医疗保险制度实施方案》《内蒙古自治区人民政府关于建立统一的城乡居民基本医疗保险制度的实施意见》，对全区整合工作作出制度安排。实施全民参保登记计划，完善进城农村牧区常住居民参保政策，明确规定进城就业的农村牧区居民，可按城镇灵活就业人员缴费标准自愿参加企业职工基本养老保险。提升基金管理和经办服务水平，印发了《关于进一步做好费源核定工作的通知》，确保应核尽核。完善内蒙古自治区内异地就医直接结算，积极推进跨省异地就医直接结算。全区社会保障卡持卡人数达到 1673 万人，全区建成“社会保障卡综合服务点”11203 个，实现行政嘎查村全覆盖。

2016 年，全力推进脱贫攻坚，全社会投入扶贫资金 400 多亿元，预计 21 万以上贫困人口稳定脱贫，12 个内蒙古自治区贫困旗县摘帽。“十个全覆盖”任务基本完成，农村牧区面貌发生显著变化。

2016 年，城市棚户区改造开工 23.3 万套，农村牧区危房改造完成 32.5 万户，均超额完成全年任务。

2016 年，全区共有卫生机构 24001 个，其中，医院 720 个，农村牧区卫生院 1321 个，疾病预防控制机构 117 个，妇幼卫生机构 113 个，专科疾病防治院（所）54 个。全区医疗卫生单位拥有病床 13.9 万张，增长 3.6%，其中，医院拥有病床 10.9 万张，乡镇卫生院拥有病床 2 万张，妇幼卫生机构拥有病床 0.4 万张。全区拥有卫生技术人员 16.9 万人，增长 4.3%，其中，执业医师、助理医师 6.6 万人，注册护士 6.6 万人。农村牧区拥有村卫生室 1.4 万个，拥有乡村医生和卫生员 1.8 万人。推进“健康内蒙古”建设，深化医药卫生体制改革，加快内蒙古自治区本级重点卫生项目和三级医疗服务体系建设，健康服务水平不断提高，婴幼儿和孕产妇死亡率低于全国平均水平。

2016 年，全区各类社会福利院床位 1.8 万张，各类福利院收养人数 1.4 万人。全年筹集社会福利资金 16.2 亿元，销售社会福利彩票 58.0 亿元，分别增长 2.5% 和 8.2%。接受社会捐赠 306.7 万元。

2016 年，全区累计实现城镇新增就业人数 26.84 万人，城镇失业人员再就业人数 5.83 万人，就业困难人员就业人数 6.03 万人，全区城镇登记失业率为 3.65%，全区农村牧区常住居民转移就业 256.95 万人。经申报认定零就业家庭 415 户，帮助 421 人实现就业，实现 10 个工作日动态清零的目标。参加创业培训人数 5.43 万人，其中，培训后创业成功人数 4.53 万人，创业带动就业岗位 15.69 万人。全区城镇就业技能培训 14.20 万人，农村牧区居民转移技能培训 13.49 万人。出台了化解钢铁、煤炭等行业过剩产能职工安置工作实施意见和职业培训计划，全区化解钢铁、煤炭行业过剩产能共涉及 15 家企业（钢铁企业 5 家，煤矿 10 家），经核实认定需要分流安置职工 5354 人（其中，钢铁企业 3486 人，煤炭企业 1868 人），已经全部得到分流安置。印发了《全区就业创业扶贫行动实施方案》，深入开展政策帮扶、技能培训、园区建设、岗位帮扶、精准服务、信息台账“六个进村入户”活动，进行有针对性的就业服务，积极促进就业脱贫。印发了《关于推进劳动争议人民调解工作的意见》，扩大基层调解组织覆盖范围；出台了《全面治理拖欠农村牧区常住居民工资问题的实施意见》，解决拖欠农村牧区民工工资问题。

2016 年，在财政收入增长放缓的情况下，千方百计增加民生领域投入，各级财政民生支出 2979 亿元，占一般公共预算支出的 65.8%。全体居民人均可支配收入 24127 元，比上年增长 8.1%，扣除价格因素后实际增长 6.8%；城镇常住居民人均可支配收入 32975 元，比上年增长 7.8%，扣除价格因素后实际增长 6.5%；农村牧区常住居民人均可支配收入 11609 元，比上年增长 7.7%，扣除价格因素后实际增长 6.5%。全体居民人均生活消费支出 18072 元，增长 5.2%；城镇常住居民人均生活消费支出 22744 元，增长 4.0%；农村牧区常住居民人均生活消费支出 11463 元，增长 7.8%。城镇常住居民家庭恩格尔系数为 28.3%，农村牧区常住居民家庭恩格尔系数为 29.3%。

（五）2017 年实践情况[①]

2017 年，全区参加城乡居民社会养老保险人数 743.4 万人，增长 1.0%；参加城镇职工基本养老保险人数 694.3 万人，比上年增长 6.0%；参加基本养老保险的离退休人员 226.6 万人，下降 4.2%，养老金社会化发放率

① 数据来源于《内蒙古自治区 2017 年国民经济和社会发展统计公报》及《2018 年内蒙古自治区政府工作报告》。

100%。参加基本医疗保险人数 2161.5 万人，参加基本医疗保险的职工人数 495.1 万人，增长 1.4%。参加失业保险职工人数 247.1 万人，增长 2.5%，领取失业保险金人数 5.3 万人，下降 18.3%；参加工伤保险人数 307.7 万人；参加生育保险人数 307.6 万人。全年共有 162.9 万人得到国家最低生活保障救济。调整了退休人员基本养老金水平，每月人均增加 151 元；城乡居民基础养老金标准由每月 90 元提高到每月 110 元；城乡居民医疗保险财政补助标准由每人 420 元提高到每人 450 元。城镇职工医疗保险政策内平均报销比例达到 85% 左右，城乡居民医疗保险政策内平均报销比例达到 75% 左右，均高于全国平均水平。2017 年 9 月起，全区执行新的基本医疗保险、工伤保险和生育保险药品目录，新增报销药品 339 个，增幅为 15.4%。全区城乡居民大病保险实现全覆盖，完善了重特大疾病保障机制，肾透析、器官移植、癌症放化疗等重特大疾病纳入门诊保障范围，有效减轻了患者家庭因医疗费用支出造成的经济负担。加快医疗保险付费方式改革，出台了《关于深化城镇基本医疗保险支付方式改革的指导意见》和《基本医疗保险按病种付费改革试行办法》等政策，初步建立了总额控制基础上的按项目、按病种、按人头、按服务单元等复合式医疗保险付费方式，保障了参保人员的权益，同时保证了基金平衡。为保障小微企业和职工工伤风险，出台了小微企业参加工伤保险的优惠政策。2017 年 1 月起，失业保险缴费率由 1.5% 下降至 1%，为企业减轻负担 7.6 亿元。异地就医直接结算工作取得突破性进展，在实现内蒙古自治区内异地住院、购药直接结算的基础上，2017 年 8 月底全区所有医疗保险统筹地区全部接入国家异地就医结算平台，实现跨省异地就医住院费用直接结算。内蒙古自治区确定了 154 家跨省异地就医定点医疗机构，其中三级医疗机构 53 家，属于三级医院全部接入跨省异地就医系统的 13 个省份之一。社会保障卡持卡人数达到 1798.4 万人。继续实施全民参保计划，继续进行信息采集和入户调查工作，详细比对核实各类人群参保情况，努力扩大社会保险覆盖面。

2017 年，出台了加大脱贫攻坚力度的 10 项措施，各级财政扶贫资金支出 121 亿元，增幅达到 112.9%。易地搬迁贫困人口 5 万人，为贫困人口进行了免费体检，农村牧区义务教育阶段学生营养改善计划覆盖全部国家贫困旗县，大学新生资助政策由城乡低保家庭扩大到所有建档立卡贫困家庭。全年减贫

20 万人。

2017 年，全区实施棚户区改造 22.1 万套，改造城镇老旧小区 2300 万平方米。蒙东地区实现了城乡用电同网、同价，安全饮水和偏远农牧区用电升级工程进展顺利。

2017 年，全区共有卫生机构 24217 个，其中，医院 775 个，农村牧区卫生院 1314 个，疾病预防控制机构 119 个，妇幼卫生机构 113 个，专科疾病防治院（所）51 个。全区医疗卫生单位拥有病床 15.0 万张，增长 8.0%，其中，医院拥有病床 11.9 万张，乡镇卫生院拥有病床 2.2 万张，妇幼卫生机构拥有病床 0.4 万张。全区拥有卫生技术人员 18.0 万人，增长 5.8%，其中，执业医师、助理医师 7.0 万人，注册护士 7.2 万人。农村牧区拥有村卫生室 1.4 万个，拥有乡村医生和卫生员 1.8 万人。公立医院全部取消药品加成，分级诊疗试点实现盟市全覆盖。

2017 年，全区各类社会福利院床位 1.7 万张，各类福利院收养人数 0.8 万人。全年筹集社会福利资金 17.6 亿元，增长 8.6%，销售社会福利彩票 62.7 亿元，增长 8.1%。接受社会捐赠 93.5 万元。

2017 年，全区实现城镇新增就业 26.1 万人，城镇登记失业率为 3.63%；农村牧区常住居民转移就业 251.7 万人，其中稳定转移 6 个月以上 205.3 万人。帮助 5.7 万名就业困难人员实现了就业；帮助 5.7 万名城镇失业人员实现了就业；帮助 417 户“零就业”家庭中的 427 人实现了就业，“零就业”家庭保持动态清零；因去产能企业富余职工得到妥善安置；4.81 万建档立卡贫困劳动力实现就业，做到了“就业一人、脱贫一户”。培育了内蒙古自治区就业技能培训品牌 5 个，知名品牌 1 个，培训城乡劳动者 27.6 万人。落实援企稳岗政策，共支出失业保险基金 1.58 亿元，惠及企业 890 户，职工 13.7 万人。劳动用工备案工作取得突破性进展，累计掌握工商注册登记单位基本信息 29 万户，备案职工 135 万人，占企业用工的 67.6%。2017 年 1 月起，全面启用了劳动者个人用工备案查询服务，劳动者可通过网站、手机客户端、自助服务端查询详细的个人用工备案信息，并将劳动用工备案作为办理其他劳动保障业务的前置程序，走在了全国前列。社会法人劳动保障信用联合惩戒和联合激励机制初步建立，劳动关系和谐单位名单和社会法人劳动保障失信名单分别纳入内蒙古自治区诚信“红黑名单”诚信档案，向全社会公开，守信激励，失信惩戒。印发了全面推进苏木乡镇街道劳动人事争议调解组织建设实施方案，加强基层调解组织建设，大中型企业劳动争议调解委员会组建率 82%，苏木乡镇街道调解组织组建率 81.1%，均高于国家要求 80% 的目标。全区各级调解仲裁机构共处理争议 1.68 万件，同比减少 21.1%，调解成功率 64.9%。其中，仲裁机构审结 1.06 万件，结案率 97.3%，终局裁决率 40.9%，调解组织受理争议 6473 件，办结 6085 件。对农牧民工资支付、人力资源市场秩序、用工秩序等进行了清理，检查企业 4.2 万户，涉及 103.7 万人，追发工资等待遇 6.9 亿元，督促征缴社会保险费 5064.6 万元，移送拒不支付劳动报酬案件 34 件，有效保障了劳动者的合法权益。

2017 年，全区民生支出占一般公共预算支出的 69.8%，比上年提高 4%。全体居民人均可支配收入 26212 元，比上年增长 8.6%，扣除价格因素后实际增长 6.8%；城镇常住居民人均可支配收入 35670 元，比上年增长 8.2%，扣除价格因素后实际增长 6.4%；农村牧区常住居民人均可支配收入 12584 元，比上年增长 8.4%，扣除价格因素后实际增长 6.7%。全体居民人均生活消费支出 18946 元，增长 4.8%；城镇常住居民人均生活消费支出 23638 元，增长 3.9%；农村牧区常住居民人均生活消费支出 12184 元，增长 6.3%。城镇常住居民家庭恩格尔系数为 27.4%，比上年下降 0.9%，农村牧区常住居民家庭恩格尔系数为 27.8%，比上年下降 1.5%。

三、2013—2017 年内蒙古城乡社会保障统筹发展实践小结

内蒙古自治区通过连年不断的统筹推进城乡社会保障体系建设，建立了覆盖城乡的社会保障体系，稳步提高了全区的社会保障能力。扶贫帮困有力而踏实，脱贫攻坚富有成效，使全区国家标准下的贫困人口逐年下降。大规模的工程建设，使农村牧区面貌发生了显著变化。城市保障性住房、农村牧区危房改造在加速进行，不断投入，效果良好。医疗卫生服务体系、医疗保障体系及重特大疾病保障和救助机制基本建立，健康保障与服务水平不断提高。社会福利院收养能力不断提高。城镇就业、农村牧区常住居民转移就业、帮扶就业等各类就业工作一年接着一年扎实推进。及时有效地化解劳动领域的各类矛盾，保护了劳动者的合法权益。居民人均可支配收入逐年提高，居民家庭恩格尔系数逐年下降，除 2016 年基本持平外，农村牧区常住居民人均

可支配收入的增长速度快于城镇常住居民人均可支配收入，全区各族人民一年比一年富裕。

第二节 2018 年内蒙古城乡社会保障统筹发展的实践

一、党的十九大对社会保障和改善民生的要求①

党的十九大报告对社会保障和改善民生提出了更高的要求："增进民生福祉是发展的根本目的。必须多谋民生之利、多解民生之忧，在发展中补齐民生短板、促进社会公平正义，在幼有所育、学有所教、劳有所得、病有所医、老有所养、住有所居、弱有所扶上不断取得新进展，深入开展脱贫攻坚，保证全体人民在共建共享发展中有更多获得感，不断促进人的全面发展、全体人民共同富裕。建设平安中国，加强和创新社会治理，维护社会和谐稳定，确保国家长治久安、人民安居乐业。"在加强社会保障体系建设中指出："按照兜底线、织密网、建机制的要求，全面建成覆盖全民、城乡统筹、权责清晰、保障适度、可持续的多层次社会保障体系。全面实施全民参保计划。完善城镇职工基本养老保险和城乡居民基本养老保险制度，尽快实现养老保险全国统筹。完善统一的城乡居民基本医疗保险制度和大病保险制度。完善失业、工伤保险制度。建立全国统一的社会保险公共服务平台。统筹城乡社会救助体系，完善最低生活保障制度。坚持男女平等基本国策，保障妇女儿童合法权益。完善社会救助、社会福利、慈善事业、优抚安置等制度，健全农村留守儿童和妇女、老年人关爱服务体系。发展残疾人事业，加强残疾康复服务。坚持房子是用来住的、不是用来炒的定位，加快建立多主体供给、多渠道保障、租购并举的住房制度，让全体人民住有所居。"在实施"健康中国"战略中指出："深化医药卫生体制改革，全面建立中国特色基本医疗卫生制度、医疗保障制度和优质高效的医疗卫生服务体系，健全现代医院管理制度。加强基层医疗卫生服务体系和全科医生队伍建设。积极应对人口老龄

① 习近平．决胜全面建成小康社会夺取新时代中国特色社会主义伟大胜利［N］．人民日报，2017-10-28（001）．

化，构建养老、孝老、敬老政策体系和社会环境，推进医养结合，加快老龄事业和产业发展。”在提高保障和改善民生水平中指出：“保障和改善民生要抓住人民最关心最直接最现实的利益问题，既尽力而为，又量力而行，一件事情接着一件事情办，一年接着一年干。坚持人人尽责、人人享有，坚守底线、突出重点、完善制度、引导预期，完善公共服务体系，保障群众基本生活，不断满足人民日益增长的美好生活需要，不断促进社会公平正义，形成有效的社会治理、良好的社会秩序，使人民获得感、幸福感、安全感更加充实、更有保障、更可持续。”

二、2018 年内蒙古城乡社会保障统筹发展的具体实践①

下面是 2018 年内蒙古城乡社会保障统筹发展的实践情况，以及与城乡社会保障统筹发展密切相关工作的实践情况，为了方便对比分析，仍然按照养老保险、医疗保险、社会救助、扶贫脱贫、保障性住房、医疗卫生、社会福利、就业与劳动保护、居民收入等方面进行梳理、归纳、总结。

2018 年，坚持全覆盖、保基本、多层次、可持续的方针，稳步提高了社会保障能力。全区城乡居民基本养老保险参保人数达到 749.9 万人，增长 0.9%，待遇领取人数为 235.8 万人。全区城镇职工养老保险参保人数 733.5 万人，比上年增长 5.6%，其中，参加基本养老保险的离退休人员 284.6 万人，增长 10.7%。养老金社会化发放率 100%。建立城乡居民基本养老保险居民丧葬补助金制度，并定于 2019 年 1 月 1 日起正式实施。退休人员基本养老金实现“十四连增”，企业退休人员每月人均增加 135 元；城乡居民基础养老金由每月 110 元提高到 128 元。参加基本医疗保险人数 2164.4 万人，增长 0.1%，其中，参加城乡居民医疗保险人数 1659.1 万人，下降 0.4%；参加基本医疗保险的职工人数 505.3 万人，增长 2.1%。城镇职工政策内住院费用平均报销比例达到 85% 左右，城乡居民政策内住院费用平均报销比例达到 75% 左右，实现了大病保险全覆盖。“光明行”公益活动荣获第十届中华慈善奖，累计帮助 2 万多名贫困白内障患者重见光明。参加失业保险人数 255.5 万人，领取失

① 数据来源于《内蒙古自治区 2018 年国民经济和社会发展统计公报》及《2019 年内蒙古自治区政府工作报告》。

业保险金人数4.9万人，下降7.9%；失业保险金标准上调10%，平均每月增加166元。参加工伤保险人数达到325.5万人。调整了全区工伤职工的伤残津贴、生活护理费、供养亲属抚恤金待遇标准。制定了《关于继续阶段性降低社会保险费率的通知》，自2018年5月1日起，将企业职工养老保险费率由20%下调至19%，工伤保险平均费率由2017年的0.73%下降至0.4%以下，继续执行阶段性降低失业保险费率政策，全年可减轻企业负担19.5亿元。提高了养老、医疗保险、低保、特困人员、困难残疾人和边民补助标准。取消了社会保险待遇的集中认证事项，实现了养老保险远程认证。加快社会保障卡发放和应用推广工作，全区社会保障卡持卡人数达到1922.8万人。

2018年，推进就业创业扶贫，全年培训贫困劳动者3472人，帮助19499名就业扶贫对象实现就业。落实社会保险扶贫政策，按照每人每年100元的标准，已为18.8万名建档立卡未标注贫困人口代缴了养老保险费，并对贫困人口参加城乡居民基本医疗保险个人缴费部分由财政给予补贴，实现了贫困人口基本医疗保险、养老保险的应保尽保。推进人才扶贫，培养培训贫困地区专业技术人才500余人，从内蒙古自治区人才开发基金划拨经费646万元，确保人才扶贫工作顺利开展。实施精准脱贫千名专家服务基层三年行动计划，组织专家387人赴55个贫困旗县，开展义诊6323人次，现场技术指导培训贫困地区各类人员15287人次。开展了全区用人单位遵守劳动用工社会保险法律法规、清理整顿人力资源市场秩序等专项检查，集中开展了保障农村牧区常住居民工工资支付工作专项督查。全区各级劳动保障监察执法部门主动检查用人单位37047户，督促补签劳动合同2.9万人，督促补缴社会保险834.1万元。以工程建设领域和解决政府投资项目欠薪问题为重点，开展了集中攻坚。加大欠薪案件查办力度，各级人力资源与社会保障部门受理工资类举报投诉案件686件，涉及1.1万人，追发工资等待遇1.6亿元，结案率100%，案件数、金额和人数同比下降48%、73%和71%，拖欠农牧民工人数占比从上年底的7.2%下降到0.4%。

2018年，完成棚户区住房改造14.2万套，农村牧区危房改造6.02万户，开工率100%。实施农村牧区饮水安全巩固提升工程，78万农村牧区常住居民受益。实施农村牧区人居环境整治行动，开展卫生厕所、生活垃圾、污水处理建设试点，建成各类卫生厕所4万多个。完成广播电视村村通向户户通升级，98% 以上的行政嘎查村通光纤宽带。

2018 年，全区共有卫生机构 24613 个，其中，医院 818 个，农村牧区卫生院 1301 个，疾病预防控制中心 118 个，妇幼卫生机构 114 个，专科疾病防治院（所）50 个。全区医疗卫生单位拥有病床 15.9 万张，比上年增长 5.8%，其中，医院拥有病床 12.6 万张，乡镇卫生院拥有病床 2.2 万张，妇幼卫生机构拥有病床 0.4 万张。全区拥有卫生技术人员 18.8 万人，增长 4.2%，其中，执业医师、助理医师 7.3 万人，注册护士 7.6 万人。农村牧区拥有村卫生室 1.4 万个，拥有乡村医生和卫生员 1.8 万人。分级诊疗制度得到落实，三级医院全部参加医联体建设。97 家旗县综合医院接入远程医疗网络。

2018 年，全区各类社会福利院床位 1.7 万张，各类福利院收养人数 0.9 万人。全年共有 163.9 万人得到国家最低生活保障救济。全年筹集社会福利资金 18.3 亿元，增长 4.3%，销售社会福利彩票 64.1 亿元，增长 2.3%。

2018 年，全区城镇新增就业 25.9 万人，城镇登记失业率 3.58%；农村牧区居民转移就业 252.8 万人。创业培训 2.6 万人，培训后成功创业 1.5 万人，创业带动就业 4.7 万人。完善创业担保贷款政策，将农村牧区居民纳入贷款支持范围，降低贷款申请条件，放宽财政贴息政策，发放创业担保贷款 11.1 亿元。印发了《关于推行终身职业技能培训的实施意见》，促进职业技能培训覆盖城乡全体劳动者，贯穿劳动者就学就业各阶段和成长成才全过程，提高培训的针对性和有效性。组织城乡就业技能培训 15 万人，培训后实现就业 12 万人。累计为 12529 人次发放技能提升补贴 2040.6 万元。帮助“零就业”家庭 302 户的 318 人实现就业，“零就业”家庭保持动态清零。累计发放稳岗补贴资金 2.97 亿元，惠及企业 2061 户，职工 44.1 万人。因化解过剩产能而分流的职工得到了妥善安置。进行失业动态监测工作，监测企业数扩大到 4502 户。

2018 年，全区民生支出占一般公共预算支出的 70.1%。全体居民人均可支配收入 28376 元，比上年增长 8.3%，扣除价格因素后实际增长 6.4%；城镇常住居民人均可支配收入 38305 元，比上年增长 7.4%，扣除价格因素后实际增长 5.5%；农村牧区常住居民人均可支配收入 13803 元，比上年增长 9.7%，扣除价格因素后实际增长 7.7%。全体居民人均生活消费支出 19665 元，增长 3.8%；城镇常住居民人均生活消费支出 24437 元，增长 3.4%；农村牧区常住居民人均生活消费支出 12661 元，增长 3.9%。全体居民恩格尔系数为 27.1%，比上年下降 0.4%，其中，城镇常住居民家庭恩格尔系数为 26.9%，比上年下降 0.5%，农村牧区常住居民家庭恩格尔系数为 27.5%，比上年下降 0.3%。

2018 年的实践表明，内蒙古自治区不折不扣地按照党的十九大对社会保障和改善民生的要求进行了深入的贯彻落实，城乡社会保障统筹发展在原有坚实的基础上全面提速。

第三节　经验总结与继续发展面临的障碍

从 2013—2018 年内蒙古城乡社会保障统筹发展的实践情况来看，党的十八大以来，内蒙古坚持以人民为中心的发展思想，贯彻落实全覆盖、保基本、多层次、可持续的政策，从增强公平性、适应流动性、保证可持续性出发，全面推进社会保障体系建设，覆盖内蒙古城乡居民的社会保障体系基本建立，保障项目日益完备，社会保障制度运行安全有序，各项目保障水平稳步提高，内蒙古城乡社会保障统筹发展取得了显著进展，已经奠定了良好的发展基础。基本经验总结如下：

（1）内蒙古自治区各级党委、政府不折不扣地贯彻落实了党中央大政方针和决策部署，始终同党中央保持高度一致，按照党中央作出的顶层设计和总体布局，谋划布局内蒙古城乡社会保障统筹发展。

（2）坚持以人民为中心的发展思想，全心全意为各族人民谋利益，不断增进人民福祉，使全区各族人民有了归属感、获得感和幸福感，受到了各族人民的拥护。

（3）高层次的立法、公平的司法、严明的执法、懂法守法是城乡社会保障统筹发展的基本保障。

（4）用战略的系统的眼光看待城乡社会保障统筹发展。虽然任重而道远，甚至需要几代人的不懈努力，但意义十分重大；城乡社会保障统筹发展涉及的要素纷繁复杂，各要素不断动态演变，是一个完备的开放巨系统，需要我们用心求解。

（5）从内蒙古的实际情况出发，因地制宜，尽力而为，量力而行，创造性地开展了城乡社会保障统筹发展工作，取得了丰硕成果，奠定了良好的发展基础。

（6）在社会保障各项制度建设中，着力制度的可持续性建设，各项制度建设不断走向成熟定型，不断增强对社会发展需要的适应性。

（7）在推进内蒙古城乡社会保障统筹发展的各项政策中，保持了良好的连续性、有效性和针对性。通过连年不断地统筹推进城乡社会保障体系建设，建立了覆盖城乡的社会保障体系，稳步提高了全区的社会保障能力。

（8）农村牧区经济的可持续发展是内蒙古城乡社会保障统筹发展的关键。

（9）制度及相关政策及时有效的供给是农村牧区经济可持续发展的先决条件。

（10）十分有限的财政能力，每年优先保证民生投入，连续不断，提高了保障和改善民生的水平，激发了各族人民的积极性、创造性。

（11）扶贫脱贫方面群策群力，十分注重工作的针对性、有效性和可持续性。采取灵活多样的方法和途径，如就业扶贫、创业扶贫、技能扶贫、人才扶贫、社会保险扶贫等。扶贫脱贫连年发力，扶贫脱贫攻坚富有成效，使全区国家标准下的贫困人口逐年下降。

（12）基础建设农村牧区优先，为振兴乡村、统筹城乡发展奠定坚实基础。

党的十九大作出中国特色社会主义进入新时代的重大政治判断，中国特色社会主义进入新时代，我国社会主要矛盾已经转化为人民日益增长的美好生活需要和不平衡不充分发展之间的矛盾。发展不平衡不充分已经成为满足人民日益增长的美好生活需要的主要制约因素。

面向未来，内蒙古城乡社会保障统筹发展具有良好的条件与机遇，需要紧扣重要战略机遇期的新内涵。同时，我们要清醒地认识到：

（1）内蒙古城乡社会保障统筹发展任务的长期性、复杂性和艰巨性。2020年我国实现全面小康社会，经济得到长足的发展，即使如此，城乡结构性矛盾远未根除，城乡差别依然存在，内蒙古城乡社会保障统筹发展仍然在前进的路上，需要长期不懈的努力。

（2）内蒙古作为经济欠发达地区的基本区情还没有得到根本改变，经济发展的质量和效益不高，脱贫攻坚任务艰巨，城乡居民收入仍然低于全国平均水平，城乡间区域间公共服务水平以及居民收入差距比较大。

（3）内蒙古城乡要素流动水平还很低，公共资源配置不合理问题依然突出，影响城乡统筹发展的体制机制障碍尚未根本消除。如户籍、土地、资本、公共服务等方面的体制机制存在不少弊端。这些问题限制了内蒙古社会保障城乡统筹发展。

我们相信，在习近平新时代中国特色社会主义思想的指引下，内蒙古各级党委、政府及全区各族人民紧密团结在以习近平同志为核心的党中央周围，按照党的十九大报告中提出的要求，围绕统筹推进“五位一体”总体布局和协调推进“四个全面”战略布局，群策群力，稳中求进，攻坚克难，上述体制机制存在的弊端一定能够破除，相应的体制机制会更加成熟定型，发展不平衡不充分的问题会逐步得到解决，内蒙古城乡社会保障统筹发展会更有效、更加公平。

参考文献

[1] 胡锦涛 . 坚定不移沿着中国特色社会主义道路前进 为全面建成小康社会而奋斗[N]. 人民日报，2012-11-09（002）.

[2] 习近平 . 决胜全面建成小康社会 夺取新时代中国特色社会主义伟大胜利 [N]. 人民日报，2017-10-28（001）.

[3] 巴特尔 .2014 年内蒙古自治区政府工作报告 [EB/OL]. [2014-04-15]. http://www.nmg.gov.cn/art/2014/4/15/art_4213_210147.html.

[4] 巴特尔 .2015 年内蒙古自治区政府工作报告 [EB/OL]. [2015-01-26]. http://www.nmg.gov.cn/art/2015/1/26/art_4213_210148.html.

[5] 巴特尔 .2016 年内蒙古自治区政府工作报告 [EB/OL]. [2016-01-23]. http://www.nmg.gov.cn/art/2016/1/23/art_4213_210149.html.

[6] 布小林 .2017 年内蒙古自治区政府工作报告 [EB/OL]. [2017-01-24].http://www.nmg.gov.cn/art/2017/1/24/art_4213_240986.html.

[7] 布小林 .2018 年内蒙古自治区政府工作报告 [EB/OL]. [2018-01-24].http://www.nmg.gov.cn/art/2018/1/24/art_4213_210151.html.

[8] 布小林 .2019 年内蒙古自治区政府工作报告 [EB/OL]. [2019-02-01].http://www.nmg.gov.cn/art/2019/2/1/art_4213_250873.html.

［9］内蒙古自治区统计局．内蒙古自治区 2013 年国民经济和社会发展统计公报［EB/OL］．［2015-08-04］．http://www.nmg.gov.cn/art/2015/8/4/art_1622_150745.html.

［10］内蒙古自治区统计局．内蒙古自治区 2014 年国民经济和社会发展统计公报［N］．内蒙古日报（汉），2015-03-09（011）．

［11］内蒙古自治区统计局．内蒙古自治区 2015 年国民经济和社会发展统计公报［N］．内蒙古日报（汉），2016-03-03（009）．

［12］内蒙古自治区统计局．内蒙古自治区 2016 年国民经济和社会发展统计公报［N］．内蒙古日报（汉），2017-03-07（009）．

［13］内蒙古自治区统计局．内蒙古自治区 2017 年国民经济和社会发展统计公报［EB/OL］．［2018-03-28］．http://gov.nmgnews.com.cn/system/2018/03/28/012472726.shtml.

［14］内蒙古自治区统计局．内蒙古自治区 2018 年国民经济和社会发展统计公报［N］．内蒙古日报（汉），2019-03-21（009）．

［15］中华人民共和国人力资源和社会保障部．人力资源和社会保障事业发展“十三五”规划纲要［EB/OL］．［2016-07-06］．http://www.mohrss.gov.cn/SYrlzyhshbzb/zwgk/ghcw/ghjh/201607/t20160713_243491.html.

［16］内蒙古自治区政府．内蒙古自治区国民经济和社会发展“十三五”规划纲要［EB/OL］．［2016-03-09］．http://www.nmgcb.com.cn/news/nmg/2016/0309/106554.html.